思政殿訓義

譯註 資治通鑑綱目 4

漢 武帝 建元 2년~漢 昭帝 元平 원년

編著 朱熹

책임번역 成百曉

공동번역 李鍾德 尹銀淑

전통문화연구회

國譯委員

責任飜譯　成百曉
共同飜譯　李鍾德 尹銀淑
潤文　尹銀淑 朴勝珠
校訂　李孝宰
出版　金圭賢 河廷沅
管理　咸明淑
普及　徐源英

古典國譯編輯委員會

委員長　許鎬九
委　員　徐榮洙 沈慶昊 李鴻鎭 田好根
崔錫起 許敬震

企劃委員會

委員長　琴章泰
委　員　朴錫興 徐形來 辛承云 申用浩
李相鎭 李廷燮 許鎬九

任　員

常任顧問　李漢東
顧　　問　金東哲 宋載卲 安炳周 李龍兌 李澤徽 鄭愚相
會　　長　李啓晃
副 會 長　琴章泰 成百曉 辛承云 李廷燮 鄭太鉉
理 事 長　趙富英
理　　事　權五春 金成龍 金在甲 金千式 朴錫興 朴小東
申用浩 李建一 李光虎 李戊澈 李相鎭 李在遠
李興柱 田好根 趙駿河 崔三龍 韓熙喆
監　　事　徐廷文 沈泳洙

思政殿訓義 資治通鑑綱目을 발간하며

본회가 東洋古典의 飜譯과 教育, 情報化 등 古典現代化 사업을 시작한 지 어느덧 25년이 지났다. 그간 많은 어려움이 있었으나 1988년 본회가 발족한 뒤 동양고전 번역사업에 착수하여 四書三經을 註까지 懸吐完譯함으로써 東洋學과 韓國學 전공자들의 필독서가 되어 教育界와 文化界까지 많은 영향을 주었다.

본회에서는 四書三經, 十三經 등 儒家의 핵심 경전을 번역하는 동시에 동양고전의 한 축인 歷史 고전에도 눈을 돌려 ≪通鑑節要≫, ≪國語≫, ≪戰國策≫뿐만 아니라, 동양 역사 철학의 진수가 담긴 ≪春秋左氏傳≫을 완역함으로써 東洋學과 韓國學 연구에 礎石과 架橋를 마련하였다. 이러한 성과를 바탕으로 經史一體의 모범인 ≪資治通鑑綱目≫ 완역을 기획하여 번역에 착수하였다.

'經史一體'란 經典과 歷史가 하나라는 동양의 독특한 관념인데, 이는 기록을 통해 인물과 사건을 도덕적으로 평가하는 풍토를 낳았다. 이러한 기록문화의 중시는 다른 문화권에서는 엄두도 못 낼 막대한 역사 기록을 남기게 하는 배경이 되었다. 굳이 중국 역사서를 언급할 것 없이 ≪朝鮮王朝實錄≫, ≪承政院日記≫, ≪日省錄≫ 같은 방대한 우리의 역사문헌은 이를 잘 보여준다. 이러한 우리 선조들의 역사 서술에 큰 영향을 미친 책이 바로 朱熹의 ≪資治通鑑綱目≫이다.

≪資治通鑑綱目≫은 조선시대 經筵에서 가장 많이 읽은 역사서이자 우리나라 역사 서술에 가장 큰 영향을 미쳤다는 점에서 현재 韓國學 研究에 필수적인 동양 역사 고전이라 할 수 있다. 비록 중국의 역사서이지만, 우리 先學들이 중국의 性理學을 독자적으로 계승 발전시킨 것처럼 ≪資治通鑑綱目≫ 역시 우리의 입장에서 보다 정밀하고 종합적으로 읽고자 하였다. 그 결실이 바로 世宗朝 때 간행된 思政殿訓義本 ≪資治通鑑綱目≫이다.

동양의 대표적 역사서는 紀傳體의 ≪史記≫, 編年體의 ≪資治通鑑≫, 綱目體의 ≪資治通鑑綱目≫으로 대변된다. 北宋 때의 司馬光은 帝王이 여가에 친람하여 정치에 도움이 되게 할 목적으로 ≪資治通鑑≫을 편찬하였고, 朱熹는 ≪資治通鑑≫을 바탕으로 이를 압축적으로 정리하여 보다 읽기 쉽게 하면서 유교적 褒貶을 엄정히 내렸다는 점에서, 이 책들은 제왕의 정치교과서 역할을 하였다. 이런 《資治通鑑》과 《資治通鑑綱目》에 대해 조선조 문화군주였던 세종의 주도하에 연구가 진행되었으며, 그 결과물이 바로 思政殿訓義本 《資治通鑑》과 《資治通鑑綱目》이다.

思政殿은 景福宮의 便殿으로, 세종이 이곳에서 당대 뛰어난 문신들을 참여시켜 《資治通鑑》과 《資治通鑑綱目》에 대한 訓義의 편찬을 주도하였다. 訓義는 의미를 해석한다는 뜻으로, 思政殿訓義는 기존 중국에서 이루어진 《資治通鑑》과 《資治通鑑綱目》의 주석을 集大成하고 군주와 신하들이 읽기 쉽도록 우리만의 주석서를 만든 것이다. 중국 이외 나라에서 《資治通鑑》과 《資治通鑑綱目》 전체에 주석을 단 것은 조선이 처음일 것이다.

현재까지도 《資治通鑑》과 《資治通鑑綱目》을 원전으로 읽기 위해서는 중국의 연구 성과에 의지하여야 했다. 비록 《資治通鑑》은 중국, 일본, 한국에서 번역되었으나 주석까지 완역되지 못하였고, 《資治通鑑綱目》은 번역도 되지 못한 상황이다. 이번 우리나라의 독자적인 주석서인 思政殿訓義本 《資治通鑑綱目》의 완역을 통해 기존에 잊혔던 세종 시기의 《資治通鑑綱目》에 대한 연구 성과를 알리는 동시에, 이를 동양학과 한국학 연구에 활용할 수 있는 기반을 마련하고자 한다. 아울러 이를 통해 古典現代化의 水準을 높이고 融合的이고 自生的인 학문연구가 이루어질 수 있기를 바라는 바이다.

끝으로 이번 思政殿訓義本 《資治通鑑綱目》의 번역에 참여하여 헌신하시는 모든 분들께 무한한 감사를 드린다. 또한 고전현대화에 대한 政府의 지대한 關心과 支援에 감사를 드리며, 그간 직간접으로 지도편달하여 주신 학계와 교육계 및 문화계 인사 여러분께 심심한 謝意를 표하며, 앞으로도 따뜻한 관심과 엄정한 叱正을 부탁드리며 내내 평강과 행복을 기원한다.

社團法人 傳統文化硏究會 會長 李啓晃

凡 例

1. 본서는 南宋 때 朱熹가 編著하고, 朝鮮 世宗 때 思政殿에서 訓義한 ≪資治通鑑綱目≫을 번역한 것으로 ≪譯註 思政殿訓義 資治通鑑綱目≫ 제4책이다.
2. 본서의 底本은 서울대학교 규장각 소장본(奎7500, 藍書 口訣)이며, 규장각(奎7512, 朱書 口訣)과 국립중앙도서관(한古朝50-5, 墨書 口訣) 소장본을 참조하였다. 이들은 모두 木版本으로, 大字(綱)는 晉陽大君(世祖)이 써서 鑄造한 丙辰字, 中小字(目, 訓義 등)는 再造甲寅字로 되어 있다.
   이 밖에도 嚴文儒와 顧宏義가 校點한 ≪資治通鑑綱目≫(≪朱子全書≫ 8-11, 上海古籍出版社・安徽教育出版社, 2002), 文淵閣四庫全書 ≪御批資治通鑑綱目≫, 朝鮮 世宗 때 간행된 思政殿訓義 ≪資治通鑑≫(국립중앙도서관 일산古221-43, 규장각 奎7526), 標點資治通鑑小組에서 標點한 ≪資治通鑑≫(中華書局, 1992(제5판)) 등을 참고하였다.
3. 綱과 目의 원문에는 규장각(奎7500, 奎7512)과 국립중앙도서관(한古朝50-5)의 口訣本을 참조하여 懸吐하였고, 訓義는 한국에서 재래로 사용해오던 표점방식을 보완하여 文理의 이해를 돕는 수준에서 간략히 標點하였다.
4. '綱'과 '目'을 구분하기 위해 각각 번역문 앞에 【綱】과 【目】을 표기하였다. 目은 단락이 길 경우 의미 단락별로 分節하였다. 訓義는 저본의 해당 위치에 ①, ②, ③ 등으로 표기하고 綱이나 目 아래에 번역문과 원문을 배치하였다.

예	
【綱】 茂陵邑을 설치하였다. 置茂陵邑①하다	綱
① 武帝가 스스로……'茂陵'이라 한 것이다. 帝自……故曰茂陵.	訓義
【目】 이해에 上이 처음 微行을 하여…… 是歲에 上이 始爲微行①하여	目
① 행색을 미천한 자처럼 꾸미기 때문에 微行이라 한 것이다. 若微賤者之所爲, 故曰微行.	訓義

5. 번역문은 한글과 한자를 혼용하였으며, 맞춤법과 띄어쓰기는 한글 맞춤법과 표준어 규정을 따랐다.
6. 원문이나 번역문의 한자 중에 僻字나 讀音이 특수한 글자는 한글로 音을 달아주었다.
7. 譯註는 校勘, 人物, 制度, 官職, 역사적 사건, 인용문의 出典, 異說, 故事, 전문용어, 難解語 등에 관한 사항을 밝혔다.
8. 校勘은 원문의 誤字, 脫字, 衍文, 倒文 등을 대상으로 하였다.
9. 附錄에 실린 年表는 綱을 중심으로 ① 君王의 즉위와 사망, 年號, 改年 ② 정치, 경제, 사회, 문화의 주요 사건 ③ 주요 인물의 행적과 사망 등을 서술하되, 東洋史 학술 연표들을 참고하였다(參考書目 年表 관련 자료 참조).
10. 본서의 校勘에 사용된 符號는 다음과 같다.
  ( )〔 〕: (저본의 誤字)〔교감한 正字〕
  〔 〕: 저본의 脫字 보충
  ( ) : 저본의 衍字 표시
11. 본서에 사용한 주요 부호는 다음과 같다.
  " " : 1차 인용
  ' ' : 2차 인용
  「 」: 3차 인용
  ( ) : 원문의 讀音 및 번역문의 間註
  〔 〕: 번역문과 뜻은 같으나 音이 다른 경우
  ≪ ≫ : 書名, 典據
  〈 〉: 篇章名, 作品名 표기
  【 】: 綱과 目의 표시
  ◑, ○ : 저본에 사용된 부호 遵用
12. 본서 朱熹의 凡例와 訓義에 사용한 標點은 다음과 같다.
  . : 문장의 종결
  , : 한 문장 안에서 句나 節의 구분이 필요한 곳
  · : 대등한 명사나 구절의 병렬
  " " : 1차 인용
  ' ' : 2차 인용
  「 」: 3차 인용

參考書目

◇ 底本

- ≪資治通鑑綱目≫, 朱熹(宋) 撰, 思政殿 訓義, 규장각 소장본.(奎7500)

◇ 底本 관련자료

- ≪資治通鑑綱目≫, 朱熹(宋) 撰, 思政殿 訓義, 규장각 소장본.(奎7512)
- ≪資治通鑑綱目≫, 朱熹(宋) 撰, 思政殿 訓義, 국립중앙도서관 소장본.(한古朝50-5)
- ≪資治通鑑綱目≫(≪朱子全書≫ 8-11), 朱熹(宋) 撰, 嚴文儒・顧宏義 校點, 上海古籍出版社・安徽教育出版社, 2002.
- ≪御批資治通鑑綱目≫, 朱熹(宋) 撰, 聖祖(淸) 批 文淵閣四庫全書, 제689-692책 史部 447-450, 臺灣商務印書館, 1983~1986.
- ≪資治通鑑≫, 司馬光(北宋) 撰, 思政殿 訓義, 규장각 소장본.(奎7526)
- ≪資治通鑑≫, 司馬光(北宋) 撰, 思政殿 訓義, 국립중앙도서관 소장본.(일산古221-43)
- ≪資治通鑑≫, 司馬光(北宋) 撰, 胡三省(元) 音註, 中華書局, 1992.(제5판)
- ≪少微家塾點校附音通鑑節要≫, 江贄(宋) 編, 고려대도서관 소장본.
- ≪少微家塾點校附音通鑑節要≫, 江贄(宋) 編, 규장각 소장본.

◇ 經 部

- ≪論語集註大全≫, 朱熹(宋) 集註, 胡廣(明) 等 編, 朝鮮 內閣本, 影印本, 學民文化社.
- ≪說文解字≫, 許愼(漢) 撰, 文淵閣四庫全書 제223책 經部217, 臺灣商務印書館, 1983~1986.
- ≪詩傳大全≫, 朱熹(宋) 集傳, 胡廣(明) 等 編, 朝鮮 內閣本, 影印本, 學民文化社.
- ≪周禮注疏≫, 十三經注疏整理委員會 整理, 北京大學出版社, 2000.
- ≪周易傳義大全≫, 程頤(宋) 傳, 朱熹(宋) 本義, 胡廣(明) 等 編, 朝鮮 內閣本, 影印本, 學民文化社.
- ≪春秋經傳集解≫, 左丘明(周) 傳, 杜預(晉) 註, 林堯叟(宋)・朱申(宋・元) 附註, 朝鮮金屬活字本(戊申字), 影印本, 保景文化社.

◇ 史 部

- ≪綱目續麟≫, 文淵閣四庫全書 제323책 史部81, 臺灣商務印書館, 1983~1986.
- ≪綱目訂誤≫, 文淵閣四庫全書, 제323책 史部81, 臺灣商務印書館, 1983~1986.
- ≪大事記≫, 呂祖謙(宋) 撰, 文淵閣四庫全書 제324책 史部82, 臺灣商務印書館, 1983~1986.
- ≪文白對照 資治通鑑輯覽≫ 1-36책, 文白對照御批歷代通鑒輯覽編委會 編, 馬建石 主編, 國際文化出版公司, 2002.
- ≪文白對照全譯 資治通鑑≫ 전3책, 張宏儒・沈志華 主編, 改革出版社, 1991.
- ≪柏楊白話版 資治通鑑≫, 柏楊 編譯, 北岳文藝出版社, 2006.
- ≪史記≫, 司馬遷(漢) 撰, 中華書局, 1999.
- ≪史記索隱≫, 司馬貞(唐) 編, 文淵閣四庫全書 제246책 史部4, 臺灣商務印書館, 1983~1986.
- ≪史記正義≫, 張守節(唐) 編, 文淵閣四庫全書 제247-248책 史部5-6, 臺灣商務印書館, 1983~1986.
- ≪史記集解≫, 裴駰(南朝 宋) 編, 文淵閣四庫全書 제245-246책 史部3-4, 臺灣商務印書館, 1983~1986.
- ≪資治通鑑綱目集覽鐫誤≫, 瞿佑(明) 撰, 韓國學中央研究院, 1980.
- ≪資治通鑑釋文≫, 史炤(宋) 撰, 臺灣商務印書館, 1980.
- ≪資治通鑑地理今釋≫, 吳熙載(淸) 撰, 江蘇書局, 1882.
- ≪前漢紀≫, 荀悅(後漢) 撰, 文淵閣四庫全書 제303책 史部, 臺灣商務印書館, 1983~1986.
- ≪集註 通鑑節要≫ 1-2, 金都鍊 編註, 亞細亞文化史, 1982, 1986.
- ≪通鑑釋文辯誤≫, 胡三省(元) 撰, 文淵閣四庫全書 제312책 史部70, 臺灣商務印書館, 1983~1986.
- ≪通鑑五十卷詳節要解≫, 九淵禪師(朝鮮) 著, 國立中央圖書館 所藏本
- ≪通鑑地理通釋≫, 王應麟(宋) 撰, 文淵閣四庫全書 제312책 史部70, 臺灣商務印書館, 1983~1986.
- ≪漢官舊儀≫, 衛宏(漢) 撰, 文淵閣四庫全書 제646책 史部404, 臺灣商務印書館, 1983~1986.
- ≪漢書≫, 班固(後漢) 撰, 中華書局, 2002.
- ≪漢書補註≫, 王先謙(淸) 補注, 王雲五 主編, 臺灣商務印書館, 1968.

- ≪後漢書≫, 范曄(南朝 宋) 撰, 中華書局, 1996.
- ≪後漢書集解≫, 王先謙(淸) 集解, 臺灣商務印書館, 1968.

◇ 子 部

- ≪司馬法直解≫, 司馬穰苴(周) 著, 劉寅(明) 直解, 국립중앙도서관 소장본.
- ≪搜神記≫, 干寶(晉) 撰, 文淵閣四庫全書 제1042책 子部348, 臺灣商務印書館, 1983 ~1986.
- ≪孫武子直解≫, 孫武(周) 著, 劉寅(明) 直解, 국립중앙도서관 소장본.

◇ 硏究論著 및 飜譯書

- 加藤繁·公田連太, ≪國譯 資治通鑑≫, 景仁文化社, 1996.
- 權重達, ≪資治通鑑≫ 전1-32책, 도서출판 삼화, 2007~2010.
- 김유철·하원수, ≪漢書 外國傳 譯註≫ 上·下, 동북아역사재단, 2009.
- 金忠烈, ≪通鑑節要≫ 天·地·人, 三省出版社, 1987.
- 成百曉 譯註, ≪譯註 通鑑節要≫1-9, 傳統文化硏究會, 2005~2011.
- 王利器, ≪史記註譯≫, 三秦, 1997.
- 劉華淸, ≪漢書全譯≫, 貴州人民出版社, 1994.
- 李國祥 等, ≪資治通鑑全譯≫, 貴州人民出版社, 1994.
- 池松旭, ≪詳密註釋 通鑑諺解≫, 學民文化社, 1992.

◇ 사전 및 공구서

- 施丁·沈志華 共譯, ≪資治通鑑大辭典≫ 上·下, 吉林人民出版社, 1994.
- 梁玉繩 撰, ≪漢書人表考≫, 臺灣商務印書館, 1968.
- 呂宗力 主編, ≪中國歷代官制大辭典≫, 北京出版社, 1994.
- 魏連科 編, ≪漢書人名索引≫, 中華書局, 1979.
- 李曉光·李波 主編, ≪史記索引≫, 中國廣播電視出版社, 1989.
- 鍾華 編, ≪史記人名索引≫, 中華書局, 1977.
- 陳厚耀(淸) 撰, ≪春秋戰國異辭≫, 文淵閣四庫全書 제403책 史部161, 臺灣商務印書館, 1984.
- 倉修良 主編, ≪史記辭典≫, 山東敎育出版社, 1991.
- ――――――, ≪漢書辭典≫, 山東敎育出版社, 1996.
- 洪業 等 編纂, ≪漢書及補注綜合引得≫, 上海古籍出版社, 1988.

◇ 데이터베이스(DB) 자료

- 한국고전종합DB(http://db.itkc.or.kr)
- 동양고전종합DB(http://db.cyberseodang.or.kr)
- 電子版 文淵閣四庫全書, 上海古籍出版社.
- 상우천고(http://www.s-sangwoo.kr)

◇ 年表 관련 자료

- 徐州師範學院歷史系, ≪中國歷史大事紀年≫, 爾雅社, 1977.
- 松丸道雄 等 編, ≪中國史 1≫, 山川出版社, 2003.
- 沈起煒, ≪中國歷史大事年表≫, 上海辭書出版社, 2001.
- 鶴間和幸, ≪中國の歷史 3-ファーストインペラーの遺産≫, 講談社, 2005.

目 次

思政殿訓義 資治通鑑綱目 제4권 중

漢 武帝 建元 2년~漢 武帝 元朔 4년

壬寅年(B.C. 139)

【綱】 漢나라 世宗 孝武皇帝 建元 2년이다. 겨울 10월에 淮南王 劉安이 와서 조회하였다.

二年이라 **冬十月**에 **淮南王安**이 **來朝**하다

【目】 上은 淮南王 劉安이 諸父[1]의 항렬에 속하고 재주가 높다 하여 매우 존중하였다.

上以安이 屬爲諸父而材高라하여 甚尊重之하니라

【綱】 趙綰과 王臧이 獄吏에게 회부되자 자살하였다. 丞相 竇嬰과 太尉 田蚡이 면직되고, 申公이 면직되어 집으로 돌아갔다. 石建을 郎中令으로 삼고 石慶을 內史로 삼았다.

趙綰王臧 下吏[2]하니 **自殺**하다 **丞相嬰太尉蚡**이 **免**하고 **申公**이 **免歸**[3]하니 **以石建爲郎**

---

1) 諸父 : 아버지의 형제 곧 伯父와 叔父를 이르는데, 劉安은 武帝의 堂叔이므로 높인 것이다.

2) 下吏 : "'獄吏에게 내렸다.〔下吏〕'는 말이 세 가지이니, '아무개를 옥리에게 내렸다.〔下某吏〕'는 것은 죄가 없다는 말이고, '아무개가 죄로 옥리에게 내려졌다.〔某以罪下吏〕'는 것은 죄가 있다는 말이고, '아무개가 옥리에게 내려졌다.〔某下吏〕'는 것은 죄가 적다는 말이다.〔下吏之辭三 下某吏 無罪之辭也 某以罪下吏 有罪之辭也 某下吏 薄乎云耳之辭也〕" ≪書法≫

書法은 '筆法'이란 말과 같다. 朱子는 ≪資治通鑑綱目≫을 편찬할 적에 孔子의 ≪春秋≫ 筆法을 따라 綱과 目으로 나누었는바, 綱은 ≪春秋≫의 經文을, 目은 ≪春秋左氏傳≫ 傳文을 따랐다. ≪資治通鑑綱目≫의 筆法을 밝힌 것으로는 劉友益의 ≪綱目書法≫, 尹起莘의 ≪綱目發明≫이 그 대표작이라 할 수 있는데, 이 두 책은 현재 淸나라 聖祖(康熙帝)가 엮은 ≪御批資治通鑑綱目≫에 모두 수록되어 있다. 이 筆法은 綱에 주안점이 맞춰져 있는데, 우리나라 學者들이 특별히 이 ≪자치통감강목≫을 愛讀한 이유는 바로 이 筆法에 있었다. ≪어비자치통감강목≫에는 이외에도 汪克寬(元)의 ≪綱目凡例考異≫ 등 많은 내용이 수록되어 있으나, 본서에서 다 소개하지 못하고 ≪강목서법≫과 ≪강목발명≫만을 소개하되, ≪강목서법≫은 내용이 많으므로 중요한 것만을 발췌하였고, ≪강목발명≫은 전체를 수록하였는바 본고에서는 각각 ≪書法≫과 ≪發明≫으로 요약 표기하였다.

中令하고 石慶爲內史하다

【目】太皇太后가 黃老의 말을 좋아하고 儒術을 좋게 여기지 않았다. 趙綰이 東宮(태후)에 일을 아뢰지 말 것을 주청하자, 태후가 크게 노하여 은밀히 趙綰과 王臧이 부정하게 이익을 취한 일을 조사하게 하여 이것을 가지고 上을 꾸짖었다. 上이 이 일로 인해 明堂을 세우려는 일을 폐지하고, 조관과 왕장을 獄吏에게 회부하니, 이들이 모두 자살하였다. 승상 竇嬰과 태위 田蚡이 면직되고 申公도 질병을 이유로 면직되어 집으로 돌아갔다.

太皇太后 好黃老言하고 不悅儒術이러니 趙綰이 請毋奏事東宮①한대 太后大怒하여 陰求綰臧姦利事하여 以讓上하니 因廢明堂事②하고 下綰臧吏한대 皆自殺하니 嬰・蚡이 免하고 申公亦以疾免歸하다

① 〈"東宮에 일을 아뢰지 말 것을 주청하다.〔請毋奏事東宮〕"는〉 태황태후의 정권을 빼앗고자 한 것이다. 漢나라 長樂宮은 동쪽에 있었는데, 태후가 거처하였기 때문에 '東宮' 또는 '東朝'라 칭하였다.
欲奪其政也. 漢長樂宮在東, 太后居之, 故謂之東宮, 亦謂之東朝.

② ≪資治通鑑≫에는 〈'讓上'의〉 上字 아래에 또 上字가 있다.
通鑑, 上字下, 又有上字.

【目】이전에 景帝가 石奮과 그의 네 아들이 모두 二千石의 관리[4]라 하여 석분을 萬石君이라 불렀다. 만석군은 문학을 익히지 않았지만 몸가짐을 공손히 하고 삼감에 있어서는

3) 趙綰王臧……免歸 : "武帝가 겉으로는 儒者를 좋아한다고 하였으나, 등용한 자는 오직 趙綰과 王臧 등 뿐이고, 董仲舒는 순수한 학자였으나 마침내 제후국에 버려졌으니, 이는 '葉公이 龍을 좋아한다.'는 것과 무엇이 다르겠는가. 그러나 조관과 왕장은 등용된 지 겨우 반년이었는데, 이들이 죽을 적에 죄가 있다고 쓰지 않고 모두 竇嬰과 田蚡이 면직된 것과 같이 썼다. 이는 武帝가 가정(太皇太后)에서 들은 黃老의 말에 미혹되어 가슴속에 애초에 定見이 없음이 이와 같았던 것이다. 학자를 좋아한다는 실재가 과연 어디에 있는가.〔武帝名爲好儒 所用特綰臧輩爾 仲舒醇儒 迺棄之侯國 殆與葉公好龍何異 然綰臧見用纔半載 其死也 不書有罪 與嬰蚡之免皆然 蓋其惑於家庭黃老之說 胸中初無定見如此 好儒之實 果安在哉〕" ≪發明≫ "葉公이 용을 좋아한다.〔葉公好龍〕"는 것은 劉向의 ≪新序≫에 나오는 말이다. 楚나라 葉公 子高가 용을 좋아해서 손이 닿는 곳마다 용 그림을 새겼는데, 진짜 용이 소문을 듣고 그 집에 내려오자 섭공이 혼비백산하여 도망쳤다는 설화로서 似而非를 경계하는 뜻을 담고 있다.

4) 二千石의 관리 : 秩이 二千石으로 중앙의 九卿과 지방의 郡守에 해당한다. 石은 연봉으로 지급되는 곡물의 양이나, 실제로 그 양을 받지는 않았다. 품계의 서열은 2,000石, 600石, 200石, 100石을 기준으로 나뉘며, 2,000石 이상은 최고관원이며 600石 이상은 大夫로 황제가 임명하는 칙임관이며, 200石 이상은 長吏라 불리는 奏任官이다.

견줄 자가 없었다. 만석군은 자손 중에 하급 관리가 되어 돌아와 뵙는 자가 있으면 반드시 朝服을 입고 만나 보고 그의 이름을 부르지 않았으며, 잘못을 저지른 자가 있으면 책망하지 않고 별실에 거처하면서 밥상을 마주 대하고 먹지 않았다. 그런 뒤에 여러 아들들이 서로 꾸짖고 長老를 통하여 웃통을 벗고 사죄하여 고쳐야만 비로소 용서하였다.

자손 중에 관을 쓴 자가 곁에 있으면 비록 한가롭게 거처할 때라도 반드시 관을 썼다. 만석군이 부모의 喪을 만나 執喪할 적에는 매우 슬퍼하였는데, 자손들이 그 가르침을 따라서 孝行과 謹愼함으로 알려졌다.

初에 景帝以石奮及四子 皆二千石이라하여 號奮爲萬石君이러라 萬石君이 無文學호되 而恭謹無與比라 子孫이 爲小吏하여 來歸謁이면 必朝服見之하고 不名하며 有過失이어든 不責讓하고 爲便坐하여 對案不食①이라 然後에 諸子相責하고 因長老하여 肉袒謝罪하여 改之라야 乃許②하다 子孫勝冠者 在側이면 雖燕居나 必冠③하며 其執喪에 哀戚甚悼하니 子孫遵教하여 皆以孝謹聞④이러라

① 爲(위하다)는 去聲이다. 便은 본음대로 읽고, 坐(앉다)는 徂臥의 切이다. 〈"便坐"는〉 옆방에 편히 앉아 있는 것이니, 正室이 아니다.
爲, 去聲. 便, 如字[5]. 坐, 徂臥切[6]. 便坐於便側之處, 非正室也.
② "因長老"는 나이가 많고 老成한 사람에게 의탁하여 죄를 인정하고 용서를 구함을 이른다.
因長老, 謂因託年長老成以請罪.
③ 勝(승)은 음이 升이다. 燕은 편안하다는 뜻이니, 한가로운 때를 이른다.
勝, 音升. 燕, 安也, 謂閑燕之時.
④ "執喪"은 상복을 입는다는 말과 같다. 聞(알려지다)은 음이 問이다.
執喪, 猶言持喪服也. 聞, 音問.

【目】趙綰과 王臧이 죄를 얻자, 태후는 儒者들이 文飾은 많고 질박함은 적은데, 지금 萬石君의 집안은 말을 많이 하지 않고 몸소 실천한다고 하여, 이에 만석군의 아들 石建을 郎中令으로 삼고 石慶을 內史로 삼았다.

석건은 上의 곁에 있을 적에 간언할 일이 있으면 사람들을 물리치고 소신껏 매우 간절하게 말을 하였으나 조정에서 뵐 적에는 말을 잘하지 못하는 자처럼 하니, 상이 이 때문에 그를 가까이하였다.

及綰臧獲罪에 太后 以爲儒者는 文多質少어늘 今萬石君家는 不言而躬行이라하여 乃以其子

5) 如字 : 한 글자에 여러 독음이 있는 경우 본음대로 읽으라는 것이다.
6) 切 : 反切音을 표시한 것이다. '反(번)'은 뒤집는다(되치다)는 뜻으로 번역을 의미하고, '切'은 자른다는 의미이다. 앞 글자의 初聲을 따고 뒷글자의 中聲과 終聲을 따서 읽는다.

建으로 爲郎中令하고 慶으로 爲內史하다 建在上側에 事有可言이면 屛人恣言極切이로되 至廷見(현)엔 如不能言者하니 上以是親之①러라

① "事有可言"은 응당 간언해서 바로잡을 일이 있음을 이른다. 見은 胡甸의 切이다. "廷見"은 조회하여 뵐 때를 이른다.
事有可言, 謂事有當諫正者也. 見, 胡甸切. 廷見, 謂當朝而見時.

【綱】 봄 2월 초하루에 일식이 있었다.

春二月朔에 日食하다

【綱】 3월에 許昌을 승상으로 삼았다.

◑ 三月에 以許昌爲丞相하다

【綱】 衛青을 太中大夫로 삼았다.

◑ 以衛青爲太中大夫하다

【目】 陳皇后는 교만하고 질투가 많고 총애를 독점하였으나 자식이 없자, 총애가 점차 쇠하였다. 上이 일찍이 누이인 平陽公主의 집에 들렀다가 歌姬인 衛子夫를 보고 좋아하자, 평양공주가 인하여 그녀를 바쳐서 궁에 들여보내니, 은총이 날로 높아졌다.

그러자 진황후가 성을 내어 위자부가 여러 차례 죽을 뻔하였다. 위자부의 同母弟 青은 衛氏를 빌려 姓으로 삼고 平陽侯 집안의 騎馬를 따라 다니는 노비가 되었는데, 武帝가 그를 불러 建章監과 侍中[7]으로 삼았다. 〈武帝는〉 얼마 후에 위자부를 夫人으로 삼고 위청을 太中大夫로 삼았다.

陳皇后는 驕妬擅寵而無子하니 寵浸衰①라 上이 嘗過姊平陽公主②라가 悅謳者衛子夫③어늘 主因奉送入宮하니 恩寵日隆이라 皇后恚하여 幾死者數(삭)矣러라 子夫同母弟青이 冒姓衛氏하여 爲侯家騎奴④어늘 召爲建章監, 侍中⑤이러니 既而요 以子夫爲夫人하고 青爲太中大夫하다

① 陳皇后는 바로 長公主 劉嫖(표)[8]의 딸이다.

7) 侍中 : 秦나라에 처음 설치된 관직으로 定員이 없다. 丞相의 史가 되어 조정과 궁중을 왕래하며 황제에게 일을 아뢰는 일을 맡았다. 漢代에 황제의 권력이 커지고 內朝가 강화되면서 핵심 관직이 되었다.

陳皇后, 卽長公主嫖女.

② 曹參의 증손인 平陽夷侯 曹壽에게 시집갔기 때문에 平陽公主라고 칭한 것이다.
爲曹參曾孫平陽夷侯曹壽所尙, 故稱平陽公主.

③ ≪漢書≫ 〈外戚傳〉을 살펴보건대, 衛皇后는 字가 子夫이다.
按外戚傳, 衛皇后, 字子夫.

④ 冒는 거짓으로 칭함을 이르니, 사람의 머리에 모자를 써서 가리는 것과 같다. 衛青의 아버지 鄭季는 본래 平陽縣의 관리인데, 平陽侯의 집안에 파견되어 일을 하다가 家僮인 衛媼과 사통하여 青을 낳았기 때문에 衛氏를 빌려서 성으로 삼은 것이다. 위온이 위씨를 칭한 것은 남편 집안의 성을 들어 쓴 것이다. "侯家"는 平陽侯의 집안이다. 騎(騎馬)는 去聲이다.
冒, 謂假稱, 若人首之有覆冒也. 青之父鄭季, 本平陽縣吏, 給事侯家, 與家僮衛媼私通而生青故冒姓衛. 衛媼稱衛者, 擧其夫家姓也. 侯家, 平陽侯之家. 騎, 去聲.

⑤ 建章은 宮의 이름이니, 上林苑 가운데 있다. ≪史記≫에 따르면 太初 원년(B.C. 104)에 건장궁을 세웠다고 하였는데, 이는 이전의 건장궁을 크게 증축한 것이다. 위청이 당시에 建章監이 되고 시중을 겸하였다.
建章, 宮名, 在上林苑中. 據史, 太初元年起建章宮, 蓋因舊宮而大起也. 青時爲建章監而兼侍中.

【綱】 여름 4월에 해처럼 밝은 별이 밤중에 나타났다.

夏四月에 **有星如日**하여 **夜出**[9]하다

【綱】 茂陵邑을 설치하였다.

◑ **置茂陵邑**①하다

① 武帝가 스스로 자신의 능을 만들었는데, 이곳이 본래 槐里縣 茂鄕이기 때문에 '茂陵'이라 한 것이다.
帝自作陵也, 本槐(괴)里縣之茂鄕, 故曰茂陵.

---

8) 長公主 劉嫖(표) : 長公主는 황제의 자매에 대한 봉호이다. 장공주 劉嫖는 태황태후인 竇太后의 딸이자 武帝의 고모인 館陶公主이다. 그녀는 무제가 태자가 되는데 큰 역할을 하였으며, 태황태후의 총애를 받았기 때문에 그녀의 딸인 陳皇后의 권세 또한 막강하였다.

9) 夏四月……夜出 : "이것은 災異를 기록한 것이다. ≪資治通鑑綱目≫에 星變을 기록한 것 중에 별이 '해와 같았다.'는 것이 있고, '달과 같았다.'는 것이 있고, '술잔만 하였다.'는 것이 있는데, 해와 같았다는 것보다 더 심한 것은 없다.〔記異也 綱目記星變 有如日者焉 有如月者焉 有如杯椀者焉 莫甚於如日者矣〕" ≪書法≫

癸卯年(B.C. 138)

【綱】漢나라 世宗 孝武皇帝 建元 3년이다. 겨울 10월에 中山王 劉勝이 와서 조회하였다.

三年이라 冬十月에 中山王勝이 來朝하다

【目】의논하는 자들이 鼂錯(조조)가 諸侯王의 힘을 억제하는 계책을 세우다 죽은 일[10]을 많이 원통하게 여겨서, 제후왕을 억압하는 데 힘써서 온갖 방법으로 허물을 찾아내어 자주 제후왕들의 잘못을 아뢰어 드러내자, 제후왕 중에 서글퍼하고 원망하지 않는 자가 없었다. 이때에 武帝가 술자리를 마련하자 中山王 劉勝이 음악을 듣고서 눈물을 흘리니, 上이 그 연고를 물었다. 劉勝이 〈天子國의〉 관리가 침해하는 일을 가지고 자세히 아뢰니, 上이 이에 제후들을 우대하여 담당 관리가 제후의 일을 아뢴 것을 생략하고(세세히 따지지 않고), 제후왕들을 친족으로 대우하는 은전을 더 베풀었다.

議者 多寃鼂錯之策①하여 務摧折諸侯王하여 數(삭)奏暴其過惡하여 吹毛求疵하니 諸侯王이 莫不悲怨②이러니 至是置酒에 勝이 聞樂聲而泣이어늘 上이 問其故한대 勝이 具以吏所侵聞③하니 上이 乃厚諸侯之禮하여 省(생)有司所奏諸侯事하고 加親親之恩焉④이러라

① 鼂錯의 계책이 옳았는데 억울하게 죽임을 당했음을 말한 것이다.
言錯策是, 枉見殺也.

② 暴(폭)은 드러내는 것이다. 疵는 才斯의 切이니, 결점이 있고 하자가 있다는 뜻이다.
暴, 謂披布之. 疵, 才斯切, 病也, 瑕也.

③ 聞은 황제에게 아뢰는 것이다.
聞, 聞於帝也.

④ 省은 減하는 것이다.
省, 減也.

【綱】河水가 平原으로 범람하였다.

---

10) 鼂錯(조조)가……일 : 漢나라 景帝 때 鼂錯는 제후왕의 힘이 강성해지자 "지금 吳나라의 영토를 떼어내도 반란하고 떼어내지 않더라도 또한 반란할 것인데, 封地를 떼어내면 반란은 빨라도 禍가 작고 떼어내지 않으면 반란은 더디나 화가 클 것입니다." 하고, 제후들의 封地를 깎을 것을 청하였다. 이후 吳·楚 등 7國이 반란을 일으켜서 조조의 목숨을 요구하자, 경제는 吳나라 정승 袁盎의 말에 따라 조조를 죽였는데, 이 일을 가리킨다.

河水 溢于平原①[11]하다

① 平原은 본래 齊나라 땅인데, 高祖가 郡을 설치하였다. 禹王이 九河를 소통시킨 곳이 모두 平原郡과 勃海郡의 경계에 해당한다.
平原, 本齊地, 高祖置郡. 禹疏九河, 皆在平(源)〔原〕[12]勃海郡界.

【綱】 큰 기근이 들어서 사람들이 서로 잡아먹었다.

◑ **大饑**하여 **人相食**[13]하다

【綱】 가을 7월에 孛星이 서북쪽에 나타났다.

◑ **秋七月**에 **有星孛于西北**하다

【綱】 閩越이 東甌를 공격하자, 사신을 보내 군대를 징발하여 구원하고, 마침내 長江과 淮水 사이에 東甌의 백성들을 이주시켰다.

◑ **閩越**이 **擊東甌**어늘 **遣使發兵救之**하고 **遂徙其衆於江淮間**[14]하다

【目】 처음에 閩粵(閩越)이 군대를 징발하여 東甌를 포위하니, 동구가 사람을 보내서 위급함을 고하였다. 天子가 田蚡에게 묻자, 전분이 대답하기를 "越나라 사람들이 서로 공격하는 것은 진실로 늘 있었던 일이고, 게다가 자주 번복하여 秦나라 때부터 버려두어 복속시키지 않았으니, 中國을 번거롭게 하면서 구원할 필요가 없습니다." 하니, 莊助가 다음과 같이 아뢰었다.

"小國이 곤궁한 사정을 가지고 와서 위급함을 알렸는데, 천자께서 구원하지 않으시면 또 어떻게 萬國을 자식처럼 돌볼 수 있겠습니까. 또 秦나라는 都城인 咸陽까지도 모두

---

11) 河水 溢于平原 : "'황하가 넘침〔河溢〕'을 쓴 것이 이때 처음 시작되었다.〔書河溢 始此〕" ≪書法≫

12) (源)〔原〕 : 저본에는 '源'으로 되어 있으나, 綱에 의거하여 '原'으로 바로잡았다.

13) 大饑 人相食 : "漢나라 초기에 '關中 지방에 기근이 들어 사람들이 서로 잡아먹었다.〔關中饑人相食〕'고 썼는데, 이때에 다시 보인다.〔漢初書關中饑 人相食矣 於是再見〕" ≪書法≫

14) 秋七月……遂徙其衆於江淮間 : "孛는 병란이 일어날 象이다. ≪綱目≫에서 위에는 星孛를 쓰고 아래에는 군대를 동원하여 東甌를 구원한 일을 썼다. 비록 閩越에 일이 있었으나 쓰지 않았으니, 그 뜻을 알 수 있다. 그렇다면 '遂'라고 쓴 것은 어째서인가? 구원함은 옳지만 그 백성을 옮긴 것은 지나치다는 것이다.〔孛 兵象也 綱目上書星孛 下書發兵救東甌 雖閩有事不書 意可見矣 然則書遂 何 救之 可也 徙其衆 過矣〕" ≪書法≫

버렸으니, 어찌 越나라만 버렸을 뿐이겠습니까."

그러자 上이 말하기를 "太尉(田蚡)와는 함께 일을 계획할 수 없구나! 내가 새로 즉위하였으니, 虎符(兵符)를 내어 郡國에서 군대를 징발하기를 원치 않는다." 하고, 마침내 장조를 파견하여 符節을 가지고 會稽에서 군대를 징발하게 하였는데, 會稽太守가 불법이라고 거부하고 징발하려 하지 않았다. 그러자 장조는 司馬 한 명을 참수하고 천자가 虎符를 내고자 하지 않은 뜻을 알려주고, 이에 군대를 징발하여 바다를 건너서 동구를 구원하였다.

구원병이 도착하기 전에 민월은 병력을 이끌고 퇴각하였고, 동구는 온 나라 사람들을 중국 안으로 이주시켜 줄 것을 요청하였다. 이에 그 무리들을 모두 데리고 와서 長江과 淮水 사이에 거주하게 하였다.

初에 閩粵이 發兵圍東甌①하니 東甌使人告急이어늘 天子問田蚡한대 對曰 越人相攻擊은 固其常이요 又數(삭)反覆하여 自秦時棄不屬하니 不足以煩中國往救也②니이다 莊助曰 小國以窮困來告急이어늘 天子不救하시면 又何以子萬國乎③잇가 且秦은 擧咸陽而棄之하니 何但越也④릿고 上曰 太尉不足與計로다 吾新卽位하니 不欲出虎符發兵郡國이라하고 乃遣助하여 以節發兵會稽⑤하다 會稽守欲距法不爲發⑥이어늘 助乃斬一司馬하고 喩意⑦하고 乃發兵浮海하여 救東甌러니 未至에 閩越이 引兵罷하고 東甌請擧國內徙어늘 乃悉擧其衆來하여 處於江淮之間하다

① 吳·楚 등 7國이 패했을 적에 吳王(劉濞)의 아들 劉駒가 閩越로 도망갔었는데, 劉駒는 자기 부친을 살해한 동구를 원망하여 늘 민월에게 동구를 공격할 것을 권하니, 민월이 그의 말을 따른 것이다.
七國之敗也, 吳王子駒, 亡走閩越, 怨東甌殺其父, 常勸閩越擊東甌, 閩越從之.

② "棄不屬"은 오랫동안 버려두어서 중국에 복속시키지 않았음을 이른다.
棄不屬, 謂久已棄之, 不臣屬於中華.

③ 子는 신하와 자식처럼 기름을 이른다.
子, 謂畜(휵)爲臣子也.

④ 擧는 모두라는 뜻이니, 〈"擧咸陽而棄之"는〉 천하를 위시하여 京師에 이르기까지 다 버림을 말한 것이다.
擧, 摠也. 言摠天下乃至京師, 皆棄之.

⑤ 會稽는 동남쪽으로 越나라와 국경을 맞대고 있다.
會稽, 東南邊越.

⑥ 〈"距法不爲發"은〉 법을 근거로 거부하고 병력을 징발하지 않은 것이니, 이는 〈황제의 명령을〉 증명하는 虎符가 없었기 때문이다. 爲(위하다)는 去聲이다.
以法距之而不發兵, 爲無虎符驗也. 爲, 去聲.

⑦ 〈"喩意"는〉 천자가 虎符를 내고자 하지 않은 뜻을 말해준 것을 이른다.
謂曉喩以天子不欲出虎符之意.

【綱】 9월 그믐에 일식이 있었다.

九月晦에 日食하다

【綱】 漢나라 世宗 孝武皇帝가 처음 微行을 하고 마침내 上林苑을 만들었다.

◑ 帝始爲微行하고 遂起上林苑[15)]하다

【目】 上이 천하에 문학과 才智를 간직한 선비들을 불러서 선발한 다음 그중에서 뛰어난 자들을 뽑아서 총애하니, 莊助, 朱買臣, 吾丘壽王(우구수왕), 司馬相如, 東方朔, 枚皐, 終軍 등이 모두 황제의 좌우에 있었다. 上은 매번 이들로 하여금 대신들과 변론하게 하였는데 中(賓客)과 外(公卿大夫)가 의리를 밝힌 글을 가지고 서로 응대하니, 대신들이 자주 굴복하였다.

그러나 사마상여는 특별히 辭賦로써 총애를 받았고 동방삭과 매고는 논의가 나약해서 持論을 내세우지 않고 해학을 좋아하니, 上이 배우(광대)로 대하였다. 그러나 동방삭은 때때로 直諫을 하여 도움이 되는 바가 있었다.

上이 招選天下文學材智之士하여 簡拔其俊異者하여 寵用之하니 莊助, 朱買臣, 吾丘壽王, 司馬相如, 東方朔, 枚皐(매고), 終軍等이 竝在左右①하여 每令與大臣辯論에 中外相應以義理之

---

15) 帝始爲微行 遂起上林苑 : "盧生이 秦나라 始皇帝에게 미행하도록 가르친 것을 〈≪資治通鑑綱目≫에서〉 쓰지 않았는데, 이때 처음 썼으니, 처음 미행한 것이 아닌데 '처음〔始〕'이라고 쓴 것은 어째서인가? 武帝가 종신토록 미행했다는 말이다. 무제가 재위한 것이 50여 년이었는데, 卽位한 지 겨우 3년에 이와 같았으니, 모두 쓸 수가 없어서 그 처음만 썼을 뿐이다.〔盧生敎始皇爲微行 不書 於是始書 非創也 則其書始 何 終身之辭也 帝在位五十餘年 甫三年 已若此矣 以爲不可勝書 書其始而已〕" ≪書法≫

"武帝가 즉위한 지 오래지 않아 경거망동함이 이미 여기에서 보인다. 人君은 嫡子로서 帝位를 잇고 종묘를 받들어서 관계되는 바가 매우 중요하다. 그리하여 출입할 적에 경호하고 辟除하며 길을 깨끗이 치운 뒤에 出行하니, 어찌 몸이 가벼움을 자랑하여 몸소 匹夫의 행실을 할 수 있단 말인가. 만약 柏谷의 주인이 武帝를 도둑이라고 여겨 공격하려던 계책이 행해졌다면 그 위태로움이 어찌 심하지 않겠는가. '처음 미행했다.'고 썼으면 종묘를 가볍게 여기고 神器(황제의 자리)를 하찮게 여겨서 萬乘의 존엄함을 버리고 人君의 체통을 잃은 것이 모두 여기에서 나타난다. 더구나 또 이것을 인하여 苑囿의 부역을 일으켰으니, 말할 것이 있겠는가.〔武帝踐祚未久 輕擧妄動 已見於此 夫人君繼體承祧 所繫甚重 出警入蹕 淸道後行 烏可肆其輕佻 身爲匹夫之擧 向使柏谷主人之計得行 其危豈不甚哉 書始爲微行 則輕宗廟 褻神器 棄萬乘之尊 失人君之體 具見於此 況又因之起苑囿之役乎〕" ≪發明≫

文하니 大臣數(삭)屈焉②이러라 然이나 相如는 特以辭賦得幸하고 朔皐는 不根持論하여 好詼諧(회해)하니 上以俳優畜(휵)之③로되 朔時直諫하여 有所補益④이러라

① 吾는 음이 虞이다. 吾丘는 復姓이니, 혹 虞丘로도 쓴다. 壽王은 이름이다. 東方은 復姓이고 朔은 이름이다. 枚와 終은 모두 姓이다.
吾, 音虞. 吾丘, 復姓, 或作虞丘. 壽王, 名. 東方, 復姓. 朔, 名. 枚・終, 皆姓也.
② 中은 천자의 賓客을 이르니 莊助와 같은 무리들이요, 外는 公卿大夫를 이른다. "數屈"은 매번 굴복한 것이다.
中, 謂天子之賓客, 若莊助之輩也. 外, 謂公卿大夫也. 數屈, 每屈服也.
③ "不根持論"은 논의가 나약해서 持論을 내세우지 않음을 이르니, 마치 나무에 뿌리가 없는 것과 같은 것이다. 詼(회)는 音이 恢이니 희롱하는 것이다. 諧는 音調가 조화로운 말이다. 俳는 音이 排이니 雜戲(우스갯짓함)이고, 優는 音이 憂이니 調戲(희롱함)이다. 俳優는 바로 伶人(樂人)으로 희롱하는 자이다.
不根持論, 謂論議委隨, 不能持正, 如樹木之無根柢也. 詼, 音恢, 謿戲也. 諧者, 和韻之言也. 俳(배), 音排, 雜戲也. 優, 音憂, 調戲也. 俳優, 卽伶人調戲者.
④ ≪資治通鑑≫에는 時字 아래에 또 時자가 있다.
通鑑時字下, 又有時字.

【目】이해에 上이 처음 微行을 하여 좌우에 말타기와 활쏘기를 잘하는 자들과 殿門에서 만날 것을 기약하고 늘 南山 아래에 와서 활을 쏘아 사냥을 하면서 곡식을 가꾸는 農地에서 말을 달리니, 백성들이 모두 욕을 하였다.

鄠縣(호현)과 杜縣의 縣令이 이들을 잡으려고 하자, 천자가 사용하는 물건을 보여주어 모면하였다. 또 한번은 밤에 柏谷의 객사에 이르니, 주인이 간악한 도적이라고 의심하여 청년들을 모아서 공격하고자 하였다. 주인의 아내가 上의 모습을 보고는 기이하게 여겨 남편을 말렸지만 듣지 않자, 남편에게 술을 먹여 취하게 한 다음 포박하니, 청년들이 모두 흩어져 도망하였다. 뒤에 옷을 갈아입는 곳 12곳을 은밀히 설치하고 또 吾丘壽王으로 하여금 上林苑을 다스려서 남산과 연결하게 하였다.

是歲에 上이 始爲微行①하여 與左右能騎射者로 期諸殿門하여 常入南山下射獵하여 馳騖禾稼之地하니 民皆號呼罵詈②라 鄠杜令이 欲執之어늘 示以乘輿物하여 乃得免③하다 又嘗夜至柏谷逆旅하니 主人이 疑爲姦盜하여 聚少年하여 欲攻之④러니 主人嫗 睹上狀貌而異之하여 止其翁호되 不聽이어늘 飮翁以酒하여 醉而縛之하니 少年이 皆散走⑤라 後에 乃私置更(경)衣十二所⑥하고 又使吾丘壽王으로 除上林苑하여 屬(촉)之南山⑦하다

① 행색을 미천한 자처럼 꾸미기 때문에 微行이라 한 것이다.
若微賤者之所爲, 故曰微行.

② 終南山은 關中의 南面을 가로지르는데 서쪽으로 秦·隴에서 시작하여 동쪽으로 藍田에 이르기까지 무릇 雍·岐·郿·鄠(호)·長安·萬年과 서로 거리가 거의 800리이고, 그 남쪽에 연결되어 우뚝 솟아 있는 것이 모두 이 한 山(南山)이다. 射(활을 쏘아 맞히다)은 食亦의 切이다. 鶩(달리다)는 음이 務이다. 곧장 달리는 것을 馳라 하고, 어지럽게 달리는 것을 鶩라 한다. 號(부르짖다)는 음이 豪이다. 呼(부르짖다)는 火故의 切이다.
終南山, 橫亘關中南面, 西起秦·隴, 東徹藍田. 凡雍·岐·郿·鄠·長安·萬年, 相去且八百里, 而連綿峙據其南者, 皆此一山也. 射, 食亦切. 鶩, 音務. 直騁曰馳, 亂馳曰鶩. 號, 音豪. 呼, 火故切.

③ 鄠는 음이 戶이다. ≪漢書≫ 〈地理志〉에 "鄠縣은 扶風에 속하고 杜縣은 京兆에 속했는데, 宣帝가 다시 杜陵으로 고쳤다." 하였다. 令은 長과 같다. "乘輿物"은 천자가 쓰는 기물을 이른다.
鄠, 音戶. 班志 "鄠縣, 屬扶風. 杜縣, 屬京兆. 宣帝更爲杜陵." 令, 猶長也. 乘輿物, 謂天子所用器物.

④ "柏谷"은 마을 이름이고, "逆旅"는 客舍이다.
柏谷, 塢名也. 逆旅, 客舍也.

⑤ 飮(마시다)은 於禁의 切이다.
飮, 於禁切.

⑥ "更衣"는 휴식하고 옷을 갈아입는 곳이다.
更衣, 爲休息易衣之處.

⑦ 除는 다스림이다. 上林은 渭水의 남쪽에 있으니, 땅이 사방 300리이다. 처음에 漢나라에서는 일찍이 백성들로 하여금 上林에 들어가서 농사를 지을 수 있게 하였는데[16], 지금 그 지역을 정리하여 苑을 만든 것이다. 屬은 음이 燭이니, 연결한다는 뜻이다. 상림원 동남쪽으로는 藍田·宜春·鼎湖·御宿昆吾에 이르고, 남산 옆으로 서쪽으로 가면 長楊宮과 五柞宮에 이르고 북쪽으로는 黃山이 둘러싸고 동쪽으로는 渭水에 접해 있다.
除, 治也. 上林, 在渭水南, 地方三百里. 初漢嘗令民得入田, 今除治爲苑. 屬, 音燭, 連也. 苑東南至藍田·宜春·鼎湖·御宿昆吾, 旁南山而西, 至長楊·五柞, 北繞黃山, 瀕渭水而東.

【目】東方朔이 나아가 간하였다.

"南山은 천하의 험한 곳이고, 평야와 바닷가처럼 물산이 풍요로운 곳입니다. 산에서는 玉과 石材, 金과 銀, 銅과 鐵, 좋은 木材가 나와서 百工들이 취하여 공급받고 萬民

---

16) 처음에……하였는데 : 漢 高祖 때 相國 蕭何가 上林苑 가운데 空閒地를 백성들에게 농사를 짓도록 건의했다가 하옥된 내용이 思政殿訓義 ≪資治通鑑綱目≫ 제3권 중 漢 高祖 12년조에 보인다.

이 의존하여 넉넉히 생활하는 곳입니다. 게다가 메벼와 벼, 배와 밤, 뽕과 삼, 왕대와 조릿대의 풍요로움이 있으며, 땅은 생강과 토란이 잘 자라고, 물에는 개구리와 물고기가 많으니, 가난한 자들이 이를 얻어 생활이 풍족해서 굶주리고 추위에 떠는 근심이 없습니다.

그러므로 酆水(豐水)와 鄗水(鎬水) 사이의 지역은 '토양이 비옥한 곳'으로 이름나서, 1畮에 값이 1金[17]인데, 이제 구획하여 동산을 만들어서 陂池(늪)와 水澤(湖水와 沼澤)의 이익을 끊고 백성들의 비옥한 땅을 차지하여 위로는 국가의 재정을 부족하게 하고 아래로는 백성들의 농업을 빼앗으니, 이것이 첫 번째 불가한 이유입니다.

가시나무 숲을 무성하게 기르고 호랑이와 이리의 서식지를 넓히고자 하여 사람의 무덤을 파괴하고 사람의 집을 들어낼 것이니, 이것이 두 번째 불가한 이유입니다.

담을 쌓고 동산을 만들어서 말과 수레가 치달릴 적에 깊고 넓은 도랑이 있을 것입니다. 하루 동안 사냥하는 즐거움이 어떠하기에 제어 장치가 없는 수레를 위태롭게 타고 다닐 수 있겠습니까. 이것이 세 번째 불가한 이유입니다.

또 殷나라가 궁궐에 九市(아홉 개의 시장)를 짓자 제후들이 배반하였고, 楚나라 靈王이 章華臺를 짓자 楚나라 백성들이 이산하였고, 秦나라가 阿房宮을 짓자 천하가 혼란하게 되었습니다. 비천하고 어리석은 臣이 성대한 뜻을 거스르니, 죄가 만 번 죽어도 마땅합니다."

上이 이에 동방삭을 太中大夫와 給事中에 제수하고 황금 100근을 하사하였으나 끝내 上林苑을 만들었다.

東方朔이 進諫曰 夫南山은 天下之阻요 陸海之地也①라 山出玉石金銀銅鐵良材하여 百工所取給이요 萬民所印足也②니이다 又有秔(갱)稻梨栗桑麻竹箭之饒하며 土宜薑芋하고 水多𪓟魚(와어)하니 貧者得以給足하여 無饑寒之憂③라 故로 酆鄗(풍호)之間은 號爲土膏하니 其賈畮(묘)一金④이어늘 今規以爲苑하여 絶陂池水澤之利而取民膏腴之地하여 上乏國用하고 下奪農業하니 其不可一也⑤요 盛荊棘之林하고 大虎狼之虛하여 壞人冢墓하고 發人室廬하니 其不可二也⑥요 垣而囿之하여 騎馳車鶩에 有深溝大渠라 夫一日之樂이 不足以危無隄之輿하니 其不可三也⑦니이다 且殷作九市之宮而諸侯畔⑧하고 靈王起章華之臺而楚民散⑨하고 秦興阿房之殿而天下亂하니이다 糞土愚臣이 逆盛意하니 罪當萬死로소이다 上이 乃拜朔爲太中大夫給事中하고 賜黃金百斤이라 然이나 遂起上

17) 1金:≪史記≫〈平準書〉에 "秦나라는 1鎰(24냥)을 1金이라 하고, 漢나라는 1斤을 1金이라 하였다." 하였고, ≪漢書≫〈食貨志〉에 "秦나라는 金이 두께가 1寸, 무게가 1斤인 것을 鎰이라 하였는데, 漢나라는 周나라 제도를 회복하여 1斤을 1金이라 하였다." 하였다.

林苑⑩하니라

① 높고 평탄한 곳을 '陸'이라 하니, 關中은 지대가 높기 때문에 이렇게 칭한 것이다. 바다는 만물이 나오는 곳이니, 관중의 산천에는 물산이 풍요함을 말한 것이다. 이 때문에 '陸海'라 이른 것이다.

高平曰陸, 關中地高, 故稱之耳. 海者, 萬物所出, 言關中山川物産饒富. 是以謂之陸海也.

② 卬은 仰의 古字이니, "卬足"은 〈산에서〉 공급받고 〈물산이〉 풍족한 것에 의지한다는 것이다.

卬, 古仰字. 卬足, 資仰給足也.

③ 秔(메벼)은 음이 庚이다. 까락이 있는 곡식을 총칭하여 '稻'라 하니, 秔은 그중에 끈기가 없는 메벼이다. 芋(토란)는 음이 于이니, 풀 이름이다. 그 잎은 연잎과 비슷한데 길고 둥글지 않으며, 그 뿌리는 큰 것은 밑동이 되고 작은 것은 붙어 있는 것이 매우 많은데 희고 매끄러워 먹을 수 있다. 鼃는 蛙와 같으니 蝦蟆(개구리)와 유사하나 작고 다리가 긴데, 사람들이 또한 잡아서 먹는다.

秔音庚. 有芒之穀, 總稱曰稻. 秔, 其不黏者也. 芋音于, 草名. 其葉, 似藕荷而長, 不圓, 其根, 大者爲芋魁, 其小者附麗(리)甚衆, 白膩可食. 鼃, 與蛙同, 似蝦蟆(하마)而小, 長脚, 蓋人亦取食.

④ 酆은 豐과 통용되고 鄗는 鎬와 통용된다.≪漢書≫ 〈地理志〉에 "豐水는 鄠縣(호현)의 동남쪽에서 발원하고, 鎬水는 위로 昆明池 북쪽에서 鎬池水를 이어받으니, 모두 上林苑 안에 있다." 하였다. 膏는 기름진 것이니, 비옥함을 비유한다. 賈(값)는 價로 읽는다.

酆, 通作豐. 鄗, 通作鎬. 班志"豐水, 出鄠縣東南, 鎬水, 上承鎬池水於昆明池北, 皆在上林苑中." 膏, 脂也, 喩肥饒. 賈讀曰價.

⑤ 陂는 음이 碑이니, 못의 제방을 '陂'라 한다.

陂, 音碑, 澤障曰陂.

⑥ 虛(구릉)는 墟로 읽으니, 아래도 같다.

虛, 讀曰墟, 下同.

⑦ 輿는 乘輿(수레)이니, 天子를 감히 지척하여 말하지 못하기 때문에 輿라고 한 것이다. 하루 동안 사냥의 즐거움이 어떠하기에 제어 장치(브레이크)가 없는 위태로운 수레를 타고 다닐 수 있느냐고 말한 것이다. 일설에, "隄는 한계이니, 無隄之輿는 天子의 富貴가 한계가 없음을 이른다." 하였다.

輿, 乘輿也, 不敢斥天子, 故言輿也. 言一日田獵之樂能幾何, 足以此而危殆無所隄障之車輿哉. 一說"隄, 限也. 無隄之輿, 謂天子富貴無隄限也."

⑧ 紂王이 宮中에 九市를 설치하였다.

紂於宮中, 設九市.

⑨ 楚나라 靈王이 章華臺를 지어, 죄를 짓고 도망한 사람들을 받아들여 누대를 채웠는데, 끝내 乾谿의 禍[18]가 있었다.

楚靈王, 作章華之臺, 納亡人以實之, 卒有乾谿之禍.

⑩ 給事中은 秦나라의 관직이니, 漢나라가 그대로 따른 것이다. 임금 곁에서 시종하는 사람들을 관장하니 正員이 없는 加官[19]이다. 매일 殿中에 사무가 있기 때문에 給事中이라 하였다. 給事中, 秦官, 漢因之. 掌侍從左右, 無正員加官也. 以日有事殿中, 故曰給事中.

【目】 上이 또 직접 곰과 돼지 같은 野獸들을 사냥하는 것을 좋아하니, 司馬相如가 다음과 같이 간하였다.

"폐하께서 험한 곳에 오르고 맹수를 사냥하는 것을 좋아하시니, 갑자기 매우 힘이 센 짐승이 생각지 못한 곳에서 말을 놀라게 하여 聖上이 타신 수레를 덮치는 상황을 만난다면, 수레는 미처 수레의 끌채를 돌리지 못하고 사람은 기교를 부릴 겨를이 없을 것입니다. 비록 烏獲과 逢蒙(방몽)의 기교가 있더라도 쓸 수 없어서 고목과 썩은 나무 그루터기조차 모두 환난이 될 것입니다. 비록 모든 것이 완전하여 환난이 없더라도 천자께서 가까이 해야 할 것이 아닙니다. 〈폐하께서 거둥하실 때〉 길을 깨끗이 치운 뒤에 행차하여 길 가운데로 달리더라도 오히려 때로 말의 재갈이 끊어지거나 鉤心木이 빠지는 변고가 생길 수 있습니다. 그런데 하물며 우거진 초목의 사이를 지나가고 구릉을 달려서 앞에는 짐승을 쫓는 즐거움이 있고 안에는 변고가 있을 수 있다는 생각이 없을 것이니, 그 폐해가 되기 쉬울 것입니다.

萬乘天子의 至重함을 가볍게 여기시어 편안하게 거처할 것을 생각하지 않으시고, 만의 하나라도 위험이 있을지 모르는 길로 나가 오락거리로 삼는 것을 즐거워하시니, 신은 삼가 폐하를 위해 좋게 여기지 않습니다.

上이 又好自擊熊豕野獸어늘 司馬相如諫曰 陛下好陵險阻, 射猛獸하시니 卒然遇逸材之獸 駭不存之地하여 犯屬車之淸塵하면 輿不及還轅(선원)이요 人不暇施巧①리니 雖有烏獲逢(방)蒙之技나 不得用이요 枯木朽株 盡爲難矣②리이다 雖萬全而無患이라도 然本非天子之所宜近也③니이다 且夫淸道而後行하여 中路而馳라도 猶時有銜橛(함궐)之變이어든 況乎涉豐草, 騁丘虛하여 前有利獸之樂而內無存變之意하니 其爲害也 不難矣④니이다 夫輕萬乘之重하여 不以爲安⑤하고 樂出萬有一危之塗하여 以爲娛하시니 臣은 竊爲陛下不取하노이다

---

18) 乾谿의 禍 : 楚 靈王이 사치하여 乾谿에 章華臺를 건설하고는 죄인들이 장화대로 도망해 들어오면 잡지 못하게 하였으며, 자신이 죽인 사람의 아들에게 國都의 수비를 맡기기도 하였다. 그 후 영왕이 건계에 머물면서 사치를 부리자, 蔡나라 사람이 반란을 일으켜 국도를 함락시키자 영왕은 떠돌며 굶주림에 시달리다가 자살하였다. ≪國語 楚語≫

19) 加官 : 본래의 官職 외에 다른 관직을 더해주는 것으로, 列侯 이하 郎中까지는 모두 散騎・中常侍를 가관으로 하였다. ≪漢書 百官公卿表≫

① "不存"은 不慮(생각하지 못함)라는 말과 같다. 塵은 지나가면서 먼지가 일어남을 이른다. 淸이라고 말한 것은 높이고 귀하게 여기는 뜻이다. 轅은 수레 앞에 달린 굽은 나무이니, 위로 가로 댄 나무에 거는 것이다.
不存, 猶言不慮也. 塵, 謂行而起塵也. 言淸者, 尊貴之意也. 轅, 車前曲木, 上勾衡者.

② 逢은 음이 龐이니 姓이다. 難은 去聲이니 患難의 뜻이다.
逢, 音龐, 姓也. 難, 去聲, 患也.

③ 近(가까이하다)은 去聲이다.
近, 去聲.

④ 銜은 말의 재갈이다. 橛은 鉅月의 切이니 수레의 鉤心木이다. "銜橛之變"은 말의 재갈이 끊어지거나 구심목이 빠지면 위급한 상황이 벌어져서 사람을 상하게 함을 말한다. "豐草"는 풀이 무성하다는 뜻이다.
銜, 馬勒銜也. 橛, 鉅月切, 車之鉤心也. 銜橜之變, 言馬銜或斷, 鉤心或出, 則致傾敗而傷人也. 豐草, 茂草也.

⑤ 여기서 句를 뗀다.
句.

【目】 눈이 밝은 자는 일이 싹트기 전에 멀리 내다보고, 지혜로운 자는 일이 드러나기 전에 위험을 피하니, 재앙은 진실로 대부분 은미한 곳에 숨어 있다가 사람들이 소홀히 여길 때에 나타납니다. 그러므로 속담에 '집안에 천금을 쌓아두면 〈기와가 떨어져 자신을 다치게 할까 걱정이 되어〉 처마 밑에 앉지 않는다.' 하였으니, 이 말이 비록 사소하나 큰 것에 비유될 수 있습니다."
이에 上이 훌륭하게 여겼다.

蓋明者는 遠見於未萌하고 而知者는 避危於無形①하나니 禍固多藏於隱微而發於人之所忽者也라 故로 鄙諺에 曰 家累千金이면 坐不垂堂이라하니 此言이 雖小나 可以喩大니이다 上이 善之하다

① 知(지혜)는 智로 읽는다.
知, 讀曰智.

甲辰年(B.C. 137)

【綱】 漢나라 世宗 孝武皇帝 建元 4년이다. 여름에 핏빛 바람이 불었다.

四年이라 夏에 有風如血[20)]하다

【綱】 가물었다.

◑旱하다

【綱】 가을 9월에 孛星이 동북쪽에 나타났다.

◑秋九月에 有星이 孛于東北하다

乙巳年(B.C. 136)

【綱】 漢나라 世宗 孝武皇帝 建元 5년이다. 봄에 三銖錢의 유통을 금지하고 半兩錢을 유통시켰다.

五年이라 春에 罷三銖錢하고 行半兩錢①하다

① 半兩錢은 바로 秦나라의 八銖錢이다.
半兩錢, 卽秦八銖錢也.

【綱】 五經博士를 두었다.

◑置五經博士[21)]하다

【綱】 여름 5월에 蝗蟲이 크게 발생하였다.

◑夏五月에 大蝗하다

丙午年(B.C. 135)

【綱】 漢나라 世宗 孝武皇帝 建元 6년이다. 봄 2월에 遼東에 있는 高廟에 화재

---

20) 有風如血 : "'핏빛 비가 내렸다.〔雨血〕'고 쓴 적은 있으나, '핏빛 바람이 불었다.〔風如血〕'고 쓴 것은 있지 않았으니, 핏빛 바람이 불었음은 큰 異變이다.〔書雨血矣 未有書風如血者 有風如血 大異也〕" ≪書法≫

21) 置五經博士 : "'博士를 두었다.〔置博士〕'고 쓴 것은 어째서인가? 經書를 높임을 가상히 여긴 것이다. 博士를 둔 것을 쓴 것이 이때 처음 시작되었다.〔書置博士 何 嘉尊經也 書置博士始此〕" ≪書法≫

가 발생하였다.

六年이라 春二月에 遼東高廟災하다

【綱】 여름 4월에 高祖 陵園의 便殿에 放火하는 일이 발생하니, 황제가 5일 동안 素服을 입었다.

◑ 夏四月에 高園便殿이 火하니 帝素服五日①22)하다

① 무릇 便殿·便室·便坐라고 말한 것은 모두 正大한 곳이 아니니, 便安함에 나아가기 위한 곳이다. 園은 陵 위에 지은 것이다. 이미 正寢을 두어서 평소에 거처하는 正殿을 상징하였고 또 편전을 세워서 휴식하고 편안하게 지내는 장소로 삼았다. 사람이 불을 지른 것을 '火'라 한다.

凡言便殿·便室·便坐者, 皆非正大之處, 所以就便安也. 園者, 於陵上作之. 既有正寢, 以象平生正殿, 又立便殿, 爲休息閑宴之處. 人火曰火.

【綱】 5월에 太皇太后가 崩하였다.

◑ 五月에 太皇太后崩①하다

① 太皇太后는 文帝의 皇后인 竇氏이다.

文帝皇后竇氏也라

【綱】 6월에 丞相 許昌이 면직되고 田蚡을 丞相으로 삼았다.

◑ 六月에 丞相昌免하고 以田蚡爲丞相하다

【目】 田蚡이 교만하고 사치하여 저택을 치장한 것이 여러 저택 중에서 최고였고, 田園이 매우 비옥하였으며, 사방의 뇌물을 많이 받았다. 매번 들어가 일을 아뢸 때마다 앉아서 이야기하느라 해가 기울었고, 그가 말한 것을 上이 모두 들어주었다.

그가 천거한 사람 중에 혹 벼슬을 시작하여 바로 二千石에 이르기도 하니, 主上의 권세가 그에게로 옮겨갔다. 이에 上이 말하기를 "그대는 관리를 이미 다 제수했는가? 나

---

22) 遼東高廟災……帝素服五日 : "'素服을 입었다.〔素服〕'라고 쓴 것은 宗廟를 소중하게 여긴 것이니, '火'라고 쓴 것이 이때 시작되었고, '宗廟에 화재가 발생하였다.〔廟災〕'라고 쓴 것이 이때 시작되었고, '종묘에 방화하는 일이 발생하였다.〔廟火〕'라고 쓴 것이 이때 시작되었다.〔書素服 重宗廟也 書火始此 書廟災始此 書廟火始此〕" ≪書法≫

도 관리를 제수하고자 한다." 하였다. 전분이 일찍이 考工의 땅을 청하여 저택을 늘리고자 하였는데, 上이 노하여 "그대는 어찌하여 끝내 무기고까지 갖겠다고 하지 않소?" 하였다. 이 뒤로 비로소 조금 수그러들었다.

蚡이 驕侈하여 治宅이 甲諸第하고 田園이 極膏腴(유)하며 多受四方賂遺[①]하니라 每入奏事에 坐語移日하고 所言을 皆聽[②]이라 薦人或起家하여 至二千石하니 權移主上이라 上乃曰 君除吏已盡未아 吾亦欲除吏[③]하노라 嘗請考工地益宅[④]이어늘 上怒曰 君何不遂取武庫오하니 是後에 乃稍退하니라

① "甲諸第"는 여러 저택 중에 최고가 됨을 말한다. 甲乙의 순서로써 말하면 甲이 上이 된다.
甲諸第, 言爲諸第之最也. 以甲乙之次言之, 甲則爲上矣.
② "移日"은 해의 그림자가 옮겨감을 말한다.
移日, 言日影移也.
③ 무릇 除라고 한 것은 이전의 관직을 제거하고 새로운 관직에 나아가는 것이다.
凡言除者, 除去故官, 就新官.
④ 考工은 少府의 屬官이니, 武器를 만드는 일을 주관하였다.
考工, 少府之屬官也, 主作器械.

【綱】가을 8월에 孛星이 동쪽에 나타났는데, 하늘에 길게 뻗쳐 있었다.

秋八月에 有星孛于東方하니 長竟天[23)]이러라

【綱】閩越이 南越을 공격하므로 大行令 王恢 등을 보내어 군대를 거느리고 민월을 공격하게 하니, 민월왕의 아우 騶餘善이 왕인 騶郢을 죽이고 항복하자 낙여선을 세워 東越王으로 삼았다. 남월이 태자 趙嬰齊를 보내어 入朝하여 宿衛하게 하였다.

◑閩越이 擊南越이어늘 遣大行王恢等하여 將兵擊之[24)]하니 閩越王弟餘善이 殺王郢以

23) 有星孛于東方 長竟天 : "孛星은 병란이 일어날 象이다. 앞서는 '서북쪽에 孛星이 나타났다.'고 쓰고는 뒤이어 '東甌를 구원했다.'고 썼으며, 여기에서는 '孛星이 동쪽에 나타났다.'고 쓰고는 뒤이어 '閩越을 공격했다.'라고 썼으며, 뒤에는 '동북쪽에 孛星이 나타나고 長星이 서북쪽에 나타났다.'고 쓰고는 뒤이어 '匈奴를 공격했다.'라고 썼으니, 이는 天道의 떳떳한 象이다. ≪資治通鑑綱目≫에서 경계를 보인 것이 매우 간절하고 분명하다.〔孛 兵象也 前書孛於西北 繼書救東甌 此書孛於東方 繼書擊閩越 後書孛於東北 長星出西北 繼書擊匈奴 天道恒象 綱目之示戒 至深切著明矣〕" ≪書法≫

24) 閩越……將兵擊之 : "武帝가 즉위한 2년 이후에 ≪資治通鑑綱目≫에 쓰인 것을 보면 災異가 많으니, 군주는 마땅히 두려워하여 몸을 닦고 반성해서 하늘의 경계에 답해야 하는데, 마침내 군대를 일으키고 병사들을 동원하여 먼 지방에 싸우러 보냈으니, 兵禍가 이로부터 시작되었다. 그러

降이어늘 **立餘善爲東越王**하다 **南越**이 **遣太子嬰齊**하여 **入宿衛**[25)]하다

【目】 閩越王 駱郢이 南越을 공격하니, 南越王 趙胡가 멋대로 군대를 일으키지 못하고 사람을 보내 글을 올려 天子에게 고하자, 천자가 그의 의리를 중하게 여기고 크게 군대를 동원하여 王恢를 보내어 豫章에서 출발하고 韓安國은 會稽에서 출발하여 민월을 공격하게 하였다. 이에 淮南王 劉安이 글을 올려 다음과 같이 간하였다.

"越은 方外의 땅이고, 백성들은 머리카락을 자르고 문신을 하니, 冠帶를 하는 나라(中國)의 法度로 다스릴 수 없습니다. 융성했던 三代시대부터 胡와 越이 中國의 正朔을 받아 쓰지 않았으니, 강함으로 복종시킬 수 없고 위엄으로 제어할 수 없어서가 아니라, 살 수 없는 땅과 기를 수 없는 백성을 위해 중국을 번거롭게 할 필요가 없다고 여겼기 때문입니다.

지금 저들이 서로 공격하는데 폐하께서 군대를 동원하여 구원하시니, 이는 도리어 중국의 백성들을 夷狄의 땅에서 수고롭게 하는 것입니다. 또한 越나라 사람들은 매우 경박하고 이랬다저랬다 하니, 법도를 지키지 않는 것이 하루 이틀이 동안이 아닙니다. 그런데 한 번 천자의 명을 받들지 않았다고 군대를 동원하여 주벌한다면, 신은 뒤에 전쟁이 그칠 때가 없을까 염려됩니다.

閩越王郢이 **擊南越**하니 **南越王胡 不敢擅興兵**하고 **使人上書告天子**①어늘 **天子多其義**하여 **大爲發兵**②하여 **遣王恢出豫章**하고 **韓安國出會稽**하여 **擊閩越**하다 **淮南王安**이 **上書諫曰 越**은 **方外之地**요 **翦髮文身之民**이니 **不可以冠帶之國法度理也**③라 **自三代之盛**으로 **胡粵**이 **不受正朔**하니 **非彊不能服, 威不能制**요 **以爲不居之地**와 **不牧之民**을 **不足以煩中國也**④니이다 **今自相攻擊**이어늘 **而陛下發兵救之**하시니 **是**는 **反以中國而勞夷狄也**⑤니이다 **且越人**이 **輕薄反覆**하여 **不用法度 非一日之**

므로 ≪資治通鑑綱目≫에 앞에서는 '군대를 동원하여 東甌를 구원한 일'을 孛星이 서북쪽에 나타났다는 것 아래에 썼고, 여기에서는 '군대를 보내어 閩越을 공격한 일'을 孛星이 동쪽에 나타났다는 것 아래에 썼으니, 이는 모두 무제가 하늘의 경계를 소홀히 하고 用兵을 서두른 잘못을 나타낸 것이니, 이는 진실로 書法의 깊은 뜻이다.〔帝自二年以後 見於綱目所書者 災異多矣 正宜恐懼修省以答天戒 而乃興師動衆 從事荒服 兵禍蓋自此始 故綱目前書發兵救東甌於星孛西北之下 此書遣兵擊閩越於星孛東方之下 皆以見武帝忽天戒亟用兵之咎 此固書法之深意也〕" ≪發明≫

25) 閩越……入宿衛 : "二越(南越과 東越)이 서로 공격할 적에 '擊'이라고 썼는데, 漢나라 군대인데도 '擊'이라고 쓴 것은 어째서인가? 中國이 外夷와 전쟁하는 것을 비판한 것이다. 이로부터 南越이 조회 옴으로 인하여 呂嘉가 반란을 일으켰고, 여가의 반란한 군대로 인하여 東越이 배반해서 남방이 더욱 일이 많게 되었다. 그러므로 路博德과 楊僕의 군대를 모두 '討'라고 쓰지 않고 '擊'이라고 쓴 것이다.〔二越相攻 書擊矣 漢兵也 其書擊 何 譏事外也 自是因南越之朝而呂嘉反 因呂嘉之兵而東越反 南方益多事矣 故路博德楊僕之兵 皆書擊〕" ≪發明≫

積⑥이어늘 一不奉詔에 擧兵誅之하면 臣은 恐後兵革이 無時得息也하노이다

① 趙胡는 趙佗[26]의 손자이다.
胡, 佗之孫也.
② 多(중히 여기다)는 重과 같다. 爲(위하다)는 去聲이다.
多, 猶重也. 爲, 去聲.
③ "方外"는 越나라 땅이 중국 국경의 밖에 있음을 이른 것이다. "翦髮"은 머리카락을 자른 것이니, 월나라 사람들은 보통 水中에서 생활하기 때문에 그 머리카락을 자른 것이다. 그 몸에 文身하여 蛟龍을 본뜬 것은 그와 同類가 되어 해를 받지 않기를 바라서이다.
方外, 謂越地在中國四方之外. 翦髮, 剃髮也. 越人常在水中, 故斷其髮. 文其身, 以象蛟龍, 與之同類, 庶不見害也.
④ 〈"不居之地 不牧之民"은〉 越나라의 땅은 거주할 수 없고 백성들은 기를 수 없음을 말한 것이다.
言地不可居而民不可牧養也.
⑤ 〈"反以中國而勞夷狄也"는〉 蠻夷의 땅에서 중국의 사람을 고생시킴을 말한 것이다.
言疲勞中國之人於蠻夷之地.
⑥ 積은 오랜 기간을 뜻한다.
積, 久也.

【目】 그동안 농사가 계속 흉년이 들어서 백성들의 생업이 회복되지 못하였는데, 이제 군대를 징발하여 군량을 휴대하고서 수천 리를 가야 할 것입니다. 도중에 깊은 숲과 대나무 숲을 끼고 가서 蝮蛇(살무사)와 맹수가 많고 여름철 무더운 때에 吐瀉霍亂이 계속 이어질 것이니, 교전하기도 전에 사상자가 반드시 많을 것입니다.

신은 듣건대 전쟁 뒤에는 반드시 흉년이 있다고 하니, 근심스럽고 괴로운 기운으로 陰陽의 조화를 핍박하고 天地의 精氣를 感觸하여 災殃의 기운이 생겨남을 말하는 것입니다.

폐하께서는 德이 天地와 짝하고 은택이 草木에 미쳐 한 사람이라도 굶주리고 추위에 떨어서 天壽를 마치지 못하고 죽는 사람이 있으면 그 사람을 위해 마음속에 서글픈 생각을 가지시는데, 이제 안으로는 개가 짖는 경계할 일이 없는데도 병사들로 하여금 들판에서 노숙을 하여 산골짜기에서 이슬을 맞게 하고, 변경의 백성들이 〈적에 대한 불안으로〉 성문을 일찍 닫고 늦게 열어서 자신의 목숨이 아침에도 저녁까지 남아 있지 못할

26) 趙佗 : 秦나라 말기 南越 지방을 차지하고, 남월의 황제를 참칭한 인물이다. 文帝 때에 陸賈를 보내어 타일러 服屬시켰는바, 앞의 권3 中 孝文帝 前元年(B.C 179)에 자세히 보인다.

까 걱정을 하니, 臣 劉安은 삼가 폐하를 위해 신중하게 생각하시기를 바랍니다. 또 越나라 사람은 천성적으로 힘이 약하고 기예가 적어서 陸戰을 잘하지 못하고 兵車와 騎馬, 弓弩를 쓰지 않습니다. 그러나 쳐들어갈 수 없는 것은, 저들은 험한 지형에 의지하고 중국 사람들은 저들의 水土를 견디지 못하기 때문입니다.

間者에 歲比不登하여 民生未復①이어늘 今發兵資糧하여 行數千里②하니 夾以深林叢竹하여 多蝮蛇猛獸③하고 夏月暑時에 歐泄霍亂之病이 相隨屬也④리니 曾未施兵接刃하여 死傷者必衆矣리이다 臣은 聞軍旅之後에 必有凶年이라하니 言以其愁苦之氣로 薄陰陽之和하고 感天地之精하여 而災氣爲之生也⑤니이다 陛下德配天地하고 澤及草木하사 一人有飢寒하여 不終其天年而死者면 爲之悽愴於心하시니 今方內無狗吠之警이어늘 而使甲卒로 暴露中原하여 霑漬山谷⑥하고 邊境之民이 早閉晏開하여 朝不及夕하니 臣安은 竊爲陛下重之⑦하노이다 且越人이 緜力薄材하여 不能陸戰하고 又無車騎弓弩之用⑧이나 然而不可入者는 以保地險하고 而中國之人이 不耐其水土也일새니이다

① 生은 생업을 이른다.
生, 謂生業.

② 資(가져가다)는 齎와 같다.
資, 猶齎也.

③ 蝮(살무사)은 芳福의 切이니, "蝮蛇"는 목이 가늘고 머리가 크며 꼬리는 불에 그슬린 것 같고 색은 비단 무늬 같고 무늬 사이에 털이 있어서 마치 돼지 갈기 같으며, 코 위에는 침이 있다. 큰 것은 7, 8척이니 일명 反鼻라고 한다.
蝮, 芳福切. 蝮蛇, 細頸, 大頭, 焦尾, 色如綬文, 文間有毛, 似猪鬣, 鼻上有針, 大者七八尺, 一名反鼻.

④ 歐는 토하는 것이다. 泄은 以制의 切이니 痢病(설사병)이다. 霍은 忽郭의 切이니, 霍亂은 病證이 급격히 변화되고 어지러워지는 것이다.
歐, 吐也. 泄, 以制切, 利也. 霍, 忽郭切. 霍亂, 病證揮霍變亂也.

⑤ 薄은 핍박하다는 뜻이다.
薄, 迫也.

⑥ 霑은 音이 瞻이니 젖어든다는 뜻이고, 漬는 疾智의 切이니 젖어든다는 뜻이다.
霑, 音瞻, 濕濡也. 漬, 疾智切, 潤也.

⑦ 晏은 늦는다는 뜻이니, 〈"早閉晏開"는〉 兵難이 있기 때문에 변방의 성문을 일찍 닫고 늦게 여는 것을 말한다. "朝不及夕"은 危亡 때문에 자신을 보존하지 못할까 걱정함을 말한다. 重은 삼간다는 뜻이다.
晏, 晩也, 言有兵難, 故邊城早閉, 而晩開也. 朝不及夕, 言憂危亡不自保也. 重, 難也.

⑧ 緜은 유약하다는 뜻이니, 솜처럼 유약함을 말한 것이다. 薄은 少와 같다. 材는 技藝이다.
緜, 弱也, 言其柔弱如緜也. 薄, 猶少也. 材, 技藝也.

【目】 臣은 길가에서 전하는 소문을 듣건대, 閩粤王을 아우 駱甲이 시해하였는데, 왕의 아우 낙갑도 주살되어서 그 백성들이 아직 소속된 바가 없다고 합니다. 폐하께서 만일 重臣을 보내 왕림하여 구휼하고 위문해서 德과 賞을 베풀어 저들을 불러들이시면, 저들은 어린이의 손을 잡고 노인을 부축하고서 聖德에 귀의할 것입니다. 만일 이를 쓸데없는 일이라고 여기실 경우, 망한 나라를 보존하고 끊어진 왕위를 잇게 하여 그 王侯를 세워주신다면, 저들은 반드시 폐백을 바치고 신하가 되어 대대로 貢物을 바칠 것입니다. 폐하께서 한 치의 印章과 1丈 2尺짜리 印綬를 가지고 方外의 나라를 鎭撫하신다면, 한 명의 병졸도 수고롭게 하지 않고 한 개의 창도 망가뜨리지 않고, 威嚴과 恩德이 모두 행해질 것입니다.

그런데 이제 군대를 거느리고 그 땅에 쳐들어가게 하시면 저들이 반드시 두려워하여 산림으로 도망갈 것이니, 우리 군대가 등을 돌려 떠나오면 다시 저 무리가 모일 것이고, 우리 군대가 머물고 지켜서 해를 보낸다면 사졸들이 피곤해하고 식량이 끊길 것입니다. 그리하여 한 방면에 위태로움이 생기기라도 하면 사방이 모두 놀라게 될 것이니, 신은 변고의 발생과 사악함의 일어남이 여기에서 시작될까 염려됩니다.

臣은 聞道路言하니 閩粤王을 弟甲이 弑而殺之하고 甲이 以誅死하여 其民이 未有所屬이라하니 陛下若使重臣臨存하사 施德垂賞하여 以招致之하시면 此必攜(휴)幼扶老하여 以歸聖德①이리이다 若無所用之면 則存亡繼絶하여 建其王侯면 此必委質爲臣하여 世共貢職②하리니 陛下以方寸之印과 丈二之組로 塡撫方外하시면 不勞一卒하고 不頓一戟하고 而威德竝行③이어니와 今以兵入其地하면 此必震恐하여 逃入山林이니 背而去之면 則復群聚하고 留而守之하여 歷歲經年이면 則士卒罷勌(피권)하고 食糧乏絶④이라 一方有急에 四面皆聳하리니 臣은 恐變故之生, 奸邪之作이 由此始也일까하노이다

① 높은 분이 낮은 사람에게 나아가는 것을 臨이라 하고, 救恤하고 慰問하는 것을 存이라 한다.
以尊適卑曰臨, 恤問曰存.

② 共(바치다)은 供으로 읽는다. 貢은 토산물을 가지고 와서 바치는 것이다.
共, 讀曰供. 貢, 以土産之物來貢也.

③ 頓은 鈍으로 읽으니, 망가진다는 뜻이다.
頓, 讀曰鈍, 壞也.

④ 勌(피로하다)은 바로 倦字와 같다.
勌, 卽倦字.

【目】 臣이 듣건대 天子의 군대는 정벌은 있으나 싸우는 일은 없다 하였으니, 이는 감히

천자와 따지지 못함을 말한 것입니다. 만일 越나라 사람들이 요행을 바라고 우리 군대를 맞이해 싸워서 노복처럼 나무하고 짐을 운반하는 군졸들 중에 한 명이라도 온전히 갖추지 못하고 돌아가게 된다면 비록 越王의 머리를 얻더라도 신은 오히려 부끄럽게 여길 것입니다. 폐하께서 九州를 한 집안으로 여기시어 백성들이 모두 臣妾이 되었습니다. 그러니 夷狄의 땅이 어찌 하루 동안의 여가에 번거롭게 말의 땀을 흘리게 할 만한 것이겠습니까.

≪詩經≫에 '王의 道가 진실로 충실하시니, 徐方이 이미 와서 복종하도다.'[27]라고 하였으니, 이는 왕도가 매우 커서 먼 지방의 사람들이 흠모함을 말한 것입니다. 臣 劉安은 삼가 장수와 관리들이 10만의 군대를 거느리고 가는 일이 使臣 한 명의 임무가 될까 염려됩니다."

臣聞天子之兵이 **有征而無戰**은 **言莫敢校也**①라하니이다 **如使越人**이 **徼幸以逆執事**하여 **厮輿之卒**이 **有一不備而歸**하면 **雖得越王之首**라도 **臣猶羞之**②하노이다 **陛下以九州爲家**하사 **生民**이 **皆爲臣妾**하니 **夷狄之地 何足以爲一日之閒而煩汗馬之勞乎**③잇가 **詩云 王猶允塞**하시니 **徐方旣來**라하니 **言王道甚大而遠方懷之也**④라 **臣安**은 **竊恐將吏之以十萬之師爲一使之任也**⑤하노이다

① 征은 〈정벌하여〉 바로잡음이니, 자기의 바름을 가지고 타인의 바르지 못함을 바로잡는 것이다. 그러므로 대적할 자가 없는 것이다. 戰이란 두 軍陣이 서로 향하는 것이니 싸우면 대적하게 된다. 校는 계산한다는 뜻이니, "莫敢校"는 감히 天子와 더불어 强弱과 曲直을 비교하지 못함을 말한 것이다.
征者, 正也, 以我之正, 正彼之不正, 故無敵. 戰者, 兩陣相向也, 戰則敵矣. 校, 計也. 莫敢校, 言不敢與計强弱曲直.

② 輿는 많다는 뜻이니 노복 따위이다.
輿, 衆也, 僕隸之屬.

③ 閒은 閑暇의 閑으로 읽으니, 그 토산물을 얻는다 하더라도 하루 동안 한가롭게 지내는 즐거움이 될 수 없음을 이른 것이다.
閒, 讀爲閑暇之閑, 謂得其地物, 不足爲一日閑暇之娛也.

④ 猶는 道이고, 塞은 충실함이다.
猶, 道也. 塞, 實也.

⑤ 漢나라가 한 명의 사신을 보내서 그들을 鎭撫하면 越나라 사람들이 복종하여 번거롭게 병사들을 보낼 필요가 없다고 말한 것이다.
言漢發一使鎭撫之, 則越人賓服, 不煩兵往.

---

27) 王의……복종하도다 : ≪詩經≫ 〈大雅 常武〉에 보인다.

【目】이때에 漢나라 군대가 마침내 출발하여 아직 큰 고개를 넘어가지 않았는데, 閩越王 駱郢의 아우 駱餘善이 왕을 살해하고 사신을 보내 왕의 머리를 王恢에게 받들어 보냈다. 王恢가 편의에 따라 군대를 멈추고 韓安國에게 알려서 사신을 보내 민월왕의 머리를 받들고 말을 치달려 황제에게 아뢰게 하였다. 이에 황제는 詔令을 내려 군대를 해산하고 駱無諸(낙무저)의 손자인 繇君 駱丑(낙추)를 세워서 越繇王으로 삼아 민월의 선대 제사를 받들게 하였다.

낙여선이 이미 낙영을 죽이자 위엄이 온 나라에 떨치니, 繇王이 통제하지 못하였다. 인하여 낙여선을 세워 동월왕으로 삼아서 繇王과 나란히 있게 하였다.

是時에 漢兵遂出하여 未踰嶺이러니 閩越王郢弟餘善이 殺王하여 使使(사시)奉其頭하여 致王恢어늘 恢乃以便宜案兵하고 告安國하여 而使使奉王頭馳奏한대 詔罷兵하고 立無諸孫繇君丑(추)하여 爲越繇王하여 奉閩越先祭祀①하다 餘善이 既殺郢에 威行於國하니 繇王이 不能制어늘 因立餘善하여 爲東越王하여 與繇王竝處하다

① 繇는 음이 搖이니 邑의 이름이다. 丑는 繇君의 이름이다. 駱郢 등은 앞장서서 흉악한 짓을 하였지만 駱丑만은 모의에 참여하지 않았으므로 그를 세워 왕으로 삼은 것이다.
繇, 音搖, 邑名. 丑, 繇君名. 郢等首惡, 獨丑不與謀, 立爲王.

【目】上이 莊助를 보내 南越에게 자신의 뜻을 알리니, 남월왕 趙胡가 머리를 조아리고 말하기를 "천자께서 신을 위하여 군대를 일으켜 閩越을 토벌하시니, 죽더라도 은덕을 다 갚을 수 없습니다." 하고, 太子 趙嬰齊를 보내 入朝하여 宿衛하게 하였다. 그리고 장조에게 말하기를 "나라가 최근 침략을 받았으니, 사신께서는 먼저 가십시오. 나는 급히 행장을 꾸려 들어가서 천자를 뵐 것입니다." 하였다.

장조가 남월을 떠나가자, 남월의 대신들이 모두 간하기를 "선왕께서 옛날에 말씀하기를 '천자를 섬길 적에는 실례되는 일이 없게 할 뿐이다.' 하셨습니다. 요컨대 사자가 좋게 하는 말을 기뻐하여 입조하여 天子를 뵈어서는 안 되니, 만일 돌아오지 못하신다면 나라가 망할 상황에 빠질 것입니다." 하였다. 이에 趙胡는 병을 핑계 대고 끝내 입조하지 않았다.

上이 使莊助諭意南越하니 南越王胡 頓首曰 天子乃爲臣하사 興兵討閩越하시니 死無以報德이라하고 遣太子嬰齊하여 入宿衛하고 謂助曰 國新被寇하니 使者는 行矣어다 胡方日夜裝하여 入見(현)天子①호리라 助既去南越에 大臣이 皆諫曰 先王이 昔言事天子에 期無失禮라하니 要之컨대 不

可以說(열)好語入見(현)이니 則不得復歸면 亡國之勢也②라하니 於是에 胡稱病하고 竟不入見하다

① "日夜裝"은 급히 行裝을 꾸리는 것이다.
日夜裝, 急治行裝也.

② 說은 悅로 읽으니, 〈"不可以說好語入見"은〉 漢나라 사신이 좋게 하는 말을 기뻐해서 입조해서는 안 된다고 말한 것이다. ≪漢書≫ 〈南粵傳〉에는 '入見' 아래에 또 '入見' 두 글자가 있다.
說, 讀曰悅. 言不可喜漢使好言語而入朝也. 漢書南粵傳, 入見下, 又有入見二字[28].

【綱】 汲黯(급암)을 主爵都尉로 삼았다.

以汲黯爲主爵都尉하다

【目】 처음에 汲黯이 謁者였을 적에 엄함으로 인해 皇帝로부터 꺼림을 받았다. 東越 사람들이 서로 공격하자, 上이 급암으로 하여금 가서 살펴보게 하였는데, 급암은 가지 않고 돌아와 보고하기를 "越나라 사람들이 서로 공격하는 것은 본디 그 풍속이 그러하니, 천자의 사신을 욕되게 할 필요가 없습니다." 하였다.

河內 지방에서 失火로 인해 1천여 家戶가 연달아 불타자, 上이 급암으로 하여금 가서 살펴보게 하였는데, 돌아와 다음과 같이 보고하였다.

"집안 사람이 실화하였는데 지붕이 이어져 연달아 불탄 것이니, 걱정할 것이 없습니다. 신이 河南 지방을 지나갈 적에 가난한 사람들 중에 홍수와 가뭄에 피해를 입은 것이 만여 가호나 되어서 부자간에 서로 잡아먹는 지경이 되었습니다. 그래서 신이 편의에 따라 符節을 가지고 창고의 곡식을 풀어서 구휼하였습니다. 신은 부절을 돌려드리고, 황제의 制詔를 사칭한 죄를 받고자 합니다."

그러자 上이 賢能하다 여기고 용서해주었다.

始에 黯이 爲謁者하여 以嚴見憚①이러니 東越相攻이어늘 上이 使黯往視之한대 不至하고 還報曰 越人相攻은 固其俗然이니 不足以辱天子之使니이다하다 河內失火하여 延燒千餘家어늘 上이 使往視之한대 還報曰 家人失火에 屋比延燒하니 不足憂也②라 臣過河南에 貧人傷水旱萬餘家하여 或父子相食이어늘 臣이 謹以便宜持節하여 發倉粟以振之하니 臣請歸節하고 伏矯制之罪하노이다한대 上이 賢而釋之③하다

28) 入見下 又有入見二字 : ≪漢書≫ 〈南粵傳〉을 살펴보면 "요컨대 좋은 말로 유인하는데 속아서 들어가 天子를 뵈어서는 안 되니, 들어가 天子를 뵈었다가 다시 돌아오지 못하신다면 나라가 망할 상황에 빠질 것입니다.〔要之不可以怵好語入見 入見則不得復歸 亡國之勢也〕"로 되어 있다.

① 黯은 乙減의 切이다.
黯, 乙減切.
② 比는 가깝다는 뜻이니, "屋比延燒"는 지붕이 서로 가깝기 때문에 연이어 불탄 것을 말한다.
比, 近也. 屋比延燒, 言屋相近, 故連延而燒也.
③ 矯는 거짓으로 칭탁하는 것이니, 황제의 명령을 받들어 시행한다고 칭탁하여 말한 것이다. 漢나라 律에 "制詔를 사칭한 자는 棄市罪로 논단한다."고 하였다.
矯, 託也, 託言奉制詔而行之也. 漢律"矯制者, 論棄市罪."

【目】汲黯이 잦은 直諫 때문에 內職에 있을 수 없어 좌천되어 東海守가 되었다. 급암은 깨끗하고 조용한 것을 좋아해서 郡丞과 掾史를 선발하여 일을 위임하고 자신은 大體만을 맡을 뿐이고 작은 일은 까다롭게 하지 않았다. 급암이 병이 많아서 1년이 넘게 閤內에 누워 있으면서 나오지 못하였는데도, 東海가 잘 다스려지자 천자가 그를 불러 主爵都尉로 삼았다. 그의 다스림은 無爲에 힘쓰고 大體를 이끌었고 법조문에 구애되지 않았다. 그는 사람됨이 성품이 거만하여 예우하는 일이 적어서 면전에서 책망하여 남의 잘못을 용납하지 못하였다.

당시 천자가 文學이 뛰어난 자를 불러들였는데, 上이 일찍이 "내가 이리이리 하고자 한다."라고 하니, 급암이 대답하기를 "폐하께서 안으로는 욕심(욕망)이 많으면서 겉으로만 仁義를 베풀고자 하시니, 어찌 唐·虞의 정치를 본받을 수 있겠습니까." 하였다. 上이 노하여 조회를 파하고 좌우 신하에게 이르기를 "심하구나. 급암의 우직함이여." 하였다.

신하들 중에 어떤 사람이 급암을 책망하니, 급암이 말하기를 "천자가 公卿과 輔弼하는 신하를 둔 것이 어찌 그들로 하여금 임금의 뜻을 따라 아첨해서 군주를 不義에 빠뜨리려는 것이겠는가. 또 내가 이미 그 지위에 있으니, 비록 자기 몸을 아끼나 어떻게 조정을 욕되게 하겠는가." 하였다.

以數(삭)切諫으로 不得留內하여 遷爲東海守하니 好淸靜하여 擇丞史任之하여 責大指而已요 不苛小[①]러라 黯이 多病하여 臥閤內하여 不出이 歲餘로되 東海大治어늘 召爲主爵都尉[②]하니 其治務在無爲하여 引大體하여 不拘文法하고 爲人이 性倨少禮하여 面折하여 不能容人之過[③]하니라 時에 天子方招文學이러니 嘗曰 吾欲云云[④]하노라 黯이 對曰 陛下內多欲而外施仁義하시니 奈何欲效唐虞之治乎잇가 上이 怒하여 罷朝하고 謂左右曰 甚矣라 汲黯之戇(당)也여 群臣이 或數黯[⑤]한대 黯曰 天子置公卿輔弼之臣은 寧令從諛承意하여 陷主於不義乎리오 且已在其位하니 縱愛身이나 奈辱朝廷何오

① 漢나라 제도에, 郡守의 屬官에 丞이 있고 諸曹의 掾史가 있었다.
漢制, 郡守之屬, 有丞, 有諸曹掾史.
② 主爵中尉는 秦나라의 관직이니, 列侯를 관장하였다. 景帝 中6년(B.C. 144)에 都尉로 이름을 고쳤다.
主爵中尉, 秦官, 掌列侯. 景帝中六年, 更名都尉.
③ 倨는 居庶의 切이니, 거만하다는 뜻이다.
倨, 居庶切, 簡傲也.
④ "云云"은 이리이리 하고자 한다는 말과 같으니, 史官이 그 말을 생략한 것이다. 말한 내용은 仁義를 베풀고자 한다는 것이다.
云云, 猶言如此如此也, 史略其辭耳. 所言, 欲施仁義也.
⑤ 數는 책망하는 것이다.
數, 責也.

【目】 汲黯이 병이 많아서 上이 휴가를 준 것이 여러 번이었는데도 병이 낫지 않자, 莊助가 다시 급암을 위하여 휴가를 청하였다.

上이 말하기를 "급암은 어떤 사람인가?" 하니, 장조가 말하기를 "만일 급암이 관직을 맡아 관청에 있으면 남보다 나을 것이 없으나, 어린 군주를 보필하고 이루어놓은 것을 지킴에 있어서는 의지가 깊고 견고하여 다른 사람이 아무리 불러도 오지 않고 내쳐도 떠나가지 않을 것이니, 비록 스스로 孟賁과 夏育이라고 여기는 자라도 그의 마음을 빼앗지 못할 것입니다." 하였다. 上이 말하기를 "그러하다. 옛날에 社稷의 신하가 있었는데, 급암 같은 사람은 이에 가깝도다." 하였다.

黯이 多病하여 賜告[29]者數(삭)이로되 不愈어늘 莊助復爲請告[①]러니 上曰 汲黯은 何如人哉오 助曰 使黯任職居官이면 無以踰人이어니와 然이나 至其輔少主, 守成하여는 深堅하여 招之不來요 麾之不去니 雖自謂賁育이라도 亦不能奪之矣[②]리이다 上曰 然하다 古有社稷之臣이러니 至如黯하여는 近之矣로다

① 爲(위하다)는 去聲이다.
爲, 去聲.
② "深堅"은 志操가 심원하고 견고해서 뺏을 수 없음을 말한다. 孟賁과 夏育은 옛날의 勇士이

29) 賜告 : 告는 휴가를 청하는 것으로, ≪初學記≫에 다음과 같이 보인다. "漢나라 법률에 '二千石의 관리에게는 予告와 賜告가 있었으니, 予告는 관직에 있으면서 功이 있어 법에 마땅히 얻어야 할 것을 이르고, 賜告는 병이 3개월이 되었는데도 낫지 않으면 마땅히 免職해야 되는데, 天子가 우대하여 告暇를 주어서 印綬를 차고 官屬을 거느리고 집에 돌아가 병을 치료하게 하는 것이다.' 하였다."

니 모두 衛나라 사람이다. 孟賁은 산채로 소의 뿔을 뽑고, 夏育은 힘이 千鈞의 무게를 들 수 있었다.

深堅, 謂志操深遠堅固, 不可奪. 孟賁・夏育, 古之勇士, 皆衛人. 賁, 生拔牛角. 育, 力擧千鈞.

【目】胡氏(胡寅)가 다음과 같이 평하였다.

“汲黯이 〈武帝에게〉 ‘욕심(욕망)이 많다.’고 한 말이 어찌 다만 武帝의 병통을 깊이 지적하였을 뿐이겠는가. 무릇 人君이 된 자들이 그렇지 않은 자가 없다. 堯, 舜, 禹, 湯, 文王, 武王은 욕심이 없는 자이고, 그 나머지 어진 군주는 〈자신의 사사로움을 이겨〉 욕심을 막은 자이다. 物欲에 굴복당하여 스스로 돌이킬 줄 모르면 혼란하여 나라를 危亡에 빠뜨리는 군주이고, 속으로는 욕심이 많으면서 겉으로만 仁義를 베풀면 仁義의 이름을 빌려 자신의 욕망을 이룬 五霸와 같은 무리이다.

이른바 욕심이라는 것은 혹은 술과 여색, 혹은 貨利, 혹은 宮室, 혹은 놀이와 사냥, 혹은 개와 말, 혹은 장기와 바둑이며, 혹은 글쓰기와 도서를 文이라 여기고, 혹은 劍을 뽑아 상대방을 노려보는 것을 武라 여기며, 혹은 국토를 개척하고 먼 외국을 굴복시키는 것을 功으로 삼고, 혹은 佛敎를 숭상하고 神仙을 사모함을 고상함으로 삼으니, 비록 더럽고 깨끗함이 똑같지 않고, 욕망에 크고 작음이 있으나 모두 마음과 생각을 바꾸고 정치를 황폐하게 한다. 그리하여 비록 힘써 仁義를 행하려고 하더라도 행실에 근본이 없어서 사람의 마음을 감동시키고 백성들의 뜻을 바로잡지 못한다.

그러므로 인군은 몸을 닦는 것보다 더 중요한 것이 없고, 몸을 닦는 것은 욕망을 적게 하는 것보다 더 먼저 할 것이 없으니, 욕심이 진실로 행해지지 않으면 마음이 비어 善이 들어가고 氣가 화평하여 이치가 우세해서, 행동마다 이치 아닌 것이 없고 일마다 善하지 않은 것이 없으니, 唐・虞의 정치가 여기에서 벗어나지 않을 것이다.”

胡氏曰 汲黯多欲之言이 豈惟深中武帝之病이리오 凡爲人君이 莫不然矣라 堯舜禹湯文武則無欲者也요 自餘賢主는 則能窒欲者也요 屈於物欲하여 不知自反이면 則昏亂危亡之君이요 內多欲而外施仁義면 則五伯(패)假之之徒也라 所謂欲은 或酒, 或色, 或貨利, 或宮室, 或遊畋, 或狗馬, 或博奕(박혁)이요 或詞藝圖書以爲文하고 或撫劍疾視以爲武하며 或闢土服遠以爲功하고 或耽佛好仙以爲高니 雖汙潔不齊하고 欲有大小나 然皆足以變移志慮하고 荒廢政理니 雖欲勉行仁義나 而行之無本하여 其不足以感人心而正民志矣라 故로 人君은 莫大乎修身이요 而修身은 莫先於寡欲이니 欲誠不行이면 則心虛而善入하고 氣平而理勝하여 動無非理요 事無不善이니 唐虞之治不越此矣리라

【綱】 匈奴와 화친하였다.

與匈奴和親하다

【目】 匈奴가 와서 화친을 청하자 천자가 그 의론을 회부하였는데, 王恢는 燕 지방 사람이어서 흉노의 일에 익숙하여 말하기를 "흉노는 화친한 지 몇 년이 지나지 않아 다시 약속을 어기니, 화친을 허락하지 말고 군대를 일으켜서 그들을 공격하는 것만 못합니다." 하였다.

御史大夫 韓安國은 말하기를 "흉노가 이리저리 옮겨다니는 것은 새가 날아다니는 것과 같아서 통제하기 어렵습니다. 지금 수천 리를 가서 그들과 이익을 다투면 人馬가 피폐해질 것이니 오랑캐가 온전함을 가지고 우리의 피폐한 군대를 제어한다면 이는 위태로운 방도가 될 것입니다. 화친을 하는 것만 못합니다." 하였다.

신하들의 의론이 대부분 한안국의 의견을 따르자, 이에 上이 화친을 허락하였다.

匈奴來請和親이어늘 **天子下其議**한대 **王恢**는 **燕人**이라 **習胡事**하여 **曰 匈奴**는 **和親不過數歲**에 **卽復倍約**하니 **不如勿許**하고 **興兵擊之**니이다 **御史大夫韓安國曰 匈奴遷徙鳥擧**하여 **難得而制**[①]라 **今行數千里**하여 **與之爭利**하면 **則人馬罷乏**(피핍)이니 **虜以全制其敝**하면 **此**는 **危道也**라 **不如和親**이니이다 **群臣議者 多附安國**이어늘 **於是**에 **許之**하다

① "鳥擧"는 匈奴가 가볍고 빠르게 출동함을 말한 것이니, 水草를 따라 옮겨가는 것이 새가 나는 것과 같은 것이다.
鳥擧, 言其輕疾, 逐水草遷徙, 若鳥之擧也.

丁未年(B.C. 134)

【綱】 漢나라 世宗 孝武皇帝 元光 원년이다.

元光元年[①]이라

① 長星이 나타났기 때문에 元光으로 改元한 것이다.
以長星見, 改爲元光.

【綱】 겨울 11월에 처음 郡國으로 하여금 孝廉(효성스럽고 청렴한 사람) 각 1명

을 천거하도록 하였다.

冬十一月에 初令郡國으로 擧孝廉各一人하다

【目】董仲舒의 말을 따른 것이다.

從董仲舒之言也라

【綱】將軍 李廣과 程不識을 보내서 군대를 거느리고 북쪽 변방에 주둔하게 하였다.

遣將軍李廣, 程不識하여 將兵屯北邊하다

【目】李廣과 程不識이 모두 군대를 거느리는 것으로 당시에 이름이 났다.

이광은 행군 시에 部와 伍를 나누고 陣地를 구축하지 않았으며, 水草가 좋은 곳을 잘 이용하여 머무니 군사들마다 편하게 여겼고, 刁斗(조두)를 쳐서 스스로 경계하지 않았으며, 幕府에서는 문서를 간략히 하였다. 그러나 또한 멀리까지 척후를 보내어 살펴서 해를 입은 적이 없었다.

정불식은 部와 曲과 行伍를 바르게 하며, 진지를 구축하고 조두를 치며, 軍簿를 처리하는 것을 매우 분명하게 해서 군대가 휴식을 할 수 없었지만 또한 해를 입은 적이 없었다. 그러나 匈奴는 이광의 方略을 두려워하였으며, 사졸들도 대부분 이광을 따르는 것을 즐겁게 여겼고 정불식을 따르는 것을 고통스럽게 여겼다.

廣與不識이 俱以將兵으로 有名當時라 廣은 行無部伍行陳하고 就善水草舍止하니 人人自便①하고 不擊刁斗自衛요 莫府省(생)約文書②라 然이나 亦遠斥候하여 未嘗遇害③러라 不識은 (王)〔正〕部曲行伍하고 營陳擊刁斗하고 治軍簿④를 至明하여 軍不得休息하니 亦未嘗遇害러라 然이나 匈奴畏李廣之略하고 士卒亦多樂從廣而苦程不識⑤하니라

① 部는 행군 시에 각기 나눈 部分(部隊)이 있는 것이고, 伍는 5명을 伍라 한다. 部에는 校尉를 두고, 伍에는 伍長을 둔다. 行(항렬)은 胡郎의 切이다. 陳(진지)은 陣으로 읽는다. 便은 頻面의 切이니, 편안하고 이롭게 여기는 뜻이다.
部者, 軍行各有部分. 伍者, 五人爲伍也. 部有校尉, 伍有伍長. 行, 胡郎切. 陳, 讀曰陣. 便, 頻面切, 安利也.

② 刁는 음이 貂이다. 옛날 행군 시에는 銅으로 鐎(세 발 달린 냄비)를 만들어 사용하였으니, 1斗

를 담을 수 있다. 낮에는 밥을 취사하는 데 사용하고, 밤에는 순찰할 때에 가지고 다니며 치니, 刁斗라고 불렀다. 鐎는 음이 焦이다.

刁, 音貂, 古者軍行, 以銅作鐎, 受一斗. 晝炊飯食, 夜擊持行夜, 名曰刁斗. 鐎, 音焦.

③ 斥은 헤아리는 것이고 候는 살피고 멀리 바라보는 것이니, "斥候"는 험한 곳을 답사하고 도적을 살피는 것이다.

斥, 度也. 候, 視也, 望也. 斥候, 所以檢行險阻, 伺候盜賊.

④ 簿은 문서이다.

簿, 文簿也.

⑤ 苦는 고통스럽게 여기는 것이다.

苦, 厭苦之也.

【目】 司馬溫公(司馬光)이 다음과 같이 평하였다.

"≪周易≫에 '군대를 출동하되 規律에 맞게 해야 하니, 그렇지 않으면 승리하더라도 흉하다.'[30] 하였으니, 군중을 다스리는데 법령으로써 하지 않으면 흉하지 않음이 없음을 말한 것이다. 그러므로 '軍事는 엄함으로써 끝마친다.'고 하였으니, 장수된 자는 또한 엄하게 해야 할 뿐이다. 그렇다면 程不識을 본받으면 비록 공이 없더라도 오히려 패하지는 않을 것이지만 李廣을 본받으면 패망하지 않는 경우가 드물 것이다."

司馬公曰 易曰 師出以律이니 否면 臧이라도 凶이라하니 言治衆而不用法이면 無不凶也라 故로 曰 兵事는 以嚴終이라하니 爲將者亦嚴而已矣라 然則傚程不識이면 雖無功이라도 猶不敗어니와 傚李廣이면 鮮不覆亡哉인저

【綱】 여름 4월에 赦免을 하였다.

夏四月에 赦하다

【綱】 5월에 詔令을 내려 賢良과 文學이 뛰어난 자를 천거하게 하여 황제가 친히 策問하였다.

◑ 五月에 詔擧賢良文學하여 親策之[31]하다

---

30) 군대를……흉하다 : ≪周易≫ 師卦 初六 爻辭에 보인다.

31) 詔擧賢良文學 親策之 : "'親'이라고 쓴 것은 어째서인가? 비난한 것이다. 무엇을 비난한 것인가? 황제가 몸소 친히 策問했는데도 얻은 사람이 公孫弘 한 사람뿐이었는데, 이것을 훌륭한 사람을 잃었다고 여겼으므로 비난한 것이다. 이 때문에 文帝가 책문하여 鼂錯를 얻었으면 '親'이라고 쓰

【綱】가을 7월에 일식이 있었다.

◑秋七月에 日食하다

戊申年(B.C. 133)

【綱】漢나라 世宗 孝武皇帝 元光 2년이다. 겨울 10월에 황제가 雍 땅으로 행차하여 五畤에 제사 지냈다.

二年이라 冬十月에 帝如雍하여 祠五畤하다

【綱】황제가 처음으로 친히 부뚜막神에게 제사하고 方士를 보내서 신선을 찾게 하였다.

◑始親祠竈하고 遣方士하여 求神僊[32]하다

고, 武帝가 책문하여 公孫弘을 얻었으면 '親'이라고 썼고, 唐나라 文宗이 선비들을 책문하여 劉蕡을 잃었으면 '親'이라고 썼으니, 사람을 제대로 알아보지 못함을 비난한 것이다. ≪資治通鑑綱目≫이 끝날 때까지 '친히 책문했다.〔親策〕'고 쓴 것은 3번뿐이다.〔書親 何 譏也 何譏 躬親策之而所得者公孫弘耳 以是爲失人 故譏之 是故文帝策士而得鼂錯 則書親 武帝策士而得公孫弘 則書親 文宗策士而失劉蕡則書親 譏不知人也 終綱目 書親策三而已〕" ≪書法≫

32) 帝如雍……遣方士求神僊 : "'親'이라고 쓴 것은 어째서인가? 친히 해서는 안 되는 것이다. '竈(부뚜막神)'는 五祀의 하나인데, 황제가 친히 제사 지냈으니, 황제가 처음으로 方士들에게 미혹된 것이다. 그러므로 특별히 '처음〔始〕'이라고 쓴 것이다.〔親者 何 不宜親者也 竈 五祀之一爾 而親祠之 帝始惑於方士矣 故特書始〕" ≪書法≫

"≪春秋≫는 일을 나열하여 비교한 글이다. 韓愈가 ≪춘추≫의 書法이 근엄함을 칭찬하였는데, 先儒들이 "한유가 ≪춘추≫의 뜻을 깊이 알았다."고 말하였다. ≪資治通鑑綱目≫은 ≪춘추≫의 서법을 취하였다. 그러므로 서법의 사이에 근엄함을 깊이 더하였다. 예컨대 雍 땅에 가서 제사한 일은 武帝 때에 성하였으나, 그 근원은 바로 文帝로부터 시작되었다. 이 때문에 문제 15(B.C. 165)년에 '황제가 雍 땅에 가서 처음 郊祭를 지내면서 五帝를 뵈었다.〔雍始郊見五帝〕'고 썼고, 武帝의 이해에 이르러서는 다만 '雍 땅에 가서 五畤에 제사 지냈다.〔如雍祠五畤〕'라고 썼을 뿐이다. 竈에 제사한 일로 말하면 예전에는 진실로 이러한 일이 있지 않았다. 이 때문에 '始'라는 한 글자를 특별히 여기에서 썼으니, 이는 근엄한 뜻이 서법의 사이에 나타난 것이다.

그러나 文帝가 비록 잘못을 처음 시작한 과오가 있으나 그 본심을 근원해보면 실로 神을 섬기고 하늘을 공경하는 뜻에서 나왔는데, 武帝는 단지 자신의 사욕을 채우기 위하여 이것을 하였다. 그러므로 ≪자치통감강목≫에 方士를 보내 신선을 구한 일을 아래에 크게 써서 비난한 것이다. 더구나 竈에 제사하는 일은 천한 일이어서 더욱 郊祭를 지내어 五帝를 뵌 일과 견줄 수 있는 것이 아닌데, 무제가 친히 제사 지냈으니, 그 잘못이 雍 땅에 가서 제사 지낸 것보다 더욱 심하다. 요컨대 이것은 배우는 자가 여러 가지를 나열하여 비교해보는 데 달려 있는 것이다.〔春秋比事之書 韓愈稱其謹嚴 先儒謂愈深得春秋之旨 綱目取法春秋 故於書法之間 深所加謹 如祠雍之事 盛於武帝之時 然

【目】 李少君이 부뚜막신에게 제사를 지내면 늙음을 물리친다는 方術을 가지고 上을 뵙자, 上이 그를 높였다. 이소군은 자신의 나이와 출생, 성장한 과정을 숨겼고, 교묘히 말한 것 가운데 기이하게 맞는 것이 있었다.

이소군이 말하기를 "부뚜막신에게 제사를 지내면 기이한 鬼物을 이르게 할 수 있으며, 丹砂를 변화시켜 黃金을 만들 수 있습니다. 蓬萊山의 신선을 만나볼 수 있는데, 신선을 보고 封禪을 하면 죽지 않을 것입니다." 하였다.

이에 천자가 처음으로 직접 부뚜막신에게 제사 지내고, 方士를 보내 바다로 들어가서 蓬萊山에 사는 安期生의 무리를 찾게 하였으며, 丹砂와 여러 약물을 변화시켜 황금을 조제하는 일에 종사하게 하였다. 얼마 후에 이소군이 병으로 죽자, 천자는 그가 신선으로 변화해서 昇天한 것이지 죽은 것이 아니라고 여기니, 燕나라와 齊나라의 바닷가에 사는 괴이하고 오활한 方士들 중에 번갈아 와서 신선의 일을 말하는 자가 많았다.

李少君이 以祠竈却老方見(현)이어늘 上이 尊之①하니 少君이 匿其年及生長하고 善爲巧發奇中②이라 言祠竈則致物이요 而丹砂를 可化爲黃金이라 蓬萊仙者를 可見이니 見之以封禪則不死③라하다 於是에 天子始親祠竈하고 遣方士入海하여 求蓬萊安期生之屬하고 而事化丹砂諸藥하여 齊爲黃金④이러라 久之에 少君이 病死어늘 天子以爲化去不死라하니 而海上燕齊怪迂之士 多⑤更(경)來言神事矣⑥러라

① 竈(부뚜막신)라는 것은 老婦의 제사이니, 盆(동이)에 음식을 담고 甁에 술을 담는다. 一說에 "炎帝 시대의 火官이 죽어서 부뚜막신이 되었다." 하였다. 부뚜막신에게 제사를 지내는 것은 부뚜막신에게 제사를 지내면 鬼物을 이르게 하여 丹砂를 변화시켜 黃金을 만들 수 있는데, 황금을 가지고 飮食을 먹는 그릇을 만들어 사용하면 수명을 연장할 수 있다는 것은 方士의 말일 뿐이다. 見(뵙다)은 胡甸의 切이다.
竈者, 老婦之祭, 盛於盆, 尊於甁. 一說 "炎帝時火官, 死爲竈神." 祠竈者, 祭竈以致鬼物, 化丹砂以爲黃金, 以爲飮食器, 可以延年, 方士之言云爾. 見, 胡甸切.

② 長(자라다)은 上聲이니, "生長"은 그 태어난 때와 자라던 때에 살던 곳을 이른다. 中(적중하다)은 去聲이니, 때때로 발언한 것 중에 적중한 것이 있음을 이른다.
長, 上聲. 生長, 謂其生時及長時所居止處也. 中, 去聲, 謂時時發言, 有所中也.

③ 物은 鬼物이다. 丹砂는 藥의 이름이다.
物, 鬼物也. 丹砂, 藥名.

其原乃自文帝始 是以文十五年 書如雍始郊見五帝 至武帝是年 則止書如雍祠五時而已 若夫祀竈之事 前此固未有之 是以始之一字 特筆於此 此則謹嚴之意 見於書法之間者也 然文帝雖有作俑之失 原其本心 實出於事神敬天之意 而武帝特爲己私而設 故綱目大書遣方士求神仙於下 以譏之爾 況祠竈賤事 尤非郊帝之比 而武帝親之則其失有甚於祠雍多矣 要在學者比而觀之可也]" ≪發明≫

④ ≪列仙傳≫에 "安期生은 琅邪 사람이니, 동해 바닷가에서 약을 팔았다. 당시 사람들이 모두 그의 나이는 1,000세라고 말하였다." 하였다. 事는 그 일을 일삼는다는 뜻이다. 齊는 才計의 切이니, 약을 조제하는 것이다.
列仙傳 "安期生, 琅邪人, 賣藥東海邊, 時人皆言千歲." 事, 謂事其事也. 齊, 才計切, 藥之分齊也.

⑤ 迂는 음이 于이니 굽다는 뜻이다.
迂, 音于, 曲也.

⑥ 更(다시)은 工衡의 切이다.
更, 工衡切.

【綱】 太一의 사당을 세웠다.

立太一祠하다

【目】 亳(박) 지방 사람인 謬忌(무기)가 太一에게 제사하는 方術을 아뢰기를 "天神 중에 존귀한 자는 태일이요, 태일에게 배향된 자들이 五帝입니다." 하였다. 이에 天子가 長安의 동남쪽 郊外에 그 사당을 세웠다.

亳人謬忌 奏祠太一[①]方하여 曰 天神貴者太一이요 太一佐曰五帝[②]라한대 於是에 天子立其祠長安東南郊하다

① ≪漢書≫ 〈地理志〉에 "亳은 山陽郡에 속하였다." 하였는데, 亳이 薄으로 되어 있다. 謬는 姓이고 忌는 이름이다. 中宮의 天極星 가운데 밝은 별 하나가 있는데 太一이 항상 거기에 거처한다.
班志 "亳屬山陽郡." 亳作薄. 謬, 姓. 忌, 名. 中宮天極星, 其一明者, 太一常居也.

② 佐는 配享된 것이다, 五帝는 東方의 靑帝인 靈威仰, 南方의 赤帝인 赤熛怒, 西方의 白帝인 白招拒, 北方의 黑帝인 協光紀, 中央의 黃帝인 含樞紐이다. 一說에 "蒼帝는 이름이 靈符이고, 赤帝는 이름이 文祖이고, 白帝는 이름이 顯紀이고, 黑帝는 이름이 玄矩이고, 黃帝는 이름이 神斗이다." 하였다.
佐者, 配祭也. 五帝, 謂東方靑帝靈威仰・南方赤帝赤熛怒・西方白帝白招拒・北方黑帝協光紀・中央黃帝含樞紐也. 一說 "蒼帝名靈符. 赤帝名文祖, 白帝名顯紀, 黑帝名玄矩, 黃帝名神斗."

【綱】 여름 6월에 間者(첩자)를 파견하여 匈奴의 單于를 유인해서 변경에 침입

하게 하고, 장군 王恢 등이 군대를 매복시켜 요격하려 하였는데, 사로잡지 못하였다. 왕회가 죄 때문에 獄吏에게 회부되자, 자살하였다.

夏六月에 **遣間**하여 **誘匈奴單于入塞**하고 **將軍王恢等**이 **伏兵邀之**러니 **不獲**하니 **恢以罪下吏自殺**[33)]하다

【目】 雁門 馬邑의 豪族인 聶壹(섭일)이 大行 王恢를 통하여 上에게 말하기를 "이전에 흉노와 和親하여 변경의 사람들을 친근히 여겨 믿고 있으니, 이익으로 유인할 수 있습니

---

33) 遣間……恢以罪下吏自殺 : "'유인〔誘〕'이라고 쓴 것은 어째서인가? 추하게 여긴 것이다. 앞서 '匈奴와 화친했다.〔與匈奴和親〕'고 썼었는데, 흉노가 변경을 침범했다는 말을 듣지 못하였는데도 경솔하게 신하의 말을 듣고 망령되이 행동하여 中國으로서 사방 오랑캐에게 속임수를 사용하였으니, 이것을 추하다고 여긴 것이다. 그러므로 '誘'라고 쓴 것이다. 이때에 韓安國, 李廣, 王恢를 장군으로 삼았는데, 왕회가 별도로 代 땅으로 나가 오랑캐의 輜重隊를 공격할 것을 청하였다. 그런데 어찌하여 홀로 왕회를 맨 앞에 놓았는가? 왕회가 처음 일을 주도하였기 때문이다. ≪資治通鑑綱目≫에서 위에는 '間者를 보냈다.〔遣間〕'고 쓰고 아래에는 '왕회가 죄로써 獄吏에게 회부되었다.〔恢以罪下吏〕'고 썼으니, 武帝와 王恢 모두를 책망한 것이다. 이로부터 무제가 군대를 匈奴에게 加할 적에는 모두 '擊'이라고 썼다. 군대에 '誘'라고 쓴 것이 이때 처음 시작되었다.〔書誘 何 醜之也 前書與匈奴和親矣 未聞犯塞也 而輕聽妄動 以中國而行詐於四夷 以是爲可醜也 故書誘 於是以韓安國李廣王恢爲將軍 恢主別從代出擊胡輜重 則曷爲獨首恢 恢首事也 綱目上書遣間 下書恢以罪下吏 兩責之也 帝自是加兵匈奴 皆書擊 兵書誘始此〕" ≪書法≫

"匈奴는 漢나라에 있어서 진실로 토벌할 만한 대상이다. 그러나 武帝가 大統을 이은 이래로 흉노가 변경을 침범한 죄가 있단 말을 듣지 못하였다. 더구나 지난해에 흉노가 화친을 청하여 막 그들의 請願을 들어주었는데, 지금 마침내 이유 없이 유인책을 쓴 것은 과연 무슨 의리인가? 中國이 夷狄과 다른 까닭은 신의가 평소에 드러났기 때문이다. 약속을 변경하고 속임수를 써서 번복하는 것은 대등한 나라에 시행하더라도 오히려 正大한 일이 될 수 없는데, 하물며 이유 없이 망령되이 행동한 경우에 있어서랴.

후세에 의논하는 자들은 매번 高祖가 平城에서 포위된 것과 흉노가 呂后에게 모욕적인 편지를 보낸 것을 가지고 武帝가 복수한 것이라고 말한다. 그러나 이는 고조가 흉노를 얕잡아본 잘못이 있고 呂后가 지적할 만한 하자가 있음을 알지 못한 것이다. 흉노는 변방 밖의 먼 오랑캐이니, 애당초 흉노와 더불어 옳고 그름을 따질 수가 없다. 武帝의 입장에 있어 본래 복수할 만한 원수가 없으니, 다만 그들이 변경을 침략함을 인하여 다스리는 것에 불과할 뿐이다. 이렇게 하더라도 이미 충분한데, 어찌 굳이 일을 만들어 功을 바라서 스스로 흉노를 속이는 계책을 쓴단 말인가.

≪資治通鑑綱目≫에는 이에 대하여 '간자를 보내어 흉노를 유인했다.〔遣間誘匈奴〕'고 쓰고, '군대를 매복시켜 요격하려 하였으나 잡지 못했다.〔伏兵邀之 不獲〕'고 썼으니, 漢人의 실수를 진실로 말하지 않아도 알 수 있고, 또 王恢가 먼저 이 계책을 세웠는데 죽을 때에 '죄'라고 썼으니, 그 옳고 그름이 더욱더 분명하다. 이후로 병란이 이어지고 화가 끊이지 않았으니, 이것이 과연 누구의 잘못인가.〔匈奴在漢 誠可討伐 然自武帝繼統以來 未聞有犯邊之罪 況前年求和 方從所請 今乃無故設誘果何義邪 夫中國所以異於夷狄者 以信義素著焉爾 若變詐反覆 施於對敵 猶且不得爲正大之擧 矧無釁妄動者乎 自後世論者 每以平城之圍 嫚書之辱 夫武帝復讐之義 殊不知高祖失之於輕敵 呂后有瑕之可指 匈奴爲徼外遠夷 初不足與較是非 在武帝 本自無讐可復 特不過因其盜邊而治之 是亦足矣 何必生事邀功 自爲詐誘之謀乎 綱目於此 書曰遣間誘匈奴 書曰伏兵邀之 不獲 則漢人之失 固自不言可知 而又王恢首爲此謀 死以罪書 則其曲直愈更彰彰明矣 自是而後 兵連禍結 是果誰之咎歟〕" ≪發明≫

다. 군대를 매복시켰다가 습격한다면 이는 흉노를 반드시 격파할 수 있는 방도입니다." 하였다.

上이 公卿들을 불러 묻자, 왕회는 다음과 같이 말하였다.

"신이 듣건대, 代國이 온전했을 때에 북쪽으로 강성한 胡라는 적이 있고 안으로는 中原과의 전쟁이 연속되었으나 흉노가 함부로 代國을 침범하지 못하였습니다. 그런데 지금 폐하의 위엄으로 海內가 하나가 되었는데도 흉노의 침범이 계속되는 것은 다른 이유가 없습니다. 그들을 두렵게 하지 못했기 때문입니다. 신은 공격하는 것이 편리하다고 생각합니다."

한편 韓安國은 다음과 같이 말하였다.

"신이 듣건대 高皇帝(劉邦)께서 平城에서 흉노에게 포위되어 7일 동안 먹지 못하셨는데, 포위가 풀려 황제의 자리로 돌아오셔서는 노여워하는 마음이 없으셨다 하니, 聖人은 천하를 도량으로 삼고 자신의 개인적인 노여움으로 천하의 公義를 손상시키지 않습니다. 그러므로 화친을 맺어서 지금까지 5대 동안 이익이 되고 있습니다. 신은 공격하지 않는 것이 편리하다고 생각합니다."

雁門馬邑豪聶壹이 因大行王恢하여 言①호되 匈奴初和親하여 親信邊하니 可誘以利라 伏兵襲擊하면 必破之道也니이다 上이 召問公卿한대 恢曰 臣聞全代之時에 北有彊胡之敵하고 內連中國之兵이나 然匈奴不輕侵也②러니 今以陛下之威로 海內爲一이로되 然匈奴侵盜不已者는 無他라 以不恐之故耳니 臣은 竊以爲擊之便③이라하노이다 韓安國曰 臣聞高皇帝嘗圍於平城하사 七日不食이러니 及解圍反位에 而無忿怒之心하시니 夫聖人은 以天下爲度者也④요 不以己私怒로 傷天下之功⑤이라 故結和親하여 至今爲五世利하니 臣은 竊以爲勿擊便이라하노이다

① 豪는 재물과 무력으로써 鄕曲에서 우두머리 노릇을 하는 자를 이른다. 聶은 姓이고 壹은 이름이다. 大行은 諸侯와 歸義(大義에 따라 귀의함)한 오랑캐들을 관장하기 때문에 그를 통한 것이다. 言은 上에게 말한 것이다.
豪, 謂以貲財武力雄於鄕曲者. 聶, 姓. 壹, 名. 大行, 掌諸侯歸義蠻夷, 故因之也. 言, 謂言於上也.

② "全代"는 代나라가 분열되기 이전이니, 戰國시대 초기에는 代나라가 본래 독립된 나라였다.
全代, 代未分之時也, 戰國之初, 代自爲一國.

③ "不恐"이란 말은 위엄을 보여서 두렵게 하지 못했다는 뜻이다.
不恐之言, 不示威令恐懼也.

④ 〈"以天下爲度者也"는〉 천하의 인심을 따라서 그 도량을 크게 해야 함을 말한 것이다.
言當隨天下人心, 而寬大其度量也.

⑤ 功은 ≪資治通鑑≫에는 公으로 되어 있다.
功, 通鑑作公.

【目】 王恢는 다음과 같이 말하였다.

"그렇지 않습니다. 高帝가 平城의 원한을 갚지 않은 이유는 힘이 할 수 없었던 것이 아니요 천하 사람들을 휴식시키려는 마음에서였습니다. 이제 변경이 자주 소란함에 사졸이 죽고 다쳐서 중국의 관을 실은 수레가 길에 서로 이어지니, 이것은 仁者가 애통하게 여기는 바입니다. 그러므로 공격하는 것이 편리하다고 말한 것입니다."

韓安國은 다음과 같이 말하였다.

"그렇지 않습니다. 신은 듣건대, 人君이 일을 도모할 적에 반드시 祖宗의 故事를 살피고, 政令을 낼 적에 古人의 말에 따라 그 가부를 결정하는 것은, 일을 시작하는 것을 신중히 하기 위한 것이라 하였습니다. 用兵을 잘하는 자는 배부른 我軍으로써 굶주린 적군을 상대하고, 바르게 다스려진 아군으로써 혼란한 적군을 상대하고, 편안히 머무는 아군으로써 수고로운 적군을 상대합니다.34) 그러므로 병사들이 맞부딪치면 적의 군대를 패배시키고, 적국을 공격하면 성벽을 무너뜨려 항상 편안히 앉아 있으면서 적국을 부리니, 이것이 聖人의 군대입니다.

이제 장차 갑옷을 벗어두고 가볍게 출동하여 적국에 깊숙이 쳐들어가 멀리까지 적을 쫓는다면 功을 이루기 어렵습니다. 縱隊로 행군하면 옆면을 공격 받고, 橫隊로 행군하면 중간이 끊기며, 빨리 가면 양식이 부족해지고, 천천히 가면 유리함에 이르지 못하여, 천 리도 가기 전에 사람과 말의 양식이 떨어질 것입니다. 이것을 일러 병법에 '병사를 적에게 주어서 사로잡히게 하는 것이다.'라 하니, 신은 이 때문에 '공격하지 않는 것이 편리하다.'고 말하는 것입니다."

恢曰 不然하다 高帝所以不報平城之怨者는 非力不能이요 所以休天下之心也라 今邊境이 數(삭)驚에 士卒傷死하여 中國槥(위)車相望하니 此는 仁人之所隱也라 故로 曰擊之便①이라하노이다 安國曰 不然하다 臣은 聞人君謀事에 必就祖하고 發政에 占古語는 重作事也②라 用兵者는 以飽待飢하며 正治以待其亂하며 定舍以待其勞③라 故로 接兵覆衆하고 伐國墮(휴)城하여 常坐而役敵國하나니 此는 聖人之兵也④라 今將卷甲輕擧하여 深入長敺하면 難以爲功⑤이니 從行則迫脅이요 衡(횡)行則中絶⑥하며 疾則糧乏이요 徐則後利⑦하여 不至千里에 人馬乏食이리이다 兵法曰 遺人獲也라하니 臣은 故曰 勿擊便⑧이라하노이다

34) 用兵을……상대합니다 : ≪孫子≫ 〈軍爭〉에 보인다.

① 槥는 음이 衛이니, 작은 棺이다. 종군하다가 죽은 자를 작은 관에 넣어 운송하여 장례를 치르니, 관을 실은 수레들이 길에 이어진다는 것은 그 많음을 말한 것이다. 隱은 애통하다는 뜻이다.
槥, 音衛, 小棺也. 從軍死者, 以槥送致其喪. 載槥之車, 相望於道, 言其多也. 隱, 痛也.
② 일을 도모할 적에 반드시 祖宗의 故事를 따르며, 政事와 命令을 시행할 적에 반드시 古人의 말을 가지고 可否를 헤아려 결정함을 말한다.
言謀事, 必依就祖宗之故事, 發政施令, 必以古人之言, 占度其可否也.
③ 舍는 머물며 휴식하는 것이다.
舍, 止息也.
④ 覆은 패배시키는 것이다. 墮는 隳로 읽으니, 허무는 것이다. 병사들이 적과 맞붙으면 적들을 패배시키고, 정벌한 나라는 그 성벽을 무너뜨림을 말한 것이다.
覆, 敗也. 墮, 讀曰隳, 毁也. 言兵與敵接, 則敗其衆, 所伐之國, 則毁其城也.
⑤ 卷(거두다)은 捲으로 읽는다. 毆(쫓다)는 驅와 같다.
卷, 讀曰捲. 毆, 與驅同.
⑥ "從行"은 직진하는 것이다. 衡(가로)은 橫으로 읽는다.
從行, 直行也. 衡, 讀曰橫.
⑦ "後利"는 유리함에 미치지 못함을 이른다.
後利, 謂不及於利.
⑧ 遺(주다)는 去聲이니, 군대를 적에게 주어서 그들의 포로가 되게 함을 말한다.
遺, 去聲, 言以軍遺敵人, 令其虜獲也.

【目】 이에 王恢가 다음과 같이 논박하였다.

"그렇지 않습니다. 신이 지금 공격해야 한다고 주장하는 것은 진실로 군대를 출동하여 깊이 쳐들어가자는 것이 아닙니다. 單于의 욕심을 잘 이용하여 유인해서 변경에 이르게 하고 우리가 날랜 騎兵을 선발하여 몰래 매복시켜 그들을 대비하고, 험하고 막힌 곳을 찾아서 막아 경계를 철저히 하자는 것입니다. 우리의 형세가 이미 안정되거든 혹은 적의 왼쪽이나 오른쪽에 복병을 설치하고 혹은 적의 전면을 가로막거나 그 뒤를 끊는다면 선우를 사로잡을 수 있을 것이니, 백 번을 싸워도 완벽하게 취할 수 있을 것입니다."

上이 왕회의 의견을 따랐다.

恢曰 不然하다 臣今言擊之者는 固非發而深入也라 將順因單于之欲하여 誘而致之邊하고 吾選梟騎하여 陰伏而處하여 以爲之備하고 審遮險阻하여 以爲其戒①니 吾勢已定이어든 或營其左하고 或

營其右하며 或當其前하고 或絶其後하면 單于를 可擒이니 百全必取니이다 上이 從恢議하다

① 戒는 조심하고 살피도록 경계하는 것이다.
戒者, 戒其謹審也.

【目】6월에 韓安國, 李廣, 王恢를 장군으로 삼아서 전차병과 騎兵, 材官[35)]의 30여 만 명을 거느리고서 馬邑 부근의 계곡에 숨어 있게 하고, 은밀히 聶壹을 匈奴로 위장 망명시켜 單于에게 이르기를 "제가 馬邑의 슈과 丞의 목을 베고 성을 들어 항복할 것이니 그곳의 재물을 모두 얻을 수 있을 것입니다." 하게 하였다.

이에 선우가 변경을 지나 10만 騎兵을 이끌고서 武州縣의 경계로 쳐들어왔다. 100여 리를 못 와서 들판에 가축이 풀어져 있는데 목동이 없는 것을 보고는, 마침내 亭을 공격하여 雁門의 尉史를 사로잡아 漢나라 군대가 주둔(매복)해 있는 곳을 알아내었다.

선우가 크게 놀라며 말하기를 "내가 본래 의심하였다." 하고, 이에 군대를 이끌고 돌아갔다. 漢나라 군대가 추격하여 변경에 이르렀으나 따라잡지 못하자 마침내 모든 군대를 해산하였다.

왕회는 별도로 代邑으로부터 출동하여 흉노의 輜重을 공격하는 것을 주관하였는데, 이 또한 감히 출동하지 못하였다. 上이 노하여 왕회를 廷尉에게 회부하자, 정위가 "왕회는 출격하는데 주저하고 두려워한 죄목에 해당하니, 腰斬刑에 처해야 합니다." 하였다.

六月에 以韓安國, 李廣, 王恢爲將軍하여 將車騎, 材官三十餘萬하여 匿馬邑旁谷中하고 陰使聶壹로 亡入匈奴하여 謂單于曰 吾能斬馬邑令丞하고 以城降하리니 財物을 可盡得①이라한대 於是에 單于穿塞(천새)하고 將十萬騎하여 入武州塞②러니 未至百餘里에 見畜布野而無人牧者하고 乃攻亭하여 得雁門尉史하여 知漢兵所居③하다 單于大驚曰 吾固疑之라하고 乃引兵還이어늘 漢兵이 追至塞弗及하여 乃皆罷兵하다 王恢主別從代하여 出擊胡輜重이러니 亦不敢出이라 上이 怒하여 下恢廷尉하니 當恢逗橈(두요)하여 當斬④이라

① 縣에는 슈과 丞을 두니, 長吏(縣令의 보좌)이다.
縣, 有令有丞, 長吏也.

② ≪漢書≫ 〈地理志〉에 "武州縣은 雁門郡에 속하였다." 하였다.
班志 "武州縣, 屬雁門郡."

③ 漢나라 법률에 "변방과 가까운 郡에는 모두 尉를 두는데 100里마다 1명씩이고, 士史와 尉史는 각기 2명씩 둔다." 하였다. 당시에 雁門尉史가 순찰하다가 적을 보고 인하여 이 亭을

35) 材官 : 秦漢 시대에 설치된 일종의 지방 예비병이다. ≪漢書 刑法志≫

지킨 것이다.

漢律 "近塞郡, 皆置尉, 百里一人, 士史・尉史各二人." 時, 雁門尉史, 行徼見寇, 因保此亭.

④ 當은 그 죄에 처하는 것이다. 逗는 豆(두)와 住(주) 두 가지 음이 있으니, 머문다는 뜻이다. 橈는 굽히고 나약한 것이다. 軍法에 "나아가는 데 주저하고 두려워하고 나약한 자는 腰斬刑에 처한다." 하였다.

當, 處其罪也. 逗, 豆・住二音, 留止也. 橈, 屈弱也. 軍法 "行而逗留畏懦者, 要斬."

【目】王恢가 丞相 田蚡에게 千金을 바치자, 전분이 太后에게 말하기를 "왕회가 馬邑의 일을 주도했는데 이제 成事되지 못했다 하여 왕회를 죽이면, 이는 匈奴를 위해 그 원수를 대신 갚아주는 것입니다." 하였다.

태후가 이 말을 上에게 고하니, 上이 말하기를 "마읍의 일을 주도한 자는 왕회입니다. 그러므로 천하의 병사 수십 만을 징발하여 그의 말을 따라 출동하였습니다. 또한 비록 선우를 잡지 못했더라도 왕회의 부대가 흉노의 치중을 공격하였더라면 그래도 자못 치중부대의 사람들을 얻어서 여러 군사들을 위로할 수 있었을 것입니다. 이제 왕회를 죽이지 않으면 천하에 사죄할 수 없을 것입니다." 하였다. 이에 왕회가 그 소식을 듣고서 마침내 자살하였다.

이로부터 흉노가 화친을 끊고 변경의 〈關市로〉 가는 길을 공격하였다. 그러나 여전히 關市의 물건을 탐하고 즐겨서 漢나라의 재화를 갖고자 하니, 漢나라도 관시를 끊지 않고서 그들의 뜻에 맞춰 주었다.

恢行千金丞相蚡하니 蚡이 言於太后曰 王恢首爲馬邑事라가 今不成而誅恢하면 是는 爲匈奴報仇也니이다 太后以告上한대 上曰 首爲馬邑事者는 恢라 故로 發天下兵數十萬하여 從其言爲此하니이다 且縱單于不可得이라도 恢所部擊其輜重이면 猶頗可得하여 以尉士大夫心①이니 今不誅恢면 無以謝天下니이다 於是에 恢聞하고 乃自殺하다 自是로 匈奴絶和親하고 攻當路塞②라 然이나 尙貪樂(탐락)關市하여 嗜漢財物하니 漢亦關市不絶하여 以中其意③러라

① "猶頗可得"은 혹 치중부대의 사람들을 사로잡을 수 있었을 것이라는 뜻이다. 尉(위로하다)는 慰와 같다. "士大夫"는 여러 군사를 이른다.

猶頗可得, 謂或當得其輜重人衆也. 尉, 與慰同. 士大夫, 謂諸軍也.

② "當路塞"은 변경의 〈關市로〉 가는 길에 해당하는 곳을 이른다.

當路塞, 謂塞之當行道處者.

③ 中(맞추다)은 去聲이다.

中, 去聲.

己酉年(B.C. 132)

【綱】 漢나라 世宗 孝武皇帝 元光 3년이다. 봄에 황하의 물줄기가 頓丘로 이동하였고, 여름에 濮陽에서 제방이 터졌다.

三年이라 **春**에 **河徙頓丘**하고 **夏**에 **決濮陽**하다

【目】 봄에 河水(黃河)의 물줄기가 이동하여 頓丘縣에서부터 동남쪽으로 흘렀고, 여름에 다시 濮陽의 瓠子가 터져 鉅野로 흘러 淮水와 泗水와 통하여 16개 군이 물에 잠기자, 병졸 10만을 징발하여 막았지만 번번이 다시 무너졌다.

이때에 田蚡이 鄃縣(수현)을 食邑으로 받았는데 河水 북쪽에 위치하였다. 황하가 터져 남쪽으로 흐를 경우, 鄃縣에는 水災가 없어서 읍에서 수확하는 곡식이 많았다. 전분이 上에게 말하기를 "江河의 물줄기가 터지는 것은 모두 하늘의 일이니, 사람의 힘으로 억지로 막기가 쉽지 않습니다." 하였다. 望氣하는 자도 그렇다고 하니, 이에 오랫동안 제방을 막지 않았다.

春에 **河水徙**하여 **從頓丘東南流**①하고 **夏**에 **復決濮陽瓠子**하여 **注鉅野**하여 **通淮泗**하여 **汎郡十六**②이어늘 **發卒十萬**하여 **塞**(색)**之**나 **輒復壞**하다 **是時**에 **田蚡**이 **奉邑食鄃**(수)하여 **居河北**③하니 **河決而南**이면 **則鄃無水災**하여 **邑收多**라 **蚡**이 **言於上曰 江河之決**이 **皆天事**니 **未易以人力彊塞**④이라한대 **望氣者亦以爲然**이라하니 **於是**에 **久不塞**하다

① "頓丘"는 언덕의 명칭인데 인하여 縣의 명칭으로 삼았으니, 본래 衛나라의 땅이다. ≪漢書≫ 〈地理志〉에 "東郡에 속하였다." 하였다.
頓丘, 丘名, 因以爲縣, 本衛地也. 地理志 "屬東郡."

② 瓠子는 제방의 이름이다. ≪漢書≫ 〈地理志〉에 "鉅野縣은 山陽郡에 속하니, 大野澤이 그 북쪽에 있다." 하였다. 터진 황하의 물이 鉅野로부터 泗水로 통하고 泗水로부터 淮水로 통한 것이다. 汎은 敷劍의 切이니, 강물이 넘쳐 미친 것이다.
瓠子, 隄名. 班志 "鉅野縣, 屬山陽郡, 大野澤在其北." 決河之水, 由鉅野而通泗水, 由泗水而通淮也. 汎, 敷劍切, 水所汎及也.

③ 奉(녹봉)은 俸과 통한다. 鄃는 음이 輸이니, 鄃縣은 淸河郡에 속한다.
奉, 與俸通. 鄃, 音輸. 鄃縣, 屬淸河郡.

④ 彊(억지로 하다)은 其兩의 切이다.
彊, 其兩切.

庚戌年(B.C. 131)

【綱】 漢나라 世宗 孝武皇帝 元光 4년이다. 겨울 12월 그믐에 魏其侯 竇嬰(두영)을 죽였다.

四年이라 **冬十二月晦**에 **殺魏其侯竇嬰**①36)하다

① 漢나라 法에 겨울철에 重刑을 시행하고 봄이 지나면 사면하거나 贖罪하였다. 그러므로 12월 그믐에 魏其侯를 論罪하여 죽인 것이니, 이는 武安侯 田蚡의 뜻이다. ≪漢書≫ 〈地理志〉에 "魏其侯의 封國은 琅邪郡에 속하였다." 하였다.

漢法 "以冬月行重刑, 過春則赦若贖." 故以十二月晦, 論殺魏其侯, 此武安侯蚡之意也. 班志 "魏其侯國, 屬琅邪郡."

【目】 옛날 孝景帝 때에 竇嬰은 大將軍이 되고 田蚡은 諸郎이 되었는데, 얼마 뒤에 전분은 날로 더욱 신분이 귀해지고 총애를 받았다. 두영이 세력을 잃자 賓客들이 더욱 줄어들었으나 潁陰의 灌夫만이 떠나지 않으니, 두영이 관부를 후대하여 서로 이끌어 존중하였다.

관부는 강직하고 酒使(술주정)가 있어 권세가 자기보다 위에 있는 자들을 반드시 능멸하였고, 자주 술에 취하여 전분을 거슬렀다. 전분이 이에 조사하여 아뢰었는데, 그의

36) 冬十二月晦 殺魏其侯竇嬰 : "일식이 아니면 그믐과 초하루를 쓴 적이 없는데, 여기에서 '12월 그믐'이라고 쓴 것은 어째서인가? 竇嬰을 죽인 것을 심하게 여긴 것이다. 어찌하여 심하게 여긴 것인가? 단 하루가 지나면 봄이니, 봄에는 죄인을 죽이지 않는다. 이는 황제가 행여 죄인을 죽이지 못하고 놓칠까 우려하는 마음이 있었으므로 심하게 여긴 것이다. 灌夫의 三族을 멸한 것을 쓰지 않았으니, 죄인은 굳이 쓸 것이 없지만, ≪資治通鑑綱目≫에서 죄 없는 자를 죽일 때에는 '殺'이라고 썼다.〔非日食 未有書晦朔者 此其書十二月晦 何 甚殺者也 曷爲甚之 越日則春 春不殺矣 以帝爲有恐失之心也 故甚之 族灌夫不書 夫罪人不足書也 綱目殺無罪書殺〕" ≪書法≫

"竇嬰이 연좌된 것은 글을 올려 灌夫를 논변하여 구원한 것에 불과할 뿐이니, 죄가 죽음에 이르지 않는다. 그러므로 '殺'이라고 쓰고 그의 관직을 제거하지 않은 것이다. 달을 쓰고 날짜를 쓴 것으로 말하면 漢나라 史官이 생각하기에 '日・月'을 쓴 것은 봄이 곧 닥쳐와서 죄를 사면 받아 속죄할까 두려워함을 나타낸 것이니, 여기에서 漢나라 武帝가 사사로운 마음으로 두영을 죽인 것을 볼 수 있다. 이 때문에 ≪資治通鑑綱目≫에서도 또한 漢나라 역사책을 따라 그대로 써서 그 사실을 없애지 않음을 나타낸 것이다. 관부에 이르러는 마침내 삭제하고 쓰지 않은 것은, 관부는 潁川 지방에서 횡포를 부렸고 재상을 능멸하고 협박한 죄가 있어서 스스로 誅戮을 취하여 애초에 돌아볼 필요가 없었기 때문이다. 그렇지 않다면 ≪資治通鑑綱目≫에 어찌 일부러 두영은 자세히 쓰고 관부는 소략히 하였겠는가.〔竇嬰所坐 不過上書論救灌夫而已 罪未至死 故書殺而不去其官 若夫書月書日 漢史謂其著日月者 見春垂至 恐遇赦贖之 於以見漢以私意殺嬰 是故綱目亦因而筆之 以見不沒其實爾 至於灌夫 乃削而不書者 蓋夫有暴橫潁川陵脅宰相之罪 自取誅戮 初無足恤故也 不然 綱目豈故詳於嬰而略於夫哉〕" ≪發明≫

家屬이 潁川에서 전횡하므로 棄市罪를 얻게 되자, 두영이 上書하여 관부를 구원해줄 것을 논하였다.

上이 명하여 전분과 함께 東朝에 가서 태후를 뵙고 조정에서 논변하게 하였는데, 上이 朝臣들에게 묻기를 "두 사람 중에 누가 옳은가?" 하니, 汲黯만이 '두영이 옳다.' 하였고, 韓安國은 '둘 다 옳다.'고 했으며, 鄭當時는 두영이 옳다고 했다가 이를 계속 고집하지 못하였다. 태후가 노하여 식사를 하지 않고 말하기를 "지금 내가 살아 있는데도 저들이 모두 나의 아우(田蚡)를 짓밟고자 하니, 가령 내가 죽은 뒤에는 친정 집안들이 모두 물고기 뱃속에 있겠구나." 하였다. 上이 부득이 관부를 멸족하고 有司로 하여금 두영을 조사하여 다스리게 하니, 棄市罪에 해당하였으므로 이에 논죄하여 그를 죽였다.

初에 孝景時에 竇嬰은 爲大將軍하고 田蚡은 乃爲諸郎①이러니 已而요 蚡이 日益貴幸하다 嬰이 失勢하니 賓客益衰호되 獨潁陰灌夫不去②하니 嬰이 乃厚遇夫하여 相爲引重③이러라 夫剛直使酒하여 諸有勢在己之右者를 必陵之하고 數(삭)因醉忤蚡하니 蚡이 乃奏案호되 夫家屬이 橫潁川하여 得棄市罪④어늘 嬰이 上書論救라 上이 令與蚡東朝廷辨之⑤할새 上이 問朝臣호되 兩人孰是오 唯汲黯은 是嬰하고 韓安國은 兩是之하고 鄭當時는 是嬰이라가 後不敢堅⑥하니 太后怒不食曰 今我在也로되 而人皆藉吾弟하니 令我百歲後면 皆魚肉之乎⑦인저 上이 不得已遂族灌夫하고 使有司案治嬰하니 得棄市罪라 論殺之하다

① 諸郎은 諸曹의 郎이다.
諸郎, 諸曹郎也.

② 灌夫의 아버지 張孟이 潁陰侯 灌嬰의 舍人이 되어서 총애를 얻고 인하여 등용되어서 二千石에 이르렀기 때문에 姓을 빌려 灌氏라고 하였다.
灌夫父張孟, 爲潁陰侯灌嬰舍人, 得幸, 因進之, 至二千石, 故蒙姓爲灌也.

③ 爲(위하다)는 去聲이니, 〈"相爲引重"은〉 점점 서로 이끌어 존중함에 이름을 말한 것이다.
爲, 去聲, 言轉相汲引而致於尊重也.

④ 橫(횡행하다)은 去聲이니, 〈"橫潁川"은〉 潁川郡에서 전횡함을 이른다.
橫, 去聲, 謂恣橫於潁川郡.

⑤ 東朝는 太后의 조정이니, 〈"令與蚡東朝廷辨之"는〉 東朝에서 太后를 뵙고 그 시비를 조정에서 변론하도록 명함을 이른다.
東朝, 太后朝也. 謂令於東朝見太后, 廷辨其是非也.

⑥ 鄭當時는 竇嬰이 옳다고 먼저 대답하였다가 뒤에 감히 앞의 주장을 확고하게 고집하지 못한 것이다.
鄭當時, 所對先已是嬰, 後乃不敢堅執前說.

⑦ 藉는 慈夜의 切이니, 밟는다는 뜻이다. 수레바퀴로 갈린다는 말과 같다.

藉, 慈夜切, 蹈也, 猶言轢轢也.

【綱】 봄 3월에 丞相 田蚡이 卒하였다.

春三月에 丞相蚡이 卒하다

【綱】 여름 4월에 서리가 내려 풀을 죽였다.

◑ 夏四月에 隕霜殺草[37)]하다

【綱】 5월에 薛澤을 丞相으로 삼았다.

◑ 五月에 以薛澤爲丞相하다

【綱】 地震이 있자, 赦免하였다.

◑ 地震이어늘 赦하다

辛亥年(B.C. 130)

【綱】 漢나라 世宗 孝武皇帝 元光 5년이다. 겨울 10월에 河間王 劉德이 와서 조회하였다. 雅樂을 올리고, 詔書로 물은 策問에 대답하고, 봄 正月에 봉국으로 돌아가서 卒하였다.

五年이라 冬十月에 河間王德이 來朝하여 獻雅樂하고 對詔策하고 春正月에 還而卒[38)]하다

---

37) 夏四月 隕霜殺草 : "4월에 서리가 내려서 서리가 풀을 죽임에 이른 것은 큰 異變이므로 쓴 것이다. '서리가 내렸다.〔隕霜〕'고 쓴 것이 이때 시작되었다.〔四月而霜 霜至殺草 大異也 故書 書隕霜始此〕" ≪書法≫

38) 冬十月……還而卒 : "≪資治通鑑綱目≫에 제후들의 죽음을 卒이라고 쓰지 않았는데, 河間王 劉德이 자기 封國으로 돌아가서 죽은 것을 卒이라고 썼으니, 어찌하여 〈卒이라고〉 썼는가? 그를 어질게 여겨서이다. 어질게 여긴 것은 무엇을 말하는가? 雅樂을 바치고 詔策(詔書로 물은 策問)에 대답함이 어질었기 때문이니, 어질게 여기면 '卒'이라고 쓴다. 이 때문에 ≪자치통감강목≫에 '來朝'라고 쓴 것이 9번이었으나 와서 한 일을 쓴 적이 없었는데, '雅樂을 바치고 詔策에 대답했다.'고 쓴 것은 특별히 기록한 것이다.〔綱目不書卒諸侯 河間王德卒於國 則何以書 賢之也 其賢之 何 獻雅樂 對詔策賢也 賢之 斯卒之矣 是故入綱目 書來朝九 未有書所事者 書曰獻雅樂 對詔策 特筆也〕" ≪書法≫

【目】 河間獻王(劉德)이 학문을 닦고 옛것을 좋아하고 사실을 얻는 데에 힘써서 진실되고 옳은 것을 추구하였으며, 금과 비단으로써 사방의 좋은 책을 찾으니, 얻은 책의 많음이 漢나라 조정과 대등하였다. 당시에 淮南王 劉安도 책을 좋아하였지만 모은 것이 거의 실용적이지 못한 것이 많았고, 하간헌왕이 얻은 것은 모두 古文으로 된 先秦시대의 옛 서적으로, ≪周禮≫와 ≪尙書≫, ≪禮經≫과 禮에 대한 기록, ≪孟子≫와 ≪毛氏詩≫, ≪春秋左氏傳≫ 등이었다.

禮樂과 故事를 수집하고 점점 증보하여 5백여 편에 이르렀으며, 경황이 없을 때에도 입는 옷은 반드시 儒者와 같이 하니, 山東의 儒者들 중에 그를 따라 交遊하는 사람이 많았다.

河間獻王이 修學好古하고 實事求是[①]하며 以金帛으로 招求四方善書하니 得書多與漢朝等이러라 時에 淮南王安이 亦好書호되 所招致率多浮辯[②]이요 獻王所得은 皆古文先秦舊書로 周官, 尙書, 禮, 禮記, 孟子, 毛氏詩, 左氏春秋之屬[③]이라 采禮樂故事하고 稍稍增輯하여 至五百餘篇하고 被服이 造次에도 必於儒者하니 山東諸儒 多從之遊[④]하니라

① 〈"實事求是"는〉 사실을 얻는 데 힘써서 매번 진실되고 옳은 것을 찾음을 이른다.
謂務得事實, 每求眞是也.
② 〈"率多浮辯"은〉 실용적인 것이 없음을 이른다.
言無實用耳.
③ 先秦은 秦나라 이전이라는 말과 같으니, 始皇帝의 焚書가 있기 전을 이른다. 禮는 ≪禮經≫이다. "禮記"는 여러 儒者들이 禮에 대해 기록한 설이다.
先秦, 猶言秦先, 謂未焚書之前. 禮者, 禮經也. 禮記者, 諸儒記禮之說也.
④ 被(입다)는 著과 같고 服은 의복이다. "造次"는 급하고 구차한 때이다. 一說에 "被服은 儒術을 자신의 몸에 옷을 입는 것처럼 함을 말한다." 하였다.
被, 猶著(착)也. 服, 衣服. 造次, 急遽苟且之時. 一說 "被服者, 言以儒術衣被其身也."

【目】 이해 10월에 〈河間王이〉 와서 朝會하며 雅樂을 올리고 三雍宮에 대한 것과 조서로 물은 30여 가지의 일에 대해 대답하였는데, 道術(道學)을 부연 설명하여 일의 합당함을 얻었고 글이 간략하면서도 가리킨 뜻이 분명하였다. 천자가 太樂官에게 내려서 河間獻王이 바친 雅樂을 보존하고 익히게 하였는데, 歲時에는 숫자를 갖추어 연주하게 하였으나 항상 연주하지는 않았다.

정월에 하간왕이 薨하자 中尉가 다음과 같이 아뢰었다. "하간왕은 몸이 단정하고 행실을 잘 다스려서 온화하고 인자하고 공손하고 검소하며 공경함이 독실하고 아랫사람

들을 사랑하며 지혜가 밝고 깊이 살펴서 홀아비와 과부에게 은혜를 베풀었습니다.”

大行令이 諡法에 ‘聰明하고 睿智함을 獻이라 한다.’는 것을 올리자, 시호를 ‘獻王’이라 하였다.

是歲十月에 來朝하여 獻雅樂하고 對三雍宮及詔策所問三十餘事로되 推道術而言하여 得事之中하고 文約指明①하니 天子下太樂官하여 存肄(이)所獻雅聲하여 歲時以備數나 然不常御②러라 正月에 王이 薨커늘 中尉以聞한대 曰 王이 身端行治하여 溫仁恭儉하고 篤敬愛下하며 明知深察하여 惠于鰥寡(환과)③라하다 大行令이 奏諡法聰明睿智曰獻이어늘 諡王曰獻王이라하다

① 獻王이 아뢰기를 “治道는 禮樂이 아니면 이루어지지 않는다.” 하고, 인하여 수집한 雅樂을 바친 것이다. 三雍宮[39]은 辟雍, 明堂, 靈臺이다. 雍은 조화롭다는 뜻이니, 天地와 君臣, 人民이 모두 조화로움을 말한 것이다. “對三雍宮”은 三雍의 제도에 대해 대답한 것이지, 三雍宮으로 불러들여 대답하게 한 것이 아니다. 中(합당함)은 去聲이다. 約은 적다는 뜻이다. 指는 지향하는 의미가 사람이 손으로 물건을 가리키는 것과 같음을 이른다.
獻王以爲“治道非禮樂不成.” 因獻所集雅樂. 三雍宮, 辟雍・明堂・靈臺也. 雍, 和也, 言天地君臣人民皆和也. 對三雍宮者, 對三雍之制度, 非召對於三雍宮. 中, 去聲. 約, 少也. 指, 謂義之所趨, 若人以手指物也.

② 太樂官은 太常에 속한다. 肄는 익힌다는 뜻이다.
太樂官, 屬太常. 肄, 習也,

③ 端은 정직하다는 뜻이고, 治는 다스린다는 뜻이다. 知(지혜)는 智로 읽는다.
端, 直也. 治, 理也. 知, 讀曰智.

【目】班固가 다음과 같이 평하였다.

“옛날에 魯나라 哀公이 말하기를 ‘寡人은 깊은 궁궐에서 태어나고 부인들의 손에서 자라서 근심과 두려움을 알지 못한다.’ 하였으니, 이 말이 참으로 옳은 말이다. 〈이렇게 되면〉 비록 위태로움과 망함이 없고자 하나 그렇게 될 수가 없다. 이 때문에 옛사람들이 안락을 鴆毒으로 여겼고, 德이 없으면서 부귀한 것을 不幸으로 여겼다. 漢나라 제후왕의 숫자가 백여 명이었는데, 대부분 교만하고 방탕하여 道를 잃었으니, 어째서인가? 방자한 가운데 빠져서 처한 형세가 그렇게 만든 것이다. 오직 크게 고상하고 우뚝 솟아나 범상치 않은 것은 河間獻王이 여기에 가까웠다.”

班固曰 昔에 魯哀公이 有言호되 寡人이 生於深宮之中하고 長於婦人之手하여 未嘗知憂요 未嘗

39) 三雍宮：三雍이라고도 칭하는바, 太學인 辟雍과 泰山의 明堂, 기후와 재변의 조짐을 관찰하는 靈臺를 이른다.

知懼[①]라하니 信哉라 斯言也여 雖欲不危亡이나 不可得也라 是故로 古人이 以晏安爲鴆毒하고 無德而富貴를 謂之不幸[②]이라하니 漢諸侯王이 以百數로되 率多驕淫失道하니 何則고 沈溺放恣之中하여 居勢使然也라 夫唯大雅하여 卓爾不群은 河間獻王이 近之矣[③]로다

① 哀公이 孔子에게 한 말이니, 이 내용은 ≪荀子≫에 보인다.
哀公與孔子言也, 事見荀子.

② 管敬仲(管仲)이 말하기를 "宴安은 鴆毒이니, 이(宴安)를 그리워해서는 안 된다." 하였다.
管敬仲曰 "宴安鴆毒, 不可懷也."

③ 雅는 바르다는 뜻이다.
雅, 正也.

【目】 司馬溫公(司馬光)이 다음과 같이 평하였다.

"景帝의 아들 14명 중에 栗太子는 폐위를 당하여 獻王이 가장 나이가 많았으니, 지난번에 大義를 따라서 王者의 重器를 헌왕에게 위탁하였더라면 帝王의 다스림을 다시 회복했을 것이다. 아, 하늘은 실로 禮樂이 부흥하기를 원하지 않은 것인가? 그렇지 않다면 이 사람들(백성들)의 불행일 것이다."

司馬公曰 景帝之子十有四人에 栗太子廢而獻王最長하니 嚮若遵大義而屬(촉)重器焉이면 則帝王之治 復還矣[①]리라 嗟乎라 天實不欲禮樂復興邪아 抑斯人之不幸也인저

① 屬은 위탁한다는 뜻이다. 天下는 王者의 重器(중요한 기물)이다.
屬, 託也. 天下者, 王者之重器.

【綱】 南夷와 통하여 犍爲郡을 설치하고, 西夷와 통하여 都尉 하나를 두었다.

通南夷하여 置犍爲郡하고 通西夷하여 置一都尉하다

【目】 이전에 王恢가 東越을 토벌할 적에 番陽令(파양령) 唐蒙으로 하여금 南越에 넌지시 알리게 하였다. 남월이 枸醬(구장)이라는 음료를 당몽에게 먹였는데, 당몽이 이것이 어디서 났는지 묻자, 대답하기를 "서북쪽 牂柯江에서 나오니, 장가강은 너비가 몇 리나 되고 番禺城(반우성)으로 흘러 바다로 나간다." 하였다.

당몽이 돌아와 蜀 땅 상인에게 묻자, 상인이 대답하기를 "촉 땅에서만 구장이 나오는데, 대부분 몰래 가지고 나와서 夜郎에서 팝니다. 야랑은 장가강에 닿아 있으니, 강폭

이 100여 보이고, 남월이 재물을 가지고 그들을 복속시켰지만 또한 신하로 부리지는 못합니다." 하였다.

당몽이 이에 上書하여 다음과 같이 말하였다.

"남월왕이 겉으로는 外臣을 칭하고 있지만 실제 한 지역의 주인입니다. 지금 長沙와 豫章에서 남월로 간다면 물길이 대부분 끊길 것입니다. 삼가 듣건대, 夜郎의 정예병이 10여 만이나 된다고 하니, 장가강에서 배를 띄워 그들이 생각하지 못한 곳으로 나아가면 이것이 남월을 제어하는 한 가지 기이한 계책이 될 것입니다. 원컨대 야랑에 가는 길을 통하게 하고 관리를 두소서."

初에 王恢之討東越也에 使番(파)陽令唐蒙으로 風曉南越①하니 南越이 食(사)蒙以枸醬②이어늘 問所從來한대 曰 道西北牂柯江③하니 牂柯江은 廣數里요 出番禺城下라하니라 蒙이 歸하여 問蜀賈人④한대 賈人曰 獨蜀에 出枸醬하니 多持竊出市夜郎⑤이라 夜郎은 臨牂柯江하니 江廣百餘步요 南越이 以財物役屬之나 然亦不能臣使也니라 蒙이 乃上書曰 南越王이 名爲外臣이나 實一州主也라 今以長沙豫章往하면 水道多絶이니 竊聞夜郎精兵이 可十餘萬이라하니 浮船牂柯하여 出其不意하면 此制越一奇也니 請通夜郎道爲置吏⑥하노이다

① 風(넌지시 알리다)은 諷으로 읽으니, "風曉"는 넌지시 알려주는 것이다.
風, 讀曰諷. 風曉, 微加曉告也.

② 食(먹이다)는 音이 嗣이다. 枸는 一本에 蒟로 되어 있으니, 음이 矩이다. 蒟醬(枸醬)은 나무에 붙어서 자라니, 그 열매가 뽕나무 열매(오디)처럼 생겼고, 익었을 때에 正青色을 띠고 길이가 2, 3치인데 꿀에 담가두었다가 먹으면 매운 향기가 나서 五臟을 조화롭게 한다.
食, 音嗣. 枸, 一作蒟, 音矩. 蒟醬, 緣木而生, 其子如桑椹, 熟時正靑, 長二三寸, 以蜜藏而食之, 辛香, 調五藏.

③ 道는 말미암다는 뜻이니, 이곳에서 왔다는 말이다. 牂은 牫과 통용되니 음이 臧이고, 柯는 음이 歌이니, 牂柯는 배를 묶을 때 쓰는 말뚝이다. 楚나라가 夜郎을 정벌하고 且蘭에 이르러서 연안에 나무를 박아 배를 묶어두었는데, 인하여 牂柯로써 江의 이름을 삼았다.
道, 由也, 由此而來. 牂, 通作牫, 音臧. 柯, 音歌. 牂柯者, 繫船杙也. 楚伐夜郎, 至且蘭, 椓船於岸, 因以牂柯名江.

④ 歸는 〈唐蒙이〉 돌아와 長安에 이른 것이다.
歸者, 歸至長安也.

⑤ 蜀 땅의 상인들 중에 몰래 枸醬을 가지고 국경을 나와 夜郎에서 파는 자들이 많음을 이른다. ≪華陽國志≫[40]에 "夜郎王은 竹王三郎의 후예이니, 武帝가 개척하여 縣으로 삼아서 牂柯郡에 소속시켰다." 하였다.

40) 華陽國志 : 東晉 때 常璩가 편찬한 巴蜀과 漢中의 지리지이다.

謂蜀賈多有竊持枸醬, 出界市賣與夜郎也. 華陽國志"夜郎王, 竹王三郎之後, 武帝開爲縣, 屬牂柯郡."

⑥ 爲(위하다)는 去聲이니, 아래의 爲置〈의 爲자〉도 모두 같다.
爲, 去聲, 下爲置竝同.

【目】 上이 이에 唐蒙을 中郎將으로 임명하여 士卒 1,000명을 거느리고 筰關(작관)을 따라 들어가서 夜郎侯 多同을 만나 많은 선물을 주고 위엄과 덕으로 깨우쳐서 관리를 두기로 약조하였다. 다동 등은 漢나라 비단이 탐나고, 또 길이 험하여 漢나라가 끝내 자기들의 땅을 소유하지 못할 것이라고 여겨 마침내 약조를 허락한 것이다.

당몽이 돌아와 보고하자, 上이 夜郎을 犍爲郡으로 삼고 군대를 징발하여 길을 닦게 하였는데, 수만 명의 사졸 중에 죽은 자가 많았다. 또 도망가는 자가 있으면 軍興法[41]으로 그들을 처벌하니, 巴蜀의 백성들이 크게 두려워하였다. 上이 司馬相如를 보내서 당몽 등을 책망하고 인하여 파촉의 백성들에게 上의 뜻이 아님을 알리게 하였는데, 사마상여가 돌아와 보고하였다.

上이 乃拜蒙爲中郎將하여 將千人하고 從筰關入①하여 見夜郎侯多同하여 厚賜之하고 喩以威德하여 約爲置吏②하니 多同等이 貪漢繒帛하고 以爲道險하여 漢終不能有라하고 乃且聽約하다 蒙이 還報한대 上以爲犍爲郡③하고 發卒治道하니 數萬人卒이 多物故④라 有逃亡者어늘 用軍興法誅之하니 巴蜀民이 大驚恐⑤이라 上이 使司馬相如로 責蒙等하고 因諭告巴蜀民以非上意러니 相如還報하다

① 筰은 一本에 莋으로 되어 있으니, 모두 음이 昨이다. 李文子가 말하기를 "筰關은 沈黎郡에 있다." 하였고, 또 "犍爲郡의 경계에 있다." 하였다.
筰, 一作莋, 竝音昨. 李文子曰"筰關, 在沈黎郡." 又云"在犍爲郡界."

② 多同은 夜郎侯의 이름이다.
多同, 夜郎侯之名.

③ 犍은 음이 虔이다.
犍, 音虔.

④ 卒은 士卒이다. "物故"는 죽음을 이르니, 鬼物과 같이 오래됨을 이른다. 一說에는 "죽음을 직접 가리켜 말하고 싶지 않으므로 다만 그 착용하는 물건이 모두 오래되었다고 말한 것일 뿐이다." 하고, 一說에는 "物은 없다는 뜻이고 故는 일이라는 뜻이니, 죽은 자는 일을 다시 할 수 없음을 말한다." 하였다.
卒, 士卒也. 物故, 謂死也, 言其同於鬼物而故也. 一說"不欲斥言死, 但云其所服用之物, 皆

---

41) 軍興法 : 軍興은 원래 국가에서 병력을 소집하고 재물을 징발하여 軍用에 제공함을 이르는바, 軍興法은 후세에서 作戰할 때의 명령과 제도로, 준엄하게 다스리는 것이 특징이다.

已故耳." 一說"物, 無也. 故, 事也." 言死者無所復能於事也.

⑤ 縣官(국가)이 徵募(徵集)하는 것을 '興'이라 한다.
縣官徵聚曰興.

【目】 당시 邛(공)과 筰(작)의 君長들이 南夷가 賞을 하사받은 것이 매우 많다는 소식을 듣고, 관리를 보내줄 것을 청하였다. 上이 司馬相如에게 물으니, 사마상여가 대답하기를 "邛과 筰, 冉駹(염방)이 蜀 땅에 가까워 통하기 쉬우니, 그대로 郡縣을 설치하면 南夷보다 더 나을 것입니다." 하였다.

이에 上이 사마상여를 中郎將으로 임명하여 부절을 가지고 사신으로 가게 하고, 인하여 巴蜀의 관리가 가지고 온 폐백과 물건을 西夷에게 주니, 西夷들이 모두 內臣이 되기를 청하였다. 그리하여 변경의 관문을 철폐하니, 국경이 더욱 확대되어 국경선이 서쪽으로 沫若水에 이르고 남쪽으로 牂柯江에 이르게 되었다. 零關道를 개통하고 孫水에 다리를 놓아서 邛都와 통하게 하고, 都尉 하나와 10여 縣을 설치하고서 蜀에 소속시키니, 上이 크게 기뻐하였다.

時에 邛, 筰君長이 聞南夷得賞賜多하고 欲請吏①어늘 上이 問相如한대 相如曰 邛, 筰, 冉駹이 近蜀易通하니 爲置郡縣하면 愈於南夷②리이다 上이 乃拜相如爲中郎將하여 建節往使하고 因巴蜀吏幣物하여 以賂西夷③한대 皆請爲內臣이라 除邊關하니 關益斥하여 西至沫若水하고 南至牂柯爲徼④하고 通零關道하고 橋孫水以通邛都⑤하고 爲置一都尉十餘縣하여 屬蜀하니 上이 大說(열)하다

① 邛은 음이 窮이니, 邛과 筰은 모두 西南夷이다. 晉灼[42]이 말하기를 "南夷는 犍爲와 牂柯를 이른다." 하였다.
邛, 音窮. 邛・筰, 皆西南夷. 晉灼曰"南夷, 謂犍爲・牂柯也."

② 冉은 而琰의 切이다. 駹은 음이 尨이니, 冉・駹은 西南夷의 두 종족[43]이다. 愈는 낫다는 뜻이다.
冉, 而琰切. 駹, 音尨. 冉・駹, 西南夷二族. 愈, 勝也.

③ 晉灼이 말하기를 "西夷는 越嶲와 益州를 이른다." 하였다.
晉灼曰"西夷, 謂越嶲・益州也."

④ "除邊關"은 關門을 개통하고 요새를 없앤 것이다. 斥은 넓힌다는 뜻이다. 沫은 莫葛의 切이니, 혹은 음이 妹(매)이다. 沫水는 蜀 서남쪽 廣平의 국경 밖에서 발원하여 靑衣水와 합류

42) 晉灼 : 西晉 河南 사람이다. 尙書郎을 지냈으며, ≪漢書≫에 주석을 달았다.

43) 冉駹은……종족 : 訓義에 '冉과 駹은 西南夷의 두 종족'이라고 하였으나, 本文에는 지역 개념으로 되어 있는바, 이들이 사는 지역을 가리킨 것으로 보인다. 지역 개념으로 쓸 때에는 둘로 나누지 않고 하나로 통합하여 쓴 경우가 많다.

하고 동남쪽으로 흘러 바다로 들어간다. 若水는 一本에 瀘水로 되어 있으니, 旄牛의 국경 밖에서 발원하여 僰道(북도)에 이르러 長江으로 들어간다. 徼는 吉弔의 切이니, 국경이라는 뜻이다. 徼는 적을 막는다는 뜻을 취한 것이다.

除邊關, 謂通關去塞也. 斥, 開廣也. 沬, 莫葛切, 或音妹. 沬水, 出蜀西南廣平徼外, 與青衣水合, 東南入海. 若水, 一作瀘水, 出旄牛徼外, 至僰道入江. 徼, 吉弔切, 境也. 徼者, 取邀遮之義.

⑤ 零은 一本에 靈으로 되어 있다. 武帝가 靈山을 뚫어서 靈關의 道路를 닦았다. ≪漢書≫ 〈地理志〉에 "零關縣은 越嶲郡에 속하였다." 하였다. "橋孫水"는 孫水의 위에 다리를 놓음을 이른다. 張揖[44]이 말하기를 "孫水는 臺登縣에서 발원하여 남쪽으로 會無에 이르러 若水로 들어간다." 하였다.

零, 一作靈. 帝鑿開靈山, 爲靈關道. 班志 "零關縣, 屬越嶲郡." 橋孫水, 謂於孫水上作橋也. 張揖曰 "孫水, 出臺登縣, 南至會無, 入若水."

【綱】 병사를 징발하여 雁門의 험한 곳의 길을 닦았다.

發卒하여 **治雁門阻險**①[45]하다

① 治阻險은 길을 열어 평탄하게 함으로써 匈奴를 공격하기에 편리하게 한 것이다.
治阻險者, 通道令平易, 以便伐匈奴.

【綱】 가을 7월에 큰 바람이 불어 나무가 뽑혔다.

◑ **秋七月**에 **大風拔木**하다

【綱】 皇后 陳氏가 폐위되었다.

◑ **皇后陳氏廢**[46]하다

---

44) 張揖 : 魏나라 淸河 사람으로 字가 稚讓인데 太和(227~232) 연간에 博士를 지냈으며, 저서로 ≪廣雅≫가 있다.

45) 治雁門阻險 : "'험한 곳의 길을 닦았다.'고 쓴 것은 어째서인가? 비난한 것이다. 馬邑에서의 속임수는 漢나라가 변경의 틈(분쟁)을 열어 놓은 것이다. 스스로 돌이켜보아 정직하지 못하니, 길을 닦은 이 일은 下策(가장 나쁜 계책)을 사용한 것이다. 그러므로 써서 비난한 것이다.〔書治阻險 何譏也 馬邑之詐 漢有以開邊隙矣 自反不縮 出此下策 故書譏之〕" ≪書法≫

46) 皇后陳氏廢 : "'皇后 陳氏를 폐위했다.'고 쓰지 않고, '皇后 陳氏가 폐위되었다.'고 쓴 것은 황후가 실제로 죄가 있기 때문이다. 孝景帝의 薄后는 죄가 없었으므로 '皇后 薄氏를 폐위했다.'고 썼고, 지금 陳氏는 죄가 있으니 〈잘못을 저질러〉 스스로 폐위된 것으로 글을 쓴 것이다. 이는 '后를 폐위시킨 자가 있지 않고, 后가 스스로 폐위되었다.'고 말한 것과 같으니, 이는 ≪春秋≫에 '梁나라

【目】 황후가 귀신에게 제사를 지내고 厭勝(엽승)[47]과 媚道[48]의 방술을 쓰다가 일이 발각되어 冊命을 내려 황후의 璽綬(옥새와 인끈)를 거두어 물러나 長門宮에 거처하게 하고 봉양하는 것을 황후의 법식대로 하였다. 竇太主(長公主 劉嫖)가 부끄럽고 두려워하여 이마를 조아리며 사죄하자, 上이 위로하였다.

예전에 上이 두태주의 집에서 술자리를 마련했을 적에 두태주가 총애하던 구슬을 파는 아이 董偃에게 上을 뵙게 하였는데, 上이 그에게 술 시중을 들게 하였다. 그리하여 항상 上을 따라 다니며 유희를 하고 말을 타고 달리며 鬪鷄와 공놀이를 구경하고 개와 말의 경기를 하는 데 참가하였다. 上이 크게 기뻐하고 인하여 두태주를 위해 宣室에서 술자리를 마련하고 謁者로 하여금 동언을 宮中으로 들이게 하였다.

后以祠祭厭(엽)勝媚道라가 事覺①하여 冊收璽綬하여 退居長門宮하고 供奉如法②하니 竇太主慙懼하여 稽顙謝어늘 上이 慰喩之③하다 初에 上이 嘗置酒主家할새 主見(현)所幸賣珠兒董偃④이어늘 上이 使之侍飮하고 常從遊戲馳逐하여 觀鷄鞠하고 角狗馬⑤하니 上이 大歡樂之하여 因爲主置酒宣室하고 使謁者引內(납)偃⑥하다

① 厭은 一葉의 切이니, 굴복시킨다는 뜻이다. "厭勝"은 부적을 사용하여 세속 사람들을 굴복시키는 것이 도깨비짓인 것과 같아서 사람들로 하여금 미혹되게 하여 요절하고 본성(정신)을 잃게 하는 것이다.
厭, 一葉切, 伏也. 厭勝, 若行符厭俗之爲魅, 令人蠱惑, 夭年傷性.
② 皇后는 인끈을 붉게 하고 도장을 옥으로 만든다. 長門宮은 옛날 竇太主의 정원이니, 長安城 동남쪽에 있었는데, 두태주가 이 정원을 바치자 황제가 궁으로 삼았다.
皇后, 赤綬玉璽. 長門宮, 故竇太主園也, 在長安城東南. 太主獻之, 帝以爲宮.
③ 太主는 바로 長公主 劉嫖이니, 竇太后의 딸이므로 '竇太主'라 한 것이다. "稽顙"은 이마가 땅에 닿는 것이다.
太主, 卽長公主嫖也, 竇太后之女, 故曰竇太主. 稽顙, 額至地也.
④ 見(드러나다)은 胡甸의 切이니, 그를 내보인 것이다.
見, 胡甸切, 出示之也.
⑤ 從(따르다)은 才用의 切이다. "鷄鞠"은 鬪鷄와 蹋鞠의 놀이이다. 鞠은 가죽으로 둥근 주머니(공)를 만들고 털을 가득 채워서 차며 노는 것이다. 또 이른바 擊鞠(擊毬)이라는 것이 있으

가 망했다.'고 쓴 것과 뜻이 같다.〔不曰廢皇后陳氏 而曰皇后陳氏廢者 后實有罪故也 孝景薄后無罪 故書曰廢皇后薄氏 今陳氏有罪 則以自廢爲文 若曰后非有能廢之者 后自廢也 此與春秋書梁亡同意〕" ≪書法≫

47) 厭勝 : 符籍이나 呪術 등을 사용하여 사악한 기운을 물리치고 吉祥을 얻는다 하며, 또 자신이 미워하는 사람을 요절하게 하고 미치게 하는 등의 方術이다.

48) 媚道 : 여인들이 남자에게 잘 보이기 위하여 무당의 방술로 자기를 좋아하게 하는 방도이다.

니, 나무로 공을 만들어 말을 타고 달리며 장대로 때리는 것이다. 角은 校(서로 겨루게 하다)와 같다.

從, 才用切. 鷄鞠, 鬪鷄・蹋鞠之戲也. 鞠, 以革爲圜囊, 實以毛髮, 蹴蹋爲戲. 又有所謂擊鞠者, 以木爲毬, 騎而以杖擊之. 角, 猶校也.

⑥ "宣室"은 未央宮 前殿의 正室이다. 內(들이다)은 納으로 읽는다.

宣室, 未央前殿正室也. 內, 讀曰納.

【目】中郎 東方朔이 창을 눕히고 앞으로 나아가 아뢰기를 "董偃이 참수를 받아야 할 죄가 세 가지 있으니, 어찌 들어올 수 있겠습니까." 하니, 上이 "무엇이냐?"고 물었다.

동방삭이 아뢰기를 "동언은 신하로서 사사로이 공주를 시종하니 이것이 첫 번째 죄이고, 남녀의 교화를 무너뜨리고 혼인의 예를 어지럽혀서 王制를 손상케 하였으니 이것이 두 번째 죄이고, 폐하께서 나이가 젊으시어 六經에 전념하셔야 하는데 동언이 靡麗(華麗)함과 사치함을 가지고 이목의 욕심을 다하게 하였으니, 이것은 바로 국가의 큰 도적이고 임금님의 큰 해충(물여우)이니, 이것이 세 번째 죄입니다." 하였다.

上이 한동안 침묵하다가 말하기를 "내가 이미 술자리를 마련하였으니, 나중에 내 스스로 고치겠다." 하였다.

동방삭이 아뢰기를 "안 됩니다. 宣室은 先帝의 바른 處所이니, 법도에 맞는 정사가 아니면 들어갈 수 없습니다. 점차 음란함에 빠지면 변란이 일어나 천자의 지위를 찬탈하는 자가 있게 될 것입니다." 하였다. 그러자 上이 "좋다."고 하고, 명령을 내려 다시 北宮에 술자리를 마련하게 한 다음 동언을 데리고 동쪽 司馬門으로 들어갔으며, 동방삭에게는 황금 30근을 하사하였다. 동언의 총애가 이로부터 날로 쇠하였다. 그러나 이 뒤에 公主와 貴人이 禮制를 어기는 경우가 많았다.

中郎東方朔이 辟戟(벽극)而前曰 董偃이 有斬罪三하니 安得入乎[①]잇가 上曰 何也오 朔曰 偃以人臣으로 私侍公主하니 一也요 敗男女之化하고 亂婚姻之禮하여 傷王制하니 二也요 陛下富於春秋하사 方積思於六經이시어늘 而偃以靡麗奢侈로 極耳目之欲하니 乃國家之大賊이요 人主之大蜮(역)이니 三也[②]니이다 上이 默然良久曰 吾業已設飮하니 後而自改하리라 朔曰 不可하니이다 夫宣室者는 先帝之正處也니 非法度之政이면 不得入焉라 淫亂之漸이 其變爲簒이니이다 上曰 善타하고 詔更(경)置酒北宮하고 引偃從東司馬門入[③]하고 賜朔黃金三十斤하니 偃寵이 由是日衰라 然이나 是後에 公主, 貴人이 多踰禮制矣러라

① 辟은 婢亦의 切이니, 버린다는 뜻이다. "辟戟"은 창을 땅에 버려둠을 이른다. 당시에 東方朔

이 殿 아래서 陛戟[49]을 하고 있었다.

辟, 婢亦切, 捐也. 辟戟者, 謂以戟置地也. 時, 朔陛戟殿下.

② "春秋"는 나이를 이른다. 富는 나이가 어린(젊음) 것을 말하니, 이것을 재물에 비유하면 아직 고갈되지 않은 것과 같기 때문에 富라 한 것이다. 思(생각하다)는 去聲이다. 賊(해침)은 害라는 말과 같다. 蜮은 短狐이니 일명 射影이다.[50] 劉貢父[51]가 말하기를 "劉向이 ≪春秋≫를 설명할 적에 蜮은 南方의 淫氣로 태어난 것이니 哀姜[52]에 해당한다."고 하였으니, 그렇다면 동방삭이 바로 동언을 가리킨 것이다.

春秋, 謂年也. 富, 言年幼也, 比之於財, 方未匱竭, 故謂之富. 思, 去聲. 賊, 猶言害也. 蜮(역), 短狐也, 一名射影. 貢父曰"劉向說春秋, 蜮, 南方淫氣所生, 以應哀姜." 然則朔正用指偃爾.

③ 更(다시)은 平聲이다. 宮이 未央宮 북쪽에 있기 때문에 '北宮'이라 하였다. 未央宮은 東闕과 北闕이 있으니, 東闕을 蒼龍이라 한다. "東司馬門"은 蒼龍 闕內에 있는 司馬門이다.

更, 平聲. 宮在未央宮北, 故曰北宮. 未央宮, 有東闕・北闕, 東闕曰蒼龍. 東司馬門, 蒼龍闕內之司馬門也.

【綱】 太中大夫 張湯과 中大夫 趙禹에게 詔令을 내려서 律令을 정하게 하였다.

詔太中大夫張湯과 **中大夫趙禹**하여 **定律令**[53]하다

【目】 上이 張湯과 趙禹로 하여금 함께 율령을 정하게 하니, 법조문을 매우 가혹하게 적용하는 데 힘써, 직책을 맡은 관리를 구속하고 見知法을 제정하여 관리들끼리 서로 감찰하게 하니, 법의 적용이 더욱 각박해진 것이 이로부터 시작되었다.

上이 使張湯, 趙禹로 共定律令하니 務在深文①하여 拘守職之吏②하고 作見知法③하여 吏傳相監司하니 用法益刻이 自此始④러라

① "深文"은 법조문을 가지고 매우 각박하게 적용하는 것을 이른다.

49) 陛戟 : 殿 아래 섬돌 양측에서 창을 들고 侍衛함을 이른다.

50) 蜮(역)은……射影이다 : 蜮은 蜮射 혹은 射蜮이라고도 한다. 물속의 蜮이라는 괴물이 사람의 그림자를 보고 모래를 입으로 뿜으면 그 사람이 병에 걸려 심하면 죽기까지 한다는 고대의 전설에서 유래한 것이다. ≪搜神記 권12≫

51) 劉貢父 : 北宋 新喩 사람으로 이름은 攽(반)이며, 貢父(공보)는 字이다. 王安石의 新法을 비판하다 좌천되기도 하였다. 역사에 밝아 司馬光을 도와 ≪資治通鑑≫의 〈漢紀〉를 집필하였다.

52) 哀姜 : 春秋시대 魯나라 莊公의 부인이며, 閔公의 嫡母로 음란한 행실이 있었고, 민공을 시해하는 데 참여하였다.

53) 定律令 : "蕭何가 律令을 정한 것은 ≪資治通鑑綱目≫에 쓰지 않았는데, 이것은 어찌하여 썼는가? 武帝의 律令은 高祖에 비할 바가 아니기 때문이다.〔蕭何定律令 不書 此何以書 帝之律令 非高帝比也〕" ≪書法≫

深文, 謂持文法深刻.

② 〈"拘守職之吏"는〉 구태의연하게 직책을 지켜서 고치는 것이 없는 관리를 구속하고 각박하게 대함을 이른다.
謂拘刻於因循守職, 無所改作之吏.

③ 〈"作見知法"은〉 관리가 어떤 사람이 법을 범한 것을 알고도 고하지 않으면 고의로 놓아준 죄가 되니, 그럴 경우 그 죄인의 죄로 벌을 주는 것이다.
吏見知人犯法, 不擧告, 是爲故縱, 則以其罪罪之.

④ 傳(전하다)은 음이 轉이니, 〈"傳相監司"는〉 위아래가 서로 감찰하는 것이다.
傳, 音轉. 謂上下互相伺察也.

【綱】 8월에 螟害가 들었다.

八月에 **螟**①하다

① 螟은 음이 銘이니, 벼의 줄기 속을 먹는 벌레이다.
螟, 音銘, 食苗心蟲.

【綱】 公孫弘을 博士로 삼았다.

◑ 以公孫弘爲博士[54]하다

【目】 이때에 관리와 백성 중에 당시 세상의 일에 밝은 자와 先聖의 학술을 익힌 자를 불렀는데, 縣에서 차례로 음식을 계속 공급하여 上計[55]하는 使者와 함께 오게 하였다.

是時에 **徵吏民有明當世之務**와 **習先聖之術者**하여 **縣次續食**(사)하여 **令與計偕**①하다

---

54) 以公孫弘爲博士 : "앞서 董仲舒를 江都의 相으로 삼은 것을 쓸 적에는 먼저 '賢良하고 方正하여 直言極諫하는 선비를 천거했다.'고 썼었다. 이때 관리와 백성 중에 當世의 사무에 밝고 先聖의 학술에 익힌 자를 불러 策問해서 公孫弘의 對策이 1등이 되어 마침내 博士로 삼았는데, 어찌하여 쓰지 않았는가? 이것은 생략한 것이다. 생략한 것은 어째서인가? 걸맞지 않기 때문이다. 先聖의 학술을 공손홍이 어찌 알 수 있겠는가. 그렇다면 鼂錯도 直言極諫에 있어 또한 걸맞지 않은데, 어찌하여 直言極諫이라고 썼는가? 그 걸맞고 걸맞지 않은 것을 쉽게 볼 수 있기 때문이다. 公孫弘은 儒者로 이름나서 先聖의 학술을 익힌 자와 유사함이 있었다. ≪資治通鑑綱目≫에서 혐의를 분별하고 은미함을 밝혀서 공손홍을 삭제한 것은 先聖의 門에서 그를 끊은 것이다.〔前書以董仲舒爲江都相 則首書擧賢良方正直言極諫之士 於是徵吏民明當世之務 習先聖之術者 策問之 弘對第一 遂以爲博士 則曷爲不書 略之也 其略之 何 不稱也 先聖之術 弘何足以知之 然則鼂錯之於直言極諫 亦不稱矣 則何以書直言極諫 其稱不稱易見也 弘以儒名 有似於習先聖之術者 綱目別嫌明微 削之者 絶之於先聖之門也〕" ≪書法≫

55) 上計 : 秦漢시대 지방관들이 매년 境內의 戶口, 賦稅, 盜賊, 獄訟 등의 항목을 적은 장부를 중앙에 보고하는 것을 말한다.

① 食(먹이다)는 음이 嗣이니, 조정에서 불러 京師(도성)에 오는 관리와 백성들에게 〈경사로 가는 길이 있는〉 해당 縣들로 하여금 차례대로 음식을 계속 공급하게 한 것이다. 令(명하다)은 平聲이다. 計는 장부를 上計하는 使者이니, 郡國에서는 매년 경사에 이들을 올려 보냈다. 偕는 함께라는 뜻이니, 부른 사람으로 하여금 上計하는 使者와 함께 오게 한 것이다.
食, 音嗣. 所徵吏民詣京師者, 令各縣, 依次第, 接續供給飮食也. 令, 平聲. 計者, 上計簿使也. 郡國每歲, 遣詣京師上之. 偕, 俱也, 令所徵之人, 與上計使者偕來也.

【目】 菑川(치천) 사람 公孫弘이 다음과 같은 對策을 올렸다.

"신이 듣건대 堯舜의 시대에는 작위와 상을 내리는 것을 중시하지 않았는데도 백성들이 善行을 勸勉하고, 형벌을 내리는 것을 중시하지 않았는데도 백성들이 죄를 저지르지 않았으니, 이는 군주가 몸소 바름으로써 솔선하여 백성들의 신임을 얻었기 때문입니다.

그러므로 능력에 따라 관직을 맡기면 맡은 직분이 다스려지고, 쓸데없는 말을 없애면 일이 실제와 맞게 되고, 쓸데없는 器物을 만들지 않으면 세금을 걷는 것이 적어지고, 농사철을 빼앗지 않고 백성들의 힘을 방해하지 않으면 백성들이 부유해지고, 德이 있는 자가 등용되고 덕이 없는 자가 물러나면 조정이 존엄해지고, 功이 있는 자가 올라가고 공이 없는 자가 내려가면 여러 신하들이 질서가 있게 되고, 罰이 죄에 합당하면 간사함이 그치고, 賞이 능력에 합당하면 신하들이 권면하니, 무릇 이 여덟 가지는 다스림의 근본입니다.

그러므로 백성들이 각기 알맞은 생업을 얻으면 다투지 않고, 이치에 맞으면 원망함이 없고, 禮가 있으면 포악함이 없고, 아랫사람을 사랑하면 윗사람을 친애하니, 이것이 천하를 소유한 자의 급선무입니다.

菑川人公孫弘이 對策曰 臣聞堯舜之時에 不貴爵賞而民勸善하고 不重刑罰而民不犯은 躬率以正而遇民信也라 是故로 因能任官이면 則分職治[①]하고 去無用之言이면 則事情得하고 不作無用之器면 則賦斂省(생)하고 不奪民時하고 不妨民力이면 則百姓富하고 有德者進하고 無德者退면 則朝廷尊하고 有功者上하고 無功者下면 則群臣逡(준)[②]하고 罰當罪則奸邪止하고 賞當賢則臣下勸하나니 凡此八者는 治之本也라 故로 民者는 業之則不爭하고 理得則不怨[③]하고 有禮則不暴하고 愛之則親上하나니 此는 有天下之急者也니이다

① 任(맡기다)은 去聲이니, 〈"因能任官"은〉 그의 능함에 따라서 관직을 맡기는 것이다. 分(나누다)은 扶問의 切이다.
任, 去聲. 謂因其所能, 任之以官也. 分, 扶問切.
② 逡은 七旬의 切로 물러나다는 뜻이니, 질서가 있음을 말한 것이다. 단계를 넘어 나아가지

않기 때문에 순서가 있게 되는 것이다.

逡, 七旬切, 却退也, 言有次第也. 不躐進, 故爲有次第.

③ "業之"는 각기 알맞은 생업을 얻음을 이르고, "理得"은 각기 알맞은 이치를 폄을 이른다.

業之, 謂各得其業. 理得, 謂各申其理.

【目】 禮義는 백성들이 복종하는 것이니, 상벌이 예의를 순히 따르면 백성들이 법을 범하지 않습니다. 기운이 같으면 따르고 음성이 온화하면 응하니, 지금 임금이 위에서 온화한 덕이 있으면 백성들이 아래에서 임금의 덕에 화합합니다. 이 때문에 마음이 온화해지면 기운이 온화해지고, 기운이 온화해지면 형체가 온화해지고, 형체가 온화해지면 음성이 온화해지고, 음성이 온화해지면 천하 사람들이 조화롭게 감응합니다.

그러므로 음양이 조화롭고 바람과 비가 제때에 이르고 五穀이 잘 익고 六畜이 길러지고 산이 울창하여 민둥산이 되지 않고 습지에 물이 마르지 않으니, 이는 조화로움의 극치입니다.

신이 듣건대 仁은 사랑이요, 義는 마땅함이요, 禮는 실천함이요, 智는 방도의 근원이니, 이 네 가지는 다스림의 근본이라고 하였습니다. 그 요체를 얻으면 천하가 안락해지고, 그 방도를 얻지 못하면 위에서는 임금이 가려지고 아래에서는 관리들이 혼란해지니, 이것이 일의 實情입니다."

禮義者는 民之所服也니 而賞罰順之면 則民不犯禁矣라 氣同則從하고 聲比則應①하나니 今人主和德於上이면 百姓和合於下②라 故로 心和則氣和하고 氣和則形和하고 形和則聲和하고 聲和則天下之和應矣라 故로 陰陽和하고 風雨時하고 五穀登하고 六畜蕃하고 山不童하고 澤不涸(학)이니 此는 和之至也③니이다 臣聞仁者는 愛也요 義者는 宜也요 禮者는 所履也요 智者는 術之原也니 四者는 治之本也④라하니이다 得其要면 則天下安樂이요 不得其術이면 則主蔽於上하고 官亂於下하나니 此는 事之情也니이다

① 比는 조화롭다는 뜻이다.

比, 和也.

② 合은 윗사람과 덕이 부합됨을 이른다.

合, 謂與上合德也.

③ 五穀은 稻(벼), 黍(기장), 稷(메조), 麥(보리), 菽(콩)인데, 혹은 "黍, 稷, 秫(수수), 稻, 粱(차조)이다."라고 한다. 童은 초목이 없는 것이다. 涸은 胡各의 切이니, 물이 마른 것이다.

五穀, 稻・黍・稷・麥・菽. 或曰"黍・稷・秫・稻・粱." 童, 無草木也. 涸, 胡各切, 水渴也.

④ 履는 실천하여 행함을 이른다.

履, 謂履而行之.

【目】 대책 중에 천자가 公孫弘을 1등으로 뽑고 博士로 임명하여 金馬門에서 천자의 명을 기다리게 하였다.

齊나라 사람 轅固는 나이가 90여 세였는데 그 또한 賢良으로 초빙되니, 공손홍은 눈을 내리깔고 원고를 섬겼다. 원고가 말하기를 "公孫子는 올바른 學問으로 말하는 데 힘쓰고 曲學으로 세상에 아첨하지 말라." 하였다. 여러 유생들 중에 원고를 싫어하여 헐뜯는 자들이 많았는데, 마침내 연로하다 하여 그만두고 돌아갔다.

策奏에 天子擢爲第一하고 拜博士하여 待詔金馬門①하다 齊人轅固 年九十餘라 亦以賢良徵이러니 弘이 仄目事固②어늘 固曰 公孫子는 務正學以言하고 無曲學以阿世하라 諸儒多疾毁固하니 遂以老罷歸하다

① 재주와 기예로 부른 사람들은 아직 정식 관직이 있지 않았으므로 "待詔"[56]라고 한 것이다. 당시 말〔馬〕의 우열을 잘 알아보는 東方京이 銅馬를 주조하여 말의 相을 밝히는 방법을 올리자, 魯班門 밖에 동마를 세우고, 노반문의 이름을 고쳐 金馬門이라 하였다.
諸以才技徵召之人, 未有正官, 故稱待詔. 時有善相馬者東(門)〔方〕[57]京, 作銅馬法, 獻之, 立馬於魯班門外, 更名魯班門爲金馬門.

② 〈"仄目事固"는 公孫弘이 轅固를〉 매우 꺼림(싫어함)을 말한다.
言深憚之.

【目】 당시 산을 뚫어 西南夷에 길을 통하게 할 적에 천여 리에 군대가 교대로 군향을 운반하여 먹였으나, 몇 년이 되어도 길이 개통되지 못하니, 병사 중에 피로와 굶주림, 더위와 습기로 인해 죽은 자가 매우 많았고 夷族들도 자주 반란을 일으켰다.

이에 군대를 일으켜 공격하느라 數萬의 비용이 들었는데도 功이 없자, 조령을 내려 公孫弘으로 하여금 살펴보게 하였는데, 돌아와 상주하면서 西南夷가 쓸모없다고 매우 비판하였으나, 上이 듣지 않았다.

공손홍이 매번 조회에서 의논할 적에 그 단서를 개진하여 임금으로 하여금 스스로 선택하게만 하고 면전에서 강하게 간쟁하려고 하지 않으니, 이에 上이 크게 기뻐하였다. 항상 〈반드시 의논할 일이 있으면〉 공송홍이 汲黯과 함께 上에게 한가한 틈을 내달라고

---

56) 待詔 : 천자의 詔命을 기다린다는 뜻으로, 천자의 비답이나 조칙 등의 문장을 작성하는 일을 맡은 관원의 명칭으로 사용하였다. 待詔는 正官이 아닌 고문직이었다.

57) (門)〔方〕: 저본에는 '門'으로 되어 있으나, ≪資治通鑑≫의 註에 의거하여 '方'으로 바로잡았다.

청하여 급암이 먼저 아뢰거든 공손홍이 그 뒤에서 찬동하니, 천자가 항상 기뻐하여 그의 말을 좋게 여겨서 모두 들어주었다.

공손홍이 일찍이 公卿들과 어떤 일을 의논하기로 약속하였는데, 上의 면전에 이르자 그 약속을 모두 깨고 上의 뜻을 따랐다. 급암이 조정에서 공손홍이 속임수가 많고 不忠하다고 힐난하자, 공손홍이 사죄하며 말하기를 "신을 아는 사람은 신을 충성스럽다고 할 것이고 신을 알지 못하는 자는 신을 불충하다고 할 것입니다." 하니, 上이 더욱 우대하였다.

時에 鑿(착)山通西南夷道할새 千餘里에 戍轉相餉호되 數歲不通하니 士罷(피)餓暑濕死者甚衆[①]하고 夷又數(삭)反이라 發兵興擊하여 費以鉅萬計而無功이어늘 詔使弘視焉한대 還奏盛毁西南夷無所用하니 上이 不聽하다 弘이 每朝會議에 開陳其端하여 使人主自擇하고 不肯面折廷爭하니 於是에 上이 大說(열)之라 嘗與汲黯請間하여 黯先發之어든 弘이 推其後하니 天子常說(열)하여 其言을 皆聽이러라 弘이 嘗與公卿約議러니 至上前하여 皆倍其約하여 以順上旨어늘 汲黯이 廷詰弘多詐不忠한대 弘이 謝曰 知臣者는 以臣爲忠이요 不知臣者는 以臣爲不忠이라하니 上이 益厚遇之하니라

① 罷(피로)는 疲로 읽는다.
罷, 讀曰疲.

壬子年(B.C. 129)

【綱】 漢나라 世宗 孝武皇帝 元光 6년이다. 겨울에 처음으로 상인의 수레에 세금을 매겼다.

六年이라 冬에 初算商車[①58)]하다

① 처음으로 상인의 수레와 배에 세금을 부과하여 내게 하였다.
始稅商賈車船, 令出算.

【綱】 봄에 渭渠를 뚫었다.

◑春에 穿渭渠하다

58) 初算商車 : "장사하는 수레에 예전에는 '算稅'가 있지 않았는데, 이익을 그물질하는 것이 이때 시작되었다. '처음 장사하는 수레에 算稅를 매겼다.〔初算商車〕'고 썼다면 武帝가 처음 가렴주구한 것이 분명히 나타난다.〔商車 前未有算也 罔利蓋始於此 書初算商車 則帝之掊斂作俑 曉然見矣〕" ≪發明≫

【目】大司農 鄭當時가 말하기를 "渭水를 뚫어 수로를 만들어서 물을 흘려보내어 河水에 이르게 하면 關東의 곡식을 조운으로 운송하기가 쉽고, 또 백성들의 토지 만여 頃에 물을 댈 수 있습니다." 하였는데, 이때에 이르러 병사 수만 명을 징발하여 물길을 뚫어서 3년 만에 통하게 하니, 사람들이 편리하게 여겼다.

大司農鄭當時言①호되 穿渭爲渠하여 下至河하면 漕關東粟徑易요 又可以漑渠下民田萬餘頃이라하더니 至是하여 發卒數萬人穿之하여 三歲而通하니 人以爲便하니라

① 大司農은 본래 秦나라의 治粟內史이니 景帝가 명칭을 바꿔 大農令이라 하였는데, 武帝가 명칭을 바꿔 大司農이라 하였다.
大司農, 本秦之治粟內史也, 景帝更名大農令, 帝更名大司農.

【綱】匈奴가 上谷을 공격하자, 車騎將軍 衛青 등을 보내어 군대를 거느리고 공격하게 하여 물리쳤다.

匈奴寇上谷이어늘 遣車騎將軍衛青等하여 將兵擊却之①하다

① 車騎將軍은 지위가 上卿에 해당하니, 京師의 수비와 四夷에 대한 방어를 담당하였다.
車騎將軍, 位次上卿, 掌京師兵衛·四夷屯警.

【目】匈奴가 上谷을 침입하자, 衛青 등 네 명의 장군을 보내서 공격하게 하였다. 李廣은 군대가 패하여 흉노에게 사로잡혀 결박당한 채 그물망에 넣어져 두 말 사이에 방치되어 있었는데, 이광이 거짓으로 죽은 체하다가 느닷없이 뛰어올라 흉노 아이의 말에 올라타서 활을 빼앗고 말을 채찍질하여 남쪽으로 치달려, 마침내 돌아올 수 있었다. 그를 옥리에게 회부하자 사형에 해당하였는데, 贖罪하여 庶人이 되었다. 장군 두 명도 공이 없었고, 오직 위청만이 首級과 포로를 얻은 것이 많으므로 關內侯를 하사하였다.

위청이 비록 노예 출신이었으나 말타기와 활쏘기를 잘하고 재주와 능력이 사람들보다 뛰어나며, 士大夫를 禮遇하고 사졸에게 은혜를 베푸니, 사람들이 그에게 쓰이는 것을 좋아하여 장수의 재주가 있었다. 이 때문에 매번 출전할 때마다 공을 세웠다.

匈奴寇上谷이어늘 遣衛青等四將軍하여 擊之①러니 李廣이 軍敗하여 爲胡所得하여 絡盛置兩馬間②이어늘 廣이 佯死라가 暫騰而上胡兒馬③하여 奪其弓하고 鞭馬南馳하여 遂得歸하다 下吏當死러니 贖爲庶人하다 兩將軍이 亦無功하고 唯青이 得首虜多어늘 賜爵關內侯하다 青이 雖出於奴虜나 然善騎射하고 材力絶人하며 遇士大夫以禮하고 與士卒有恩하니 衆樂爲用하여 有將帥材라 故로 每出에

輒有功이러라

① 네 將軍은 衛靑, 公孫敖, 公孫賀, 李廣이다.
四將軍, 衛靑·公孫敖·公孫賀·李廣.
② 盛(담다)은 音이 成이다.
盛, 音成.
③ 騰은 뛰어오르는 것이다.
騰, 跳躍也.

【綱】 여름에 크게 가물고 蝗蟲의 재해가 있었다.

夏에 **大旱**하고 **蝗**하다

癸丑年(B.C. 128)

【綱】 漢나라 世宗 孝武皇帝 元朔 원년이다.

元朔元年[①]이라

① 朔은 始와 같으니, 다시 시작한다는 뜻이다.
朔, 猶始也. 言更爲初始也.

【綱】 겨울에 二千石이 효성스럽거나 청렴한 자를 천거하지 않으면 처벌하는 법을 제정하였다.

冬에 **定二千石不擧孝廉罪法**하다

【目】 詔令을 다음과 같이 내렸다.

"朕이 執事들에게 간곡히 명하여 청렴과 효도를 일으켜서 행여 좋은 풍속을 이루어 先代 聖王의 아름다운 전통을 계승하려고 하였다. 열 가구밖에 안 되는 작은 마을에도 반드시 충성스럽고 信實한 인물이 있고, 세 사람이 함께 길을 가는데도 이 가운데 나의 스승이 있는데,[59] 지금 혹 郡을 통틀어서 한 사람도 천거하지 않는 상황에 이르렀으니, 이는 교화가 아래까지 다 이르지 못하여, 품행을 쌓은 군자가 가로막혀 위에 알려지지

59) 열……있는데 : 그 내용이 ≪論語≫ 〈公冶長〉과 〈述而〉에 각각 보인다.

못한 것이다. 또한 賢能한 이를 천거하는 자는 큰 상을 받고, 현능한 이를 은폐하는 자는 공개적으로 죽임을 당하는 것이 옛 道이니, 二千石 중에 효도하고 청렴한 사람을 천거하지 않는 자에 대한 처벌을 논의하라."

有司가 아뢰기를 "효성스런 이를 천거하지 않는 자는 조칙을 받들지 않은 것이니 불경죄에 해당하고, 청렴한 이를 찾지 않는 자는 임무를 감당하지 못한 것이니 면직에 해당합니다." 하자, 상주한 것을 허락하였다.

詔曰 朕이 深詔執事하여 興廉擧孝하여 庶幾成風하여 紹休聖緒①하노니 夫十室之邑에 必有忠信이요 三人竝行에 厥有我師②어늘 今或至闔(합)郡而不薦一人③하니 是는 化不下究하여 而積行之君子 壅於上聞也④라 且進賢에 受上賞하고 蔽賢에 蒙顯戮이 古之道也니 其議二千石不擧者罪하라 有司奏호되 不擧孝는 不奉詔니 當以不敬論이요 不察廉은 不勝任也니 當免이니이다한대 奏可⑤하다

① 休는 아름다움이요 緖는 功業이니, 〈"紹休聖緖"는〉 선대 聖王의 아름다운 전통을 계승함을 말한 것이다.
休, 美也. 緖, 業也. 言紹先聖之休緖也.

② 竝은 並의 古字이다.
竝, 古並字.

③ 闔은 음이 盍이니, 문을 닫는다는 뜻이다. 온 郡 안을 통틀었기 때문에 "闔郡"이라 한 것이다.
闔, 音盍, 閉也. 摠一郡之中, 故云闔郡.

④ 究는 다함이다. 行(품행)은 去聲이다. "壅於上聞"은 가로막혀서 천자에게 알려지지 못함을 말한다.
究, 竟也. 行, 去聲. 壅於上聞, 言見壅遏, 不得聞達於天子也.

⑤ "不敬論"은 선비를 찾아 京師에 보고하는 데 힘쓰지 않음을 이른다. 勝(감당하다)은 음이 升이다. 二千石이 응당 솔선하여 아랫사람들을 교화해서 宰牧(邑宰와 牧使)과 친근하게 해야 하는데, 어진 사람을 잘 살피지 못하였으니 이는 임무를 감당하지 못한 것이다. 효성스러운 사람과 청렴한 사람은 대우하는 데 경중의 차이가 있기 때문에 법에 경중의 차이를 둔 것이다. 免은 그 직책을 파면하는 것이다.
不敬論, 謂其不勤求士報國. 勝, 音升. 二千石, 當率身化下, 令親宰牧, 而無〔察〕[60]賢人, 爲不勝任也. 孝與廉, 待之有輕重, 故法有輕重. 免, 罷其職也.

【綱】 皇子 劉據가 태어났다. 봄 3월에 夫人 衛氏를 세워 황후로 삼고 〈천하에〉

60) 〔察〕: 저본에는 '察'이 없으나, ≪通鑑要解≫에 의거하여 보충하였다.

사면하였다.

皇子據生[61]이어늘 春三月에 立夫人衛氏爲皇后하고 赦하다

【綱】 가을에 匈奴가 침입하자 李廣을 右北平太守로 삼았다.

◑ 秋에 匈奴入寇어늘 以李廣爲右北平太守하다

【目】 匈奴가 李廣을 '漢나라의 飛將軍'이라 부르며 피하여, 수년간 감히 우북평을 침입하지 못하였다.

匈奴號廣曰漢之飛將軍이라하고 避之하여 數歲不敢入右北平하니라

【綱】 東夷 薉貊(예맥)의 군주가 항복하자, 이곳에 蒼海郡을 설치하였다.

東夷薉君降이어늘 置蒼海郡하다

【目】 東夷 薉貊의 군주인 南閭 등 28만 명이 항복하자, 이곳에 蒼海郡을 설치하였는데, 사람을 이주시키는 비용이 南夷를 정벌한 비용에 비견되니, 燕과 齊 사이의 지역이 크게 동요하였다.

東夷濊君南閭等二十八萬人이 降이어늘 爲蒼海郡①하니 人徒之費 擬於南夷라 燕齊之間이 靡然騷動②하니라

① 薉는 濊와 통용하니, 음이 穢이다. 服虔[62]이 말하기를 "薉貊은 辰韓의 북쪽과 高句麗와 沃沮의 남쪽에 있으며, 동쪽으로 大海에 닿아 있다." 하였다. 南閭는 薉貊의 군주 이름이다.

---

61) 皇子據生 : "皇子가 태어난 것을 쓰지 않는데, 여기에서는 어찌하여 썼는가? 亂의 시초를 쓴 것이다. 이때에 衛靑이 匈奴를 공격하였는데, 武帝의 夫人 衛氏가 皇子 劉據를 낳았다. 그러므로 '太子'라고 말하여 병란으로 처음〔始〕과 끝〔終〕을 삼은 것이다. ≪資治通鑑綱目≫이 끝날 때까지 皇子가 태어난 것을 쓴 것이 5번인데, 모두 연고가 있는 자이다. 이 때문에 유거가 반란으로 끝마쳤으면 태어난 것을 썼고, 劉弗陵이 嫡子를 위태롭게 하였으면 태어난 것을 썼으며, 宋劭가 元凶이면 태어난 것을 썼고, 魏主 元恂이 아비를 배반하였으면 태어난 것을 썼으며, 魏主 元詡는 胡太后의 패역 때문에 태어난 것을 썼다.〔子生不書 此何以書 志亂始也 於是衛靑擊匈奴 而夫人衛氏生皇子據 故曰太子 以兵始終焉 終綱目 書子生五 皆有故者也 是故據以反終則書生 弗陵以危嫡則書生 宋劭以元凶則書生 魏恂以叛父則書生 魏詡以太后之悖則書生〕" ≪書法≫

62) 服虔 : 後漢 滎陽 사람으로 字는 子愼이다. 孝廉으로 천거되어 九江太守를 지냈다. 古文經學을 숭상하였으며, ≪春秋左氏傳解≫를 지었다.

薉, 與薉通, 音穢. 服虔曰"薉貊, 在辰韓之北, 高句麗, 沃沮之南, 東窮于大海. 南閭, 薉君名.

② 騷는 소요함이다.
騷, 擾也.

【綱】 主父偃(주보언), 嚴安, 徐樂을 郎中으로 삼았다.

以主父偃, 嚴安, 徐樂爲郎中하다

【目】 臨菑 사람 主父偃이 처음 齊, 燕, 趙 지방을 돌아다닐 때, 잘 대우해주는 사람들이 없었고, 유생들은 서로 배척하여 용납하지 않았으며, 〈집이 가난하여 남에게〉 물건을 빌리려 해도 빌릴 수가 없었다. 이에 서쪽으로 가서 關中(長安)에 들어가 대궐 아래에서 글을 올렸는데, 아침에 글을 올리자 저녁에 즉시 부름을 받았으니, 그가 말한 아홉 가지 일 중에 여덟 가지는 율령을 제정하는 것이었고 한 가지는 匈奴를 공격함을 간하는 것이었다. 그 글의 내용은 다음과 같다.

"≪司馬法≫에 이르기를 '국가가 비록 크더라도 전쟁을 좋아하면 반드시 망하고, 천하가 비록 태평하더라도 전쟁을 잊으면 반드시 위태롭다.' 하였습니다.[63] 노여워함은 패역하는 덕이고 병기는 흉포한 기물이고 다툼은 하찮은 일이니, 전쟁에 승리하기를 힘쓰고 군대의 일을 끝까지 추구하는 자는 뒤에 후회하지 않은 자가 없었습니다.

臨菑人主父(보)偃이 始遊齊燕趙할새 皆莫能厚遇하여 諸生이 相與排擯不容하고 假貸無所得①이라 乃西入關하여 上書闕下러니 朝奏에 暮召入하니 所言九事에 其八事는 爲律令이요 一事는 諫伐匈奴라 其辭曰 司馬法에 曰② 國雖大나 好戰必亡이요 天下雖平이나 忘戰必危라하니이다 夫怒者는 逆德也요 兵者는 凶器也요 爭者는 末節也니 夫務戰勝하고 窮武事者는 未有不悔者也니이다

① 父는 음이 甫이니, 主父는 複姓이다.
父, 音甫, 主父, 複姓.

② 〈"司馬法"은〉 齊나라 威王이 大夫로 하여금 옛날 司馬의 兵法을 追論하게 하였는데, 이 가운데에 司馬穰苴의 병법을 붙이고 인하여 ≪司馬穰苴兵法≫이라 하였다.
齊威王, 使大夫追論古者司馬兵法, 而附穰苴於其中, 因號司馬穰苴兵法.

【目】 옛날에 秦나라가 戰國(6국)을 병탄하고 이기기만을 힘쓰고 휴식하지 않아서 蒙恬(몽염)으로 하여금 군대를 거느리고 匈奴를 공격하여 천 리의 땅을 개척하게 하였는데,

63) ≪司馬法≫에……하였습니다 : 이는 ≪司馬法≫ 〈仁本〉에 보인다.

땅이 모두 습지와 鹽地여서 오곡이 자라지 못하였습니다. 이에 천하로 하여금 말의 꼴과 양식을 운반하게 하여, 바다를 등지고 있는 지역에서 시작하여 北河까지 수송해서 거의 30鍾을 써야 1石이 도착하였습니다. 그리하여 남자들이 열심히 농사를 짓는데도 양식을 대기에 부족하고 여자들이 길쌈을 하는데도 천막을 만들기에 부족하였습니다. 백성들이 쓰러지고 피폐하여 서로 봉양하지 못하니, 이에 천하가 비로소 秦나라를 배반하게 되었습니다.

昔에 **秦呑戰國**하고 **務勝不休**하여 **使蒙恬**으로 **將兵攻胡**하여 **辟地千里**①하니 **地皆沮澤鹹鹵**(함로)하여 **不生五穀**②이라 **乃使天下**로 **蜚芻**(비추)**輓粟**하여 **起於負海**하여 **轉輸北河**하여 **率三十鍾而致一石**③하니 **男子疾耕**에 **不足於糧餉**하고 **女子紡績**에 **不足於帷幕**④이라 **百姓靡敝**하여 **不能相養**하니 **蓋天下始畔秦也**⑤니이다

① 辟은 열어서 넓힘이다.
辟, 開廣也.

② 沮는 將預와 子余의 두 가지 切이니, 물이 스며들어 저습한 것이다. 鹹(소금기)은 음이 咸이다.
沮, 將預・子余二切, 漸濕也. 鹹, 音咸.

③ 꼴과 볏짚을 운송하는데 이것이 빨리 이르도록 했기 때문에 "蜚芻"라 한 것이다. 輓은 수레와 배를 끄는 것이다. "負海"는 바다를 등졌다〔背海〕는 말과 같다. 河水(黃河)는 安定, 北地, 朔方의 경계를 지나 모두 북쪽으로 흐르고 高闕에 이르러 비로소 굽어 동쪽으로 흘러서 雲中의 楨陵縣을 지나고, 또 굽어 남쪽으로 흐른다. 그러므로 朔方과 雲中의 북쪽을 北河라 한다. 〈"起於負海 轉輸北河"는〉 東萊로부터 琅邪까지 해안을 끼고 있는 郡들이 모두 꼴과 식량을 운송하여 北河에 도달하도록 했다는 말이다. 6斛 4斗를 1鍾이라 하니, 그 길에서 허비되는 비용을 계산하면 모두 192斛을 사용하여야 1石이 도달된다.
運載芻稿, 令其疾至, 故曰蜚芻. 輓, 謂引車船也. 負海, 猶言背海也. 河水逕安定・北地・朔方界, 皆北流, 至高闕, 始屈而東流, 過雲中楨陵縣, 又屈而南流, 故朔方・雲中之北, 謂之北河. 言自東萊及琅邪, 緣海諸郡, 皆令轉輸至北河也. 六斛四斗爲鍾. 計其道路所費, 凡用一百九十二斛, 乃得一石至.

④ 紡은 妃兩의 切이니 生絲를 짜는 것이고, 績은 則力의 切이니 삼을 잇는 것이다.
紡, 妃兩切, (綱)〔紡〕[64]絲也, 績, 則力切, 緝麻也.

⑤ 靡는 음이 糜이니, 흩어진다는 뜻이다.
靡, 音糜, 散也.

---

64) (綱)〔紡〕: 저본에는 '綱'으로 되어 있으나, ≪說文解字≫의 段玉裁 註에 의거하여 '紡'으로 바로잡았다.

【目】 匈奴를 제어하기 어려워한 것은 한 세대만의 일이 아닙니다. 저들은 도적질을 하고 침입하여 약탈하는 것을 생업으로 삼으니, 저들의 천성이 본래 그렇습니다. 虞, 夏, 商, 周에서는 진실로 흉노에게 세금을 부과하거나 督責하고 감독하지 않아서 금수로만 기르고 사람으로 대우하지 않았습니다. 지금 위로는 虞, 夏, 殷, 周의 통치를 살피지 않고 아래로는 근세의 실수를 따르니, 이것이 신이 크게 우려하는 것이고 백성들이 고통으로 여기는 것입니다."

夫匈奴難得而制는 非一世也라 行盜侵驅 所以爲業이니 天性固然①이라 虞・夏・商・周는 固弗程督하여 禽獸畜之하고 不屬爲人②이니이다 今에 上不觀虞・夏・殷・周之統하고 而下循近世之失하시니 此臣之所大憂요 百姓之所疾苦也니이다

① "侵驅"는 변경을 침입하여 사람을 약탈하고 가축을 몰고 가는 것이다.
侵驅, 來侵邊境而驅略人畜也.
② 程은 세금을 부과하는 것이다. 督은 살피고 따지는 것이다. "不屬爲人"은 사람의 부류에 소속시키지 않음을 이른다.
程, 課也. 督, 視責也. 不屬爲人, 謂不以人類屬之.

【目】 主父偃과 같은 郡 출신인 嚴安 또한 글을 올려 다음과 같이 아뢰었다.

"지금 사람들은 재물을 쓰는 것이 사치스러워 수레와 말, 옷과 갖옷과 궁실, 음악과 여색, 맛있는 음식을 모두 다투어 꾸며서 천하에 드러내 보여 사람들이 바라게 하니, 사치하기만 하고 절제함이 없으면 재물이 넉넉하지 못하여 백성들이 本業(農業)을 버리고 末業(商工業)을 추구합니다. 말업도 거저 얻어지는 것이 아니라서 띠에 홀을 꽂은 관리들이 남을 속이는 것을 꺼리지 않고 칼을 찬 무인들이 사람을 죽이고 약탈하는 것을 뽐냅니다. 그런데도 세상 사람들이 부끄러워할 줄을 모르니, 이 때문에 이익을 좇는 것이 그침이 없어서 법을 범하는 자가 많은 것입니다.

신은 원컨대 백성들을 제어하는 제도를 만들어서 그 음란함(분수에 넘치는 것)을 막고, 가난한 자와 부유한 자들로 하여금 서로 과시하지 않아 그 마음을 온화하게 하고자 하니, 마음과 뜻이 안정되면 도적이 사라지고 형벌이 적어지고 음양이 조화롭게 되어 만물이 번성하게 될 것입니다.

偃의 同郡嚴安이 亦上書曰 今人이 用財侈靡하여 車馬衣裘宮室聲色滋味를 皆競修飾하여 以觀欲於天下①하니 侈而無節이면 則不可贍(섬)하여 民離本而徼(요)末②이니이다 末不可徒得③이라 故로 搢紳者不憚爲詐④하고 帶劍者夸殺人以矯奪이어늘 而世不知愧⑤라 是以로 逐利無已하여 犯法者

衆하니이다 臣은 願爲民制度하여 以防其淫하고 使貧富不相燿以和其心⑥이니 心志定이면 則盜賊消하고 刑罰少하고 陰陽和하고 萬物蕃也리이다

① 觀은 去聲이니, 드러내 보여서 사람들로 하여금 사모하고 바라게 하는 것이다.
觀, 去聲, 言顯示之, 使其慕欲也
② 贍은 넉넉함이다. 離는 力智의 切이다. 本은 農業을 이른다. 徼는 요구함이다. 末은 工商業을 이른다.
贍, 足也. 離, 力智切. 本, 謂農. 徼, 要求也. 末, 謂工商.
③ 徒은 한갓이다.
徒, 空也.
④ 搢은 꽂음이고 紳은 큰 띠이니, "搢紳"은 홀을 꽂고 큰 띠를 드리우는 것이다.
搢, 挿也. 紳, 大帶也. 搢紳, 謂搢笏而垂紳也.
⑤ 夸은 과장하고 뽐낸다는 뜻이다. 矯은 속임이다.
夸, 大也, 競也. 矯, 僞也.
⑥ 燿(빛나다)는 弋照의 切이다.
燿, 弋照切.

【目】 옛날에 秦나라 왕이 의욕이 많고 마음이 방종하여 海內에 위엄을 떨치고 싶어 북쪽으로 匈奴를 공격하고 남쪽으로 越나라를 공격해서 쓸모없는 땅에 군대를 주둔한 것이 10여 년이었습니다. 丁男은 갑옷을 입고 〈출전하고〉 丁女는 물자를 운반하느라 고통스러워서, 서로 의지하여 살지 못하고 길거리의 나무에 목을 매어 죽은 자가 즐비하였습니다. 秦나라 始皇帝가 죽자 천하가 크게 반란을 일으켜서 후세가 멸족되고 제사가 끊겼으니, 이는 전쟁을 그치지 않고 계속한 화입니다.

그러므로 周나라는 약한 데에서 잘못되었고 秦나라는 강한 데에서 잘못되었으니, 이는 변화하지 못해서 생긴 환난입니다. 지금 南夷 지방을 순행하고, 夜郎을 조회 오게 하고, 羌과 僰(북)을 항복시키고, 薉州(예맥)를 경략하여 성읍을 세우고, 깊이 匈奴로 쳐들어가서 그들의 龍城[65]을 불태우려고 하자, 논의하는 자들이 이것을 찬미하니, 이는 신하들의 이익이지 천하를 위한 장구한 계책은 아닙니다."

昔에 秦王이 意廣心逸하여 欲威海內하여 北攻胡하고 南攻越하여 宿兵於無用之地를 十有餘年①하니 丁男被甲하고 丁女轉輸하여 苦不聊生하여 自經於道樹者相望②이러니 及秦皇帝崩에 天下大

65) 龍城 : 單于가 머무는 곳으로 祭天儀式을 거행한 곳이다. 여러 부족이 모여 종교적 행사를 행하고 동시에 정치적 회의를 개최하기도 하였다. 용성에 대해서는 나무로 만든 제단, 오보(Ovoo), 성채라는 설이 있다. 용성은 籠城, 蘢城, 單于庭, 龍庭 등으로 표기되기도 한다.

畔하여 滅世絶祀하니 窮兵之禍也라 故로 周失之弱하고 秦失之彊은 不變之患也니이다 今徇南夷하고 朝夜郎하고 降羌僰(강북)하고 略薉州하여 建城邑하고 深入匈奴하여 燔其龍城이어늘 議者美之하니 此는 人臣之利요 非天下之長策也③니이다

① 宿은 머문다는 뜻이다.
宿, 留也.
② "不聊生"은 의지하여 서로 보호하고 길러주지 못함을 말한다. 經은 목을 매는 것이다.
不聊生, 言無聊賴以相保養. 經, 縊也.
③ 僰은 蒲北의 切이니, 羌과 僰은 모두 西南夷이다. ≪史記索隱≫[66]에 "羌은 三苗이니 姜姓의 別裔이다." 하였고, ≪釋文≫[67]에 "僰은 侯國이니 馬胡江에 있다." 하였다. 龍城은 匈奴의 單于가 하늘에 제사 지낼 적에 여러 부락이 크게 모이는 곳이다.
僰, 蒲北切. 羌與僰, 竝西南夷. 索隱 "羌, 三苗, 姜姓之別裔." 釋文 "僰, 侯國, 在馬胡江." 龍城, 匈奴單于祭天, 大會諸部處.

【目】 無終 사람 徐樂(서악)은 글을 올려 다음과 같이 아뢰었다.

"신이 듣건대 천하의 우환은 土崩에 있고 瓦解에 있지 않다 하였습니다. 陳涉이 궁벽한 시골에서 일어나 창 자루만 휘두르면서 한쪽 어깨를 드러내고 크게 소리치자 천하가 바람에 쓸리듯이 일어났으니, 이는 무엇 때문이겠습니까? 백성들이 곤궁한데도 군주가 구휼하지 않고, 아랫사람들이 원망하는데도 위에서 알지 못하고, 풍속이 이미 어지러워졌는데도 정사가 닦이지 않았기 때문입니다. 이 세 가지는 陳涉이 반란하는 밑천으로 삼은 것이니, 이를 土崩이라고 하는 것입니다.

吳·楚 7국이 모두 천자를 칭하여, 위엄은 그 경내를 두렵게 할 수 있었고 재물은 그 백성들을 권면하게 할 수 있었습니다. 그러나 서쪽(長安)으로 쳐들어가서 한 치의 땅도 빼앗지 못하고 포로 신세가 된 것은 무엇 때문이겠습니까? 이때를 당하여 先皇帝(文帝)의 덕이 쇠하지 않아 자신의 고향 땅에 편안히 살고 풍속을 즐거워하는 백성들이 많았기 때문에 제후들이 국경 밖에서 도와줌이 없었으니, 이를 瓦解라 하는 것입니다.

이 두 가지는 安危의 분명한 관건이니, 현명한 군주가 유념하고 깊이 살펴야 하는 것입니다.

---

66) 史記索隱 : ≪史記≫의 주석서로 唐나라의 司馬貞이 지었는데, 모두 30권으로 되어 있다.

67) 釋文 : 글자의 訓과 音을 기록한 책으로 원래 唐나라의 陸德明이 지은 ≪經典釋文≫의 代表이다. 여기서는 ≪資治通鑑≫을 해석한 釋文으로 보이나 확실하지 않다. ≪通鑑節要≫에도 이와 비슷한 것이 목판으로 간행한 것이 있으나 著者 등은 알려져 있지 않다.

無終徐樂이 上書曰① 臣聞 天下之患은 在於土崩이요 不在瓦解라하니이다 陳涉이 起窮巷하여 奮棘矜(극근)하여 偏袒大呼에 天下從風하니 此는 其故②何也오 由民困而主不恤하고 下怨而上不知하고 俗已亂而政不修하니 此三者는 涉之所以爲資也니 此之謂土崩이니이다 吳楚七國이 號皆萬乘이라 威足以嚴其境內하고 財足以勸其士民이로되 然이나 不能西攘尺寸之地하고 而身爲禽者는 此其故何也③오 當是之時하여 先帝之德이 未衰하여 而安土樂俗之民이 衆이라 故로 諸侯無境外之助하니 此之謂瓦解④이니이다 此二體者는 安危之明要니 賢主之所宜留意而深察也니이다

① 樂은 음이 岳이다.
樂, 音岳.
② 棘은 戟과 같다. 矜(근)은 巨巾의 切로 殣과 같으니, 창의 자루〔杷〕이다. 杷는 자루이다. 당시에 秦나라가 병기를 녹여 없앴기 때문에 창의 자루만 남은 것이다.
棘, 與戟同. 矜(근), 巨巾切, 與殣同, 戟之杷也. 杷, 柄也. 時秦消兵器, 故但有戟之杷耳.
③ 攘은 漢나라의 땅을 침범하여 점령함을 이른다.
攘, 謂侵取漢地.
④ "無境外之助(국경 밖에서 도와줌이 없다.)"는 吳·楚의 7국이 서로 배반하여 이웃 나라 중에 악을 함께하여 서로 구원하기로 한 나라가 도와주지 않음을 이른다.
無境外之助, 謂七國反叛, 隣境無同惡相濟者爲助也.

【目】근래에 關東 지방이 곡식이 자주 성숙하지 못하여 年事가 아직 회복되지 못해서 백성들 중에 곤궁한 자가 많은데 여기에 변경의 일이 가중되니, 이치를 따라 살펴보건대 백성들 중에는 의당 그 거처를 편안하지 않게 여기는 자가 있을 것입니다. 편안하지 않기 때문에 동요되기 쉬운 것이니, 동요되기 쉬운 것은 土崩의 형세입니다. 그러므로 현명한 군주는 홀로 만 가지 변화의 근원을 살피고 안위의 관건을 밝게 알아 廟堂의 위에서 다스려서 드러나지 않은 우환을 미리 사라지게 하니, 그 요체는 반드시 천하 사람들로 하여금 토붕의 형세가 없도록 하는 것입니다."

間者關東이 穀數(삭)不登하여 年歲未復(복)하여 民多窮困하고 重之以邊境之事①하니 推數循理而觀之컨대 民宜有不安其處者矣니이다 不安故로 易動하니 易動者는 土崩之勢也라 故로 賢主는 獨觀萬化之原하고 明於安危之機하여 修之廟堂之上而銷未形之患하나니 其要는 期使天下로 無土崩之勢而已矣니이다

① 數은 음이 朔이다. 復은 扶目의 切이다. 重(가중하다)은 去聲이니, 加(더하다)와 같다.
數, 音朔. 復, 扶目切. 重, 去聲, 猶加也.

【目】글을 올리자, 上이 불러 보고 이르기를 "公들은 다 어디에 있었기에 어째서 서로 만난 것이 이처럼 늦단 말인가?" 하고, 모두 郎中에 임명하였다.

主父偃을 더욱 총애하여 1년 안에 모두 네 번이나 승진시켜 中大夫로 삼으니, 大臣들이 그의 입을 두려워하여 뇌물을 보낸 것이 여러 千金이었다. 어떤 사람이 주보언에게 말하기를 "너무 멋대로 행동한다." 하니, 주보언이 말하기를 "내가 살아서 五鼎의 음식을 먹지 못하면 죽을 적에는 五鼎에 삶겨 죽을 뿐이다." 하였다.

書奏에 召見하고 謂曰 公等이 皆安在완대 何相見之晩也오하고 皆拜爲郎中하다 偃이 尤親幸하여 一歲中에 凡四遷하여 爲中大夫하니 大臣이 畏其口하여 賂遺累千金이라 或謂偃曰 太橫矣①로다 偃曰 吾生不五鼎食이면 死卽五鼎烹耳②라하니라

① 橫(멋대로 하다)은 胡孟의 切이다.
橫, 胡孟切.

② 五鼎食은 소, 양, 돼지, 물고기, 사슴이니, 제후는 5가지이고 卿大夫는 3가지이다. "五鼎烹"은 가마솥에 삶기는 형벌을 당함을 이른다.
五鼎食, 謂牛羊豕魚麋也, 諸侯五, 卿大夫三. 五鼎烹, 謂被鑊烹之誅.

甲寅年(B.C. 127)

【綱】漢나라 世宗 孝武皇帝 元朔 2년이다. 겨울에 淮南王에게 几杖(궤장)을 하사하고 조회하지 않게 하였다.

二年이라 冬에 賜淮南王几杖하고 毋朝①하다

① 淮南王 劉安은 황제의 諸父 항렬에 있었기 때문에 궤장을 하사한 것이다.
淮南王安, 帝諸父列也, 故賜几杖.

【綱】봄 정월에 제후왕에게 詔令을 내려 國邑을 나누어 자제들을 봉하여 列侯로 삼게 하였다.[68]

◑春正月에 詔諸侯王하여 得分國邑하여 封子弟爲列侯하다

68) 제후왕에게……하였다 : 이를 推恩令이라 한다. 이는 모든 제후의 자제들에게 제후의 영지를 분할하여 이들을 열후로 승격시켜 중앙정부 관할에 있는 郡에 속하게 한 것이다. 이를 통해 郡國制는 郡縣制로 재편되고 황제 중심의 중앙집권제가 완성되었다.

【目】 主父偃이 다음과 같이 上을 설득하였다.

"옛날에 제후는 封地가 백 리를 넘지 않아서 강약의 형세가 제어하기 쉬웠습니다. 지금 제후들은 혹 수십 개의 城邑이 이어지고 땅이 사방 천 리입니다. 느슨하게 대하면 교만하고 사치하여 쉽게 음란(방탕)해지고, 급히 대하면 그 강함을 믿고서 합종하여 京師의 뜻을 거스르니, 법으로 그들의 영지를 쪼개어 줄이면 반역이 싹틀 것입니다. 그러나 제후의 자제들이 혹 십여 명인데 적장자가 이어받아 즉위하고 나머지는 한 尺의 봉지도 없으니, 仁孝의 도가 펼쳐지지 못하고 있습니다.

원컨대 폐하께서 제후들에게 명하여 은혜를 확대하여 자제들에게 봉지를 나누어주어 제후가 되게 한다면, 저들은 각기 원하는 바를 얻어 기뻐할 것입니다. 上께서는 덕을 베푸는 것이 되지만 실제로는 제후의 봉지를 나누는 결과가 되니, 봉지를 깎지 않아도 점차 약해질 것입니다."

上이 이 말을 따르니, 이에 藩國(제후국)이 비로소 나뉘어져 자제들이 모두 제후가 되었다.

主父偃이 說(세)上曰 古者에 諸侯不過百里하여 彊弱之形이 易制러니 今諸侯或連城數十하여 地方千里라 緩則驕奢하여 易爲淫亂하고 急則阻其强而合從하여 以逆京師①하니 以法割削之하면 則逆節萌起라 然이나 諸侯子弟或十數로되 而適嗣代立하고 餘無尺地之封하니 則仁孝之道不宣이라 願陛下는 令諸侯得推恩하여 分子弟하여 以地侯之하시면 彼人人이 喜得所願이니 上以德施나 實分其國이니 不削而稍弱矣리이다 上이 從之하니 於是에 藩國始分하여 而子弟畢侯矣러라

① 阻는 믿음이다.
阻, 恃也.

【綱】 匈奴가 쳐들어오자, 衛青 등을 보내서 군대를 거느리고 공격하여 패주시키고, 마침내 河南의 땅[69]을 점령하여 朔方郡을 세우고 백성을 모집하여 이주시켰다.

匈奴入寇어늘 遣衛青等하여 將兵擊走之하고 遂取河南地하여 立朔方郡하고 募民徙之하다

【目】 匈奴가 上谷과 漁陽을 침입하자, 衛青과 李息을 보내서 공격하여 패주시키고 마침

69) 河南의 땅 : 내몽골 황하 만곡부에 위치한 지역으로 河套(오르도스)라고 한다. 이 지역은 북방 유목민의 주요 거점이자 교통의 요충지였다.

내 河南의 땅을 점령하니, 詔令을 내려 위청을 봉하여 長平侯로 삼았다.

主父偃이 다음과 같이 아뢰었다.

"하남은 땅이 비옥하고 밖으로 황하가 막고 있습니다. 여기에 성을 쌓아 흉노를 축출하면 육로와 수로로 운송하는 물자를 줄일 수 있고 중국의 판도를 넓힐 수 있으니, 이것이 흉노를 없애는 근본입니다."

公卿들이 모두 불편하다고 말했지만, 上이 마침내 주보언의 계책을 따라 朔方郡을 설치하고 백성들을 모집하여 이주시킨 자가 10만 명이었다. 성을 축조하고 요새를 수선하고, 황하를 인하여 견고한 요새로 만드니, 육로와 수로로 운송하는 것이 매우 멀어서 山東(殽山以東) 지역이 모두 수고로움을 받게 되고 수십만 수백억 金의 비용이 들어 府庫가 모두 비었다.

匈奴入上谷, 漁陽이어늘 遣衛青, 李息하여 擊走之하고 遂取河南地하니 詔封青爲長平侯①하다 主父偃이 言 河南은 地肥饒하고 外阻河하니 城之以逐匈奴하면 省(생)轉戍하고 廣中國이니 滅胡之本也②니이다 公卿이 皆言不便이로되 上이 竟用偃計하여 立朔方郡③하고 募民徙者十萬口라 築城繕塞하고 因河爲固하니 轉漕甚遠하여 自山東咸被其勞하고 費以數十百鉅萬이라 府庫竝虛④러라

① 《漢書》〈地理志〉에 "長平侯國은 汝南郡에 속하였다." 하였다.
班志 "長平侯國, 屬汝南郡."

② "轉戍"는 육상으로 운송하고 강으로 조운함을 이른다.
轉戍, 謂轉輸戍漕也.

③ 朔方郡은 바로 蕭關이다.
朔方郡, 卽蕭關也.

④ "數十百鉅萬"은 수십만 내지 수백 억을 이른다.
數十百鉅萬, 謂數十萬乃至百萬萬.

【綱】 3월 그믐에 일식이 있었다.

三月晦에 日食하다

【綱】 茂陵으로 郡國의 豪傑[70]들을 이주시켰다.

◑ 徙郡國豪傑於茂陵하다

70) 豪傑 : 思政殿訓義 《資治通鑑綱目》 제2권 상 秦 始皇 26년조 訓義에 "豪桀은 세력과 돈이 있고 영걸스러우면서 교활한 사람을 말한다.〔豪桀 謂豪富桀黠之士〕" 하였다.

【目】主父偃이 上을 설득하기를 "천하의 豪傑과 겸병을 일삼는 집안과 백성들을 어지럽힌 평민들을 모두 茂陵으로 이주시켜서 안으로 京師를 충실히 하고 밖으로 奸猾한 자들을 제거해야 하니, 이것이 이른바 '죽이지 않고도 해로운 것이 제거된다.'는 것입니다." 하니, 上이 이 말을 따랐다.

軹縣(지현) 사람 郭解는 關東 지역의 큰 협객이었다. 그 또한 이주시키는 사람 가운데에 들어 있었는데, 衛青이 그를 위해 말하기를 "곽해는 집안이 가난하여 이주시키는 대상에 해당되지 않습니다."라고 하였다. 그러자 上이 말하기를 "곽해가 布衣로서 권력이 장군으로 하여금 자신을 위해 말하게 하였으니, 이는 그 집안이 가난한 것이 아니다." 하고 끝내 곽해의 집안을 이주시켰다.

主父偃이 說(세)上曰 天下豪傑과 并兼亂衆之民을 皆可徙茂陵하여 內實京師하고 外銷姦猾이니 此所謂不誅而害除라한대 上從之①하다 軹人郭解는 關東大俠也라 亦在徙中이러니 衛青이 爲言호되 郭解家貧하여 不中徙②니이다하여늘 上曰 解布衣로 權至使將軍爲言③하니 此其家不貧이라하고 卒徙解家하다

① "亂衆之民"은 法制를 넘어서 일반 백성들을 미혹시키고 어지럽힌 사람이다.
亂衆之民, 踰制越法, 惑亂衆庶之人.

② 爲(위하다)는 去聲이다. 中(가운데)은 竹仲의 切이니, 〈"郭解家貧 不中徙"는〉 그가 가난하므로 이주시키는 대상 가운데에 포함되어서는 안 된다는 말이다.
爲, 去聲. 中, 竹仲切, 言其貧不當在見徙之數.

③ 〈"權至使將軍爲言"은〉 郭解의 권력이 衛青으로 하여금 자신을 위해 말을 하게 하였다는 뜻이다.
謂郭解之權力, 能使衛青爲之言.

【目】郭解는 평소 자신에게 눈만 흘겨도 사람을 죽인 것이 매우 많았다. 上이 듣고서 그를 獄吏에게 회부하여 잡아다가 치죄하게 하였는데, 그가 죽인 것은 모두 사면령 이전에 있었던 일이었다.

軹縣의 어떤 유생이 使者를 모시고 앉아 있었는데, 객이 곽해를 칭송하자 유생이 말하기를 "곽해가 멋대로 간사한 방법으로 公法을 범하였으니, 어찌 어질다고 하겠는가." 하자, 곽해의 객이 듣고 이 유생을 죽이고서 그 혀를 잘라버렸다. 옥리가 이 사건을 가지고 곽해를 문책하였으나, 곽해는 실로 알지 못하는 일이었다.

옥리가 곽해의 무죄를 아뢰었는데, 公孫弘이 논단하기를 "곽해는 布衣로 任俠이 되어

권력을 행사해서 자신에게 눈을 흘긴 것으로도 사람을 죽였다. 곽해가 비록 이 사건을 알지 못했더라도, 이 죄는 곽해가 직접 죽인 것보다 심하니, 대역무도죄에 해당한다." 하자, 마침내 곽해를 滅族하였다.

解平生睚眦(애자)에 殺人甚衆이러니 上이 聞之하고 下吏捕治하니 所殺이 皆在赦前이라 軹有儒生이 侍使者坐러니 客譽郭解①어늘 生曰 解專以奸犯公法하니 何謂賢이리오 解客이 聞하고 殺此生하여 斷其舌이어늘 吏以此責解하니 解實不知라 吏奏解無罪한대 公孫弘이 議曰 解布衣로 爲任俠行權하여 以睚眦殺人②하니 解雖不知나 此罪甚於解殺之니 當大逆無道라하여늘 遂族郭解③하다

① 譽(칭찬하다)는 平聲이다.
譽, 平聲.
② 任은 人禁의 切이니, 자신의 氣力에 맡겨 부리는 것이다. 俠(호협하다)은 下頰의 切이니, 권력을 가지고 타인을 돕는 것이다. 一說에 "서로 신의가 있는 것을 任이라 하고, 是非를 함께하는 것을 俠이라 한다." 하였다.
任, 人禁切, 謂任使其氣力. 俠, 下頰切, 以權力俠輔人也. 一說 "相與信爲任, 同是非爲俠."
③ 當은 그의 죄를 처단함을 이른다.
當, 謂處斷其罪.

【目】班固가 다음과 같이 평하였다.

"옛날에 천자가 나라를 세우고 제후가 집안을 세워서 卿大夫로부터 庶人에 이르기까지 각각 차등이 있었다. 이 때문에 백성은 윗사람을 섬기고 아랫사람은 분수에 넘치는 것을 바라는 일이 없었는데, 周나라 왕실이 미약해진 뒤에는 禮樂과 征伐이 제후로부터 나오니, 齊 桓公과 晉 文公 이후에 大夫가 대대로 권세를 잡고 陪臣이 정권을 장악하였다. 그리하여 천자의 권위가 쇠약해져 戰國시대에 이르러서는 제후들끼리 合從하고 連橫을 하였다. 이로 말미암아 列國의 公子 중에 魏나라에는 信陵君이 있고, 趙나라에는 平原君, 齊나라에는 孟嘗君, 楚나라에는 春申君이 있어서 모두 王公의 세력에 의지하여 다투어 遊俠이 되어 닭 울음소리를 잘 내고 개처럼 물건을 잘 훔치는 자를 손님의 禮로 대우하였다. 虞卿은 나라와 군주를 버리고서 어려울 때 사귀었던 魏齊의 곤궁함을 도와주었고,[71] 신릉군은 兵符를 훔치고 장수를 죽여서 평원군의 위급함에 달려가서[72] 모두

71) 虞卿은……도와주었고 : 秦나라 昭王이 范雎의 원수를 갚아 주려고 魏나라의 정승 魏齊를 죽이려 하자, 위제가 趙나라의 虞卿에게 구원을 요청하니, 우경은 趙나라 정승의 지위도 그만두고서 위제와 함께 大梁으로 도망친 일을 가리킨다. ≪史記 范雎列傳≫

72) 信陵君은……달려가서 : 秦나라가 趙나라의 도성인 邯鄲을 포위하자, 趙나라 平原君이 자기 부인

제후들에게 중함을 받고 천하에 이름을 드러냈으니, 팔목을 걷어붙이며 유세하는 자들이 네 명의 호걸을 으뜸으로 여겼다. 이에 公義를 저버리고 私黨을 위해 죽는다는 의논이 이루어지고, 직책을 지키고 윗사람을 받드는 의리가 무너지게 되었다.

班固曰 古者에 天子建國하고 諸侯立家하여 自卿大夫로 以至於庶人히 各有等差라 是以로 民服事其上而下無覬覦(기유)①러니 周室既微에 禮樂征伐이 自諸侯出하니 桓文之後에 大夫世權하고 陪臣執命②이라 陵夷至於戰國하여 合從連衡③하니 繇是로 列國公子에 魏有信陵하고 趙有平原하고 齊有孟嘗하고 楚有春申하여 皆藉王公之勢하여 競爲游俠하여 鷄鳴狗盜를 無不賓禮④라 虞卿은 棄國捐君하여 以周窮交魏齊之厄⑤하고 信陵은 竊符戮將하여 以赴平原之急⑥하여 皆以取重諸侯하고 顯名天下하니 搤腕(액완)而遊談者 以四豪爲稱首⑦라 於是에 背公死黨之議成하고 守職奉上之義廢矣라

① 覬는 음이 冀이니 바란다는 뜻이고, 覦는 兪와 喩 두 가지 음이니 원한다는 뜻이다. "覬覦"는 그 원하는 것을 얻고자 함을 이른다.
覬, 音冀, 幸也. 覦, 兪・喩二音, 欲也. 覬覦, 謂幸得其所欲也.

② 陪는 중첩함이니, 諸侯의 신하는 천자에게 있어서 陪臣이 되고, 대부의 가신은 제후에게 있어서 배신이 된다.
陪, 重也. 諸侯之臣, 於天子爲陪臣. 大夫之家臣, 於諸侯爲陪臣.

③ 陵은 丘陵이고 夷는 평평함이니, 〈"陵夷"는〉 그 쇠퇴함이 구릉이 점차 평지가 되는 것과 같음을 말한 것이다.
陵, 丘陵也. 夷, 平也. 言其頹替者, 丘陵之漸平也.

④ 이 일은 周 赧王 17년(B.C. 298)에 보인다.
事見周赧王十七年.

⑤ 이 일은 周 赧王 56년(B.C. 259)에 보인다.
事見周赧王五十六年.

⑥ 이 일은 周 赧王 57년(B.C. 258)에 보인다.
事見周赧王五十七年.

⑦ 搤은 잡는다는 뜻이고, 腕은 烏慣의 切이니 팔목이다. 네 호걸은 바로 信陵君, 平原君, 孟嘗君, 春申君이다.
搤, 捉持也. 腕, 烏慣切, 手腕也. 四豪, 卽信陵・平原・孟嘗・春申也.

이 信陵君의 누이라 하여 魏王과 신릉군에게 구원을 청하였다. 위왕이 晉鄙로 하여금 군대를 거느리고 가서 구원하도록 하였으나 위왕이 秦나라를 두려워하여 진비에게 성을 쌓으며 출동하지 못하게 하였다. 신릉군이 위왕이 총애하는 如姬로 하여금 궁중에 있는 대장군의 兵符를 훔쳐내어 진비를 찾아가 죽이고 그 군대를 탈취하여 趙나라를 구원해서 한단의 포위를 풀었다. ≪史記 魏公子列傳≫

【目】漢나라가 흥기함에 미쳐 禁網(法網)이 느슨하고 엉성해져서 이를 고치지 못하였다. 이 때문에 陳豨가 千乘의 수레를 소유하였고, 吳王 劉濞와 淮南王 劉安이 모두 賓客을 불러들였고, 外戚大臣인 魏其侯(竇嬰)와 武安侯(田蚡)의 무리가 京師에서 빈객을 모으는 것을 경쟁하였으며, 포의의 遊俠인 劇孟과 郭解의 무리가 閭閻에서 치달려 권세가 한 州의 경계에서 행해지고 힘이 公侯를 꺾을 정도이니, 사람들이 그들의 名聲과 행적을 영광스럽게 여기고 흠모하여, 비록 형벌에 빠지더라도 스스로 목숨을 끊어서 명성을 이루는 것을 허여하여 죽더라도 후회하지 않았다.

曾子가 말씀하기를 '윗사람이 그 道를 잃어서 民心이 離散한 지가 오래되었다.'고 하였으니, 현명한 왕이 윗자리에 있어서 좋아하고 싫어함을 보여주고 예법으로써 다스리지 않으면, 백성들이 어찌 금지할 줄을 알아서 바른 데로 돌아올 수 있겠는가.

五霸는 三王의 죄인이고, 六國은 五霸의 죄인이고, 네 명의 호걸은 또한 六國의 죄인이다. 하물며 곽해의 무리는 하찮은 匹夫로서 생사여탈의 권한을 훔쳤으니, 그 죄가 죽임을 당하여도 용서받을 수 없다. 협객들이 온화하고 어질고 두루 사랑하고 가난한 자들을 구휼하며 위급한 자를 도와주고 겸손하여 뽐내지 않은 점들을 살펴보면 또한 모두 특출한 자품이 있었으니, 애석하다. 도덕에 들어가지 않고 구차히 말류에서 멋대로 행동하였으니, 자신의 몸을 죽이고 종족을 망하게 한 것은 〈당연한 업보이고〉 불행한 일이 아니다."

及至漢興하여 禁網疏闊하여 未之匡改也라 故로 陳豨(희)車千乘이요 而吳濞, 淮南이 皆招賓客하고 外戚大臣에 魏其, 武安之屬이 競逐於京師①하고 布衣游俠劇孟郭解之徒 馳騖(무)於閭閻②하여 權行州域하고 力折公侯하니 衆庶榮其名迹하여 覬(기)而慕之하여 雖陷於刑辟이나 自與殺身成名하여 死而不悔③라 曾子曰 上失其道하여 民散이 久矣라하시니 非明王在上하여 示之以好惡(오)하고 齊之以禮法이면 民曷由知禁而反正乎리오 五伯(패)는 三王之罪人也요 而六國은 五伯之罪人也④요 夫四豪者는 又六國之罪人也라 況於郭解之倫은 以匹夫之細로 竊生殺之權하니 其罪已不容於誅矣라 觀其溫良汎愛하고 振窮周急하며 謙退不伐하면 亦皆有絶異之姿하니 惜乎라 不入於道德하고 苟放縱於末流하니 殺身亡宗이 非不幸也로다

① 田蚡이 武安侯에 봉해졌다.
田蚡, 封武安侯.

② 劇孟은 사람의 姓名이니, 洛陽 사람이다. 또한 유협으로 알려졌다.
劇孟, 姓名, 洛陽人, 亦以俠顯,

③ 與는 허여한다는 뜻이다.

與, 許也.

④ "六國"은 楚, 趙, 魏, 韓, 燕, 齊를 이른다. 秦나라를 넣지 않은 것은, 秦나라는 적군의 머리를 베어 오는 것을 으뜸 功이라 여겨서 이 숫자에 넣을 수가 없기 때문이다.
六國, 謂楚・趙・魏・韓・燕・齊也. 不數秦者, 以上首功之國, 不足算也.

【目】荀悅이 다음과 같이 평하였다.

"세상에는 세 가지 遊가 있으니, 이것은 德을 해치는 것이다. 氣勢를 확립하여 威福을 만들고 사사로운 사귐을 맺어서 세상에 강함을 내세우는 것을 遊俠이라 하고, 변설을 잘하고 거짓된 꾀를 부려서 천하를 치달려 당시 세력 있는 자에게 요구하는 것을 遊說라 하고, 인자한 안색을 꾸며서 世俗 사람들의 좋아하는 것에 영합하며 黨與와 연결하고 헛된 명예를 세워서 권세와 이익을 추구하는 것을 遊行이라 하니, 이 세 가지는 道德을 해치고 법을 훼손하고 세상을 미혹하게 하여 난리가 이로 말미암아 생긴다. 나라에는 四民이 있어서 각기 생업에 종사하는데, 사민의 생업을 따르지 않는 자를 姦民이라 하니, 간민이 생기지 않으면 王道가 비로소 이루어진다.

무릇 이 세 가지 遊는 말세에 생겨서 제도가 확립되지 못하고 기강이 이완되고 폐지되어 비방과 칭찬을 榮辱으로 여기고 기쁨과 노여움을 賞罰로 여긴다. 이 때문에 분주하게 돌아다니고 직책과 법도를 참람하게 어기며 實際보다는 겉의 화려함만을 꾸미고 당시의 이익만을 좇아서 父兄을 높이는 것을 하찮게 여기고 빈객을 대우하는 禮를 숭상하며, 骨肉의 은혜를 가볍게 여기고 朋友의 친애를 돈독히 여기며, 修身의 道를 망각하고 대중들의 칭찬을 추구하며, 衣食의 생업을 할애해서 宴享의 嗜好에 공급하게 한다. 그리하여 苞苴(뇌물 꾸러미)가 문과 뜰에 가득하고, 聘問하는 사람이 많아 도로에서 서로 교차하고, 개인의 편지가 公文보다 많으며, 사사로운 일이 관청의 일보다 많으니, 이에 나쁜 풍속이 이루어지고 正道가 무너지는 것이다.

荀悅曰 世有三遊하니 德之賊也라 立氣勢하여 作威福하고 結私交하여 以立彊於世者를 謂之遊俠이요 飾辯辭하고 設詐謀하여 馳逐於天下하여 以要時勢者를 謂之遊說요 色取仁以合時好하고 連黨類, 立虛譽하여 以爲權利者를 謂之遊行①이니 此三者는 傷道害德하고 敗法惑世하여 亂之所由生也라 國有四民하여 各修其業②이니 不由四民之業者를 謂之姦民이니 姦民不生이면 王道乃成이라 凡此三遊는 生於季世라 制度不立하고 紀綱弛廢하여 以毁譽爲榮辱하고 以喜怒爲賞罰이라 是以로 犇(분)走馳騁하고 越職僭度하며 飾華廢實하고 競趨時利하여 簡父兄之尊而崇賓客之禮③하고 薄骨肉之恩而篤朋友之愛하고 忘修身之道而求衆人之譽하고 割衣食之業以供饗宴之好하여 苞苴(포저)

盈於門庭하고 聘問交於道路④하며 書記繁於公文하고 私務衆於官事하니 於是에 流俗成而正道壞矣라

① 行(행실)은 去聲이니, 아래 行[73]도 같다.
行, 去聲, 下之行同.
② "四民"은 선비와 農民, 工人과 商人이다.
四民, 士・農・工・商也.
③ 簡은 소략히 한다는 뜻이다.
簡, 略也.
④ 苞는 음이 包이고 苴는 子余의 切이니, "苞苴"는 가죽이나 띠풀로 물고기와 고기를 싸는 것이다. 싸는 것을 '苞'라 하고 〈밑에〉 까는 것을 '苴'라 한다.
苞, 音包. 苴, 子余切. 苞苴, 裹魚肉, 或以韋, 或以茅. 裹曰苞, 藉曰苴.

【目】이 때문에 聖王이 위에 있을 적에는 나라를 다스림에 백성들의 질서를 확립하여 제도를 바로잡아서 善과 惡의 표준을 功과 罪에서 찾고 비난과 칭찬에 빠지지 않으므로, 그 말을 듣고서 그 일을 따지며 그 명성을 듣고서 그 실제가 있는가를 본다. 그러므로 허위의 행실이 베풀어지지 않고, 무함하고 속이는 말이 행해지지 않아서, 죄악이 있는 자에게 요행이 없고 죄과가 없는 자에게 근심과 두려움이 없어서 청탁이 행해질 곳이 없고 뇌물이 쓰일 곳이 없으니, 仁愛와 은혜로써 기르고 禮樂으로써 문식을 하면 풍속이 정해져 큰 교화가 이루어진다."

是以로 聖王在上엔 經國序民하여 正其制度하여 善惡을 要於功罪而不淫於毁譽하여 聽其言而責其事하며 擧其名而指其實이라 故로 虛僞之行이 不得設이요 誣罔之辭不得行하여 有罪惡者無僥倖하고 無罪過者不憂懼하여 請謁無所行하고 貨賂無所用하나니 養之以仁惠하고 文之以禮樂이면 則風俗定而大化成矣니라

【綱】燕王 劉定國과 齊王 劉次昌이 모두 죄가 있어 자살하니, 나라가 없어졌다. 齊나라 재상인 主父偃을 誅殺하고 그 족속을 멸하였다.

燕王定國과 齊王次昌이 皆有罪自殺하니 國除하다 誅齊相主父偃하고 夷其族[74]하다

73) 行 : 다음 단락 "虛僞之行"의 行을 가리킨다.

74) 燕王定國……夷其族 : "齊王에 대해 '죄가 있다.'고 썼고 主父偃이 그 죄를 다스릴 것을 청하였는데, 어찌하여 '誅'라고 썼는가? 주보언이 齊王을 위협하여 자살하게 하였으니, 주보언의 횡포가 이에 이르러 지극하였다. 주벌하지 않으면 어떻게 법이 될 수 있겠는가. ≪資治通鑑綱目≫에 '齊

【目】燕王 劉定國이 아버지의 희첩과 간통하고 아우의 처를 겁탈하고 肥如의 현령 郢人을 죽이니, 영인의 가족들이 이 사실을 고발하였는데, 主父偃이 중간에서 이 일을 누설하였다. 이에 公卿들이 유정국을 주살할 것을 청하여 유정국이 자살하니, 나라가 없어졌다.

齊나라 厲王인 劉次昌도 누이와 사통하였다. 주보언이 齊王에게 딸을 들이고자 하였으나 허락하지 않자, 이를 인하여 上에게 아뢰기를 "臨菑는 매우 부유하니 친애하는 子弟가 아니면 왕을 시킬 수 없습니다. 지금 제왕은 친속 관계가 멀고 게다가 누이와 난잡한 짓을 하였으니, 죄를 다스리소서." 하였다.

이에 주보언을 임명하여 齊나라 재상으로 삼았다. 주보언은 齊나라에 이르러 왕의 후궁과 환관들을 엄히 다스렸는데, 獄辭가 왕에게 미치자 왕이 두려워하여 자살하였다.

上이 듣고 크게 노하여 주보언이 제왕을 겁박하여 자살하게 하였다고 하여 그를 불러들여 옥리에게 회부하였다. 주보언이 해명하며 不服하자(自白하지 않자), 上은 죽이지 않으려고 하였는데, 公孫弘이 말하기를 "제왕이 자살하고 나라가 없어졌으니, 주보언이 본디 으뜸가는 죄인입니다. 그를 주살하지 않으면 천하에 사죄할 수 없습니다." 하자, 이에 족멸하였다.

燕王定國이 與父姬姦하고 奪弟妻하고 殺肥如令郢人[①]하니 郢人家告之어늘 主父偃이 從中發其事한대 公卿이 請誅之하여 定國自殺하니 國除하다 齊厲王次昌이 亦與姊通[②]이러니 偃이 嘗欲納女於齊王한대 不許어늘 因言於上曰 臨菑殷富하니 非親愛子弟면 不得王이라 今齊王은 屬疏하고 又與姊亂하니 請治之하노이다 於是에 拜偃爲齊相하다 至齊하여 急治王後宮宦者하여 辭及王한대 王懼하여 自殺이어늘 上聞하고 大怒하여 以爲偃劫其王令自殺이라하여 乃徵下吏하니 偃辭不服이라 上이 欲勿誅러니 公孫弘曰 齊王自殺하고 國除하니 偃本首惡이라 不誅之면 無以謝天下라한대 乃族誅之하다

① 劉定國은 康王 劉嘉의 아들이고 敬王 劉澤의 손자이다. 肥如는 燕나라의 屬縣이다. 燕나라가 없어지고 그 땅이 漢나라에 편입되어 遼西郡에 소속되었다. 郢人은 縣令의 이름이다. 일설에 "郢人은 사람의 姓名이다." 하였다.
定國, 康王嘉之子, 敬王澤之孫. 肥如, 燕之屬縣. 燕國除, 入漢, 屬遼西郡. 郢人, 縣令之名也. 一云"郢人, 姓名."

나라 재상'이라 쓴 것은 명분을 바로잡은 것이다.〔齊王書有罪矣 偃請治其罪者也 則曷爲書誅 偃刦其王令自殺 偃之橫至此極矣 不誅則何以爲法 綱目書齊相 正名也〕"《書法》

"齊王에 대해 이미 '죄가 있다.'고 썼으면 齊王의 죄를 다스린 것은 공정한 법인데, 主父偃에 대해서도 '誅'라고 쓴 것은 어째서인가? 말 잘하는 입으로 국가를 전복시키는 사람은 또한 정사를 어지럽히는 역적이니, 주살하지 않고 무엇을 기다린단 말인가.〔齊王旣書有罪 則治齊王者 公法也 偃亦書誅 何哉 利口覆邦家之人 亦亂政之賊爾 不誅之 何待〕"《發明》

② 劉次昌은 懿王 劉壽의 아들이다.
次昌, 懿王壽之子.

【綱】 孔臧을 太常으로 삼았다.

以孔臧爲太常하다

【目】 上이 孔臧을 御史大夫로 삼고자 하였는데, 사양하며 말하기를 "신은 대대로 經學을 家業으로 삼았으니, 太常이 되어 신의 가업을 맡아서 종제인 侍中 孔安國과 古訓[75]을 정리하여 영원히 후대에 전하기를 청합니다." 하였다. 이에 上이 태상으로 삼고, 그를 예우하고 賞을 내린 것이 三公과 같았다.

上이 欲以孔臧爲御史大夫①한대 辭曰 臣世以經學爲業하니 乞爲太常하여 典臣家業하여 與從弟侍中安國으로 綱紀古訓하여 使永垂來嗣하노이다 上이 乃以爲太常하고 其禮賜如三公하다

① 孔臧은 孔子의 후손이다.
臧, 孔子之後.

乙卯年(B.C. 126)

【綱】 漢나라 世宗 孝武皇帝 元朔 3년이다. 겨울에 匈奴의 軍臣單于가 죽자, 아우인 伊稚斜單于(흉노의 제5대 선우)가 즉위하였다.

三年이라 冬에 匈奴軍臣單于死하니 弟伊稚斜單于立①하다

① 斜는 士嗟와 直牙의 두 가지 切이다.
斜, 士嗟・直牙二切.

【綱】 公孫弘을 御史大夫로 삼고, 봄에 蒼海郡을 폐지하였다.

◑ 以公孫弘爲御史大夫하고 春에 罷蒼海郡하다

【目】 당시에 西南夷와 왕래하고 동쪽으로 蒼海郡을 설치하고 북쪽으로 朔方郡을 축조하

75) 古訓 : 古代로부터 전해오는 典籍으로 세상의 교훈이 될 만한 것을 이른다.

니, 公孫弘이 자주 간하기를 "중국을 피폐하게 하여 쓸모없는 땅을 받들고 있습니다." 하고, 이것을 폐지할 것을 청하였다. 그러자 천자가 朱買臣 등으로 하여금 삭방군을 설치하는 것이 편리한 점을 논란하게 하여 10가지 조목을 말하게 하였는데, 공손홍이 하나도 대답하지 못하였다. 이에 사죄하여 말하기를 "山東에 사는 시골 사람이 그 편리함을 알지 못함이 이와 같으니, 원컨대 서남이와 왕래를 끊고 창해군은 폐지하고 오로지 삭방군만을 받들고자 합니다." 하니, 上이 이에 허락하였다.

時에 **通西南夷**하고 **東置蒼海**하고 **北築朔方之郡**하니 **公孫弘**이 **數諫**하여 **以爲 罷敝**(피폐)**中國**하여 **以奉無用之地**라하여 **願罷之**①어늘 **天子使朱買臣等**으로 **難以置朔方之便**②하여 **發十策**한대 **弘**이 **不得一**③이라 **乃謝曰 山東鄙人**이 **不知其便若是**하니 **願罷西南夷蒼海而專奉朔方**하노이다 **上**이 **乃許之**하다

① 罷敝의 罷는 疲로 읽는다.
罷敝之罷, 讀曰疲.
② 難(논란하다)은 去聲이다.
難, 去聲.
③ 〈"弘 不得一"은〉 그 10가지의 利害에 대해 公孫弘이 응답하지 못했음을 말한 것이다. 공손홍의 재주로 하나도 대답하지 못한 것이 아니라, 감히 上을 거역하지 않아야 한다고 생각한 것이다.
言其利害十條, 弘無以應之. 以弘之才, 非不能得一也, 以爲不敢逆上耳.

【目】公孫弘이 삼베로 만든 이불을 덮고, 음식을 먹을 적에 맛있는 고기를 두 가지 이상 먹지 않았다. 汲黯이 말하기를 "공손홍은 지위가 三公이어서 봉록이 매우 많은데 이와 같이 행동하는 것은 거짓된 행동입니다." 하자, 上이 공송홍에게 물었다. 공손홍이 사죄하며 말하기를 "그런 점이 있습니다. 九卿 가운데 신과 친한 사람으로 급암보다 더한 자가 없습니다. 그런데 오늘 급암이 조정에서 신을 힐문하여, 진실로 신의 병통을 정확히 지적하였습니다. 신이 진정 거짓으로 꾸며서 명예를 구하고자 하였으나, 급암의 충언이 없었다면 폐하께서 어떻게 이런 말을 들으실 수 있겠습니까." 하니, 上은 公孫弘이 겸손하다고 여기고 더욱 후대하였다.

弘爲布被하고 **食不重肉**①이어늘 **汲黯曰 弘位三公**하여 **奉祿甚多**하니 **爲此**는 **詐也**니이다 **上**이 **問弘**한대 **弘**이 **謝曰 有之**하니이다 **夫九卿與臣善者 無過黯**이니이다 **然**이나 **今日廷詰臣**하여 **誠中臣之病**②하니 **臣誠飾詐**하여 **欲以釣名**③이어니와 **且無黯忠**이면 **陛下安得聞此言**이리잇고 **上以爲謙讓**이라하여

愈益厚之하니라

① 重은 直龍의 切이니, 맛있는 고기를 두 가지 이상 먹지 않음을 말한 것이다.
重, 直龍切, 言不重肉味也.
② 中(맞추다)은 去聲이다.
中, 去聲.
③ 釣는 취한다는 뜻이니, 물고기를 낚는 것과 같음을 말한 것이다.
釣, 取也, 言若釣魚然.

【綱】 赦免하였다.

赦하다

【綱】 張騫을 太中大夫로 삼았다.

◑ 以張騫爲太中大夫하다

【目】 이전에 匈奴 중에 항복한 자들이 말하기를 "月氏(월지)가 옛날에 敦煌(燉煌)과 祁連山脈 사이에 살면서 강대국이 되었습니다. 그런데 흉노가 공격하여 격파하고 월지의 왕을 죽이고서 그 머리를 飮器로 만들었습니다. 남은 무리가 도망하여 멀리 떠나가서 흉노를 원망하니, 이들과 함께 흉노를 공격하는 것보다 좋은 방책이 없습니다." 하였다.

上이 월지로 사신 가서 통교할 수 있는 자를 모집하였는데, 張騫이 郎官[76)]으로서 모집에 응하여 隴西를 출발해서 흉노의 땅을 지나가다가 單于에게 사로잡혀 10여 년간 억류당하였다. 장건이 틈을 타서 서쪽으로 도망하여 수십 일 만에 大宛國[77)]에 이르렀다. 대완국에서 그를 위해 안내자와 통역을 내주어 康居國[78)]에 이르게 되었고, 〈강거국에서는〉 大月氏國으로 보내주었다.

대월지국에서는 태자가 왕이 되어서 이미 大夏國[79)]을 격파하고 그 땅을 나누어 점령

---

76) 郎官 : 녹봉이 比三百石 이상으로, 禁衛를 제외하고는 특별한 관직이 아니고 정원도 없었다. 낭관은 대부분 選擧로 뽑히며, 낭관이 되었다는 것은 황제를 가까이 모시는 家臣團에 포함된다는 것을 의미한다.

77) 大宛國 : 원래 명칭은 페르가나로 중앙아시아에 있던 고대 오하시스 국가이다.

78) 康居國 : 시르다리아와 아무다리아 사이의 소그디아나 지방에 있었던 국가이다. 이후 石國(사마르칸드)으로 불리게 되었다. 소그디아나는 소그드라고 불리는 이란계 민족이 거주하던 지역으로 이들은 실크로드의 동서교역에 종사한 상인들이기도 하였다.

하였는데, 땅이 비옥하고 침입하는 자가 적어서 흉노에게 복수하려는 마음이 전혀 없었다. 장건이 1년 넘게 머무르다가 돌아오는 도중에 다시 흉노에게 사로잡히게 되었다. 마침 흉노가 혼란해지자 장건이 도망하여 귀국하니, 처음 출발했을 적에는 100여 명이었는데 13년이 지나서는 2명만 돌아올 수 있었다.

初에 匈奴降者言호되 月氏(지)故居敦煌, 祁連間하여 爲强國①이러니 匈奴攻破之하고 殺月氏王하여 以其頭爲飮器하니 餘衆이 逃遁遠去하여 怨匈奴하니 無與共擊之니이다 上이 募能通使月氏者하니 張騫이 以郎應募하여 出隴西하여 徑匈奴中②이라가 單于得之하여 留十餘歲러니 騫이 得間西走하여 數十日에 至大宛③하니 大宛이 爲發導譯하여 抵康居하고 傳致大月氏④하다 大月氏太子爲王하여 旣擊大夏하고 分其地而居之⑤하니 地肥饒하고 少寇하여 殊無報胡之心이라 騫이 留歲餘에 乃還이라가 復爲匈奴所得이러니 會匈奴亂이어늘 騫乃逃歸하다 初行時에 百餘人이러니 去十三歲에 唯二人得還하니라

① 敦煌은 長安 서쪽으로 2,800여 리 떨어진 곳에 있다. 祁連은 산의 이름이니, 바로 天山이다. 흉노는 하늘을 祁連이라 부른다. 일명은 雪山이고 일명은 太白山이니 四時에 눈이 덮여 있는데, 張掖 서북쪽에 있다. ≪史記正義≫[80]에 "예전에 월지가 敦煌郡 동쪽, 祁連山 서쪽에 거주했다." 하였다.
敦煌, 在長安西二千八百餘里. 祁連, 山名, 卽天山也, 匈奴呼天爲祁連, 一名雪山, 一名太白山, 以四時有雪也, 在張掖西北. 正義曰 "初, 月氏居敦煌郡以東・祁連山以西."

② 〈"徑匈奴中"은〉 길이 흉노를 경유해 지나감을 이른다.
謂道由匈奴過也.

③ 間(틈)은 居莧의 切이다. "數十日"은 그 길이 몇 리인지 정확히 알지 못하기 때문에 日數를 가지고 말한 것이다. 宛은 苑과 鴛 두 가지 음이 있다. 大宛國은 長安 정서쪽으로 12,500여 리 떨어진 곳에 있다.
間, 居莧切. 數十日, 不指知其道里多少, 故以日數言之也. 宛, 苑・鴛二音. 大宛國, 在長安正西萬二千五百餘里.

④ 爲(위하다)는 去聲이다. 導는 길을 인도하는 사람이고, 譯은 말을 전하는 사람이다. 抵는 이른다는 뜻이다. 康居國은 長安 서쪽으로 12,300리 떨어진 곳에 있다.
爲, 去聲. 導者, 引路之人. 譯者, 傳言之人也. 抵, 至也. 康居國, 在長安西萬二千三百里.

⑤ 夏는 上聲이니, 大夏國은 大宛에서 서남쪽으로 2,000여 리 떨어진 곳에 있다.
夏, 上聲. 大夏國, 在大宛西南二千餘里.

---

79) **大夏國** : 원래 명칭은 박트리아로 알렉산더의 동방원정 이후 고대 그리스인이 세운 국가이다.
80) **史記正義** : 唐나라 때 張守節이 편찬한 ≪史記≫ 주석서로 모두 130권이다.

【綱】匈奴가 代郡과 鴈門을 침입하였다.

匈奴入代郡鴈門하다

【綱】여름 6월에 황태후(王娡)가 崩하였다.

◑夏六月에 皇太后崩하다

【綱】가을에 西南夷와 왕래를 끊었다.

◑秋에 罷西夷하다

【綱】張湯을 廷尉로 삼았다.

◑以張湯爲廷尉하다

【目】張湯은 사람됨이 속임수가 많아서 잔꾀를 부려 사람들을 제어하였다. 당시에 上의 마음이 막 文學에 향하여 있었는데, 장탕은 董仲舒와 公孫弘 등을 겉으로만 섬기는 척하고, 兒寬(예관)을 奏讞掾(옥사를 아뢰는 아전)으로 삼아서 옛 법령[81)]의 뜻으로 의심스러운 獄事를 결정하게 하였다. 옥사를 다스림에 있어, 上이 벌을 주고자 하는 자이면 법대로 엄격하게 처리하는 監과 史에게 죄인을 넘겼고, 上이 풀어주고자 하는 자이면 느슨하고 가볍게 처리하는 監과 史에게 죄인을 넘기니, 上이 이 때문에 좋아하였다.

장탕은 친구의 자제를 돕고 대우하는 일에 매우 후하였고, 公들에게 가서 문안하는데 추위와 더위를 피하지 않으니, 이 때문에 명성을 얻었다.

湯은 爲人이 多詐하여 舞智以御人①하다 時에 上이 方鄕文學②하니 湯이 陽浮慕事董仲舒公孫弘等③하고 以兒寬爲奏讞掾(주언연)④하여 以古法義로 決疑獄호되 所治는 卽上意所欲罪면 與監史深禍者하고 卽上意所欲釋이면 與監史輕平者하니 上이 由是說(열)之⑤하니라 湯이 於故人子弟에 調護之尤厚⑥하고 其造請諸公에 不避寒暑하니 是以로 得聲譽⑦러라

① 〈"舞智以御人"은〉 그 지모를 부려 타인을 제어함을 이른다.

---

81) 옛 법령 : ≪史記≫ 〈酷吏列傳〉에는 "張湯이 중대한 사건을 결정할 때에 古義에 부합하고자 博士의 제자 중 ≪尙書≫와 ≪春秋≫에 밝은 자들을 廷尉의 史로 삼아서 법령에 의심스러운 부분을 해결하였다." 하였다. 兒寬 역시 歐陽生에게 ≪상서≫를 배우고 孔安國의 제자가 되었다.

謂舞弄其智, 制御他人也.

② 鄕(향하다)은 嚮으로 읽는다.

鄕, 讀曰嚮.

③ 陽(겉)은 佯과 통용되고 浮는 헛되다는 뜻이다. 겉으로 道義로써 교제하는 척하는데 진심이 아니다. 그러므로 浮라 한 것이다.

陽, 與佯通. 浮, 虛也. 陽以道義爲交, 非其中心, 故云浮也.

④ 兒는 五奚의 切이니, 倪와 통용된다. 兒寬은 사람의 姓名이다. 奏讞은 상에게 奏請하여 죄를 판정하는 것이다. 掾은 官屬이다.

兒, 五奚切, 通作倪. 兒寬, 姓名. 奏讞者, 奏請於上而讞之也. 掾, 官屬也.

⑤ "所治"는 모든 옥사를 다스림을 이른다. 監史는 監과 史이다. ≪漢書≫ 〈百官表〉에 "廷尉에는 左右監이 있으니, 봉록이 一千石이다." 하였다. ≪漢官≫에 "廷尉의 獄史는 27명이다." 하였다. "深禍"는 법조문을 가지고 매우 각박하게 적용하여 사람을 화에 빠뜨리려고 하는 것이다. 〈"卽上意所欲罪 與監史深禍者"는〉 上이 죄를 주고자 생각하는 사람은 장탕이 가혹한 옥리에게 회부하여 살피게 하였음을 말한 것이다.

所治, 謂凡所治獄. 監史, 監與史也. 班表 "廷尉有左右監, 秩千石." 漢官曰 "廷尉獄史二十七人." 深禍, 謂持文深刻, 欲致人於禍者. 言上意欲罪之人, 湯乃付之獄吏之酷刻者, 使按之.

⑥ 調는 도와주어서 그 알맞은 바를 얻게 하는 것이요, 護은 보호하는 것이다.

調, 和適之, 令得其所也. 護, 謂保佑也.

⑦ 造(가다)는 七到의 切이다. 至는 이름이다. 請은 부탁함이다.

造, 七到切. 至, 詣也. 請, 謁問也.

【目】 汲黯은 자주 上의 앞에서 張湯을 다음과 같이 질책하였다.

"그대는 正卿이 되어서 위로는 先帝의 功業을 기리지 못하고 아래로는 천하의 사악한 마음을 억누르지 못해서 나라를 편안히 하고 백성을 부유하게 하여 감옥을 텅 비게 하지도 못하면서, 어찌 쓸데없이 高皇帝 때의 법령을 가져다가 어지럽게 고치는 것이오? 그대는 이 때문에 자손이 없게 될 것이오."

급암이 당시 장탕과 논의할 적에 장탕의 논변이 늘 법조문을 각박하게 적용하고 작은 일에도 가혹하니, 급암은 강직하고 지조가 높았으나 장탕을 굽히지 못하고 분기하여 꾸짖기를 "천하 사람들이 刀筆吏를 公卿으로 삼아서는 안 된다고 하더니, 과연 그렇구나. 장탕은 반드시 천하 사람들로 하여금 〈두려워서〉 발걸음을 조심하여 서고 곁눈질하여 보게 할 것이다." 하였다.

汲黯이 數(삭)質責湯於上前曰① 公爲正卿②하여 上不能褒先帝之功業하고 下不能抑天下之邪

心하여 安國富民하여 使囹圄空虛어늘 何空取高皇帝約束하여 紛更(경)之爲[③]오 而公以此無種矣[④]리라 黯이 時與湯論議에 湯辯이 常在文深小苛하니 黯은 伉厲守高나 不能屈[⑤]하고 忿發罵曰 天下謂刀筆吏를 不可以爲公卿이라하더니 果然必湯也로다 令天下重足而立하고 側目而視矣[⑥]라하니라

① 數(자주)은 음이 朔이다. 質은 상대함이니, 〈"質責"은〉 대면하여 질책하는 것이다. 혹자는 "질정함이니, 正義로써 꾸짖는 것이다." 하였다.
數, 音朔. 質, 對也. 對面責之也. 或曰 "質正也, 以正義責之"
② 漢나라 관직에는 九卿 외에 다시 九卿의 반열에 있는 자가 있었다. 그러므로 九卿을 일러 正卿이라 한 것이다.
漢官九卿之外, 又有列於九卿者, 故謂九卿爲正卿.
③ 〈"紛更之爲"는〉 어찌 분란을 일으켜 고치느냐고 말한 것이다.
言何爲乃紛亂而改更也.
④ 〈"而公以此無種矣"는〉 주벌을 당하는 것이 자손에 미침을 말한 것이다.
言當誅及子孫.
⑤ 伉은 굳세고 높다는 뜻이요, 厲는 엄격하다는 뜻이다.
伉, 健也, 高也. 厲, 嚴也.
⑥ "重足"은 그 발을 중첩시켜 발걸음을 감히 어지럽게 하지 못하는 것을 이르니, 매우 두려워하고 삼감을 말한다. 이 한 구는 바로 中行說(중항열)이 "漢나라의 우환이 됨은 반드시 나일 것이다."[82]라고 말한 것과 문장 형식이 같다.
重足, 謂重累其足. 跡不敢亂行, 言畏謹之甚. 此一句, 直似中行說曰 "必我也, 爲漢患者."

丙辰年(B.C. 125)

【綱】 漢나라 武帝 元朔 4년이다. 여름에 匈奴가 代郡, 定襄, 上郡을 침입하였다.

四年이라 夏에 匈奴入代郡, 定襄, 上郡[①]하다

① 定襄은 郡의 이름이다.
定襄, 郡名.

82) 中行說(중항열)이……것이다 : 中行說은 漢 文帝가 匈奴 老上單于에게 종실의 딸을 시집보낼 때 수행하게 한 환관이다. 중항열이 강제로 흉노에 간 것을 원망하고 흉노에 귀순하여 노상선우의 측근이 되었다. "必我也 爲漢患者"는 ≪漢書≫ 〈匈奴傳〉에 보인다.

思政殿訓義 資治通鑑綱目 제4권 하

漢 武帝 元朔 5년~漢 武帝 元鼎 6년

丁巳年(B.C. 124)

【綱】 漢나라 世宗 孝武皇帝 元朔 5년이다. 겨울 11월에 丞相 薛澤이 면직되니, 公孫弘을 丞相으로 삼아 平津侯에 봉하였다.

五年이라 **冬十一月**에 **丞相澤**이 **免**하니 **以公孫弘爲丞相**하여 **封平津侯**①하다

① 平津은 鄕의 이름이니, 勃海郡 高城縣에 있다.
平津, 鄕名, 在勃海郡高城縣.

【目】 丞相을 侯에 봉함이 公孫弘으로부터 시작되었다. 이때 上이 한창 功業을 일으키려 하였다. 공손홍이 이에 東閤(동쪽 문)을 열어 賢者들을 맞이하여 모의에 참여하게 하였다. 공손홍이 일찍이 아뢰기를 "열 명의 도적이 쇠뇌를 당기고 있으면 백 명의 관리가 감히 앞으로 나아가지 못하니, 청컨대 백성들이 활과 쇠뇌를 보관하지 못하도록 금하는 것이 편리합니다." 하였다.

丞相封侯 自弘始①하다 **時**에 **上**이 **方興功業**이라 **弘**이 **於是**에 **開東閤以延賢人**하여 **與參謀議**②하다 **嘗奏言**호되 **十賊彍**(곽)**弩**하면 **百吏不敢前**③하나니 **請禁民毋得挾弓弩便**④하노이다

① 漢나라 초기에는 항상 列侯를 丞相으로 삼았는데, 公孫弘은 이미 정승이 된 뒤에 侯에 봉해진 것이다.
漢初, 常以列侯爲丞相, 弘則旣相而後封侯.

② 閤은 작은 문이다. 동쪽을 향하여 문을 연 것은 조정의 문을 마주하고서 賓客들을 인도함을 피하여 掾史와 같은 官屬들과 구별한 것이다.
閤者, 小門也. 東向開之, 避當庭門而引賓客, 以別於掾史官屬也.

③ 彍은 음이 郭이니, 활을 가득히 당기는 것을 彍이라 한다.
彍, 音郭, 引滿曰彍.

④ 挾은 보관한다는 뜻이다.

挾, 藏也.

【目】 上이 이 의논을 내려 상의하게 하자, 侍中인 吾丘壽王(우구수왕)이 다음과 같이 대답하였다.

"신이 듣건대 '옛날에 다섯 가지 병기를 만든 것은 서로 해치려 해서가 아니요, 포악한 자들을 막고 간악한 자들을 토벌하기 위한 것이다.' 하였습니다. 그리하여 편안히 거처할 적에는 맹수를 제압하고 비상사태에 대비하며, 유사시에는 守衛에 사용하고 行陣에 시행하였는데, 秦나라가 천하를 겸병하자 갑옷과 병기를 녹이고 刀劍의 칼날을 꺾어 버렸다가 그 뒤에 백성들이 곰방메와 호미, 채찍과 큰 몽둥이로 서로 치고 공격하여 법을 범하는 일이 더욱 많아져서 끝내 나라가 혼란하고 멸망하였습니다. 그러므로 聖王은 교화를 힘쓰고 금지함을 줄였으니, 이는 금지함이 믿을 것이 못됨을 알았기 때문입니다. 또 어리석은 臣은 '聖王이 사람들을 모아 활쏘기를 행하여 가르침을 밝혔다.'는 말은 들었고, '활과 화살을 금했다.'는 말은 듣지 못했습니다. 또 이것을 금하는 이유는 도적들이 공격하고 빼앗기 때문이니, 공격하고 빼앗는 죄가 죽음에 해당하는데도 그치지 않는 것은 크게 간악한 자들이 무거운 형벌을 진실로 피하지 않기 때문입니다. 신은 간악한 자들이 병기를 보유하면 관리가 능히 막지 못하고, 良民들이 스스로 방비하기 위하여 〈활과 화살을 보유하였다가〉 法禁을 저촉할까 두렵습니다. 이는 도적에게는 위엄을 독점하게 하고 백성들에게서는 자신을 구원할 방도를 빼앗는 것이니, 저는 크게 불편하다고 생각합니다."

上이 이것을 가지고 공손홍을 힐난하니, 공손홍은 말이 궁색해지자 굴복하였다.

上이 下其議[1]한대 侍中吾(우)丘壽王이 對曰 臣聞古者에 作五兵은 非以相害요 以禁暴討邪也[2]라 安居則以制猛獸而備非常하고 有事則以設守衛而施行陳이러니 秦兼天下에 銷甲兵하고 折鋒刃이라가 其後에 民以耰鉏箠梃(우서추정)으로 相撻擊하여 犯法滋衆하여 卒以亂亡[3]이라 故로 聖王은 務教化而省(생)禁防하니 知其不足恃也니이다 且愚聞 聖王合射以明教矣요 未聞弓矢之爲禁也[4]니이다 且所爲禁者는 爲盜賊之以攻奪也[5]니 攻奪之罪死나 然而不止者는 大姦之於重誅에 固不避也라 臣恐邪人挾之而吏不能止하고 良民以自備而抵法禁[6]하니 是는 擅賊威而奪民救也니 竊以爲大不便이라하노이다 上以難弘하니 弘이 詘服焉[7]하니라

① 下(내리다)는 去聲이다.
下, 去聲.

② '다섯 가지 병기'는 矛(창)·戟(세 갈래 창)·활·검·戈(평두창)를 이른다.

五兵, 謂矛·戟·弓·劍·戈.

③ 梃은 大鼎의 切이니, 큰 몽둥이이다.
梃, 大鼎切, 大杖也.

④ "合射"는 백성들을 모아서 鄕射禮를 익힘을 이른다.
合射, 謂會合其民而講鄕射之禮.

⑤ 爲(위하다)는 모두 去聲이다.
爲, 竝去聲.

⑥ 抵는 저촉한다는 뜻이다.
抵, 觸也.

⑦ 難(힐란하다)은 乃旦의 切이다. 詘은 말이 막히는 것이다.
難, 乃旦切. 詘, 辭塞也.

【目】 公孫弘은 겉은 너그러우나 속마음은 각박하여, 사람들 중에 일찍이 자신과 원한이 있었던 자는 친소에 관계없이 겉으로는 친한 척하였지만 뒤에는 끝내 보복하였다. 汲黯이 일찍이 면전에서 공손홍을 저촉한 적이 있었는데, 공손홍은 그를 일로써 죽이고자 하여, 마침내 上에게 아뢰기를 "右內史의 경내에는 貴人과 宗室이 많아서 다스리기 어려우니, 평소 重臣이 아니면 임무를 맡길 수가 없습니다. 급암을 옮겨 右內史로 삼기를 청합니다."라고 하니, 上이 그의 말을 따랐다.

弘이 外寬內深하여 諸嘗有隙을 無近遠히 雖陽與善이나 後竟報之①하니라 汲黯이 嘗面觸弘하니 弘이 欲誅之以事②하여 乃言上曰 右內史界部中에 多貴人宗室하여 難治하니 非素重臣이면 不能任이라 請徙黯爲右內史하노이다 上이 從之③하다

① "內深"은 마음속이 각박함을 말한다.
內深, 言中心刻剝也.

② 〈"誅之以事"는〉 일을 가지고 죄가 있는 것으로 얽어 죽임을 말한 것이다.
言以事致其罪而誅也.

③ 秦나라가 천하를 겸병하자 郡縣制로 바꾸었는데 京畿 지방을 통솔하는 관리를 당시 內史라 이름하였으니, 안에 있음을 말하여 지방의 여러 郡守와 구별한 것이다. 景帝는 左內史와 右內史로 나누어 두었다.
秦幷天下, 改立郡縣, 而京畿所統, 時號內史, 言在內, 以別於諸郡守也. 景帝分置左右.

【綱】 봄에 크게 가물었다.

春에 大旱하다

【綱】匈奴가 朔方을 침략하므로 衛青을 보내어 여섯 명의 將軍을 거느리고 가서 공격하게 하였다. 돌아오자 衛青을 大將軍으로 삼았다.

◑ 匈奴寇朔方이어늘 遣衛青하여 率六將軍擊之하다 還에 以青爲大將軍하다

【目】匈奴의 右賢王이 자주 朔方을 침략하여 혼란하게 하자, 天子가 車騎將軍 衛青은 3만 명의 기병을 거느리고 高闕로 출동하고, 將軍 蘇建·李沮(이조)·公孫賀·李蔡는 모두 朔方으로 출동하고 李息과 張次公은 함께 右北平으로 출동하게 하니, 병력이 10여 만 명이었는데, 이들을 모두 위청에게 소속시켜 흉노를 공격하게 하였다. 右賢王이 술을 마셔 취하자 위청 등이 밤중에 도착하여 포위하니, 우현왕이 놀라 포위망을 뚫고 북쪽으로 달아났다. 漢나라에서는 匈奴의 裨王 10여 명과 병사 15,000여 명과 가축 수십만 내지 백만 마리를 노획하였다.

이에 병력을 이끌고 돌아오니, 천자는 使者를 보내어 大將軍의 印綬를 가지고 軍中에 들어가서 위청을 대장군으로 제수하여 모든 장수들을 소속시키고 8,700호를 더 봉해주었으며, 위청의 세 아들과 여러 장수와 校尉 7명을 봉하여 列侯로 삼으니, 위청을 높이고 총애함이 여러 신하 중에 唯一無二하였다.

公卿 이하가 모두 몸을 낮추어 대장군(위청)을 받들었으나 오직 汲黯만이 그와 더불어 대등한 예를 행하였다.

匈奴右賢王이 數(삭)侵擾朔方이어늘 天子令車騎將軍青으로 將三萬騎하여 出高闕①하고 將軍蘇建, 李沮(조), 公孫賀, 李蔡는 俱出朔方②하고 李息, 張次公은 俱出右北平하니 凡十餘萬人이라 皆領屬青하여 擊匈奴러니 右賢王이 飮醉어늘 青等이 夜至圍之한대 右賢王이 驚하여 潰圍北去하니 得裨王十餘人과 衆萬五千餘人과 畜數十百萬③하다 於是에 引兵還하니 天子使使者하여 持大將軍印하고 卽軍中하여 拜青爲大將軍하여 諸將을 皆屬하고 益封八千七百戶하며 封青三子④, 諸將, 校尉七人하여 爲列侯⑤하니 尊寵이 於群臣에 無二라 公卿以下 皆卑奉之호되 獨汲黯이 與亢禮⑥러라

① 高闕은 산 이름이다. 일설에 "요새 이름이다."라고 하는데, 朔方의 북쪽에 있다.
高闕, 山名, 一曰"塞名." 在朔方之北.

② 沮는 음이 組이다. 李蔡는 李廣의 從弟이다.
沮, 音組. 蔡, 廣之從弟.

③ 裨王은 작은 왕이니, 裨將이란 말과 같다.
裨王, 小王也, 猶言裨將也.

④ 衛伉은 宜春侯, 衛不疑는 陰安侯, 衛登은 發干侯가 되었다.

伉爲宜春侯, 不疑爲陰安侯, 登爲發干侯.

⑤ 公孫敖는 合騎侯, 韓說(한열)은 龍頟侯(용락후), 公孫賀는 南窌侯(남표후), 李蔡는 樂安侯, 李朔은 涉軹侯(섭지후), 趙不虞는 隨成侯, 公孫戎奴는 從平侯가 되었다. 頟은 음이 洛이다. 窌는 匹孝의 切이다.
公孫敖爲合騎侯, 韓說爲龍頟侯, 公孫賀爲南窌侯, 李蔡爲樂安侯, 李朔爲涉軹侯, 趙不虞爲隨成侯, 公孫戎奴爲從平侯. 頟, 音洛. 窌, (四)〔匹〕[1]孝切.

⑥ 亢은 대등함이니, 높고 낮음이 서로 대등하여 낮추고 굽히는 바가 없음을 말한 것이다.
亢者, 當也, 言高下相當, 無所卑屈.

【目】 어떤 사람이 汲黯을 설득하기를 "天子께서 여러 신하들이 大將軍에게 몸을 낮추어 존경하기를 바라십니다. 대장군은 신분이 높고 귀한 사람이니, 그대는 절하지 않으면 안 됩니다." 하였다. 급암은 말하기를 "대장군으로서 揖하는 客이 있으면 도리어 귀해지지 않겠는가." 하였다. 衛青은 이 말을 듣고 더욱 급암을 어질게 여겨서 자주 초청하여 國家와 朝廷의 의심스러운 일을 묻고 급암을 대우하기를 평소보다 더하였다.

위청은 비록 신분이 존귀하나 때로 禁中에서 모실 적에 上이 平牀에 걸터앉아 만나보았으며, 丞相 公孫弘은 사사로이 알현할 적에 上이 때로는 冠을 쓰지 않았다. 그러나 급암이 알현할 적에는 上이 冠을 쓰지 않았으면 만나보지 않았다.

上이 일찍이 武帳 안에 앉아 있었는데, 급암이 앞으로 나와 일을 아뢰려 하였다. 上이 冠을 쓰지 않고 있다가 급암을 멀리서 바라보고 장막 안으로 피하고는 사람을 시켜 그의 아룀을 허락하게 하였으니, 급암이 존경과 예우를 받음이 이와 같았다.

人或說黯曰 自天子로 欲群臣下大將軍①하니 大將軍은 尊重이라 君不可以不拜니라 黯曰 夫以大將軍으로 有揖客이면 反不重邪②아하니 青聞하고 愈賢黯하여 數(삭)請問國家朝廷所疑하고 遇黯을 加於平日이러라 青雖貴나 有時侍中에 上이 踞厠而視之③하고 丞相弘은 燕見(현)에 上이 或時不冠④호되 至如汲黯見(현)하여는 上이 不冠이면 不見也러라 上이 嘗坐武帳中⑤이러니 黯이 前奏事한대 上이 不冠이라가 望見黯하고 避帳中하여 使人可其奏하니 其見敬禮如此러라

① 下(낮추다)는 去聲이니, 예우하여 자신을 낮춤을 이른다.
下, 去聲, 謂禮下之.

② 〈有揖客 反不重邪는〉 능히 귀한 신분을 낮추어 선비에게 예우하는 것이 가장 존중함(귀함)이 됨을 말한 것이다.
言能降貴以禮士, 最爲重也.

---

1) (四)〔匹〕: 저본에는 '四'로 되어 있으나, ≪資治通鑑≫ 註에 의거하여 '匹'로 바로잡았다.

③ "侍中"은 禁中에 들어가 모심을 이른다. 厠은 측간이다. 일설에 "厠은 평상의 모서리이다." 하였다. 옛날에 大臣을 만날 적에 자리에서 앉았다가 일어났다. 그렇다면 〈武帝가〉 평상의 모서리에 걸터앉아 〈衛靑을〉 만나본 것이니, 이는 위청을 가볍게 여긴 것이다.
侍中, 謂入侍禁中也. 厠, 溷也. 一說 "厠, 牀邊側也." 古者, 見大臣, 則(節)〔御〕[2]坐爲起. 然則踞厠者, 輕之也.

④ 燕은 편안함이니, 한가롭고 편안한 때를 이른다. 見(만나다)은 賢遍의 切이다. 아래 "黯見"도 같다.
燕, 安也, 謂閑燕之時. 見, 賢遍切, 下黯見同.

⑤ 孟康[3]이 말하기를 "지금 임금이 武帳에 나오면 병사를 배치하여 다섯 가지 병기를 장막 안에 진열한다." 하였다.
孟康曰 "今御武帳, 置兵, 闌五兵於帳中也."

【綱】 여름 6월에 博士官을 두어 제자 50명을 배치하였다.

夏六月에 爲博士하여 置弟子五十人하다[4]

【目】 詔令을 다음과 같이 내렸다.

"내 들으니, '백성을 禮로써 인도하고 樂으로써 가르친다.' 하였는데, 지금 禮가 무너지고 樂이 무너졌으니, 朕이 매우 안타깝게 여기노라. 禮官으로 하여금 학문을 권장하고 禮를 일으켜서 천하의 솔선이 되게 하라."

이에 丞相 公孫弘 등이 주청하기를 "博士官을 두어 제자 50명을 배치해서 身役을 면제하고, 높고 낮음을 차례하여 郎中과 文學掌故에 보임하며, 만일 출중한 秀才가 있으면 곧 이름을 아뢰게 하고, 학문을 일삼지 않거나 또는 재주가 낮으면 곧 파직시키며, 또 經書 한 가지 이상을 통달한 관리는 모두 뽑아서 높은 직책에 보임할 것을 청합니다." 하니, 上이 그의 말을 따랐다. 이로부터 公卿과 大夫, 士와 관리 중에 文學하는 선비가 매우 많아졌다.

詔曰 蓋聞導民以禮하고 風之以樂①이라하니 今에 禮壞樂崩하니 朕甚閔焉하노니 其令禮官으로 勸學興禮하여 以爲天下先하라 於是에 丞相弘等이 奏請호되 爲博士官하여 置弟子五十人하여 復其

---

2) (節)〔御〕: 저본에는 '節'로 되어 있으나, ≪資治通鑑≫ 註에 의거하여 '御'로 바로잡았다.

3) 孟康 : 삼국시대 魏나라 사람으로 ≪漢書音義≫를 지었다.

4) 爲博士 置弟子 : "이것을 쓴 것은 經書를 높임을 아름답게 여긴 것이니, '博士 弟子를 두었다.'고 쓴 것이 이때 처음 시작되었다.〔書 嘉尊經也 書置博士弟子始此〕" ≪書法≫

身②하고 第其高下하여 以補郎中, 文學掌故③하며 卽有秀才異等이어든 輒以名聞하고 其不事學若下材는 輒罷之하며 又吏通一藝以上者를 請皆選擇하여 以補右職이니이다 上이 從之④하니 自此로 公卿, 大夫, 士, 吏 彬彬多文學之士矣⑤러라

① 風은 가르친다는 뜻이다.
風, 敎也.

② 爲(위하다)는 去聲이다.
爲, 去聲.

③ 掌故는 禮를 다스리는 관원으로 故事를 주관하는 자이니, 文學을 잘하고 禮儀를 익힌 자로 제수하였으므로 文學掌故라 한 것이다. ≪漢儀≫에 "太常博士의 제자는 射策[5]을 시험하여, 甲科에 합격한 자는 郎中에 보임하고 乙科에 합격한 자는 掌故에 보임한다." 하였다.
掌故, 治禮之官, 主故事者. 以有文學, 習禮儀者爲之, 故曰文學掌故. 漢儀云"太常博士弟子, 試射策, 中甲科, 補郎, 中乙科, 補掌故."

④ "一藝"는 한 經書이니, "以上"이라고 말했으면 또 한 경서만을 통달함에 그치지 않는 것이다. "右職"은 높은 직책이다. 일설에 "오른쪽은 일을 하기가 편하니, 樞要의 관직을 이른다." 하였다.
一藝, 一經也. 言以上, 則又有不止通一經者. 右職, 高職也. 一說"右, 用事之便, 謂樞要之官."

⑤ "彬彬"은 문채가 밝게 드러난 모양이다.
彬彬, 文章貌.

【綱】가을에 匈奴가 代 땅에 침입하였다.

秋에 匈奴入代하다

【綱】淮南의 두 縣을 떼어내고 衡山王 劉賜에게 글을 내려 조회 오지 않아도 된다고 하였다.

◑削淮南二縣하고 賜衡山王賜書不朝[6]하다

---

5) 射策 : 당시 국가의 어려운 일이나 의심스러운 내용을 물어 대답하게 하는 시험으로 후세의 對策文의 일종이다.

6) 削淮南……書不朝 : "전에는 淮南王 劉安에게 일찍이 '几杖을 하사하고 조회하지 말라고 하였다.〔賜几杖毋朝〕'고 썼었는데, 여기에서는 '조회 오지 않아도 된다.〔不朝〕'고 쓴 것은 어째서인가? 〈衡山王 劉賜의〉 나쁜 뜻을 주벌한 것이다. 형산왕 유사가 입조하면서, 淮南을 지나다가 마침내 병을 이유로 사양하고 입조하지 않으니, 이에 황제(武帝)가 조회하지 않아도 된다고 글을 내렸다. '毋朝'의 '毋'는 황제의 입장에서 말한 것이요, '不朝'의 '不'은 왕의 입장에서 말한 것이니, '형산왕 유사에게 글을 내려 조회 오지 않아도 된다고 하였다.'라고 쓴 것은 그의 나쁜 뜻

【目】이전에 淮南王 劉安이 책을 읽고 문장을 지어 명예를 세우기를 좋아하여 賓客과 方術하는 선비 수천 명을 招致하니, 대부분 江淮 지방의 경박한 선비들이었다. 이들은 항상 厲王이 귀양 가다가 죽은 일[7]을 가지고 유안을 충동질하였는데, 유안이 마침내 전쟁 도구를 정비하고 반란에 필요한 금전을 저축하였다. 郎中 雷被가 〈天子를 위해〉 분발하여 흉노를 공격할 것을 자원하자, 유안이 배척하여 면직시켰다.

이해에 뇌피가 長安으로 도망가서 글을 올려 스스로 변명하자, 이 일을 廷尉에게 내려 다스리게 하였는데, 종적이 유안에게 연루되었다. 上이 使者를 보내어 淮南王에게 가서 신문하게 하니, 회남왕의 太子 劉遷이 사람을 시켜 漢나라의 使者를 찔러 죽이려고 하다가 결행하지 못하였다. 公卿들이 아뢰기를 '유안이 밝은 詔令을 막았으니, 棄市刑에 해당됩니다.' 하니, 조령을 내려 두 縣을 떼어내게 하였다. 유안은 이것을 부끄럽게 여겨 반란하려는 계책을 더욱 깊게 하였다.

初에 淮南王安이 好讀書屬(촉)文하여 喜立名譽①하여 招致賓客方術之士數千人하니 多江淮間輕薄士라 常以厲王遷死로 感激安한대 安이 乃治戰具하고 積金錢이러니 郎中雷被 願奮擊匈奴어늘 安이 斥免之②하다 是歲에 被亡之長安하여 上書自明한대 事下廷尉治③러니 蹤跡連安이어늘 上이 遣使卽訊④하니 太子遷이 欲使人刺殺漢使라가 不果하다 公卿奏호되 安이 格(각)明詔하니 當棄市⑤니이다 詔削二縣한대 安이 恥之하여 爲反謀益甚이러라

① 屬(짓다)은 음이 燭이다.
屬, 音燭.

② 斥은 음이 尺이니, 쫓아낸다는 뜻이다. 물리치고 배척해서 郎中의 관직을 면직시켜 後人들로 하여금 감히 본받지 못하게 하고자 한 것이다. ≪資治通鑑≫에 "郎中 雷被가 회남왕의

을 주벌한 것이다. 그렇다면 吳王 劉濞가 거짓으로 병을 칭탁했을 적에 文帝가 几杖을 하사하고 '年老하였으므로 조회 오지 않아도 된다.'고 하였는데, 어찌하여 이것을 쓰지 않았는가? 오왕의 일로써 문제에게 累를 끼치려 하지 않은 것이다. 문제에게 累를 끼치려 하지 않은 것은 무엇 때문인가? 태자가 바둑판으로 吳나라 태자를 죽인 유감을 漢나라(文帝)가 자초하였기 때문이니, 오왕의 경우는 淮南王 劉安과 衡山王 劉賜의 허물에 비할 바가 아니다. 그러므로 이 사실을 숨기고 쓰지 않은 것이다.〔前淮南王安 嘗書賜几杖毋朝矣 此其書不朝 何 誅意也 賜當入朝 過淮南乃謝病 於是帝賜書不朝 毋云者 自帝言之也 不云者 自王言之也 書曰賜衡山王賜書不朝 誅意也 然則吳王詐病文帝賜几杖 老不朝 則何以不書 不以吳王累文帝也 其不以累文帝 何 博局之憾 漢有以召之矣 非安與賜比也故諱之不書〕" ≪書法≫

7) 厲王이……일 : 厲王은 淮南王 劉長의 시호이다. 유장은 文帝의 아우인데, 성질이 난폭하고 교만방자하며 반역을 도모하였으므로 문제가 그의 나쁜 버릇을 징계하기 위해 B.C. 174년 그를 蜀 땅으로 귀양 보냈다. 그러자 그가 화를 내고 단식하여 죽으니, 문제는 가엾게 여겨 그의 아들 네 명을 모두 列侯로 삼았다가 B.C. 165년 劉安을 淮南王, 劉勃을 衡山王, 劉賜를 濟南王으로 봉하였다.

太子 劉遷에게 죄를 얻었다. 이때 황제가 詔令을 내려서 從軍하려는 자가 있으면 곧 長安으로 나오게 하자, 뇌피가 즉시 匈奴를 공격할 것을 자원하니, 태자가 뇌피를 왕에게 나쁘게 말하여 배척해서 면직시켜 後人을 금지하고자 한 것이다." 하였다.
斥, 音尺, 逐也. 言屛斥, 免其郎中官, 欲令後人不敢效. 通鑑"郎中雷被, 獲罪於太子遷. 時有詔, 欲從軍者, 輒詣長安, 被卽願奮擊匈奴. 太子惡被於王, 斥免之, 欲以禁後."

③ 〈"事下廷尉治"는〉 글을 廷尉에 내려 그 사건을 다스리게 함을 이른다.
謂章下廷尉, 治其事.

④ 卽은 나아감이고 訊은 신문함이니, 〈"遣使卽訊"은〉 使者를 보내어 즉시 淮南에 가서 신문하게 함을 말한 것이다.
卽, 就也. 訊, 問也, 言遣使者, 卽就淮南訊之.

⑤ 格은 음이 閣이니, 중지하여 행하지 않음을 이른다.
格, 音閣, 謂閣止不行之.

【目】 劉安은 아우인 衡山王 劉賜와 서로 책망하여 사소한 예절 간에도 관계가 좋지 못하였는데, 유사는 유안이 배반하려는 계책이 있다는 말을 듣고는 합병당할까 두려워하고, 또한 빈객과 결탁하여 반란에 필요한 전쟁 도구를 장만하고자 하여, 陳喜와 枚赫으로 하여금 兵車를 만들고 화살촉을 주조하고 천자의 옥새와 장수와 정승, 軍吏의 印을 위조하게 하였다.

유사가 入朝할 때를 당하여 淮南을 지날 적에 마침내 형제간에 친애하는 말을 하여, 예전의 원한을 풀고 반란에 필요한 전쟁 도구를 장만하기로 약속하였다. 有司가 글을 올려 병을 핑계로 입조하지 않자, 上이 글을 내려 조회 오지 않도록 하였다.

安이 與衡山王賜로 相責望하여 禮節間에 不相能①이러니 賜聞安有反謀하고 恐爲所幷하여 亦結賓客爲反具하여 使陳喜, 枚赫으로 作輣(팽)車, (鍜)〔鍛〕[8]矢하고 刻天子璽, 將相, 軍吏印②하니라 當入朝하여 過淮南할새 乃昆弟語하여 除前隙하고 約束反具③하여 上書謝病한대 上이 賜書不朝하다

① "不相能"은 관계가 서로 좋지 못함을 이른다.
不相能, 謂不相善也.

② 輣은 蒲庚의 切이니, 兵車이고 樓車이다. 鍛(쇠를 불리다)은 都玩의 切이니, "鍛矢"는 쇠를 주조하여 화살촉을 만듦을 이른다.
輣, 蒲庚切, 兵車也, 樓車也. (鍜)〔鍛〕, 都玩切. (鍜)〔鍛〕矢, 謂冶鐵作矢鏃也.

③ 〈"約束反具"는〉 서로 친애하는 말을 하여 예전의 혐의와 원한을 풀어 없애고 함께 반란의

8) (鍜)〔鍛〕: 저본에는 '鍜'로 되어 있으나, ≪資治通鑑≫에 의거하여 '鍛'으로 바로잡았으며, 아래의 訓義 역시 모두 ≪資治通鑑≫ 註에 의거하여 바로잡았다.

도구를 장만하기로 약속함을 말한 것이다.
謂爲相親愛之言, 釋除前之嫌隙, 共契約爲反具.

戊午年(B.C. 123)

【綱】 漢나라 世宗 孝武皇帝 元朔 6년이다. 봄 2월에 衛青을 보내어 여섯 명의 장군을 거느리고 가서 匈奴를 공격하게 하였다.

六年이라 **春二月**에 **遣衛青**하여 **率六將軍**하여 **擊匈奴**하다

【目】 大將軍 衛青이 定襄으로 출동할 적에 公孫敖와 公孫賀, 趙信과 蘇建, 李廣과 李沮(이조)가 모두 소속되어서 〈匈奴를 공격하여〉 수천 명의 수급을 베고 돌아왔다.

大將軍青이 出定襄할새 公孫敖, 公孫賀, 趙信, 蘇建, 李廣, 李沮咸屬하여 斬首數千級而還하다

【綱】 赦免하였다.

赦하다

【綱】 여름 4월에 衛青이 다시 여섯 명의 장군을 거느리고 가서 匈奴를 공격하였는데, 前將軍 趙信이 패하여 匈奴에게 항복하였다.

◑**夏四月**에 **衛青**이 **復率六將軍**하여 **擊匈奴**러니 **前將軍趙信**이 **敗降匈奴**하다

【目】 衛青이 다시 여섯 명의 장군을 거느리고 定襄으로 출동하여 匈奴를 공격해서 수급을 베고 포로로 잡은 자가 만여 명이었다. 右將軍 蘇建과 前將軍 趙信이 군대를 연합하여 출전하였다가 單于의 군대를 만나 싸운 지 하루 남짓에 漢나라 군대가 장차 전멸하게 되었다. 조신은 남은 기병을 거느리고 흉노에게 항복하였고, 소건은 군대를 모두 잃고 몸만 빠져나와 도망쳐 자신만 돌아왔다.

議郎 周霸가 위청에게 건의하기를 "大將軍께서 출전한 뒤로 裨將을 목 벤 적이 없었는데, 지금 소건이 군대를 버리고 도망쳐왔으니, 목을 베어 위엄을 밝혀야 합니다." 하였으나, 위청은 말하기를 "내 다행히 황제의 肺腑(친척)로서 行伍(항오)의 사이에서 직

임을 맡고 있으니, 위엄이 없음을 걱정하지 않는다. 내 직책상 비록 마땅히 비장을 목벨 수 있으나, 황제의 존중과 총애를 받는 신하로서 감히 국경 밖에서 멋대로 사람을 죽이지 아니하여, '신하된 자는 감히 권력을 마음대로 행사하지 못함'을 보이는 것이 옳지 않겠는가." 하고는 마침내 소건을 가두어 行在所로 나오니, 詔令을 내려 소건을 속죄하여 庶人으로 삼았다.

青이 **復將六將軍**하여 **出定襄**하여 **擊匈奴**하여 **斬首虜萬餘人**하다 **右將軍建**과 **前將軍信**이 **并軍**이라가 **逢單于兵**하여 **與戰一日餘**에 **漢兵且盡**이어늘 **信**은 **將其餘騎**하여 **降匈奴**하고 **建**은 **盡亡其軍**하여 **脫身亡自歸**하다 **議郎周霸曰**① **自大將軍出**로 **未嘗斬裨將**이러니 **今建棄軍**하니 **可斬以明威**니이다 **青曰 青**이 **幸得以肺腑**로 **待罪行間**하니 **不患無威**②라 **職雖當斬將**이나 **然以臣之尊寵**으로 **而不敢自擅誅於境外**하여 **於以見爲人臣不敢專權**이 **不亦可乎**아하고 **遂囚建**하여 **詣行在所**하니 **詔贖爲庶人**③하다

① 議郎은 郎中令에 속하였다.
議郎, 屬郎中令.
② "肺腑"는 腹心이란 뜻이니, 임금의 친속을 이른다.
肺腑, 腹心也, 謂親屬也.
③ 天子가 혹은 京師에 있고 혹은 巡狩에 나가 있어 미리 정할 수 없으므로 "行在所"라 말한 것이다.
天子或在京師, 或出巡狩, 不可豫定, 故言行在所.

【目】衛青의 누이 아들인 霍去病은 나이 18세에 말타기와 활쏘기를 잘하여 票姚校尉가 되었는데, 날쌔고 용맹한 기병 8백 명을 인솔하고는 곧바로 大軍을 두고서 수백 리나 멀리 유리한 곳으로 달려가서 적의 수급을 베고 포로를 잡은 것이 많으니, 이에 冠軍侯로 봉하였고, 校尉 張騫은 水草가 있는 곳을 알아 군대가 궁핍하지 않게 했다 하여 博望侯로 봉하였다.

趙信이 單于로 하여금 더욱 북쪽으로 사막을 건너가 漢나라 군대를 유인하여 피로하게 해서, 극도로 피로하기를 기다려 사로잡고 변방을 가까이하여 살지 말도록 권하자, 선우가 그의 말을 따랐다.

青姊子霍去病이 **年十八**에 **善騎射**하여 **爲票姚校尉**①러니 **與輕勇騎八百**으로 **直棄大軍**하고 **數百里赴利**하여 **斬捕首虜過當**②하니 **於是**에 **封爲冠軍侯**③하고 **校尉張騫**은 **以知水草處**하여 **軍得不乏**이라하여 **封博望侯**④하다 **信**이 **教單于益北絶幕**하여 **以誘罷**(피)**漢兵**하여 **徼**(요)**極而取之**하고 **毋近**

塞(새)한대 單于從之⑤하다

① 처음에 平陽縣의 아전인 霍仲孺가 平陽侯의 집에서 집사 노릇을 하다가 衛青의 누이인 衛少兒와 私通하여 霍去病을 낳았다. 票는 頻妙의 切이고 姚는 羊召의 切이니, "票姚"는 빠른 모양이다.

初平陽縣吏霍仲孺, 給事平陽侯家, 與青姊衛少兒私通, 生去病. 票, 頻妙切. 姚, 羊召切. 票姚, 勁疾之貌.

② 赴는 달려감이고, 利는 편리함이다. "過當"은 그가 거느린 병력의 인원수를 계산해보면 포로로 잡고 수급을 벤 자가 많아서 해당하는 숫자를 넘은 것이다. 일설에 "漢나라 군대는 잃은 자가 적고 흉노를 죽이고 사로잡은 숫자가 많으므로 過當이라 한다." 하였다.

赴, 奔趨也. 利, 便利也. 過當, 言計其所將人數, 則捕斬首爲多,過於所當也. 一曰 "漢軍失亡者少, 而殺獲匈奴數多, 故曰過當也."

③ 황제는 霍去病의 功이 여러 군대 가운데 으뜸이라 하여 南陽郡의 穰縣 盧陽鄉과 宛縣 臨駣聚(임도취)를 冠軍侯의 봉국으로 삼았다. 駣는 음이 桃이다.

帝以去病功冠諸軍, 以南陽穰縣盧陽鄉·宛縣臨駣聚, 爲冠軍侯國. 駣, 音桃.

④ 〈"博望"은〉 넓게 바라볼 수 있는 뜻을 취한 것이다. ≪漢書≫ 〈地理志〉에 "博望侯의 봉국은 南陽郡에 속했다." 하였다.

取其能廣博瞻望也. 班志 "博望侯國, 屬南陽郡."

⑤ "益北"은 더욱 북쪽으로 향하는 것이다. 곧바로 건너가는 것을 絶이라 한다. 幕은 漠과 같으니, 모래흙을 漠이라 한다. 陰山 이북 지역은 모두 큰 사막으로 풀과 나무가 자라지 않으니, 匈奴의 남쪽 경계이다. 罷(피로하다)는 疲로 읽는다. 徼는 기다림이니, 유인하여 피로하게 만들어서 그 피폐함이 지극하기를 기다린 뒤에 취하는 것이다. 近(가까이하다)과 塞(변방)는 모두 去聲이니, 변방에 가까이 살지 않음은 漢나라 군대를 피로하게 하려고 한 것이다.

益北, (兪)〔愈〕[9]向北也. 直度曰絶. 幕, 與漠同, 沙土曰漠. 陰山以北, 皆大漠, 不生草木, 匈奴之南界也. 罷, 讀曰疲. 徼, 要也. 誘令疲, 要其困極, 然後取之. 近·塞, 竝去聲, 不近塞居, 所以疲勞漢兵也.

【綱】6월에 詔命을 내려 백성들이 관작을 사고 속죄할 수 있게 하고, 武功爵을 설치하였다.

六月에 詔民得買爵贖罪하고 置武功爵[10]하다

9) (兪)〔愈〕: 저본에는 '兪'로 되어 있으나, 문맥을 살펴 '愈'로 바로잡았다.

10) 詔民……置武功爵 : "秦나라 때에 '백성들로 하여금 곡식을 바치게 하고 관작을 제수하였다.'고 쓴 뒤로 文帝에 이르러 '백성들을 불러 곡식을 바치게 하고는 관작을 제수하고 죄를 사면했다.'고 썼는데, 이때에 이르러 다시 보인다. 이 뒤에는 '株送徒로 하여금 재물을 바치게 하고 郎官에 補

【目】 이때에 漢나라가 매년 匈奴를 공격하니, 흉노의 수급을 베고 포로를 잡은 병사들이 하사받은 황금이 20여만 근이었고, 漢나라의 죽은 병사와 말이 10여 만이었으며, 무기를 수송하고 漕運하는 비용은 여기에 포함되지 않았다. 이에 大司農의 經用(재정)이 고갈되어 전투하는 장병들의 비용을 충당할 수가 없었다.

이에 詔令을 내려 백성들로 하여금 관작을 사고 속죄할 수 있게 하고, 賞官을 설치하고 '武功爵'이라 이름하니, 1계급에 17만 錢이었다. 관작을 사서 千夫에 이른 자는 맨 먼저 벼슬을 제수하여 관리로 삼으니, 관리에 오르는 길이 혼잡하고 여러 갈래여서 관직이 혼란하고 황폐해졌다.

是時에 **漢**이 **比歲擊胡**하니 **斬捕首虜之士**의 **受賜黃金**이 **二十餘萬斤**이요 **而漢軍士馬死者 十餘萬**이요 **兵甲轉漕之費**는 **不與**(예)**焉**이라 **於是**에 **大司農經用竭**하여 **不足以奉戰士**①라 **乃詔**하여 **令民得買爵贖罪**하고 **置賞官**하고 **名曰 武功爵**이라하니 **級十七萬**②이라 **買爵至千夫者**는 **得先除爲吏**③하니 **吏道雜而多端**하여 **官職**이 **耗廢矣**④러라

① "經用竭"은 經常으로 쓰는 돈이 고갈되어 다함을 말한다.
經用竭, 謂常用之錢竭盡.

② 武功爵은 모두 11등급이니, 1급은 造士, 2급은 閑輿衛, 3급은 良士, 4급은 元戎士, 5급은 官首, 6급은 秉鐸, 7급은 千夫, 8급은 樂卿, 9급은 執戎, 10급은 政戾庶長, 11급은 軍衛이다. "級十七萬"은 관작을 팔아서 처음 1급이 되면 17만 錢을 받고 2급에 이르면 34만 錢을 받은 것이니, 이로부터 위로 매 급마다 값을 더하였다.
武功爵十一級, 一造士, 二閑輿衛, 三良士, 四元戎士, 五官首, 六秉鐸, 七千夫, 八樂卿, 九執戎, 十政戾庶長, 十一軍衛也. 級十七萬者, 賣爵, 初一級爲錢十七萬, 至二級則三十四萬矣, 自(比)〔此〕[11]以上, 每級而增.

③ 千夫 이상이라야 비로소 徭役을 면제받았다. 그러므로 맨 먼저 선발하여 관리로 삼게 한

任하였다.'고 썼고, '죽을죄를 지은 사람들로 하여금 돈을 바치고 贖罪하게 했다.'고 썼고, 明帝 때에 '조령을 내려 죄가 있어 망명한 자들에게 속죄를 허락하였다.'고 썼다. 兩漢의 세대에 속죄를 기록한 것이 다섯 번인데, 武帝 때에 세 번 기록하였으니, 이는 나라의 재정이 매우 급박했던 것이다.〔自秦書令民納粟拜爵 及文帝 書召民入粟拜爵免罪 至是復見 後此書令株送徒入財補郎 書令死罪入贖 明帝書詔聽有罪亡命者贖 兩漢之世 書贖罪者五 帝三書焉 國亦急甚矣〕"《書法》

"관작은 나라의 공정한 기물이니 팔아먹을 수 있는 것이 아닌데 팔아먹었고, 형벌은 나라의 공정한 법이니 속죄할 수 있는 것이 아닌데 속죄하였다. 이로써 당시 用兵하여 비용이 많이 드는 폐해가 어떠한가를 볼 수 있다. '武功爵을 두었다.'고 말했으면, 經費가 軍功을 보상하기에 부족한 뜻을 또 말하지 않아도 저절로 알 수 있는 것이다.〔爵者 國之公器 非可(買)〔賣〕也而(買)〔賣〕之 罪者 國之公法 非可贖也而贖之 於以見用兵煩費之患 爲如何哉 其曰置武功爵 則經費不足賞功之意 又自不言可見矣〕"《發明》《御批資治通鑑綱目》에는 '買'로 되어 있으나, 文理를 살펴 '賣'로 바로잡았다.

11) (比)〔此〕: 저본에는 '比'로 되어 있으나, 《資治通鑑》 註에 의거하여 '此'로 바로잡았다.

것이다.

千夫以上, 始免徭役, 故得先選以爲吏.

④ 秏는 혼란하다는 뜻이다.

秏, 亂也.

己未年(B.C. 122)

【綱】 漢나라 世宗 孝武皇帝 元狩 원년이다. 겨울 10월에 五畤[12]에 제사 지낼 적에 뿔이 하나인 짐승을 잡고는 나무섶 위에 희생을 올려놓고 나무섶을 태워 하늘에 제사하고, 처음으로 하늘이 내린 상서로운 물건으로 紀元을 하였다.

元狩元年이라 **冬十月**에 **祠五畤**(지)할새 **獲一角獸**하여 **以燎**하고 **始以天瑞紀元**[13]하다

【目】 황제가 雍 지역에 행차하여 五畤에 제사할 적에 한 짐승을 잡았는데, 뿔은 하나이고 발에는 다섯 개의 발굽이 있었다. 有司가 아뢰기를 "폐하께서 郊祀를 엄숙하고 공경히 지내시자, 上帝가 제향에 보답하여 뿔이 하나인 짐승을 내려주셨으니, 아마도 기린인 듯합니다." 하였다. 이에 이 짐승을 五畤에 올리고 畤마다 한 마리의 소를 더하여 나무섶을 태워 제사하였다.

---

12) 五畤 : 五帝에게 제사를 지내는 곳이다. 五帝는 五行의 精氣이다. 秦나라에서 白帝, 赤帝, 黃帝, 靑帝의 畤(제사 터)를 雍 땅에 세웠는데, 高帝가 다시 黑帝畤를 세웠다. 그러므로 雍 땅에 五畤가 있게 된 것이다. 漢 文帝 15년(B.C. 165)에 五畤에 처음 郊祭를 지냈다.

13) 天瑞紀元 : "군주가 즉위하면서 元年이라고 쓰는 것을 ≪春秋≫에 여러 儒者들이 자세히 논하였으나, 建號하고 紀元하는 일은 〈논한 것이〉 있지 않았다. 新垣平이 해(太陽)를 살펴보니 두 번 中天한다는 말로 文帝를 속여서 이에 처음으로 後元年이라는 칭호를 두었고, 景帝가 이것을 인습하여 7년 만에 中元年으로 고치고 또 6년 만에 後元年으로 고쳤으며, 武帝에 이르러서는 마침내 建元의 연호를 두어서 古人이 즉위한 해로 紀元하는 뜻을 크게 잃었다. 이윽고 長星이 하늘 끝까지 뻗쳐 있어 災異가 매우 드러났는데, 도리어 元光으로 연호의 이름을 삼았고, 이때에 이르러는 겨우 한 마리의 짐승을 얻고는 또한 인하여 연호를 고쳤으니, 이후로 연호를 고친 것이 紛紛하여 모두 다 열거할 수가 없다. ≪資治通鑑綱目≫에 쓰기를 '처음으로 하늘이 내린 상서로운 물건으로 紀元을 하였다.'고 하였으니, 이는 찬미한 것이 아니요, 바로 그 잘못을 비판한 것이다. 그렇지 않다면 하찮은 짐승 한 마리가 어찌 하늘의 상서가 되겠는가.〔人君卽位書元 春秋諸儒論之詳矣 未有建號紀元之事也 自新垣平以候日再中 欺文帝 於是始有後元之稱 景帝因之 七年而改中元 又六年而改後元 至武帝 遂有建元之號 甚失古人卽位紀元之意 旣而長星竟天 災異甚著 乃反以元光爲名 至是僅獲一獸 亦因之而改號 自後紛紛不可勝擧 書曰 始以天瑞紀元 非美之也 正所以譏其失爾 不然 一獸微物 豈天瑞乎〕" ≪發明≫

有司가 또 아뢰기를 "원년은 마땅히 하늘의 상서로운 물건으로써 명명해야 합니다. 첫 번째 원년을 建元이라 하였고 두 번째 원년은 長星 때문에 元光이라 하였으니, 지금의 기원은 郊祭에 뿔이 하나인 짐승을 얻었으므로 元狩라 해야 합니다." 하였다.

行幸雍하여 祠五畤러니 獲獸하니 一角而足有五蹄어늘 有司言 陛下 肅祗郊祀하신대 上帝報享하사 錫一角獸하시니 蓋麟云①이라하니 於是에 以薦五畤하고 畤加一牛以燎(료)②하다 有司又言 元을 宜以天瑞命③이니이다 一元曰建이라하고 二元은 以長星曰光이라하니 今元은 以郊得一角獸曰狩云이라하다

① "蓋云"이라고 말한 것은 기린이라고 생각되나 과연 기린인지를 알지 못하여 蓋(아마도)라고 말한 것이다.
曰蓋云者, 意其爲麟, 而未知其果爲麟也.

② 燎(태우다)는 力召의 切이니, 나무섶 〈위에 희생을 올려놓고〉 불태워 하늘에 제사 지내는 것이다.
燎, 力召切, 燔柴祭天也.

③ 命은 명명한다는 뜻이니, 〈"元 宜以天瑞命"은〉 元年을 고침에는 마땅히 하늘이 내린 祥瑞로운 물건을 사용하여 이름해야 함을 이른다.
命, 名也. 謂改元, 宜用天之祥瑞爲名.

【綱】 淮南王 劉安과 衡山王 劉賜가 반란을 모의하다가 자살하였다.

淮南王安과 衡山王賜 謀反自殺[14)]하다

【目】 淮南王 劉安이 賓客인 左吳 등과 밤낮으로 반란을 일으킬 것을 모의하였는데, 中郎 伍被를 불러서 함께 모반하는 일을 상의하였다. 오피가 처음에는 불가하다 하였으나 유안이 재삼 묻자, 오피가 대답하기를 "지금 제후들이 딴마음을 품지 않고 백성들이 천자를 원망하는 기색이 없으니, 거짓으로 詔令을 만들어서 '郡國의 豪傑들을 朔方으로 옮긴다.' 하고, 또 거짓으로 詔獄을 만들어서 '諸侯의 太子와 여러 幸臣들을 모두 체포한다.' 라고 하여, 백성들이 원망하고 제후들이 두려워하게 하며, 즉시 辯士로 하여금 뒤따라 제후들을 설득하게 하면, 행여 열에 하나 성공을 바랄 수 있을 것입니다." 하였다.

유안이 또다시 어떤 사람으로 하여금 거짓으로 죄를 얻어 서쪽(長安)으로 가서 大將

14) 淮南王安……謀反自殺 : "두 王(淮南王·衡山王)은 모두 글을 내려 조회를 면제받은 자들이다. 앞서는 '궤장을 하사하고 조회하지 말라고 하였다.〔賜毋朝〕' 하고, '글을 내려 조회 오지 않아도 된다.〔賜不朝〕'고 썼고, 여기에서는 '모반했다.〔謀反〕'고 썼으니, 그렇다면 그 잘못이 황제에게 있는 것이다.〔二王皆賜免朝者也 前書賜毋朝 賜不朝 此書謀反 然則咎有所在矣〕" ≪書法≫

軍(衛靑)을 섬기다가, 어느 날 淮南王이 군대를 일으키면 즉시 대장군을 찔러 죽이게 하려 하였고, 또 말하기를 "漢나라 조정의 大臣 중에 오직 汲黯만이 直諫을 좋아하고 절개를 지켜 의리에 죽어서 非理로 유혹하기 어렵지만 丞相 公孫弘 등을 설득함에 있어서는 물건을 덮고 있는 것을 열어 제거하고 떨어지려는 나뭇잎을 흔들어 떨어뜨리는 것과 같이 쉽다." 하였다.

淮南王安이 與賓客左吳等으로 日夜爲反謀할새 召中郎伍被하여 與謀反事하니 被始以爲不可러니 安이 固問之한대 被曰 今諸侯無異心하고 百姓無怨氣하니 可僞爲詔하여 徙郡國豪傑於朔方하고 又僞爲詔獄하여 盡逮諸侯太子, 幸臣하여 使民怨, 諸侯懼①하고 卽使辯士로 隨而說(세)之하면 儻有徼幸什得一乎인저 安이 又欲使人僞得罪而西하여 事大將軍이라가 一日發兵이어든 卽刺殺大將軍②하고 且曰 漢廷大臣에 獨汲黯이 好直諫하고 守節死義하여 難惑以非어니와 至如說(세)丞相弘等하야는 如發蒙振落耳③라하니라

① 漢나라 때에 左右 都司空과 上林苑 中都官에 모두 詔獄이 있었으니, 詔令을 받들어 죄수를 국문하였기 때문에 인하여 詔獄이라 이름한 것이다. ≪漢書≫ 〈伍被傳〉에는 幸자 위에 及자가 있다.
漢時, 左右都司空・上林中都官, 皆有詔獄, 蓋奉詔以鞠囚, 因以爲名. 漢書伍被傳幸字上, 有及字.

② 西는 京師(長安)로 감을 이른다. "發兵"은 淮南王이 군대를 출동하여 모반함을 이른다.
西, 謂如京師也. 發兵, 謂王發兵反.

③ "發蒙"은 물건을 덮고 있는 것을 열어 제거함을 이르고, "振落"은 나뭇잎이 장차 떨어지려 할 적에 흔들어 떨어뜨리는 것이니, 모두 그 쉬움을 말한다.
發蒙, 謂物所蒙覆, 發而去之. 振落, 謂木葉將落, 振而墜之. 皆言其易也.

【目】마침 淮南王의 太子가 漢나라의 使者를 죽이려고 도모하다가 일이 발각되어 廷尉가 그를 체포하자, 劉安이 군대를 동원하고자 하였으나 猶豫하여 결단하지 못하였다.

伍被가 스스로 관리에게 찾아가서 '유안과 함께 이와 같이 반란할 계책을 세웠다.'라고 고발하였으므로, 上이 宗正으로 하여금 符節을 가지고 가서 유안의 죄를 다스리게 하였다. 종정이 도착하기 전에 유안은 스스로 목을 찔러 죽었고, 王后와 太子는 伏誅되었으며, 함께 반역을 획책한 자들은 모두 멸족되었다.

衡山王의 아들 劉孝의 집에서 陳喜를 체포하고자 하니, 유효는 '법률에 먼저 자수하면 죄를 면제받는다.'는 말을 듣고, 즉시 먼저 함께 반역을 획책하였던 枚赫과 陳喜 등을 스스로 고발하였다. 公卿들이 衡山王 劉賜를 체포하여 治罪할 것을 청하자, 유사는

스스로 목을 찔러 죽었고, 王后와 太子 및 劉孝는 모두 棄市刑을 당하니, 무릇 두 獄事에 연루되어 죽은 列侯와 二千石, 豪傑 등이 수만 명이었다.

侍中 莊助는 평소 유안과 친분을 맺어 그의 선물을 받았었는데, 上이 그의 죄를 가볍게 처리하자, 張湯이 아뢰기를 "장조는 腹心의 신하로서 제후들과 사사로이 교통하였으니, 죄를 용서할 수 없습니다."라고 하여, 마침내 棄市刑에 처하였다.

會에 太子謀殺漢使라가 事覺하여 廷尉逮捕한대 安이 欲發兵호되 猶豫未決이러니 被自詣吏하여 告與安謀如此어늘 上이 使宗正으로 以符節治安한대 未至에 安은 自剄하고 王后, 太子는 伏誅하고 諸所與謀反者는 皆族하다 捕得陳喜於衡山王子孝家하니 孝聞律에 先自告하면 除其罪하고 即先自告所與謀反者枚赫, 陳喜等이어늘 公卿이 請逮捕賜治한대 賜는 自剄死하고 王后, 太子及孝는 皆棄市하니 凡二獄所連引列侯, 二千石, 豪傑等死者 數萬人이라 侍中莊助 素與安結交하여 受其賂(뢰)遺러니 上이 薄其罪한대 張湯以爲助는 腹心之臣으로 與諸侯交私하니 罪不可赦라하여 遂棄市하다

【綱】 여름 4월에 赦免하였다.

夏四月에 赦하다

【綱】 아들 劉據를 皇太子로 세웠다.

◑ 立子據하여 爲皇太子하다

【綱】 5월 그믐에 일식이 있었다.

◑ 五月晦에 日食하다

【綱】 博望侯 張騫을 西域에 사신으로 보내어 滇國(전국)과 처음 교통하였고 다시 西南夷를 경략하는 일에 종사하였다.

◑ 遣博望侯張騫하여 使西域하여 始通滇國하고 復事西南夷[15]하다

15) 始通滇國 復事西南夷 : "始는 무엇인가? '겨우(이때 처음)'라는 말이다. 앞서는 '西夷를 파했다.'고 썼는데, 이때 '다시 종사하였다.'라고 썼으니, '다시'는 무엇인가? 허물을 다시 저지른다는 말이다. 秦나라 二世皇帝가 백성들의 원망을 돌아보지 않았기 때문에 '다시 阿房宮을 지었다.'고 썼고, 漢나라 武帝가 백성들의 수고로움을 돌아보지 않았기 때문에 '다시 西南夷를 경략하는 일에 종사하였다.'고 쓴 것이다.〔始者 何 僅辭也 前書罷西夷矣 於是書復事 復者何 貳過之辭也 二世不恤民怨 故書復作阿房宮 漢武不恤民勞 故書復事西南夷〕" 《書法》

【目】 이전에 張騫이 月氏國(월지국)에서 돌아와 天子를 위하여 西域의 여러 나라 풍속을 다음과 같이 자세히 말하였다.

"大宛은 漢나라의 正西쪽에 있으니, 長安과의 거리가 만 리쯤 됩니다. 이들의 풍속은 토착하여 농사를 짓고 좋은 말이 많으며 성곽과 가옥이 있고, 그 동북쪽엔 烏孫이 있고 동쪽엔 于竇(우전)이 있습니다. 우전의 서쪽은 물이 모두 서쪽으로 흘러 西海로 들어가고, 그 동쪽은 물이 동쪽으로 흘러 鹽澤으로 들어가니, 염택은 물이 땅 속으로 흐르고 그 남쪽은 黃河의 근원이 나오는데, 염택은 장안과의 거리가 5천 리쯤 됩니다. 匈奴의 오른쪽 지방은 염택 동쪽에 있어서 隴西의 長城에 이르고, 남쪽으로는 羌과 인접하여 漢나라와 길이 막혀 있으며, 烏孫과 康居, 奄蔡와 大月氏는 모두 떠돌아다니는 유목민의 나라이니, 가축을 따라 방목하여 흉노와 풍속이 같고, 大夏는 대완의 서남쪽에 있어서 대완과 풍속이 같습니다.

初에 張騫이 自月氏(지)還하여 具爲天子하여 言西域諸國風俗호되 大宛은 在漢正西하니 可萬里니이다 其俗이 土著(착)耕田이요 多善馬하며 有城郭室屋①하고 其東北則烏孫이요 東則于竇(전)②이니이다 于竇之西는 則水皆西流하여 注西海하고 其東은 水東流하여 注鹽澤③하니 鹽澤은 潛行地下하고 其南則河源出焉④하니 鹽澤은 去長安可五千里니이다 匈奴右方이 居鹽澤以東하여 至隴西長城하고 南接羌하여 鬲(격)漢道焉⑤이요 烏孫, 康居, 奄蔡, 大月氏는 皆行國이니 隨畜牧하여 與匈奴同俗⑥이요 大夏는 在大宛西南하여 與大宛同俗하니이다

① "土著"은 일정한 지역에 붙어살면서 일정한 거처가 있어서 가축을 따라 방목하며 옮겨 다니지 않음을 말한 것이다.
土著, 言著土地而有常居, 不隨畜牧移徙.

② 烏孫은 西域의 여러 戎族 중에 생김새가 가장 특이하여 푸른 눈에 붉은 수염이 있어서 모습이 원숭이와 비슷하다. 竇은 田과 殿 두 가지 음이니, 闐과 통한다.
烏孫, 於西域諸戎, 其形最異, 靑眼赤鬚, 狀類獼猴. 竇, 田・殿二音, 通作闐.

③ 鹽澤은 玉門關과 陽關에서 3백여 리 떨어져 있는데, 넓이가 3, 4백 리이다. 《括地志》16)에 "蒲昌海는 일명 泑澤(요택)이니, 또한 鹽澤이라 하기도 하고, 蒲日海라 하기도 하고, 穿蘭이라 하기도 하고, 臨海라 하기도 한다." 하였다.
鹽澤, 去玉門・陽關三百餘里, 廣袤(무)三四百里. 括地志 "蒲昌海, 一名泑澤, 亦名鹽澤, 亦名蒲日海, 亦名穿蘭, 亦名臨海."

④ 黃河가 崑崙山에서 발원하여 땅속으로 흘러서 蔥嶺山(파미르 고원)과 于竇國에 이르러 다시

---

16) 括地志 : 唐나라의 濮王 李泰 등이 편찬한 것인데, 《新唐書》 〈藝文志〉에 '《括地志》 550권 및 《序略》 5권'이라고 되어 있으나 모두 散佚되었고, 현행본은 淸나라의 孫星衍이 여러 책에 인용된 逸文을 모아 편찬한 것이다.

나뉘어 두 갈래로 흘러나오다가 합류하여 동쪽으로 泑澤으로 들어가고, 이윽고 다시 積石으로 흘러서 中國의 黃河가 된다.

河出崑崙, 潛行地下, 至葱嶺山·于窴國, 復分流歧出, 合而東注泑澤, 已而, 復行積石, 爲中國河.

⑤ 匈奴는 자신의 나라를 나누어 左·右로 만드니, 여러 왼쪽 지역의 王과 장수는 동쪽 지방에 거주하는데 上谷의 동쪽에 이르러 濊貊朝鮮(예맥조선)과 인접하고, 오른쪽 지역의 王과 장수는 서쪽 지방에 거주하는데 上郡의 서쪽에 이르러 氐, 羌과 인접하였다. 그러므로 左右方이라 하고 左右地라고도 한 것이다.[17] 長城은 바로 秦나라에서 쌓은 長城이다. 鬲은 隔과 통하니, 막힘이다.

匈奴分其國爲左右, 諸左王將居東方, 直(치)上谷以東, 接濊貊朝鮮. 右王將居西方, 直(치)上郡以西, 接氐羌, 故謂之左右方, 亦謂之左右地. 長城, 卽秦所築長城也. 鬲, 與隔通, 障也.

⑥ 奄蔡(엄채)는 본음대로 읽는다. 엄채국은 康居의 서북쪽 2천 리 지점에 있다. "行國"은 토착하여 살지 않는 나라이다.

奄蔡, 如字. 奄蔡國, 在康居西北二千里. 行國, 不土著也.

【目】臣이 大夏에 있을 적에 邛竹杖(공죽으로 만든 지팡이)과 蜀 지방에서 생산된 삼베를 보고 '어디에서 이 물건을 얻었느냐?'고 물었더니, 대답하기를 '身毒(건독)[18]에서 사왔다.' 하였습니다. 건독은 大夏의 동남쪽에 있는데 거리가 수천 리쯤 되고, 그 풍속은 토착하여 거주하는 것이 대하와 같습니다. 헤아려보건대 대하는 漢나라와 12,000리쯤 떨어져 있는데 漢나라의 서남쪽에 있고, 지금 건독은 또 대하의 동남쪽 수천 리 지점에 있는데 蜀 지방의 물건이 있으니, 이는 촉 지방과의 거리가 멀지 않은 것입니다. 지금 대하에 사신이 갈 적에 羌中을 따라가면 길이 험하고, 약간 북쪽으로 가면 匈奴에게 약탈당할 우려가 있으니, 蜀 지방을 따라가면 마땅히 지름길이고 또 흉노의 약탈이 없을 것입니다."

臣이 在大夏時에 見邛竹杖, 蜀布하고 問安得此①오한대 曰 市之身(건)毒이라하니 身毒은 在大夏東南호되 可數千里요 其俗土著하여 與大夏同②하니이다 度(탁)大夏는 去漢萬二千里니 居漢西南③하고

17) 匈奴가……것이다 : 북방의 유목국가는 자신의 통치영역을 좌우로 나누어 다스리는데, 이를 역사학에서는 좌우분통체제라고 한다. 匈奴의 관직은 左賢王, 右賢王, 左谷蠡王, 右谷蠡王, 左大將, 右大將 등으로 나누어지는데, 左는 북쪽에서 남쪽을 바라보았을 때 左方으로 동쪽 지방을 가리키며 右는 右方으로 서쪽 지방을 가리킨다. 흉노의 동쪽 지방은 좌현왕이 중심이 되어 다스리고 서쪽 지방은 우현왕이 중심이 되어 다스린다. 이들은 대부분 흉노의 지배씨족인 攣鞮氏이다.

18) 身毒(건독) : ≪漢書≫에는 天篤, ≪後漢書≫에는 天竺으로 표기되어 있다. 이는 인도를 지칭하는 고대 이란어인 Hinduka의 음사로 추정된다. ≪史記 外國傳 譯註≫

今身毒은 又居大夏東南數千里하여 有蜀物하니 此其去蜀不遠矣라 今使(시)大夏에 從羌中이면 險하고 少北이면 則爲匈奴所得④이니 從蜀이면 宜徑이요 又無寇⑤하리이다

① 邛都의 邛山에 이 대나무가 생산되므로, 인하여 "邛竹"이라 이름하였으니, 마디가 길고 속이 꽉 차서 지팡이를 만들 만하다. "蜀布(蜀 지방에서 생산된 삼베)"는 土蘆布를 이른다.
邛都邛山, 出此竹, 因名邛竹, 節高中實, 可作杖. 蜀布, 謂土蘆布也.

② 身은 음이 乾이고 毒은 음이 篤이니, 身毒은 바로 天竺(印度)이니, 이른바 浮屠(석가모니)의 오랑캐라는 것이다. 땅의 넓이가 3만 리이니, 京師(長安)에서 9,600리 떨어져 있다.
身, 音乾, 毒, 音篤, 身毒, 卽天(竺)〔竺〕[19]也, 所謂浮屠胡. 地方三萬里, 去京師九千六百里.

③ 度(헤아리다)은 徒洛의 切이다.
度, 徒洛切.

④ 使(사신 가다)는 疏吏의 切이니, 아래도 같다. "少北"은 길을 갈 적에 약간 북쪽에 가깝게 함을 이른다.
使, 疏吏切, 下同. 少北, 謂行稍近北也.

⑤ 宜는 마땅하다는 뜻이고 徑은 곧다는 뜻이니, 蜀 지방을 따라서 大夏로 향하면 그 길이 마땅히 곧다는(직선) 것이다.
宜, 當也. 徑, 直也. 從蜀, 向大夏, 其道當直.

【目】天子는 西域의 여러 나라에 기이한 물건이 많고 군대가 약하며 漢나라의 재물을 귀하게 여기니, 진실로 이곳을 얻어 義理로써 복속시키면 영토를 만 리나 넓힐 수 있고, 아홉 번 통역을 거듭하여 풍속이 다른 오랑캐 지방을 오게 하면 위엄과 德이 四海에 두루 펴진다.'라는 말을 듣고는 기뻐하며 張騫의 말을 옳게 여겼다.

그리하여 마침내 장건으로 하여금 蜀 지방의 犍爲郡(건위군)을 통하여 間使(密使)를 보내서 네 길로 함께 나가 身毒國을 찾게 하였다. 각각 1, 2천 리를 갔으나, 북쪽은 氐와 筰(작)이 막고 남쪽은 巂(수)와 昆明이 막아서, 漢나라 使者를 죽이고 노략질하여 끝내 통할 수가 없었다. 그런데 이때 처음으로 滇國(전국)과 통하니, 이에 다시 西南夷를 경략하는 일에 종사하였다.

天子旣聞諸國多奇物而兵弱하고 貴漢財物하니 誠得而以義屬之면 則廣地萬里요 重九譯하여 致殊俗이면 威德徧於四海①라하니 欣然以騫言爲然하여 乃令騫으로 因蜀犍爲하여 發間使하여 四道竝出하여 求身毒國②하니 各行一二千里라 其北은 閉氐, 筰하고 南은 閉巂, 昆明③하여 殺略漢使하여 終莫得通이러니 於是에 始通滇國하니 乃復事西南夷④하다

19) (竿)〔竺〕: 저본에는 '竿'으로 되어 있으나, ≪資治通鑑≫에 의거하여 '竺'으로 바로잡았다.

① '以義屬之(의리로써 복속시킨다.)'는 병기와 갑옷을 동원하지 않음을 이른다. 重은 直龍의 切이니, 거듭한다는 뜻이다. 먼 지방 사람들은 言語가 똑같지 않아서 아홉 번 통역을 거쳐야 비로소 중국과 통할 수 있다.

以義屬之, 謂不以兵革. 重, 直龍切, 複也. 遠方之人, 言語不同, 更歷九譯, 乃能通於中國.

② "四道竝出(네 길로 함께 나가다.)"은 駹(방)으로 나가고, 冉(염)으로 나가고, 徙로 나가고, 邛(공)・僰(북)으로 나감을 이른다.

四道竝出, 謂出駹, 出冉, 出(徒)〔徙〕[20], 出邛・僰.

③ 漢나라 사신이 오랑캐에게 막힘을 말한 것이다. 氐와 筰(작)은 두 오랑캐 종족이다. 嶲는 음이 髓이니, 嶲와 昆明 또한 모두 오랑캐 종족의 이름이다.

言漢使見閉於夷也. 氐與筰, 二種也. 嶲, 音髓, 嶲・昆明, 亦皆夷種名也.

④ 滇은 음이 顚이니, 西夷의 나라 이름이다. 본래 楚나라 莊王의 아우 莊滇이 이곳에 나라를 세우니, 昆明의 서쪽에 있으며 지역이 천여 리쯤 되는데, 또한 이름을 滇越이라 하였다. 事는 經略하여 통하는 일에 오로지 종사함을 이른다. 元朔 3년(B.C. 126)에 일찍이 서쪽 오랑캐와 통하는 일을 파한 적이 있으므로, '다시 종사했다.'고 말한 것이다.

滇, 音顚, 西夷國名. 本楚莊王弟莊滇, 爲國於此, 在昆明西, 可千餘里, 亦名滇越. 事, 謂經略通之, 專以爲事也. 元朔三年, 嘗罷西夷, 故曰復事.

庚申年(B.C. 121)

【綱】漢나라 世宗 孝武皇帝 元狩 2년이다. 봄 3월에 丞相 公孫弘이 卒하였으므로 李蔡를 丞相으로 삼고 張湯을 御史大夫로 삼았다.

二年이라 春三月에 丞相弘이 卒커늘 以李蔡爲丞相하고 張湯爲御史大夫하다

【綱】霍去病을 票騎將軍으로 삼아 匈奴를 공격하게 하였는데, 匈奴를 패퇴시키고 焉支(연지)를 지나 祁連山에 이르렀다가 돌아왔다.

◑ 以霍去病爲票騎將軍하여 擊匈奴러니 敗之하고 過焉支하여 至祁連山而還하다[21]

---

20) (徒)〔徙〕: 저본에는 '徒'로 되어 있으나, ≪資治通鑑≫에 의거하여 '徙'로 바로잡았다.

21) 過焉支 至祁連山而還 : "군대가 이른 곳을 쓴 적이 없는데, 여기에서 이른 곳을 쓴 것은 어째서인가? 깊이 쳐들어감을 비판한 것이다. 이 때문에 '祁連山에 이르렀다.'고 썼으니, 이는 霍去病이 깊이 적지에 쳐들어갔다는 뜻을 나타낸 것이요, 宋나라 때 '涿邪山에 이르렀다.'고 쓴 것은 魏主가 멀리까지 나가 전투하였다는 뜻을 나타낸 것이요, 唐나라 玄宗 때 '靑海에 이르렀다.'고 쓴 것은 王君㚟(왕군착)이 끝까지 적을 추격하였다는 뜻을 나타낸 것이다. 여기서는 '祁連山에 이르렀다가 돌아왔다.'고 쓰고, 뒤에는 '狼居胥山에서 封禪하고 돌아왔다.'고 썼으니, 앞에서(文帝 14년

【目】霍去病이 票騎將軍이 되어 1만 명의 기병을 거느리고 隴西로 출동하여 匈奴를 공격할 적에, 이동하면서 전투한 지 6일 만에 焉支山(연지산) 천여 리를 지나가서 수급을 베고 虜獲한 것이 매우 많았으며, 休屠王(휴저왕)이 하늘에 제사하는 儀式을 받는 金人을 거두어 왔다.

여름에 곽거병은 다시 公孫敖와 함께 수만 명의 기병을 거느리고 北地에서 출격하였고, 張騫과 李廣은 함께 右北平에서 출격하였는데, 곽거병은 2천여 리를 깊이 쳐들어가서 居延을 넘어 小月氏(소월지)[22]를 지나 祁連山에 이르러서 3만 명의 수급을 베고 노획한 것이 더욱 많았으므로, 5천 호를 더 봉해주었다.

이때에 여러 老將들이 거느린 병력(戰功)이 모두 곽거병만 못하였고, 곽거병이 거느린 병력은 항상 정예병을 선발하였다. 그러나 또한 용감하게 깊숙이 쳐들어가서 항상 건장한 기병들과 함께 大軍에 앞서 출동하였다. 군대 또한 天幸이 있어서 일찍이 곤궁에 처하거나 보급품이 끊인 적이 없었으며, 여러 노장들은 항상 머뭇거리고 뒤쳐져 좋은 기회를 만나지 못하니, 이 때문에 곽거병이 날로 더욱 황제로부터 친애받고 귀하게 여겨져서 大將軍 衛青에게 비견되었다.

霍去病이 爲票騎將軍①하여 將萬騎하고 出隴西하여 擊匈奴할새 轉戰六日에 過焉(연)支山千餘里②하여 斬首虜獲이 甚衆하고 收休屠王祭天金人③하다 夏에 復與公孫敖로 將數萬騎하여 俱出北地하고 張騫, 李廣은 俱出右北平이러니 去病이 深入二千餘里하여 踰居延하고 過小月氏하여 至祁連山하여 斬首三萬하고 虜獲尤多어늘 益封五千戶④하다 是時에 諸宿將所將兵이 皆不如去病⑤이요 去病所將이 常選⑥이라 然이나 亦敢深入하여 常與壯騎로 先其大軍⑦하고 軍亦有天幸하여 未嘗困絶也하며 而諸宿將은 常留落不偶⑧하니 由此로 去病이 日以親貴하여 比大將軍矣러라

① 霍去病이 예전에 票姚校尉를 지냈는데 여전히 票姚라는 뜻을 취한 것이니, 票騎將軍이라는 이름이 이때 시작되었다.
去病, 前爲票姚校尉, 尙取其義, 票騎將軍始此.

② "轉戰"은 계속 이동하면서 서로 전투하는 것이다. 焉은 음이 煙이니, ≪括地志≫에 "焉支山은 일명 刪丹山인데, 甘州 刪丹縣 동남쪽 50리 지점에 있다." 하였다.
轉戰, 轉相戰鬪也. 焉, 音煙. 括地志"焉支山, 一名刪丹山, 在甘州刪丹縣東南五十里."

(B.C. 166)) '匈奴가 변방을 나가자 돌아왔다.'고 쓴 것과 똑같게 말할 수가 없는 것이다.〔兵未有書所至者 書所至 何 譏深入也 是故書至祁連山 所以志去病之深入 書至涿邪山 所以志魏主之遠闘 書至青海 所以志君臭之窮追 此書至祁連山而還 後書封狼居胥山而還 與書出塞而還者 不可同日語矣〕" ≪書法≫

22) 小月氏(소월지) : 月氏는 원래 중국 감숙성 서부 지역에 거주하였다. 이후 匈奴 冒頓單于(묵특선우)의 침입을 받아 서방으로 쫓겨 갔는데 이들을 大月氏라고 하며, 월지의 일부가 잔존하여 羌族과 잡거하였는데 이들을 小月氏라 한다.

③ 休는 許虯의 切이고, 屠는 음이 儲이니, "休屠"는 匈奴가 봉한 제후왕의 땅이다. 뒤에 漢나라에 항복하니, 황제가 縣을 처음 설치하여 武威郡에 속하게 하였다. '祭天金人'은 金人을 만들어 天神의 像으로 삼아 제사한 것이니, 후일 佛像이 바로 그 남은 법이다.
休, 許虯切. 屠, 音儲. 休屠, 匈奴所封王地. 後降漢, 帝開置縣, 屬武威郡. 祭天金人, 作金人, 以爲天神之像而祭之, 後之佛像, 是其遺法也.

④ 居延은 匈奴 지역에 있는 물 이름이니, 바로 옛 流沙이다. 황제(武帝)가 縣을 처음 설치하여 張掖郡에 속하게 하였다.
居延, 匈奴中水名, 卽古流沙. 帝開置縣, 屬張掖郡.

⑤ 宿은 나이가 많음이다.
宿, 舊也.

⑥ "常選"은 항상 날쌔고 정예로운 병사를 선발함을 이른다.
謂常選取驍銳.

⑦ 先(앞장서다)은 悉薦의 切이다.
先, 悉薦切.

⑧ 留는 머뭇거림을 이르고 落은 뒤떨어짐을 이른다. 그러므로 좋은 기회를 만나지 못하여 戰功이 없었던 것이다.
留, 謂遲留. 落, 謂墜落. 故不諧耦而無功也.

【綱】 가을에 匈奴의 渾邪王(혼사왕)이 항복하므로 다섯 속국을 설치하여 그의 무리를 거처하게 하였다.

秋에 **匈奴渾邪王**이 **降**이어늘 **置五屬國**하여 **以處其衆**하다

【目】 匈奴의 單于는 渾邪王과 休屠王이 패전하여 병사들이 漢나라 군대에게 죽임을 당하고 포로로 잡힌 자가 수만 명인 것에 노하여 이들을 불러 죽이고자 하였다. 혼사왕과 휴저왕은 두려워하여 漢나라에 항복할 것을 도모하였는데, 휴저왕이 후회하자, 혼사왕은 그를 죽이고 병력을 합하여 항복하였다.

漢나라에서는 수레 2만 대를 징발하여 이들을 맞이하였는데, 縣官(국가)에 돈이 없어서 백성들에게 말〔馬〕을 세냈으나, 백성들이 간혹 말을 숨겨서 말이 구비되지 못하였다.

上이 노하여 長安令을 목 베려 하자, 右內史 汲黯이 아뢰기를 "장안령은 죄가 없으니, 오직 臣 급암을 참형에 처해야 백성들이 비로소 기꺼이 말을 내놓을 것입니다. 또 흉노가 자기 군주를 배반하고 漢나라에 항복하였으니, 漢나라에서는 서서히 縣으로 하여금 차례로 파발마로 오게 하면 되는데, 어찌 천하 사람들을 소동하게 하여 중국을 피폐하

게 해서 오랑캐 사람들을 섬긴단 말입니까."라고 하였다. 上은 묵묵히 있었다.

匈奴單于怒渾邪, 休屠王이 爲漢所殺虜數萬人하여 欲召誅之①하니 渾邪王與休屠王이 恐하여 謀降漢이러니 休屠王이 後悔한대 渾邪王이 殺之하고 幷其衆以降하다 漢이 發車二萬乘하여 迎之하니 縣官無錢하여 從民貰(세)馬호되 民或匿馬하여 馬不具②라 上이 怒하여 欲斬長安令한대 右內史汲黯曰 長安令은 無罪하니 獨斬臣黯이라야 民乃肯出馬하리이다 且匈奴畔其主而降漢하니 漢이 徐以縣次傳之③어늘 何至令天下騷動하여 罷敝(피폐)中國하여 而以事夷狄之人乎잇가 上이 默然이러라

① 渾은 下昆의 切이고 邪는 時遮의 切이니, 渾邪는 匈奴의 등속으로 王이 된 자이다.
渾, 下昆切. 邪, 時遮切. 渾邪, 匈奴之屬爲王者.
② 貰는 음이 世이니, 빌린다는 뜻이다. "不具"는 능히 구비하지 못한 것이다.
貰, 音世, 貸也. 不具, 不能備也.
③ 徐는 서서히이다. 傳은 파발마로 보내는 것이다.
徐, 緩也. 傳, 遞送也.

【目】渾邪王이 도착하자, 漢나라의 장사꾼으로서 그들과 물건을 매매한 자 중에 죄에 걸려 사형에 처하게 된 자가 5백여 명이었다. 汲黯은 조용한 틈을 청하여 다음과 같이 아뢰었다.

"匈奴가 요로의 변방을 공격하고 화친을 끊었으므로 중국이 군대를 일으켜 이들을 주벌해서, 사상자가 이루 헤아릴 수 없이 발생하였고, 비용이 百鉅萬(100억)으로 헤아려집니다. 어리석은 신은 폐하께서 오랑캐 사람들을 얻으면 모두 노비로 삼아서 종군하다가 죽은 자들의 집안에 하사하실 것이라고 여겼습니다. 그런데 지금 도리어 府庫를 텅 비워 오랑캐에게 賞을 내리고 양민을 징발하여 오랑캐들을 모시고 봉양하여, 마치 교만한 자식을 받들 듯이 하십니다. 어리석은 백성들이 長安 가운데의 물건을 교역하는 것이 죄가 됨을 어찌 알기에, 법을 집행하는 관리들이 죄를 다스리기를 '함부로 재물을 변방 관문으로 내보낸 것'과 똑같이 적용한단 말입니까. 폐하께서 비록 흉노의 물자를 얻어 천하에 사례하지는 못할지언정 또다시 번잡하고 사소한 법조문을 가지고 무지한 백성 5백여 명을 죽이려 하시니, 이는 이른바 '그 잎을 비호하느라 그 가지를 해친다.'는 것입니다. 신은 삼가 폐하를 위하여 찬성하지 않습니다."

上은 묵묵히 있다가 有司의 〈법을 범한 자들에 대한 처벌을 주청하는 것을〉 허락하지 않고, 말하기를 "내가 오랫동안 급암의 말을 듣지 못해서 지금 또다시 망발을 하였다." 하였다.

얼마 있다가 마침내 항복해온 자들을 나누어 가까운 다섯 고을의 옛 변방 밖으로 이주시키고, 본국의 옛 풍속을 따르게 하여 다섯 속국으로 삼았다. 金城과 河西는 서쪽으로 南山(崑崙山脈)곁을 따라 鹽澤에 이르기까지, 지역이 텅 비어 흉노가 없어서 때로 정탐하는 자가 왔으나 매우 드물었다.

及渾邪至에 賈人與市者 坐當死五百餘人이라 黯이 請間하여 曰 夫匈奴攻當路塞(새)하고 絶和親이어늘 中國이 興兵誅之하여 死傷者不可勝計요 而費以巨萬百數①니이다 臣愚는 以陛下得胡人이면 皆以爲奴婢하여 以賜從軍死事者家러니 今反虛府庫賞賜하고 發良民侍養하여 譬若奉驕子②하시니 愚民이 安知市買長安中物이완대 而文吏繩以爲闌出財物于邊關乎③잇가 陛下縱不能得匈奴之資以謝天下나 又以微文으로 殺無知者五百餘人④하시니 是所謂庇其葉而傷其枝者라 臣은 竊爲陛下不取也하노이다 上이 默然不許하고 曰⑤ 吾久不聞汲黯之言하여 今又復妄發矣로라 居頃之에 乃分徙降者邊五郡故塞外하고 因其故俗하여 爲五屬國⑥하니 而金城河西는 西竝(방)南山至鹽澤히 空無匈奴⑦하여 時有候者到而希矣⑧러라

① "巨萬百數"는 바로 百鉅萬(100억)으로 헤아려지는 것이다.
巨萬百數, 卽數百鉅萬也.

② 養(봉양하다)은 去聲이다.
養, 去聲.

③ 闌은 함부로라는 뜻이다. 법률에 "오랑캐 시장에서는 漢나라의 관리와 백성들이 兵器나 돈을 가지고 관문을 나갈 수 없으며, 비록 京師(長安)에서 매매하더라도 법의 적용이 똑같다." 하였다.
闌, 妄也. 律"胡市, 吏民不得持兵器及錢出關, 雖於京師市買, 其法一也."

④ 文은 法條文이다.
文, 法也.

⑤ "不許"는 有司가 주청한 바를 허락하지 않음을 이른다.
不許, 謂不許有司所奏.

⑥ 邊은 가까움이다. "五郡(다섯 郡)"은 隴西郡, 北地郡, 上郡郡, 朔方郡, 雲中郡을 이른다. "故塞"는 秦나라 이전에 匈奴와 교통하던 변방의 가까운 지역을 이른다. ≪史記正義≫에 "漢나라로 와서 항복한 匈奴의 백성들을 옮겨 다섯 郡에 두어서 각각 본국의 풍속을 따르게 하고 漢나라에 소속시켰으므로 屬國이라 하였다." 하였다.
邊, 近也. 五郡, 謂隴西·北地·上郡·朔方·雲中也. 故塞, 謂秦之先, 與匈奴所關之塞也. 正義曰"以來降之民, 徙置五郡, 各依本國之俗而屬於漢, 故曰屬國."

⑦ 여기서 句를 뗀다.
句.

⑧ 河水(黃河)는 金城郡 河關縣 서남쪽 변방 밖 積石山에서 發源하여 동쪽으로 흘러서 金城郡 경계를 지나가는데, 允吾 서쪽을 통틀어 金城河라 이른다. 河水를 건너 서쪽으로 가면 武威 등 네 郡의 땅이다. 그러나 金城郡은 昭帝가 元始 6년(B.C. 81)에 처음으로 설치하였으니, 史官이 추후에 〈金城이라〉 쓴 것이다. 南山은 바로 終南山과 연결된 것이니, 京師 남쪽을 따라 서쪽으로 연접하여 蔥嶺(파미르 고원)에 이르는데, 거리가 1만여 리이므로, '南山 곁을 따라〔竝南山〕'라고 한 것이다. 空(텅 비다)은 絶(사람이 살지 않아 인적이 끊김)이란 말과 같다.
河水, 出金城河關縣西南塞外積石山, 東流逕金城郡界, 自允吾以西, 通謂之金城河, 渡河而西, 則武威等四郡之地. 然金城郡, 昭帝於元始六年方置, 史追書也. 南山, 卽連終南山, 從京南而西, 連接至蔥嶺萬餘里, 故云竝南山也. 空, 猶言絶也.

【目】休屠王의 太子인 日磾(일제)가 籍沒되어 관청에 들어와서 黃門으로 실려와 말을 길렀는데, 황제가 遊宴(놀러 다니고 잔치함)하면서 말〔馬〕을 査閱할 적에 後宮들이 곁에 가득하였다. 일제 등 수십 명은 말을 끌고 궁전 아래를 지나다가 궁녀들을 훔쳐보지 않는 자가 없었으나, 일제만은 홀로 감히 궁녀들을 훔쳐보지 않았다.

일제는 신장이 8尺 2寸이고 용모가 매우 엄숙하였으며, 그가 기르는 말들이 또 살지고 아름다우니, 上은 기특히 여겨서 당일에 湯沐邑과 衣冠을 하사하고 馬監을 제수하였다가 侍中과 駙馬都尉, 光祿大夫로 승진시켜, 그를 매우 신임하고 사랑하였다.

이에 貴戚들이 대부분 속으로 원망하기를 "폐하께서 망령되이 한 오랑캐 아이를 얻어서 도리어 그를 귀중하게 여긴다."라고 하였으나, 上은 더욱 그를 친애하였고, 休屠國에서는 金人을 만들어 하늘에 제사하는 의식을 받는 주체로 삼는다 하여 일제에게 金氏 姓을 하사하였다.

休屠王太子日磾(제) 沒入官하여 輸黃門養馬①러니 帝遊宴見馬할새 後宮滿側이라 日磾等數十人이 牽馬過殿下라가 莫不竊視호되 至日磾하여는 獨不敢②하다 日磾長八尺二寸이요 容貌甚嚴하고 馬又肥好③하니 上이 奇焉하여 卽日에 賜湯沐, 衣冠하여 拜爲馬監이라가 遷侍中, 駙馬都尉, 光祿大夫하여 甚信愛之④라 貴戚이 多竊怨曰 陛下妄得一胡兒하여 反貴重之라호대 上이 愈厚焉하고 以休屠作金人하여 爲祭天主라 故로 賜日磾姓金氏하다

① 磾는 丁奚의 切이다. 黃門은 少府에 속하였으니, 직임이 天子 가까이에 있으면서 천자에게 물건을 공급하였으므로 온갖 물건이 다 있었다.
磾, 丁奚切. 黃門, 屬少府, 職任親近, 以供天子, 百物在焉.

② '遊宴見馬(游宴하면서 말〔馬〕을 보았다.)'는 한창 놀고 잔치할 적에 여러 말을 불러 査閱함을 말한 것이다. 視는 宮人을 살펴보는 것이다.

游宴見馬, 言方於游宴之時, 而召閱諸馬. 視, 視宮人也.

③ 長(길이)은 直亮의 切이다.

長, 直亮切.

④ 黃門에 馬監과 狗監이 있었다. 駙馬都尉는 황제(武帝)가 설치한 것이니, 駙는 副馬이다. 정식으로 수레에 멍에 하는 말이 아닌 것을 모두 副馬라 한다. 일설에 "駙는 가까움이요 빠름이다." 하였다. 光祿大夫는 본래 中大夫였는데, 황제가 그 이름을 고쳤다.

黃門, 有馬監·狗監. 駙馬都尉, 帝所置, 駙, 副馬也. 非正駕車, 皆爲副馬. 一曰 "駙, 近也, 疾也." 光祿大夫, 本中大夫, 帝改其名.

辛酉年(B.C. 120)

【綱】 漢나라 世宗 孝武皇帝 元狩 3년이다. 봄에 孛星이 동쪽에 나타났다.

三年이라 春에 有星孛于東方하다

【綱】 여름에 赦免하였다.

◑ 夏에 赦하다

【綱】 가을에 匈奴가 右北平과 定襄에 침입하였다.

◑ 秋에 匈奴入右北平, 定襄하다

【綱】 山東에 큰 洪水가 났으므로 가난한 백성을 關西와 朔方으로 이주시켰다.

◑ 山東大水어늘 徙其貧民於關西, 朔方[23]하다

【目】 山東 지방이 水害를 입어 굶주리고 궁핍한 백성이 많았다. 使者를 보내어 倉廩을 비워서 구휼하였으나 식량이 부족하였고, 또 부자들을 모집하여 곡식과 재물을 빌려주

23) 山東……朔方 : "이것은 魏罃(梁 惠王)이 백성을 옮기고 곡식을 옮긴 옛날의 작은 지혜이다. 이 당시 해마다 흉노를 공격하고 西南夷와 통하여 紛紛하게 일이 많아 백성들의 재정이 고갈되었다. 한 번 기근이 들면 속수무책이어서 백성들을 진휼하고 구원하는 계책이 전혀 없었으니, 이것을 쓴 것은 또한 그 곤궁함을 나타낸 것이다.〔此魏罃移民移粟之故智也 當是時 歲擊匈奴 通西南夷 紛紛多事 民財竭矣 一有饑歉 束手略無振救之策 書之 亦以見其窮爾〕" ≪發明≫

게 하였으나 여전히 구원하지 못하였으므로, 마침내 가난한 백성들을 關西와 朔方, 新秦中으로 70여만 명을 이주시켜 모두 縣官(國家)에서 공급하게 하고, 몇 년 동안 이들에게 產業(田地와 住宅)을 대여해주고서 使者(刺史)가 나누어 보살피니, 비용이 억만으로 헤아려졌다.

山東被水하여 民多飢乏이라 遣使하여 虛倉廩以振호되 猶不足하고 又募富人假貸호되 尙不能相救라 乃徙貧民關西, 朔方, 新秦中七十餘萬口①하여 皆仰給縣官하고 數歲에 貸與產業하여 使者分護하니 費以億計②러라

① 關西는 隴西와 北地, 西河와 上郡을 이른다. 秦나라 始皇帝가 蒙恬(몽염)을 보내어 匈奴를 물리쳐서 河南 造陽의 북쪽 천 리 땅을 얻으니, 토질이 매우 비옥하였다. 이에 성곽을 쌓고 內郡에 있는 가난한 백성들을 이주시켜 채우고는 新秦이라 이름하였다.
關西, 謂隴西・北地・西河・上郡也. 秦始皇遣蒙恬, 攘却匈奴, 得其河南造陽之北千里, 地甚好. 於是爲築城郭, 徙內郡貧民以充之, 名曰新秦.

② 使者는 部의 刺史이다. 分(나누다)은 扶問의 切이다. 護는 구원하고 보살피는 것이다.
使者, 部刺史也. 分, 扶問切. 護, 救視也.

【綱】 隴西와 北地, 上郡의 변방을 수비하는 병력의 절반을 줄였다.

減隴西, 北地, 上郡戍卒之半하다

【目】 漢나라가 이미 渾邪王의 땅을 얻으니, 隴西와 北地, 上郡에 오랑캐의 침입이 더욱 적어졌다. 이에 詔令을 내려 변방을 수비하는 세 郡의 병력의 절반을 줄여서 천하의 繇役(요역)을 경감하였다.

漢이 旣得渾邪王地하니 隴西, 北地, 上郡에 益少胡寇라 詔減三郡戍卒之半하여 以寬天下之繇하다

【綱】 昆明池를 만들었다.

作昆明池하다

【目】 上이 장차 昆明을 토벌하려 할 적에, 곤명에 둘레가 3백 리인 滇池(전지)가 있으므로, 마침내 長安에 昆明池를 만들어서 水戰을 익히게 하였다.

이때에 法이 더욱 엄격하여 관리들이 폐출되고 면직당한 자가 많았고 兵革(전쟁)이

자주 일어나니, 백성들이 復(身役 면제)과 五大夫를 많이 사서 징발할 수 있는 병사가 더욱 적었다. 이에 千夫와 五大夫[24]를 관리로 제수하되 원치 않는 자는 말을 내게 하고, 관리 중에 아비가 옛날에 법을 농간한 일이 있으면 모두 처벌해서, 그들로 하여금 上林苑의 가시나무를 베어서 昆明池를 파게 하였다.

上이 **將討昆明**①할새 **以昆明有滇池**하니 **方三百里**라하여 **乃作昆明池**하여 **以習水戰**②하다 **是時**에 **法旣益嚴**하여 **吏多廢免**하고 **兵革數**(삭)**動**하니 **民多買復**(복)**及五大夫**하여 **徵發之士 益鮮**③이라 **於是**에 **除千夫, 五大夫**하여 **爲吏**호되 **不欲者**는 **出馬**④하고 **以故吏弄法**이면 **皆謫令伐棘上林**하여 **穿昆明池**⑤하다

① 昆明이 漢나라의 使臣을 못 오게 했기 때문이다.
以其閉漢使故也.

② 滇池[25]는 水源이 깊고 넓은데 얕고 좁은 곳을 지나가지 않아서 거꾸로 흐르는 듯하였으므로, 이름을 滇池라 하였다. 昆明池는 長安 서남쪽에 있으니, 둘레가 40리이다.
滇(전)池, 水源深廣, 而未更淺狹, 有似倒流, 故謂之滇池. 昆明池, 在長安西南, 周回四十里.

③ "買復"은 관청에 재물을 납부하고서 우대하는 復(요역 면제)을 취하는 것이다. 五大夫는 옛날 爵位로 20등 가운데 제9급이다. 漢나라 법에 이 五大夫에 이르러야 비로소 徭役이 면제되었다.
買復, 謂入財於官, 以取優復也. 五大夫, 舊爵二十等之第九級也. 漢法至此, 始免徭役.

④ 관직을 제수함을 除라 한다. 千夫는 武功爵으로 제7급이니, 爵秩이 五大夫보다 낮다.
拜官曰除. 千夫, 武功爵第七級也, 爵秩出於五大夫.

⑤ 故는 옛날이고 謫은 책망하고 벌줌이니, 그 아버지가 부정하게 이익을 취하였기 때문이다.
故, 舊也. 謫, 責罰也. 以其父爲姦利也.

【綱】 渥洼水(악와수) 가운데에서 神馬를 얻었다.

得神馬於渥洼水中하다

【目】 이해에 渥洼水 가운데에서 神馬를 얻었다. 上은 이때 樂府를 세워서 詩賦를 지어

24) 千夫와 五大夫 : 武帝는 匈奴와의 전쟁으로 국가 재정이 부족하자 백성들에게 관작을 팔았는데, 이를 武功爵이라 한다. 千夫는 무공작 중 7급에 해당하는데, 이 이상은 요역을 면제받고 관직에 임명되었다. 五大夫는 공이 있는 사람에서 일반 백성들에게까지 부여한 20等爵 중 9급에 해당한다. 오대부 이상은 역시 요역에 충당되지 않았다.

25) 滇池 : 雲南省 昆明市 서남쪽에 있는 호수로, 동서 兩岸에 金馬山과 碧鷄山이 마주하고 있으며, 昆明湖·昆明池·滇南澤이라고도 불린다. 滇은 顚(거꾸러지다)과 음이 같으므로 '거꾸로'의 뜻을 취하여 滇池라 한 것이다.

絃樂器로 엮어서 八音의 곡조[26]를 맞추려 하였는데, 神馬를 얻자 〈그 경위를〉 撰述하여 노래를 만들었다. 汲黯이 다음과 같이 아뢰었다.

"무릇 王者가 음악을 지을 적에, 위로는 祖宗을 받들고 아래로는 億兆의 백성들을 교화시켰습니다. 그런데 지금 폐하께서 말을 얻으시고는 詩로써 노래를 지어 종묘에서 曲調에 맞추어 연주하시니, 先帝와 백성들이 어찌 그 음악을 알겠습니까."

이에 上은 묵묵히 있으면서 기뻐하지 않았다.

是歲에 得神馬於渥洼水中①하니 上이 方立樂府하여 造爲詩賦하여 絃次以合八音之調러니 及得神馬에 次以爲歌②하다 汲黯曰 凡王者作樂에 上以承祖宗하고 下以化兆民하나니 今陛下得馬하사 詩以爲歌하여 協於宗廟하시니 先帝百姓이 豈能知其音邪잇가 上이 默然不說③이러라

① 渥은 음이 握이고 洼는 於佳의 切이다. 李斐가 말하기를 "南陽의 新野에 暴利長이란 사람이 있었는데, 武帝 때에 형벌을 받고 敦煌 경계에서 屯田을 하였다. 그런데 이 물가에서 여러 야생마들 가운데 일반 말과는 다른 기이한 말이 물을 마시러 오는 것을 자주 보았다. 폭리장은 먼저 土偶人(흙으로 만든 인형)을 만들어서 굴레와 말고삐〔靽〕를 가지고 물가에 세워두게 하니, 뒤에는 말들이 익숙해져서 土偶人을 가까이하였다. 오랜 뒤에 土偶人을 대신하여 진짜 사람이 굴레와 말고삐를 가지고 있다가 그 말을 붙잡아서 바쳤는데, 이 말을 신령하고 기이하게 하려고 '물 가운데서 나왔다.'고 한 것이다." 하였다. 靽은 絆과 같으니, 말의 고삐이다.

渥, 音握. 洼, 於佳切. 李斐曰 "南陽新野, 有暴利長, 當武帝時, 遭刑, 屯田敦煌界. 數於此水旁, 見群野馬中有奇者, 與凡馬異, 來飮此水. 利長先作土人, 持勒靽於水旁, 後馬玩習. 久之, 代土人持勒靽, 收得其馬獻之, 欲神異此馬, 云從水中出." 靽, 與絆同, 馬縶也.

② 樂府에 安世房中歌 17章과 郊祀歌 19章이 있는데, 童男과 童女 70명으로 하여금 이것을 노래하게 하니, 樂府라는 이름이 이때 처음 시작되었다. 調(곡조)는 徒笑의 切이다. 次는 撰述함이니, 엮어서 노래의 곡조를 만들고 엮어서 太一의 노래를 만들었다. 이 곡조에 "太一이 바쳐 天馬가 내려오니, 붉은 땀이 젖어 피처럼 붉게 흐르도다. 한가롭게 말을 달려 한 달음에 萬里를 가니, 이제 무엇과 짝하겠는가. 龍과 짝한다." 하였다.

樂府, 有安世房中歌十七章, 郊祀歌十九章, 使童男女七十人歌之, 樂府之名, 蓋始於此. 調, 徒笑切. 次, 撰述也. 次以爲歌調, 次以爲太一之歌. 其曲曰 "太一[27]貢兮天馬下, 霑赤汗兮沫流赭. 騁容與兮跇萬里, 今安匹兮龍與友."

③ 五聲이 배합되어 조화로운 소리를 내는 것을 音이라 하고, 한 가지 소리만 내는 것을 聲이라 한다.

26) 八音의 곡조 : 여덟 가지 재료에 따른 악기의 소리로 金(징과 꽹과리), 石(編磬), 絲(현악기), 竹(관악기), 匏(생황), 土(질풍류), 革(북과 장구), 木(柷(축)과 敔(어))을 이른다.

27) 太一 : 天神의 이름이다.

五聲雜比[28)]曰音, 單出曰聲.

【目】上이 士大夫들을 초청하고 맞이하여 항상 부족한 듯이 하였다. 그러나 성품이 준엄하여 비록 평소 사랑하고 신임하는 자라도 조금만 법을 범하면 번번이 조사하여 죽이니, 汲黯이 다음과 같이 諫하였다.

"폐하께서 賢者 구하기를 매우 수고롭게 하시어, 그 才用을 다 쓰기도 전에 번번이 죽이셔서 한정이 있는 선비들에게 끝없는 誅罰을 행하시니, 臣은 天下에 어질고 재주 있는 자가 장차 다 없어질까 두렵습니다. 이렇게 되면 폐하께서 누구와 함께 정치를 하시겠습니까?"

급암이 이 말을 하며 매우 노여워하자, 上이 웃으며 타이르기를 "어느 세상인들 인재가 없겠는가마는 사람들이 그 인재를 알아보지 못하는 것이 걱정일 뿐이다. 또 재주는 유용한 그릇과 같다. 재주가 있는데도 다 쓰려고 하지 않는다면 재주가 없는 것과 똑같으니, 죽이지 않고 무엇하겠는가." 하였다.

급암은 말하기를 "신이 비록 말로써 폐하를 굽히지는 못하나 마음속으로는 아직도 폐하께서 잘못하신다고 생각합니다. 바라건대 폐하께서는 지금부터 이것을 고치셔서 臣을 어리석어 이치를 알지 못한다고 여기지 마소서." 하였는데, 급암은 오랜 뒤에 법에 걸려 면직되었다.

◑ 上이 招延士大夫하여 常如不足이라 然이나 性嚴峻하여 雖素所愛信者라도 小有犯法이면 輒按誅之하니 汲黯이 諫曰 陛下求賢甚勞하사 未盡其用에 輒已殺之하사 以有限之士로 恣無已之誅하시니 臣恐天下賢才將盡일까하노니 陛下誰與共爲治乎잇가 黯이 言之甚怒한대 上이 笑而諭之曰 何世無才리오 患人不能識之耳라 且才는 猶有用之器也라 有才而不肯盡用이면 與無才同하니 不殺何施리오 黯曰 臣雖不能以言屈陛下나 而心猶以爲非하노니 願陛下는 自今改之하사 無以臣爲愚而不知理也하소서 居久之에 坐法免하다

壬戌年(B.C. 119)

【綱】漢나라 世宗 孝武皇帝 元狩 4년이다. 겨울에 皮幣와 白金을 만들고 三銖

28) 五聲雜比 : 五聲은 宮・商・角・徵(치)・羽의 다섯 가지 소리로, 이는 지금의 '도레미파솔라'와 같은 것이며, 雜比는 여러 가지 소리를 배합하여 조화롭게 하는 것이다.

錢을 주조하고 鹽鐵官을 설치하고, 緡錢과 선박, 수레에 세금을 내게 하였다.

四年이라 **冬**에 **造皮幣白金**하고 **鑄三銖錢**하고 **置鹽鐵官**하고 **算緡錢舟車**하다[29]

【目】 有司가 아뢰기를 "縣官(국가)의 用度가 너무 부족한데, 부유한 상인들은 재물을 혹 수만 금을 쌓아두고서도 국가의 곤궁함을 돕지 않으니, 청컨대 돈을 바꾸고 다시 화폐를 만들어서 재정을 넉넉하게 하고, 경박하고 방자하며 兼倂하는 장사꾼들을 억눌러야 합니다." 하였다.

이때 禁苑에 흰 사슴이 있었고 少府에 銀과 주석이 많았다. 이에 사방 1尺이 되는 흰 사슴 가죽에 오색실로 가장자리를 수놓아 皮幣를 만드니, 한 장에 값어치가 40만 錢이었다. 朝覲하고 聘問하며 연향할 적에 반드시 皮幣를 璧玉 밑에 깐 뒤에야 禮를 행하고, 또 銀과 주석을 주조하여 세 종류의 白金을 만드니, 큰 것은 값어치가 3,000錢이고 다음은 값어치가 500錢이고, 작은 것은 값어치가 300錢이었다. 半兩錢을 녹여 없애고 三銖錢으로 바꾸어 주조하였으며, 몰래 돈을 鑄造하는 자는 모두 사형에 처하였다.

---

29) 造皮幣白金……算緡錢舟車 : "鹽鐵은 武帝 때에 처음으로 관원을 두었다고 썼는데, 元帝에 이르러 '파했다.'고 썼다가 〈3년〉 뒤에 다시 '회복했다.'고 썼고, 後漢 和帝 초년에 처음 '遺詔를 내려 파하여 금했다.'고 썼는데, 獻帝 때에 '또다시 鹽官을 두었다.'고 썼다. 이로부터 쓴 기록이 없는 것은 〈鹽鐵을 전매함이〉 영구한 제도가 되었기 때문이다. 元魏(北魏) 때에 이르러 다시 '鹽池를 금했다.'고 썼는데, 이윽고 또다시 '파했다.'고 썼고, '회복했다.'고 썼다. 隋나라 때에 다시 '소금의 제조를 금하는 법〔鹽禁〕을 풀어주었다.'고 쓴 것은 또한 '淡水湖에서 나오는 소금〔池鹽〕의 경우일 뿐이요, 陳나라 때에 鹽賦法을 제정하였다.'고 쓴 것은 바로 바다에서 나는 소금이다. 그러다가 唐나라 때에 이르러 '鹽鐵使를 두었다.'고 썼으니, 비록 나뉘고 합침이 일정하지 않으나, 국가의 부세 태반이 이 鹽과 鐵에 의지하여 다시는 파할 수가 없었다. 五代시대에 石晉(後晉)이 처음으로 다시 '관청에서 소금을 파는 법을 시행하였다.'고 썼으니, 이보다 먼저는 일찍이 백성들에게 소금을 파는 것을 허락하였기 때문에 이렇게 쓴 것이다.〔鹽鐵 自帝始書置官 至元帝書罷 書復 後漢和帝初 始書以遺詔罷禁 獻帝又書復置鹽官 自是無書者 蓋爲永制也 至元魏 書復鹽池之禁 旣而又書罷 書復. 隋書復弛鹽禁 亦池鹽耳 陳 書立鹽賦法 則海鹽也 至唐 書鹽鐵使 雖分合不常 而國賦大半仰此 不可復罷矣 五代石晉 始書復行官賣鹽法 先是 嘗聽民販賣故也〕" ≪書法≫

"元光 6년(B.C. 129)에 '처음 상인들의 수레에 세금을 매겼다.'고 썼고, 元朔 6년(B.C. 123)에 '속죄하고 관작을 살 수 있게 하였다.'고 썼는데, 이때에 이르러서 또다시 '皮幣와 白金 등의 물건들을 만들었다.'고 썼다. 그리하여 글이 번잡한데도 줄이지 않았으니, 이는 이익을 일으킨 단서가 날로 더욱 많아져서이다. 하늘은 四時를 내고 땅은 재물을 내니, 군주가 재물을 바르게 쓰면 1년의 수입이 충분히 한 해의 비용을 공급할 수 있는데, 어찌 반드시 널리 백성을 착취해서 국가의 재정을 풍족하게 할 것이 있겠는가. 武帝가 만일 사치하게 재물을 쓰지 않고 군대를 남용하지 않았다면 그 병폐가 반드시 여기에 이르지는 않았을 것이다. 법을 만듦이 이와 같으니, 국고가 텅 비어 소모되지 않고자 하나 어려운 것이다.〔元光六年 書初算商車 元朔六年 書贖罪賣爵 至是又書造皮幣白金等物 辭繁而不殺 興利之端 日以益多 夫天生時 地生財 人君以正用之 一歲所入 自足供一歲之用 豈必廣爲漁取 以足其國乎 武帝苟非奢侈窮黷 其弊未必至是 設法若此 欲無虛耗 難矣〕" ≪發明≫

有司言호되 縣官用度大(태)空이어늘 而富商大賈는 財或累萬金이로되 不佐國家之急①하니 請更(경)錢造幣以贍用하고 而摧浮淫并兼之徒②니이다 時에 禁苑에 有白鹿하고 而少府에 多銀錫이어늘 乃以白鹿皮方尺으로 緣以藻繢(조회)하여 爲皮幣하니 直(치)四十萬③이라 朝覲, 聘享에 必以皮幣薦璧然後에 得行④하고 又造銀錫하여 爲白金三品하니 大者는 直三千이요 次는 直五百이요 小는 直三百⑤이라 銷半兩錢하고 更鑄三銖錢하고 盜鑄者를 罪皆死⑥하다

① 空은 苦貢의 切이니, 궁핍하다는 뜻이다. 佐는 돕는다는 뜻이다.
空, 苦貢切, 鈌(缺)也. 佐, 助也.

② 更은 고친다는 뜻이다. 摧는 沮止하고 억제한다는 뜻이다. "浮淫并兼之徒"는 바로 商賈의 무리를 말한 것이다.
更, 改也. 摧, 沮抑也. 浮淫并兼之徒, 卽言商賈輩.

③ 藻는 음이 早이니, 水草이다. 繢는 음이 會이니, 자수인데, "藻繢"는 五采로 수놓아 만드는 것이다.
藻, 音早, 水草也. 繢, 音會, 繡也. 繢五采而爲之.

④ 薦은 바닥에 까는 것이다.
薦, 藉也.

⑤ 銀과 주석을 섞어 주조하여 白金을 만든다. 첫 번째는 무게가 8兩이고 모양을 둥글게 하여 하늘을 형상하였으니, 문양은 龍이고 이름은 白撰이다. 두 번째는 무게가 약간 가볍고 모양을 네모지게 하여 땅을 형상하였으니, 문양은 말이다. 세 번째는 무게가 좀 더 작고 모양을 타원형으로 하여 사람을 형상하였으니, 문양은 거북이다. 당시의 의논에 말하기를 "하늘의 쓰임은 龍보다 더한 것이 없고, 땅의 쓰임은 말보다 더한 것이 없고, 사람의 쓰임은 거북보다 더한 것이 없다." 하였다. 그러므로 이로써 白金 세 등급의 문양을 만든 것이다. 무게가 조금씩 적은 것은 반 근(8兩)의 무게로 차등하여 세 종류를 만들었으니, 이 두 번째의 무게가 6兩이면 下品(세 번째)은 무게가 4兩인 것을 이른다. 橢는 佗果의 切이니, 둥글면서 긴 것이다.
雜鑄銀錫爲白金, 其一曰, 重八兩, 圜之以象天, 其文龍, 名白撰. 二曰, 重差小, 方之以象地, 其文馬. 三曰, 復小, 橢之以象人, 其文龜. 時議以爲"天用莫如龍, 地用莫如馬, 人用莫如龜." 故以爲白金三品之文. 重差小, 謂以半斤之重, 差爲三品, 此重六兩, 則下品重四兩也. 橢, 佗果切, 圓而長也.

⑥ 建元 5년(B.C. 136)에 三銖錢을 폐지하고 半兩錢을 발행하였다.
建元五年, 廢三銖錢, 行半兩錢.

【目】이때에 齊나라에서 소금을 많이 구워 팔던 東郭咸陽과 南陽의 큰 대장장이인 孔僅을 大司農丞으로 삼아 鹽鐵의 일을 관장하게 하였고, 洛陽의 장사꾼의 자식인 桑弘羊은

암산을 잘해 나이 13세에 侍中이 되었다. 그리하여 이들 세 사람이 이익을 말할 적에 털끝만 한 작은 일까지도 자세하게 분석하였다.

詔令을 내려 백성들이 몰래 鐵器를 주조하고 소금을 굽는 것을 금하여, 만일 禁令을 범하면 왼쪽 발목에 버선 모양의 쇠뭉치(족쇄)를 채우고 籍沒하여 그 기물을 나라에 바치게 하였다. 또 장사꾼들이 末技(지엽적인 기예)로 만든 물건들은 각각 그 물건을 스스로 헤아려 수량을 신고하게 하되, 대체로 緡錢 2,000錢에 1算(120錢)을 내게 하였으며, 수레와 선박을 소유한 백성에게는 모두 算을 부과하였는데, 숨기고 스스로 헤아려 신고하지 않거나 누락하고 다 신고하지 않은 자가 있으면, 변방에서 1년을 수자리 살게 하고 緡錢을 적몰하였으며, 능히 이것을 고발하는 자가 있으면 그 절반을 주게 하니,[30] 이 법이 대부분 張湯에게서 나왔다.

於是에 以齊大煮鹽東郭咸陽과 南陽大冶孔僅으로 爲大農丞하여 領鹽鐵事①하고 洛陽賈(고)人子桑弘羊은 以心計로 年十三에 侍中②하여 三人言利에 事析秋毫矣③러라 詔禁民敢私鑄鐵器煮鹽者하여 釱(체)左趾하고 沒入其器物④하며 又令諸賈人末作으로 各以其物自占⑤호되 率緡錢二千而一算⑥하고 及民有車船者를 皆有算⑦호되 匿不自占하고 占不悉이어든 戍邊一歲하고 沒入緡錢⑧하며 有能告者어든 以其半畀之하니 其法이 大抵出張湯이러라

① 東郭은 複姓이고 咸陽은 이름이다. 大農令에 두 丞이 있었다.
東郭, 複姓. 咸陽, 名. 大農令, 有兩丞.

② "心計"는 주판을 사용하여 계산하지 않고, 그 숫자를 〈마음속으로 암산하여〉 아는 것이다.
心計, 不用籌算而知其數也.

③ 〈"事析秋毫"는〉 그 분석함이 微細하여 비록 가을 터럭만큼 미세한 것이라도 나누어 둘로 만들 수 있음을 말한 것이다.
言其剖析微細, 雖秋毫之小, 亦可分而爲二也.

④ 釱는 徒計의 切이니, 쇠로 만들었는데 모양이 踉衣(버선)와 비슷하였다. 이것을 왼쪽 발목에 채우니, 무게가 여섯 근인데 이로써 발꿈치를 베는 형벌을 대신하였다.
釱, 徒計切, 以鐵爲之, 狀如踉衣. 著足下, 重六斤, 以代刖.

⑤ "末作"은 工人과 商人의 작은 技藝로 만든 것이다. 占은 之贍의 切로, 마음속으로 헤아리는 것이니, 〈"各以其物自占"은〉 각자 그 재물의 많고 적음을 마음속으로 헤아려서 문서로 만들어 관청으로 보내어 신고함을 이른다.

---

30) 장사꾼들이……하니 : 漢 武帝는 匈奴와의 전쟁으로 국고가 고갈되자, 상인들의 자산에 세금을 부과하는 '算緡令'을 실시하였으며, 이에 협력하지 않고 자진 신고하지 않거나 누락하여 신고하는 자를 고발하는 이에게는 몰수한 자산의 절반을 보상금으로 지불하는 '告緡令'을 실시하였다. 이 정책은 거상들에게 큰 타격을 주었다.

末作, 工商末技所作. 占, 之贍切, 隱度(탁)也. 謂各自隱度其財物多少, 爲文簿, 送之官也.

⑥ 緡은 眉巾의 切로 실이니, 〈"緡錢"은〉 돈을 실로 꿴 것이다. 대체로 緡錢 2,000錢을 계산하여 1算을 내게 하니, 1算은 120錢이다.

緡, 眉巾切, 絲也, 以貫錢也. 率計緡錢二千, 而出一算. 算, 百(五)〔二〕[31]十錢.

⑦ ≪漢書≫ 〈食貨志〉에 "吏比(官吏에 해당하는 자)와 三老와 북쪽 변방의 騎士가 아닌 사람의 軺車(요거)는 1算을 내었고, 商賈人의 軺車는 2算을 내었고, 5丈 이상의 배에는 1算을 내게 하였다." 하였다. 軺는 弋昭의 切이니, 작은 수레이다.

漢書食貨志"非吏比者・三老・北邊騎士, 軺車一算, 商賈人軺車二算, 船五丈以上一算." 軺, 弋昭切, 小車也.

⑧ 悉은 모두라는 뜻이다.

悉, 盡也.

【目】張湯은 매번 조정에서 일을 아뢸 적에 국가의 비용을 말하면서 날이 저무니, 天子가 밥 먹는 것도 잊었다. 丞相은 지위만 채우고 天下의 일은 모두 장탕에게서 결정되니, 백성들이 소동하여 생업에 편안히 종사하지 못해서 모두 장탕을 손가락질하며 원망하였다.

湯이 每朝奏事에 語國家用할새 日晏①하니 天子忘食이라 丞相은 充位하고 天下事 皆決於湯②하니 百姓이 騷動하여 不安其生하여 咸指怨之러라

① 〈"日晏"은〉 일을 논함이 이미 많아서 해가 저묾에 이른 것이다.

論事既多, 至於日晚.

② "充位"는 다만 그 지위를 채울 뿐, 건의하고 밝히는 바가 없는 것이다.

充位, 但充其位, 無所建明.

【綱】卜式을 中郎으로 삼고 左庶長의 官爵을 하사하였다.

以卜式爲中郎하고 賜爵左庶長[32]하다

【目】처음에 河南 사람 卜式이 여러 차례 재물을 縣官에게 바쳐 변경을 돕자, 天子가 使者를 보내서 복식에게 묻기를 "벼슬을 바라는가?" 하니, 복식이 대답하기를 "신은 어려

31) (五)〔二〕: 저본에는 '五'로 되어 있으나, ≪資治通鑑≫에 의거하여 '二'로 바로잡았다.

32) 賜爵左庶長 : "관작을 하사함을 쓴 것이 이때 시작되었다. 漢代에 처음 관작을 하사한 것은 그래도 품계가 낮은 庶長이었는데, 宣帝 이후에는 관작을 하사함이 모두 侯였다.〔書賜爵始此 漢世初賜爵 猶庶長也 至宣帝以後 則賜爵皆侯矣〕" ≪書法≫

서부터 농사를 짓고 가축을 길러서 벼슬하는 일을 익히지 않았으니, 벼슬을 원치 않습니다." 하였다. 使者가 묻기를 "집안에 혹시라도 원통하여 말하고 싶은 일이 있는가?" 하니, 복식이 대답하기를 "신은 살면서 남과 분쟁함이 없고, 고을 사람 중에 가난한 자에게는 물건을 꾸어주고 善하지 않은 자는 가르쳤으니, 무슨 연고로 원통한 일이 있겠습니까. 말씀드릴 것이 없습니다." 하였다.

使者가 말하기를 "만일 이와 같다면 그대는 무엇을 바라는가?" 하니, 복식이 대답하기를 "천자께서 匈奴를 토벌하시니, 어리석은 저는 생각하건대, 어진 자는 마땅히 변경에서 충절을 바쳐 죽어야 할 것이요, 재물이 있는 자는 마땅히 국가에 재물을 바쳐야 할 것이니, 이와 같이 한다면 흉노를 멸망시킬 수 있을 것입니다." 하였다.

上이 이것을 公孫弘에게 물으니, 공손홍이 대답하기를 "이는 人情이 아니니, 법도를 따르지 않는 신하여서 교화시킬 수가 없습니다." 하였다.

이때 上은 복식을 끝내 長者라고 생각하여 그를 높이고 드러내어 백성들을 넌지시 가르치고자 하였다. 그리하여 복식을 불러 中郎을 제수하고 左庶長의 작위를 하사하고 밭 10頃을 하사하였으며, 천하에 이 사실을 널리 포고하여 사람들로 하여금 분명히 알게 하였다.

初에 河南人卜式이 數(삭)輸財縣官以助邊이어늘 天子使使(사시)問式호되 欲官乎아 式曰 臣少田牧하여 不習仕宦하니 不願也하노이다 使者問曰 家豈有冤欲言事乎아 式曰 臣이 生與人無分爭하고 邑人貧者를 貸之하며 不善者를 教之하니 何故有冤이리오 無所欲言也노이다 使者曰 苟如此면 子何欲고 式曰 天子誅匈奴하시니 愚以爲賢者는 宜死節於邊이요 有財者는 宜輸委니 如此면 而匈奴를 可滅也①리이다 上以問公孫弘한대 弘曰 此非人情이니 不軌之臣[33]이라 不可以爲化라하더니 至是하여 上以式終長者라하여 欲尊顯以風百姓하여 乃召拜式爲中郎하여 賜爵左庶長하고 賜田十頃하고 布告天下하여 使明知之하다

① 委는 저축이니, 〈"宜輸委"는〉 마땅히 그 저축한 것을 바쳐야 함을 말한 것이다.
委, 蓄也. 謂宜輸其所蓄也.

【綱】 봄에 孛星이 동북쪽에 나타났다.

---

33) 不軌之臣 : 법도를 따르지 않는 신하로 원래는 叛亂을 도모하는 신하를 이른다. 漢나라 賈誼의 ≪過秦論 中≫에 "비록 교활한 백성이 있더라도 上을 이반하는 마음이 없으면 법도를 따르지 않는 신하가 그 계책을 꾸밀 수가 없어서 暴亂의 간교함이 사라지게 된다.〔雖有狡猾之民 無離上之心 則不軌之臣 無以飾其智 而暴亂之奸弭矣〕"라고 하였다.

春에 **有星孛于東北**하다

【綱】 여름에 長星이 서북쪽에 나타났다.

◑ **夏**에 **長星**이 **出西北**하다

【綱】 衛青과 霍去病을 보내어 匈奴를 공격하게 하였는데, 衛青의 부하인 前將軍 李廣은 길을 잃어 자살하였고, 곽거병은 狼居胥山을 封(흙을 쌓아 더 높임)하고 돌아왔다. 이에 詔命을 내려 위청과 곽거병을 모두 大司馬로 삼았다.

◑ **遣衛青, 霍去病**하여 **擊匈奴**러니 **青部前將軍李廣**은 **失道自殺**하고 **去病**은 **封狼居胥山而還**이어늘 **詔以青, 去病**으로 **皆爲大司馬**[34)]하다

【目】 上이 여러 장수들과 의논하기를 "趙信이 匈奴의 單于를 위하여 계책을 내어서 항상 말하기를 '漢나라 군대는 사막을 건너 가볍게 쳐들어와 오래 머물지 못한다.' 하니, 지

---

34) 遣衛青……皆爲大司馬 : "元光 6년(B.C. 129)부터 이때에 이르기까지 衛青이 모두 8번 출격하였는데, ≪資治通鑑綱目≫에서 매번 이것을 삼가 기록한 것은 武帝가 군대를 남용한 잘못을 나타낸 것이다. 위에서 '匈奴가 쳐들어왔다.'고 썼으니, 이는 어쩔 수 없이 대응한 군대이다. ≪자치통감강목≫에 혹은 '공격하여 패주시켰다.〔擊走〕'고 쓰고, 혹은 '공격하여 물리쳤다.〔擊却〕'고 쓴 것은 그 공로를 서술한 것이요, 元朔 5년(B.C. 124)에는 비록 적의 침략으로 인하여 출격하였으나, ≪자치통감강목≫에는 다만 그 賞을 서술했을 뿐이었다. 그런데 元朔 6년(B.C. 123) 이후에는 군대가 출동한 것이 모두 명분이 없었다. 이 때문에 위청이 元朔 6년 봄에 출격한 것은 '擊'이라 쓰고 그 공을 서술하지 않았고, 이해 여름에 두 번째 출격한 것은 곧바로 패전함을 썼으며, 元狩 2년(B.C. 121) 霍去病이 봄과 여름에 모두 두 번 출격한 것은 ≪자치통감강목≫에서 다시는 일일이 다 쓰지 않고 모두 이른 곳을 기록하여, 흉노를 끝까지 추격하고 깊이 쳐들어간 실제를 나타냈다. 그런데 이때에 이르러서 위청과 곽거병이 똑같이 출격하게 되자, 한 번은 '部將이 시기를 놓친 것'을 썼고, 한 번은 '군대를 끝까지 동원하여 이른 곳'을 썼으니, 모두 비판한 글이다.
그렇다면 모두 '大司馬로 삼았다.'고 쓴 것은 어째서인가? 비판한 것이다. 大司馬는 옛 夏官의 우두머리이니, 小司馬가 있었기 때문에 그 長官을 '大'라고 써서 구분하여 말한 것이다. 물건은 두 가지가 다 클 수가 없는데, 지금 漢나라가 大司馬의 지위를 더 두고 위청과 곽거병을 모두 대사마로 삼았으니, 매우 意義가 없는 행위이다. 후일에 丁明과 傅晏이 함께 大司馬가 된 것(哀帝 元壽 元年(B.C. 2))은 武帝가 계도한 것이니, ≪자치통감강목≫에 '모두 大司馬로 삼았다.'고 쓴 것은 깊이 비판한 것이다.〔自元光六年至是 衛青凡八出 綱目每謹書之 志窮黷也 上書匈奴入寇 是應兵也 綱目或書擊走 或書擊却 敍其功也 五年雖因入寇而出 然綱目但敍其賞而已 六年以後 則皆師出無名矣 是故衛青春出 則書擊而不敍其功 其夏再出 則直書其敗 去病春夏凡再出 綱目不復一一書之 并書所至 以見其窮追深入之實 及是衛霍同出 一則書其部將之失期 一則書其窮兵之所至 皆譏辭也 然則其書皆爲大司馬 何 譏也 大司馬 古夏官之長也 有小司馬 故其長以大別言之 物不兩大 今漢益置大司馬位 而以青去病皆爲之 無義謂甚矣 他日丁傅竝爲大司馬 帝啓之也 書曰皆爲大司馬 深譏之〕" ≪書法≫

금 士卒을 크게 출동시키면 그 형세가 반드시 우리가 원하는 바를 얻을 것이다." 하고, 이에 10만 마리의 말에게 곡식을 먹여서 大將軍 衛靑과 票騎將軍 霍去病으로 하여금 각각 5만 명의 기병을 거느리고 출전하되, 용감하게 싸우고 깊이 쳐들어가는 용사들을 모두 곽거병에게 소속시켰다.

그리하여 곽거병은 代郡에서 출동하고 위청은 定襄에서 출동하였는데, 李廣이 前將軍이 되고 公孫賀가 左將軍이 되고 趙食其(조이기)가 右將軍이 되고 曹襄이 後將軍이 되어서 모두 大將軍 衛靑에게 속하였다.

上이 與諸將議曰 趙信이 爲單于畫計①하여 常以爲 漢兵이 不能度幕輕留②라하니 今大發士卒이면 其勢必得所欲이라하고 乃粟馬十萬③하여 令大將軍靑과 票騎將軍去病으로 各將五萬騎호되 而敢力戰深入之士 皆屬去病이러라 去病은 出代郡하고 靑은 出定襄호되 李廣爲前將軍하고 公孫賀爲左將軍하고 趙食(이)其爲右將軍하고 曹襄爲後將軍하여 皆屬大將軍이러라

① 爲(위하다)는 去聲이다.
爲, 去聲.
② 〈"漢兵 不能度幕輕留"는〉 漢나라 군대는 사막을 건너 가볍게 쳐들어와 오래 머물지 못함을 말한 것이다.
謂漢軍不能度沙幕, 輕入而久留也.
③ 粟馬는 말에게 곡식을 먹이는 것이다.
粟馬, 以粟秣馬也.

【目】衛靑이 변방을 나가 포로를 잡아서 匈奴의 單于가 거처하는 곳을 알아내고, 마침내 직접 정예병을 이끌고 출전하여 선우를 패주시키고는 前將軍 李廣으로 하여금 右將軍(趙食其)의 군대와 합하여 동쪽 길로 진출하게 하니, 이광이 자청하기를 "臣이 부대를 맡아 前將軍이 되었고, 또 머리를 묶었을 때(성년 시절)부터 흉노와 싸웠는데, 지금 마침내 한 번 선우와 만나게 되었으니, 臣은 앞에 있으면서 솔선하여 결사적으로 싸워 선우를 잡아오겠습니다." 하였다.

위청은 〈도성을 떠날 적에〉 은밀히 上의 경계를 받았는데, 이르기를 '이광이 늙고 운수가 기박하니, 그로 하여금 선우와 맞서게 하지 말라.' 하였다. 이광이 군이 위청에게 선봉이 되어 출전할 것을 부탁하였으나 위청이 허락하지 않으니, 이광은 사례하지 않고 일어나 가면서 몹시 서운해하고 노여워하였다.

靑이 旣出塞捕虜하여 知單于所居하고 乃自以精兵走之하고 而令前將軍廣으로 幷於右將軍하여

軍出東道①하니 廣이 自請曰 臣部爲前將軍하고 且結髮而與匈奴戰②이러니 今乃一得當單于③하니 臣은 願居前先死④하노이다 靑이 陰受上誡호되 以爲廣老하고 數奇하니 毋令當單于⑤하라 廣이 固自辭於靑호되 靑이 不聽하니 廣이 不謝而起行하여 意甚慍怒러라

① 幷은 합침이니, 군대를 합쳐 함께 길을 가는 것이다.
幷, 合也, 合軍而同道.

② "結髮"은 처음 冠禮를 하여 성년이 되었을 적에 곧바로 戰陣에 있었음을 말한 것이다.
結髮, 言始勝冠, 卽在戰陣.

③ 〈"今乃一得當單于"는〉 오직 이번에야 單于와 만나게 되었음을 말한 것이다.
言唯今次, 得與單于相當遇也.

④ 〈"願居前先死"는〉 사력을 다하여 單于를 잡을 것임을 말한 것이다.
言致死而取單于.

⑤ 數(운수)는 所具의 切이고 奇는 외로워서 짝을 만나지 못하는 것이니, "數奇"는 李廣의 운명이 외로워서 짝이 맞지 않음을 말한 것이다.
數, 所具切. 奇, 隻不耦也. 數奇, 言廣命隻不耦合也.

【目】衛靑이 사막을 건너가서 單于의 군대가 진을 치고 기다리는 것을 보고는, 이에 武剛車로써 스스로 둘러 진영을 설치하고 5천 명의 기병을 풀어놓아 가서 匈奴를 대항하게 하니, 흉노 또한 1만 명의 기병을 풀어놓아 싸웠다. 이때 마침 해가 지려 하였고 큰 바람이 일어나서 모래와 자갈이 얼굴을 때리니, 두 군대가 서로 얼굴을 보지 못하였다.

漢軍이 左翼과 右翼을 더욱 풀어놓아 선우를 포위하자, 선우가 마침내 여섯 마리의 노새가 끄는 수레를 타고서 포위망을 뚫고 도망하였다. 漢軍이 정예 기병을 출동시켜 밤에 추격하였으나 선우를 따라잡지 못하고 19,000명의 수급을 베거나 포획하였다.

靑이 度幕하여 見單于兵陳而待①하고 於是에 令武剛車로 自環爲營하고 而縱五千騎하여 往當匈奴②하니 匈奴亦縱可萬騎라 會에 日且入이요 大風起하여 砂礫(력)擊面하니 兩軍不相見③이라 漢이 益縱左右翼하여 繞單于한대 單于遂乘六騾하고 冒圍而去④어늘 漢發輕騎하여 夜追之나 不得單于하고 捕斬萬九千級하다

① 陳은 陣으로 읽으니, 〈"陣而待"는〉 陣을 치고서 기다림을 말한 것이다.
陳讀曰陣. 言爲行陣而待也.

② 武剛車는 兵車이다. ≪續漢志≫35)에 "여러 군대에 矛와 戟이 장착되어 있고 幡斿(번유)와

35) 續漢志 : ≪後漢書≫ 〈郡國志〉를 가리킨다. ≪후한서≫는 南朝 宋나라 范曄이 편찬하였다. 그러나 범엽이 彭城王 劉義康의 반란에 참여했다가 처형되면서 ≪후한서≫의 〈志〉 부분을 완성하지 못하

旗幟로 꾸미고 덮개가 있고 일산이 있는 것을 武剛車라 한다." 하였다. 環은 음이 宦이니, 둘러싼다는 뜻이다.
武剛車, 兵車也. 續漢志"諸軍有矛戟, 其飾幡斿旗幟, 有巾有蓋, 謂之武剛車." 環, 音宦, 繞也.

③ 砂(모래)는 혹은 沙로 쓴다. 水石을 礫이라 하니, 음이 歷이다.
砂, 或作沙. 水石曰礫, 音歷.

④ 騾(노새)는 來戈의 切이니, 수나귀와 암말 사이에서 태어난 것인데, 성질이 굳세고 강인하다.
騾, 來戈切, 驢種馬子, 堅忍.

【目】李廣과 趙食其(조이기)는 군대에 길을 인도하는 자가 없어서 혼미하여 길을 잃고 약속한 기한보다 뒤늦게 오자, 衛青이 長史로 하여금 급히 이광을 책망하여 幕府에 가서 논죄하는 글에 대답하게 하니, 이광이 자기 휘하에게 이르기를 "내가 머리를 묶었을 때(성년 시절)부터 匈奴와 크고 작은 전투를 70여 차례 하였는데, 지금 다행히 대장군을 따라 출전해서 單于의 군대와 접전하게 되었는데 대장군이 나의 부대를 옮겨 길을 멀리 돌게 하였고 더욱이 혼미하여 길을 잃었으니, 어찌 천운이 아니겠는가. 또 나는 나이 60이 넘었다. 끝내 刀筆吏를 상대하여 변명할 수 없다." 하고는 마침내 스스로 목을 찔러 죽었다.

廣, 食(이)其는 軍無導하여 惑失道하여 後期①어늘 青이 使長史로 急責廣之幕府對簿②한대 廣이 謂其麾下曰 廣이 結髮에 與匈奴大小七十餘戰이라가 今幸從大將軍出하여 接單于兵이러니 而大將軍이 徙廣部하여 行回遠而又迷失道하니 豈非天哉③아 且廣年六十餘矣라 終不能復對刀筆之吏라하고 遂自剄하다

① 導는 인도한다는 뜻이니, 〈"軍無導 惑失道 後期"는〉 군대를 인도하는 사람이 없으므로 혼미하여 길을 잃고 뒤쳐져 있어서 제때에 미치지 못함을 말한 것이다.
導, 引也. 言無人導引軍, 故迷惑失道, 在後, 不及期也.

② 之는 간다는 뜻이다. 〈"急責廣之幕府對簿"는〉 李廣을 책망하여 大將軍의 막부에 가서 문서를 가지고 차례로 일일이 책망(논죄)하여 그로 하여금 대답하게 함을 말한 것이다.
之, 往也. 言責令往大將軍幕府, 以文簿次第一一責之, 令其對詞.

③ 回는 去聲이니, 두르고 굽는다는 뜻이다.
回, 去聲, 繞也, 曲也.

였다. 梁나라 劉昭는 東晉의 司馬彪가 편찬한 ≪續漢書≫에서 여덟 개 〈志〉 부분에 註釋을 붙여 30권의 ≪補注後漢志≫를 편찬하였고 이것이 나중에 ≪후한서≫로 편입되었다.

【目】李廣은 사람됨이 청렴하여 賞을 하사받으면 번번이 자기 휘하에게 나누어주었고, 음식을 병사들과 함께하였으며, 二千石이 된 지 40여 년이었는데 집안에 남은 재물이 없었고, 팔이 원숭이처럼 통뼈여서 활쏘기를 잘하였다. 이광은 군대를 거느리고 가다가 〈군량과 식수가〉 乏絶한 곳에서 물을 보더라도 사졸들이 다 마시지 못하면 물(음료)을 입에 대지 않았고, 사졸들이 다 밥을 먹지 못하면 밥을 먹지 않으니, 병사들이 이 때문에 그를 사랑하여 쓰임이 되는 것을 좋아하였는데, 그가 죽자 온 군대가 모두 통곡하였고 백성들이 모두 그를 위하여 눈물을 흘렸다.

趙食其는 獄吏에게 회부되어 사형에 처하게 되었는데, 속죄하여 庶人이 되었다.

廣은 爲人이 廉하여 得賞賜면 輒分其麾下하고 飮食을 與士共之하며 爲二千石四十餘年에 家無餘財하고 猨臂善射①러라 將兵하여 乏絶之處②에 見水라도 士卒不盡飮이어든 廣不近水하고 士卒不盡食이어든 廣不嘗食하니 士以此愛樂(락)爲用③하더니 及死에 一軍이 皆哭하고 百姓이 皆爲垂涕④하니라 食其는 下吏當死러니 贖爲庶人하다

① "猨臂"는 팔뚝이 원숭이 팔뚝과 같아서 어깨와 통뼈임을 말한 것이다.
猨臂, 言臂如猨臂, 通肩也.
② 잠시 없는 것을 乏이라 하고, 계속되지 못하는 것을 絶이라 한다.
暫無曰乏, 不續曰絶.
③ 樂(좋아하다)은 음이 洛이다.
樂, 音洛.
④ 爲(위하다)는 去聲이니, 아래 爲治와 爲遣[36]도 같다.
爲, 去聲, 下爲治・爲遣同.

【目】霍去病은 代邑과 右北平으로부터 2천여 리를 진출하여 큰 사막을 건너 單于의 左方(왼쪽 지방)[37] 군대와 만나 匈奴의 王과 장수와 정승 등 80여 명을 사로잡았으며, 狼居胥山을 封하고 姑衍에서 禪(땅을 소제하여 단을 만들어 땅에 제사함)하고 산에 올라 瀚海(바이칼 호)를 바라보고 7만 명의 수급을 베니, 漢나라에서는 5,800가호를 더 봉하였다.

〈衛青과 霍去病〉 두 군대가 변방을 나갈 적에 변방에서 官馬와 私馬를 사열하니 모두 14만 필이었는데, 다시 변방으로 들어온 것은 채 3만 필이 못 되었다. 이에 大司馬의

---

36) 爲治와 爲遣 : 141쪽 "天子爲治第"와 "天子爲遣太官"을 가리킨다.
37) 左方(왼쪽 지방) : 본서 117쪽 訓義 ⑤ 참조.

지위를 더 두어 위청과 곽거병이 모두 대사마가 되었다.

이 뒤로부터 위청은 날로 위축되고 곽거병은 날로 더욱 귀해지니, 위청의 옛 知人과 문하에 있던 선비들이 많이 떠나가 곽거병을 섬겨서 모두 관작을 얻었으나, 오직 任安은 떠나려고 하지 않았다.

去病은 出代, 右北平二千餘里하여 絶大幕하여 直(치)左方兵①하여 獲王, 將, 相等八十餘人하며 封狼居胥山하고 禪於姑衍하고 登臨瀚海하고 斬七萬級하니 益封五千八百戶②하다 兩軍出塞에 塞閱官私馬하니 凡十四萬匹이러니 而復入塞者 不滿三萬匹③이러라 乃益置大司馬位하여 靑, 去病이 皆爲之④하다 自是之後로 靑日退하고 而去病日益貴하니 靑의 故人門下士 多去事去病하여 輒得官爵호되 唯任安不肯이러라

① 直는 당하다는 뜻이다.
直, 當也.
② 산비탈을 衍이라 한다. 큰 功이 있으므로 더 봉하여 封地를 넓혀준 것이다. "登臨"은 해변의 산에 올라가 바다를 바라본 것이다. 瀚海는 北海의 이름이니, 사막의 북쪽에 있다.
山阪曰衍. 有大功, 故增封而廣地也. 登臨, 登海邊山, 以望海也. 瀚海, 北海名, 在沙漠北.
③ "塞閱官私馬"는 처음 변방을 나갈 적에 변방에서 官馬와 私物을 싣고 따라가는 말을 검열함을 말한 것이다.
塞閱官私馬, 謂初出塞時, 於塞上, 檢閱官馬及私負從馬也.
④ 軍中에 侯司馬가 있으므로 大字를 더하여 大司馬라 해서 구별하여 특별하게 대우한 것이다. 이로부터 票騎將軍이 大將軍의 품계와 같아져서 지위가 丞相의 다음이었다.
軍中有侯司馬, 故加大爲大司馬, 以別異之. 自此票騎將軍, 同大將軍品秩, 位亞丞相.

【目】霍去病은 사람됨이 말이 적어서 기밀을 누설하지 않고 담력이 있어서 용감하게 밀고 나갔다. 天子가 일찍이 그에게 孫子와 吳子의 兵法을 가르치려 했는데, 대답하기를 "다만 方略이 어떠한가를 따질 뿐이니, 굳이 옛 병법을 배울 것이 없습니다." 하였다.

천자가 그를 위하여 집을 지어주고 그로 하여금 집을 살펴보게 하였는데, 대답하기를 "匈奴를 아직 멸망시키지 못하였으니, 집을 장만할 것이 없습니다." 하였다. 이로 말미암아 上은 더욱 그를 애지중지하였다.

그러나 곽거병은 어려서부터 신분이 귀하여 병사들을 보살펴주지 않아서, 그가 從軍할 적에 天子가 그를 위해 太官[38]을 보내어 수십 대의 수레에 음식물을 실어 보냈는데, 돌아온 뒤에 짐을 실었던 수레에는 고량진미가 남아서 버려져 있었으나 병사 중에는 굶

38) 太官 : 漢나라 때 皇帝에게 음식을 올리고 연향하는 일을 관장하던 관직명이다.

주린 자가 있었고, 변방 밖에 있을 적에 병사들이 식량이 떨어져서 혹은 스스로 거동하지 못하였으나, 곽거병은 항상 병영에 땅을 파 구역을 만들어서 공을 차고 놀았으니, 이와 같은 일이 많았다.

衛青은 사람됨이 인자하여 선비를 좋아하고 겸양하였으며 온화하고 유순하여 스스로 황제에게 잘 보이니, 두 사람의 뜻과 操行이 이와 같았다.

去病은 **爲人**이 **少言不泄**(설)하고 **有氣敢往**①이라 **天子嘗欲教之孫吳兵法**②이러니 **對曰 顧方略何如耳**니 **不至學古兵法**이라하니라 **天子爲治第**하고 **令視之**③러니 **對曰 匈奴未滅**하니 **無以家爲也**라한대 **由此**로 **上**이 **益愛重之**러라 **然**이나 **少貴**하여 **不省士**④하여 **其從軍**에 **天子爲遣太官**하여 **齎數十乘**이러니 **既還**에 **重車**에 **餘棄粱肉**이나 **而士有飢者**⑤하고 **其在塞外**에 **卒乏糧**하여 **或不能自振**이로되 **而去病**은 **尙穿域蹋鞠**(답국)하니 **事多此類**⑥하니라 **青**은 **爲人**이 **仁**하여 **喜士退讓**하고 **以和柔自媚於上**하니 **兩人志操如此**⑦러라

① "少言不泄"은 성질이 厚重하고 말이 적으며 가슴속에 담력이 있음을 말한 것이다. "敢往"은 성질이 과감하여 한번 가면 돌아보는 바가 없음을 이른다.
少言不泄, 謂質重少言, (辭)〔膽〕39)氣在中也. 敢往, 謂性果敢, 一往無所顧也.
② 孫·吳는 孫武와 吳起이다.
孫·吳, 孫武·吳起.
③ 第는 집이다.
第, 宅也.
④ "不省士"는 병사들을 구휼하고 보살펴주지 않음을 이른다.
不省士, 謂不恤視軍士也.
⑤ 重(짐)은 直用의 切이다.
重, 直用切.
⑥ 振은 거동함(떨쳐 일어남)이다. "穿域"은 땅을 파 구역을 만들어서 鞠室(공을 차는 방)을 만든 것이다.
振, 擧也. 穿域, 穿地爲營域, 作鞠室也.
⑦ 操(절조)는 七到의 切이다.
操, 七到切.

【目】이때 漢軍이 죽이거나 노획한 匈奴의 무리가 모두 합하여 8, 9만 명이었고, 漢나라 士卒로 사망한 자도 또한 수만 명이었다. 이 뒤에 흉노가 멀리 도망하여 사막 남쪽에

39) (辭)〔膽〕: 저본에는 '辭'로 되어 있으나, 《資治通鑑》 註에 의거하여 '膽'으로 바로잡았다.

王庭이 없었다.

漢나라에서는 황하 지역을 넘어 朔方 서쪽으로 令居에 이르기까지 곳곳에 河渠(운하)를 개통하고 田官의 관리와 병졸 5, 6만 명을 배치해서 차츰 북쪽으로 흉노의 지역을 잠식하였다. 그러나 또한 말이 적어서 다시는 크게 흉노를 출격하지 못하였다.

是時에 漢所殺虜匈奴 合八九萬이요 而漢士卒物故亦數萬이라 是後에 匈奴遠遁하여 而幕南에 無王庭①이러라 漢度河하여 自朔方以西로 至令居히 往往通渠하고 置田官吏卒五六萬人하여 稍蠶食匈奴以北②이라 然이나 亦馬少하여 不復大出擊匈奴矣러라

① 單于가 도읍하는 곳을 王庭이라 하였으니, 높은 천막 앞의 땅이 뜰과 같았으므로 王庭이라 한 것이다. 冒頓單于(묵특선우)가 강성할 적에 秦나라의 장수 蒙恬이 빼앗았던 匈奴의 땅을 모두 점령하여 王庭을 사막 남쪽에 진열 배치하였는데, 지금 사막 북쪽으로 멀리 도망갔으므로 사막 남쪽에 王庭이 없는 것이다.
單于所都處爲庭, 穹廬[40]前地若庭, 故云王庭. 冒頓之强, 盡取蒙恬所奪匈奴地, 而王庭列置於幕南, 今遠遁幕北, 故幕南無王庭也.

② 令은 음이 零이다. ≪漢書≫ 〈地理志〉에 "令居縣은 金城郡에 속하였다." 하였다. "置田官"은 관원을 두어 屯田을 주관하는 것이다.
令, 音零. 班志"令居縣, 屬金城郡." 置田官, 置官以主屯田.

【綱】 匈奴가 和親을 청하므로 使臣을 보내어 답하게 하였는데, 匈奴의 單于가 억류하고 돌려보내지 않았다.

匈奴請和親이어늘 **遣使報之**러니 **單于留不遣**[41]하다

【目】匈奴가 趙信의 계책을 따라 漢나라에 사신을 보내 좋은 말로 화친을 청하였으므로 天子가 이 일을 신하들에게 회부하여 의논하게 하니, 丞相府의 長史인 任敞이 말하기를 "흉노가 막 격파되어 곤궁하니, 마땅히 그를 外臣으로 삼아야 합니다." 하였다. 이에 漢

40) 穹廬 : 유목민의 조립식 이동용 천막으로 몽골어로는 게르ger, 투르크어로는 유르트yurt라고 한다.

41) 留不遣 : "'억류하고 보내지 않았다.〔留不遣〕'라고 쓴 것은 어째서인가? 사신이 皇命을 욕되게 한 것이다. 이때에 匈奴가 사신을 보내어 좋은 말로 화친을 청하자, 漢나라에서는 任敞으로 하여금 답례하게 하였는데, 임창이 單于로 하여금 外朝의 신하가 되라고 하자 선우가 노하여 임창을 억류하였다. '화친을 청했다.'고 쓰고, 다시 '억류하고 돌려보내지 않았다.'고 쓴 것은 使臣이 자신의 죄를 책임진 것이다.〔書留不遣 何 使辱命也 於是匈奴遣使 好辭請和 漢使任敞報之 敞使單于爲外臣 單于怒 留敞 書請和親 復書留不遣 使者任其咎矣〕" ≪書法≫

나라에서 임창을 單于에게 사신으로 보내니, 선우는 크게 노하여[42] 억류하고 돌려보내지 않았다.

博士 狄山이 의논하기를 "화친하는 것이 유리합니다." 하니, 張湯이 "이 사람은 어리석은 선비로 아는 것이 없습니다."라고 면박하였다. 적산이 말하기를 "臣은 진실로 어리석으나 저의 어리석음은 충성이요, 장탕과 같은 자는 거짓으로 충성하는 것입니다." 하였다.

이에 上은 얼굴빛을 바꾸고 적산에게 말하기를 "내 儒生(그대)으로 하여금 한 郡을 맡게 할 것이니, 오랑캐가 들어와 도둑질하지 못하게 할 수 있겠는가?" 하니, 적산이 대답하기를 "할 수 없습니다." 하였다. 上이 다시 "한 縣을 맡기겠다." 하니, 대답하기를 "할 수 없습니다." 하였다. 上이 다시 "한 城 사이에 있게 하겠다." 하니, 이에 적산이 말이 궁하여 장차 獄吏에게 회부될 것이라고 스스로 헤아리고는 "할 수 있습니다." 하였다.

이에 上은 적산을 보내어 城에 올라 수비하게 하였는데, 한 달 남짓 되자 흉노가 적산의 머리를 베고 가니, 이로부터 여러 신하들이 벌벌 떨면서 감히 장탕을 거스르는 자가 없었다.

匈奴用趙信計하여 遣使於漢하여 好辭請和親이어늘 天子下其議하니 丞相長史任敞曰 匈奴新破困하니 宜可使爲外臣이라한대 漢使敞於單于하니 單于大怒하여 留之不遣하다 博士狄山이 議以爲和親便①이어늘 張湯曰 此는 愚儒라 無知니이다 山曰 臣固愚나 愚는 忠이요 若湯은 乃詐忠이니이다 於是에 上이 作色曰 吾使生居一郡하리니 能無使虜入盜乎아 曰 不能②이로소이다 曰 居一縣호리라 對曰 不能이로소이다 復曰 居一障間호리라 山이 自度(탁)辯窮且下吏하고 曰能③이니이다 於是에 上이 遣山乘障이러니 至月餘에 匈奴斬山頭而去④하니 自是로 群臣震慴(섭)하여 無敢忤湯者⑤러라

① 狄은 姓이다.
狄, 姓也.

② 博士는 儒官이므로 狄山을 生이라 부른 것이다.
博士, 儒官也, 故呼爲生.

③ 障은 변방 위의 要害處에 별도로 城을 쌓고, 인하여 관리와 병사를 배치하고 장애물을 만들어서 적을 막는 것을 이른다. 度(탁)은 헤아린다는 뜻이다. 〈"辯窮且下吏"는〉 힐문을 당하여 말이 궁해지면, 마땅히 獄吏에게 회부된다는 것이다.
障, 謂塞上要險之處, 別築爲城, 因置吏士, 而爲蔽障以禦寇也. 度, 計也. 見詰辯而辭窮, 當

---

42) 선우는 크게 노하여 : 선우가 노한 것은 任敞이 선우를 설득하여 漢나라에 服屬시키려 하였기 때문이다.

下吏也.

④ 乘은 오른다는 뜻이니, 城 위로 올라가서 지키는 것이다.
乘, 登也, 登而守之.

⑤ 震은 진동함이다. 慴은 氣를 잃는 것이다.
震, 動也. 慴, 失氣也.

【綱】 義縱을 右內史로 삼고 王溫舒를 中尉로 삼았다.

以義縱爲右內史하고 **王溫舒爲中尉**하다

【目】 이보다 앞서 甯成이 函谷關의 都尉가 되니, 관리와 백성들 중에 관문을 출입하는 자들이 그를 이름하여 말하기를 "차라리 새끼 낳은 호랑이를 만날지언정 영성의 노여움을 만나지 말아야 한다." 하였다.

그러다가 義縱이 南陽太守가 되어 관문에 이르니, 영성은 그를 전송하고 맞이함에 두려워서 똑바로 걷지를 못하였다. 의종은 영성을 예우하지 않고, 郡에 이르러 마침내 甯氏 집안을 조사하여 그 집안을 파괴하자, 南陽의 관리와 백성들은 두려워서 한 발자국도 함부로 떼지 못하였다.

의종은 뒤에 定襄太守로 옮겼는데, 처음 부임하자마자, 獄 안에 갇혀 있는 중죄인과 가벼운 죄수 및 사사로이 獄에 들어가 죄인을 만난 자들을 갑자기 덮쳐서 모두 체포하여 국문하고, 말하기를 "죄인의 형틀과 항쇄와 죄수복을 풀어주고 벗겨주는 것은 죽을 죄에 해당된다." 하고는, 이날로 모두 판결하여 4백여 명을 죽이니, 그 뒤에 郡 안에서는 사람들이 날씨가 춥지 않아도 벌벌 떨었다.

이때 趙禹와 張湯이 준엄함과 각박함으로 九卿이 되었다. 그러나 그의 다스림은 그래도 교묘한 말로 법을 보좌하여 행하였는데, 의종은 오로지 사납게 공격하는 매와 같이 가혹한 방법으로 政事를 하였다. 이해에 汲黯이 法에 연좌되어 면직되자, 마침내 의종을 右內史로 삼았다.

先是에 **甯成**이 **爲關都尉**①하니 **吏民出入關者 號曰 寧見乳虎**언정 **無値甯成之怒**②라하더니 **及義縱爲南陽太守**③하여 **至關**하니 **成**이 **側行送迎**호되 **縱**이 **不爲禮**④하고 **至郡**하여 **遂按甯氏**하여 **破碎其家**한대 **南陽吏民**이 **重足一迹**이러라 **後**에 **徙定襄太守**하니 **初至**에 **掩獄中重罪, 輕繫及私入視者**하여 **一捕鞠**하고 **曰 爲死罪解脫**⑤이라하여 **是日**에 **皆報**⑥하여 **殺四百餘人**하니 **其後**에 **郡中**이 **不寒而栗**⑦하니라 **時**에 **趙禹, 張湯**이 **以深刻**으로 **爲九卿**이라 **然**이나 **其治尙輔法而行**이러니 **縱**은 **專以**

鷹擊爲治⑧하니라 是歲에 汲黯이 坐法免이어늘 乃以縱爲右內史하다

① 〈"關都尉"는〉 函谷關의 都尉이다.
函谷關都尉也.

② "乳虎"는 사나운 호랑이가 새끼를 낳아서 그 새끼를 보호하고 기르게 되면 사람을 공격하고 무는 것이 평상시보다 더하기 때문에, 이로써 비유한 것이다.
乳虎者, 猛虎産乳, 護養其子, 則搏噬過常, 故以爲喩.

③ 義縱은 사람의 姓名이다.
義縱, 姓名.

④ "側行"은 감히 바르게 걸어가지 못하여 항상 삼가고 두려워하는 마음을 품음을 이른다.
側行, 言不敢正行, 常懷謹畏也.

⑤ 掩은 상대방이 대비하지 않았을 때를 틈타서 덮치는 것이다. 鞠은 끝까지 다스리는 것이니, "一捕鞠"은 일체 모두 체포하여 국문함을 이른다. 법률에 "죄수들이 사사로이 桎梏(수족에 채우는 차꼬)과 項鎖(목에 씌우는 형구)와 붉은 옷(죄수복)을 풀고 벗으면 본죄에 한 등급을 더하여 가중처벌을 받고, 남을 위해서 이것을 풀어주고 벗겨주면 그와 똑같은 罪로 처벌을 받는다."고 되어 있다. 그런데 지금 義縱은 뇌물을 받고 이렇게 해준 자 2백 명을 국문하고는, 죄수의 질곡 등을 풀어주고 벗겨준 것은 죽을죄에 해당된다고 하여, 모두 죽인 것이다.
掩, 乘其不備而覆之也. 鞠, 窮治也. 一捕鞠, 謂一切皆捕而鞠問之也. 律"諸囚徒私解脫桎梏鉗赭, 加罪一等, 爲人解脫, 與同罪." 今縱鞠相賂餉者二百人, 以爲解脫死罪, 盡殺之也.

⑥ 여기서 句를 뗀다.
句.

⑦ 報는 논죄하여 결단함이다. 栗(벌벌 떨다)은 慄과 같다.
報, 論決也. 栗, 與慄同.

⑧ "鷹擊"은 새매가 나는 새를 공격하여 잡는 것과 같이 함을 말한다.
鷹擊, 言如鷹隼之擊取飛鳥也.

【目】 王溫舒가 처음 廣平都尉가 되어 郡 안의 豪傑스럽고 과감하여 뒤를 돌아보지 않는 관리 10여 명을 선발해서 爪牙(心腹)를 삼아 숨겨진 重罪人을 모두 찾아낸 다음 이 죄인들을 풀어놓아 도적을 감독하게 하니, 이 때문에 齊나라와 趙나라 교외에 있는 도적들이 감히 廣平에 가까이 접근하지 못하였다.

왕온서가 河內太守로 승진하였는데, 9월에 부임한 다음 郡으로 하여금 개인의 사사로운 말 50필을 장만해서 驛을 설치하게 하고, 郡 안의 호걸과 교활한 자들을 체포하여 서로 연좌된 집안이 2천여 가호에 이르렀다. 글을 올려 '큰 죄를 지은 자는 멸족하고 작

은 죄를 지은 자는 죽이며 집은 모두 적몰하여 부정하게 받아먹은 재물을 변상할 것'을 청하였는데, 상주한 지 불과 2, 3일 만에 허락을 얻어서 일을 논하여 보고하니, 죄인들이 처형당하여 피가 10여 리까지 흘렀다. 그리하여 12월이 다하도록 郡 안에 사람의 소리가 들리지 않았다.

그리고 체포하지 못한 몇몇 죄인들을 이웃 郡國에 가서 찾아내었는데, 마침 봄이 되어 〈형을 집행할 수 없게 되자,〉 왕온서는 발을 구르며 탄식하기를 "아! 슬프다. 겨울이 한 달만 더 있었다면 내 처형하는 일을 끝마칠 수 있었을 것이다." 하였다. 上은 그를 유능하다 하여 中尉로 발탁하였다.

王溫舒始爲廣平都尉하여 擇郡中豪敢往吏十餘人하여 以爲爪牙(조아)하여 皆把其陰重罪하고 而縱使督盜賊[①]하니 以故로 齊趙之郊에 盜賊이 不敢近廣平이러라 遷河內太守러니 以九月至하여 令郡으로 具私馬五十匹爲驛[②]하고 捕郡中豪猾하여 相連坐二千餘家라 上書請하여 大者는 至族하고 小者는 乃死하며 家盡沒入償臧[③]이라한대 奏行不過二三日에 得可하여 事論報하니 至流血十餘里라 盡十二月토록 郡中毋聲[④]하니라 其頗不得을 之旁郡國하여 追求러니 會春이어늘 溫舒頓足歎曰 嗟乎라 令冬月益展一月이면 足吾事矣[⑤]라하니 上以爲能이라하여 擢爲中尉하다

① 廣平은 본래 趙나라에 속하였으니, 景帝와 武帝 연간에 나누어 廣平郡을 만들었다. "豪敢往吏"는 豪傑스럽고 성품이 과감하여 한 번 가면 돌아보지 않는 자를 관리로 삼음을 이른다. 把(잡다)는 布馬의 切이다. 陰은 옛일 중에 숨겨져서 아직 발각되지 않은 것을 이른다. 縱은 풀어준다는 뜻이다. 督은 살펴본다는 뜻이다.
廣平, 本屬趙國, 景・武之間, 分爲廣平郡. 豪敢往吏, 謂豪傑而性果敢, 一往無所顧者, 以爲吏也. 把, 布馬切. 陰, 謂舊事陰伏未發者也. 縱, 放也. 督, 察視也.

② 私馬를 가지고 도중에 왕왕 驛을 설치하여 河內로부터 長安에 이른 것이다.
以私馬, 於道上往往置驛, 自河內, 至長安.

③ 臧(장물)은 贓으로 읽으니, 〈"家盡沒入償臧"은〉 그 집안을 적몰하여 그가 받은 장물을 변상함을 이른다.
臧, 讀曰贓. 謂沒入其家, 以償所受之臧也.

④ 상주하여 天子가 허락한 것을 "得可(허락을 얻다)"라 하니, 〈"得可 事論報"는〉 상주한 일에 황제의 허락을 얻어 이 일을 논해서 결단함을 이른다. 〈"至流血十餘里"는〉 죄인을 죽인 것이 많아서 피가 십여 리에 흐른 것이다. 毋는 無와 통한다.
奏而天子可之, 謂之得可. 言得可其奏而論決其事. 殺人之多, 至於流血十餘里也. 毋, 無通.

⑤ 展은 편다는 뜻이다. 立春이 지난 뒤에는 다시 형을 집행할 수 없으므로 이렇게 말한 것이다.
展, 申也. 立春之後, 不復行刑, 故云然.

【綱】 方士인 文成將軍 少翁이 伏誅되었다.

方士文成將軍少翁이 **伏誅**[43]하다

【目】 齊나라 사람 少翁이 귀신을 만나보는 방술로 上을 뵈었다. 上이 총애하던 王夫人이 죽었는데, 소옹이 방술로 밤중에 왕부인의 모습과 같은 귀신을 불러오니, 天子가 장막 안에서 이것을 바라보고, 마침내 소옹을 文成將軍으로 제수하여 賓客으로 예우하였다.

文成은 또다시 上에게 臺室[44]을 만들고 祭具를 진설하여 天神을 불러올 것을 권하였는데, 1년이 넘자 그 방술의 효험이 점점 쇠퇴하였다. 이에 帛書를 만들어 소에게 먹이고는 거짓으로 모르는 체하면서 말하기를 "이 소의 뱃속에 기이한 것이 있을 것입니다." 하므로 소를 잡아서 글을 얻으니, 글의 내용이 매우 괴이하였다. 天子는 그가 손수 쓴 것임을 알고 이에 처형하였다.

齊人少翁이 **以鬼神方**으로 **見**(현)**上**하다 **上**이 **有所幸王夫人**이 **卒**①커늘 **少翁以方**으로 **夜致鬼如王夫人之貌**한대 **天子自帷中望焉**하고 **於是**에 **乃拜少翁爲文成將軍**하여 **以客禮之**하다 **文成**이 **又勸上爲臺室**하고 **而置祭具**하여 **以致天神**이러니 **居歲餘**에 **其方**이 **益衰**라 **乃爲帛書以飯牛**②하고 **佯不知**하여 **言曰 此牛腹中**에 **有奇**라하여늘 **殺視得書**하니 **書言**이 **甚怪**라 **天子識其手書**하고 **於是**에 **誅之**③하다

① 王夫人은 齊王 劉閎의 어미이다.
王夫人, 齊王閎之母.

② 〈"爲帛書以飯牛(帛書를 만들어 소에게 먹이다)"는〉 풀과 섞어서 소에게 먹임을 이른다.
謂雜草以飯牛也.

③ "識其手書"는 그가 손수 쓴 필적임을 알아냈음을 이른다.
識其手書, 謂識其親書手跡也.

---

43) 伏誅 : "황제가 사람을 죽인 일이 많으나, '伏誅'라고 쓴 경우가 없는데, 오직 少翁과 欒大만 '伏誅'라고 썼으니, 이는 이들의 죄가 주벌을 받고도 용서받지 못하기 때문이다. ≪資治通鑑綱目≫에서는 左道(異端)를 깊이 억제하여 方士들에게 반드시 '伏誅'라고 썼으니, ≪자치통감강목≫이 끝날 때까지 方士의 이름을 쓴 것이 14번인데, '伏誅'라고 쓴 것이 일곱 번이고 '죄를 주었다.'라고 쓴 것이 한 번이니, 세상의 군주들이 또한 거울삼을 수 있을 것이다.〔帝殺人多矣 無書伏誅者 惟少翁欒大書伏誅 罪不容於誅也 綱目深抑左道 於方士 必以伏誅書之 終綱目 方士書名者 十有四 而書伏誅者七 書罪者一 世主亦可以鑑矣〕" ≪書法≫

44) 臺室 : 天地의 神을 제사하기 위한 石室로, 漢 武帝는 神仙을 추구하여 臺室·五檀 등을 축조하였다. ≪史記 封禪書≫

癸亥年(B.C. 118)

【綱】 漢나라 世宗 孝武皇帝 元狩 5년이다. 봄 3월에 丞相인 李蔡가 죄를 짓고 자살하였다.

五年이라 **春三月**에 **丞相蔡有罪自殺**[45)]하다

【目】 孝景園의 빈 땅을 도둑질한 죄에 걸린 것이다.

坐盜孝景園堧(연)**地也**[①]라

① 李廣이 죽자, 上이 詔令을 내려 陽陵을 그의 묘지로 하사하였다. 마땅히 20畝를 얻어야 하는데, 李蔡가 3頃(300畝)을 도둑질하여 차지하고 또 神道 밖에 있는 빈 땅 1畝를 도둑질하여 그 가운데에 장례하였다.
李廣死, 詔賜冢地陽陵, 當得二十畝, 蔡盜取三頃, 又盜取神道外堧地一畝, 葬其中.

【綱】 三銖錢을 없애고 五銖錢을 주조하였다.

罷三銖(수)**錢**하고 **鑄五銖錢**하다

【目】 有司가 아뢰기를 "三銖錢이 너무 가벼워서 부정한 짓을 하기가 쉽습니다." 하고서 五銖錢을 주조하되 그 바탕에 周郭(테)을 만들어서 갈아 없애고 녹일 수 없게 할 것을 청하였다.

有司言 三銖錢輕하여 **易作姦詐**라하여 **請鑄五銖錢**호되 **周郭其質**하여 **令不可摩鎔**[①]이러라

① 동전의 둘레를 郭이라 하니, 문양이 망가져도 모두 남아 있게 한 것이다. 鎔은 음이 容이니, 녹인다는 뜻이다.
周匝爲郭, 文漫皆有. 鎔, 音容, 銷也.

【綱】 汲黯을 淮陽太守로 삼았다.

---

45) 丞相蔡有罪自殺 : "몸이 재상이 되어 百僚의 우두머리가 되어서 마침내 宗廟의 園地를 스스로 도둑질하였으니, 그 죽음이 마땅하다. ≪資治通鑑綱目≫에 '죄가 있다.〔有罪〕'고 썼으니, 진실로 기타 죄 없이 살해당한 자와 비할 수 있는 것이 아니다.〔身爲宰相 師長百僚 乃自盜宗廟園地 其死宜矣 書曰有罪 固非其他無罪見殺者之比也〕" ≪發明≫

以汲黯爲淮陽太守하다

【目】이때에 백성 중에 돈을 몰래 주조하는 자들이 많았는데, 楚나라 지역이 더욱 심하였다. 이에 汲黯을 불러 楚나라 지역인 淮陽太守에 제수하자, 급암은 上에게 눈물을 흘리며 다음과 같이 청하였다.

"臣은 전전하다가 죽어 시신이 도랑에 메워져서 다시는 陛下를 보지 못할 것이라고 여겼었는데, 뜻밖에 다시 거두어 등용하시니, 신은 항상 狗馬의 질병46)이 있어서 힘이 郡의 일을 감당하지 못합니다. 신은 원컨대 中郞이 되어서 궁중에 출입하면서 임금의 잘못을 보완해드리고 빠뜨린 것을 주워드리고자 하니, 이것이 신의 소원입니다."

上은 말하기를 "그대는 淮陽을 하찮게 여기는가? 내 곧바로 君을 부를 것이다. 다만 淮陽의 관리와 백성들이 서로 화합하지 못하므로, 내 다만 그대의 重한 위엄을 얻어 누워서 다스리려는 것이다." 하였다.

於是에 民多鑄錢호되 楚地尤甚이어늘 乃召拜汲黯爲淮陽太守한대 黯이 爲上泣曰 臣自以爲塡溝壑하여 不復見陛下러니 不意復收用之①하시니 臣常有狗馬病②이라 力不能任郡事③니이다 臣願爲中郞하여 出入禁闥하여 補過拾遺 臣之願也④니이다 上曰 君薄淮陽邪아 吾今召君矣⑤리라 顧淮陽吏民不相得일새 吾徒得君之重하여 臥而治之⑥로라

① 지난해에 汲黯이 법에 걸려 면직되었다.
上年, 汲黯坐法免.

② 여기서 句를 뗀다.
句.

③ 力은 근력을 이른다.
力, 謂筋力也.

④ 옷을 기워 완전하게 함을 補(기움)라 하니, 군주에게 과오가 있으면 신하가 진언을 하여 완전하게 해서 끝내 과오가 되지 않게 하는 것이다. 拾은 줍는다는 뜻이니, 군주에게 빠진 것이 있으면 신하가 주워드려서 끝내 빠진 것이 되지 않게 하는 것이다.
完衣曰補, 君有過誤, 則完全之, 毋使終於誤. 拾, 掇也, 君有遺闕, 則掇拾之, 毋使終於闕.

⑤ 薄은 가볍게(하찮게) 여김을 이른다. 今은 바로 지금이라는 말과 같으니, 〈"今召君"은〉 今日이 지난 뒤에 즉시 君을 불러오겠다는 말이다.
薄, 謂輕之, 今, 猶言卽今. 謂今日後, 卽召君來也.

---

46) 狗馬의 질병 : 자기 병에 대한 겸칭으로, 신하가 임금에 대하여 자기를 狗馬로 낮추어 지칭한 것이다.

⑥ "不相得"은 서로 편안(화합)하지 못하여 제자리를 잃음을 말한 것이다. 徒는 다만이다. 重은 위엄이 重한 것이다.
不相得, 言不相安而失其所也. 徒, 但也. 重, 威重也.

【目】 汲黯이 하직하고 淮陽으로 부임하러 가는 길에 大行[47] 李息을 방문하여 다음과 같이 말하였다.

"나는 버림받고 쫓겨나 郡에 있게 되었으니, 조정의 의논에 참여할 수가 없습니다. 御史大夫 張湯은 지혜가 충분히 諫言을 막을 수 있고 속임수가 충분히 나쁜 것을 꾸밀 수 있으며, 교묘하고 아첨하는 말과 변명하고 계산하는 말을 힘써서, 천하를 위하여 올바르게 말하려 하지 않고 오로지 임금의 뜻에 아첨합니다. 그리하여 임금의 뜻이 하고자 하지 않는 것이면 인하여 훼방하고, 임금의 뜻이 하고자 하는 것이면 인하여 칭찬하며, 일을 일으키기를 좋아하고 법조문을 농간하며, 안으로는 속임수를 품어 군주의 마음을 이용하고, 밖으로는 나쁜 관리들을 끼고서 큰 위엄을 삼으니, 그대가 九卿의 지위에 있으면서 일찍 말하지 않으면 그대도 그와 함께 刑戮을 받을 것입니다."

그러나 이식은 감히 말하지 못하였는데, 장탕이 실각하자, 上이 이식에게 죄를 물어 벌을 내렸고, 급암으로 하여금 諸侯王의 정승의 秩祿으로 淮陽에 있게 하였는데, 10년 동안 재임하다가 죽었다.

黯이 旣辭行에 過大行李息하여 曰 黯이 棄逐居郡하니 不得與(예)朝廷議矣①라 御史大夫湯은 智足以拒諫하고 詐足以飾非하며 務巧佞之語와 辯數之辭②하여 非肯正爲天下言이요 專阿主意라 主意所不欲이면 因而毁之하고 主意所欲이면 因而譽之하며 好興事하고 舞文法하며 內懷詐以御主心하고 外挾賊吏以爲威重하니 公이 列九卿하여 不蚤(조)言之면 公이 與之俱受其戮矣리라 息이 不敢言이러니 及湯敗에 上이 抵息罪하고 使黯以諸侯相秩居淮陽이러니 十歲而卒③하니라

① 與(참여하다)는 預로 읽는다.
與, 讀曰預.
② 數는 계산하여 세는 것이다.
數, 計數也.
③ 諸侯王의 정승은 郡守 위에 있으니, 秩祿이 眞二千石[48]이다.

---

47) 大行 : 古代에 賓客을 접대하던 관리이다.

48) 眞二千石 : 中二千石과 같은 말로 매월 俸祿이 180斛이어서 연봉이 2,160石이며, 二千石은 매월 봉록이 120斛이어서 연봉이 1,440石이며 比二千石은 매월 봉록이 100斛이어서 연봉이 1,200石이었는바, 中二千石의 中은 滿의 뜻이다. 漢나라는 九卿의 품계가 中二千石이며 郡守와

諸侯王相, 在郡守上, 秩眞二千石.

【目】 胡氏(胡寅)가 다음과 같이 평하였다.

"만일 武帝가 公孫弘을 대우한 벼슬로 董仲舒를 대우하고, 張湯을 물리치고 汲黯을 御史大夫의 직책에 있게 했더라면, 마땅히 군주를 輔導하고 좋은 계책을 건의하며 諫하여 만류하고 바로잡는 효험이 있어서 功烈에 대한 하자 또한 다소 줄어들었을 것이다."

胡氏曰 使武帝以待公孫弘之位로 待董仲舒하고 退張湯而使汲黯居御史大夫之職이런들 則當有輔導建明諫止捄正之效하여 而功烈之疵亦少損矣리라

【綱】 간사하고 교활한 관리와 백성을 변방으로 이주시켰다.

徙姦猾吏民於邊하다

【綱】 여름 4월에 莊青翟(장청적)을 丞相으로 삼았다.

◑夏四月에 以莊青翟爲丞相하다

【綱】 황제가 甘泉宮으로 가서 神君에게 祭祀하였다.

◑帝如甘泉하여 祠神君하다

【目】 上이 鼎湖에서 질병이 위독하였다. 上郡에 한 무당이 있었는데 병을 앓다가 귀신이 내렸다. 上이 그녀를 불러다가 甘泉宮에 두고 제사하게 하였는데, 병이 낫자 일어나 甘泉宮에 행차하여 壽宮에서 술자리를 베푸니, 神君은 얼굴을 볼 수가 없고 그의 말만 들을 수 있었다.

上은 사람을 시켜 그의 말을 받아쓰게 하고 이것을 '畫法(획법)'이라고 이름하였는데, 그가 말한 것은 세속에서 아는 것이고 크게 별다른 것이 없었으나, 上은 마음속에 홀로 좋아하였다.

이때 上이 갑자기 일어나 감천궁에 가면서 右內史의 경내를 지나갔는데, 길이 대부분 닦이지 못하였다. 上은 노하여 말하기를 "義縱이 내가 다시는 이 길을 가지 못할 것이라

제후국의 정승〔相〕은 二千石이었으므로, 二千石은 일반적으로 지방관인 守·相을 지칭하는 말로 쓰였다.

고 여겼는가?" 하고 원망하는 마음을 품었다.

上이 病鼎湖甚①이라 上郡에 有巫病而鬼神下之②어늘 上이 召置하여 祠之甘泉이러니 及病愈에 起幸甘泉하여 置酒壽宮③하니 神君은 非可得見이요 聞其言이라 上이 使人受書其言하고 命之曰畫(획)法④이라하니 其所語 世俗之所知也요 無絶殊者로되 而上心獨喜러라 時에 上이 卒起幸甘泉하여 過右內史界中⑤할새 道多不治어늘 怒曰 義縱以我爲不復行此道乎아하고 銜之⑥하니라

① 晉灼[49]이 말하기를 "鼎湖는 湖縣에 있다. 옛날 黃帝가 首陽山에서 銅을 채취하여 湖縣에서 솥을 주조하고 인하여 鼎湖라고 이름하였는데, 漢나라 武帝가 여기에 궁궐을 세웠다." 하였다.
晉灼曰 "鼎湖在湖縣. 昔黃帝採首陽山銅, 鑄鼎於湖, 因名鼎湖, 漢武於此建宮."
② 본래 일찍이 병을 앓다가 神이 내렸으므로 무당이 된 것이다. 下는 神이 내려 몸에 붙은 것이다.
本嘗遇病而神下之, 故爲巫也. 下, 降附也.
③ 壽宮은 神을 받드는 宮이다. 깃털로 만든 깃발을 펼치고 음식을 진열하여 神君에게 禮하였다.
壽宮, 奉神之宮也. 張羽旗, 設供具, 以禮神君.
④ 神君은 바로 병을 앓은 무당의 神이다. 畫法은 계책을 세우는 法이다.
神君, 卽病巫之神也. 畫法, 策畫之法也.
⑤ 卒(갑자기)은 猝로 읽는다.
卒, 讀曰猝.
⑥ 銜은 품음이니, 마음속에 품어두고서 잘못(원망)으로 여긴 것이다.
銜, 含也, 包含在心, 以爲過也.

甲子年(B.C. 117)

【綱】 漢나라 世宗 孝武皇帝 元狩 6년이다. 겨울 10월에 큰 비가 내리고 얼음이 얼지 않았다.

六年이라 冬十月에 雨水無氷하다

【綱】 使者를 보내어 郡國의 緡錢을 다스리게 하고, 右內史 義縱을 죽였다.

---

49) 晉灼 : 西晉 河南 사람이다. 尙書郞을 지냈으며, ≪漢書≫에 주석을 달았다.

◑ 遣使治郡國緡錢하고 殺右內史義縱하다

【目】 上이 이미 緡錢令을 내리고 卜式을 높였으나[50] 백성들이 끝내 재물을 내어 縣官(국가)을 돕지 않았는데, 이때에 楊可가 緡錢을 제대로 납부하지 않은 자들을 색출하기 위해 사람을 풀어놓아 고발하게 하였다. 양가가 緡錢을 고발하도록 한 자들이 천하에 두루 널려 있어서 中家(中等의 家戶) 이상이 대부분 모두 고발을 당하니, 杜周가 이것을 다스렸으나 獄事를 뒤집은 경우가 적었다.

御史와 廷尉의 正, 監을 나누어 郡國에 보내어 郡國의 緡錢의 죄를 다스려서 백성들의 재물과 奴婢를 얻은 것이 억만으로 계산되었고 田宅도 이와 같았다. 이에 商賈의 中家 이상이 모두 파산하였고 백성들은 구차히 호의호식하기만 하여 저축하는 산업을 일삼지 않았다.

內史 義縱이 말하기를 "이것은 백성들을 어지럽히는 행위이다." 하였고, 부하 관리가 양가의 使者를 체포하였다. 이에 上은 '의종이 조령을 폐지하고 일을 저해했다.' 하여 의종을 棄市하였다.

上이 既下緡錢令而尊卜式호되 百姓이 終莫分財佐縣官이러니 於是에 楊可告緡錢縱矣①라 可告緡이 徧天下하여 中家以上이 大抵皆遇告하니 杜周治之호되 少反(번)者②러라 分遣御史와 廷尉의 正監하여 卽治郡國緡錢하여 得民財物奴婢 以億萬計요 田宅亦如之③라 於是에 商賈中家以上이 皆破하고 民媮(투)食好衣하여 不事畜業④이라 內史義縱이 以爲此亂民이라하고 部吏捕其爲可使者⑤하니 上이 以縱爲廢格(폐각)沮事라하여 棄縱市⑥하다

① 楊은 姓이고 可는 이름이다. 漢나라에 告緡令이 있었으니, 楊可가 이를 주관하였다. 무릇 商賈의 居積(저축)과 技巧로 물건을 만드는 집으로서 농사짓고 누에 쳐서 생산한 것이 아닌 것을 일러 緡이라 하였다. 縱은 풀어놓음이니, 납부해야 할 緡錢이 보통보다 많은 사람 중에 돈을 내지 않는 자가 있으면, 사람을 풀어놓아 서로 고발하게 한 것이다.
楊, 姓. 可, 名. 漢有告緡令, 楊可主之. 凡商賈居積及伎巧之家, 非農桑所生出, 謂之緡. 縱, 放也, 謂緡錢出等人, 有不以錢通者, 放令相告言也.

② "中家"는 가난하고 부유한 중간에 위치한 자를 이르고, "以上"은 부유한 집을 이른다. "遇告"는 고발을 당한 것이다. 反(뒤집다)은 음이 幡이니, 죄인의 옥사를 뒤집어 가벼운 죄를 따르게 하는 것이다. 緡錢을 숨긴 죄를 다스릴 적에 옥사를 뒤집은 경우가 적음을 말한 것이다.

---

50) 卜式을 높였으나 : 卜式을 中郎으로 삼고 左庶長을 하사한 것이 본서 133쪽에 보인다.

中家, 謂處貧富之間者. 以上, 謂富家也. 遇告, 被告也. 反, 音幡, 反罪人辭, 使從輕也. 謂治匿緡之罪, 其獄少有反者.

③ 廷尉에는 正이 있고 左監과 右監이 있었다. "卽治"는 있는 곳(소재지)에 나아가 죄를 다스리는 것이다.

廷尉有正, 有左右監. 卽治, 就其所在而治也.

④ 媮는 偸와 통하니, 구차함이다. "畜業"은 저축하는 산업이다. 이는 당시 사람들이 스스로 생업을 보전하지 못하여, 모두 구차히 호의호식하면서 당장 사는 것에만 급급하고, 다시 장구한 계책을 하지 않음을 말한 것이다.

媮, 與偸通, 苟且也. 畜業, 畜藏之產業也. 此言當時之人, 不能自保其生業, 皆媮食好衣, 以苟生於旦夕, 不復爲久遠計.

⑤ 部는 통솔과 같다. "爲可使者"는 楊可의 使者가 된 자를 이른다.

部, 猶統率也. 爲可使者, 謂爲楊可之使者.

⑥ 格은 閣으로 읽으니 저지함이요, 沮는 파괴(저해)함이다. 황제가 楊可로 하여금 告緡令을 주관하여 재물을 적몰하게 하였는데, 義縱이 도리어 양가의 사자를 체포하였으니, 이는 조령을 폐지하고 일을 저해하여 실패하게 한 것이다.

格, 讀曰閣, 止也. 沮, 壞也. 帝使楊可主告緡, 沒入其財物, 縱乃捕爲可使者, 此爲廢格詔書, 沮敗成事也.

【綱】 여름 4월에 宗廟에서 策命하여 아들 劉閎을 齊王으로 세우고 劉旦을 燕王으로 삼고 劉胥를 廣陵王으로 삼았으며, 처음으로 誥策을 만들어 왕들을 誥命(훈계)하였다.

夏四月에 **廟**에 **立**[51]**子閎爲齊王**하고 **旦爲燕王**하고 **胥爲廣陵王**하고 **初作誥策**①하다

① 廟는 宗廟 안에서 王으로 세워 策命한 것이다. 王에게 誥勅을 내리기를 ≪尙書≫의 여러 誥命[52]과 같이 한 것이다.

廟, 立於廟中策命之也. 誥勅王, 如尙書諸誥也.

【綱】 博士를 郡國에 보내어 순행하게 해서 兼幷하는 자[53]와 관리 중에 죄를 지

---

51) 廟立 : "'廟에서 王으로 세웠다.[廟立]'고 쓴 것은 어째서인가? 처음 시작함을 기록한 것이다. 이로부터 〈廟立이라고〉 쓴 것이 없는 것은 생략한 것이다.[書廟立 何 志始也 自是無書者 略之也]" ≪書法≫

52) 尙書의 여러 誥命 : 尙書는 ≪書經≫을 가리키며, 誥命은 사람들을 모아놓고 太子나 신하에게 告하는 것으로 仲虺之誥와 湯誥·大誥·康誥·酒誥 등의 글을 이른다.

53) 兼幷하는 자 : 부자와 세력가로서 가난하고 약한 자의 재산을 착취함을 이른다.

은 자를 색출하게 하였다.

◑ 遣博士하여 循行郡國하여 擧兼幷及吏有罪者하다

【目】 白金과 五銖錢을 주조한 이후로 관리와 백성들이 몰래 백금과 돈을 주조한 죄에 걸려서 죽은 자가 수십만 명이었으나 죄를 범하는 자가 더욱 많아지니, 관리가 다 주벌하지 못하였다. 이에 詔令을 내려 博士 여섯 사람을 보내서 郡國을 나누어 순행하게 하여, 겸병하는 무리와 郡守와 諸侯國의 정승과 관리 중에 죄가 있는 자를 색출하게 하였다.

自造白金, 五銖錢後로 吏民이 坐盜鑄金錢하여 死者數十萬人이로되 犯者益衆하니 吏不能盡誅라 詔遣博士六人하여 分循郡國하여 擧兼幷之徒及守相爲吏有罪者①하다

① 守는 郡守이고, 相은 諸侯國의 정승이다.
守, 郡守. 相, 諸侯相也.

【綱】 가을 9월에 大司馬 票騎大將軍 冠軍侯 霍去病이 卒하였다.

秋九月에 大司馬票騎大將軍冠軍侯霍去病이 卒[54]하다

【綱】 大農令 顔異를 죽였다.

◑ 殺大農令顔異[55]하다

54) 大司馬票騎大將軍冠軍侯霍去病 : "丞相 灌嬰으로부터 시작하여 승상이 卒하였을 적에 官爵과 姓을 쓰지 않았는데, 여기에서 '大司馬 票騎大將軍 冠軍侯 霍去病'이라고 쓴 것은 어째서인가? 功이 있는 자를 높인 것이다. ≪資治通鑑綱目≫에서 兩漢의 여러 신하가 卒했을 적에 관작과 姓을 갖추어 쓴 것은 美稱이고, 姓을 쓰지 않은 것은 일반적인 말이고, 관작을 쓰지 않은 것은 죄가 있다고 여긴 것이다. 兩漢의 여러 신하가 卒했을 적에 관작을 쓰고 姓을 쓴 자가 37명인데, 그중에 官爵과 姓을 모두 갖추어 쓴 자가 16명이다.〔自丞相嬰始 丞相卒 不書爵姓矣 此其書大司馬票騎大將軍冠軍侯霍去病 何 尊有功也 綱目於兩漢諸臣卒 具官爵姓者 美稱也 不書姓者 恒稱也 惟不書官者 爲罪之 兩漢諸臣卒 書官爵書姓者三十七 而官爵姓皆具者 十有六〕" ≪書法≫

55) 殺大農令顔異 : "顔異의 죽음은 다만 皮幣의 폐해를 대답하였다가 황제의 뜻에 거슬렸기 때문인데, 張湯이 '마음속으로 비방했다.'고 논죄하였으니, 秦나라에서 政事에 대한 비방과 두 사람 이상의 대화를 금한 것에 비해도 거의 더 심한 듯하다. 죄로써 죽지 않았기 때문에 '殺'이라 쓰고 그 관직을 제거하지 않은 것이다.〔顔異之死 特因對皮幣忤旨 而張湯論以腹誹 其視秦禁誹謗偶語 殆又甚之 死不以罪 故書殺而不去其官〕" ≪發明≫

【目】 이전에 顔異가 청렴하고 정직함으로 九卿의 지위에 올랐는데, 上이 白鹿의 皮幣[56]를 만들고는 안이에게 물으니, 안이가 대답하기를 "지금 王·侯가 朝賀할 적에 푸른 璧玉을 사용하되 값이 수천 錢인데, 그 가죽의 깔개가 도리어 40만 전이어서 本과 末이 서로 걸맞지 않습니다." 하니, 上이 좋아하지 않았다.

어떤 사람이 안이를 다른 일로 고발하였으므로 張湯에게 회부하여 다스리게 하였다. 안이가 어떤 손님과 말할 적에, 손님이 '처음 명령이 내려졌을 적에 불편한 점이 있다.'고 하였으나, 안이는 대꾸하지 않고 입술을 약간 삐죽이 내보였다. 장탕이 안이의 해당하는 죄를 아뢰기를, '안이는 명령이 불편함을 보고서 들어와 말하지 않고 뱃속으로 비난했다.' 하여 죽을죄로 논하니, 이 뒤로부터 뱃속으로 비방하는 법률의 조례가 생겨서 公, 卿, 大夫로서 윗사람에게 아첨하여 환심을 얻어서 일신의 편안함을 구하는 자가 많았다.

初에 異以廉直으로 至九卿이러니 上이 旣造白鹿皮幣에 問異한대 異曰 今王侯朝賀에 以蒼璧하니 直(치)數千이어늘 而其皮薦이 反四十萬하여 本末이 不相稱이라한대 上이 不說①하다 人有告異他事어늘 下張湯治러니 異與客語할새 初令下有不便者②어늘 異不應하고 微反脣③이라 湯이 奏當호되 異見令不便하고 不入言而腹誹라하여 論死하니 自是之後로 有腹誹之法比하여 而公卿大夫 多諂諛取容矣④러라

① 당시에 王·侯가 朝賀할 적에 皮幣를 가지고 璧玉 밑에 깔았으므로 "皮薦(가죽 깔개)"이라 한 것이다.
時王侯朝賀, 以皮幣薦璧, 故曰皮薦.

② ≪漢書≫ 〈食貨志〉에 "顔異가 손님과 말할 적에, 손님이 詔令이 처음 내려졌을 적에 불편한 부분이 있음을 말하였다." 하였다.
漢書食貨志 "異與客語, 客語詔令初下有不便處."

③ 〈"微反脣(입술을 삐죽이 내보이다)"은〉 詔令을 비난한 것이다.
蓋非之也.

④ 比는 법률의 조례이다.
比, 則例也.

乙丑年(B.C. 116)

【綱】 漢나라 世宗 孝武皇帝 元鼎 원년이다. 여름에 赦免하였다.

56) 皮幣 : 본서 130쪽에 자세히 보인다.

元鼎元年이라 **夏**에 **赦**①하다

① 寶鼎을 얻었으므로 이로 인하여 改元한 것이다.
得寶鼎, 故因是改元.

丙寅年(B.C. 115)

【綱】 漢나라 世宗 孝武皇帝 元鼎 2년이다. 겨울 11월에 張湯이 죄를 지어 자살하였고, 12월에 丞相 莊青翟이 下獄되자 자살하였다.

二年이라 **冬十一月**에 **張湯**이 **有罪自殺**하고 **十二月**에 **丞相青翟**이 **下獄自殺**57)하다

【目】 처음에 御史中丞 李文이 張湯과 사이가 좋지 못하였다. 장탕과 친한 아전 魯謁居가 은밀히 사람을 시켜서 이문의 부정한 일을 고발하게 하였다. 이 사건을 장탕에게 맡겨 다스리게 하니, 장탕이 논죄하여 이문을 죽였다.

上이 "이 변고의 종적이 어디로부터 시작되었는가?" 하고 묻자, 장탕은 거짓으로 놀란 체하며 말하기를 "이는 아마도 이문의 친구가 그를 원망해서 한 듯합니다." 하였다.

노알거가 병을 앓자, 장탕은 손수 그를 위하여 발을 주물러주었다. 趙王이 고발하기를 "장탕이 大臣의 신분으로 부하 아전의 발을 주물러주었으니, 부하와 함께 크게 간악한 짓을 한 듯합니다." 하였다.

그리하여 이 사건을 廷尉에 회부하여 조사하게 하였는데, 노알거는 병들어 죽었고 사건이 그 아우에게 미치자, 아우가 고발하기를 "장탕이 노알거와 함께 모의하여 변고를 일으켜 이문의 일을 고발했다." 하였다. 이 사건을 減宣에게 맡겨서 끝까지 죄를 추궁하였으나 上奏하지는 않았다.

初에 **御史中丞李文**이 **與湯有郤**①이라 **湯**의 **所厚吏魯謁居 陰使人告文奸事**하여 **事下湯治**하니 **論殺之**하다 **上**이 **問變事蹤跡安起**오한대 **湯**이 **佯驚曰 此殆文故人**이 **怨之**라하다 **謁居病**에 **湯**이 **親爲**

57) 張湯……下獄自殺 : "글을 연결하여 보고 일을 나란히 맞추어보면 죄의 경중이 저절로 구분된다. 그러므로 張湯의 관작을 쓰지 않은 것이다. '下獄'에는 글이 세 가지가 있으니, '아무개를 하옥하였다.〔下某獄〕'와 '아무개를 불러 하옥하였다.〔徵某下獄〕'는 것은 죄가 없다는 말이요, '아무개가 죄로써 하옥되었다.〔某以罪下獄〕'는 것은 죄가 있다는 말이요, '아무개가 하옥되었다.〔某下獄〕'는 것은 죄가 적다는 뜻이다.〔屬辭比事 罪之輕重分矣 故湯不書官 下獄之辭有三 下某獄 徵某下獄 無罪之辭也 某以罪下獄 有罪之辭也 某下獄 薄乎云爾之辭也〕" ≪書法≫

之摩足[②]이러니 趙王告호되 湯이 大臣으로 乃與吏摩足하니 疑與爲大姦이라하여 事下廷尉[③]하니 謁居는 病死하고 事連其弟라 弟告湯與謁居謀하여 共變告李文이어늘 事下減宣하여 窮竟未奏[④]하다

① 御史大夫에게 두 丞이 있으니, 하나는 中丞이다. 郤(틈)은 隙으로 읽는다.
御史大夫, 有兩丞, 曰中丞. 郤, 讀曰隙.
② 爲(위하다)는 去聲이다.
爲, 去聲.
③ 張湯이 항상 趙王을 배척하니, 趙王이 그를 원망하였다.
湯常排趙王, 趙王怨之.
④ 減宣은 사람의 姓名이다.
減宣, 姓名.

【目】이때 마침 도둑이 孝文帝의 園陵에 묻어놓은 돈을 도굴하자, 丞相 莊青翟은 조회할 적에 張湯과 함께 上에게 사죄할 것을 약속하였으나, 上의 앞에 이르자 장탕은 홀로 사죄하지 않았다.

上이 御史로 하여금 丞相을 조사하게 하자, 장탕은 법조문을 이용하여 '사실을 알면서 고의로 도적을 풀어준 죄'로 승상(장청적)을 옭아 넣고자 하였는데, 승상의 長史인 朱買臣과 王朝, 邊通은 모두 평소 장탕을 원망하고는 장탕의 죄상을 밝히는 일에 생명을 걸고자 하였다. 그리하여 마침내 승상과 모의하고 아전을 시켜 장사꾼인 田信 등을 체포하여 조사하고는 말하기를 "장탕이 어떤 일을 주청하려 하면 그때마다 번번이 전신이 미리 알고서, 물건을 買集해두었다가 〈비싼 값으로 팔아〉 富를 축적하여 장탕과 나누어 가졌다."라고 하니, 이 일에 대한 소문이 파다하였다.

上이 장탕에게 묻기를 "내가 하려는 일을 장사꾼들이 번번이 먼저 알고서 그 물건을 더욱 많이 買集하니, 이는 나의 계책을 일러주는 자가 있는 듯하다." 하였다. 장탕은 사죄하지 않고 또 거짓으로 놀란 체하며 아뢰기를 "진실로 이런 일이 있습니다." 하였다.

減宣 또한 魯謁居 등의 일을 아뢰자, 上은 '장탕이 속임수를 품고 면전에서 군주를 속였다.'라고 여겨 趙禹를 보내 장탕을 크게 꾸짖었다. 장탕은 글을 올려 사죄하고, 인하여 "신을 모함한 자는 丞相府의 세 長史입니다." 하고는 마침내 자살하였다.

會에 盜發孝文園瘞(예)錢[①]하니 丞相青翟이 朝할새 與湯約俱謝로되 至前에 湯獨不謝[②]하다 上이 使御史按丞相한대 湯이 欲致其文丞相見知[③]러니 丞相長史朱買臣, 王朝, 邊通이 皆素怨湯하여 欲死之[④]하여 乃與丞相謀하고 使吏捕按賈人田信等하여 曰 湯이 且欲奏請이면 信이 輒先知之하여

居物致富하여 與湯分之⑤라하니 事辭頗聞이라 上이 問湯曰 吾所爲를 賈人이 輒先知之하여 益居其物하니 是類有以吾謀告之者⑥로라 湯이 不謝하고 又佯驚曰 固宜有하니이다 減宣이 亦奏謁居等事한대 上以湯懷詐面欺라하여 使趙禹切責湯⑦하니 湯이 乃爲書謝하고 因曰 陷臣者는 三長史也라하고 遂自殺하다

① 瘞는 於計의 切이니, 묻는다는 뜻이다. 園陵에 돈을 묻어서 죽은 이를 葬送한 것이다.
瘞, 於計切, 埋也. 埋錢於園陵, 以送死也.

② 〈"朝 與湯約俱謝 至前 湯獨不謝"는〉 들어가 조회하려 할 적에 사죄하기로 약속을 하였다가 황제 앞에 이르자, 張湯은 '丞相은 사시사철 園陵을 순행해야 하니 마땅히 사죄해야 하지만, 御史大夫는 園陵의 일에 관여하지 않는다.'라고 여겼으므로 사죄하지 않은 것이다.
將入朝之時, 爲此要約, 至帝之前, 湯以'丞相四時行園陵, 當謝, 御史大夫不豫園陵事.' 故不謝.

③ 〈"欲致其文丞相見知"는〉 알면서 일부러 놓아준 죄로 丞相을 처벌하려고 한 것이다.
欲以見知故縱之罪, 罪丞相.

④ 〈"欲死之"는〉 죽음으로써 張湯의 간악함을 드러내고자 한 것이다.
欲以死發湯之姦也.

⑤ 居는 쌓아둠(買集함)을 이르니, "居物"은 미리 물건을 매집해두고서 비싸게 팔 수 있는 시기를 기다리는 것이다.
居, 謂儲也. 居物, 豫居物以待時也.

⑥ 類는 비슷하다는 뜻이다.
類, 似也.

⑦ "面欺"는 대면하여 군주를 속이는 것이다.
面欺, 對面欺誑也.

【目】 張湯이 죽은 뒤에 家産의 값어치가 500金에 불과하였다. 형제와 여러 자식들이 厚葬(호화로운 장례)하고자 하였으나, 장탕의 어머니가 말하기를 "장탕이 천자의 대신이 되어서 탐욕스럽다는 누명을 뒤집어쓰고 죽었으니, 어찌 후장할 수가 있겠는가." 하고는, 시신을 소가 끄는 수레에 태웠으며, 장례에 棺만 있고 槨이 없었다. 上은 이 말을 듣고 마침내 세 長史를 모두 조사하여 처형하였고, 丞相 莊青翟은 下獄되자 자살하였다.

湯이 旣死에 家産이 直(치)不過五百金이요 昆弟諸子 欲厚葬한대 湯母曰 湯이 爲天子大臣하여 被汙惡言而死하니 何厚葬乎리오하고 載以牛車하고 有棺無槨하다 上이 聞之하고 乃盡案誅三長史하고 丞相青翟은 下獄自殺하다

【綱】 봄에 柏梁臺를 건조하고 承露盤을 만들었다.

春에 起柏梁臺[58)]하고 作承露盤[①]하다

① 柏梁臺는 長安城 북쪽에 있었는데, 향나무를 사용하여 궁전의 들보를 만들어서 향기가 10리나 멀리 풍겼다. 처음에 太后가 神君을 맞이해서 宮中에 제사하였는데, 이때에 神君이 宮中을 나가려 하므로 마침내 柏梁臺를 건조하여 그곳에 머물게 한 것이다.
柏梁臺, 在長安城北, 用香柏爲殿梁, 香聞十里中. 初, 太后迎神君, 祠之宮中, 至是神君求出, 乃營臺舍之.

【目】 承露盤은 높이가 20길이고 크기가 일곱 아름이었다. 구리로 만들고 위에 神仙의 손바닥이 있어서 이슬을 받아 옥가루와 함께 섞어 마시면 長生不死할 수 있다 하니, 宮室의 수리가 이로부터 날로 성해졌다.

盤은 高二十丈이요 大七圍라 以銅爲之하고 上有仙人掌하여 以承露하여 和玉屑飮之하면 云可以長生이라하니 宮室之修 自此日盛이러라

【綱】 趙周를 丞相으로 삼았다.

以趙周爲丞相하다

【綱】 3월에 함박눈이 크게 내렸다.

◑三月에 大雨雪[59)]하다

【綱】 여름에 큰 홍수가 져서 사람들이 굶어죽었다.

◑夏에 大水하여 人餓死하다

---

58) 起柏梁臺 : "이를 비판한 것이니, 臺를 쓴 것이 이때 처음 시작되었다. ≪資治通鑑綱目≫이 끝날 때까지 臺를 쓴 것이 여섯 번인데, 모두 비판한 것이다.〔譏也 書臺始此 終綱目書臺六 皆譏也〕" ≪書法≫

59) 三月大雨雪 : "3월에 눈이 내림은 異變이니, 景帝 때에 일찍이 異變을 썼으나 '크다〔大〕'는 표현은 쓰지 않았었는데, 이때에 이르러 '함박눈이 크게 내렸다.〔大雨雪〕'고 쓴 것은 큰 異變이기 때문이다. ≪資治通鑑綱目≫에 '3월에 눈이 내렸다.'고 쓴 것이 네 번인데, '크게 내렸다.〔大雨〕'고 쓴 것은 한 번뿐이다.〔三月雪 異也 景帝嘗書矣 未書大也 至是而書大雨雪 大異也 綱目書三月雪四 書大雨一而已〕" ≪書法≫

【綱】 均輸를 설치하고 郡國에서 돈을 주조하는 것을 금지하였다.

◑ **置均輸**하고 **禁郡國鑄錢**[60)]하다

【目】 孔僅이 大農令이 되고 桑弘羊이 大農中丞이 되자 차츰 均輸를 설치해서 화물을 유통하게 하고, 郡國에서 돈을 주조하는 것을 모두 금지하여, 오로지 上林苑의 세 관원으로 하여금 돈을 주조하게 해서 세 관원이 만든 돈이 아니면 유통하지 못하게 하였다. 이에 백성들이 돈을 주조하는 일이 더욱 적어졌는데, 그 주조하는 비용을 계산해보면 타산이 맞지 않아서, 오직 진짜 工人과 크게 간악한 자만이 몰래 돈을 주조하였다.

孔僅이 **爲大農令**하고 **而桑弘羊**이 **爲大農中丞**①하여 **稍置均輸**하여 **以通貨物**②하고 **悉禁郡國**하여 **無鑄錢**하고 **專令上林三官鑄**③하여 **非三官錢**이면 **不得行**하니 **而民鑄益少**하여 **計其費**하면 **不能相當**④이요 **唯眞工, 大姦**이 **乃盜爲之**하니라

① 大農에 두 丞이 있었는데 지금 中丞을 설치하였으니, 그 지위가 마땅히 두 丞의 위에 있었을 것이다.
大農有兩丞, 今置中丞, 其位當在兩丞上.

② 均輸는 大司農의 관속이다. 여러 州·郡에서 마땅히 관청(국가)에 바쳐야 할 물건들이 있으면, 모두 그 지방에서 많이 생산되는 물건을 수송해 오게 하되 그곳의 時價를 공정하게 정하고, 관청에서 직접 이 물건이 생산되지 않는 지역으로 옮겨 팔았으니, 수송하는 자가 이미 편하고 관청에 이익이 있으므로 均輸라 이름하였다.
均輸, 大司農屬官, 諸州郡所當輸於官者, 皆令輸其土地所饒, 平其所在時價, 官自轉遷於所無之地, 賣之, 輸者旣便而官有利, 故曰均輸.

③ 水衡都尉는 上林苑을 관장하니, 관속에 均輸令, 鍾官令, 辨銅令이 있었다.
水衡都尉, 掌上林苑, 屬官有均輸·鍾官·辨銅令.

④ 〈"不能相當"은〉 이익이 없음을 말한 것이다.
言無利也.

【綱】 西域과 처음으로 통하였으므로 酒泉郡과 武威郡을 설치하였다.

西域始通[61)]이어늘 **置酒泉, 武威郡**하다

60) 禁郡國鑄錢 : "文帝 5년(B.C. 175)부터 '동전을 몰래 주조하는 것을 막는 법령〔盜鑄令〕을 없앴다.'고 썼었는데, 이때 61년 만에 처음으로 '금했다.'고 쓴 것이다.〔自文帝五年 書除盜鑄令 於是六十一年始書禁〕" ≪書法≫

61) 西域始通 : "'처음 통했다.'고 쓴 것은 어째서인가? 어렵게 여긴 말이다. 張騫이 西域에 사신 간 때로부터 이때 8년이 되었으니, 이 내용을 쓴 것은 멀리까지 經略함을 비판한 것이다.〔書始通 何

【目】張騫이 다음과 같이 건의하였다.

"烏孫王 昆莫은 본래 匈奴의 신하였는데, 뒤에 병력이 차츰 강성해져서 다시는 흉노에게 조회하여 섬기려고 하지 않자, 흉노가 공격하였으나 승리하지 못하고 멀리 떠나갔습니다. 우리가 지금 많은 폐백으로 그를 초청하여 동쪽 지방을 더 보태주어서 옛 渾邪王의 땅에 살게 하면, 이는 흉노의 오른팔을 끊는 것이요, 우리가 오손과 연락하게 되면 그 서쪽 大夏의 등속을 모두 불러와서 바깥 신하(藩臣)로 삼을 수 있습니다."

上은 그의 말을 옳게 여기고 장건을 中郎將으로 제수하였다. 장건은 값어치가 수천 巨萬인 金과 폐백을 가지고 오손에 사신 갔는데, 오래도록 그 요령을 얻지 못하였다.

漢나라에서는 인하여 副使를 나누어 보내어서 大宛과 康居, 大月氏(대월지)와 大夏, 安息과 身毒(건독), 于闐(우전) 및 여러 이웃 나라들에 사신을 보냈는데, 오손에서는 귀국하는 장건을 전송할 적에 使者 수십 명과 말 수십 필을 장건에게 딸려 보내 답례하였다.

이해에 장건이 돌아오고 뒤에 대하와 우호를 맺도록 파견한 使者들이 모두 그 나라 사람들과 함께 오니, 이에 西域이 처음으로 漢나라와 통하였다.

張騫이 建言호되 烏孫王昆莫이 本爲匈奴臣이러니 後에 兵稍彊하여 不肯復朝事匈奴한대 匈奴攻不勝而遠之[①]하니이다 今以厚幣招하여 以益東하여 居故渾邪(혼사)之地하면 則是斷匈奴右臂也[②]요 旣連烏孫이면 自其西大夏之屬을 皆可招來而爲外臣이리이다 上이 以爲然하여 拜騫爲中郎將하여 齎金幣帛直(치)數千巨萬하고 至烏孫이러니 久之요 不能得其要領[③]이라 因分遣副使하여 使大宛, 康居, 大月氏, 大夏, 安息, 身毒, 于闐及諸旁國[④]이러니 烏孫이 送騫還할새 使數十人, 馬數十匹로 隨騫報謝하다 是歲에 騫이 還到하고 後所遣使通大夏之屬者 皆頗與其人俱來[⑤]하니 於是에 西域이 始通於漢矣러라

① 昆莫은 烏孫王의 칭호이니, 그의 이름은 獵驕靡(엽교미)이다. 遠은 于萬의 切이니, 멀리 떠나가는 것이다.
昆莫, 烏孫王號也. 其名, 獵驕靡. 遠, 于萬切, 離也.

② 昆莫의 아비인 難兜靡는 본래 大月氏와 함께 敦煌과 祁連 사이에 거주하였는데, 大月氏가 難兜靡를 공격하여 죽이고 그 땅을 빼앗았으며, 大月氏는 또 匈奴에게 격파되자 서쪽으로 塞王을 공격하여 그 나라를 빼앗아 차지하였다. 곤막은 아버지의 원한을 갚기 위하여 서쪽으로 大月氏를 공격하여 격파하고 인하여 이곳에 거주하면서 烏孫國이라 하였는데, 張騫이 그를 유인하여 다시 옛 땅으로 돌아가게 하고자 한 것이다.

難辭也 自張騫使西域 於是八年矣 書譏遠略也]"《書法》

昆莫父難兜靡, 本與大月氏, 同在敦煌・祁連間, 大月氏攻殺難兜靡, 奪其地, 而大月氏又爲匈奴所破, 西擊塞王, 而奪其國. 昆莫報父怨, 西攻破大月氏國, 因留居, 爲烏孫國. 騫欲誘之, 復歸故地.

③ 要(허리)는 一遙의 切이니 옷의 허리이고, 領은 옷의 목 부분이니, 무릇 옷을 잡는 자는 허리와 목 부분을 잡는다. 張騫이 그들의 뜻을 알지 못하여 漢나라로 데리고 돌아올 수 없음을 말하였으므로 要領으로 비유한 것이다.
要, 一遙切, 衣要也. 領, 衣領也. 凡持衣者, 執要與領, 言騫不能得意趣, 無以持歸於漢, 故以要領爲喩.

④ 息은 悉卽의 切이다. 安息은 治所가 番兜城으로 지역이 嬀水(아무다리아 강)에 임하였는데, 長安에서 11,600리 떨어져 있다.
息, 悉卽切. 安息, 治番兜城, 其地臨嬀水, 去長安萬一千六百里.

⑤ "其人"은 그 나라의 사람이다.
其人, 其國人.

【目】 西域은 모두 36개국으로 남쪽과 북쪽에 큰 산이 있고 中央에 河水가 있으며, 동서가 6,000여 리이고 남북이 1,000여 리인데, 동쪽은 漢나라의 玉門關, 陽關과 접하고 서쪽은 蔥嶺(파미르 고원)에 막혀 있다. 河水는 두 근원이 있는바, 하나는 蔥嶺에서 발원하고 하나는 于闐에서 발원하여 合流해서 동쪽으로 흘러 鹽澤으로 들어가니, 鹽澤은 玉門關, 陽關과의 거리가 300여 리였다.

玉門關과 陽關으로부터 西域으로 나가는 데에는 두 길이 있다. 鄯善國(樓蘭國)을 경유하여 南山(崑崙山脈) 북쪽을 곁에 두고 河水를 따라 서쪽으로 가서 莎車國에 이르는 것은 남쪽 길(西域南路)이니, 남쪽 길은 서쪽으로 蔥嶺을 넘어가면 大月氏國과 安息國으로 나온다. 車師 前王의 조정으로부터 北山(天山山脈)을 곁에 두고 河水를 따라 서쪽으로 가서 疏勒에 이르는 것은 북쪽 길(天山南路)이니, 북쪽 길은 서쪽으로 蔥嶺을 넘어가면 大宛國, 康居國, 奄蔡國으로 나온다. 그러므로 이 西域의 여러 나라가 모두 흉노에게 예속되어 사역당하였으니, 匈奴는 여러 나라의 賦稅를 받아 부유함을 누렸다.

西域은 凡三十六國이요 南北에 有大山하고 中央에 有河하고 東西六千餘里요 南北千餘里[①]니 東則接漢玉門, 陽關[②]하고 西則限以蔥嶺[③]이러라 河有兩原하니 一은 出蔥嶺하고 一은 出于闐하여 合流東注鹽澤하니 鹽澤은 去玉門, 陽關三百餘里라 自玉門, 陽關으로 出西域이 有兩道하니 從鄯善하여 旁南山北하여 循河西行至莎車가 爲南道니 南道는 西踰蔥嶺이면 則出大月氏, 安息[④]하고 自車師前王庭으로 隨北山하여 循河西行하여 至疏勒이 爲北道니 北道는 西踰蔥嶺이면 則出大宛,

康居, **奄蔡**[⑤]라 **故**로 **皆役屬匈奴**하니 **匈奴賦稅諸國**하여 **取富給焉**이러라

① "南北有大山(남쪽과 북쪽에 큰 산이 있다.)"은, 南山(곤륜산맥)은 于窴(于闐)의 남쪽에 있어 동쪽으로 金城으로 나와 漢나라의 南山(終南山)과 접하고, 北山(천산산맥)은 車師의 북쪽에 있다.
南北有大山者, 南山在于窴之南, 東出金城, 與漢南山接, 北山在車師之北.

② ≪漢書≫ 〈地理志〉에 "敦煌郡 龍勒縣에 玉門關과 陽關이 있고, 酒泉郡에 玉門縣이 있다." 하였다.
班志 "敦煌郡龍勒縣有玉門關・陽關, 酒泉郡有玉門縣."

③ 蔥嶺은 西域의 산 이름으로 天竺國 동쪽에 있는데, 이 산은 매우 높고 크며 위에 모두 파가 자라므로 인하여 蔥嶺이라 이름하였다.
蔥嶺, 西域山名, 在天竺國東, 其山高大, 上悉生蔥, 故因名.

④ 鄯은 時戰의 切이다. 鄯善은 治所가 杅尼城이니, 陽關에서 1,600리 떨어져 있다. 본래 樓蘭國이었는데, 漢나라 昭帝가 傅介子를 보내어 가서 그 王을 찔러 죽이게 하고 이름을 鄯善으로 바꾸었다. 여기에서 鄯善이라고 쓴 것은 史官이 추후에 쓴 것이다. 旁은 步浪의 切이고, 莎는 素和의 切이다. 莎車는 治所가 莎車城이니, 長安에서 9,950리 떨어져 있다.
鄯, 時戰切. 鄯善, 治杅尼城, 去陽關千六百里. 本樓蘭國, 漢昭遣傅介子, 往刺其王, 更名焉. 此書鄯善, 史蓋追書之. 旁, 步浪切. 莎, 素和切. 莎車, 治莎車城, 去長安九千九百五十里.

⑤ 車師의 前王은 治所가 交河城이니, 長安에서 8,150리 떨어져 있다. 이 나라는 前王과 後王이 있었는데 그 조정이 서로 500여 리 떨어져 있으니, 後王의 조정은 본래 烏孫國의 땅이다. 疏는 疎와 통한다. 疎勒은 治所가 疎勒城이니, 長安에서 9,350리 떨어져 있다.
車師前王治交河城, 去長安八千一百五十里. 其國有前王後王, 其庭相去五百餘里, 後王庭地, 本烏孫國土. 疏, 通作疎. 疎勒, 治疎勒城, 去長安九千三百五十里.

【目】烏孫은 동쪽으로 돌아가려 하지 않았다. 이에 漢나라에서는 마침내 渾邪王의 옛 땅에 酒泉郡을 설치하고 차츰 백성들을 징발하여 이주시켜 채웠는데, 뒤에 또다시 나누어 武威郡을 설치해서 匈奴가 羌族과 통하는 길을 끊었다.

上은 大宛國의 汗血馬를 얻고는 이를 사랑하여 天馬라 이름하니, 使者가 길에 끊임없이 이어져서 이 名馬를 구하였다.

烏孫이 **既不肯東還**이어늘 **漢**이 **乃於渾邪王故地**에 **置酒泉郡**하고 **稍發徙民**하여 **以充實之**[①]러니 **後**에 **又分置武威郡**하여 **以絶匈奴與羌通之道**하다 **上**이 **得宛汗血馬**하고 **愛之**하여 **名曰天馬**라하니 **使者相望於道**하여 **以求之**[②]하니라

① 城 아래에 金泉이 있는데, 샘물 맛이 술과 같았으므로 酒泉이라 이름하였다.
城下有金泉, 泉味如酒, 故曰酒泉.

② 大宛國에 높은 산이 있는데, 그 위에 좋은 말이 많이 있으나 잡을 수가 없었다. 이에 五色의 암말을 데려다가 그 아래에 두어 교접하게 해서 망아지를 낳으면 모두 汗血의 千里馬가 되니, 인하여 天馬子라 이름하였다. 일설에 "汗血이란 땀이 어깨로부터 나오는데 피와 같으므로 이렇게 이름하였으니, 능히 하루에 천 리를 갈 수 있다." 한다.

大宛國有高山, 其上有馬, 不可得. 因取五色母馬, 置其下, 與集生駒, 皆汗血, 因號天馬子. 一說"汗血者, 汗從肩膊出如血號, 能一日千里."

丁卯年(B.C. 114)

【綱】 漢나라 世宗 孝武皇帝 元鼎 3년이다. 겨울에 函谷關을 新安으로 옮겼다.

三年이라 **冬**에 **徙函谷關於新安**①하다

① 樓船將軍 楊僕은 河南 宜陽 사람이다. 이때 여러 번 출전하여 큰 功을 세웠는데, 關門 밖의 백성이 되는 것을 부끄러워하고 글을 올려 동쪽 관문을 옮길 것을 청하면서 자기 집안의 재물을 가지고 그 비용을 공급하겠다고 하였다. 황제의 생각 또한 국토를 넓히는 것을 좋아하여, 이에 관문을 新安으로 옮기니, 弘農에서 300리 떨어져 있었다.

樓船將軍楊僕, 河南宜陽人也. 時數(삭)有大功, 恥爲關外民, 上書乞徙東關, 以家財給其用度. 帝意亦好廣闊, 於是徙關於新安, 去弘農三百里.

【綱】 여름에 우박이 내렸다.

◑ **夏**에 **雨雹**하다

【綱】 株送徒[62]로 하여금 재물을 바치고 郎官에 補任하게 하였다.

◑ **令株送徒**로 **入財補郎**[63]하다

---

62) 株送徒 : 먼저 체포한 범인의 供招에서 끌어들인 共犯으로 압송되어 부역하는 자를 이르는바, 먼저 체포한 사람을 뿌리에 비유하여, 나무의 뿌리를 캐면 작은 뿌리들이 줄줄이 끌려 나온다는 뜻에서 붙여진 이름이다.

63) 令株送徒 入財補郎 : "앞서 '詔令을 내려 백성들에게 관작을 살 수 있도록 명하였다.'고 쓴 것은 비판한 것이다. 여기에서 '여러 株送徒로 하여금 재물을 바치고 郎官에 보임하게 하였다.'고 쓴 것은 贖罪와 買爵 두 가지를 모두 할 수 있게 한 것이므로 ≪資治通鑑≫에는 쓰지 않았는데, ≪資治通鑑綱目≫에는 특별히 썼으니, 깊이 비판한 것이다.〔前書詔民得買爵 譏也 於是令諸送徒 入財補郎 是贖罪買爵兩得之矣 故通鑑不書 綱目特書 所以深譏之〕" ≪書法≫

"商人의 수레에 算稅를 부과한 것부터 皮幣를 만들고 緡錢을 신고하고 均輸를 두어서 紛紛하게

【目】所忠이 "世家의 子弟와 부자들이 평민을 어지럽힌다."라고 말하자, 마침내 법령을 범하여 서로 관련된 수천 명을 징발해서 이들을 株送徒라 이름하고, 재물을 바친 자는 郎官에 보임하게 하니, 낭관의 선발이 쇠퇴하게 되었다.

所忠이 言[①]世家子弟富人이 亂齊民[②]이라한대 乃徵諸犯令相引數千人하여 名曰株送徒라하고 入財者는 得補郎하니 郎選이 衰矣[③]러라

① 所는 姓이고 忠은 이름이다.
所, 姓, 忠, 名也.

② 世家는 대대로 녹봉과 품계가 있는 집안이다.
世家, 世世有祿秩之家.

③ 株는 나무의 뿌리이고 送은 이끎이다. 먼저 온 사람들로 하여금 서로 이끌고 오게 하니, 마치 그 나무에 뿌리를 얻으면 가지와 잎이 저절로 따라오는 것과 같았다. 그러므로 株送徒라 이름한 것이다. 選(선발되다)은 去聲이니, 관리를 선발하는 것이다.
株, 根本也. 送, 引也. 先至之人, 令之相引, 似若得其根本, 則枝葉自窮, 故曰株送徒. 選, 去聲, 銓官也.

【綱】關東 지방에 기근이 들어서 사람들이 서로 잡아먹었다.

關東饑하여 人相食하다

【綱】匈奴의 伊穉斜單于(이치사선우)가 죽고, 아들 烏維單于(흉노 제6대 선우)가 즉위하였다.

◑ 匈奴伊穉斜單于死하고 子烏維單于立하다

戊辰年(B.C. 113)

【綱】漢나라 世宗 孝武皇帝 元鼎 4년이다. 겨울 11월에 后土祠를 汾陰의 언덕

이익을 일으킨 것이 하나뿐이 아니었는데, 이때에 이르러 또다시 株送徒라는 이름이 있어서 이들로 하여금 재물을 바치고 郎官에 보임하게 하였으니, 이는 백성들을 착취할 만한 방법이 없어서 이런 명색을 만들어 백성들의 재물을 속여 취한 것이다. 이것을 책에 썼으니, 또한 부끄러워할 만한 것이다.〔自算商車 造皮幣 告緡錢 置均輸 紛紛興利 不一而足 至是又有株送徒之名 使之入財補郎 蓋亦漁取無術 而爲色目以罔之爾 書之於冊 亦可愧哉〕" ≪發明≫

위에 세우고서 황제가 친히 제사하고, 처음으로 郡國을 순행하여 滎陽에 이르렀다가 돌아왔다.

四年이라 **冬十一月**에 **立后土祠於汾陰(睢)〔脽〕**[64]**上**하여 **親祠之**하고 **始巡郡國**하여 **至(榮)〔滎〕**(형)[65]**陽而還**①하다

① 脽는 음이 誰이다. 脽는 黃河의 동쪽 언덕인 特堆崛로, 길이가 4, 5리이며 넓이가 2리가 넘고 높이가 10여 길이다. 그 모습이 높이 솟아서 사람의 꽁무니〔尻脽〕와 같으므로 이름한 것이다. 尻는 丘刀의 切이니, 척추의 등뼈가 다하는 곳이다. 일설에 "이곳은 汾水의 위에서 내려 보고 있다. 이곳의 지명은 본래 鄈였는데, 음이 葵(규)와 같은바, 이 지방 사람들은 葵의 음을 誰와 같이 발음하므로 바뀌어 脽자가 되었다." 하였다.
(睢)〔脽〕, 音誰. 脽者, 河之東岸特堆崛, 長四五里, 廣二里餘, 高十餘丈. 以其形高起, 如人之尻脽, 故以名. 尻, 丘刀切, 脊梁盡處. 一說"此臨汾水之上. 地本名鄈, 音與葵同, 彼鄉人呼葵音如誰, 故轉而爲脽字耳."

【綱】 周나라 후손인 姬嘉를 周子南君으로 봉하였다.

◑ **封周後姬嘉**하여 **爲〔周〕**[66]**子南君**①하다

① 姬嘉는 사람의 성명이고 子南은 그 봉읍의 칭호이다. ≪恩澤侯表≫에 "周子南君은 潁川의 長社를 食邑으로 하였다." 하였다.
姬嘉, 姓名. 子南, 其封邑之號. 恩澤侯表"周子南君, 食邑於潁川長社."

【綱】 봄에 方士 欒大를 五利將軍으로 삼아서 公主에게 장가들게 하였다.

◑ **春**에 **以方士欒大**로 **爲五利將軍**하여 **尙公主**[67]하다

---

64) (睢)〔脽〕: 저본에는 '睢'로 되어 있으나, ≪資治通鑑≫에 의거하여 '脽'로 바로잡았으며 訓義 역시 함께 바로잡았다.

65) (榮)〔滎〕: 저본에는 '榮'으로 되어 있으나, ≪資治通鑑≫에 의거하여 '滎'으로 바로잡았다.

66) 〔周〕: 저본에는 '周'가 없으나, ≪資治通鑑≫에 의거하여 보충하였다.

67) 尙公主 : "≪資治通鑑綱目≫에 들어와서 '公主에게 장가들다.〔尙主〕'라고 쓴 경우가 있지 않았는데, 여기에서 쓴 것은 어째서인가? 비판한 것이다. 方士로서 공주에게 장가들었으니, 武帝의 미혹됨이 심하다. ≪자치통감강목≫이 끝날 때까지 '공주를 下嫁했다.'라고 쓴 것이 14번인데, '尙'이라고 쓴 것은 세 번이다.〔入綱目 尙主未有書者 書此 何 譏也 以方士尙公主 帝之惑甚矣 終綱目 書公主下嫁十四 其書尙者三〕" ≪書法≫
"方士로서 공주에게 장가든 것은 똑같은 부류끼리 혼인한 것이 아니다. 무릇 列侯가 공주에게 장가든 것을 모두 쓰지 않았는데, 여기에서 특별히 쓴 것은 武帝의 잘못을 드러내기 위해서이다. 일에는 貶黜할 필요 없이 일에 근거하여 곧바로 쓰면 惡이 저절로 나타나는 경우가 있으니, 바로

【目】方士 欒大가 과감히 큰소리를 치면서 주저하지 않고 神仙으로 자처하였는데, 上을 뵙고 다음과 같이 말하였다.

"臣이 일찍이 海上을 왕래하면서 신선인 安期生과 羨門子(연문자)의 등속을 만나보니, 말하기를 '黃金을 만들 수 있고 黃河가 터지는 것을 막을 수 있으며, 不死藥을 얻을 수 있고 신선을 초치할 수 있다.' 하였습니다. 그러나 신의 스승은 사람들에게 구함이 없고 사람들이 그를 구하니, 폐하께서 반드시 이분들을 초치하고자 하신다면, 使者(欒大 자신)의 신분을 귀하게 하여 황제의 친척으로 삼고 손님의 禮로 우대하여야 비로소 말을 통할 수 있을 것입니다."

이에 난대를 五利將軍으로 제수하여 樂通侯를 봉하고 食邑과 가장 좋은 집을 하사하였으며, 衛長公主를 그에게 시집보내면서 황금 10만 근을 주어 보냈다.

上이 직접 그의 집에 가니 난대의 귀함이 천하에 진동하였다. 이에 바닷가 燕나라와 齊나라 사이에서는 팔뚝을 걷어붙이고 禁方이 있고 신선술이 있다고 스스로 말하지 않는 자가 없었다.

方士欒大 敢爲大言하여 處之不疑러니 見上言曰 臣이 常往來海上하여 見安期, 羨(연)門之屬하니 曰 黃金可成而河決可塞(색)이요 不死之藥을 可得이며 僊(선)人을 可致也라하더이다 然이나 臣師는 非有求人이요 人者求之니 陛下必欲致之신댄 則貴其使者하여 令爲親屬하고 以客禮待之라야 乃可使通言也리이다 乃拜大爲五利將軍하여 封樂通侯하고 食邑, 賜甲第①하고 以衛長公主妻之할새 齎金十萬斤②이러라 上이 親幸其第하니 貴震天下라 於是에 海上燕齊之間이 莫不搤腕(액완)하여 自言有禁方, 能神僊矣러라

① ≪恩澤侯表≫에 "樂通侯는 安定郡 高平縣을 食邑으로 하였다." 하였다.
恩澤侯表 "樂通侯, 食邑於安定郡高平縣."

② 公主는 衛太子(戾太子)의 누이이다.
公主, 衛太子姊也.

【綱】여름 6월에 汾陰에서 큰 솥을 얻었다.

夏六月에 汾陰에 得大鼎하다

【目】큰 솥을 甘泉宮으로 맞이해와서 郊廟에 올리니, 여러 신하들이 모두 축하하였다.

이러한 따위이다.〔以方士而尙公主 則非其類矣 凡列侯尙主 皆不書 而此特書之者 所以著其失也 事有不待貶黜 據事直書 而惡自見者 此類是也〕" ≪發明≫

迎至甘泉하여 薦之郊廟하니 群臣이 皆賀하니라

【綱】 兒寬(예관)을 左內史로 삼았다.

以兒寬爲左內史하다

【目】 이전에 周亞夫가 丞相이 되었을 적에 趙禹가 丞相府의 史가 되었는데, 승상부 안에서는 모두 그의 청렴하고 공평함을 칭찬하였다. 그러나 주아부는 조우를 신임하지 않으며 말하기를 "조우가 해로움이 없음〔無害〕을 내 분명히 알고 있으나, 법조문을 너무 까다롭게 적용하여 큰 府에 머물 수 없다." 하였다. 조우가 少府가 되자 혹독하고 엄격하였는데, 말년에 獄吏들이 준엄함을 힘쓰니, 조우는 도리어 너그럽고 공평함으로 이름났다.

尹齊는 평소 과감하게 죄인을 목 베는 것으로 이름났었는데, 中尉가 되자 〈너무 나약하여〉 임무를 감당하지 못한다 하여 죄를 받았다.

初에 周亞夫爲丞相에 趙禹爲史하니 府中이 皆稱其廉平이라 然이나 亞夫弗任하여 曰 極知禹無害어니와 然이나 文深하여 不可以居大府①라하다 及禹爲少府에 酷急이러니 至晚節하여 吏務爲嚴峻하여 而禹更(경)名寬平하고 尹齊素以敢斬伐著名이러니 及爲中尉에 坐不勝任抵罪하다

① "無害"는 억울하게 일을 처리하여 害로운 바가 없음을 이른다. 일설에 "無比(견줄 사람이 없음)라는 말과 같다." 하였다. 또 害는 이김이니, 능히 그를 이길 자가 없음을 말한 것이다. 大府는 丞相府와 御史府이다.
無害, 謂無所枉害也. 一說"若言無比也." 又害, 勝也, 言無能勝害之者. 大府, 丞相·御史府.

【目】 이때 지방 관리들이 고을을 다스림에 모두 참혹하고 각박함을 서로 숭상하였으나, 유독 左內史 兒寬(예관)은 농업을 권장하고 형벌을 너그럽게 하고 獄訟을 잘 다스려서 인심을 얻는 데 힘썼고, 인자하고 후덕한 선비를 뽑아 등용하였으며 眞情을 미루어 아랫사람을 대하고 명성을 바라지 않으니, 관리와 백성들이 크게 믿고 사랑하였다.

조세를 거둘 적에 시기에 맞게 너그럽고 급박함〔闊狹〕을 재량해서 백성들에게 빌려주니, 이 때문에 조세가 들어오지 않은 것이 많았다. 뒤에 군대를 징발하자, 左內史가 조세를 징수하지 못해서 최하의 考課를 받아 면직하게 되었는데, 백성들이 그가 면직하게 되었다는 말을 듣고는 모두 그를 놓칠까 두려워해서, 큰 집(부잣집)에서는 소달구지를

동원하고 작은 집(가난한 집)에서는 짐을 지고 가서 조세를 바치는 행렬이 새끼줄처럼 이어져 끊어지지 않으니, 고과가 다시 최고가 되었다. 上은 이로 말미암아 예관을 더욱 소중하게 여겼다.

是時에 吏治皆以慘刻相尙호되 獨左內史兒寬이 勸農業하고 緩刑罰하고 理獄訟하여 務在得人心하고 擇用仁厚士하며 推情與下하고 不求名聲하니 吏民이 大信愛之러라 收租稅할새 時裁闊狹하여 與民相假貸하니 以故로 租多不入①이라 後有軍發에 左內史以負租課殿當免②이러니 民聞當免하고 皆恐失之하여 大家는 牛車요 小家는 擔負하여 輸租繈屬不絶하니 課更(경)以最③라 上이 由此愈奇寬이러라

① 闊은 세금을 거두기를 다소 너그럽게 하고 禁防(禁令)을 다소 늦출 때를 이르며, 狹은 독촉하고 급박하게 할 때를 이르니, 너그럽게 할 때에는 세금 거두는 것을 급박하게 하지 않고 백성들에게 빌려주어서 生業을 경영하게 한 것이다.
闊, 謂征斂稍寬, 禁防疎闊之時. 狹, 謂督促迫急之時. 闊時不急征收, 假貸與民, 使營生業.
② 課는 시험(고과)이다. 殿은 丁練의 切이니, 功이 높은 것을 最라 하고 功이 낮은 것을 殿이라 한다. 顔師古가 말하기를 "무릇 殿最를 말함에 있어, 殿은 뒤이니 고과가 뒤에 있음을 말한 것이요, 最는 凡要(문서)의 첫머리이니 고과가 앞에 있음을 말한 것이다." 하였다.
課, 試也. 殿, 丁練切, 上功曰最, 下功曰殿. 師古曰 "凡言殿最者, 殿, 後也, 謂課居後也. 最者, 凡要之首, 言課居先也."
③ 繈은 擧兩의 切이니 새끼줄이고, 屬은 之欲의 切이니 이어짐이다. 〈"輸租繈屬不絶"은〉 곡식을 수송하는 자들이 이어져서 길에 끊이지 않는 것이 새끼줄이 서로 이어진 것과 같음을 말한 것이다.
繈, 擧兩切, 索也. 屬, 之欲切, 聯也. 言輸者接連, 不絶於道, 若繩索之相屬也.

【綱】 使者를 보내 南越에게 들어와 조회하도록 타일렀다.

遣使하여 喩南越入朝68)하다

【目】 처음에 南越의 文王 趙胡가 아들 趙嬰齊를 보내서 들어와 宿衛하게 하니, 조영제는 長安에 있으면서 樛氏(구씨)의 딸에게 장가들어 아들 趙興을 낳았다. 文王이 죽자, 조영제가 즉위하여 그 선조인 武帝(趙佗)의 玉璽를 감추고는 구씨를 皇后로 세우고 조흥을

68) 喩南越入朝 : "'들어와 조회하도록 타일렀다.'고 쓴 것은 비판한 것이니, 덕을 사모하여 와서 신하 노릇 한 것이 아니다. 그러므로 뒤에 呂嘉가 배반했을 적에 路博德의 군대가 〈토벌했다고 쓰지 않고〉 다만 '공격했다.[擊]'고 쓴 것이다.[書喩入朝 譏也 非慕德而來臣矣 故呂嘉之反 路博德止書擊]" ≪書法≫

後嗣로 삼으니, 漢나라가 여러 번 使者를 보내 조영제에게 들어와 조회할 것을 넌지시 타일렀으나, 조영제는 향락을 좋아하고 살생을 자행하며 스스로 방종하여 한사코 병을 칭탁하고 들어와 뵙지 않았는데, 조영제가 죽자 시호를 明王이라 하였다. 조흥이 대를 이어 즉위하고 그 어미인 구씨가 太后가 되니, 태후는 일찍이 霸陵 사람 安國少季와 간통하였다.

初에 南越文王胡 遣其子嬰齊하여 入宿衛하니 在長安하여 取樛氏女하여 生子興①하다 文王薨에 嬰齊立하여 乃藏其先武帝璽②하고 立樛氏爲后하고 興이 爲嗣하니 漢數(삭)使使者하여 風諭嬰齊入朝호되 嬰齊尙樂하고 擅殺生自恣하며 固稱病不見(현)③이러니 薨에 謚曰明王이라하다 興이 代立하고 其母爲太后하니 太后嘗與霸陵人安國少季通④하다

① 取(장가들다)는 娶로 읽는다. 樛는 음이 鳩이니, 姓이다.
取, 讀曰娶. 樛, 音鳩, 姓也.

② 〈"藏其先武帝璽(武帝의 玉璽를 감춘 것)"는〉 참람한 칭호를 제거한 것이다. 趙佗는 스스로 南越 武帝라 칭하였다.
謂去其僭號也. 趙佗自號南越武帝.

③ 樂(향락)은 음이 洛이니, "尙樂"은 逸樂을 좋아하고 숭상함을 이른다. 見(뵙다)은 賢遍의 切이다.
樂, 音洛. 尙樂, 謂好尙逸樂也. 見, 賢遍切.

④ 安國은 複姓이고 少季는 이름이다. 일설에 "少季는 字이다." 하였다.
安國, 複姓. 少季, 名. 一云"少季字."

【目】 이해에 上이 安國少季로 하여금 가서 王과 太后에게 들어와 조회하도록 타일러서 國內의 諸侯에 견주게 하니, 왕은 이때 나이가 어리고 태후는 중국 사람이며, 안국소계가 가서 또 그녀와 간통하여 南越의 사람들이 태후를 따르지 않았다.

태후가 使者를 통해 글을 올려서 국내의 제후에 견주어 3년에 한 번 조회하고 변방의 관문을 없앨 것을 청하자, 天子가 이를 허락하고 그의 丞相인 呂嘉에게 銀印을 하사하니, 사자가 이곳에 머물며 鎭撫하였다.

是歲에 上이 使少季往하여 諭王及太后以入朝하여 比內諸侯하니 王은 年少하고 太后는 中國人이요 少季往에 復與私通하여 國人이 不附太后라 太后因使者上書하여 請比內諸侯하여 三歲一朝하고 除邊關한대 天子許之하고 賜其丞相呂嘉銀印하니 使者留塡撫之하다

【綱】方士인 公孫卿을 郎官으로 삼았다.

以方士公孫卿爲郎하다

【目】上이 雍 땅에 행차하여 장차 郊祭를 지내려 할 적에 혹자가 말하기를 "五帝[69]는 泰一神의 보좌이니, 마땅히 太一(泰一)의 사당을 세우고 上이 직접 교제를 지내야 합니다." 하였다. 上이 주저하며 결정하지 못하고 있었는데, 齊나라 사람 公孫卿이 말하기를 "漢나라가 일어남이 다시 黃帝의 때를 당하였고 寶鼎이 나와 神과 통합니다. 黃帝가 밝은 조정〔明庭〕에서 여러 신령들과 접하였으니, 밝은 조정은 甘泉宮입니다. 黃帝가 首山의 銅을 채취하여 荊山 아래에서 솥을 주조하였는데, 솥이 이루어지자 龍이 턱밑의 살과 수염을 늘어뜨리고 내려와 黃帝를 맞이하니, 黃帝는 용에 올라타고 여러 신하와 後宮 70여 명과 함께 〈神仙이 되어〉 모두 하늘로 올라갔습니다." 하였다.

이에 上이 말하기를 "아! 黃帝처럼 신선만 될 수 있다면 내 처자식을 버리기를 헌신짝을 벗는 것과 같이 하겠다." 하고, 공손경을 郎官으로 제수하였다.

上이 幸雍하여 且郊할새 或曰 五帝는 泰一之佐也니 宜立太一而上親郊라하여늘 上이 疑未定이러니 齊人公孫卿曰 漢興이 復當黃帝之時하고 寶鼎出而與神通①이라 黃帝接萬靈明庭하니 明庭者는 甘泉也②라 黃帝採首山銅하여 鑄鼎於荊山下③러니 鼎既成에 有龍垂胡髥下迎④이어늘 黃帝上騎龍하고 與群臣後宮七十餘人으로 俱登天하니이다 於是에 上曰 嗟乎라 誠得如黃帝면 吾視去妻子를 如脫屣(탈사)耳라하고 拜卿爲郎⑤하다

① ≪資治通鑑≫에 "公孫卿이 말하기를 '금년에 寶鼎을 얻었는데, 이해 겨울 辛巳日 초하루 아침에 冬至가 들어 黃帝 때와 똑같다.' 하였으며, 公孫卿에게 편지글이 있었는데, 말하기를 '黃帝가 寶鼎을 얻었는데, 이해 겨울 己酉日 초하루 아침 冬至까지 모두 380년이다. 이해에 黃帝가 신선이 되어 하늘로 올라갔다.'" 하였다.
通鑑 "公孫卿曰 '今年得寶鼎, 其冬辛巳朔旦冬至, 與黃帝時等.' 卿有札書曰 '黃帝得寶鼎, 是歲己酉朔旦冬至, 凡三百八十年. 黃帝僊登于天.'"

② 萬靈은 여러 神明이다.
萬靈, 衆神明也.

③ ≪漢書≫ 〈地理志〉에 "河東郡 蒲阪縣에 首山이 있고, 馮翊郡 懷德縣에 荊山이 있다." 하였다.
班志 "河東蒲阪縣, 有首山, 馮翊懷德縣, 有荊山."

69) 五帝 : 五行을 주관하는 神으로, 東方과 봄의 木을 주관하는 蒼帝의 靈威仰, 南方과 여름의 火를 주관하는 赤帝의 赤熛怒, 中央의 土를 주관하는 黃帝의 含樞紐, 西方과 가을의 金을 주관하는 白帝의 白招拒, 北方과 겨울의 水를 주관하는 黑帝의 汁光紀라 한다.

④ 胡는 턱 아래에 늘어진 살을 이른다. 髯은 人占의 切이니, 볼에 난 구레나룻이다.
胡, 謂頷下垂肉也. 髯, 人占切, 頰須也.

⑤ 屣는 山爾의 切이니, 작은 신이다. '헌신짝을 벗는다.'는 것은 편하고 쉬워서 돌아보는 바가 없음을 말한다.
屣, 山爾切, 小履也. 脫屣者, 言其便易, 無所顧也.

己巳年(B.C. 112)

【綱】 漢나라 世宗 孝武皇帝 元鼎 5년이다. 겨울 10월에 황제가 五畤에 제사하고 마침내 新秦 가운데에서 사냥하여 변방의 군대를 무장하였다.

五年이라 **冬十月**에 **帝祠五畤**하고 **遂獵新秦中**[70)]하여 **以勒邊兵**하다

【目】 上이 雍 땅에서 五畤에 제사하고 마침내 隴坻阪(농제판)을 넘어가 서쪽으로 崆峒山에 오르고 蕭關을 나와 수만 명의 기병을 따르게 하고 新秦 가운데에서 사냥하여 변방의 군대를 무장하고 돌아왔다. 신진 지역은 혹 천 리에 걸쳐 亭候(적을 정탐하는 곳)와 순찰하는 자가 없었으므로 이에 北地太守 이하 등을 처형하였다.

上이 **祠五畤於雍**하고 **遂踰隴**[①]하여 **西登崆峒**[②]하고 **出蕭關**하여 **從數萬騎**하고 **獵新秦中**하여 **以勒邊兵而歸**러니 **新秦中**이 **或千里無亭徼**[③]어늘 **於是**에 **誅北地太守以下**하다

① 隴은 隴坻阪이다. 天水郡 隴縣에 있으니, 산비탈이 아홉 번 굽이돈다. 坻는 丁禮의 切이다.
隴, 隴坻阪也. 在天水郡隴縣, 其阪九曲. 坻, 丁禮切.

② 崆峒은 산 이름이다. ≪唐書≫ 〈地理志〉에 "崆峒山은 岷州 溢樂縣 서쪽에 있다. 민주는 漢나라 臨洮의 땅이다." 하였다.
崆峒, 山名. 唐地理志"崆峒, 在岷州溢樂縣西, 岷州, 漢臨洮之地."

③ 亭候도 없고 또 변방을 순찰하지 않아서, 변방을 호위하는 대비가 없는 것이다.
旣無亭候, 又不徼循, 無衛邊之備也.

【綱】 泰一과 五帝를 제사하는 祠壇을 甘泉宮에 세우고, 11월 초하루 冬至에 上이 친히 郊祭에서 알현하였다.

---

70) 遂獵新秦中 : "'마침내 사냥하였다.〔遂獵〕'라고 쓴 것은 어째서인가? 올바른 일이 아니기 때문이니, 사냥을 쓴 것이 이때 시작되었다.〔書遂獵 何 非事也 書獵始此〕" ≪書法≫

立泰一及五帝祠壇於甘泉하고 十一月朔冬至에 親郊見(현)하다

【目】 이것을 泰畤라 하였다. 이로부터 3년마다 천자가 한 번 교제에서 알현하였다.

是爲泰畤라 自是로 三歲에 天子一郊見하니라

【綱】 南越의 정승인 呂嘉가 漢나라의 사자와 南越王 趙興을 죽이고, 다시 趙建德을 세워 王으로 삼고 군대를 징발하여 반란을 일으켰다.

南越相呂嘉 殺使者及其王興[71)]하고 更立建德爲王하고 發兵反하다

【目】 南越王과 王의 太后가 행장을 챙겨 漢나라로 들어와 조회하려 할 적에 呂嘉가 자주 간하여 만류하였으나 왕이 받아들이지 않자, 여가는 병을 칭탁하고 漢나라 使者를 만나보지 않았다.

태후가 그를 죽이고자 하여 마침내 술자리를 베풀고 사자를 청하니, 대신들은 모두 모시고 앉아 술을 마셨고, 여가의 아우는 장수가 되어서 병졸을 거느리고 宮 밖에 있었다. 술이 몇 순배 돌자 태후가 여가에게 "南越이 중국에 內屬(國內의 제후처럼 소속됨)함은 국가의 이익인데, 相君이 굳이 불편하게 여김은 어째서인가?"라고 추궁하여 漢나라 使者를 격노하게 하였으나, 使者가 겁을 먹고 머뭇거려 서로 바라보기만 하고 끝내 감히 발동하지 못하였다.

여가가 사람들의 이목이 자신에게 집중되어 심상치 않음을 보고는 즉시 일어나 나가자, 太后가 노하여 여가를 창으로 찔러 죽이고자 하였는데, 王이 태후를 만류하였다. 여가는 마침내 밖으로 나가서 아우의 군대에 갑옷을 입혀(무장하여) 호위하게 하고, 집으로 가서 병을 칭탁하고는 은밀히 대신과 함께 반란을 일으킬 것을 모의하였다.

南越王, 王太后 治裝入朝할새 呂嘉數(삭)諫弗聽하고 稱病不見漢使者라 太后欲誅之하여 乃置酒請使者하니 大臣이 皆侍坐飮하고 嘉弟爲將하여 將卒居宮外러니 酒行에 太后謂嘉曰 南越內屬은 國之利也어늘 而相君이 苦不便者는 何也오하여 以激怒使者로되 使者狐疑相杖하여 遂莫敢發①이라

---

71) 殺使者及其王興 : "이때 呂嘉가 王과 王의 太后를 공격하여 죽인 뒤에 漢나라 使者까지 죽였는데, 여기에서는 먼저 '使者를 죽였다.'고 쓴 것은 어째서인가? 諸侯를 천자국 관원〔王人〕의 위에 올려놓지 않으려 한 것이니, ≪資治通鑑綱目≫을 편수한 목적은 명분을 바로잡기 위한 것일 뿐이다. 〔於是嘉攻殺王王太后 然後及漢使 此其先書殺使者 何 不以諸侯加王人也 綱目之修 名分而已矣〕" ≪書法≫

嘉見耳目非是하고 **卽起而出**[②]이어늘 **太后怒**하여 **欲鏦嘉以矛**러니 **王**이 **止太后**[③]하니 **嘉遂出**하여 **介其弟兵**하고 **就舍稱病**하여 **陰與大臣謀作亂**[④]이러라

① 杖은 지킴이고 의지함이다. 使者가 겁을 먹고 결단하지 못하였으므로, "머뭇거려 서로 지켰다.(바라보기만 하였다)"고 말한 것이다.
杖, 持也, 倚任也. 言使者怯而無決, 故曰狐疑相杖.

② "耳目非是(耳目이 심상치 않다.)"는 평상시와 다른 것이니, 太后와 使者의 耳目이 모두 呂嘉에게 집중됨을 말한 것이다.
耳目非是, 異於常也, 謂太后與使者耳目, 皆注意於嘉也.

③ 鏦은 楚江의 切이니, 창으로 쳐서 죽이는 것이다.
鏦, 楚江切, 以矛戟撞殺之.

④ 介는 갑옷이니, 갑옷을 입혀 스스로 호위함을 이른다.
介, 甲也, 謂被甲以自衛也.

【目】 漢나라에서는 壯士 韓千秋로 하여금 太后의 아우 樛樂(구락)과 함께 2,000명을 거느리고 가서 南越의 국경으로 쳐들어가게 하였다. 이에 呂嘉 등이 마침내 반란을 일으키고 國中에 명령을 내리기를 "王은 나이가 어리고, 太后는 중국 사람인데다 또 使者와 간음하여, 趙氏의 社稷을 돌아보아 萬世를 위해 염려하고 계책하는 뜻이 없다." 하고, 마침내 王(趙興)과 王의 太后 및 漢나라 使者를 공격하여 죽이고 明王의 장남으로 越나라 아내의 아들인 趙建德을 세워 王으로 삼았다.

한천추의 군대가 쳐들어가서 몇 개의 작은 城邑을 격파하니, 越나라에서 길을 열어 주고 양식을 공급하였다. 그러나 여가는 漢나라 군대가 番禺(반우)에 도착하기 전 40리 지점에서 이들을 공격하여 궤멸시켰으며, 漢나라 사자의 節을 봉함하여 塞上(변경인 大庾嶺 위)에 두고 거짓으로 좋은 말을 하여 사죄하고는 군대를 징발하여 요해처를 지켰다.

漢이 **使壯士韓千秋與太后弟樛樂**으로 **將二千人**하고 **往入境**[①]이러니 **嘉等**이 **遂反**하여 **下令國中曰 王**은 **年少**하고 **太后**는 **中國人也**요 **又與使者亂**하여 **無顧趙氏社稷**하여 **爲萬世慮計之意**라하여 **乃攻殺王, 王太后及漢使者**하고 **立明王長男越妻子建德爲王**[②]하다 **千秋兵**이 **入**하여 **破數小邑**하니 **越**이 **開道給食**[③]이러니 **未至番禺四十里**에 **擊滅之**하고 **函封漢使者節**하여 **置塞上**하고 **好爲謾辭謝罪**하고 **發兵守要害處**[④]하다

① 병력을 겨우 2천 명을 거느리고 간 것은 王과 王의 太后가 이미 漢나라에 歸附하였고, 오직 呂嘉가 반란하였으므로 굳이 군대를 많이 일으킬 것이 없다고 여겼기 때문이었다.
將二千人往者, 以王·王太后已附漢, 獨呂嘉爲亂, 不足以興兵也.

② 〈趙建德은〉 越나라 출신의 아내가 낳은 長男의 이름이다.
越妻長男名.
③ 〈"開道(길을 열어주었다.)"는〉 풀어놓아 깊이 들어오게 한 것이다.
縱之, 令深入也.
④ 살펴보건대, ≪南康記≫[72]에 "大庾嶺을 塞上이라 이른다." 하였다. "謾辭"는 속여서 하는 말(거짓말)을 이른다.
按南康記 "大庾嶺, 名塞上." 謾辭, 欺詐之謂也.

【綱】 여름 4월에 赦免하였다.

夏四月에 赦하다

【綱】 이달 그믐에 일식이 있었다.

◑ 是月晦에 日食하다

【綱】 가을에 將軍 路博德 등을 보내 군대를 거느리고 南越을 공격하게 하였다.

◑ 秋에 遣將軍路博德等하여 將兵擊南越하다

【目】 伏波將軍 路博德을 보내 桂陽에서 출동하고, 樓船將軍 楊僕은 豫章에서 출동하고, 戈船將軍 嚴은 零陵에서 출동하고, 下瀨將軍 甲은 蒼梧로 내려가고, 越나라의 馳義侯 遺는 夜郎의 군대를 징발하여 牂柯江(장가강)으로 내려가서 모두 番禺에서 만나게 하였다.

遣伏波將軍路博德하여 出桂陽①하고 樓船將軍楊僕은 出豫章②하고 戈船將軍嚴은 出零陵③하고 下(賴)〔瀨〕[73]將軍甲은 下蒼梧④하고 越馳義侯遺는 發夜郎兵하여 下牂柯江⑤하여 咸會番禺하다

① 伏波將軍이란 명칭은 배로 강과 바다를 건너갈 적에 파도가 그쳐 잔잔하기를 바란 것이다. ≪漢書≫ 〈地理志〉에 "桂陽縣은 桂陽郡에 속했다." 하였다.
伏波將軍者, 船涉江海, 欲使波濤伏息也. 班志 "桂陽縣, 屬桂陽郡."
② 이때 南越을 공격하고자 하면 水路가 아니면 이르지 못하였다. 그러므로 큰 배를 만들고 배 위에 樓를 설치하고서 이름을 樓船이라 하였다.
時欲擊越, 非水不至, 故作大船, 船上施樓, 號曰樓船.

---

72) 南康記 : 南康은 江西省의 地名으로 ≪南康記≫는 이 지역에 대한 地理志로 보이나 자세하지 않다.
73) (賴)〔瀨〕 : 저본에는 '賴'로 되어 있으나, ≪資治通鑑≫에 의거하여 '瀨'로 바로잡았다.

③ 戈船은 배에 창과 방패를 장착했다 하여 이름한 것이다. 嚴은 越나라 사람이니, 史書에 그의 姓이 전하지 않는다. 零陵은 본래 桂陽에 속하였는데, 武帝가 나누어 郡을 설치하였다.
戈船, 以載干戈名焉. 嚴, 越人, 史失其姓. 零陵, 本屬桂陽, 帝分置郡.

④ 瀨는 음이 賴이니, 여울이다. 吳·越 지방에서는 여울을 瀨라 하고, 中國에서는 磧(적)이라 한다. 甲은 越나라 사람이니, 史書에 그의 姓이 전하지 않는다. 蒼梧는 본래 越나라 땅인데, 武帝가 처음으로 郡을 설치하였다.
瀨, 音賴, 湍也. 吳越謂之瀨, 中國謂之磧. 甲, 越人, 史失其姓. 蒼梧, 本越地, 帝始置郡.

⑤ 遺는 越나라 사람이니, 史書에 그의 姓이 전하지 않는다.
遺, 越人也, 史失其姓.

【綱】 卜式에게 關內侯의 官爵을 하사하였다.

賜卜式爵關內侯하다

【目】 齊나라의 정승인 卜式이 글을 올려 자신의 父子가 배를 익숙히 다루는 齊나라 사람들과 함께 南越에 가서 결사적으로 싸울 것을 청하므로, 詔令을 내려 복식을 칭찬하고 關內侯의 작위를 하사하고 천하에 포고하였으나, 천하에 호응하는 자가 없었다.

齊相卜式이 上書하여 請父子與齊習船者로 往死南越이어늘 詔褒美式하고 賜爵關內侯하고 布告天下호되 天下莫應이러라

【綱】 9월에 酎(燒酒)를 맛볼 적에 列侯 106명이 모두 관작을 빼앗기고 丞相 趙周는 하옥되자 자살하였다.

九月에 **嘗酎**(주)할새 **列侯百有六人**이 **皆奪爵**하고 **丞相周 下獄自殺**[74)]하다

【目】 이때 列侯가 100명으로 헤아려졌는데, 종군하여 越나라를 공격하겠다고 자청하는

74) 嘗酎……下獄自殺 : "'南越에게 들어와 조회하도록 타일렀다.'고 쓴 뒤로부터 이에 '呂嘉의 반란'을 썼고, 이에 '路博德의 공격하는 군대'를 썼고, 이에 '卜式을 侯에 봉함'을 썼고, 이에 '106명이 관작을 빼앗겼다.'고 썼으니, 武帝의 마음이 더욱 소란스러워졌다. 《資治通鑑綱目》에서 이것을 자세히 쓴 것은 領土를 확장시키려 멀리 경략함을 경계한 것이다.〔自書諭南越入朝 於是書呂嘉之反 於是書路博德之兵 於是書卜式之侯 於是書百有六人之奪爵 帝心益擾擾矣 綱目歷書之 所以戒遠略也〕" 《書法》
"列侯로서 하루아침에 관작을 빼앗긴 자가 106명이었으니, 어쩌면 그리도 법을 범한 자가 많았단 말인가. 이때 여러 방면으로 財利를 취하여 자기 고을 사람들을 착취해서 빼앗은 것이다. 그렇지 않다면 어찌하여 그 죄가 있음을 쓰지 않았겠는가?〔列侯一旦奪爵者 百有六人 何其犯法之衆邪 是時多方取財利 其邑人獵而奪之耳 不然 何以不書其有罪哉〕" 《發明》

자가 아무도 없었다. 마침 9월에 宗廟에 제사를 올리고 술(소주)을 맛볼 적에 列侯들에게 律令에 따라 金을 바쳐 제사를 돕게 했는데, 少府에서 金을 살펴보니 金의 무게가 가볍거나 색깔이 나쁜 것이 있었다. 上은 이들을 모두 불경죄로 탄핵하게 하여 관작을 빼앗긴 자가 106명이었다. 丞相 趙周는 列侯들의 酎金이 가벼운 것을 알고도 탄핵하지 않은 죄에 걸려 하옥되자 자살하였다.

時에 列侯以百數로되 皆莫求從軍擊越이라 會九月에 嘗酎祭宗廟할새 列侯以令獻金助祭①러니 少府省金하니 金有輕及色惡者②어늘 上이 皆令劾以不敬하여 奪爵者百六人이라 丞相趙周 坐知列侯酎金輕하여 下獄自殺하다

① 酎는 음이 宙이니, 정월 초하루 아침에 술을 빚어서 8월에 숙성된 것을 酎라 하는바, 酎는 醇(진국)이라는 뜻이다. 三重으로 빚어서 맛이 진하므로 여름인 8월에 宗廟에 올리고서 맛보고, 인하여 諸侯들을 종묘 안에 모은 것이다. 諸侯가 金을 내어 제사를 돕는 것이 이른바 酎金이다. 令은 율령이다.
酎, 音宙, 正月朝作酒, 八月成, 名曰酎, 酎之言, 醇(순)也. 三重釀之, 味厚, 故以八月薦宗廟而嘗之, 因會諸侯于廟中. 諸侯出金助祭, 所謂酎金也. 令, 律也.

② 省은 살펴본다는 뜻이다. 輕은 金이 적어서 본래의 斤兩과 같지 않음을 말한다.
省, 視也. 輕, 謂金少, 不如斤兩也.

【綱】石慶을 丞相으로 삼았다.

以石慶爲丞相하다

【目】이때 國家에 일이 많아서 桑弘羊 등은 이익을 전담하고 王溫舒 등은 法을 준엄하게 적용하였고, 兒寬 등은 文學으로 추앙받아 모두 九卿이 되어 번갈아 나아가 정사를 하니, 丞相에게 일을 아뢰어 결단하지 않았다. 그러므로 石慶은 醇厚하고 삼갈 뿐이었다.

時에 國家多事라 桑弘羊等은 致利하고 王溫舒之屬은 峻法하고 而兒寬等은 推文學하여 皆爲九卿하여 更(경)進用事하니 事不關決於丞相이라 慶은 醇謹而已러라

【綱】欒大가 伏誅되었다.

欒大伏誅[75]하다

---

75) 欒大伏誅 : "欒大는 간사한 소인이었는데, 이미 將軍을 제수하고 또 공주를 시집보냈으니, 또한 매우 부끄러워할 만한 일이다. 또 그가 말한 것이 효험이 없자 비로소 주벌하였으니, 너무 늦지

【目】欒大가 행장을 챙기고 스승을 찾으러 바다에 들어갔다가 마침내 泰山에 갔는데, 上이 사람을 시켜 따라가 징험하게 하니, 〈실제로 신선을〉 만난 바가 없었다. 그러나 난대는 자기 스승을 만나보았다고 거짓말을 하였고, 또 방술이 대부분 효험이 없으므로, 군주를 기망한 罪에 걸려 腰斬刑을 당하였다.

大裝爲①하고 入海하여 求其師하고 乃之泰山②이어늘 上이 使人隨驗하니 無所見이로되 而大妄言見其師하고 方이 又多不售라 坐誣罔하여 腰斬③하다

① 여기서 句를 뗀다.
句.
② 之는 간다는 뜻이다. ≪資治通鑑≫에는 "이윽고 감히 바다에 들어가지 못하고 泰山의 사당으로 갔다." 하였다.
之, 往也. 通鑑"旣而不敢入海, 之泰山祠."
③ 售는 음이 壽이니, 응험이 합당한 것이다. "不售"란 효험이 없는 것이다.
售, 音壽, 應當也. 不售者, 無驗也.

【綱】西羌이 배반하였다.

西羌이 反하다

庚午年(B.C. 111)

【綱】漢나라 世宗 孝武皇帝 元鼎 6년이다. 겨울에 西羌을 토벌하여 평정하였다.

六年이라 冬에 討西羌平之하다

【綱】路博德 등이 南越을 평정하여 趙建德과 呂嘉를 사로잡고 9개의 郡을 설치

않은가. 난대와 같은 소인은 굳이 말할 것이 없지만 공주를 어찌한단 말인가. ≪資治通鑑綱目≫에 '伏誅'라고 쓴 것은 武帝의 잘못을 나타낸 것이요, 무제가 죄가 있는 자를 주벌했다고 인정한 것이 아니다. 그러나 무제가 方士에 대해 처음에는 비록 그들에게 기망을 당했으나, 그들의 말한 바가 징험이 없게 되면 또한 往往 잡아서 죽였다. 예컨대 文成將軍 少翁과 같은 무리는 모두 죄가 용서할 수 없는 지경에 있었고, 또 무제가 밝게 결단하였다. 아, 이것이 무제라 높여 칭하는 이유일 것이다.〔欒大姦僞小人 旣拜爲將軍 又妻以公主 蓋亦可愧之甚矣 又其所言不售 乃始誅之 不亦晩乎 夫小人不足道也 其如公主何哉 書曰伏誅 所以著武帝之失 而非予其能誅有罪也 然帝於方士 始雖爲其所罔 及所言不驗 則亦往往取而戮之 如文成少翁之類 皆在所不赦 而又帝之明斷也 嗚呼 玆其所以稱武帝也歟〕" ≪發明≫

하였다.

◑ **路博德等**이 **平南越**하여 **獲建德**[76], **呂嘉**하고 **置九郡**하다

【目】 楊僕은 越(南越) 땅으로 들어가서 먼저 尋陜(심협)을 함락하고 石門을 격파한 다음 路博德이 도착하기를 기다려 함께 나아가 番禺에 이르니, 南越이 성을 지켜 항거하였다. 마침 날이 저물자, 양복은 越나라 사람을 공격하여 패퇴시키고 불을 놓아 성을 불태웠으며, 노박덕은 진영을 설치하고 사자를 보내 항복한 越나라 사람들을 불러서 印綬를 주고 다시 풀어주어 서로 불러와 항복하게 하니, 다음 날 새벽에 성안이 모두 항복하였다.

趙建德과 呂嘉가 이미 밤중에 도망하여 海島로 들어갔는데, 노박덕이 사람을 보내 추격하여 사로잡으니, 戈船將軍과 下瀨將軍과 夜郎의 군대가 내려오기 전에 南越이 이미 평정되었다. 마침내 이 땅을 南海郡, 蒼梧郡, 鬱林郡, 合浦郡, 交趾郡, 九眞郡, 日南郡, 珠厓郡, 儋耳郡(담이군)으로 만들었다.

楊僕이 **入越地**하여 **先陷尋陜**(협)하고 **破石門**①하고 **待博德至**하여 **俱進至番禺**하니 **南越**이 **城守**라 **會暮**어늘 **僕**이 **攻敗越人**하여 **縱火燒城**하고 **博德**이 **爲營**②하여 **遣使招降者**하여 **賜印綬**하고 **復縱**하여 **令相招**③하니 **黎旦**에 **城中**이 **皆降**④이라 **建德, 嘉已夜亡入海**어늘 **博德**이 **遣人追得之**하니 **戈船, 下瀨, 夜郎兵未下**에 **南越已平矣**라 **遂以其地**로 **爲南海, 蒼梧, 鬱林, 合浦, 交趾, 九眞, 日南, 珠厓, 儋耳郡**⑤하다

① 陜은 음이 狹이다. 姚氏가 말하기를 "尋陜은 始興의 서쪽 300리 지점에 있다." 하였다. ≪廣州記≫[77]에 "石門은 番禺縣 북쪽 20리 지점에 있다. 옛날 南越의 정승 呂嘉가 강가에 돌을 쌓아 漢나라를 막고 인하여 石門이라 이름했다." 하였다.
陜, 音狹. 姚氏曰 "尋陜, 在始興西三百里." 廣州記 "石門, 在番禺縣北二十里. 昔南越相呂嘉, 積石於江, 以拒漢, 因名石門."

② 營壘를 설치하여 항복하는 자를 기다린 것이다.
設營壘, 以待降者.

③ 와서 항복한 자에게 즉시 侯의 印을 하사하고 풀어주어 돌아가게 해서, 다시 서로 불러 타일러서 항복하게 한 것이다.

---

76) 獲建德 : "趙建德은 누구인가? 南越王이다. '其王 建德'이라고 쓰지 않음은 어째서인가? 呂嘉가 세운 것을 인정하지 않은 것이다.〔建德 何 南越王 不書其王建德 何 不予呂嘉之立也〕" ≪書法≫

77) 廣州記 : 廣州 지방의 地理를 기록한 책으로 보이나 확실하지 않다. 廣州는 지금의 廣東·廣西 지역을 가리킨다.

來降者, 卽賜以侯印, 而放令還, 更相招諭之.

④ 黎는 어둡다는 뜻이니, 하늘(날)이 밝지 않아 아직도 어두운 것이다.
黎, 黑也, 天未明而尙黑也.

⑤ 交趾는, 南方의 오랑캐 사람들은 발이 커서 발가락이 벌어지고 넓어, 발을 나란히 하고 서면 그 발가락이 서로 교차하는 듯하므로 交趾라 이름하였다. 日南은 해의 남쪽에 있음을 말한 것이니, 이른바 북쪽에 문을 내어 해를 향한다는 것이다. 珠厓는 땅이 大海 가운데에 있으니, 해안의 물가에서 眞珠가 나오므로 珠厓라 이름하였다. 儋耳는 땅이 大海 가운데에 있으니, 이 지방 사람들은 귀가 크다. 담이의 渠帥(추장)로서 스스로 王이라 부르는 자는 귀가 더욱 늘어져서 어깨보다 세 치나 내려왔다.
交趾, 南方夷人, 其足大, 指開廣, 若竝足而立, 其指交, 故名交趾. 日南, 言其在日之南, 所謂開北戶以向日者. 珠厓, 地在大海中, 厓岸之邊, 出眞珠, 故曰珠厓. 儋耳, 地在大海中, 其種大耳. 渠帥自謂王者, 耳尤緩, 下肩三寸.

【綱】 황제가 緱氏(구지)에 가서 大人의 발자국을 구경하였다.

帝如緱氏하여 **觀大人跡**하다[78)]

【目】 公孫卿이 말하기를 "緱氏城 위에서 신선의 발자국을 보았다." 하므로, 上은 직접 가서 보고 공손경에게 "文成將軍(李少翁)과 五利將軍(欒大)을 본받을 리는 없겠지?"라고 물었다. 공손경은 대답하기를 "신선은 군주를 구하는 일이 없고 군주가 신선을 구하니, 그 방도를 너그럽고 넉넉하게 하지 않으면 神이 오지 않습니다. 神의 일을 말하는 것은 오활하고 虛誕한 듯하나 세월을 쌓아야 비로소 불러올 수 있습니다." 하니, 上이 그의 말을 믿었다. 이에 郡國에서는 각기 길을 닦고 宮觀과 名山의 神祠를 보수하고 수리해서 신선이 왕림하기를 바랐다.

公孫卿이 **言見仙人跡緱氏城上**①이어늘 **上**이 **親往視**하고 **問卿得毋效文成五利乎**아 **卿曰 僊者**는 **非有求人主**요 **人主者求之**하니 **其道非寬假**면 **神不來**라 **言神事如迂誕**이나 **積以歲月**이라야 **乃可致也**②라한대 **上**이 **信之**라 **於是**에 **郡國各除道**하고 **繕治宮觀名山神祠**하여 **以望幸焉**③이러라

---

78) 帝如緱氏觀大人跡 : "'方士 文成將軍 少翁이 伏誅되었다.'고 썼는데, 몇 해가 못 되어 '方士 欒大를 五利將軍으로 삼고 공주에게 장가들게 했다.'고 썼고, 뒤이어 '난대가 伏誅되었다.'고 썼고, 다음해에 '황제가 緱氏에 가서 大人의 발자국을 구경하였다.'고 썼으니, 글을 나란히 이어보고 일을 나란히 맞춰보면 황제가 깨닫기 어려움이 심하였다. '구경함〔觀〕'을 쓴 것이 이때 처음 시작되었으니, 무릇 '觀'을 쓴 것은 다 비난한 것이다. ≪資治通鑑綱目≫이 끝날 때까지 '觀'을 쓴 것이 10번이다.〔書方士文成將軍少翁伏誅矣 未幾年而書以方士欒大爲五利將軍 尙公主 繼書欒大伏誅矣 次年而書帝如緱氏 觀大人跡 屬辭比事 帝之難悟甚矣 書觀始此 凡書觀 皆譏也 終綱目書觀十〕" ≪書法≫

① 緱는 工侯의 切이다. ≪漢書≫ 〈地理志〉에 "河南 緱氏縣에 緱氏山이 있다." 하였다.
緱, 工侯切. 地理志 "河南緱氏縣, 有緱氏山."
② 迂는 돌고 멂이다. 誕은 큰소리치는 것이다.
迂, 回遠也. 誕, 大言也.
③ 繕은 다스림이다. 觀은 음이 貫이다.
繕, 治也. 觀, 音貫.

【綱】 西夷와 南夷를 평정하고 다섯 郡을 설치하였다.

平西南夷하고 置五郡하다

【目】 馳義侯(遺)가 南夷의 군대를 징발하니, 且蘭國(저란국)의 군주가 배반하여 使者를 죽였다. 이에 漢나라에서는 巴蜀의 죄인 중에 일찍이 南越을 공격한 자들을 징발하여 且蘭을 공격해서 저란과 邛都(공도)의 군주, 筰都(작도)의 군주를 처형하고 마침내 南夷의 군대를 평정하여 牂柯郡(장가군)으로 삼았다.

夜郎의 군주가 들어와 조회하자 上은 야랑의 王으로 삼으니, 西夷인 冉駹(염방) 등이 모두 진동하고 두려워하여 '신하가 되겠으니 관리를 설치해줄 것'을 청하므로, 마침내 邛都를 越嶲郡(월수군), 筰都를 沈黎郡(침려군), 冉駹을 文山郡(민산군), 廣漢의 서쪽 白馬를 武都郡으로 삼았다.

馳義侯發南夷兵하니 且(저)蘭君이 反하여 殺使者①어늘 漢이 乃發巴蜀罪人(當)〔嘗〕[79]擊南越者하여 擊之하여 誅且蘭及邛君, 筰侯하고 遂平南夷하여 爲牂柯郡②하다 夜郎侯入朝어늘 上이 以爲夜郎王하니 西夷冉駹之屬이 皆振恐하여 請臣置吏어늘 乃以邛都爲越嶲郡③하고 筰都爲沈黎郡④하고 冉駹爲文(민)山郡⑤하고 廣漢西白馬爲武都郡⑥하다

① 且는 子余의 切이다. 且蘭은 南夷의 종족 이름이다.
且, 子余切. 且蘭, 南夷種名.
② "邛君"은 邛都의 군주이고, "筰侯"는 筰都의 군주이다.
邛君, 邛都之君. 筰侯, 筰都之君.
③ 嶲水(수수)는 邛都國에서 발원하니, 이 물(嶲水)을 건너가야〔越〕 하므로 이름을 越嶲라 하였다.
嶲水, 出邛都國, 謂越此水, 故名越嶲.
④ 沈은 持林의 切이다.

79) (當)〔嘗〕: 저본에는 '當'으로 되어 있으나, ≪資治通鑑≫ 註에 의거하여 '嘗'으로 바로잡았다.

沈, 持林切.

⑤ 文은 一本에는 汶으로 되어 있으니, 음이 岷이다.
文, 一作汶, 音岷.

⑥ 白馬는 지명이니, 廣漢에 있다.
白馬, 地名, 在廣漢.

【綱】東越王 騶餘善이 배반하므로 將軍 楊僕 등을 보내 군대를 거느리고 가서 공격하게 하였다.

東越王餘善이 **反**이어늘 **遣將軍楊僕等**하여 **將兵擊之**하다

【目】처음에 **東越王 騶餘善**이 병력 8,000명을 거느리고 **樓船將軍**(楊僕)을 따라 **呂嘉**를 공격할 것을 자청하였는데, 군대가 **揭陽**(갈양)에 이르자 바다에 풍파가 있다고 핑계 대고는 은밀히 **南越**에 사신을 보내어 화친을 청하였다.

楊僕이 글을 올려 즉시 군대를 이끌고 **東越**을 공격할 것을 원하였으나, 上은 허락하지 않고 **豫章**의 **梅嶺**에 군대를 주둔하여 명령을 기다리게〔待命〕하였다. 낙여선은 **漢**나라 군대가 국경에 다가왔다는 말을 듣고는 마침내 배반하여 스스로 **武帝**라 칭하였다.

初에 **東越王餘善**이 **請以卒八千人**으로 **從樓船擊呂嘉**러니 **兵至揭**(갈)**陽**에 **以海風波爲辭**하고 **陰使南越**①이어늘 **楊僕**이 **上書**하여 **願便引兵擊東越**한대 **上**이 **不許**하고 **令屯豫章梅嶺以待命**②하다 **餘善**이 **聞漢兵臨境**하고 **遂反**하여 **自稱武帝**하다

① 揭은 음이 竭이다. ≪漢書≫ 〈地理志〉에 "揭陽縣은 南海郡에 속하였다." 하였고, 唐나라에서는 潮州라 하였다. "陰使南越(은밀히 南越에 사신을 보냈다.)"은 사신을 보내어 화친함을 이른다.
揭, 音竭. 班志 "揭陽縣, 屬南海郡." 唐爲潮州. 陰使南越, 謂遣使與相和也.

② ≪史記索隱≫에 "지금의 豫章 남쪽 30리 지점에 梅嶺이 있다." 하였다. "待命"은 詔命을 듣는 것이다.
索隱 "今豫章南三十里, 有梅嶺." 待命, 聽詔命也.

【目】上은 다시 **楊僕**을 장수를 삼고자 하였으나, 그가 예전의 공로를 자랑한다 하여 **勅書**를 내려 다음과 같이 꾸짖었다.

"**將軍**의 공은 오직 전에 **石門**과 **尋陿**을 격파함이 있을 뿐이요, 적장을 목 베고 적의

깃발을 뽑아온 실제가 있는 것이 아니니, 어찌 이것을 가지고 남에게 교만을 떤단 말인가. 전에 番禺를 격파했을 적에 항복한 자를 잡아 포로라 하고 죽은 사람의 시신을 파내어 노획했다 하였으며, 시기를 잃고서 안으로 처첩을 돌아보고〔內顧〕 속임수를 가지고 군주에게 요구하였으며, 詔令을 받고도 蘭池에 이르지 않고 다음날 또 〈蜀 지방의 칼에 대해 값을 물었으나 제대로〉 대답하지 않았으니, 이런 마음을 가지고 밖에 있으면 강과 바다의 사이에서 신임을 얻을 수 있겠는가.[80] 지금 東越이 깊이 쳐들어왔으니, 將軍이 능히 병력을 거느리고 가서 예전의 잘못을 엄폐할 수 있겠는가?"

양복은 황공해하며 대답하기를 "사력을 다하여 속죄하기를 원합니다." 하였다. 上은 마침내 橫海將軍 韓說(한열)을 句章에서 출동하여 바다를 항해하게 하고, 樓船將軍 楊僕은 武林에서 출동하고, 王溫舒는 梅嶺에서 출동하고, 越나라 군주(嚴과 甲)는 若邪의 白沙에서 출동시켜 東越을 공격하게 하였다.

上이 欲復使楊僕將호되 爲其伐前勞①라하여 以書勅責之曰 將軍之功은 獨有先破石門, 尋陜이요 非有斬將(奪)〔搴〕[81]旗之實也니 烏足以驕人哉리오 前破番禺에 捕降者以爲虜하고 掘死人以爲獲하며 失期內顧하고 挾僞干君하며 受詔不至蘭池하고 明日又不對②하니 推此心在外하면 江海之間에 可得信乎아 今東越이 深入하니 將軍이 能率衆以掩過不(부)③아 僕이 皇恐對曰 願盡死贖罪하노이다 上이 乃遣橫海將軍韓說하여 出句章하여 浮海④하고 樓船將軍楊僕은 出武林⑤하고 王溫舒는 出梅嶺하고 越侯는 出若邪白沙⑥하여 以擊東越하다

① 爲(위하다)는 去聲이다. 伐은 자랑하고 믿는 것이다.
爲, 去聲. 伐, 矜恃也.

② "內顧"는 妻妾을 돌아보고 생각함을 말한다. 干은 범한다는 뜻이다. ≪漢書≫ 〈楊僕傳〉에 "〈楊僕이〉 蜀 지방의 칼을 청하고자 하였을 때 황제가 '그대의 劍 값이 얼마인가?' 하고 물으니, 대답하기를 '대략 수백 錢입니다.' 하여, 武器庫에 있는 병기를 날마다 꺼내가면서도 겉으로 값을 알지 못한 체하였으니, 속임수를 가지고 군주에게 요구한 것이다." 하였다. 蘭池宮은 渭城에 있으니, 본래 군대를 출동할 적에 양복으로 하여금 난지궁으로 가게 하려 하였으나, 양복은 군대를 주둔하고 가지 않았다.
內顧, 言顧思妻妾也. 干, 犯也. 楊僕傳"欲請蜀刀, 問'君價幾何.' 對曰'率數百.' 武庫日出兵, 而陽不知, 挾僞干君." 蘭池宮, 在渭城, 本出軍時, 欲使之蘭池宮, 頓而不至.

③ 不는 否로 읽는다.

---

80) 이런……있겠는가 : 이처럼 군주를 기만하는 마음을 가지고 멀리 강과 바다의 사이에 있으면 군주의 신임을 얻을 수 있겠느냐고 반문한 것이다.

81) (奪)〔搴〕: 저본에는 '奪'로 되어 있으나, ≪資治通鑑≫에 의거하여 '搴'으로 바로잡았다.

不, 讀曰否.

④ 句는 음이 鉤이다. ≪漢書≫ 〈地理志〉에 "句章縣은 會稽郡에 속하였다." 하였다.
句, 音鉤. 班志 "句章縣, 屬會稽郡."

⑤ ≪史記索隱≫에 "지금 豫章郡 북쪽 200리 지점은 鄱陽(파양)의 경계와 접하니 지명이 白沙인데, 작은 물이 호수로 들어가므로 이름을 白沙라 하였다. 백사 동남쪽으로 80리 지점에 武陽亭이 있고, 무양정 동남쪽으로 30리 지점의 지명이 武林이다." 하였다.
索隱 "今豫章北二百里, 接鄱陽界, 地名白沙, 有小水入湖, 名曰白沙. 沙東南八十里, 有武陽亭, 亭東南三十里, 地名武林."

⑥ "越侯(越나라 군주)"는 바로 嚴과 甲이다. 越나라에서 항복해 와서 歸義(義理에 따라 귀순함)하였는데 漢나라가 若邪를 封하니, 이때에 이 지역은 會稽 山陰縣의 경계에 속하였다.
越侯, 卽嚴與甲也. 從越來歸義, 而漢封之若邪, 時屬會稽山陰縣界.

【綱】 張掖郡과 敦煌郡을 설치하였다.

置張掖, 敦煌郡하다

【目】博望侯 張騫이 西域과 통하게 했다 하여 벼슬이 높아지고 귀해지니, 관리와 병사들이 다투어 글을 올려서 외국의 이해를 말하여 사신으로 갈 것을 청하였다. 上이 이들을 위해 관리와 백성들을 모집하여 보내니, 함부로 거짓말하고 행실이 좋지 못한 무리들이 다투어 이를 본받아서, 모두 縣官(국가)에서 받아 간 물건을 싸게 팔아서 사사로이 이익을 차지하였다. 외국에서도 漢나라 사신을 싫어하여 음식물을 주지 못하도록 금지해서 괴롭게 하였고, 匈奴의 奇兵(유격대)도 때때로 막고 공격하였다.

이에 天子는 公孫賀와 趙破奴를 보내어 만여 명의 기병을 거느리고 가서 흉노를 축출하여 漢나라의 사신을 가로막지 못하게 하였는데, 모두 한 명의 흉노도 보지 못하였다. 이에 武威와 酒泉의 땅을 나누어 張掖郡과 敦煌郡을 설치하고 백성을 이주시켜 채웠다.

博望侯旣以通西域尊貴하니 **其吏士爭上書**하여 **言外國利害求使**어늘 **上**이 **爲募吏民遣之**①하니 **妄言無行之徒 爭效之**하여 **皆賤市縣官齎物**하여 **以私其利**②러라 **外國**이 **亦厭漢使**하여 **禁其食物以苦之**하고 **而匈奴奇兵**이 **又時遮擊之**③라 **於是**에 **天子遣公孫賀, 趙破奴**하여 **將萬餘騎**하여 **斥逐匈奴**하여 **不使遮漢使**하니 **皆不見匈奴一人**이라 **乃分武威, 酒泉地**하여 **置張掖, 敦煌郡**하고 **徙民以實之**④하다

① 爲(위하다)는 去聲이다.
爲, 去聲.

② "齎物"은 받아 간 국가의 물건이니, 판매한 물건으로 얻은 이익을 국가에 다 바치지 않음을 말한 것이다.
齎物, 所齎官物. 言所市之物, 得利多者, 不盡入官也.

③ "苦之"는 곤궁하고 괴롭게 함을 이른다.
苦之, 謂令其困苦也.

④ 張掖은 昆邪王이 거주했던 땅이다.
張掖, 昆邪王所居地.

【綱】 卜式을 御史大夫로 삼았다.

以卜式爲御史大夫[82)]하다

【目】卜式이 높은 지위에 오르자, 이에 아뢰기를 "郡國에서는 縣官(국가)에서 만든 소금과 철물이 맛이 쓰고 품질이 조잡하며 값이 비싼 것을 많이 불편해하는데, 혹은 백성들로 하여금 강제로 이것을 사게 하고, 배에는 算(세금)이 있어서 장사꾼이 적어 물건이 비쌉니다." 하였다. 上은 이로 말미암아 복식을 좋아하지 않았다.

式이 旣在位에 乃言郡國多不便縣官作鹽鐵이 苦惡價貴[①]어늘 或彊令民買之하고 而船有算하여 商者少하여 物貴라한대 上이 由是不說(열)이러라

① 소금이 맛이 쓰고 쇠로 만든 기물이 취약하고 조잡하였다. 그러므로 모두 苦惡이라고 말한 것이다. 값이 비쌈은 소금과 철물이 모두 비싼 것이다.
鹽旣味苦而鐵器脆惡, 故總云苦惡也. 價貴, 鹽鐵竝貴也.

【目】胡氏(胡寅)가 다음과 같이 평하였다.

"武帝가 武功을 좋아하여 재정이 부족하였는데, 卜式은 이 두 가지로써 上의 뜻을 맞추다가 벼슬이 높아지자 비로소 바른말을 하여 명예를 구하였다. 그러나 그의 말은 천

82) 以卜式爲御史大夫 : "앞에서 '卜式을 中郎으로 삼고 左庶長의 관작을 하사했다.'고 쓴 것은 천하 사람들에게 재물을 바치도록 은근히 보여준 것이요, 뒤이어 '복식에게 關內侯의 작위를 하사했다.'고 쓴 것은 천하 사람들에게 출전해서 변경에서 사력을 다하도록 유도한 것이었는데, 이때 다시 '복식을 御史大夫로 삼았다.'고 썼으니, 武帝가 복식을 빌어 천하 사람들을 감동시키고 유도한 것이 지극하였으나, 천하에는 호응하는 자가 없었다. 복식은 마침내 일을 말하다가 소원함을 당하였고, 한 해가 지나서는 그의 秩祿을 낮추어 '太子太傅로 삼았다.'고 쓰게 되었다.〔前書卜式爲中郎 賜爵左庶長 諷天下以輸財也 繼書賜卜式爵關內侯 諷天下以死邊也 至是復書以卜式爲御史大夫 帝之借式以感諷天下者極矣 而天下莫應 式遂以言事見疏 踰年而有貶爲太子太傅之書矣〕" ≪書法≫

하의 공론이다. 온 조정에서 말하지 않았는데 卜式이 홀로 말했으니, 그의 말을 들은 자는 우선 이 한 부분만을 취함이 옳을 것이다.

胡氏曰 武帝好武功而用不足이어늘 式이 以此兩端으로 中上意①라가 官旣尊矣에 乃始正言以邀名이라 然이나 其言則天下之公議라 擧朝不言이어늘 而式獨言之하니 聽者姑取節焉이 可也니라

① 卜式은 여러 번 縣官(국가)에 재물을 바쳐서 邊境의 정벌을 도왔고, 배를 익숙히 다루는 자와 함께 南越을 공격할 것을 자원하였다.
式數輸財縣官以助邊, 又願與習舟者, 奮擊南越.

【綱】 황제가 스스로 封禪하는 의식을 만들었다.

帝自制封禪儀[83)]하다

【目】 처음에 司馬相如가 병들어 죽으려 할 적에 遺書를 남겨서 上에게 泰山을 봉할 것을 권하였는데 마침 寶鼎을 얻으니, 上은 이에 학자들로 하여금 ≪尙書≫와 ≪周官(周禮)≫, ≪禮記≫ 〈王制〉의 글을 채택하여 封禪의 儀式을 草하게 하였으나, 몇 년이 되어도 이루지 못하였다. 上이 이것을 兒寬에게 묻자, 예관이 다음과 같이 대답하였다.

"泰山을 봉하고 梁父(양보)에 禪하여 姓을 밝히고 瑞玉을 상고함은 帝王의 성대한 일입니다. 그러나 제향하고 올리는 意義가 經傳에 나와 있지 않으니, 여러 신하들이 능히 진열할 수 있는 것이 아닙니다. 오직 天子만이 中和의 極을 세워서 條貫을 겸하여 총괄해서 金으로 소리를 퍼뜨리고 玉으로 거두어 하늘의 복을 순히 이루어 萬世의 基業을 남길 수 있습니다."

上은 마침내 직접 의식을 만들 적에 자못 儒學을 채택하여 문식하고, 여러 학자들을 모두 파하고 쓰지 않았다.

初에 司馬相如病且死에 有遺書하여 勸上封泰山이러니 會得寶鼎하니 上이 乃令諸儒로 采尙書,

83) 帝自制封禪儀 : "'스스로 의식을 만들었다.〔自制儀〕'고 쓴 것은 어째서인가? 비난 중에 큰 비난이다. 그렇다면 唐나라에서 '封禪의 禮를 의논했다.'고 쓴 것은 비난하지 않은 것인가? 봉선은 옛 법이 아니니, 봉선의 禮를 의논했다고 쓴 것은 비난이나, 황제가 직접 만들었다고 쓴 것처럼 심한 비난이 되지는 않는다. ≪資治通鑑綱目≫이 끝날 때까지 봉선하는 禮와 儀式를 쓴 것이 3번인데, 봉선의 禮를 의논한 것과, 봉선의 儀式을 논한 것과, 巡狩와 봉선을 의논한 것은 쓰지 않았으니, 여기에 포함시키지 않은 것이다.〔書自制儀 何 譏之譏也 然則唐書議封禪禮 無譏乎 封禪非古也 書議封禪禮 譏也 未若書自制之爲甚譏也 終綱目 書封禪禮儀三 議封禪禮 議封禪儀 議巡狩封禪 不書 不與焉〕" ≪書法≫

周官, 王制之文하여 草封禪儀호되 數年不成이라 以問兒寬한대 寬曰 封泰山하고 禪梁父(보)하여 昭姓考瑞는 帝王之盛節也①라 然이나 享薦之義 不著于經하니 非群臣之所能列②이요 唯天子建中和之極하여 兼總條貫하여 金聲而玉振之하여 以順成天慶하여 垂萬世之基③라한대 上이 乃自制儀할새 頗采儒術以文之하고 盡罷諸儒不用하다

① "昭姓"은 그 성씨를 밝혀 드러냄을 이른다. 옛날에 반드시 同姓을 諸侯로 세워서 친족을 친애함을 밝히고, 반드시 異姓을 제후로 세워서 어진 이를 존경함을 밝혔다. 瑞는 瑞玉이니, 그 부합함을 가지고 말하여 瑞라 한 것이다. "考瑞(瑞玉을 상고한다.)"는 그 瑞信을 상고함을 말하니, ≪書經≫에 이른바 '다섯 가지 瑞玉을 거두었다.'는 것이다.[84]
昭姓, 謂昭顯其姓氏也. 古者, 必建同姓以明親親, 必樹異姓以明賢賢. 瑞, 玉也, 卽其符合言之曰瑞. 考瑞, 謂考核其瑞信, 卽書所謂輯五瑞也.

② 列은 진열한다는 뜻이다.
列, 陳也.

③ 極은 바르다는 뜻이다. "金聲而玉振之(金으로 소리를 퍼뜨리고 玉으로 거둔다.)"는 德스러운 소리를 떨치고 드날리기를 金玉의 소리와 같이 함을 말한 것이다. 慶은 福이다.
極, 正也. 金聲而玉振之, 言振揚德音, 如金玉之聲也. 慶, 福也.

84) 書經에……것이다 : 다섯 가지 瑞玉은 公·侯·伯·子·男 다섯 등급의 제후가 잡는 瑞玉으로, 公은 桓圭, 侯는 信圭, 伯은 躬圭, 子는 穀璧, 男은 蒲璧을 이른다. ≪書經≫ 〈虞書 舜典〉에 "다섯 가지 瑞玉을 거두시니 한 달이 다 되었는데, 날마다 四岳과 群牧을 만나보시고 서옥을 여러 제후들에게 나누어 돌려주었다.〔輯五瑞 既月 乃日覲四岳群牧 班瑞于群后〕"라고 보인다.

思政殿訓義 資治通鑑綱目 제5권 상

漢 武帝 元封 원년~漢 武帝 征和 2년

≪자치통감강목≫ 제5권은 辛未年 漢 武帝 元封 원년(B.C. 110)부터 시작하여 己未年 漢 宣帝 元康 4년(B.C. 62)에 끝났으니, 모두 49년이다.

起辛未漢武帝元封元年하여 **盡己未漢宣帝元康四年**하니 **凡四十九年**이라

辛未年(B.C. 110)

【綱】 漢나라 世宗 孝武皇帝 元封 원년이다.

元封元年[①]이라

① 처음으로 泰山을 封하였으므로 改年(改元)한 것이다.
始封泰山, 故改年.

【綱】 겨울 10월에 황제가 長城을 나가 單于臺에 올라가서 군대의 武裝을 점검하고 돌아왔다.

冬十月에 **帝出長城**하여 **登單于臺**하여 **勒兵而還**하다

【目】 上은 또 옛날에 먼저 군대를 정돈하고 군대를 해산한 뒤에 封禪을 했다 하여, 詔令을 내리기를 "南越과 東甌가 모두 자신의 죄에 굴복하였으나 西蠻과 北夷가 아직도 화목하지 못하니, 朕은 장차 변방 지역을 순행해서 몸소 武節[1)]을 잡고 친히 군대를 통솔하겠다." 하고는 마침내 길을 떠나 雲陽으로부터 五原을 지나고 長城을 나가 북쪽으로 單于臺에 올랐으며, 朔方에 이르러 北河에 임하니, 武裝한 병력은 騎兵이 18만 명이고

1) 武節 : 고대에 장수들이 군대를 통솔할 때 사용하던 符節이다.

깃발이 천여 리에 뻗쳐 있었다.

郭吉을 보내어 單于에게 통고하기를 "南越王의 머리를 이미 漢나라의 北闕에 매달아 놓았으니, 이제 선우가 능히 싸울 수 있으면 天子가 직접 군대를 거느리고 나와 변방에서 기다릴 것이요, 싸우지 못하겠으면 즉시 南面하고 漢나라에 신하 노릇을 하라." 하니, 선우가 노하여 곽길을 억류하였다. 上은 마침내 돌아오면서 黃帝의 무덤에 제사하고 군대를 해산하였다.

上이 又以古者에 先振兵釋旅然後封禪①이라하여 詔曰 南越, 東甌 咸伏其辜호되 西蠻, 北夷 頗未輯睦②하니 朕將巡邊垂하여 躬秉武節하여 親帥師焉③이라하고 乃行하여 自雲陽으로 歷五原하고 出長城하여 北登單于臺④하고 至朔方하여 臨北河하니 勒兵이 十八萬騎요 旌旗徑千餘里러라 遣郭吉하여 告單于曰 南越王頭를 已縣於漢北闕⑤하니 今單于能戰이면 天子自將待邊이요 不能이어든 卽南面而臣於漢⑥하라 單于怒留吉하니 上이 乃還할새 祭黃帝冢而釋兵⑦하다

① 振은 정돈함이고, 釋은 해산함이고, 旅는 군대이다. 군대를 출동하는 것을 治兵이라 하니 처음 군대의 일을 다스리는 것이요, 들어오는 것을 振旅라 하니 군대를 다스리는 禮가 끝난 다음 군대를 정돈하여 돌아오는 것이다. "振兵釋旅(군대를 정돈하고 군대를 해산했다.)"는 천하에 다시 무력을 쓰지 않겠다는 뜻을 보인 것이다.
振, 整也. 釋, 解散也. 旅, 衆也. 出曰治兵, 始治其事, 入曰振旅, 治兵禮畢, 整衆而還. 振兵釋旅, 示天下不復用也.

② 輯은 集과 같으니, 和하다는 뜻이다.
輯, 與集同, 和也.

③ 巡은 순행하며 살펴봄이고, 垂는 먼 변방이다. 秉은 잡다는 뜻이다.
巡, 行視也. 垂, 遠邊也. 秉, 持也.

④ 五原은 바로 秦나라의 九原郡이니, 황제(武帝)가 이름을 五原으로 바꾸었다. 宋白[2]이 말하기를 "五原郡은 原이라는 지명이 다섯 곳이 있어서 이름한 것이니, 龍游原・乞地千原・青嶺原・岢嵐眞原(가람진원)・橫槽原을 이른다." 하였으며, 杜佑[3]는 "單于臺는 雲州 雲中縣 서북쪽 백여 리 지점에 있다." 하였다.
五原, 卽秦九原郡, 帝更名. 宋白曰 "五原郡, 有原五所, 故名. 謂龍游原・乞地千原・青嶺原・岢嵐眞原・橫槽原也." 杜佑曰 "單于臺, 在雲州雲中縣西北百餘里."

⑤ 北闕은 바로 玄武闕이다. 未央宮殿이 비록 남향을 하고 있으나, 글을 올리고 일을 아뢰고

---

2) 宋白 : 宋나라 大名 사람으로 字는 太素인데 문장을 잘하고 박학하였으며 벼슬이 吏部尙書에 이르렀다. 雍熙 연간에 황제의 명을 받들어 李昉과 함께 여러 文士들을 모아 ≪文苑英華≫ 천여 권을 지었으며 ≪東都事略≫ 등의 저서가 있다.

3) 杜佑 : 唐나라 萬年 사람으로 字는 君卿인데 憲宗 때에 太保로 致仕하여 학문을 좋아하였으며 劉秩의 ≪政典≫이 소략하다 하여 ≪通典≫ 200편을 지었는바 후대 掌故의 寶典으로 여겨진다.

알현하는 무리는 모두 北闕에 나아갔고 公車司馬 또한 북쪽에 있었으니, 이는 北闕을 정문으로 삼은 것이다.

北闕, 卽玄武闕. 未央殿雖南嚮, 而上書奏事謁見之徒, 皆詣北闕, 公車司馬 亦在北焉, 是則以北闕爲正門.

⑥ 將(거느리다)은 卽亮의 切이다.
將, 卽亮切.

⑦ ≪漢書≫ 〈地理志〉에 "上郡 陽周縣 橋山의 남쪽에 黃帝의 무덤이 있다." 하였다.
地理志 "上郡陽周縣橋山南, 黃帝冢在焉."

【綱】卜式의 秩祿을 낮추어 太子太傅로 삼고, 兒寬(예관)을 御史大夫로 삼았다.

貶卜式하여 **爲太子太傅**하고 **以兒寬爲御史大夫**하다

【目】上은 卜式이 文章을 익히지 않았다 하여 질록을 낮추고, 兒寬으로 대신하였다.

上이 以式不習文章이라 故로 貶秩而以寬代之하다

【綱】東越이 王 騶餘善을 죽이고 항복하자 이 지역 백성들을 江·淮 사이로 이주시켰다.

東越이 **殺王餘善以降**이어늘 **徙其民江淮間**하다

【目】漢나라 군대가 東越의 국경으로 쳐들어가니, 繇王(요왕) 騶居股가 王 騶餘善을 죽이고는 그 무리를 거느리고 항복하였다. 上은 閩(東越) 땅이 험하여 막혀 있고 이 지역 사람들이 〈귀순과 배반을〉 자주 번복하니, 끝내 후세의 우환이 될 것이라고 여겨 장수들에게 명해서 이 지역의 모든 백성들을 江·淮의 사이로 이주시키고, 마침내 이 지역을 비워두었다.

漢兵이 入東越境한대 繇王居股 殺餘善하고 以其衆降(항)①이어늘 上以閩地險阻하고 數反覆하니 終爲後世患이라하여 乃詔諸將하여 悉徙其民於江淮之間하고 遂虛其地②하다

① 騶居股는 騶丑(낙추)의 아들이다.
居股, 丑之子也.

② 虛(비우다)는 본음대로 읽는다. 혹자는 墟(빈터)로 읽는다.
虛, 如字. 或讀曰墟.

【綱】 봄 정월에 황제가 緱氏(구지)에 가서 中嶽에 제사하고는, 동쪽으로 海上을 순행하면서 신선을 구하였다. 여름 4월에 泰山을 封하고 肅然山에 禪하고 다시 동북쪽으로 碣石에 이르렀다가 돌아와 5월에 甘泉宮에 이르렀다.

春正月에 **帝如緱氏**하여 **祭中嶽**하고 **遂東巡海上**[4]하여 **求神僊**(선)하다 **夏四月**에 **封泰山**하고 **禪肅然**하고 **復東北至碣石而還**하여 **五月**에 **至甘泉**하다

【目】 정월에 上이 緱氏에 행차하여 禮로 中嶽에 제사 지냈는데, 수행하는 관원들이 산 아래에서 들으니 마치 만세를 부르는 듯한 소리가 세 번 들렸다. 上은 마침내 동쪽으로 海上을 순행하면서 여덟 神에게 제사하고 배를 더 징발하여 蓬萊山을 찾게 하였으며, 또 傳車(파발마가 끄는 수레)를 탄 方士와 神仙을 찾아 나선 間使가 모두 천 명으로 헤아려졌다.

正月에 **上**이 **幸緱氏**하여 **禮祭中嶽**할새 **從官**이 **在山下聞**하니 **若有言萬歲者三**①이러라 **上**이 **遂東巡海上**하여 **祠八神**②하고 **益發船**하여 **求蓬萊**하고 **及與方士傳車**와 **及間使求神仙**이 **皆以千數**③러라

① 中嶽은 崧高山(숭고산)이니, 潁川의 陽城縣에 있다. 萬歲는 神이 부른 것이다.
中嶽, 崧高山也, 在潁川陽城縣. 萬歲, 神稱之也.

② 八神에 대한 註는 秦나라 始皇 28년(B.C. 219)의 註에 보인다.
八神註, 見秦始皇二十八年.

③ 傳(전달하다)은 張戀의 切이다. 間은 隱微함이니, 틈을 따라 은밀히 出行함을 이른다.
傳, 張戀切. 間, 微也, 謂隨間隙而行也.

【目】 4월에 황제가 돌아와 奉高縣에 이르러 泰山 아래 동쪽을 封하되, 郊祭에 泰一(天神)에게 제사 지내는 禮와 똑같이 하였는데, 封한 아래에 玉牒의 글이 있었으니, 이 글은 秘書였다.

禮가 끝나자 天子가 홀로 泰山에 올라가 또한 封함이 있었고, 다음 날 陰道(북쪽 길)로 내려와 泰山 아래의 산기슭인 동북쪽 肅然山에 禪하되 后土神에게 제사 지내는 禮와 똑같이 하고, 江·淮 사이에서 생산된 띠풀 중에 세모꼴의 등이 있는 것으로 땅에 깔았

4) 遂東巡海上 : "≪資治通鑑綱目≫에 황제의 巡行을 쓴 것이 29번인데, 秦나라 始皇과 漢나라 武帝, 隋나라 煬帝 세 군주보다 많은 사람이 없고, 또한 세 군주보다 자세히 쓴 것이 없다. 그런데 초봄부터 5월까지 두루 순행하여 돌아온 거리가 18,000리에 이른 것은 또 秦나라 始皇과 隋나라 煬帝에게는 있지 않은 것이었다.〔綱目書巡二十九 莫多於秦皇漢武隋煬三君 亦莫詳於三君 若夫自春首至五月 周回萬八千里 則又秦隋之所未有也〕" ≪書法≫

는데, 제사 지내는 날 밤에 마치 광채가 있는 듯하였고, 낮에는 또 흰 구름이 封한 흙 가운데에서 피어오르는 듯하였다.

四月에 還하여 至奉高①하여 封泰山下東方호되 如郊祠泰一之禮②러니 封下에 有玉牒書하니 書秘③러라 禮畢에 天子獨上泰山하여 亦有封하고 明日에 下陰道하여 禪泰山下阯東北肅然山호되 如祭后土禮④하고 江淮間茅三脊으로 爲神藉⑤러니 祠夜에 若有光하고 晝有白雲이 出封中⑥하니라

① 奉高는 縣의 이름이니, 泰山郡의 治所이다.
奉高, 縣名, 泰山郡治所.

② 封은 壇의 너비가 12丈이고 높이가 2丈이고 계단이 세 층계이니, 그 위에 封土함은 더욱 높임을 보이는 것이다. 봉토의 너비는 1丈 2尺이고 높이는 9尺이다. "泰山下東方"은 泰山 아래의 동쪽 방위를 이른다.
封者, 壇廣十二丈, 高二丈, 階三等, 封於其上, 示增高也. 封廣丈二尺, 高九尺. 泰山下東方, 謂泰山下之東方也.

③ 玉牒은 길이가 1尺 3寸이고 너비와 두께가 각각 5寸이니, 산 위에 보관하되, 네모진 돌 세 개를 두 번 포개어서 쇠줄로 묶어 石泥[5]로 봉함하고 '受命之璽'를 찍었다.
玉牒, 長尺三寸, 廣厚各五寸, 藏於山上, 以方石三枚, 爲再累, 緘以金繩, 封以石泥, 印以受命之璽[6].

④ 山의 아래 기슭을 阯라 한다. 肅然山은 梁父縣(양보현)에 있다.
山之基足曰阯. 肅然山, 在梁父縣.

⑤ "茅三脊"은 띠풀 중에 세모꼴의 등이 있는 것이니, 이른바 靈茅라는 것이다. 藉는 才夜의 切이니 깐다는 뜻으로, 띠풀을 땅에 까는 것이다.
茅三脊, 茅草有三脊也, 所謂靈茅也. 藉, 才夜切, 薦也, 以藉地也.

⑥ 봉할 때에는 5色의 흙을 사용하여 뒤섞어 봉하는데, 흰 구름이 이 가운데에서 피어났으니, 이는 祥瑞이다.
封用五色土, 益雜封之, 白雲出其中, 此瑞也.

【目】 天子가 돌아오면서 明堂(옛날 명당의 터)에 앉으니, 여러 신하들이 祝壽를 올리자, 詔令을 내려 改元하였다. 天子가 泰山을 封한 뒤에 심한 비바람이 없으니, 方士들이 번갈아 蓬萊山의 여러 神仙을 장차 만날 수 있을 것이라고 말하였다. 이에 上은 기뻐하여 행여 신선을 만날까 해서 다시 동쪽으로 海上에 이르러 직접 바다를 향해하여 蓬萊山을 찾고자 하니, 여러 신하들이 諫하였으나 만류할 수 없었다. 이에 東方朔이 다음과 같이

5) 石泥 : 돌가루를 진흙과 혼합한 것으로 古代에 封禪하면서 封禪書를 봉함할 적에 사용한 진흙이다.
6) 受命之璽 : 처음 天命을 받아 天子가 되었다는 황제의 옥새이다.

아뢰었다.

"신선은 자연스레 만나지는 것이니, 굳이 조급하게 찾을 필요가 없습니다. 만약 만날 수 있는 방도가 있다면 만나지 못함을 근심할 필요가 없을 것이요, 만약 방도가 없다면 비록 봉래산에 가서 신선을 만나려 하시더라도 또한 무익할 것입니다. 신은 폐하께서 다만 환궁하여 고요히 거처하면서 기다리시기를 원하오니, 이렇게 하시면 신선이 장차 스스로 찾아올 것입니다."

上이 이에 돌아왔다. 이번 걸음에 두루 순행한 것이 모두 18,000리였다.

天子還하여 坐明堂하니 群臣이 上壽어늘 下詔改元①하다 天子旣已封泰山에 無風雨하니 而方士更(경)言蓬萊諸神을 若將可得이라 於是에 上이 欣然庶幾遇之하여 復東至海上하여 欲自浮海求蓬萊하니 群臣諫호되 莫能止라 東方朔曰 夫僊者는 得之自然이니 不必躁求니이다 若其有道인댄 不憂不得이요 若其無道인댄 雖至蓬萊見仙人이라도 亦無益也니이다 臣은 願陛下第還宮하사 靜處以須之하시면 仙人이 將自至하리이다 上이 乃還②하니 是行에 凡周行이 萬八千里云이러라

① 臣瓚[7]이 말하였다. "《漢書》 〈郊祀志〉에 '처음 天子가 太山(泰山)을 봉하니, 태산의 동북쪽 기슭은 옛날 明堂이 있던 곳이다.' 하였으니, 바로 황제가 이곳에 앉은 것이다. 다음 해 가을에야 비로소 明堂을 지었다."
臣瓚曰 "郊祀志 '初天子封太山, 太山東北阯, 古時有明堂處.' 則此所坐者也. 明年秋, 乃作明堂耳."

② 第는 다만이요, 須는 기다림이다.
第, 但也. 須, 待也.

【綱】 桑弘羊에게 左庶長의 관작을 하사하였다.

賜桑弘羊爵左庶長[8]하다

---

7) 臣瓚 : 《漢書》를 註釋한 사람인데, 성씨와 관향은 상세하지 않다. 《類苑》에는 于瓚이라고 하였고, 《水經注》에는 薛瓚이라고 하였고, 《訓纂》에는 傅瓚이라고 하였다.

8) 賜桑弘羊爵左庶長 : "桑弘羊은 한 장사꾼의 자식일 뿐이었는데, 財利에 대해 말을 잘해서 총애를 받아 관작을 하사받음에 이르렀으니, 어찌 理財를 잘하였기 때문이 아니겠는가. 그러나 桑弘羊이 자기 집안 재물을 가져다가 국가를 도운 것도 아니고, 또 귀신이 수송해 와서 재물을 만들어낸 것도 아니요, 단지 권세를 빌어서 백성들의 재물을 수탈한 것에 불과할 뿐이다. 아, 훌륭하다. 우리 宋나라 조정의 司馬溫公(司馬光)이 神宗께 대답한 말씀에 '하늘과 땅이 만든 財貨와 온갖 물건은 다만 이 數가 있을 뿐이어서 백성에게 있지 않으면 관청에 있으니, 비유하면 빗물이 여름에 많이 내리면 가을에는 가무는 것과 같습니다. 세금을 더 늘리지 않고서도 윗사람들의 재정이 풍족한 것은 교묘하게 법을 만들어서 백성들의 이익을 은근히 수탈함에 지나지 않으니, 그 폐해가 세금을 더 올리는 것보다도 심합니다. 이는 바로 상홍양이 武帝를 속인 말이니, 太史가 이것

【目】이보다 앞서 桑弘羊이 治粟都尉가 되고 大司農을 겸해서 천하의 소금과 鐵을 모두 주관하였다. 이에 대사농의 部丞 수십 명을 두어 郡國을 나누어 주관하게 해서, 먼 지방으로 하여금 각각 그 지방에서 생산되는 물건을 가지고 예전에 상인들이 돌아다니며 판매하던 것처럼 세금을 내고 서로 유통하게 하였고, 平準官을 京師에 설치하여 천하에서 실어오는 물건들을 모두 받아두고서, 값이 비싸지면 즉시 팔고 값이 싸지면 즉시 사서 부유한 장사꾼과 큰 장사꾼들로 하여금 큰 이익을 취하지 못하게 하고, 여러 물건이 갑자기 값이 뛰지 못하게 하였다.

이때에 이르러, 황제가 巡狩하면서 지나가는 곳에서 賞賜로 사용한 비단이 백여만 匹이었고 금전(화폐)이 鉅萬으로 계산되었는데, 모두 대사농에서 취하여 충족하였다.

상홍양은 또 관리들로 하여금 관청에 곡식을 바쳐 관직에 보임되고 죄인들이 곡식을 바쳐 속죄할 것을 청하여 시행하니, 백성들이 세금을 더 내지 않았는데도 천하의 재정이 풍족하였다. 이에 상홍양에게 左庶長의 관작을 하사하였다.

先是에 桑弘羊이 爲治粟都尉하고 領大農하여 盡斡(관)天下鹽鐵[①]하다 乃置大農部丞數十人하여 分主郡國하여 令遠方各以其物로 如異時商賈所轉販者爲賦하여 而相灌輸하고 置平準于京師하여 都受天下委輸하여 貴卽賣之하고 賤卽買之하여 欲使富商大賈로 無所牟大利하고 而萬物不得騰踊[②]이러니 至是하여 巡狩所過에 賞賜用帛이 百餘萬匹이요 錢金以巨萬計로되 皆取足大農하다 弘羊이 又請令吏得入粟補官及罪人贖罪하니 民不益賦로되 而天下用饒라 於是에 賜弘羊爵左庶長하다

① 斡은 음이 管이니, 전적으로 주관함이다.
斡, 音管, 專主之也.

② "灌輸"는 바로 均輸이니, 그 지방에 생산되는 물건을 없는 곳으로 옮겨다가 팔아서 피차가 서로 물건을 대주고 수송하므로 灌輸(유통)라 이름한 것이다. 平準은 관직의 명칭으로 대사농에 소속되었으니, 令과 丞이 있었다. 準은 수평을 유지하는 器具[9])이므로 인하여 官名

을 史書에 쓴 것은 무제가 현명하지 못함을 드러낸 것입니다. 무제 말년에 이르러 도적이 봉기하여 거의 혼란에 이르렀으니, 만약 무제가 하늘이 내린 화를 뉘우치지 않고 昭帝가 법을 바꾸지 않았다면 漢나라가 거의 망할 뻔 했습니다.' 하였다.

아, 이 말씀은 참으로 만세의 藥石이라 할 것이다. 그러나 '세금을 더 늘리지 않았다.'는 말을 하여 《資治通鑑》에서는 오히려 그 비슷한 내용을 기재하였는데, 《資治通鑑綱目》의 分註(目)에서는 삭제하고 기록하지 않았다. 그러므로 내가 '桑弘羊에게 관작을 하사한 일'을 인해서 사마온공의 말씀을 자세히 기재하여 萬世의 法으로 삼는 것이다.〔弘羊一賈人子爾 以言利得幸 至於賜爵 豈非以其善理財歟 然弘羊非能取其家之貲 以助國也 又非能神運鬼輸以生財也 不過假權勢以漁奪民財而已 善乎我朝司馬公光對神祖之言曰 天地所生財貨百物 止有此數 不在民則在官 譬如雨澤夏潦則秋旱 不加賦而上用足 不過設法陰奪民利 其害甚於加賦 此乃弘羊欺武帝之言 太史書之 以見武帝之不明爾 至其末年 盜賊蠭起 幾至於亂 若武帝不悔禍 昭帝不變法 則漢幾亡 嗚呼 此言眞萬世之藥石也 然不加賦之說 通鑑猶載其彷彿 至綱目分註 則削而不錄矣 故臣因賜爵之事 備載司馬公之言 爲萬世法〕" 《發明》

을 삼은 것이다. "委輸"는 쌓아놓은 물건을 수송함을 이른다. 均輸官은 郡國에 있으면서 각각 京師(서울)로 수송해가는 자이고, 平準官은 京師에 있으면서 천하에서 수송해오는 물건을 모두 받는 자이다. 牟는 취한다는 뜻이다.
灌輸, 卽均輸也, 謂以土地之所有者, 轉遷於所無之地, 彼此互相灌注, 互相輸送, 故曰灌輸. 平準, 官名, 屬大農, 有令丞. 準者, 所以持平之器也, 故因以名焉. 委輸, 謂輸委積者也. 均輸, 在郡國, 各轉輸於京師者也. 平準, 在京師, 摠受天下之轉輸者也. 牟, 取也.

【目】이때 날씨가 약간 가물자, 上은 관원들로 하여금 비가 내리게 할 방도를 찾게 하니, 卜式이 다음과 같이 아뢰었다.

"縣官(황제와 관리)은 마땅히 백성들이 바치는 조세를 받아서 먹고 입을 뿐인데, 지금 桑弘羊은 관리들로 하여금 시장에 열을 지은 점포에 앉아서 물건을 팔아 이익을 추구하게 하니, 상홍양을 삶아 죽여야 하늘이 비로소 비를 내려줄 것입니다."

是時에 **小旱**이어늘 **上**이 **令官求雨**한대 **卜式**이 **言曰 縣官**은 **當食租衣稅而已**①어늘 **今弘羊**이 **令吏坐市列肆**하고 **販物求利**하니 **亨弘羊**이라야 **天乃雨**②하리이다

① 衣(옷을 입다)는 去聲이다.
衣, 去聲.
② "坐市列肆"는 관리가 시장에 열을 지은 점포에 앉아서 물건을 팖을 이른다.
坐市列肆, 謂吏坐市肆行列之中.

【綱】가을에 孛星이 東井에 나타났고, 또 三台星에 나타났다.

秋에 **有星孛于東井**하고 **又孛于三台**①하다

① 東井의 여덟 별은 水衡의 일을 주관하니, 法令이 公平함을 취한 것이다. 王者가 법을 적용함이 공평하면 井星이 밝고 단정하게 벌려 있다. 三台는 여섯 개의 별인데, 서쪽의 文昌星에 가까운 두 별을 '上台'라 하니 司命이 되고, 다음 두 별을 中台라 하니 司中이 되고, 동쪽의 두 별을 下台라 하니 司祿이 되는바, 德을 밝히고 왕명을 어김을 막는다.10)
東井八星, 主水衡事, 法令所取平也. 王者用法平, 則井星明而端列. 三台, 六星, 西近文昌二星曰上台, 爲司命. 次二星曰中台, 爲司中. 東二星曰下台, 爲司祿, 所以昭德塞違也.

---

9) 準은……器具 : 準은 水平器로, 땅의 높고 낮음을 고를 때 사용하는 기구이다.
10) 서쪽의……막는다 : '司命'의 命은 수명으로 司命은 사람의 수명(長壽)을 주관하고, 司中은 宗室을 주관하고, 司祿은 兵(병기와 전쟁)을 주관하여 德이 있는 자를 표창하여 밝혀주고 王命을 어기는 자를 정벌하여 막는다고 한다.

【目】望氣[11)]하는 王朔이 말하기를 "살펴봄에 홀로 塡星이 오이와 같은 모습으로 나타났는데, 한 식경이 지난 뒤에 다시 들어가는 것을 보았다."라고 하자, 有司들이 모두 말하기를 "폐하께서 漢나라의 封禪하는 의식을 처음 만드시니, 하늘이 그 보답으로 德星을 나타낸 것입니다." 하였다.

望氣王朔이 言호되 候獨見塡(진)星이 出如瓜러니 食頃復入①이라하니 有司皆曰 陛下建漢家封禪하시니 天其報德星云②이라하니라

① 塡은 음이 鎭이니, 德星이다.
塡, 音鎭, 德星也.

② ≪史記≫ 〈天官書〉에 "景星은 德星이니, 일정한 모습이 없고 道가 있는 나라에 나타난다." 하였다.
天官書"景星者, 德星也. 其狀無常, 出於有道之國."

壬申年(B.C. 109)

【綱】漢나라 世宗 孝武皇帝 元封 2년이다. 겨울 10월에 황제가 五畤에 제사하고 돌아오면서 泰一에 제사하여 德星에 절하였다.

二年이라 冬十月에 帝祠五畤하고 還할새 祠泰一하여 以拜德星하다

【綱】봄에 황제가 東萊에 갔다.

◑春에 如東萊하다

【目】公孫卿이 말하기를 "東萊山에서 神人을 만났는데, 마치 천자를 뵙고 싶다고 말하는 듯하였습니다." 하였다. 이에 황제가 東萊山에 가서 며칠 동안 머물며 기다렸으나 보이는 바가 없었다.

다시 方士를 보내어 神怪함을 구하고 靈芝의 약을 채취하게 한 것이 천여 명으로 헤아려졌다. 때마침 이해에 가뭄이 들어서 천자가 출행할 명분이 없어지니, 마침내 萬里沙에서 기도하고 지나오는 길에 泰山에 제사하였다.

---

11) 望氣 : 옛날 方士들이 구름을 보고 길흉을 점치던 방술이다.

公孫卿이 言見神人東萊山하니 若云欲見天子라하여늘 於是에 幸東萊하여 宿(수)留數日호되 無所見[①]이라 復遣方士하여 求神怪하고 采芝藥이 以千數러라 時에 歲旱이라 天子旣出無名하니 乃禱萬里沙하고 還할새 過祠泰山[②]하다

① "宿留"는 음이 秀溜이니, 기다리는 바가 있음을 이른다.
宿留, 音秀溜, 謂有所須待也.
② 萬里沙는 神의 사당이니, 東萊 曲城縣에 있는데 백사장의 길이 300여 리이다.
萬里沙, 神祠也, 在東萊曲城縣, 沙徑三百餘里.

【綱】여름에 황제가 돌아올 적에 직접 왕림하여 터져 있던 황하를 막고 宣防宮을 지었다.

夏에 還할새 臨塞(색)決河하고 築宣防宮하다

【目】처음에 황하가 瓠子(호자)에서 터져서 20여 년 동안 막지 못하니, 梁, 楚 지방에서 더욱 심하게 폐해를 입었다. 이해에 수만 명의 병졸을 동원하여 이를 막았는데, 황제가 泰山에서 돌아올 적에 직접 황하가 터진 곳에 왕림하여 白馬와 玉璧을 황하에 던져 神에게 禮를 올렸으며, 신하들로 하여금 나무 섶을 지고 오게 하여 마침내 터진 황하에 흙을 메꾸어 막고는 그 위에 궁궐을 짓고 이름을 宣防宮이라 하였다. 또 〈황하의 물길을〉 황하의 북쪽으로 흐르는 두 溝渠로 인도해서 禹王의 옛 자취를 회복하였다.

初에 河決瓠(호)子하여 二十餘歲不塞(색)하니 梁楚尤被其害라 是歲에 發卒數萬人하여 塞之러니 自泰山還할새 自臨決河하여 沈白馬玉(壁)〔璧〕[12)]하고 令群臣負薪하여 卒塡(전)決河하여 築宮其上하고 名曰宣防[①]이라하고 導河北行二渠하여 復禹舊迹[②]하다

① 塡(메우다)은 大千의 切이다. 宣防은 뜻이 물길을 인도하고 범람함을 막음을 취한 것이다.
塡, 大千切. 宣防, 義取宣導防壅也.
② "二渠(두 溝渠)"는 河東渠와 龍首渠이다. ≪史記≫ 〈河渠書〉[13)]에 "禹王이 두 溝渠를 나누어서 황하를 인도했다." 하였는데, 註에 "厮는 나눔이다. 두 구거는 하나는 貝丘의 서남쪽에서 발원하니 남으로 꺾어 흐르고, 하나는 漯川(탑천)이다." 하였다. 復은 음이 服이니, 회복함이다.
二渠, 河東渠, 龍首渠也. 河渠書"禹厮二渠, 以引其河." 註"厮, 分也. 二渠, 一出貝丘西南,

12) (壁)〔璧〕: 저본에는 '壁'으로 되어 있으나, ≪資治通鑑≫에 의거하여 '璧'으로 바로잡았다.
13) 河渠書 : ≪史記≫의 편명으로 황하를 다스린 工程과 小利 등의 일을 기재하였다.

南折者也, 一則漯川也." 復, 音服, 還也.

【綱】 황제가 長安에 이르러 越나라의 사당을 세웠다.

至長安하여 **立越祠**하다

【目】 越나라 사람 勇之가 아뢰기를 "越나라의 풍속은 제사를 지내면 모두 귀신을 보아 효험이 있고, 東甌의 王은 귀신을 공경하여 장수합니다." 하니, 황제가 이에 명하여 越나라의 사당을 세우고, 天神과 上帝와 여러 귀신에게도 제사하면서 닭을 사용하여 점을 치게 하였다.

越人勇之言①호되 **越俗**은 **祠**에 **皆見鬼有效**②하고 **東甌王**이 **敬鬼得壽**라하니 **乃令立越祠**하고 **亦祠天神, 上帝, 百鬼而用鷄卜**③하다

① 勇之는 이름이니, 越나라의 무당이다.
勇之, 名也, 越巫.

② 〈"越俗 祠 皆見鬼有效"는〉 越나라 지방의 풍속은 제사를 지내면 반드시 귀신을 보고 영험이 있음을 말한 것이다.
謂越土之俗, 凡祠祭, 必見鬼而有驗.

③ 越나라의 풍속은 닭을 사용하여 점을 친다. ≪史記正義≫에 "닭으로 점치는 방법은 닭 한 마리와 개 한 마리를 사용하는데, 산 채로 축원을 마친 다음 즉시 닭과 개를 잡아서 삶아 또다시 제사하고, 제물 중에 오직 닭의 두 눈 주위의 뼈만 채취한다. 이때 뼈 위에 저절로 구멍이 생기는데, 찢어진 것이 사람과 물건의 형태와 비슷하면 길하고, 찢어진 것이 부족하면 흉하다." 하였다.
越俗, 用鷄卜. 正義曰 "鷄卜, 法用鷄一狗一, 生祝願訖, 卽殺鷄狗, 煮熟又祭, 獨取鷄兩眼骨, 上自有孔, 裂似人物形則吉, 不足則凶."

【綱】 蜚廉觀(비렴관), 桂觀, 通天莖臺(통천행대)를 만들었다.

作蜚廉, 桂觀, 通天莖臺①[14]하다

---

14) 作蜚廉……通天莖臺 : "이것을 쓴 것은 비판한 것이니, '觀'을 쓴 것이 이때에 시작되었다. ≪資治通鑑綱目≫이 끝날 때까지 '觀'을 쓴 것이 일곱 번인데, 聽訟觀과 總明觀과 通道觀 외에는 모두 비판한 것이다.〔書 譏也 書觀始此 終綱目 書觀七 自聽訟總明通道之外 皆譏也〕" ≪書法≫
"武帝가 신선을 구하기 위하여 宮室을 수리하였으니, 柏梁臺를 짓고 承露盤을 만들고 太乙壇과 越나라의 사당을 세운 것과 같은 따위가 한두 번이 아니었다. 이때에 이르러 또다시 蜚廉觀과 桂觀, 通天莖臺를 만들었고, 얼마 안 있다가 다시 明堂과 建章宮, 明光宮 등 여러 宮을 만들었다.

① 蜚廉은 神禽(神鳥)이니, 바람과 구름을 불러올 수 있다 한다. 神禽의 몸은 사슴과 같고 머리는 참새와 같고 뿔이 있으며, 뱀의 꼬리이고 문채는 표범 무늬와 같다 한다. 황제(무제)가 구리로 蜚廉의 상을 주조해서 觀의 위에 두고 인하여 蜚廉觀이라고 이름하였다. 觀(누각)은 음이 貫이니, 桂觀은 바로 桂宮이다. 蜚廉觀과 桂觀은 모두 長安城 안에 있었으니, 北宮과 가까웠다. 莖은 음이 行이다. ≪漢書≫에는 莖자가 없으니, 의심컨대 衍字인 듯하다. 通天莖臺는 甘泉宮에 있었으니, 높이가 백여 길〔丈〕이어서 마치 하늘에 닿을 듯하였으므로, 이름을 通天이라 한 것이다. 臺 위에 承露盤과 仙人掌이 있는데, 옥잔을 받들어 구름 위에 있는 이슬을 받게 하였다.

蜚廉, 神禽也, 能致風氣. 身如鹿, 頭如雀, 有角而蛇尾, 文如豹文. 帝以銅鑄像, 置觀上, 因以爲名. 觀, 音貫, 桂觀, 卽桂宮. 蜚廉・桂觀, 俱在長安城中, 近北宮. 莖, 音行. 漢書, 無莖字, 疑衍. 臺, 在甘泉宮, 高百餘丈, 若與天通, 故名通天. 臺上, 有承露盤, 仙人掌, 擎玉杯, 以承雲表之露.

【目】公孫卿이 말하기를 "신선(仙人)은 樓臺에서 살기를 좋아합니다." 하니, 이에 上은 長安과 甘泉에 여러 臺觀을 짓게 하고, 公孫卿으로 하여금 節을 잡고 도구들을 진설하고 神人을 기다리게 하고는, 여러 궁실을 더욱 넓혔다.

公孫卿이 言仙人好樓居라하니 於是에 上이 令長安甘泉에 作諸臺觀하고 使卿으로 持節設具而候神人하여 益廣諸宮室하다

【綱】朝鮮이 습격하여 遼東都尉를 죽였다.

朝鮮이 襲殺遼東都尉하다

【目】처음 戰國시대 燕나라의 전성기에 일찍이 燕나라가 眞番과 朝鮮을 경략하여 복속시켜 관리를 두고 성과 요새를 구축했었는데, 秦나라가 燕나라를 멸망시키자, 〈조선은〉 遼東의 바깥 변방에 소속되었다. 그러다가 漢나라가 일어나자, 거리가 멀어서 지키기 어렵다 하여 다시 遼東의 옛 변방 요새(長城)를 수축하여 浿水에 이르러 경계로 삼았다.

≪자치통감강목≫에 이것을 모두 책에 쓴 것은 武帝의 잘못을 드러내어 神仙을 구하는 자들의 경계로 삼으려 했을 뿐이니, 어찌 번거로운 글을 쓰기 좋아해서이겠는가. 아, 만일 신선이 과연 있더라도 어찌 구할 수 있겠는가. 만일 구할 수 있었다면 무제가 얻었을 것이다.〔武帝爲求仙而修宮室 如建柏梁臺 作承露盤 立太乙壇越祠之類 不一而足 至此又作蜚廉桂觀通天莖臺 未幾 復有明堂建章明光諸宮之作 綱目皆書于冊 所以著武帝之失 爲求神仙者之戒爾 夫豈好爲是繁文哉 嗚呼 使神仙果有 豈可求耶 使其可求 則武帝得之矣〕" ≪發明≫

燕나라 사람 衛滿이 망명하여 무리를 모아서 椎髻(상투)를 하고 오랑캐 복식을 입고는 동쪽으로 달아나 변방을 나가서 浿水를 건너 秦나라의 옛 空閑地에 거주하였으며, 진번·조선과 이 지역에 있는 오랑캐 및 燕나라에서 망명한 자들을 복속시켜 왕 노릇하면서 王險城(평양성)에 도읍하였다.

初에 全燕之世에 嘗略屬眞番, 朝鮮하여 爲置吏築障塞①러니 秦滅燕에 屬遼東外徼(요)하다 漢興에 爲其遠難守라하여 復修遼東故塞하여 至浿水爲界②러니 燕人衛滿이 亡命聚黨하여 椎髻(퇴계)夷服하고 東走出塞하여 渡浿水하여 居秦故空地하고 役屬眞番朝鮮蠻夷及燕亡命者하여 王之하고 都王險③하다

① "全燕之世"는 六國[15]의 때에 燕나라가 전성할 때를 이른다. "略屬"은 眞番과 朝鮮 두 나라를 점령하여 자기의 영지로 복속시킴을 이른다. 番은 普安의 切이니 眞番은 東夷國의 이름인데, 燕나라와 서로 접경하고 있었다. 朝鮮 또한 東夷國의 이름이다. 朝는 음이 潮이고 鮮은 음이 仙이다. 이 지역에 神仙의 물이 있으므로 朝鮮이라 이름하였으니, 바로 武王이 箕子를 봉한 지역이다. 일설에 "동쪽 끝의 해가 나오는 지역에 있으므로 朝鮮이라 하였다." 하였다. 爲(위하다)는 去聲이니, 아래의 "爲其"도 같다.
全燕之世, 謂六國之際, 燕方全盛時也. 略屬, 謂略二國以屬己也. 番, 普安切, 眞番, 東夷國名, 與燕相接. 朝鮮, 亦東夷國名. 朝, 音潮, 鮮, 音仙, 其地有仙水. 故名, 卽武王封箕子之地. 一說 "居東表日出之地, 故名." 爲, 去聲, 下爲其同.

② 浿는 滂沛의 切이다. ≪漢書≫ 〈地理志〉에 "浿水는 遼東 변방 밖에서 발원하니, 서남쪽으로 樂浪縣에 이르러 서쪽으로 흘러 바다로 들어간다." 하였다.
浿, 滂沛切. 班志 "浿水, 出遼東塞外, 西南至樂浪縣, 西入海."

③ 王險은 바로 平壤城이다. 臣瓚은 "王險은 樂浪郡 浿水의 동쪽에 있다." 하였다.
王險, 卽平壤城. 臣瓚曰 王險, 在樂浪郡浿水之東.

【目】孝惠皇帝와 高后(呂后) 때에 遼東太守가 衛滿을 外朝의 신하로 삼을 것을 약속해서, 변방 밖에 있는 蠻夷들을 보호하게 하고 변방을 침범하지 못하게 하고, 漢나라에 들어와 뵙고자 하는 자들을 금지하지 못하게 하였다. 이 때문에 위만이 그 부근에 있는 작은 고을들을 침략하고 항복시켜 영토의 넓이가 수천 리에 이르렀다.

위만이 아들에게 전하고 손자인 衛右渠에 이르러는, 漢나라에서 망명한 사람들을 유

15) 六國 : 戰國時代에 가장 강성했던 秦·楚·燕·齊·韓·魏·趙를 '七雄'이라 칭하였는데, 이 가운데 秦나라를 제외한 여섯 나라를 가리킨다. 그 이유에 대해서는 六國은 망하고 秦나라는 天子國이 되었으므로, 天子國인 秦나라를 제외하여 六國이 되었다 하며, 일설에는 秦나라는 無道하여 적군의 머리(首級)를 가져오는 것을 최상의 功으로 여겼기 때문에 秦나라를 제외한 것이라 한다.

인하는 일이 더욱 많아졌고 한 번도 들어와 천자를 알현하지 않았으며, 辰韓國에서 글을 올려 천자를 뵙고자 하였으나 또 가로막고 통하지 못하게 하였다.

이해에 漢나라가 涉何로 하여금 위우거를 꾸짖고 타이르게 하였으나, 위우거는 끝내 詔令을 받들려 하지 않았다. 섭하가 떠나 浿水에 이르러서 전송하는 사자를 찔러 죽이고 돌아와 복명하자, 遼東東部都尉를 제수했었는데, 朝鮮에서 습격하여 그를 죽였다.

孝惠, 高后時에 遼東太守約滿爲外臣하여 保塞外蠻夷하고 無使盜邊하고 欲入見(현)者를 勿得禁止①라 以故로 滿이 得侵降其旁小邑하여 方數千里러니 傳子至孫右渠하여 所誘漢亡人滋多하고 未嘗入見②이요 辰國이 欲上書見(현)天子호되 又雍閼(옹알)不通③이라 是歲에 漢使涉何譙諭호되 右渠終不肯奉詔④하니 何去至浿水하여 刺殺送者하고 歸報한대 拜遼東東部都尉러니 朝鮮이 襲殺之⑤하다

① 見(뵙다)은 賢遍의 切이니, 아래도 같다.
見, 賢遍切, 下同.

② 右渠는 衛滿의 손자 이름이다. 滋는 더욱이다.
右渠, 其孫名也. 滋, 益也.

③ 辰國은 바로 辰韓의 나라 이름이니, 朝鮮 箕番의 동쪽, 穢貊의 남쪽에 있었다. "雍閼"은 壅遏과 같이 읽는다.
辰國, 卽辰韓之國, 在朝鮮箕番之東·穢貉之南. 雍閼, 讀與壅遏同.

④ 涉은 姓이다. 譙는 才笑의 切이니, 꾸짖음이다.
涉, 姓也. 譙, 才笑切, 責讓也.

⑤ 遼東東部都尉는 武次縣에 治所가 있었다.
遼東東部都尉, 治武次縣.

【綱】甘泉의 재계하는 방에 아홉 줄기의 잎이 이어진 芝草가 나왔으므로 赦免하였다.

甘泉房中에 產芝九莖이어늘 赦①[16]하다

① 이때 芝草가 甘泉의 재계하는 방에서 나왔는데, 아홉 줄기의 잎이 이어져 있었다. ≪論衡≫[17]

16) 產芝九莖 赦 : "한 마리의 짐승과 한 필의 말과 한 포기의 芝草는 모두 하찮은 물건인데, ≪資治通鑑綱目≫에서 대서특필한 것은 어째서인가? 짐승으로써 紀元을 하고 말로써 노래를 짓고 芝草로써 사면을 해서 널리 전파하여 세상에 알려서 지나치게 과장하고 도에 넘치게 빛나게 하였으니, 비록 이것을 쓰지 않고자 하나 될 수 있겠는가. 이것은 찬미한 것이 아니요, 바로 그 괴이하고 허탄한 잘못을 드러낸 것이다.〔一獸一馬一芝 皆微物也 大書特書 何哉 獸以之紀元 馬以之作歌 芝以之肆赦 播告之修 夸張而侈耀之 雖欲不書 可乎 非美之也 所以見其怪誕之失云爾〕" ≪發明≫

에 "芝草는 땅에서 나오니, 땅의 기운이 화합하면 芝草가 나온다." 하였고, ≪瑞命記≫[18]에 "王者가 인자하면 芝草가 나온다." 하였다.

時, 芝產於甘泉齋房, 九莖連葉. 論衡 "芝生於土, 土氣和則芝草生." 瑞命記 "王者慈仁則芝草生."

【綱】 가물었다.

◑旱[19]하다

【目】 上이 가뭄을 근심하자, 公孫卿이 아뢰기를 "黃帝 때에 泰山을 封하면 하늘이 가물어서 봉한 흙을 3년 동안 말렸습니다." 하니, 上은 마침내 詔令을 내리기를 "날씨가 가문 것은 짐작컨대 봉한 흙을 말리려는 것일 것이다." 하였다.

上以旱爲憂하니 公孫卿曰 黃帝時에 封則天旱하여 乾封三年①이라한대 上이 乃下詔曰 天旱은 意乾封乎인저

① 乾(마르다)은 음이 干이니, 3년 동안 비가 오지 않아서 봉한 흙에 햇볕을 쬐어 마르게 하는 것이다.

乾, 音干. 言三歲不雨, 暴所封之土, 令乾也.

【綱】 가을에 汶水 가에 明堂을 지었다.

秋에 作明堂於汶上[20]하다

【目】 上이 明堂을 짓고자 하였으나 그 제도를 알지 못하였는데, 濟南의 公玉帶가 明堂圖를 그려 올렸는바, 궁전은 있고 벽이 없으며 띠풀로 지붕을 덮고 물을 통하게 하였으며

17) 論衡 : 後漢의 王充이 지은 책으로, 30권으로 되어 있다.

18) 瑞命記 : 상서로운 징험을 기록한 책으로 보이나 확실하지 않다.

19) 旱 : "이것을 쓴 것은 비판한 것이다. 위에서는 '芝草가 나왔다.'고 쓰고 아래에는 '가물었다.'고 썼으니, 지초가 상서가 되지 않음이 분명한 것이다. 이 때문에 武帝 때에 '甘泉에서 지초가 나왔다.'고 쓰고서, 아래에는 '가물었다.'고 썼고, 安帝 때에 '豫章에서 지초가 나왔다.'고 쓰고서, 위에서 개기일식과 지진이 일어난 것을 썼으니, ≪資治通鑑綱目≫의 뜻이 은미하다.〔書 譏也 上書產芝 下書旱 芝不爲瑞 明矣 是故武帝書甘泉產芝 而下書旱 安帝書豫章芝草生 而上書日食旣地震 綱目之意微矣〕" ≪書法≫

20) 作明堂於汶上 : "'汶水 가에 세웠다.〔於汶上〕'라고 쓴 것은 어째서인가? 비판한 것이다. 禮에 맞으려면 國都의 남쪽에 세워야 하니, 문수 가에 세운 것은 올바른 장소가 아니다.〔於汶上 何 譏也 禮在國陽 於汶上 非地矣〕" ≪書法≫

위에 누대가 있었다. 이에 明堂을 이 그림과 똑같이 奉高縣 汶水 가에 짓게 하였다.

上이 **欲作明堂**호되 **未曉其制度**러니 **濟南公玉帶 上明堂圖**하니 **有殿無壁**이요 **茅蓋通水**하고 **上有樓**①어늘 **乃令作明堂奉高汶上**하여 **如其圖**②하다

① 公玉은 複姓이고 帶는 이름이다. 明堂圖 가운데 한 궁전이 있는데, 사면에 벽이 없음은 통달함을 취한 것이고, 띠풀로 지붕을 덮음은 정결함을 취한 것이다. 도랑을 만들어 물을 통하게 해서 궁의 담장을 둘러쌌다.
公玉, 複姓, 帶, 名也. 明堂圖中, 有一殿, 四面無壁, 取其通達, 以茅覆蓋, 取其精潔. 爲溝通水, 以圜遶宮垣.

② 汶은 음이 問이니, ≪漢書≫ 〈地理志〉에 "泰山郡 萊蕪縣이니, ≪尙書≫ 〈禹貢〉에 '汶水가 서남쪽에서 발원하여 濟水로 들어간다.' 하였다." 하였다.
汶, 音問, 班志 "泰山郡萊蕪縣. 禹貢, '汶水出西南入濟.'"

【綱】 장군 楊僕과 荀彘(순체)를 보내 군대를 거느리고 가서 朝鮮을 정벌하게 하였다.

遣將軍楊僕, 荀彘하여 **將兵伐朝鮮**[21)]하다

【綱】 장군 郭昌을 보내 군대를 징발해서 滇國(전국)을 공격하게 하자, 滇王이 항복하므로 益州郡을 설치하였다.

◑ **遣將軍郭昌**하여 **發兵擊滇**하니 **滇王降**이어늘 **置益州郡**하다

【目】 장군 郭昌을 보내 巴·蜀의 군대를 징발해서 勞深과 靡莫 두 나라를 공격하여 멸망시킨 다음 군대를 거느리고 滇國에 이르니, 滇王이 항복하였다. 이에 이 지역을 益州郡으로 만들고, 전왕에게 玉印을 하사해서 다시 백성들의 우두머리가 되어 다스리게 하였다.

遣將軍郭昌하여 **發巴蜀兵**하여 **擊滅勞深, 靡莫**하고 **以兵臨滇**①한대 **滇王降**이어늘 **以其地爲益州郡**하고 **賜滇王玉印**하여 **復長其民**②하다

---

21) 將兵伐朝鮮 : "武帝가 用兵을 할 적에 모두 '擊'이라고 썼는데, 여기에서는 '伐'이라고 쓴 것은 어째서인가? 朝鮮이 죄를 지었기 때문이다. 어찌하여 조선에게 죄를 물었는가? 遼東東部都尉를 습격하여 죽였으니, 이것이 죄이다.〔武帝用兵 皆書擊 此其書伐 何 朝鮮罪也 曷爲罪之 襲殺都尉 其罪矣〕" ≪書法≫

① 勞深과 靡莫은 西南夷의 두 작은 나라 이름이다.
勞深, 靡莫, 西南夷二小國名.

② "王印"은 《資治通鑑》에는 "王印"으로 되어 있다. 長(우두머리)은 丁丈의 切이다.
玉印, 通鑑作王印. 長, 丁丈切.

【目】 이때에 漢나라가 두 越(南越과 東越)을 멸망시키고 서남쪽의 오랑캐들을 평정하여 처음으로 17개의 郡을 설치하였으며, 또 옛 풍속을 따라 다스리고 세금을 걷지 않았다.

南陽과 漢中 이후에 설치한 郡은 각각 거리에 따라 처음 설치한 郡에 재정을 공급하였으나, 처음 설치한 郡이 때때로 차츰 배반하여 漢나라에서 배치한 관리를 죽였으므로 군대를 내어 이들을 주벌하니, 해마다 만여 명에 이르렀다.

大農이 均輸法에 따라 소금과 鐵을 조달하여 부세를 도왔으므로, 능히 경비를 보충할 수 있었다. 그러나 군대가 지나가는 곳에 물자를 공급하여 궁핍함이 없게 할 뿐, 감히 擅賦의 법을 말하지는 못하였다.

是時에 漢滅兩越하고 平西南夷하여 置初郡十七①하고 且以其故俗治하고 毋賦稅하다 南陽, 漢中以往郡이 各以地比로 給初郡②호되 而初郡이 時時小反殺吏어늘 發卒誅之하니 歲萬餘人이러라 大農이 以均輸調鹽鐵助賦라 故能贍之라 然이나 所過에 訾(자)給毋乏而已요 不敢言擅賦法矣③러라

① "初郡"은 처음 설치한 郡이니, 南海郡, 蒼梧郡, 鬱林郡, 合浦郡, 交趾郡, 九眞郡, 日南郡, 珠厓郡, 儋耳郡, 武都郡, 牂柯郡, 越巂郡(월수군), 沈黎郡, 汶山郡, 犍爲郡, 零陵郡, 益州郡을 이른다.
初郡, 初置之郡也, 謂南海·蒼梧·鬱林·合浦·交趾·九眞·日南·珠厓·儋耳·武都·牂柯·越巂·沈黎·汶山·犍爲·零陵·益州郡.

② 比(비례하다)는 음이 鼻이니, "地比"는 그 차례에 따라 가까운 곳에서 먼 곳에 이름을 말한 것이다.
比, 音鼻. 地比, 謂依其次第, 自近及遠也.

③ "所過"는 군대가 지나가는 縣이다. 訾(물자)는 資로 읽는다. 황제가 처음 오랑캐를 공격할 적에 大司農의 부세를 오로지 전투하는 장병들에게 공급하게 하였다. 그러므로 擅賦(마음대로 세금을 부과함)의 법이 있었다. 擅은 一本에는 經으로 되어 있으니, 經은 正常的인 것으로, 오직 취하여 풍족하게 쓸 뿐 經常的인 법칙을 돌아볼 겨를이 없었다는 것이다.
所過, 兵所過縣也. 訾, 讀曰資. 帝初擊胡, 大司農賦稅, 專以奉戰士, 故有擅賦之法. 擅, 一作經. 經, 常也, 唯取用足耳, 不暇顧經常法則矣.

【綱】 杜周를 廷尉로 삼았다.

以杜周爲廷尉하다

【目】杜周는 외면은 너그러웠으나 내심은 법을 각박하게 적용하여 골수에 이르러서, 다스림이 張湯을 대체로 모방하였다. 이때 詔獄이 더욱 많아져서 1년에 천여 章에 이르니, 체포한 죄인이 6, 7만 명에 이르고 〈이 밖에 관리가 법조문을 농락하여 죄를 얽어서〉 더 늘어난 것이 10만여 명에 이르렀다.

周外寬호되 內深次骨하여 其治大放張湯①이라 時에 詔獄益多하여 一歲에 至千餘章②하니 逮至六七萬人이요 吏所增加 十萬餘人③이러라

① "內深次骨"은 법을 심각하게 적용하여 골수에까지 이름을 말한 것이다. "大放張湯(張湯과 대체로 유사하였다.)"은 대체로 장탕을 모방함을 말한 것이다.
內深次骨, 言其用法深刻至骨也. 大放張湯, 言大抵依放張湯也.
② 章은 여러 獄事의 고발하고 탄핵한 글로, 廷尉에게 올린 것이다.
章者, 諸獄告劾之書, 上之廷尉者也.
③ 〈"吏所增加"는〉 獄吏가 또 이 밖에 법조문으로 옭아매어서 다시 더 보탠 것이다.
吏又於此外, 以文致之, 更增加也.

癸酉年(B.C. 108)

【綱】漢나라 世宗 孝武皇帝 元封 3년이다. 겨울 12월에 우레가 치고 우박이 내렸다.

三年이라 冬十二月에 雷하고 雨雹하다

【目】우박의 크기가 말의 머리만 하였다.

雹大如馬頭러라

【綱】將軍 趙破奴를 보내 樓蘭國을 공격해서 국왕인 姑師를 사로잡고, 마침내 車師를 공격하여 격파하였다.

遣將軍趙破奴하여 擊樓蘭하여 虜其王姑師하고 遂擊車師破之하다

【目】 樓蘭의 국왕인 姑師가 漢나라 사신을 공격하고 위협해서 匈奴의 첩자 노릇을 하게 하자, 上이 趙破奴를 보내 공격하게 하였다. 조파노는 7백 명의 기병을 거느리고 가서 樓蘭王을 사로잡고 마침내 車師를 격파하였으며, 군대의 위엄을 동원하여 烏孫과 大宛 등을 곤궁하게 하니, 漢나라에서는 조파노를 浞野侯(착야후)로 봉하였다. 이에 酒泉郡에 亭障을 진열하여 玉門關까지 이르렀다.

樓蘭王姑師 攻劫漢使하여 爲匈奴耳目이어늘 上이 遣趙破奴擊之한대 破奴以七百騎로 虜樓蘭王하고 遂破車師하고 因擧兵威하여 以困烏孫, 大宛之屬하니 封破奴浞野侯①하다 於是에 酒泉에 列亭障하여 至玉門矣러라

① 浞은 士角의 切이니, 浞野는 지명이다.
浞, 士角切. 浞野, 地名.

【綱】 처음으로 角抵의 놀이와 魚龍, 曼延 등을 만들었다.

初作角抵戲, 魚龍曼延之屬①[22]하다

① 抵는 당해내다는 뜻이다. 角抵는 두 명씩 서로 맞붙어 힘을 겨루고 기예와 활쏘기와 말 모는 것을 겨룸을 이른다. 魚龍은 舍利(猞猁)라는 짐승의 모형을 만들어서 먼저 뜰의 끝에서 놀이를 하고, 끝나면 궁전 앞으로 들어와서 물을 격동시키면 比目魚로 변하는데, 뛰면서 물을 뿜어대어 안개를 만들어 태양을 가린다. 끝나면 다시 8길〔丈〕의 黃龍으로 변하는데, 물에서 나와 뜰에서 마음껏 놀아 광채가 햇빛처럼 빛났다. 〈西京賦〉[23]에 "바다의 큰 물고기〔海鱗〕가 변하여 龍을 이룬다."는 것은 바로 이것을 말한 것이다. 曼은 음이 萬이고 延은 弋戰의 切이니, 曼延은 짐승의 이름인데, 바로 〈서경부〉에 이른바 '큰 짐승이 백 길〔尋〕이라는 것이 바로 曼延이다.'라는 것이다.
抵, 當也. 角抵, 謂兩兩相當角力, 角技藝射御也. 魚龍者. 爲(含)〔舍〕[24]利之獸, 先戲於庭極,

---

22) 作角抵戲 : "'놀이를 만들었다.〔作戲〕'고 쓴 것은 어째서인가? 황제가 놀이에 빠진 것〔玩物〕을 비판한 것이다. 武帝 시대에 처음 이 놀이를 만든 뒤로부터 煬帝에 이르러서야 파했으나, 隋나라에서 천하의 散樂을 불러 魚龍의 놀이가 아직도 남아 있었으니, 기이하고 음탕한 재주를 익힌 것이 사람들을 깊이 빠져들게 한 것이다. 그러므로 ≪자치통감강목≫에서 특별히 쓴 것이다.〔書作戲 何譏玩物也 自帝世始爲此戲 至煬帝而後罷之 然隋徵天下散樂 而魚龍之戲尙存 則奇淫之習 入人者深矣 故綱目特書〕" ≪書法≫

23) 西京賦 : 後漢의 張衡이 지은 賦로 西京은 前漢의 수도인 長安을 가리킨다. 장형은 字가 平子이고 南陽 西鄂 사람으로 글을 잘하였는데, 당시 태평한 지 오래되어 王侯 이하가 모두 사치에 빠지자, 班固의 〈兩都賦〉를 모방하여 〈二京賦〉를 지어 풍자했다 한다. ≪文選 張衡西京賦注≫ 二京은 西京과 後漢의 수도인 洛陽(東京)으로 〈二京賦〉는 〈西京賦〉와 〈東京賦〉를 가리킨다.

24) (含)〔舍〕 : 저본에는 '含'으로 되어 있으나, ≪資治通鑑≫ 註에 의거하여 '舍'로 바로잡았다.

畢, 乃入殿前, 激水化成比目魚, 跳躍潄水, 作霧障日. 畢, 化成黃龍八丈, 出水, 散戲於庭, 炫燿日光. 西京賦云"海鱗變而成龍." 卽謂此也. 曼, 音萬. 延, 弋戰切. 曼延, 獸名. 卽西京賦所謂巨獸百尋, 是爲曼延者也.

【綱】荀彘가 楊僕을 사로잡고 그의 군대를 합병하니, 朝鮮 사람들이 왕 衛右渠를 죽이고 항복하자, 樂浪郡·臨屯郡·玄菟郡·眞番郡을 설치하였으며, 荀彘는 죄로 불러다가 棄市刑에 처하였다.

◑ **荀彘執楊僕**하고 **幷其軍**하니 **朝鮮人**이 **殺王右渠以降**이어늘 **置樂浪, 臨屯, 玄菟, 眞番郡**하고 **彘**는 **以罪徵棄市**①[25] 하다

① 樂은 음이 洛이고, 浪은 음이 郞이다. 樂浪郡은 朝鮮縣을 治所로 했으니, 이는 衛右渠가 도읍한 곳을 치소로 삼은 것이다. 屯은 음이 豚이니, 臨屯郡은 東暆縣(동이현)을 치소로 하였다. 菟는 음이 徒이니, 玄菟郡(현도군)은 본래 高句驪인데 沃沮城을 치소로 하였다. 眞番郡은 霅縣(합현)을 치소로 하였다. 沮는 余支의 切이고, 霅은 胡甲의 切이다.
樂, 音洛. 浪, 音郞. 樂浪郡, 治朝鮮縣, 蓋以右渠所都爲治所也. 屯, 音豚. 臨屯郡, 治東暆縣. 菟, 音徒. 玄菟郡, 本高句驪也, 治沃沮城. 眞番郡, 治霅縣. 沮, 余支切. 霅, 胡甲切.

【目】漢나라 군대가 朝鮮의 국경으로 쳐들어가니, 조선의 국왕인 衛右渠가 군대를 출동시켜 험한 곳을 막고 있었다. 楊僕이 齊 지방의 군대를 거느리고 먼저 도착했는데, 싸움에 패하여 도망하였다가 흩어진 병사들을 수습하여 다시 모였다. 荀彘가 浿水 가에 있는 조선의 군대를 격파하고 마침내 전진하여 王險城 아래에 이르러 서북쪽을 포위하였다. 양복도 가서 회합하여 왕험성의 남쪽에 주둔하고 있었는데, 몇 개월이 되어도 항복시키지 못하였다.

---

25) 彘 以罪徵棄市 : "이때 荀彘가 楊僕이 모반할 계획이 있다고 의심하고는 使者에게 고하여 楊僕을 사로잡고 그 군대를 병합하여 朝鮮을 공격해서 항복시켰으니, 荀彘가 功이 있는데 '罪'라고 쓴 것은 어째서인가? 양복이 싸우기로 약속하고 모이지 않았을 뿐이요 모반한 것이 아닌데, 荀彘가 대번에 사로잡았기 때문이다. ≪資治通鑑綱目≫은 의리를 귀하게 여기고 功을 귀하게 여기지 않으니, 죄인의 죄를 쓰지 않으면 윗사람이 되기 어려운 것이다. 이 때문에 項籍이 宋義를 죽이고 秦나라 군대를 격파하였는데도, ≪자치통감강목≫에서 '황명을 사칭했다.[矯]'고 썼고, 순체가 양복을 사로잡고 朝鮮을 항복시켰는데도 ≪자치통감강목≫에서 '죄가 있다.'고 썼으니, 모두 참람함과 혼란함을 막은 것이다. '棄市'라고 쓴 것이 이때 시작되었다.〔於是 彘疑僕有反計 告使者執僕 幷其軍 擊朝鮮降之 則彘有功矣 其以罪書 何 楊僕期戰不會 非反也 而彘遽執之 綱目貴義 不貴功 不書罪 則難爲上矣 是故項籍殺宋義 破秦軍 而綱目書以矯 荀彘執楊僕 降朝鮮 而綱目書以罪 皆所以遏僭亂也 書棄市始此〕" ≪書法≫

漢兵이 入朝鮮境하니 朝鮮王右渠 發兵距險이어늘 楊僕이 將齊兵先至러니 戰敗遁走라가 收散卒復聚하다 荀彘破其(沮)〔浿〕[26] 水上軍하고 乃前至城下하여 圍其西北하니 楊僕이 亦往會하여 居城南이러니 數月未下하다

【目】 荀彘가 거느리고 있는 燕, 代 지방의 병사들은 강하고 용맹한 자가 많아 용감하게 싸웠고, 양복은 일찍이 패주하여 병사들이 모두 두려워하였고 장수가 패주한 것을 마음속으로 부끄러워해서 항상 화친할 것을 주장하였다.

朝鮮의 大臣이 마침내 은밀히 사람을 보내 楊僕에게 항복할 것을 약속하였으나 오고가며 결단하지 못하였다. 순체가 사람을 보내 조선을 항복시키려 하였으나 衛右渠가 따르지 않았고, 또 여러 번 양복과 회합하여 함께 싸울 것을 기약하였으나, 양복은 조선과 화친하기로 한 약속을 성취하고자 하여 회합하지 않았다.

彘所將燕代卒은 多勁悍力戰하고 僕은 嘗敗亡하여 卒皆恐하고 將心慙하여 常持和節①이어늘 朝鮮大臣이 乃陰使人으로 約降於僕호되 往來未決이라 彘使人降之호되 不從하고 又數(삭)與僕으로 期戰호되 僕이 欲就其約하여 不會하다

① 將(장수)은 卽亮의 切이다.
將, 卽亮切.

【目】 荀彘는 생각하기를 楊僕이 예전에 군대를 잃었고 지금 朝鮮과 은밀히 친하니 반란하려는 계책이 있는 것이라고 의심하였으나, 감히 이 일을 발설하지는 못하였다.

上은 '두 장수가 마음이 맞지 않아서 전쟁이 오랫동안 해결되지 못하고 있다.'고 생각하고, 濟南太守 公孫遂로 하여금 가서 시비곡직을 바로잡되, 편의에 따라 마음대로 처리할 수 있게 하였다.

공손수가 도착하자, 순체는 평소 자기가 생각했던 것을 자세히 말하니, 공손수 또한 그의 말을 옳게 여기고는 마침내 함께 양복을 사로잡고 그 군대를 합병하였다. 공손수가 돌아가 보고하자, 上은 공손수를 처형하였다.

순체가 조선을 더욱 맹렬하게 공격하니, 조선에서는 정승인 尼谿參(니계삼) 등이 사람을 시켜 왕 衛右渠를 죽이고 항복하였다. 이에 그 땅을 네 郡으로 만들고, 순체는 불러 棄市刑에 처하고 양복은 속죄하여 庶人이 되었다.

---

26) (沮)〔浿〕: 저본에는 '沮'로 되어 있으나, ≪資治通鑑≫ 註에 의거하여 '浿'로 바로잡았다.

彘意僕前失軍하고 今與朝鮮私善하니 疑有反計호되 未敢發①이러니 上以兩將乖異하여 兵久不決이라하고 使濟南太守公孫遂로 往正之호되 有便宜어든 得以從事②하라하다 遂至에 彘具以素所意告之하니 遂亦以爲然하여 乃共執僕而幷其軍③이러니 遂還報한대 上이 誅遂④하다 彘擊朝鮮益急하니 朝鮮相尼谿參等이 使人殺王右渠以降이어늘 以其地로 爲四郡⑤하고 彘는 徵棄市하고 僕은 贖爲庶人하다

① 意는 의심함이고, 억측하여 헤아림이고, 생각함이다.
意, 疑也, 億度也, 料也.
② "正之"는 그 시비와 곡직을 바로잡는 것이다.
正之, 正其曲直.
③ 幷(합병하다)은 必政의 切이다.
幷, 必政切.
④ 〈"上 誅遂(上이 公孫遂를 처형한 것)"는〉 楊僕을 사로잡은 것을 잘못이라고 여긴 것이다.
以執僕爲非也.
⑤ 相(정승)은 悉亮의 切이다. 戎狄은 관직의 기강(체제)을 알지 못하므로 相이라 칭한 것이다. 參은 음이 三이니, 尼谿參은 한 사람이다. 혹자는 이르기를 "尼谿와 參이니, 두 정승의 이름이다."라고 하였다.
相, 悉亮切. 戎狄不知官紀, 故稱相. 參, 音三. 尼谿參, 一人也. 或云 "尼谿與參, 二相名."

【目】班固가 다음과 같이 평하였다.

"玄菟와 樂浪은 본래 箕子를 봉한 곳이다. 기자가 이 지역 백성들에게 禮義와 농사짓고 누에치고 비단을 짜는 일을 가르치고, 백성들을 위하여 여덟 조항의 禁令을 만들어서, 서로 죽이면 당장에 죽음으로 보상하게 하고, 서로 상해를 입히면 곡식으로 보상하게 하고, 서로 도둑질한 자는 籍沒하여 그 집안의 노비로 삼되, 스스로 속죄하고자 하는 자는 한 사람당 50만 錢을 내게 하였다. 비록 죄를 면제받아 평민이 되더라도, 풍속에서는 이것을 부끄럽게 여겨서, 〈죄를 지은 자들은〉 딸을 시집보내고 아들을 장가들일 적에 혼인시킬 데가 없었다.

이 때문에 이 나라 백성들이 끝내 서로 도둑질을 하지 아니하여 문을 닫는 일이 없었고, 부인들이 정조와 신의를 지켜서 방탕하고 음란한 짓을 하지 않았으며, 田野에서는 음식을 마시고 먹을 적에 籩豆를 사용하고 도읍에서는 자못 관리들을 본받아서 술잔과 그릇을 사용하여 음식을 먹었다.

班固曰 玄菟, 樂浪은 本箕子所封이라 箕子教其民以禮義田蠶織作하고 爲民設禁八條하여 相

殺이어든 以當時(嘗)〔償〕[27]殺하고 相傷이어든 以穀償하고 相盜者는 沒入爲其家奴婢하고 欲自贖者는 人五十萬이니 雖免爲民이나 俗猶羞之하여 嫁娶에 無所售①라 是以로 其民이 終不相盜하여 無門戶之閉하고 婦人이 貞信不淫辟②하며 其田野는 飮食을 以籩豆하고 都邑은 頗放效吏하여 以杯器食③이러라

① 售는 음이 壽이니, 물건을 팔아 손에서 내놓는 것이다.
售, 音壽, 賣物出手.
② 辟(방탕하다)은 僻으로 읽는다.
辟, 讀曰僻.
③ 관리들이 잔과 그릇을 사용하기 때문에 도읍 사람들도 자못 이것을 모방하여 본받은 것이다.
以吏用杯器, 故都邑之人, 頗亦倣效之.

【目】 그런데 漢나라의 관리와 장사꾼으로서 이 지역에 간 자들이, 백성들이 문을 닫거나 물건을 감추어두지 않는 것을 보고는 왕왕 도둑질을 하여 풍속이 점점 더 야박해지니, 지금은 禁令을 범하는 일이 점점 많아져서 금령이 60여 조항에 이른다.

참으로 귀하게 여길 만하다. 仁賢의 교화여! 그러나 東夷는 천성이 유순해서 세 방위의 오랑캐와 달랐으니, 孔子께서 九夷에 살고자 하셨던 것은 이유가 있는 것이다."

吏及賈人往者 見民無閉藏하고 往往爲盜하여 俗稍益薄①하니 今於犯禁寖多하여 至六十餘條라 可貴哉라 仁賢之化也여 然이나 東夷는 天性柔順하여 異於三方②하니 孔子欲居九夷 有以也夫인저

① ≪資治通鑑≫에 "郡에서는 처음에 遼東에서 관리를 데려왔는데, 관리들이 백성들이 문을 닫거나 물건을 감추어두지 않는 것을 보고는 장사꾼들과 함께 밤이 되면 도둑질을 하였다." 하였다.
通鑑 "郡初取吏於遼東, 吏見民無閉藏, 及賈人往者, 夜則爲盜."
② "三方"은 남쪽, 서쪽, 북쪽의 오랑캐를 이른다.
三方, 謂南, 西, 北也.

甲戌年(B.C. 107)

【綱】 漢나라 世宗 孝武皇帝 元封 4년이다. 겨울 10월에 황제가 五畤에 제사하고 마침내 蕭關을 나갔는데, 봄 3월에 돌아와 后土에 제사하였다.

27) (嘗)〔償〕: 저본에는 '嘗'으로 되어 있으나, ≪資治通鑑≫에 의거하여 '償'으로 바로잡았다.

四年이라 冬十月에 帝祠五時하고 遂出蕭關이러니 春三月에 還하여 祠后土하다

【綱】 여름에 크게 가물었다.

◑ 夏에 大旱하다

【綱】 匈奴가 변경을 침략하므로 郭昌을 보내 군대를 거느리고 가서 朔方에 주둔하게 하였다.

◑ 匈奴寇邊이어늘 遣郭昌하여 將兵屯朔方하다

【目】 匈奴는 衛靑과 霍去病이 사막을 건너가 토벌한 이후로 다시 침략하는 일이 드물었고, 북쪽 지방으로 멀리 옮겨가서 병사와 말을 휴식시키고 기르며 활쏘기와 사냥을 익히고 자주 사신을 보내와 화친을 청하였다.

漢나라에서는 王烏를 보내 흉노를 엿보게 하였는데, 單于가 太子를 漢나라에 들여보내 인질이 되게 하겠다고 거짓으로 허락하고, 또 말하기를 "내 漢나라에 들어가서 天子의 얼굴을 뵙고 서로 맹약하여 형제가 되기를 원한다." 하였다. 왕오가 돌아와서 보고하자, 漢나라에서는 선우를 위하여 長安에 저택을 지었다.

匈奴自衛, 霍度幕以來로 希復爲寇하고 遠徙北方하여 休養士馬하고 習射獵하고 數(삭)使使請和親이라 漢使王烏窺之한대 單于佯許하고 遣太子入漢爲質하고 又曰 吾欲入漢하여 見天子面하고 相約爲兄弟라하니 王烏歸報어늘 漢爲單于하여 築邸長安하다

【目】 마침 匈奴의 사신이 漢나라에 왔다가 병으로 죽었는데, 漢나라에서 路充國을 시켜 그의 喪(시신)을 보냈다. 선우는 "漢나라에서 우리 사신을 죽였다." 하여, 마침내 노충국을 억류하고 여러 번 奇兵을 출동시켜 漢나라 변경을 기습 공격하므로, 마침내 郭昌 등을 보내 朔方郡에 군대를 주둔시켜 흉노의 침공에 대비하게 하였다.

會에 匈奴使 至漢病死어늘 漢使路充國으로 送其喪한대 單于以爲漢殺吾使者라하여 乃留充國하고 而數使奇兵으로 侵犯漢邊이어늘 乃遣昌等하여 屯朔方以備之하다

乙亥年(B.C. 106)

【綱】漢나라 世宗 孝武皇帝 元封 5년이다. 겨울에 황제가 남쪽으로 江·漢 지방을 순행하여 九疑山에서 虞舜의 묘소를 멀리 바라보며 제사하고, 蛟龍을 쏘아 잡았다.

五年이라 **冬**에 **帝南巡江漢**하여 **望祀虞舜于九疑**하고 **射蛟獲之**①하다

① ≪資治通鑑≫에는 "尋陽江에서 배를 띄워 강 가운데에서 직접 蛟龍을 쏘아 잡았다." 하였다. 蛟는 龍의 일종으로, 뱀과 비슷한데 다리가 넷이고 목이 가늘며 목에 흰 逆鱗이 있으니, 큰 것은 몇 아름이 된다. 알로 새끼를 까는데, 새끼는 한두 섬 들이 항아리만 하여 능히 사람을 삼킬 수 있다. 嬰은 逆鱗이다.
通鑑"自尋陽浮江 親射蛟江中, 獲之." 蛟, 龍屬, 似蛇而四脚, 細頸, 頸有白嬰, 大者數圍. 卵生, 子如一二斛甕, 能呑人. 嬰, 逆鱗也.

【綱】봄 3월에 황제가 泰山에 이르러 더욱 封하고 上帝를 明堂에서 제사할 적에 高祖를 배향하고 조회를 인하여 上計를 받았다.

春三月에 **至泰山**하여 **增封**하고 **祀上帝於明堂**할새 **配以高祖**하고 **因朝受計**①하다

① "因朝受計(조회를 인하여 上計를 받았다.)"는 제후왕과 列侯들에게 朝會 받음을 인하여 郡國에서 上計하는 장부를 받은 것이다.
因朝受計, 謂因朝諸侯王列侯, 而受郡國上計簿也.

【綱】여름 4월에 赦免하였다.

夏四月에 **赦**하다

【綱】황제가 돌아올 적에 泰畤에 郊祭를 지냈다.

◑**還**에 **郊泰畤**①하다

① 元鼎 연간에 泰一과 五帝의 祠壇을 甘泉宮에 세우니, 이것을 泰畤라 하였다.
元鼎中, 立(表)〔泰〕[28]一及五帝祠壇於甘泉, 是爲泰畤.

28) (表)〔泰〕: 저본에는 '表'로 되어 있으나, 앞의 元鼎 6년(B.C. 111) 記事에 의거하여 '泰'로 바로잡았다.

【綱】 大司馬 大將軍 長平侯 衛靑이 卒하였다.

◑ **大司馬大將軍長平侯 衛靑**이 **卒**하다

【目】 衛靑은 모두 일곱 번 출정하여 匈奴를 공격함에 거듭 封地가 더해져서, 세 아들을 합하여 食邑이 모두 20,200戶였다. 뒤에 長公主에게 장가들었다.

蘇建이 일찍이 위청에게 어진 사람을 초치하고 선발할 것을 청원하자, 위청이 말하기를 "어진 사람을 초치하고 불초한 사람을 내침은 군주의 권한이다. 人臣은 법을 받들어 시행할 뿐이니, 어찌 선비를 초치하는 일에 관여하겠는가." 하였는데, 霍去病도 이 뜻과 같았다.

靑이 **凡七出擊匈奴**에 **再益封**하여 **幷三子**하여 **凡二萬二百戶**요 **後尙長公主**[①]하다 **蘇建**이 **嘗責靑以招選賢者**한대 **靑曰 招賢, 絀**(굴)**不肖**는 **人主之柄也**라 **人臣**은 **奉法**하니 **何與招士**리오 **霍去病亦放此意**러라

① 長公主는 바로 平陽公主이다. 남편인 平陽侯 曹壽가 나쁜 병이 있어 封國으로 나가자, 공주가 넌지시 皇后에게 아뢰니, 皇后가 上에게 말해서 마침내 衛靑에게 명하여 平陽公主에게 장가들게 하였다.
長公主, 卽平陽公主也. 平陽侯曹壽, 有惡疾就國. 公主風白皇后, 皇后言之上, 迺詔靑尙平陽主.

【綱】 처음으로 刺史를 설치하였다.

初置刺史하다

【目】 冀州, 幽州, 幷州, 兗州, 徐州, 靑州, 楊州, 荊州, 豫州, 益州, 凉州 및 朔方과 交趾로 모두 13部였다.

冀, 幽, 幷, 兗, 徐, 靑, 楊, 荊, 豫, 益, 凉州, 及朔方, 交趾 凡十三部[①]러라

① 처음으로 13개 州를 나누어 刺史의 印綬를 빌려주고 일정한 치소가 있게 하였다.
≪漢舊儀≫[29]에 "刺史는 황제의 명령을 宣諭하고 郡國을 두루 순행하여 수령들이 고을을 다스리는 내용을 살펴서 능한 자를 올려주고 능하지 못한 자를 내치며 억울한 獄事를 결단

29) 漢舊儀 : ≪漢官舊儀≫를 가리킨 것으로 漢나라 衛宏이 撰한 것인데, 본편 1권과 補遺 1권으로 엮어져 있다. 前漢의 典禮를 기록한 책으로 원명은 ≪漢舊儀≫였는데, 후세에 應劭가 撰한 ≪漢舊儀≫와 혼동된다 하여 ≪漢官舊儀≫로 개칭하게 되었다.

하여 다스리며, 여섯 가지 조항으로 일을 물었으니, 조항에 묻는 바가 아니면 살펴보지 않았다.

첫 번째 조항은, 강성한 종친과 호족들의 田宅이 제도를 넘고, 강한 자가 약한 자를 능멸하고 많은 자가 적은 자를 포악하게 대하는 것이다.

두 번째 조항은, 二千石(郡守와 제후국의 정승)이 詔令을 받들어 떳떳한 법제를 따르지 아니하여 공정함을 배반하고 사사로움을 향하며, 詔令을 빙자하여 이익을 취해서 백성들을 수탈하고 가렴주구하여 간악한 짓을 자행하는 것이다.

세 번째 조항은, 二千石이 의심스러운 옥사를 돌보지 않고 포학하게 사람을 죽게 하여 노여우면 마음대로 형벌하고 기쁘면 지나치게 상을 주며, 백성들을 번거롭게 소요시키며 각박하고 사나워서 백성들을 함부로 죽이므로 백성들에게 미움을 받아 산이 무너지고 돌이 쪼개지는 재앙이 있으며 요상한 유언비어가 유행하는 것이다.

네 번째 조항은, 二千石이 관원을 선발하여 배치할 적에 공평하지 못해서 사랑하는 사람을 구차하게 두둔하여 賢者를 은폐하고 완악한 사람을 총애하는 것이다.

다섯 번째 조항은, 二千石의 자제가 영화와 권세를 믿고서 감독하는 상부 기관에 청탁을 하는 것이다.

여섯 번째 조항은, 二千石이 공정함을 어기고 간악한 사람을 비호해주며 호족과 강한 자에게 아부하고 뇌물을 행하여 政令을 해치는 것이다." 하였다.

初分十三州, 假刺史印綬, 有常治所. 漢舊儀"刺史班宣, 周行郡國, 省察治狀, 黜陟能否, 斷理寃獄, 以六條問事, 非條所問, 卽不省. 一條, 强宗豪右, 田宅踰制, 以强陵弱, 以衆暴寡. 二條, 二千石不奉詔書, 遵承典制, 倍公向私, 旁詔牟利, 侵漁百姓, 聚斂爲姦. 三條, 二千石不恤疑獄, 風厲殺人, 怒則任刑, 喜則淫賞, 煩擾刻暴, 剝戮黎元, 爲百姓所疾, 山崩石裂, 妖祥訛言. 四條, 二千石選(署)〔置〕[30]不平, 苟阿所愛, 蔽賢寵頑. 五條, 二千石子弟恃怙榮勢, 請托所監. 六條, 二千石違公下比, 阿附豪强, 通行貨賂, 割損政令."

【綱】 詔令을 내려 재주와 덕행이 출중하여 將相으로 삼고 먼 나라에 사신 보낼 만한 자를 천거하게 하였다.

詔擧茂材異等可爲將相使絶國者하다

【目】 上은 유명한 신하와 文武官이 다 없어질 것이라고 여겨, 마침내 詔令을 다음과 같이 내렸다.

"비상한 功이 있으려면 반드시 비상한 사람을 필요로 한다. 그러므로 말이 〈난폭하여〉 혹 치달리고 사람을 발로 차도 천 리를 달릴 수 있고, 선비가 〈방탕하여〉 혹 세속에

30) (署)〔置〕: 저본에는 '署'로 되어 있으나, ≪資治通鑑≫ 註에 의거하여 '置'로 바로잡았다.

서 비난받는 잘못이 있어도 功名을 세울 수 있으니, 수레를 뒤엎는 말과 구속됨이 없이 제멋대로 행동하는 선비도 또한 통제함에 달려 있을 뿐이다. 州郡으로 하여금 관리와 백성 중에 출중한 재주와 덕행을 소유하여 장수와 정승으로 삼고 먼 나라에 사신 보낼 만한 자를 살펴 천거하도록 하라."

上以名臣文武欲盡이라하여 乃下詔曰 蓋有非常之功이면 必待非常之人이라 故로 馬或奔踶(제)而致千里①하고 士或有負俗之累而立功名②하나니 夫泛(봉)駕之馬와 跅弛(탁시)之士도 亦在御之而已③라 其令州郡으로 察吏民有茂材異等하여 可爲將相及使絶國者④하라

① 奔은 달림이다. 踶는 음이 第이니, 발로 차는 것이다. 〈말 중에 성질이 난폭하여〉 사람이 타면 곧 치달리고 서면 사람을 발로 차되 혹 하루에 천 리를 갈 수 있으면, 하찮은 하자로 버려서는 안 되는 것이다.
奔, 走也. 踶, 音第, 蹋也. 乘之卽犇, 立則踶人, 或可日行千里, 不可以小疵棄之.

② "負俗"은 세상에서 비난을 받음을 이른다. 累(잘못)는 力瑞의 切이다. 이러한 사람도 혹 함께 功名을 세울 수 있으니, 작은 잘못으로 버려서는 안 되는 것이다.
負俗, 謂被世譏論也. 累, 力瑞切. 或可與共立功名, 不可以微累舍之.

③ 泛은 方勇의 切이다. 본래 覂으로 쓰는데, 뒤엎는 것이다. 말 중에 뛰어난 기운이 있는 놈은 〈성질이 난폭하여〉 수레를 뒤엎는 경우가 많다. 跅은 土各의 切이니 跅은 跅落(방탕)하여 검속함이 없는 것이요, 弛는 式爾의 切이니 弛는 방탕하고 자포자기하여 예의와 법도를 따르지 않는 것이다. "在御之(통제함에 달려있다.)"는 사람이 어떻게 제어하고 통제하느냐에 달려 있음을 말한 것이다.
泛, 方勇切. 本作覂(봉), 覆也. 言馬有逸氣者, 多能覆車. 跅, 土各切, 跅者, 跅落無檢局也. 弛, 式爾切, 弛者, 放廢, 不遵禮度也. 在御之, 謂在人所以制御之.

④ 茂는 재주와 덕행이 훌륭함이다. "異等"은 등급이 뛰어나고 무리보다 빼어나서 보통사람과 똑같지 않은 것이다. "絶國"은 매우 먼 나라이니, 교화가 미치지 않는 외국을 이른다.
茂, 美也. 異等者, 超等軼群, 不與凡同也. 絶國, 絶遠之國, 謂聲教之外.

丙子年(B.C. 105)

【綱】 漢나라 世宗 孝武皇帝 元封 6년이다. 봄에 首山宮을 지었다.

六年이라 春에 作首山宮①하다

① 궁은 河東 蒲坂의 경계에 있었다.
宮, 在河東蒲坂界.

【綱】郭昌을 보내 군대를 거느리고 가서 昆明을 공격하게 하였다.

◑ 遣郭昌하여 將兵擊昆明하다

【目】漢나라가 大夏와 통하고자 하여 사신을 보냈으나 모두 昆明에 막혀 살해당하였고 폐백과 물건을 빼앗겼다. 이에 京師에 망명 와서 있는 자들의 죄를 사면하고 郭昌을 보내 이들을 거느리고 가서 공격하게 하였다. 뒤에 다시 大夏에 사신을 보냈으나 끝내 통할 수가 없었다.

漢이 欲通大夏하여 遣使호되 皆閉昆明하여 爲所殺하고 奪幣物이라 於是에 赦京師亡命하고 遣郭昌하여 將以擊之①러니 後復遣使호되 竟不得通하니라

① 將(거느리다)은 卽亮의 切이다.
將, 卽亮切.

【綱】가을에 크게 가물고 蝗蟲의 재해가 있었다.

秋에 大旱하고 蝗하다

【綱】종실의 딸을 공주로 삼아 烏孫에게 시집보냈다.

◑ 以宗室女爲公主하여 嫁烏孫[31)]하다

【目】烏孫의 사자가 漢나라의 영토가 넓고 큰 것을 보고는 돌아가 그 나라에 보고하자, 烏孫國에서는 마침내 漢나라를 더욱 소중히 여겼다. 이에 匈奴가 노하여 오손을 공격하려 하니, 오손에서는 두려워하여 사신을 보내 漢나라 公主에게 장가들어 형제가 되기를 원하였다. 天子가 이를 허락하여 江都王 劉建의 딸인 劉細君을 공주로 삼아 오손의 昆莫에게 시집보내 右夫人이 되게 하니, 흉노에서도 딸을 昆莫에게 시집보내서 左夫人으

---

31) 以宗室女爲公主 嫁烏孫 : "文帝의 세대(6년)에 宗室의 딸인 翁主를 보내어 單于의 閼氏(연지)를 삼았으나 쓰지 않았는데, 여기에서는 어찌하여 썼는가? 공주를 소중히 여긴 것이다. 宗室의 딸을 선우에게 시집보내는 것은 괜찮지만, 공주라고 이름하였으면 진짜 공주가 아닌 경우가 거의 드물다. 이 때문에 家人子(良家의 여식)를 취하여 長公主라고 이름하면 쓰지 않았고(高帝 9년), 宗室의 딸을 공주라고 하면 썼으니, 이는 황제와 가깝기 때문이다.〔文帝之世 遣宗室女翁主 爲單于閼氏 不書 此何以書 重公主也 宗室女嫁單于 可也 以爲公主 則其不誠公主者 幾希矣 是故取家人子 名爲長公主則不書 以宗室女爲公主 則書 近也〕" ≪書法≫

로 삼게 하였다.

공주는 스스로 궁실을 아름답게 꾸며 거처하였고, 歲時의 명절에 한두 번 곤막과 만났는데, 곤막은 年老하고 언어가 통하지 못하였다. 공주가 슬퍼하고 근심하여 고향으로 돌아갈 것을 생각하면서 '黃鵠歌'를 지으니, 天子가 그 말을 듣고 가엾게 여겨서 격년으로 사람을 보내 위로하고 선물하였다.

烏孫使者 見漢廣大하고 **歸報其國**한대 **其國**이 **乃益重漢**이라 **匈奴怒**하여 **欲擊之**하니 **烏孫**이 **恐**하여 **使使願得尙漢公主爲昆弟**어늘 **天子許之**하여 **以江都王建女細君**으로 **爲公主**하여 **往妻烏孫昆莫**하여 **以爲右夫人**하니 **匈奴亦遣女妻之**하여 **以爲左夫人**①하다 **公主自治宮室居**하고 **歲時**에 (十)〔一〕[32] **再與昆莫會**호되 **昆莫年老**하고 **言語不通**이라 **公主悲愁思歸**하여 **作黃鵠之歌**②하니 **天子聞而憐之**하여 **間歲使人問遺**③하다

① 劉建은 易王 劉非의 아들이다. 妻(시집보내다)는 去聲이니, 아래도 같다.
建, 易王非之子. 妻, 去聲, 下同.

② 그녀가 지은 노래는 다음과 같다. "우리 집에서 나를 시집보내니 하늘 한쪽 먼 곳이라오. 멀리 이국에 의탁하니 烏孫의 王國이라오. 천막을 쳐 방으로 삼고 털방석을 담장으로 삼으며, 고기를 양식으로 삼고 駝酪(타락)을 음료로 삼네. 내 항상 고향 땅을 그리워하여 마음 속에 서글퍼하니, 원컨대 누런 고니가 되어 고향에 돌아가려 하노라."
歌曰 "吾家嫁我兮天一方. 遠託異國兮烏孫王. 穹廬爲室兮旃爲墻. 以肉爲食兮酪爲漿. 居常土思兮心內傷, 願爲黃鵠兮歸故鄕."

③ 間(간격)은 古莧의 切이니, "間歲"는 1년을 사이에 두는 것이다.
間, 古莧切, 間歲者, 隔一歲也.

【目】 **昆莫**이 그의 손자인 **岑娶**(잠취)로 하여금 공주에게 장가들게 하려고 하였으나, 공주가 허락하지 않고 글을 올려 사정을 말하였다. 天子는 이때 오손과 함께 **匈奴**를 멸망시키고자 하여, 詔令을 내려 그 나라의 풍속을 따르라고 답하였다. 그리하여 잠취가 마침내 공주에게 장가들었는데, 곤막이 죽자 잠취가 代를 이어 **昆彌**가 되었다.

昆莫이 **欲使其孫岑娶**로 **尙公主**①호되 **公主不聽**하고 **上書言狀**한대 **天子方欲與烏孫共滅胡**하여 **詔報從其國俗**하라하니 **岑娶遂妻公主**러니 **昆莫死**에 **代立爲昆彌**②하니라

① 岑娶는 烏孫의 관명이니, 이름은 軍須靡이다.
岑娶, 烏孫官號也, 名軍須靡.

---

32) (十)〔一〕: 저본에는 '十'로 되어 있으나, ≪資治通鑑≫에 의거하여 '一'로 바로잡았다.

② 彌는 음이 糜이다. 昆莫은 본래 왕의 칭호인데, 이 사람의 이름이 獵驕靡(엽교미)이므로 책에 昆彌라고 썼으니, 昆은 昆莫을 취하고 彌는 驕靡를 취한 것이다. 彌와 靡는 음에 가볍고 重한 것이 있을 뿐이니, 〈뜻은〉 본래 똑같다. 뒤에는 마침내 昆彌를 왕의 칭호로 삼았다.
彌, 音糜. 昆莫, 本是王號, 而其人名獵驕靡, 故書云昆彌. 昆取昆莫. 彌取驕靡. 彌靡, 音有輕重耳, 蓋本一也. 後遂以昆彌爲王號也.

【目】 이때에 漢나라 사신이 서쪽으로 蔥嶺을 넘어가니, 여러 小國들이 모두 漢나라 사신을 따라와 공물을 바치고 천자를 알현하였다. 그리하여 황제가 매번 海上으로 巡狩할 적에 모두 외국의 손님으로 수행시켰으며, 큰 도시로 사람이 많은 곳에는 角觝 놀이를 크게 벌여 구경꾼들을 모으고 재물과 비단을 흩어 賞을 하사해서 부유함을 과시하였으며, 유명한 창고와 府藏에 쌓아둔 재물을 두루 구경시켜서 오랑캐들로 하여금 마음을 쏠리고 놀라게 하였다.

그러나 西域은 匈奴와 가까웠기 때문에 항상 흉노의 사신을 두려워해서 흉노의 사신을 대우하기를 漢나라 사신보다 후하게 하였다.

是時에 **漢使西踰蔥嶺**하니 **諸小國**이 **皆隨漢使獻見**(현)이어늘 **每巡狩海上**할새 **悉從外國客**①하여 **大都多人**이면 **則大角觝**하여 **聚觀者**하고 **散財帛賞賜**하여 **以示富厚**②하고 **令偏觀名倉庫府藏之積**(자)하여 **以傾駭之**③라 **然**이나 **西域**은 **以近匈奴**로 **常畏匈奴使**하여 **待之**를 **過於漢使焉**이러라

① 從(따르다)은 才用의 切이다.
從, 才用切.
② 觝는 抵와 같다. 觀(구경하다)은 工喚의 切이니, 아래도 같다. 도읍(도성) 사람들을 모아 구경꾼들로 하여금 보게 해서 誇示한 것이다.
觝, 與抵同. 觀, 工喚切, 下同. 聚都邑人, 令觀看以誇示之.
③ 藏은 才浪의 切이니, 물건을 저축한 것이다. 積(비축하다)는 子智의 切이니, 委積(물건을 쌓아두다)의 積이다.
藏, 才浪切, 物所畜也. 積, 子智切, 委積之積.

【綱】 匈奴의 烏維單于가 죽으니, 아들인 兒單于 烏師廬(오사려, 흉노의 7대 선우)가 즉위하였다.

匈奴烏維單于死하니 **子兒單于烏師廬立**하다

【目】烏師廬는 나이가 어려 號를 兒單于라 하였다. 이후로 單于가 더욱 서북쪽으로 옮겨가니, 左方의 군대는 雲中郡을 맡고 右方의 군대는 酒泉郡과 燉煌郡을 맡았다.

烏師廬年少하여 號를 兒單于라하니 自此之後로 單于益西北徙하니 左方兵은 直(치)雲中하고 右方은 直酒泉燉煌郡①하니라

① 直는 당함(맡다)이다. 匈奴의 左方의 군대는 본래 上谷 以東을 맡았고 右方의 군대는 上郡以西를 맡았으며, 單于의 王庭은 代郡과 雲中郡을 맡았는데, 지금 서북쪽으로 옮겨갔으므로 左方과 右方 또한 옮긴 것이다.
直, 當也. 匈奴左方兵, 本直上谷以東. 右方兵, 直上郡以西. 單于庭, 直代·雲中. 今徙去而西北, 故左右方亦徙.

丁丑年(B.C. 104)

【綱】漢나라 世宗 孝武皇帝 太初 원년이다. 겨울 10월에 황제가 泰山에 행차하였다. 11월 甲子 초하루 아침 冬至에 明堂에 제사하고 方士를 더욱 많이 보내 海島로 들여보냈다.

太初元年①이라 冬十月에 帝如泰山하다 十一月甲子朔旦冬至에 祀明堂하고 益遣方士入海[33]하다

① 처음 夏正을 사용하여 정월을 歲首로 삼았다.[34] 그러므로 연호를 고쳐 太初라 한 것이다.

---

33) 十一月甲子朔旦冬至 : "元鼎 5년(B.C. 112)에 일찍이 '11월 초하루 冬至에 황제가 친히 郊祭에서 〈天帝를〉 알현하였다.'고 썼으나, '某 甲子'를 쓰지 않았는데, 이때에 明堂에 제사하면서는 '甲子朔旦'이라고 쓴 것은 어째서인가? 책력의 기원〔曆紀〕을 소중히 여긴 것이다. 동지와 초하루가 같은 날인 것은 늘 있는 일이나 '甲子 朔旦 冬至'는 늘 있는 일이 아니다. 그러므로 특별히 쓴 것이다. 이보다 앞서 '神仙을 구한 일'을 쓸 적에는 다만 '方士를 보냈다.'고 했었는데, 여기에서는 어찌하여 '더 보냈다.〔益遣〕'고 썼는가? 武帝의 미혹함을 비판한 것이다. 방사들의 말을 상고해보아 징험이 없으면 또한 그만두어야 할 터인데, 또다시 더 보내 海島로 들여보내서 혹시라도 만나기를 기대하였으니, 武帝의 미혹됨이 또한 심한 것이다.〔元鼎五年 嘗書十一月朔冬至 親郊見矣 不書某甲子 於是祀明堂 則書甲子朔旦 何 重曆紀也 至朔同日 常也 甲子朔旦冬至 非常也 故特書之 先是書求神仙 止曰遣方士 此則曷爲書益遣 譏惑也 考方士莫驗 則亦已矣 而又益遣入海 冀或有遇 帝亦惑甚矣哉〕" ≪書法≫

34) 처음……삼았다 : 夏正은 夏나라의 正月로, 北斗星 자루가 초저녁에 寅方을 가리키는 달을 歲首로 함을 이른다. 北斗星의 자루는 1년에 366번을 돌아 하루에 한 바퀴를 돌고 매달 한 方位를 더 가는데, 음력 11월에는 子方을, 12월에는 丑方을, 정월에는 寅方을 가리킨다. 周나라는 冬至를 기준하여 北斗星 자루가 子方을 가리키는 11월(建子)을 歲首로 하고 殷나라는 北斗星 자루가 丑方을 가리키는 12월(建丑)을 歲首로 하고, 夏나라는 지금의 정월(建寅)을 歲首로 하였으므로, 이에 따라 周正, 殷正, 夏正이라 이름하였다.

初用夏正, 以正月爲歲首. 故改年爲太初.

【目】上이 泰山에서 동쪽으로 가서 해상에 이르러 海島로 들어간 자와 方士 중에 神仙을 구하는 자들을 조사하였으나 징험이 없었다. 그러나 방사들을 더 보내 행여 신선을 만나기를 기대하였다.

上이 自泰山으로 東至海上하여 考入海及方士求神仙者하니 莫驗이라 然이나 益遣冀遇之하니라

【綱】柏梁臺에 화재가 났다.

柏梁臺災[35]하다

◑ 12월에 황제가 高里에서 禪하고 蓬萊山을 바라보며 제사하였다.

十二月에 禪高里하고 望祀蓬萊①하다

① 高里는 산 이름이니, 泰山 아래에 있다.
高里, 山名, 在泰山下.

【綱】봄에 황제가 돌아와 建章宮을 지었다.

◑ 春에 還하여 作建章宮하다

【目】柏梁臺에 화재가 났으므로, 越나라 사람인 〈무당〉 勇之가 아뢰기를 "越나라 풍속은 화재가 나면 집을 다시 짓되, 반드시 더 크게 지어 壓勝[36]하여 굴복시킵니다." 하였다.

이에 建章宮을 지었는데 천 개의 큰 문과 만 개의 작은 문으로 헤아려졌다. 동쪽은 鳳闕이고 서쪽은 虎圈이고, 북쪽은 太液池인데 못 가운데에 漸臺와 蓬萊, 方丈, 瀛洲, 壺梁이 있었으며, 남쪽은 玉堂의 璧門이 있었는데 神明臺와 井幹樓를 세워 황제가 탄 輦이 왕래하는 길이 서로 이어졌다.

---

35) 災 : "火災는 宮闕과 宗廟가 아니면 쓰지 않는다. 臺인데 어찌하여 화재를 썼는가? 토목공사가 盛함을 기록한 것이다. 建章宮의 성대함이 여기에서 시작되었으므로 특별히 쓴 것이다.〔火災非宮闕宗廟 不書 臺也 何以書 志土木之盛也 建章之盛始此矣 故特書之〕" ≪書法≫

36) 壓勝 : 부적이나 주술 등을 사용하여 사악한 기운을 물리치고 吉祥을 얻는다는 미신의 방술이다. 厭勝이라고도 하는데, 본서 64쪽 訓義 ①에 보인다.

以柏梁災故로 越人勇之曰 越俗은 有火災하면 復起屋호되 必以大하여 用勝服之라하니 於是에 作建章宮하여 度(탁)爲千門萬戶①라 東은 鳳闕이요 西는 虎圈②이요 北은 太液池니 中有漸臺, 蓬萊, 方丈, 瀛洲, 壺梁③하고 南은 玉堂璧門이니 立神明臺, 井幹樓④하여 輦道相屬하니라

① 度(헤아리다)은 大各의 切이다. 일설에 "度는 본음대로 읽으니, 法度(제도)가 이와 같게 만듦을 말한 것이다." 하였다. 반쪽 문을 '戶'라 한다.
度, 大各切. 一說"度如字, 謂法度如此作." 半門曰戶.

② 鳳闕은 높이가 20여 丈이니, 위에 구리로 만든 봉황이 있으므로 鳳闕이라 이름한 것이다. 범〔虎〕은 西方의 짐승이므로 여기에 그 우리를 설치한 것이다.
鳳闕, 高二十餘丈, 上有銅鳳凰, 故曰鳳闕. 虎, 西方之獸, 故於此置其圈也.

③ 太液池는 음양의 진액을 받아 못을 만들었음을 말한 것이다. 일설에 "진액이 적셔주어 미치는 바가 넓음을 말한 것이다." 하였다. 漸은 子廉의 切이니, 잠김이다. 臺가 못 가운데 있어서 물속에 잠겼으므로 漸臺라 이름하였는데, 높이가 20여 丈이다. 蓬萊, 方丈, 瀛州, 壺梁은 네 神山(신선이 사는 산)의 이름이니, 세상에 전하기를 渤海 가운데 있다고 한다.
太液池, 言承陰陽津液, 以作池也. 一說"言其津潤所及廣也." 漸, 子廉切, 浸也. 臺在池中, 爲水所浸, 故曰漸臺, 高二十餘丈. 蓬萊・方丈・瀛州・壺梁, 四神山名, 世傳在渤海中.

④ 玉堂의 터가 未央宮의 앞 전각과 같아서 땅에서 12丈쯤 떨어져 있다. 璧門은 璧玉을 붙였으므로 인하여 璧門이라 이름하였다. 神明臺와 井幹樓는 모두 높이가 50丈이니, 신명대는 위에 아홉 개의 방이 있어서 항상 九天의 道士 100명을 거처하게 하였고, 정간루는 나무를 쌓아 높게 樓를 만들어서 井幹의 모습과 같게 하였다. 정간은 우물 위의 나무 난간이니, 그 형태가 혹은 4각이고 혹은 8각이다.
玉堂基, 與未央前殿等, 去地十二丈. 璧門, 薄以璧玉, 因曰璧門. 神明・井幹, 俱高五十丈. 神明臺, 上有九室, 常置九天道士百人. 井幹樓, 積木而高爲樓, 若井幹之形也. 井幹者, 井上木欄也, 其形, 或四角, 或八角.

【綱】 여름 5월에 太初歷을 만들어 정월을 歲首로 삼았다.

夏五月에 造太初歷[37]하여 以正月爲歲首하다

37) 造太初歷 : "처음 夏正을 사용하였으므로 특별히 '造'라고 썼으니, 造는 創始하는 것으로, 이로부터 고친 자가 없었다. 그러므로 비록 옛 법을 회복하였으나 創始라는 말로 썼으니, 이는 잘했다고 인정한 것이다. 이보다 뒤에 魏主 曹叡는 建丑을 歲首로 하였다가 3년이 못되어 복구하였고 周나라 武氏(則天武后)는 建子를 歲首로 하였다가 11년 만에 복구하였고, 唐나라 肅宗은 建子를 歲首로 하였다가 1년이 채 못 되어 복구하였으니, 漢나라의 철(夏曆)을 행함은 진실로 바꿀 수 없는 떳떳한 법이다. 새 책력을 행함을 쓴 것이 이때 시작되었다.〔始用夏正也 故特書造 造創始也 自是無能改者矣 故雖復古 而以創始之辭書之 予之也 後乎此 魏主叡建丑 不三年而復 周武氏建子 十一年而復 肅宗建子 不一年而復 行夏之時 誠不易之常經也 書行新曆始此〕" ≪書法≫
"聖人(孔子)의 문하에서 〈虞・夏・殷・周〉 四代의 禮樂 중에 반드시 夏나라 철〔夏時〕을 우선으로

【目】 太中大夫 公孫卿과 壺遂(호수)와 太史令 司馬遷 등이 아뢰기를 "冊歷의 綱紀가 파괴되고 폐지되었으니, 마땅히 正朔을 고쳐야 합니다."라고 하였는데, 兒寬은 의논하기를 "마땅히 夏正을 써야 합니다."라고 하였다.

上은 마침내 공손경 등에게 詔令을 내려 漢나라 太初歷을 만들게 해서 정월을 歲首로 삼고, 색깔은 황색을 숭상하고, 숫자는 5를 쓰고, 관명을 정하고 음률을 맞추며, 종묘와 백관의 의식을 정하여 일정한 법칙으로 삼아 후세에 전하게 하였다. 光祿勳, 大鴻臚(대홍려), 大司農, 執金吾, 京兆尹, 左馮翊, 右扶風은 모두 이해에 고친 官名이다.

太中大夫公孫卿, 壺遂와 太史令司馬遷等이 言①歷紀壞廢하니 宜改正朔이니이다 兒寬이 議以爲宜用夏正이라한대 乃詔卿等하여 造漢太初歷하여 以正月로 爲歲首하고 色尙黃하고 數用五하고 定官名하고 協音律하고 定宗廟百官之儀하여 以爲典常하여 垂之後世②하니 光祿勳, 大鴻臚, 大司農, 執金吾, 京兆尹, 左馮翊, 右扶風이 皆是歲所改也③러라

① 壺는 姓이다.
壺, 姓也.

② 漢나라는 土德으로 왕 노릇 하였으니, 土는 색깔이 황색이고 數는 5이므로 황색을 숭상하고 숫자는 5를 사용한 것이다.[38] "用五(5를 사용한다.)"는 印章의 글자 수를 이르니, 예컨대 丞相이면 '丞相之印章'이라 하고, 여러 卿 및 守와 相의 인장에 다섯 글자가 못되는 것은 모두 之자를 채웠다.
漢, 以土德王. 土, 色黃而數五, 故尙黃而用五. 用五, 謂印文也, 若丞相曰丞相之印章, 諸卿及守相印文不足五字者, 皆以之字足之.

③ 郎中令의 이름을 고쳐 光祿勳이라 하였으니, 光은 밝음이고 祿은 관작이고 勳은 功이다. 大行令을 大鴻臚라 하였으니, 鴻은 소리이고 臚는 음이 閭이니 말소리를 전하는 것으로, 소리를 전달하여 九賓[39]을 도와 인도하는 것이다. 일설에 "鴻은 큼이고 臚는 진열함이니, 큰

삼았으니, 이는 진실로 百世에 바꿀 수 없는 법이다. 秦나라 사람들이 이때에 처음 10월을 정월로 사용하였는데, 漢나라가 일어나자 이것을 인습하고 고치지 않아서 정월을 세우는 뜻을 잃은 것이 심했다. 그런데 이때에 이르러서 책력을 다스리고 철을 밝혀 처음 정월을 歲首로 삼았으니, 그런 뒤에 100년 동안의 잘못이 하루아침에 비로소 고쳐졌다. 武帝가 紛紛하게 제작한 것 중에 오직 이것만이 가장 도리에 맞는다. ≪資治通鑑綱目≫에 이것을 쓰고 찬미하였으니, 이는 진실로 '공과 죄〔瑕瑜〕를 모두 숨기지 않는다.'는 뜻이다.〔聖門四代禮樂 必以夏時爲先 此固百世不可易之法也 自秦人始用十月 漢興 因而不改 甚失建正之義 至是治曆明時 始以正月爲歲首 然後百年之繆 一旦始革 武帝紛紛制作 獨此最爲有得 綱目書而美之 此固瑕瑜不相掩之意也〕" ≪發明≫

38) 漢나라는……것이다 : 고대에 천하를 통일하게 되면 그 나라에서 사용하는 五行의 德이 있었는데, 이에 따라 土德, 火德 등으로 표기하였다. 陰陽五行說에 있어 木은 靑色이고 數는 三이며, 火는 赤色이고 數는 二이며, 土는 黃色이고 數는 五이며, 金은 白色이고 數는 四이며, 水는 黑色이고 數는 一이다. 이에 각각 5를 더 붙여 一・六은 水, 二・七은 火, 三・八은 木, 四・九는 金, 五・十은 土로 분류한다.

禮로써 賓客에게 차례로 진열하고자 한 것이다." 하였다. 大農令을 大司農이라 하였다. 中尉를 執金吾라 하였으니, 吾는 막는다는 뜻으로 병기와 갑옷을 잡아서 비상사태를 방어함을 관장하는 것이다. 일설에 "金吾는 새의 이름이니, 상서롭지 못한 것을 물리침을 주관한다. 천자가 출행하게 되면 金吾가 먼저 길을 인도하여 비상사태를 대비함을 주관하므로, 이 새가 새겨진 물건을 잡은 것을 관명으로 삼은 것이다." 하였다. 右內史를 京兆尹이라 하였다. 京은 큼이고 兆는 많은 數이니 大衆이 있는 곳을 말하였으므로 京兆라 한 것이며, 尹은 바름이니 京畿 지방을 감독하고 바로잡아서 百郡에 솔선이 되게 하는 것이다. 左內史를 左馮翊이라 하였으니, 馮은 도움이고 翊은 보좌하는 것이니, 京師를 의지하게 하고 輔翊함을 말한 것이다. 主爵都尉를 右扶風이라 하였으니, 扶는 도움이고 風은 風化(교화)이니 천자의 風化를 거들어서 도와줌을 말한 것이다.

更名郎中令曰光祿勳. 光, 明也. 祿, 爵也. 勳, 功也. 大行令曰大鴻臚. 鴻, 聲也. 臚, 音閭. 傳之也, 所以傳聲, 贊導九賓. 一說"鴻, 大. 臚, 陳也, 欲以大禮陳序於賓客." 大農令曰 大司農. 中尉曰 執金吾. 吾, 禦也, 掌執金革, 以禦非常. 一說"金吾, 鳥名, 主辟不祥. 天子出行, 主先導以備非常, 故執此鳥之象, 因以名官." 右內史曰京兆尹. 京, 大也. 兆者, 衆數. 言大衆所在, 故云京兆也. 尹, 正也, 所以董正京畿, 率先百郡也. 左內史曰左馮翊. 馮, 輔也. 翊, 佐也. 言依馮輔翊京師也. 主爵都尉曰右扶風. 扶, 助也. 風, 化也. 言扶助天子風化也.

【綱】受降城을 쌓았다.

築受降城[40]하다

【目】匈奴의 兒單于가 남을 죽이고 공격하는 것을 좋아하니, 나라 사람들이 편안하지 못하였다. 左大都尉가 漢나라에 알려오기를 "우리가 單于를 죽이고 漢나라에 항복하고자 하나, 漢나라가 너무 멉니다. 만일 병력을 이끌고 와서 우리를 맞이하면 우리가 즉시 출발하겠습니다." 하였다. 上은 이에 公孫敖를 보내 변방 밖에 受降城을 쌓아서 호응하게 하였다.

匈奴兒單于 好殺伐하니 國人이 不安이라 左大都尉 告漢曰①我欲殺單于降漢호되 漢遠하니 即兵來迎我하면 我即發이라한대 上이 乃遣公孫敖하여 築塞外受降城以應之②하다

① 匈奴의 관직에 左·右大都尉가 있었다.

---

39) 九賓 : 천자의 조정에 늘어선 아홉 가지 禮服을 입은 손님, 즉 公·侯·伯·子·男·孤·卿·大夫·士를 말한다. 《周禮 九儀》

40) 築受降城 : "'受降城을 쌓았다.'고 쓴 것은 중요한 關防이기 때문이니, 受降城을 쓴 것이 이때 시작되었다.〔書築受降 關要也 書受降城始此〕" 《書法》

匈奴官, 有左右大都尉.

② 受降城은 居延의 북쪽에 있었다.

受降城, 在居延北.

【綱】가을에 將軍 李廣利를 보내 군대를 거느리고 가서 大宛을 정벌하게 하였다.

秋에 **遣將軍李廣利**하여 **將兵伐宛**[41)]하다

【目】漢나라 사신으로 西域에 들어갔던 자들이 말하기를 "大宛에는 좋은 말이 貳師城 안에 있으나 숨기고 漢나라 사신에게 주려고 하지 않는다." 하였다.

上이 壯士를 보내 千金과 金馬(금으로 만든 말)를 가지고 가서 좋은 말을 줄 것을 청하였으나 大宛國의 王은 주려 하지 않았다. 漢나라 사신이 노해서 금마를 망치로 때려 부수고 떠나오자, 대완국의 貴人이 그 동쪽 변경의 郁成王으로 하여금 길을 막고 사신을 죽이게 하였다.

이에 上이 크게 노하니, 일찍이 대완에 사신으로 갔던 사람들이 말하기를 "대완은 병력이 약하니, 진실로 3천 명이 못 되는 漢나라의 병사로도 모두 사로잡을 수 있습니다." 하였다.

上은 그 말을 옳게 여기고는, 寵姬(총애하는 후궁)인 李氏의 형제(오라비)들을 侯로 삼고자 하여 마침내 그 오라비인 李廣利를 貳師將軍에 제수하고, 속국에 있는 騎兵과 郡國에 있는 행실이 나쁜 소년 수만 명을 징발하여 대완을 정벌하게 하니, 貳師城에 이르러 좋은 말을 취할 것을 기약하였으므로 貳師將軍이라 이름하였다.

漢使入西域者 言宛有善馬하여 **在貳師城**이로되 **匿不肯與漢使**①라하니 **上**이 **使壯士**로 **持千金及金馬以請之**호되 **宛王**이 **不肯**이라 **漢使怒**하여 **椎金馬而去**②한대 **宛貴人**이 **令其東邊郁成王**으로 **遮殺之**③하다 **於是**에 **上**이 **大怒**하니 **諸嘗使者言宛兵弱**하니 **誠以漢兵不過三千人**이면 **可盡虜矣**라한대 **上以爲然**하고 **而欲侯寵姬李氏**④하여 **乃拜其兄廣利爲貳師將軍**하고 **發屬國騎及郡國惡少年數萬人**하여 **以往伐宛**⑤하니 **期至貳師城**하여 **取善馬故**로 **以爲號**하니라

① 貳師는 大宛國의 城 이름이니, 이 지역에 좋은 말이 많았다.

---

41) 將兵伐宛 : "武帝가 用兵함에 대부분 '擊'이라고 썼는데 여기서는 두 번이나 '伐'이라고 쓴 것은 어째서인가? 大宛에서 使者를 죽였으니, 이에 '伐'이라고 말할 수 있는 것이다. 그러므로 오직 朝鮮에 '伐'을 썼고 大宛에 '伐'을 쓴 것이다.〔武帝用兵 多書擊 此其再書伐 何 宛殺使者 斯可以言伐矣 故惟朝鮮書伐 惟宛書伐〕" ≪書法≫

貳師, 大宛城名, 其地多善馬.

② "椎金馬"는 金으로 만든 말을 망치로 깨부순 것이다.

椎金馬, 椎破金馬也.

③ 貴人은 신하 중에 귀한 자이다. 郁成은 大宛에 소속된 작은 나라이다.

貴人, 臣之貴者. 郁成, 大宛支國.

④ 〈"欲侯寵姬李氏"는〉 寵姬 李氏의 형제들을 봉하고자 한 것이다.

欲封其兄弟.

⑤ "惡少年"은 훌륭한 행실이 없는 소년들을 이른다.

惡少年, 謂無行義者也.

【目】 司馬溫公이 다음과 같이 평하였다.

"武帝가 寵姬의 형제들을 侯로 삼고자 하여 李廣利로 하여금 장수를 시켰으니, 마음속에 '功이 있는 자가 아니면 侯가 될 수 없다.'고 생각하여, 高帝의 약속을 저버리지 않으려고 한 것이다. 그러나 군대는 국가의 큰일이라서 나라의 편안하고 위태로움과 백성들의 삶과 죽음이 달려 있는 것이다. 만일 어질고 어리석은 자를 가리지 않고, 아무에게나 장수의 지위를 맡기고서 요행으로 지척의 작은 功을 세우게 하여, 이것을 구실로 명분을 삼아 사랑하는 사람을 사사로이 봐주려고 한다면 이는 나라를 봉해주는 것만 보고 장수를 세우는 것을 보지 못한 것이니, 능히 先帝의 약속을 지킨 것이라고 말한다면 잘못이다.

司馬公曰 武帝欲侯寵姬하여 而使廣利將하니 意以爲非有功不侯라하여 不欲負高帝之約也라 然이나 軍旅는 大事라 國之安危와 民之死生이 繫焉하니 苟爲不擇賢愚而授之하고 欲徼幸咫尺之功하여 藉以爲名而私其所愛①하면 蓋有見於封國이요 無見於置將이니 謂之能守先帝之約이면 過矣니라

① 藉(빙자하다)는 慈夜의 切이다.

藉, 慈夜切.

【綱】 關東 지방에 蝗蟲이 일어서 燉煌까지 날아갔다.

關東에 蝗起하여 飛至燉煌[42]하다

42) 蝗起 飛至燉煌 : "'蝗'을 쓴 것이 많으나 황충이 날아간 곳을 쓴 적이 있지 않았는데, '燉煌에 이르렀다.'고 쓴 것은 어째서인가? 멀리 날아갔기 때문이다. ≪資治通鑑綱目≫에 '蝗'을 쓴 것이 37번이고, '大蝗(蝗蟲이 크게 발생했다.)'이라고 쓴 것이 16번이다. 먼 것은 '燉煌에 이른 것'보다 더 먼

【綱】 中尉 王溫舒가 죄를 지어 자살하자, 三族을 멸하였다.

◑ **中尉王溫舒 有罪自殺**이어늘 **夷三族**하다

【目】王溫舒는 문장이 부족하여 조정에 있을 적에 마음이 어두워서 사리를 제대로 분변하지 못했는데, 中尉가 되어서는 마음이 열리고 평소 關中(長安)의 풍속을 잘 알아서 強暴하고 흉악한 관리들이 모두 그에게 쓰였다. 그러나 사람됨이 아첨을 잘하여 세력이 있는 집안은 간악한 일이 산처럼 쌓였더라도 범하지 않고, 권세가 없는 집안은 비록 貴戚이라도 반드시 침해하고 욕을 보였다.

법조문을 농간하고 주청을 교묘히 穿鑿(천착)해서 법을 적용하여 論罪함에 法網을 벗어난 자가 없었는데, 이때에 이르러 부정한 방법으로 이익을 취한 죄에 걸려 三族을 멸함에 해당하니, 자살하였다.

이때 두 아우와 혼인한 집안도 다른 죄에 걸려 멸족을 당하니, 光祿勳 徐自爲가 말하기를 "옛날에는 삼족을 멸하는 형벌이 있었는데, 왕온서는 죄가 五族에 이른단 말인가." 하였다.

溫舒少文하여 **居廷**에 **惛惛不辨**이러니 **爲中尉則心開**①하고 **素習關中俗**②하여 **豪惡吏皆爲用**이라 **然**이나 **爲人**이 **諂**하여 **勢家**엔 **有姦如山**이라도 **弗犯**하고 **無勢**면 **雖貴戚**이나 **必侵辱**하고 **舞文巧請**하여 **行論無出者**③하더니 **至是**에 **坐爲姦利**하여 **當族**하니 **自殺**하다 **時**에 **兩弟及婚家 亦坐他罪族**④하니 **光祿勳徐自爲曰 古有三族**이러니 **而溫舒**는 **罪至五族乎**⑤인저하니라

① 廷은 朝廷 가운데이다. 惛은 음이 昏이니, "惛惛"은 밝지 못함을 말한다.
廷, 朝中也. 惛, 音昏. 惛惛, 言不明了也.

② 여기서 구를 뗀다.
句.

③ 文은 법조문이고 巧는 穿鑿(牽强附會)함을 이르고 請은 주청함을 이른다. "行論無出"은 법을 적용하고 죄인을 논죄함에 法網을 탈출한 자가 없음을 말한다.
文, 法也. 巧, 謂穿鑿. 請, 謂奏請. 行論無出者, 謂行法論罪, 無得脫出者.

④ 爲는 본음대로 읽는다. 婦人의 집안을 婚이라 한다.
爲, 如字. 婦家曰婚.

⑤ 王溫舒는 아우와 함께 똑같이 三族이었는데, 두 妻家가 각각 하나씩 있었으므로 五族이라

것이 없고, 盛함은 '날아 하늘을 뒤덮었다.'는 것보다 盛한 것이 없으니(新莽 壬午年, B.C. 22), '大(크게 발생했다.)'를 또 굳이 말할 것이 없는 것이다.〔書蝗多矣 未有書所至者 書至燉煌 何 遠也 綱目書蝗三十七 書大蝗十六 遠莫遠於至燉煌 盛莫盛於飛蔽天 大又不足言矣〕"《書法》

한 것이다.
溫舒與弟同三族, 而兩妻家各一, 故曰五族.

戊寅年(B.C. 103)

【綱】漢나라 世宗 孝武皇帝 太初 2년이다. 봄 정월에 丞相 石慶이 卒하니, 公孫賀를 丞相으로 삼았다.

二年이라 春正月에 丞相慶이 卒하니 以公孫賀로 爲丞相하다

【目】이때 朝廷에 일이 많아서 황제가 大臣들을 督責하니, 丞相이 자주 일에 걸려 죽었다. 公孫賀가 이끌려 丞相에 제수되자, 印綬를 받지 않고 머리를 조아리며 눈물을 흘렸다. 上이 일어나 나가자, 공손하는 부득이 謝恩肅拜하고 나와서 말하기를 "내 지금부터 위태로워질 것이다." 하였다.

時에 朝廷多事하여 督責大臣하니 丞相이 比坐事死①라 賀引拜에 不受印綬하고 頓首涕泣하니 上이 起去한대 賀不得已拜하고 出曰 我從是殆矣라하니라

① 比는 자주이다.
比, 頻也.

【綱】여름에 관리와 백성들의 말〔馬〕을 장부에 적어서 군대의 수레(兵車)와 기마(騎馬)를 보조하게 하였다.

夏에 籍吏民馬①하여 補車騎하다

① 籍은 總數를 장부에 적어서 취하는 것이다.
籍者, 摠入籍錄而取之.

【綱】가을에 蝗蟲의 재해가 있었다.

◑秋에 蝗하다

【綱】李廣利가 郁成을 공격하였으나 이기지 못하고 돌아와 燉煌에 주둔하였다.

◑ 李廣利攻郁成不克하고 還屯燉煌하다

【目】 貳師將軍(李廣利)이 鹽水를 지나가니, 지나가는 길에 있는 작은 나라들이 각각 城을 지키고 양식을 공급하지 아니하여, 郁成에 도착했을 무렵에는 병사들이 〈죽거나 이탈하여〉 수천 명에 불과하였고 모두 굶주려 피폐하였다. 욱성을 공격하였으나 욱성이 도리어 漢나라 군대를 大破하자, 貳師將軍은 군대를 이끌고 돌아와 燉煌에 이르렀는데, 남아 있는 병사가 10명 중에 1, 2명에 불과하였다.

글을 올려 군대를 해산할 것을 청하자, 上이 노하여 사자를 시켜 玉門關을 가로막고, 말하기를 "병사 중에 감히 들어오는 자가 있으면 즉시 목을 베라." 하니, 貳師將軍이 두려워하여 그대로 돈황에 머물렀다.

貳師過鹽水①하니 當道小國이 各城守하고 不給食하여 比至郁成에 士不過數千이요 皆饑罷(피)라 攻郁成하니 郁成이 大破之어늘 貳師引兵還하여 至燉煌하니 士不過什一二라 上書乞罷兵한대 上이 怒하여 使使遮玉門하고 曰 軍有敢入者면 輒斬之하라하니 貳師恐하여 因留燉煌하니라

① 鹽水는 바로 鹽澤이다.
鹽水, 卽鹽澤也.

【綱】 趙破奴를 보내 匈奴를 공격하게 하였는데, 패하여 모두 항복하였다.

遣趙破奴하여 擊匈奴러니 敗沒하다

【目】 上은 受降城이 匈奴와 거리가 멀다 하여 浚稽將軍(준계장군) 趙破奴를 보내 2만 명의 기병을 거느리고 浚稽山에 이를 것을 기약했었다. 조파노가 준계산에 도착하였는데, 흉노의 左大都尉가 군대를 출동하여 반란을 하고자 하다가 발각되었다. 單于가 그를 죽이고 8만 명의 기병을 징발해서 조파노를 포위하여 사로잡고, 이어서 그 군대를 맹렬히 공격하였다. 병사와 관리들은 장수를 잃고 주벌을 당할 것을 두려워해서 마침내 모두 흉노에 항복하였다.

上이 猶以受降城이 去匈奴遠이라하여 遣浚稽將軍趙破奴하여 將二萬騎하여 期至浚稽山①이러니 旣至에 左大都尉 欲發而覺이라 單于誅之하고 發兵八萬騎하여 圍破奴獲之하고 因急擊其軍하니 軍吏畏亡將而誅하여 遂沒于匈奴하다

① 浚은 음이 峻이고, 稽는 음이 鷄이니, 浚稽山은 武威郡 북쪽에 있었는데, 匈奴가 이곳을 障蔽(隱身하는 곳)로 삼았다.
浚, 音峻. 稽, 音雞. 浚稽山, 在武威郡北, 匈奴以爲障蔽.

己卯年(B.C. 102)

【綱】漢나라 世宗 孝武皇帝 太初 3년이다. 봄에 황제가 동쪽으로 海上을 순행하였다.

三年이라 春에 帝東巡海上하다

【綱】匈奴의 兒單于가 죽으니, 季父인 呴犁湖單于(구려호선우, 흉노 제8대 선우)[43]가 즉위하였다.

◑ 匈奴兒單于死하니 季父呴犁湖單于立①하다

① 呴는 鉤와 吁 두 가지 음이니, 呴犁湖는 그의 이름이다.
呴, 鉤·吁二音, 呴犁湖, 名也.

【綱】변방 밖에 城障(성벽)을 쌓았는데, 가을에 匈奴가 대거 침입해서 모두 파괴하였다.

◑ 築塞外城障이러니 秋에 匈奴大入하여 盡破壞之[44]하다

【目】上이 光祿勳 徐自爲를 보내 五原의 塞를 나가 성벽과 여러 亭障을 쌓게 하여, 서북쪽으로 廬朐山(여구산)에까지 이르렀는데, 가을에 匈奴가 定襄과 雲中으로 대거 침입하여 모두 파괴하였다.

---

43) 呴犁湖單于(구려호선우, 흉노 제8대 선우) : ≪史記≫에는 '呴犁湖'로 되어 있으나 ≪漢書≫에는 '呴犂湖'로 되어 있다. 학계에는 보통 '구려호'로 읽는다. 犁에도 '려'의 음이 있으므로 이를 따랐다.

44) 築塞外城障……盡破壞之 : "곧바로 이 일을 썼으니, 城을 믿을 수 없음이 분명하다. 그러므로 봄에 '城障을 쌓았다.'고 쓰고, 가을에 '匈奴가 파괴했다.'고 썼으며, 〈隋 文帝 때에는 辛丑年에〉 '長城을 쌓았다.'고 쓰고, 〈다음해인 壬寅年에〉 '突厥이 침입했다.'고 썼으니, ≪資治通鑑綱目≫의 뜻이 분명하다.〔直書其事 城之不足恃明矣 故春書築城障 秋書匈奴破壞之 書築長城 書突厥入之 綱目之意昭昭矣〕" ≪書法≫

上이 遣光祿勳徐自爲하여 出五原塞하여 築城障列亭하여 西北至廬朐①러니 秋에 匈奴大入定襄, 雲中하여 盡破壞之하다

① 五原塞는 바로 五原郡 楡林塞이다. 朐는 음이 劬이니, 廬朐는 匈奴 가운데에 있는 산 이름이다.
五原塞, 卽五原郡楡林塞也. 朐, 音劬, 廬朐, 匈奴中山名.

【綱】睢陽侯(수양후) 張昌이 죄를 지어 나라가 없어졌다.

睢陽侯張昌이 有罪하여 國除①하다

①〈睢陽侯는〉 班固의 ≪漢書≫ 〈功臣表〉와 〈公卿表〉에 모두 睢陵侯로 표기되어 있으니, 睢陵縣은 臨淮郡에 속하였다. 張敖가 宣平侯에 봉해져서 나라를 전하여 증손 張壬에 이르러 侯의 작위를 잃었다가 元光 3년(B.C. 132)에 張壬의 아우 張廣이 睢陵侯가 되어 나라를 이었으니, 張昌은 張廣의 아들이다.
班書功臣表及公卿表, 皆作睢陵侯. 睢陵縣, 屬(陵)〔臨〕[45]淮郡. 張敖封宣平侯, 傳國曾孫壬, 失侯, 元光三年, 其弟廣爲睢陵侯, 紹國. 昌, 廣之子也.

【目】처음에 高祖가 공신을 봉하여 列侯로 삼은 것이 143명이었는데, 이때는 전란을 겪은 뒤라서 백성들이 흩어지고 도망하여 큰 侯는 1만 戶에 불과하고 작은 자는 5, 6백 호였다. 그 封爵하는 맹세에 이르기를 "黃河가 띠처럼 가늘어지고 泰山이 숫돌처럼 닳도록 나라가 길이 보존되어서 마침내 苗裔(후손)에 미친다." 하였고, 丹書의 印信으로 다짐하고 白馬의 피로 맹약하여 거듭 다짐하였다.

高后 때에 이르러 공신들의 位次를 차등하여 이것을 宗廟에 보관하고 副本을 有司가 가지고 있었는데, 文帝와 景帝의 사이에 이르러는 流離하는 백성들이 돌아오고 호구 또한 불어나니, 列侯 중에 큰 자는 3, 4만 호에 이르고 작은 나라도 저절로 배로 증가해서 부유함이 호구수와 같이 많아졌다. 자손들이 이로 말미암아 교만하고 放逸하여 法禁을 많이 저촉해서 몸이 죽고 나라를 잃었다.

이때에 이르러 張昌이 太常에 제사를 지내지 않은 죄에 걸려서 나라가 없어지니, 남아 있는 侯가 겨우 네 사람이었고 법망 또한 다소 치밀해졌다.

初에 高祖封功臣爲列侯 百四十有三人이니 時에 兵革之餘라 民人散亡하여 大侯는 不過萬家요

45) (陵)〔臨〕: 저본에는 '陵'으로 되어 있으나, ≪資治通鑑≫ 註에 의거하여 '臨'으로 바로잡았다.

小者는 五六百戶라 其封爵之誓曰 使黃河如帶하고 泰山若厲토록 國以永存하여 爰及苗裔라하고 申以丹書之信하고 重以白馬之盟①하다 及高后時에 差第位次하여 藏諸宗廟하고 副在有司②러니 逮文景間하여 流民旣歸하고 戶口亦息하니 列侯大者는 至三四萬戶요 小國自倍하여 富厚如之라 子孫이 驕逸하여 多抵法禁하여 隕身失國③이라 至是에 昌이 坐爲太常乏祠하여 國除④하니 見(현)侯纔四人이요 網亦少密焉⑤이러라

① 帶는 옷의 띠이고 厲는 숫돌이다. 苗는 풀뿌리에서 나온 싹이고 裔는 옷자락의 끝이다. 그러므로 먼 후손을 苗裔라 이른다. 重(거듭하다)은 直用의 切이다. "白馬之盟"은 백마를 잡아서 그 피를 발라 맹약함을 이른다.
帶, 衣帶也, 厲, 砥石也. 苗, 草根所生, 裔, 衣裾之末. 故遠末之孫, 謂之苗裔. 重, 直用切. 白馬之盟, 謂刑白馬, 歃其血以爲盟也.

② 副는 貳本(副本)이다. 列侯의 공신 문서가 이미 종묘에 보관되어 있고 副貳의 本이 또 有司에게 있는 것이다.
副, 貳也. 其列侯功籍, 已藏於宗廟, 副貳之本, 又在有司.

③ "自倍"는 옛날에 5백 호였는데 지금 갑절로 증가하여 1천 호에 이름을 말한 것이다. "富厚如之"는 그 재물 또한 점점 부유해져서 각각 호구수와 같이 많아짐을 말한 것이다.
自倍, 謂舊五百戶, 今者至千戶也. 富厚如之, 言其貲財亦稍富厚, 各如戶口之多也.

④ "乏祠"는 제사 지내는 일에 빠뜨림이 있는 것이다.
乏祠, 祠事有闕也.

⑤ 見(현재)은 胡甸의 切이다. "四人(네 사람)"은 酇侯 蕭壽成, 繆侯 酈世宗, 汾陽侯 靳石封과 여기에 睢陵侯 張昌을 합한 것이다. "網亦少密"은 法網이 다소 더욱 치밀해짐을 말한 것이다.
見, 胡甸切. 四人, 酇侯蕭壽成・繆侯酈世宗・汾陽侯靳石封, 幷睢陵侯張昌. 網亦少密, 言法網差益密也.

【綱】 군대를 크게 동원하여 李廣利를 따라 大宛을 포위하자, 大宛에서 그 王 毋寡(관과)를 죽이고 항복하니, 좋은 말 수십 匹을 얻었다.

大發兵하여 從李廣利하여 圍宛한대 宛이 殺其王毋寡以降하니 得善馬數十匹①46)하다

46) 大發兵……得善馬數十匹 : "군대를 크게 동원한 것을 쓴 적이 없었는데, '군대를 크게 동원하였다.'고 쓴 것은 어째서인가? 비판한 것이다. 군대를 크게 동원하고도 겨우 말 수십 필을 얻었으니, 얻은 것이 잃은 것을 보상하지 못함을 알 수 있다. 아래에 '李廣利를 봉하여 海西侯로 삼았다.'고 썼으니, 그러고도 오히려 功이 있다고 말할 수 있겠는가.〔未有書大發兵者 書大發兵 何 譏也 大發兵而得馬僅數十 得不償失 可見矣 下書封李廣利爲海西侯 尙可謂之有功乎〕" ≪書法≫
"앞에서는 '군대를 크게 동원하여 大宛을 포위했다.'고 썼고, 뒤에서는 '좋은 말 수십 필을 얻었다.'고 썼으니, 그 경중이 또한 똑같지 못한 것이다. 天子의 군대는 복종하지 않는 자들을 征討하는 것인데, 지난해에 '李廣利를 보내어 군대를 거느리고 가서 大宛을 정벌했다.'고 쓸 적에 大宛

① 毋寡는 大宛의 王 이름이다.
毋寡, 宛王名.

【目】 漢나라가 이미 浞野侯(趙破奴)의 군대를 잃으니, 公卿 중에 의논하는 자들이 모두 大宛을 공격하는 군대를 파할 것을 청하였다.

그러나 上은 말하기를 "대완은 작은 나라인데도 함락하지 못한다면 大夏 등이 점점 漢나라를 깔볼 것이요, 대완의 좋은 말이 절대로 오지 못할 것이다." 하였다. 그리하여 대완을 정벌하는 것이 매우 온당치 못하다고 말하는 자를 조사하여 처벌하게 하였다.

그러고는 죄수의 무리를 사면하고 행실이 나쁜 소년과 및 변방의 기병을 징발하여 燉煌에서 출전하였던 자가 6만 명이었는데, 사사로이 양식을 지고 간 자와 사사로이 수행한 자는 이 숫자에 넣지 않았다. 소는 10만 마리이고 말은 3만 필이며, 1만 필에 이르는 나귀와 낙타가 양식을 싣고 갔다.

천하의 관리 중에 죄를 지은 자와 망명한 자와 데릴사위와 장사꾼과 옛날 市籍[47]이 있던 자와 부모와 조부모 중에 시적이 있었던 자를 징발해서 모두 7科로 나누어 責罰하여 병사로 삼고, 말린 밥을 싣고 가서 貳師將軍에게 공급하게 하고, 말타기를 익숙하게 익힌 자 두 사람을 제수하여 執馬校尉와 驅馬校尉를 삼았다.

漢이 既亡浞野之兵하니 公卿議者 皆願罷宛軍호되 上以爲宛小國而不能下하면 則大夏之屬이 漸輕漢이요 而宛善馬絶不來라하여 乃案言伐宛尤不便者①하고 赦囚徒하고 發惡少年及邊騎出燉

에서 변경을 침범한 죄가 있다는 말을 듣지 못했는데, 이때에 이르러 비로소 〈정벌한 것이〉 말을 얻기 위함임을 알게 되었다. 바야흐로 수만 명의 병력을 거느리고 북을 치고 출전하였는데, 燉煌에 이르러서는 생존한 병력이 겨우 10명 중에 1, 2명에 그쳤다. 그리고 3년의 오랜 시간을 거치면서 병력을 증원한 것이 6만 명에 이르렀고, 개인들이 물건을 가지고 사사로이 따라간 자는 여기에 들어 있지 않았는데, 또 대완에 이르러서는 겨우 3만 명이 남았을 뿐이다. 禽獸를 내몰아 사람의 고기를 먹게 하였으니, 그 화가 어찌 참으로 한탄할 만한 일이 아니겠는가. 《孟子》에 '전투를 잘하는 자는 上刑(극형)을 받아야 한다.'라고 하였다. 이광리와 같은 자는 士卒들을 많이 죽여 전투를 잘했다고도 할 수 없으니, 그 죄가 죽음을 받아도 가벼운데 오히려 封侯의 상을 받았다. 그러므로 《資治通鑑綱目》에서 '이광리를 봉했다.'는 것을 아래에 특별히 써서, 武帝가 〈사랑에 빠져 私慾을 부린〉 잘못을 드러내어서 후세의 경계로 삼은 것이다.〔上書大發兵圍宛 下書得善馬數十匹 則其輕重亦不類矣 天子之兵 所以征討不服 前年書遣李廣利 將兵伐宛 未聞宛有犯邊之罪也 至是乃知爲馬故爾 方其以數萬之衆 鼓行而進 比至燉煌 所存僅止什一二 經歷三年之久 益兵至於六萬 而負私從者不與焉 又到宛 則三萬而已 率禽獸而食人肉 其禍可勝歎哉 孟子曰 善戰者服上刑 若廣利者 多殺士卒 不足爲善戰 其罪又浮於死 而猶受封侯之賞 故綱目特書封李廣利于下 以著武帝之失 爲後戒也〕" 《發明》

47) 市籍 : 시장의 호적으로, 여기에 기록된 자들은 관리가 될 수 없었다. 옛날 농업을 本業이라 하여 권장하고 商賈를 末業이라 억제하였으며, 또 장사꾼들은 물건을 매매함에 속임수를 많이 사용한다 하여 관리를 시키지 않았다.

煌者六萬人호되 負私從者는 不與[②]하고 牛十萬이요 馬三萬匹이요 驢(려), 槖駝(탁타)以萬數로 齎糧[③]이라 發天下吏有罪者와 亡命者 及贅壻(췌서), 賈人, 故有市籍하고 父母, 大父母有市籍者 凡七科하여 適爲兵하고 及載糒하여 給貳師[④]하고 拜習馬者二人하여 爲執驅馬校尉[⑤]하다

① 案은 죄를 조사하여 벌을 시행함을 이른다.
案, 謂案其罪而行罰.

② 與(참여하다)는 豫로 읽는다. 〈"負私從者 不與"는〉 사사로이 양식을 짊어지고 간 자와 사사로이 따라간 자는 6만 명의 숫자에 들어있지 않음을 말한 것이다.
與, 讀曰豫. 謂負私糧食及私從者, 不在六萬人數中也.

③ 槖(전대)은 음이 託이고 駝는 徒何의 切이다. "槖駝(낙타)"는 匈奴 지역에 있는 기이한 짐승의 이름이니, 능히 자루와 전대를 짊어지고 물건을 실을 수 있으므로 이름한 것이다. 등에 두 封이 있으며, 大月氏國에서는 한 封이 있는 것이 생산된다. 封은 등의 살이 높이 솟아서 흙을 북돋운 것과 같음을 말한 것이다. 일설에 "그 등의 살이 전대와 같으므로 槖駝라고 이름했다." 하였다.
槖, 音託. 駝, 徒何切. 槖駝, 匈奴中奇獸名, 能負囊槖而馱物, 故名. 背有二封, 大月氏(지)出一封者. 封, 謂其背肉隆高, 如封土也. 一說 "以其背肉似槖故名."

④ "七科"는 관리 중에 죄가 있는 자가 첫 번째이고, 망명한 자가 두 번째이고, 남의 데릴사위가 된 자가 세 번째이고, 장사꾼이 네 번째이고, 옛날 市籍이 있었던 자가 다섯 번째이고, 父母에게 市籍이 있었던 자가 여섯 번째이고, 大父母(조부모)에게 市籍이 있었던 자가 일곱 번째이다. 適은 讁으로 읽으니, 責望하고 벌줌이다. 糒는 음이 備이니, 말린 밥이다.
七科, 吏有罪一, 亡命二, 贅壻三, 賈人四, 故有市籍五, 父母有市籍六, 大父母有市籍七. 適, 讀曰讁, 責罰也. 糒. 音備, 乾(간)飯也.

⑤ 習(익히다)은 便과 같다. 한 사람은 執馬校尉로 삼고 한 사람은 驅馬校尉로 삼은 것이니, 大宛을 격파하고서 좋은 말을 가려 취할 것에 대비한 것이다.
習, 猶便也. 一人爲執馬校尉, 一人爲驅馬校尉, 備破宛, 擇取其善馬云.

【目】이에 貳師將軍(李廣利)이 출동하니, 이르는 곳마다 〈부근의 나라에서〉 맞이하여 양식을 공급하였고, 항복하지 않는 자를 공격하여 도륙하였다. 大宛의 도성에 이르니, 도착한 병사가 3만 명이므로 도성을 포위하여 40여 일이 넘도록 공격하였다.

대완의 貴人이 함께 王을 죽이고 그의 머리(首級)를 가지고 와서 貳師將軍에게 아뢰기를 "우리를 공격하지 않으면 우리가 좋은 말을 모두 내주어 마음껏 가져가게 하고 군대의 양식을 공급할 것이다. 만일 우리의 청원을 받아들이지 않는다면 우리가 좋은 말을 모두 죽일 것이고 康居의 구원병이 또 장차 이를 것이다." 하였다.

이사장군이 이를 허락하니, 대완에서는 마침내 말을 내주어 漢나라로 하여금 좋은 말

을 스스로 선발하여 가져가게 하고, 양식을 많이 내어 漢나라 군대를 먹였다. 漢나라에서는 좋은 말 수십 필과 중간 말 3천여 필을 얻고, 대완의 貴人인 昧蔡(말찰)을 大宛의 王으로 세우고서 함께 맹약하고 군대를 해산하였다.

搜粟都尉 上官桀로 하여금 郁成을 공격하게 하여 격파하자, 郁成王이 도망하므로 쫓아가서 목을 베었다.

於是에 貳師行하니 所至에 迎給하고 不下者를 攻屠之하니라 至宛城하니 兵到者三萬이어늘 圍其城하여 攻之四十餘日이라 宛貴人이 共殺王持頭하고 使貳師曰 無攻我하면 我盡出善馬하여 恣所取而給軍食이어니와 卽不聽我하면 我盡殺善馬요 康居之救 又且至하리라 貳師許之하니 宛乃出其馬하여 令漢自擇之하고 而多出食하여 食(사)漢軍이라 漢取其善馬數十匹과 中馬三千餘匹하고 立宛貴人昧蔡(말찰)하여 爲宛王하고 與盟而罷兵①하다 令搜粟都尉上官桀로 攻破郁成한대 郁成王走어늘 追斬之②하다

① 昧은 음이 末이고 蔡은 千曷의 切이니, 昧蔡은 大宛의 장수 이름이다.
昧, 音末. 蔡, 千曷切. 昧蔡, 大宛將名.

② 황제가 搜粟都尉를 설치하여 大司農에 속하게 하였다. 上官은 複姓이고 桀은 이름이다.
帝置搜粟都尉, 屬大司農. 上官, 複姓, 桀, 名也.

庚辰年(B.C. 101)

【綱】 漢나라 世宗 孝武皇帝 太初 4년이다. 봄에 李廣利를 봉하여 海西侯로 삼았다.

四年이라 春에 封李廣利爲海西侯①하다

① ≪漢書≫ 〈地理志〉에 "海西縣은 東海郡에 속했다." 하였다.
班志 "海西縣, 屬東海郡."

【目】 貳師將軍이 지나오는 곳에 약소국들은 大宛이 격파되었다는 말을 듣고는 모두 그 子弟들로 하여금 따라 들어와서 공물을 바치고 인하여 인질이 되게 하였으며, 군대가 개선하자 천여 필의 말을 바쳤다.

뒤에 다시 출동하였을 적에 군대는 양식이 궁핍한 것이 아니었고 전사자가 그리 많은 것이 아니었으나 장수와 관리들이 탐욕스러워 士卒을 아끼지 않아서 침탈하여 이익을

취하니, 이 때문에 物故(사망)한 자가 많았다.

그러나 上은 만 리 먼 길에 정벌을 했다 하여 이사장군의 잘못을 처벌하지 않고, 마침내 李廣利 등을 봉하여 侯가 된 자가 두 명이고 九卿이 된 자가 세 명이고 二千石이 된 자가 백여 명이었다.

자신이 자발적으로 지원하여 출전한 자들에게는 관직을 그들의 소망보다 더 높여주었고, 잘못을 저지르고 책벌로써 출전한 자들에게는 모두 그 공로를 敍勳하지 않았고, 일반 士卒들에게는 4만 錢의 값어치가 되는 물건을 하사하였다.

貳師所過에 **小國**이 **聞宛破**하고 **皆使其子弟**로 **從入貢獻**하여 **因爲質焉**하고 **軍還**에 **入馬千餘匹**하다 **後行**에 **軍非乏食**이요 **戰死不甚多**나 **而將吏貪**하여 **不愛士卒**하여 **侵牟之**하니 **以此**로 **物故者衆**①이라 **上以爲萬里而伐**이라하여 **不錄其過**②하고 **乃封廣利等**하여 **侯者二人**이요 **爲九卿者三人**이요 **二千石百餘人**이라 **奮行者**는 **官過其望**③하고 **以謫過行**은 **皆黜其勞**④하고 **士卒**은 **賜直**(치)**四萬錢**⑤하다

① 이미 燉煌으로 돌아왔다가 다시 출병하였으므로 '뒤에 출동했다.'라고 한 것이다.
既還燉煌, 而再出師, 故曰後行.

② 錄은 採錄함이고 收拾(징계 조치함)함이다.
錄, 采也, 收拾也.

③ 奮은 신속히 함이니, 〈"奮行"은〉 스스로 즐거워하여 출전한 자를 이른다.
奮, 迅也, 謂自樂而行者.

④ 〈"以謫過行 皆黜其勞"는〉 罪謫 때문에 출동한 자는 그가 범한 죄를 면제하고 공로를 敍勳하지 않았음을 말한 것이다.
言以罪謫而行者, 免其所犯, 不敍功勞.

⑤ 혹은 딴 재물로 충당하였으므로 '값어치'라고 말한 것이다.
或以他財物充之, 故云直(치).

匈奴가 樓蘭國을 이용하여 漢나라 사신으로서 뒤에 지나가는 자를 엿보아 길을 차단하고 통하지 못하게 하려 하였는데, 軍正인 任文이 生口(포로)를 체포하여 이러한 상황을 알아내어 보고하였다.

上은 임문에게 詔令을 내려 군대를 이끌고 가서 樓蘭王을 체포하게 하고 데리고 대궐로 와서 하나하나 죄를 책망하자, 누란왕은 대답하기를 "약소국이 큰 나라의 틈새에 끼어있어서 두 나라에 소속되지 않으면 스스로 편안할 수가 없으니, 원컨대 나라를 옮겨 들어와 漢나라 땅에서 살고 싶습니다." 하였다.

上은 그의 말을 옳게 여겨 본국으로 돌려보내고, 또한 그로 하여금 흉노를 정탐하게

하니, 흉노가 이 뒤로는 누란왕을 그리 친애하고 신임하지 않았다.

이에 燉煌으로부터 서쪽으로 鹽澤에 이르기까지 도처에 亭障을 세웠고, 輪臺와 渠犂에 모두 屯田하는 병졸 수백 명이 있었는데, 使者와 校尉를 배치하여 屯田兵을 통솔하고 보호해서 외국에 사신 가는 자들에게 양식을 공급하게 하였다.

匈奴因樓蘭하여 **候漢使後過者**하여 **欲絶勿通**이어늘 **軍正任文**이 **捕得生口**하여 **知狀以聞**①이라 **上**이 **詔文引兵**하여 **捕樓蘭王**하여 **將詣闕簿責**한대 **王**이 **對曰 小國**이 **在大國間**하여 **不兩屬**이면 **無以自安**이니 **願徙國**하여 **入居漢地**하노이다 **上**이 **直其言**하여 **遣歸國**하고 **亦因使候司匈奴**②하니 **匈奴自是**로 **不甚親信樓蘭**이라 **於是**에 **自燉煌**으로 **西至鹽澤**히 **往往起亭**하고 **而輪臺, 渠犂**에 **皆有田卒數百人**하니 **置使者校尉領護**하여 **以給使外國者**③하니라

① 軍正은 卒正과 같으니, 장군에게 소속된 관원이다. 任文은 사람의 姓名이다. 사람을 사로잡은 것을 生口라 하니, 樓蘭國 사람을 생포하여 그 나라의 정황을 앎을 말한 것이다.
軍正, 猶卒正, 將軍屬官. 任文, 姓名也. 生獲其人曰生口, 謂生獲樓蘭國人, 而知其國中情狀.

② 司(엿보다)는 伺로 읽는다.
司, 讀曰伺.

③ 輪臺는 西域의 나라 이름이니, 車師의 서쪽 천여 리 지점에 있고, 渠犂 또한 나라 이름이다. 일설에 "支渠犂이니, 輪臺의 동쪽에 있다." 하였다. "領護"는 그 무리를 統領하고 屯田을 경영하는 일을 보호하는 것이다. 給은 五穀을 수확하여 공급함을 이른다.
輪臺, 西域國名, 在車師西千餘里, 渠犂亦國名. 一曰"支渠犂, 在輪臺東." 領護, 統領其衆而保護營田之事也. 給, 謂收其五穀以供之.

【綱】 가을에 明光宮을 일으켰다.

秋에 **起明光宮**①48)하다

---

48) 起明光宮 : "武帝가 즉위한 이래로 '柏梁臺를 일으켰다.'고 썼고 '宣防宮을 건축했다.'고 썼고 '蜚廉觀과 桂觀과 通天莖臺를 만들었다.'고 썼고, '首山宮을 지었다.'고 썼고, 또 '建章宮을 지었다.'고 썼지만 못과 동산은 여기에 포함되지 않았으니, 백성들의 힘을 동원한 것이 많다. 그런데 이때 또 다시 '明光宮을 일으켰다.'고 썼으니, 토목공사로 백성들을 피폐하게 한 것이 武帝보다 더 심한 자가 있지 않다. 臺觀은 '起'라고 썼으나 宮은 '起'라고 쓴 적이 있지 않았는데, 여기에서 '起'라고 쓴 것은 어째서인가? 집을 너무 크고 높게 지었기 때문이니, 그러므로 臺觀에 사용하는 말로 쓴 것이다. 이 때문에 武帝의 明光宮을 '起'라고 썼고(이해), 明帝의 北宮을 '起'라고 썼고(永平 3년, 60), 燕나라의 逍遙宮을 '起'라고 썼고(晉 安帝 元興 3년, 404), 陳 後主의 三閣을 '起'라고 썼고(甲辰年, 584) 唐 憲宗의 承暉殿을 '起'라고 썼으니(元和 13년, 818), 이는 모두 너무 집을 크고 높게 지었기 때문이다. ≪資治通鑑綱目≫이 끝날 때까지 宮殿을 '起'라고 쓴 것이 다섯 번이다.〔武帝自卽位以來 書起柏梁臺 書築宣防宮 書作蜚廉桂觀通天莖臺 書作首山宮 又書作建章宮 池苑不與焉 用民力多矣 於是又書起明光宮 土木疲民 未有盛於帝者也 臺觀書起 宮未有書起者 此其書起 何 峻宇也 故以臺觀之辭書之

① 宮은 長樂宮 뒤에 있었으니, 남쪽으로는 長樂宮과 서로 연결되고 북쪽으로는 桂宮과 통하였다.
宮, 在長樂宮後, 南與長樂宮相聯屬, 北通桂宮.

【綱】겨울에 匈奴의 呴犁湖單于가 죽으니, 아우인 且鞮侯單于(저제후선우, 흉노의 제9대 선우)가 즉위하여 사신을 보내와 공물을 바쳤다.

◐冬에 匈奴呴犁湖單于死하니 弟且鞮侯單于立하여 使使來獻하다

【目】上은 大宛을 정벌한 위세를 인하여 마침내 匈奴를 곤궁하게 하고자 해서, 이에 다음과 같은 詔令을 내렸다.

"高皇帝가 朕에게 平城의 걱정을 남겨주셨고, 高皇后 때에 單于의 편지가 몹시 悖逆하였다.[49] 옛날 齊나라 襄公이 9대조의 원수를 보복하자, ≪春秋≫에서 이를 훌륭하게 여겼다."

且鞮侯單于는 처음 즉위하자, 漢나라가 그들을 습격할 것을 두려워해서, 마침내 말하기를 "나는 어린아이이니, 어찌 감히 漢나라의 천자와 비교할 수 있겠는가. 漢나라의 천자는 우리 어르신의 항렬이다." 하고, 인하여 漢나라 사신 중에 항복하지 않은 자인 路充國 등을 모두 돌려보내고 사신을 보내와 공물을 바쳤다.

上이 欲因伐宛之威하여 遂困胡하여 乃下詔曰 高皇帝遺朕平城之憂하시고 高后時에 單于書絶悖逆이라 昔에 齊襄公이 復九世之讎한대 春秋에 大之①라하다 且鞮侯初立에 恐漢襲之②하여 乃曰 我는 兒子니 安敢望漢天子리오 漢天子는 我丈人行(항)也라하고 因盡歸漢使之不降者路充國等하고 使使來獻③하다

① ≪春秋公羊傳≫에 莊公 4년 봄에 "齊나라 襄公이 紀나라를 멸망시켰으니, 복수한 것이다. 襄公의 9世祖가 옛날 紀나라 임금에게 중상모략을 당하여 周나라에서 삶아 죽임을 당하였다. 그러므로 양공이 紀나라를 멸망시킨 것이다. 9세가 되었는데도 복수할 수 있는가? 비록 백세가 되더라도 괜찮으니, 先君의 치욕은 지금 군주의 치욕과 똑같은 것이다." 하였다.
公羊傳莊四年春 "齊襄公滅紀, 復讎也. 襄公之九世祖, 昔爲紀侯所譖而烹殺于周, 故襄公滅紀也. 九世猶可以復讎乎, 曰 雖百世, 可也, 先君之恥, 猶今君之恥也."

② 且는 子余의 切이고, 鞮는 丁奚의 切이다.

是故武帝明光宮書起 明帝北宮書起 燕追遙宮書起 陳後主三閣書起 唐憲宗承暉殿書起 皆峻宇也 終綱目 宮殿書起五〕"≪書法≫

49) 高皇后……悖逆하였다 : 漢나라 惠帝 3년(B.C. 192)에 있었던 일을 가리킨 것이다.

且, 子余切. 鞮, 丁奚切.

③ "丈人(어르신)"은 지위가 높고 연로한 분의 칭호이다. 行은 胡浪의 切이니, 항렬이다.
丈人, 尊老之稱. 行, 胡浪切, 輩行也.

辛巳年(B.C. 100)

【綱】漢나라 世宗 孝武皇帝 天漢 원년이다. 봄 3월에 中郎將 蘇武를 보내 匈奴에 사신으로 가게 하였다.

天漢元年①이라 春三月에 遣中郎將蘇武하여 使匈奴[50)]하다

① 이때 수년 동안 자주 가뭄에 시달리니, ≪詩經≫ 〈大雅〉의 雲漢詩에 宣王이 旱害를 만나 德을 닦고 정사를 부지런히 힘써 비가 내리게 하였음을 찬미하였는데, 이를 따라 天漢을 年號로 삼아서 단비가 내리기를 기원한 것이다.
時頻年苦旱, 以大雅雲漢之詩, 美宣王遇旱災 修德勤政而能致雨, 故依以爲年號, 以祈甘雨.

【目】上은 單于의 의리를 가상히 여기고 蘇武를 보내면서, 匈奴의 사신으로 漢나라에 억류되어 있던 자들을 돌려보내고, 인하여 선우에게 많은 선물을 보내서 그의 후의에 답하였다. 〈漢나라 사신이〉 도착하여 선우에게 폐백을 주니, 선우가 더욱 교만하여 漢나라에서 바라던 바가 아니었다.

이때 마침 長水의 虞常 등이 모의하여 흉노에 항복한 漢나라 사람인 衛律을 죽이고 선우의 어미인 閼氏(연지)를 겁박하여 漢나라로 데려오려고 하였는데,[51)] 어떤 사람이 이것을 선우에게 고자질하였다. 이때 위율이 丁靈王이 되어서 신분이 귀하고 선우의 총애를 받아 권력을 행사하였다.

上이 嘉單于之義하여 遣蘇武하여 送匈奴使留在漢者하고 因厚賂單于하여 答其善意①하다 既至에 置幣單于하니 單于益驕하여 非漢所望也②라 會에 長水虞常等이 謀殺漢降人衛律하고 而劫單于母

50) 遣中郎將蘇武 使匈奴 : "이때에 匈奴가 蘇武를 억류하였는데, '억류하였다.'라고 쓰지 않은 것은 어째서인가? 張勝을 蘇武와 연관시키지 않으려 하였으므로 쓰지 않은 것이다. 뒤에 '蘇武가 匈奴로부터 돌아왔다.'고 썼으니, 억류당했음이 분명하다.〔於是匈奴留武 不書留之 何 不以張勝累武也 故不書 後書還自匈奴 則被留明矣〕" ≪書法≫

51) 單于의……하였는데 : 閼氏는 單于의 夫人으로 高祖 9년(B.C. 198)에 家人의 자식을 취하여 長公主라 이름해서 冒頓單于에게 시집보냈었는데, 그녀가 아들을 낳아 單于가 되었으므로 '單于의 어미'라고 한 것이다. 그녀는 漢나라 사람이었으므로 이때 그녀를 귀환시키려 한 것이다.

閼氏歸漢이러니 人告單于③한대 時에 律이 爲丁靈王하여 貴寵用事④러라

① 蘇武는 蘇建의 아들이다.
武, 建之子也.

② 漢나라에서는 匈奴가 마음을 돌려 善을 향할 것을 바랐는데, 지금 도리어 더욱 교만하였다. 그러므로 "漢나라에서 바라던 바가 아니다.〔非漢所望〕"라고 한 것이다.
漢望其回心鄕善, 今乃益驕, 故曰非漢所望.

③ ≪水經注≫에 "長水는 杜縣 白鹿原에서 발원하여 북쪽으로 霸水에 들어간다." 하였다. 虞常 또한 먼저 匈奴에게 패하여 戰歿된 자이다. 李延年이 衛律을 천거해서 흉노에 사신으로 가게 했었는데, 〈위율이〉 使行에서 돌아오다가 이연년의 집안이 죄를 지어 체포당했다는 말을 듣고 마침내 망명하여 흉노에 항복하였다.
水經注 "長水出杜縣白鹿原, 北入霸水." 虞常, 蓋亦先沒於匈奴. 李延年薦言律, 使於匈奴, 使還, 聞延年家收, 遂亡降匈奴.

④ 靈은 혹 令으로 쓰는데, 一本에는 零으로 되어 있다. ≪魏略≫52)에 "丁靈은 北狄의 종족 이름이니, 康居의 북쪽에 있는바, 匈奴의 王庭 接習水에서 7천 리 떨어져 있다." 하였다.
靈, 或作令, 一作零. 魏略曰 "丁靈, 北狄種名, 在康居北, 去匈奴庭接習水七千里."

【目】 單于가 衛律로 하여금 이들을 다스리게 하였는데, 虞常이 "蘇武의 副官인 張勝이 이 모의를 알고 있다."고 끌어들이니, 선우가 노하여 漢나라의 使者 張勝을 죽이고자 하였다.

左伊秩訾(좌이질자)가 말하기를 "바로 선우를 도모하였으니, 무슨 죄가 이보다 더 클 수 있겠는가. 모두 강제로 항복시켜야 한다." 하고는, 소무를 불러 답변하는 말(조사)을 받게 하였다.

소무는 假吏인 常惠 등에게 이르기를 "절개를 굽히고 皇命을 욕되게 한다면 비록 살아남은들 무슨 면목으로 漢나라에 돌아가겠는가." 하고는, 차고 있던 장도를 끌어다가 스스로 찌르니, 위율은 놀라 직접 소무를 안고서 만류하였다.

소무가 기절한 지 반나절 만에 다시 깨어나니, 선우는 그의 충절을 장하게 여겨 아침저녁으로 사람을 보내 소무의 안부를 묻고 장승을 구금하였다.

單于使律治之한대 常이 引武副張勝知其謀①라하니 單于怒하여 欲殺漢使者하다 左伊秩訾曰② 卽謀單于하니 何以復加리오 宜皆降之③라하고 召武受辭라 武謂假吏常惠等曰④ 屈節辱命이면 雖生이나 何面目以歸漢이리오하고 引佩刀自刺한대 衛律이 驚하여 自抱持之하니라 武氣絶半日에 復

52) 魏略 : 西晉 시기 魚豢(어환)이 지은 책으로 원본은 산실되었으나, 그 일문이 ≪三國志≫ 裵松之의 註 등에 인용되어 있다.

息[⑤]하니 單于壯其節하여 朝夕에 遣人候問武하고 而收繫勝하다

① 引은 끌어들여 獄辭가 미침을 이른다. 虞常은 漢나라에 있을 적에 평소 張勝과 서로 잘 알고 지냈는데, 은밀히 장승에게 찾아가 이르기를 "들으니 '漢나라 천자가 衛律을 몹시 원망한다.' 하니, 내가 漢나라를 위해서 弩手를 매복시켰다가 위율을 쏘아 죽이겠다." 하니, 장승이 이를 허락하였다.
引, 謂辭及之也. 虞常在漢時, 素與勝相知, 私候勝曰 "聞漢天子甚怨衛律, 常能爲漢伏弩射殺之." 勝許之.

② 訾는 子移의 切이다. 左伊秩訾는 오랑캐 왕의 칭호이다.
訾, 子移切. 左伊秩訾, 胡王之號.

③ "何以復加"는 衛律을 도모하여 죽이려 하였으니, 그 벌이 매우 무거움을 말한 것이다.
何以復加, 言謀衛律而殺之, 其罰太重也.

④ "受辭"는 單于의 명을 전달하여 그의 대답하는 말을 받는 것이다. "假吏"는 兼吏라는 말과 같으니, 이때 常惠 등이 임시로 사신의 관리가 된 것이다.
受辭, 致單于之命而取其對也. 假吏, 猶言兼吏也, 時權爲使之吏.

⑤ 息은 숨을 내쉼을 이른다.
息, 謂出氣也.

【目】 蘇武는 상처가 많이 치유되었는데, 마침 虞常을 논죄하여 칼로 우상을 斬首한 후였다. 衛律이 말하기를 "漢나라 사신 張勝이 單于의 가까운 신하를 죽이려고 모의하였으니 마땅히 죽어야 할 것이나, 항복하면 죄를 용서하겠다." 하고는, 劍을 들어 치려 하자, 장승은 항복을 청하였다.

위율이 소무에게 이르기를 "副官(張勝)이 죄가 있으니, 마땅히 서로 연좌되어야 할 것이다." 하니, 소무가 말하기를 "나는 본래 이것을 모의한 적이 없고, 또 장승은 나의 친속이 아니니, 어찌 서로 연좌시킨다고 말하는가." 하였다. 위율이 다시 검을 들어 소무를 치려고 하였으나, 소무는 꼼짝도 하지 않았다.

武益愈러니 會에 論虞常하여 劍斬常已[①]에 律曰 漢使張勝이 謀殺單于近臣하니 當死로되 降者는 赦罪라하고 擧劍欲擊之한대 勝이 請下[②]어늘 律이 謂武曰 副有罪하니 當相坐니라 武曰 本無謀요 又非親屬이니 何謂相坐리오 復擧劍擬之로되 武不動하다

① 會는 마침 만남이니, 마침 虞常을 논죄하여 죽인 때를 만난 것이다.
會, 適遇也, 適遇論殺虞常時.

② "近臣(가까운 신하)"은 衛律이 자기를 가리켜 말한 것이다.
近臣, 律自謂也.

【目】 衛律은 蘇武에게 다음과 같이 말하였다.

"蘇君아! 내가 예전에 漢나라를 저버리고 匈奴에 귀순하였는데, 다행히 큰 은혜를 입어서 높은 칭호를 하사받아 王이라 불리고 수만 명의 병력을 보유하였으며, 말과 가축이 산에 가득하여 부귀함이 이와 같으니, 소군이 오늘 항복하면 내일 다시 나와 같게 될 것이다. 공연히 몸을 죽여서 초야를 기름지게 하면 누가 다시 알아주겠는가."

소무가 응하지 않자, 위율이 위협하기를 "그대가 나를 통하여 항복하면 내 그대와 형제가 될 수 있지만, 지금 나의 계책을 따르지 않으면 뒤에 비록 다시 나를 만나보고자 하나 될 수 있겠는가." 하였다.

律曰 蘇君아 律이 前負漢歸匈奴러니 幸蒙大恩하여 賜號稱王하고 擁衆數萬하고 馬畜彌山하여 富貴如此①하니 蘇君이 今日降이면 明日復然하리니 空以身膏草野면 誰復知之②리오 武不應한대 律曰 君因我降이면 與君爲兄弟어니와 今不聽吾計하면 後雖欲復見我나 尙可得乎아

① 畜(가축)은 許又의 切이다. 彌는 가득함이다.
畜, 許又切. 彌, 滿也.
② 膏(기름지다)는 古號의 切이다.
膏, 古號切.

【目】 蘇武는 衛律을 다음과 같이 꾸짖었다.

"네가 신하가 되어서 은혜와 의리를 돌아보지 않고 군주와 어버이를 배반하여 오랑캐에게 항복한 포로가 되었으니, 내 무엇하러 너를 만나본단 말인가. 또 單于가 너를 신임하여 너로 하여금 사람의 生死를 결단하게 하였는데, 공평한 마음으로 바름을 지키지 않고, 도리어 두 나라 군주를 싸우게 하여 禍敗를 보고자 한단 말인가.

南越이 漢나라의 사자를 죽였다가 도륙을 당하여 漢나라의 9개 郡이 되었고, 大宛의 王이 漢나라의 사자를 죽였다가 머리가 북쪽 대궐에 매달렸고, 朝鮮이 漢나라의 사자를 죽였다가 즉시 誅戮을 당하여 멸망하였다. 너는 내가 항복하지 않을 줄을 분명히 알면서 두 나라로 하여금 서로 공격하게 하고자 하니, 匈奴의 禍가 나를 죽임으로부터 시작될 것이다."

武罵律曰 汝爲人臣子하여 不顧恩義하고 畔主背親하여 爲降虜於蠻夷하니 何以汝爲見①이리오 且單于信汝하여 使決人死生이어늘 不平心持正하고 反欲鬪兩主하여 觀禍敗로다 南越이 殺漢使者라가 屠爲九郡하고 宛王이 殺漢使者라가 頭縣北闕하고 朝鮮이 殺漢使者라가 卽時誅滅하니 若이 知我不

降明②이어늘 欲令兩國相攻하니 匈奴之禍 從我始矣리라

① 〈"何以汝爲見"은〉 어찌 너를 만나볼 필요가 있겠느냐고 말한 것이다.
言何用見汝爲也.

② 若은 너이니, 너는 내가 기꺼이 항복하지 않을 것임을 분명히 안다고 말한 것이다.
若, 汝也, 言汝知我不肯降 明矣.

【目】衛律이 單于에게 이러한 사실을 아뢰자, 선우는 더욱 蘇武를 항복시키고자 하여 마침내 소무를 큰 지하 창고에 幽置하고 일절 음식물을 먹이지 않았다.

하늘에서 함박눈이 내리자, 소무는 눈을 씹어 방석의 털과 함께 삼켜서 며칠 동안 죽지 않으니, 匈奴 사람들은 神이라고 여겨 소무를 北海 가의 사람이 없는 곳에 옮겨서 숫양을 기르게 하였다. 그리고는 "숫양이 새끼를 낳아야 비로소 돌아갈 수 있다." 하고, 소무의 官屬들을 구별하여 각각 다른 곳에 가둬두었다.

律이 白單于한대 愈欲降之하여 乃幽武置大窖(교)中하고 絶不飮食(임사)①하다 天雨雪이어늘 武齧(설)雪與旃毛幷咽(연)之하여 數日不死②하니 匈奴以爲神이라하여 乃徙武北海上無人處하여 使牧羝(저)하고 日 羝乳라야 乃得歸라하고 別其官屬하여 各置他所③하다

① 窖는 工孝의 切로 지하에 물건을 보관하는 곳이니, 예전에 쌀과 곡식을 보관해두던 지하 창고의 빈 곳을 이른다. 飮(마시게 하다)은 於禁의 切이다. 食(먹이다)는 飤로 읽는다.
窖, 工孝切, 地藏也. 謂置舊米粟之地藏而空者. 飮, 於禁切. 食, 讀曰(飮)〔飤〕.53)

② 旃(모전)은 氈과 같다. 咽은 음이 宴이니, 삼킨다는 뜻이다.
旃, 與氈同. 咽, 音宴, 呑也.

③ 北海는 바로 上海이니, 匈奴 가운데의 땅이다. 羝는 丁奚의 切이니, 숫양이다. 乳(기르다)는 去聲이니, 生育함이다. 숫양은 새끼를 낳을 수 없는데, 새끼를 낳아야 한다고 말한 것은 반드시 돌아갈 날이 없을 것임을 말한 것이다.
北海, 卽上海也, 匈奴中地. 羝, 丁奚切, 牡羊也. 乳, 去聲, 育也. 羝不當乳而云乳, 言其必無歸日也.

【綱】흰 털이 비처럼 내렸다.

雨白氂(리)①54)하다

53) (飮)〔飤〕: 저본에는 '飮'으로 되어 있으나, ≪資治通鑑≫ 註에 의거하여 '飤'로 바로잡았다.

54) 雨白氂 : "〈惠帝 4년에〉 일찍이 '핏빛의 비가 내렸다.'고 썼었는데 여기에 '흰 털이 비처럼 내렸다.'고 썼으니, 큰 이변이다. ≪資治通鑑綱目≫이 끝날 때까지 한 번뿐이다.〔嘗書雨血矣 於是書雨氂

① 氂는 力之의 切이니 털 중에 강하고 굽은 것(곱슬)이다.
氂, 力之切, 毛之彊曲者.

【綱】 여름에 크게 가물자, 赦免하였다.

◑ **夏**에 **大旱**이어늘 **赦**하다

【綱】 謫戍(수자리 사는 죄인)를 징발하여 五原에 주둔시켰다.

◑ **發謫戍**하여 **屯五原**하다

壬午年(B.C. 99)

【綱】 漢나라 世宗 孝武皇帝 天漢 2년이다. 여름에 李廣利를 보내 군대를 거느리고 가서 匈奴를 공격하게 하였는데, 別將 李陵이 싸우다가 패하여 오랑캐에게 항복하였다.

二年이라 **夏**에 **遣李廣利**하여 **將兵擊匈奴**러니 **別將李陵**이 **戰敗降虜**[55]하다

【目】 貳師將軍(李廣利)이 酒泉郡에서 출동하여 匈奴를 공격해서 만여 명의 수급을 베었는데, 군대가 돌아올 적에 흉노가 대병력으로 포위하니, 漢나라 군대가 며칠 동안 양식이 떨어져서 죽고 부상한 자가 매우 많았다.

이때 假司馬 趙充國이 壯士 백여 명과 함께 포위망을 뚫고 적진을 무너뜨리자, 이사

大異也 終綱目一而已〕"≪書法≫

55) 遣李廣利……戰敗降虜 : "李廣利는 노예나 될 만한 하찮은 재주를 지녔다. 전에 大宛을 정벌할 적에 士卒들이 매우 많이 죽었는데, 이광리는 誅罰을 면하고 侯가 되었다. 그런데 이제 또다시 그로 하여금 군대를 거느리게 하였으니, 한갓 병사들을 더 많이 죽게 할 뿐이다. 李陵이 패전한 이유 또한 貳師將軍에게 예속되기를 부끄러워하고 스스로 한 부대를 담당할 것을 청하였기 때문이었다. 그러나 李陵은 '군주의 군대를 운용하다가 군대가 패하면 죽어야 하니, 항복하면 안 된다.'는 것을 알지 못하였다. 司馬遷은 이릉의 충성과 용맹을 말했다가 형벌을 받았는데, ≪資治通鑑綱目≫에서 삭제하고 쓰지 않았으니, 이는 이릉이 이미 오랑캐에게 항복한 죄가 있어서이다. 그렇다면 기타 아름다운 일로 속죄할 수가 없는 것이니, 사마천 또한 말할 것이 없는 것이다. 이것이 진실로 筆削하는 書法의 깊은 뜻이다.〔李廣利奴材也 前伐大宛 士卒物故甚衆 免誅而侯 今又使之將兵 徒益多殺而已 李陵之敗 亦以恥於屬役 故請自當一隊 然不知謀人之軍 師敗則死之 降則不可也 馬遷言陵忠勇以致受刑 綱目削而不書 蓋陵旣有降虜之罪 他美擧不足以贖之 則遷亦無足言者矣 此固筆削之深意也〕"≪發明≫

장군이 군대를 이끌고 뒤따라가서 마침내 포위에서 풀려났는데, 漢나라 병사로서 物故(사망)한 자가 10명에 6, 7명이었고, 조충국은 몸에 20여 군데의 상처를 입었다.

황제는 詔命을 내려 조충국을 불러 行在所로 나오게 하여 친히 그 상처를 살펴보고 〈그의 용맹에〉 감탄하고는 임명하여 中郎將으로 삼았다.

貳師出酒泉하여 **擊匈奴**하여 **斬萬餘級**이러니 **師還**에 **匈奴大圍之**하니 **漢軍**이 **乏食數日**하여 **死傷者多**라 **假司馬趙充國**이 **與壯士百餘人**으로 **潰圍陷陳**[①]이어늘 **貳師引兵隨之**하여 **遂得解**하니 **漢兵物故什六七**이요 **充國**은 **身被二十餘創**이라 **詔徵詣行在所**하여 **帝親視其創**하고 **嗟歎之**하고 **拜爲中郎**하다

① 假는 임시로 대행한다는 뜻이니, "假司馬"는 軍司馬의 副官이다.
假者, 權攝之義. 假司馬, 軍司馬之副也.

【目】처음에 李廣에게 손자 李陵이 있었는데, 말타기와 활쏘기를 잘하였으며, 사람을 사랑하고 겸손하였다. 황제는 李廣의 風貌가 있다고 하여 騎都尉에 임명해서, 그로 하여금 丹陽과 楚 지방의 병사 5천 명을 거느리고 가서 酒泉郡과 張掖郡에서 활쏘기를 가르쳐 오랑캐의 침략에 대비하게 하였다.

그런데 이때에 上이 이릉으로 하여금 貳師將軍을 위하여 輜重隊(보급부대)를 거느리고 따라가게 하자, 이릉이 아뢰기를 "臣이 거느리고 있는 병사들은 모두 荊楚 지방의 용사들로 기이한 재주가 있는 劍客들이어서, 힘이 호랑이를 잡아 죽일 수 있고 활을 쏘면 명중하니, 원컨대 스스로 한 부대를 담당하여 單于의 군대를 분산시켜서 흉노가 이사장군의 군대에게 오로지 향해가지 못하게 했으면 합니다." 하였다.

初에 **李廣**이 **有孫陵**하니 **善騎射**하고 **愛人下士**라 **帝以爲有廣之風**이라하여 **拜騎都尉**하여 **使將丹陽楚人五千人**하여 **教射酒泉, 張掖以備胡**[①]하다 **至是**에 **上**이 **欲使爲貳師將輜重**한대 **陵曰 臣所將**은 **皆荊楚勇士奇材劍客**이라 **力扼**(액)**虎**하고 **射命中**[②]하니 **願得自當一隊**하여 **分單于兵**하여 **毋令專鄉貳師軍**[③]하노이다

① 《續漢志》에 "騎都尉는 품계가 比二千石이다." 하였다.
續漢志 "騎都尉, 比二千石."

② 射(맞추다)은 食亦의 切이다. "命中"은 지명한 곳을 똑바로 맞추는 것이다.
射, 食亦切. 命中者, 所指名處, 卽中之也.

③ 鄕(향하다)은 嚮으로 읽는다.
鄕, 讀曰嚮.

【目】上이 말하기를 "장군은 李廣利의 부하가 되어 소속되는 것을 싫어하는가? 내 군대를 많이 징발하여 그대에게 줄 騎兵이 없다." 하였다. 李陵이 대답하기를 "기병을 쓸 것이 없으니, 臣은 보병 5천 명을 거느리고 單于의 王庭에 가기를 원합니다." 하니, 上이 기특하게 여겨 허락하고 인하여 路博德에게 詔令을 내려 군대를 거느리고 중도에서 이릉의 군대를 맞이하도록 하였다.

그러나 노박덕 또한 이릉의 後距(뒤에서 방어함)가 되는 것을 수치로 여겼다. 그리하여 상주하기를 "지금 한창 가을이어서 匈奴의 말이 살쪘으니, 흉노와 더불어 싸울 수가 없습니다. 이릉을 만류하여 봄에 함께 출병하기를 원합니다." 하였다.

上은 이릉이 출정을 자원한 것을 후회하고 노박덕을 사주하여 上書한 것이라고 의심해서, 마침내 노박덕에게 조령을 내려 西河에서 흉노를 공격하게 하고, 이릉에게는 9월에 출발하도록 조령을 내렸다.

上曰 將은 惡(오)相屬耶아 吾發軍多하여 無騎予女[①]로라 陵對호되 無所事騎하니 臣은 願以步兵五千人으로 涉單于庭[②]하노이다 上이 壯而許之하고 因詔路博德하여 將兵半道迎陵軍하니 博德이 亦羞爲陵後距[③]라 奏言호되 方秋에 匈奴馬肥하니 未可與戰이니 願留陵하여 至春俱出하노이다 上이 疑陵悔而教博德上書하여 乃詔博德하여 擊匈奴於西河하고 詔陵以九月發하다

① 將(장수)은 본음대로 읽는다. 惡(꺼리다)는 去聲이다. 屬은 예속되는 것이다. 予(주다)는 與로 읽고, 女(너)는 汝로 읽는다.
將, 如字. 惡, 去聲. 屬, 隷也. 予, 讀曰與. 女, 讀曰汝.
② "無所事騎"는 굳이 기병을 필요로 하지 않는다는 말과 같다.
無所事騎, 猶言不須騎也.
③ "後距"는 뒤에 있으면서 적을 막는 것이다.
後距者, 居後以距敵.

【目】李陵이 이때에 居延에서 출동하여 浚稽山에 이르러서 單于와 서로 만나니, 匈奴의 기병이 3만 명쯤 되었다. 오랑캐들은 漢나라 군대가 약소한 것을 보고는 곧장 진영 앞으로 다가왔다. 이에 이릉이 육박전을 하고 추격해서 수천 명을 죽이니, 선우가 크게 놀라 좌우의 지역에 있는 8만여 기병을 불러 이릉을 공격하게 하였다.

이릉이 한편으로는 싸우고 한편으로는 군대를 이끌고서 남쪽으로 행군한 지 며칠에 3천여 명의 수급을 베니, 선우가 말하기를 "이는 漢나라의 정예병이어서 공격하여도 항복시킬 수가 없으며, 밤낮으로 우리 군대를 유인하여 남쪽 변방으로 가까이 가니, 복병

이 있지 않겠는가?" 하고는 떠나고자 하였다.

陵이 **於是**에 **出居延**하여 **至浚稽山**하여 **與單于相値**하니 **騎可三萬**이라 **虜見漢軍少**하고 **直前就營**이어늘 **陵**이 **搏戰追擊**하여 **殺數千人**①하니 **單于大驚**하여 **召左右地兵八萬餘騎**하여 **攻陵**②하다 **陵**이 **且戰且引**하여 **南行數日**에 **斬首三千餘級**하니 **單于曰 此漢精兵**이라 **擊之不能下**요 **日夜**에 **引吾南近塞**하니 **得無有伏兵乎**아하고 **欲去**③하다

① "搏戰"은 맨손으로 상대하여 싸우는 것이다.
搏戰, 手對戰也.
② "左右地"는 바로 匈奴의 좌와 우에 있는 지역이다.
左右地, 卽左右方.
③ 近(가까이 가다)은 其靳의 切이다.
近, 其靳切.

【目】 그런데 마침 軍候인 管敢이 도망하여 匈奴에 항복해서, 李陵의 군대가 뒤에 구원병이 없고 화살이 곧 다하게 될 것이라는 상황을 자세히 말하였다.

선우가 크게 기뻐하여 길을 가로막고 이릉의 군대를 급히 공격하니, 이릉의 군대는 남쪽으로 행군해서 鞮汗山(제한산)에 이르기 전에 하루 동안 50만 개의 화살이 모두 다하였다. 이릉은 크게 탄식하기를 "군대가 패하여 죽게 되었다." 하고는, 병사들로 하여금 각각 흩어지게 하고서 遮虜障에 이르러 기다리기로 약속하였다.

이때 오랑캐 기병 수천 명이 추격해오자, 이릉은 "폐하에게 보답할 면목이 없다." 하고 마침내 항복하니, 빠져나와 변방에 이른 병사가 겨우 400여 명이었다.

會에 **軍候管敢**이 **亡降匈奴**하여 **具言陵軍無救**하고 **矢且盡**①이라한대 **單于大喜**하여 **遮道急攻**하니 **陵軍南行**하여 **未至鞮汗山**②하여 **一日**에 **五十萬矢俱盡**이라 **陵**이 **太息曰 兵敗死矣**라하고 **令軍士各散**하여 **期至遮虜障相待**③하다 **虜騎數千**이 **追之**한대 **陵曰 無面目報陛下**라하고 **遂降**하니 **軍得脫至塞者 四百餘人**이러라

① ≪續漢志≫에 "무릇 군대를 거느릴 적에는 모두 部曲이 있으니, 部에는 校尉가 있으며, 部 아래에 曲이 있고 曲에는 軍候 한 사람이 있다." 하였다. 管敢은 사람의 姓名이다.
續漢志 "凡領軍, 皆有部曲, 部有校尉, 部下有曲, 曲有軍候一人." 管敢, 姓名.
② 汗은 음이 寒이다.
汗, 音寒.
③ 병사들과 기약하기를 '먼저 遮虜障에 이른 자가 있으면 그곳에 머물면서 뒤에 이르는 병사를 기다리라.'고 한 것이다. 遮虜障은 張掖郡 居延縣에 있으니, 路博德이 축조한 것이다.

與軍士期'有先至遮虜障者, 留駐以待後至也.' 遮虜障, 在張掖居延縣, 路博德所築.

【目】 上이 李陵이 항복했다는 말을 듣고 몹시 노하니, 여러 신하들은 모두 이릉의 죄를 책망하였으나, 오직 太史令 司馬遷은 다음과 같이 강력히 변호하였다.

"이릉은 어버이를 효성으로 섬기고 병사들과 신의를 지키며, 항상 분발하여 자기 한 몸을 돌아보지 아니해서 국가의 위급함에 희생하려 한 것이 그가 평소 품고 있던 마음이니, 國士의 기풍이 있습니다. 지금 출전한 일이 한 번 불행하게 되자, 몸을 온전히 하고 처자식을 보호한 신하들이 따라서 그의 단점을 비난하여 죄를 만들어내니, 진실로 애통할 만합니다.

또 이릉이 데리고 간 보병이 채 5천 명이 되지 못하는데, 戎馬(軍馬)가 있는 적진을 깊숙이 유린하여 수만 명의 적군을 꺾었습니다. 오랑캐들이 죽는 자를 구원하고 부상한 자를 부축하기에도 겨를이 없어서 활을 당기는 병사들을 모두 동원하여 함께 공격해서 포위하였는데, 이릉은 천 리나 멀리 행군하여 싸우다가 화살이 다하고 길이 막혀서 병사들이 빈 활을 당기고 시퍼런 칼날을 무릅쓰며 머리를 북쪽으로 향하여 적과 결사적으로 싸웠으니, 장병들이 死力을 다하게 한 것은 비록 옛날의 名將이라도 그보다 더하지 못할 것입니다.

자신은 비록 陷沒되어 패하였으나, 그가 적을 꺾고 무너뜨린 것은 또한 충분히 천하에 드러내어 보일 만합니다. 그가 죽지 않고 항복한 것은 마땅히 죄를 상쇄하는 큰 공을 세워서 漢나라에 보답하고자 해서일 것입니다."

上이 聞陵降하고 怒甚하니 群臣이 皆罪陵호되 惟太史令司馬遷이 盛言陵事親孝하고 與士信하며 常奮不顧身하여 以徇國家之急이 其素所畜積也니 有國士之風①이니이다 今擧事一不幸에 全軀保妻子之臣이 隨而媒糱(매얼)其短하니 誠可痛也②니이다 且陵提步卒이 不滿五千이어늘 深蹂戎馬之地하여 抑數萬之師③하니이다 虜救死扶傷不暇하여 悉擧引弓之民하여 共攻圍之하니 轉鬭千里라가 矢盡道窮하여 士張空弮하고 冒白刃하여 北首爭死敵④하니 得人之死力은 雖古名將이나 不過也니이다 身雖陷敗나 然其所摧敗 亦足暴(폭)於天下⑤라 彼之不死는 宜欲得當以報漢也⑥니이다

① 徇은 경영함이니, 일설에 "따름이다." 하였다. "素所畜積"은 그의 가슴속에 평소 간직한 것이 위에서 말한 바와 같음을 말한 것이다.
徇, 營也, 一曰"從也." 素所畜積, 言其胸中素所畜積者, 如上所言也.

② 齊나라 사람은 누룩 떡을 媒라 하니, "媒糱"은 그 죄를 만들어 냄을 비유한 것이다.
齊人謂麴餠曰媒, 媒糱, 喩釀成其罪也.

③ 蹂는 人九의 切이니, 밟음이다. 抑은 음이 憶이니, 군대로 짓밟음을 이른다.
蹂, 人九切, 踐也. 抑, 音憶, 謂以兵蹙之.

④ 弮은 去權의 切이고 또 음이 眷이니, 활과 쇠뇌의 줄이다. 화살이 다하였기 때문에 쇠뇌의 빈 활만 편 것이다. 冒는 莫北의 切로 범함이고, 首는 式救의 切로 향함이니, <"北首爭死敵"은> 북쪽을 향하여 다투어 적과 싸워 목숨을 다하였음을 이른다.
弮, 去權切, 又音眷, 弓弩弮也. 矢盡, 故張弩之空弓. 冒, 莫北切, 犯也. 首, 式救切, 嚮也. 謂北向, 爭致死命於敵也.

⑤ "所摧敗"는 匈奴의 군대를 격파함을 이른다. "暴於天下"는 그 공로를 천하에 드러내 보일 수 있음이다.
所摧敗, 謂敗匈奴之兵也. 暴於天下, 暴露其功於天下也.

⑥ "欲得當"은 훌륭한 공을 세워 그 죄를 상쇄하고자 함을 말한다.
欲得當, 言欲立功以當其罪也.

【目】 上은 '司馬遷이 군주를 기망하고 貳師將軍을 저해하고자 하여 李陵을 위해 유세한다.'고 여겨, 사마천을 하옥하여 腐刑(宮刑)에 처하게 하였다.

오랜 뒤에 上은 후회하기를 "이릉이 塞를 출발할 적에 때맞춰 彊弩都尉(路博德)에게 詔令을 내려 이릉의 군대를 맞이하도록 했어야 하는데, 미리 명령함으로 인해서 늙은 장수에게 간사한 꾀를 내게 하였다." 하고는 마침내 사자를 보내 이릉의 將兵 중에 살아남아 빠져나온 자들을 위로하고 물건을 하사하였다.

上以遷爲誣罔하고 欲沮貳師하여 爲陵游說라하여 下遷腐刑①이러니 久之에 上이 悔曰 陵이 當發出塞에 乃詔彊弩迎軍이어늘 坐預詔之하여 得令老將生姦計②라하고 乃遣使하여 勞賜陵餘軍得脫者③하다

① 沮(저해하다)는 才呂의 切이다. 爲(위하다)는 去聲이다. 腐는 음이 輔이니, 宮刑이다. 丈夫가 去勢를 하면 다시는 자식을 낳지 못하니, 마치 썩은 나무가 열매를 맺지 못하는 것과 같은 것이다.
沮, 才呂切. 爲, 去聲. 腐, 音輔, 宮刑也. 丈夫割勢, 不能復生子, 如朽木不生實.

② 路博德이 彊弩都尉였다. 坐(인연하다)는 緣과 같다. 預는 미리이다. 황제의 마음에 이미 후회하고 예전의 일을 추억하여, 이르기를 "李陵이 변방을 출발할 적에 때맞춰 노박덕에게 명해서 그의 뒤를 이어 이릉의 군대를 맞이하게 했어야 하는데, 이릉이 길을 떠나기 전에 미리 명령해서 노박덕으로 하여금 李陵의 後距가 되는 것을 수치로 여기게 만들었다. 그리하여 노박덕이 간사한 꾀를 내어 상주해서, 마침내 노박덕으로 하여금 별도로 西河로 진출하게 함으로써 이릉의 군대에 구원병이 없게 만들었다."고 한 것이다.
路博德爲彊弩都尉. 坐, 猶緣也. 預, 先也. 帝意旣悔, 追思前事, 以爲"當陵發出塞之時, 方可

詔博德繼其後, 以迎陵軍, 乃於陵未行之時, 預詔之, 使博德羞爲陵後距, 得生姦計上奏, 而遂令博德別出西河, 使陵軍無救也."

③ 勞(위로하다)는 去聲이다.
勞, 去聲.

【綱】繡衣直指使者를 보내 군대를 징발해서 동방의 도적을 공격하게 하였다.

遣繡衣直指使者하여 發兵擊東方盜賊하다

【目】上이 法制로 아랫사람들을 통솔하고 酷吏를 높여 등용하기를 좋아하니, 관리와 백성들이 더욱 쉽게 법을 범해서 동방에 도적떼가 더욱 일어나 城邑을 공격하여 무기고의 병기를 탈취하고, 사형수들을 석방하고 二千石의 長吏(守·相)를 죽이며, 鄕里를 노략질해서 도로가 통하지 못하였다.

上以法制御下하고 好尊用酷吏하니 吏民이 益輕犯法하여 東方盜賊이 滋起하여 攻城邑하여 取庫兵하며 釋死罪하고 殺二千石하고 掠鹵(로)鄕里하여 道路不通[①]이러라

① 漢나라의 郡·國에는 각기 창고에 병기가 있었다.
漢郡國, 各有庫兵.

【目】上이 처음으로 御史中丞과 丞相長史로 하여금 이들을 살피게 하였으나 감당하지 못하니, 이에 光祿大夫 范昆 등으로 하여금 繡衣(수놓은 옷)를 입고 節과 虎符(兵符)를 가지고 군대를 징발하여 軍興의 法(戰時의 법령, 제도)으로 토벌하게 해서 이르는 곳마다 도적을 잡지 못한 二千石 이하를 마음대로 참수하게 하니, 주살한 죄인이 매우 많아서 한 郡에 많으면 만여 명에 이르렀다.

몇 년이 지나서야 비로소 자못 큰 괴수들을 잡았는데, 흩어진 졸개로서 도망갔던 자들이 다시 무리를 모아 山川을 의지해 가로막고 있는 자가 도처에 떼 지어 있어서 어찌할 방도가 없었다.

上이 始使御史中丞, 丞相長史로 督之호되 弗能禁[①]이어늘 乃使光祿大夫范昆等으로 衣繡衣하고 持節虎符하여 發兵以興擊[②]하여 所至에 得擅斬二千石以下하니 誅殺甚衆하여 一郡에 多至萬餘人이라 數歲에 乃頗得其渠率(거수)[③]러니 散卒失亡이 復聚黨하여 阻山川者 往往而群居하여 無可柰何러라

① 督은 살핌이다. 禁은 居禽의 切이니, 감당함(이겨냄)이다.
督, 察也. 禁, 居禽切, 勝也.
② 위의 衣(입다)는 去聲이니,[56] 繡衣를 입힘은 높이고 총애한 것이다. "以興擊"은 軍興의 法으로 討擊하는 것이다.
上衣, 去聲, 衣以繡者, 尊寵之也. 以興擊, 以軍興之法而討擊也.
③ 渠는 큼이다. 率(우두머리)는 所類의 切이다.
渠, 大也. 率, 所類切.

【目】이에 沈命法을 만드니, 여기에 이르기를 "도적을 발각하지 못하거나 발각해도 체포한 것이 비율에 차지 못하는 관리는 二千石 이하로 낮은 관리에 이르기까지 주관하는 자를 모두 죽인다." 하였다.

이 뒤로는 낮은 관리들이 誅罰을 두려워해서, 비록 도적이 있더라도 감히 말하지 못하였고, 郡府에서도 또한 縣을 시켜서 말하지 못하게 하였다. 그러므로 도적이 점점 많아졌으나 上下가 서로 숨겨주어 허위로 문서를 만들어서 법을 회피하였다.

於是에 作沈命法하니 曰 盜起不發覺이어나 發覺而捕不滿品者는 二千石以下至小吏히 主者皆死①라하니 其後에 小吏畏誅하여 雖有盜나 不敢發하고 府亦使其不言②이라 故로 盜賊寖多호되 上下相爲匿하여 以文辭避法焉③이러라

① 沈(죽이다)은 沒이니, 감히 도적을 은폐하고 감춘 자는 그 목숨을 죽이는 것이다. 品은 비율이니, 인원수로 비율을 삼은 것이다.
沈, 沒也. 敢蔽匿盜賊者, 沒其命也. 品, 率也, 以人數爲率也.
② 府는 郡府이다. 縣에 도적이 있으면 郡府 또한 함께 연좌되므로 縣으로 하여금 말하지 못하게 한 것이다.
府, 郡府也. 縣有盜賊, 府亦併坐, 故使縣不言之也.
③ 〈"以文辭避法焉"은〉 거짓으로 허위 문서를 만들어서 도적이 없다고 보고한 것이다.
詐爲虛文, 云無盜賊.

【目】이때 暴勝之(포승지)가 直指使者가 되어서 繡衣를 입고 도끼를 잡고서 주살한 二千石 이하가 더욱 많으니, 위엄이 州郡에 떨쳤다. 渤海에 이르러 渤海郡 사람인 雋不疑가 어질다는 말을 듣고는 만나볼 것을 청하였는데, 준불의는 용모가 존엄하고 의관이 매우

56) 위의……去聲이니 : 衣는 '옷'으로 訓할 경우에는 平聲이고, '입다' 또는 '입히다'로 訓할 경우에는 去聲으로 읽는바, 원문의 '衣繡衣'는 '자수를 놓은 옷을 입게 한다.'는 뜻으로, 위에 있는 衣자가 去聲임을 밝힌 것이다.

거룩하였다.

포승지가 일어나 신을 끌고 나가서 맞이하여 堂에 올라 좌정하자, 준불의가 바닥을 짚어 禮를 표하며 다음과 같이 말하였다.

"제가 바닷가에 살면서 暴公子의 명성을 들은 지가 오래되었는데, 이제야 비로소 얼굴을 받들어 뵙고 말씀을 접하게 되었습니다. 무릇 관리가 된 자는 너무 강하면 부러지고 너무 유순하면 폐해지니(쓰러지니), 위엄이 행해지거든 은혜를 베푼 뒤에야 功을 세우고 이름을 드날려서 하늘의 福祿을 영원히 끝마칠 수 있습니다."

포승지는 그의 경계하는 말을 깊이 받아들였는데, 돌아올 적에 表文을 올려 천거해서 불러 青州刺史를 제수하였다.

時에 暴(포)勝之爲直指使者하여 衣繡杖斧하여 所誅殺二千石以下尤多하니 威振州郡①이라 至渤海하여 聞郡人雋(준)不疑賢하고 請與相見②이러니 不疑容貌尊嚴하고 衣冠甚偉라 勝之躧履(쇄리)起迎하여 登堂坐定③에 不疑據地曰 竊伏海濱하여 聞暴公子舊矣러니 今乃承顔接辭④로이다 凡爲吏는 太剛則折하고 太柔則廢하나니 威行이어든 施之以恩然後에 樹功揚名하여 永終天祿이니이다 勝之深納其戒러니 及還에 表薦하여 召拜青州刺史하다

① 暴은 姓이다. "直指"는 일을 곧바로 가리켜 행해서 아부하고 사사로이 봐주는 바가 없는 것이다. 杖(잡다)은 上聲이다. 도끼를 하사한 것은 마음대로 단죄할 수 있게 한 것이다.
暴, 姓也. 直指, 指事而行, 無阿私也. 杖, 上聲. 賜以斧者, 得專斷也.

② 雋은 徂兖과 辭兖의 두 가지 切이니, 姓이다. 不疑는 이름이다.
雋, 徂兖・辭兖二切, 姓也. 不疑, 名也.

③ 躧는 蹝・屣와 통하니, 신에 발꿈치를 넣지 않은 것을 躧라 한다. 躧는 신을 바르게 신지 못하고 끌고 감이니, 급히 달려감을 말한 것이다.
躧, 與蹝・屣通, 履不著跟曰躧. 躧, 謂納履未正, 曳之而行, 言其遽也.

④ "據地"는 두 손으로 바닥을 짚어 공경하는 예를 표한 것이다. 瀕은 음이 頻이니, 물가이다. 公子는 勝의 字이다. 舊는 오램이다.
據地, 兩手據地, 爲之恭敬. 瀕, 音頻, 厓也. 公子, 勝之字也. 舊, 久也.

【目】王賀 또한 繡衣御史가 되어서 여러 도적들을 추격하여 체포하였는데, 풀어준 사람이 많았다. 그리하여 使命을 받듦에 제대로 부응하지 못했다 하여 면직되자, 탄식하기를 "내 들으니, '천 사람을 살려주면 자손들이 侯에 봉해진다.' 하였다. 내가 살려준 자는 만여 명이니, 후세에 아마도 흥성할 것이다." 하였다.

王賀亦爲繡衣御史①하여 逐捕群盜하여 多所縱捨라 以奉使不稱免②하니 歎曰 吾聞活千人이면

子孫有封이라하니 吾所活者는 萬餘人이니 後世其興乎인저하니라

① 王賀는 바로 孝元皇后의 조부이다.[57]
賀, 卽孝元皇后之祖.

② "不稱"은 위임한 바에 부응하지 못함을 이른다.
不稱, 謂不副所委.

癸未年(B.C. 98)

【綱】 漢나라 世宗 孝武皇帝 天漢 3년이다. 봄 2월에 처음으로 술파는 것을 금하고 專賣하였다.

三年이라 春二月에 初榷(각)酒酤①[58]하다

① 榷(외나무 다리)은 음이 角이다. 물 위에 한 나무를 가로놓아 사람을 건너가게 하는 것(외나무다리)이니, 백성들이 술을 빚어 파는 것을 금지하고, 관청에서 직접 술 파는 곳을 설치하여 홀로 그 이익을 취하기를 도로에 나무를 가설하여 외나무다리를 만들어서 사람들로 하여금 나란히 가지 못하게 하는 것과 같음을 비유한 것이다. 榷은 搉과 통한다.
榷, 音角. 水上橫一木, 以渡人者, 喩禁民(酷)〔酤〕[59]釀, 官自開置, 獨取其利, 如道路設木爲榷, 使人不得竝行也. 榷, 通作搉.

【綱】 3월에 황제가 동쪽으로 순행하고 돌아오면서 常山에 제사하였다.

◑ 三月에 帝東巡하고 還에 祠常山[60]하다

---

57) 王賀는……조부이다 : 孝元皇后는 元帝의 王皇后를 가리킨다. 宣帝 甘露 3년(B.C. 51) 綱에 "皇孫 劉驁가 태어났다." 하였는데, 目에 "皇太子〔元帝〕가 총애하던 司馬良娣가 병으로 죽자, 太子가 서운하여 즐겁지 못하였다. 皇帝가 皇后로 하여금 後宮과 家人子를 가려 뽑아 王政君을 얻어 太子宮으로 보내니, 왕정군은 옛 繡衣御史인 王賀의 손녀였다. 그녀가 이해에 成帝(劉驁)를 甲館의 畫堂에서 낳으니, 世適皇帝孫이라 칭하였다. 황제는 皇孫을 사랑하여 직접 이름을 驁, 字를 太孫이라 하여 항상 左右에 두었다."라고 보인다. 왕정군은 王賀의 長子인 王禁의 長女였는데, 그녀가 황후가 됨으로 인하여 成帝 때에 王氏 집안은 크게 번창하여 一門五侯(한 가문에 다섯 명의 형제가 모두 侯에 봉해짐)가 되어 富貴가 극에 이르렀으나, 결국 王莽의 찬탈로 一族이 멸망하였다.

58) 初榷酒酤 : "武帝가 사치를 지나치게 하고 무력을 끝까지 동원하여 오랑캐들을 정벌한 병폐가 이때에 이르러 나타났다. 백성들이 곤궁하여 도적이 되었는데 도리어 使者를 보내어 그들을 공격하였으니, 어찌 또한 그 근본을 돌이키지 않는단 말인가. 그러므로 이것을 써서 비판한 것이다. 〔武帝奢侈窮黷之弊 至是見矣 民窮而爲盜 乃遣使者擊之 盍亦反其本乎 故書以譏之〕" 《發明》

59) (酷)〔酤〕 : 저본에는 '酷'으로 되어 있으나, 《資治通鑑》 註에 의거하여 '酤'로 바로잡았다.

【目】上이 泰山에 행차하여 封을 보수하고 明堂에서 제사하고, 인하여 郡國의 上計(會計)를 받고 돌아오면서 常山에 제사하고 玄玉(검은 옥)을 묻었다. 이때 方士로서 神人이 오기를 기다리고 蓬萊山을 찾는 자들이 끝내 징험이 없으니, 天子가 더욱 태만해지고 염증을 내었다. 그러나 아직도 연연해하는 마음이 끊이지 않아서 행여 진짜 신선을 만나기를 기대하였다.

上이 行幸泰山하여 修封, 祀明堂하고 因受計하고 還할새 祠常山하고 瘞(예)玄玉①하다 時에 方士之候神人求蓬萊者 終無驗하니 天子益怠厭矣라 然이나 猶羈縻(기미)不絶하여 冀遇其眞②하니라

① 瘞는 묻음이다. 땅에 제사하는 것을 瘞薶라 하니, 제사하고 나서 그 물건을 묻는 것은 땅에 돌려줌을 보인 것이다. 薶는 생략하여 埋로 쓴다.
瘞, 埋也. 祭地曰瘞薶(예매), 旣祭而埋其物, 示歸於地也. 薶, 省作埋.

② 羈는 几宜의 切이니 말 머리를 묶는 고삐이고, 縻(미)는 美爲의 切이니 소의 가슴걸이 끈이다. "羈縻"는 매어 있는 뜻이다.
羈, (凡)〔几〕[61]宜切, 馬絡頭也, 縻, 美爲切, 牛靷也. 羈縻, 繫聯之意.

【綱】여름에 크게 가물었으므로 赦免하였다.

夏에 大旱이어늘 赦하다

甲申年(B.C. 97)

【綱】漢나라 世宗 孝武皇帝 天漢 4년이다. 봄 정월에 李廣利 등을 보내어 匈奴를 공격하게 하였으나 이기지 못하였다. 李陵의 가족을 誅殺하였다.

四年이라 春正月에 遣李廣利等하여 擊匈奴不利하다 族誅李陵家[62]하다

60) 帝東巡還祠常山 : "이때 막 '使者를 보내어 도적들을 공격했다.'고 썼고 振恤하는 정사가 있었다는 말을 듣지 못하였는데, 술파는 것을 전매한 일과 武帝가 유람한 것을 뒤이어 책에 썼으니, 그렇다면 武帝가 백성들을 진휼하는 데 마음이 없었음을 알 수 있을 것이다. 여러 가지 일을 나란히 비교하여 보면 武帝의 잘못이 저절로 나타난다.〔方書遣使擊盜賊 未聞有振恤之政 而榷酤遊幸 繼書于冊 則帝之無意於民 蓋可知矣 比而觀之 其失自見〕" ≪發明≫

61) (凡)〔几〕: 저본에는 '凡'으로 되어 있으나, 文理와 字典에 의거하여 '几'로 바로잡았다.

62) 遣李廣利等……族誅李陵家 : "위에서 '李廣利가 匈奴를 공격하다가 승리하지 못했다.'고 썼으니, 그렇다면 李陵의 집안이 죽임을 당한 것은 그의 죄 때문이 아님을 알 수 있다. 그렇다면 '誅'라고 쓴 것은 어째서인가? 이릉이 지난번 오랑캐에게 항복했을 적에 ≪資治通鑑綱目≫에서 '패전하여 항복했다.'고 쓴 것은 사실을 기록한 것이니, 혹여 이것을 이릉이 부득이하여 항복한 것이라고

【目】 천하의 7科에 속하는 죄인들을 징발하여 李廣利 등 네 장군을 보내 변방으로 출동시켰다. 匈奴는 이 말을 듣고 가솔과 輜重을 余吾水 북쪽으로 모두 멀리 옮기고, 單于가 10만 명의 군대를 거느리고 余吾水 남쪽에서 기다리니, 漢나라 군대가 싸웠으나 승리하지 못하여 군대를 이끌고 돌아왔다.

發天下七科讁하여 遣李廣利等四將軍하여 出塞①러니 匈奴聞之하고 悉遠其累重於余吾水北②하고 而單于以兵十萬으로 待水南하니 漢軍이 戰不利하여 引歸하다

① "四將軍(네 將軍)"은 李廣利와 路博德과 韓說(한열)과 公孫敖이다.
四將軍, 李廣利・路博德・韓說・公孫敖.

② 累는 妻子를 이르고 重은 輜重을 이른다. 余는 餘와 徐 두 가지 음이 있다. 一本에는 '斜'로 되어 있으니, 음이 邪이다. 余吾水는 朔方郡 북쪽에 있다.
累, 謂妻子. (所)〔重〕63), 謂輜重. 余, 餘・徐二音. 一作斜, 音邪. 余吾水, 在朔方郡北.

【目】 이때 上은 公孫敖를 보내어 匈奴에 깊숙이 쳐들어가서 李陵을 맞아오게 하였는데, 공손오가 돌아와서 아뢰기를 "포로를 잡았는데, 말하기를 '이릉이 單于를 교사하여 군대를 출동시켜 漢나라 군대를 방비한다.' 하였습니다. 이 때문에 臣은 얻은 바가 없이 그대로 왔습니다." 하였다.

上은 이에 이릉의 집안을 멸족하였는데 얼마 후에 들으니, 선우를 교사한 자는 바로 李緖이고 李陵이 아니었다. 선우는 딸을 이릉에게 시집보내고 右校王으로 삼아서 衛律과 함께 모두 귀한 신분이 되어 권력을 행사하게 하였다.

時에 上이 遣公孫敖하여 深入匈奴하여 迎李陵이러니 敖還하여 因曰 捕得生口하니 言李陵敎單于爲兵하여 以備漢軍이라 故로 臣無所得이니이다 上이 於是에 族陵家러니 旣而聞之하니 乃李緖요 非陵也①라 單于以女妻陵하고 立爲右校王하여 與衛律로 皆貴用事②하다

① 李緖는 본래 변방 밖의 都尉로 奚侯城에 거주하였는데, 匈奴가 공격하자 이서가 항복하니,

이해한다면 패망한 군대의 항복한 장수가 懲毖될 곳이 없다. 그러므로 이릉의 三族을 멸한 일로 인하여 '誅'라고 썼으니, 이는 오랑캐에게 항복한 벌을 보여주어 세상의 경계로 삼은 것이다.〔上書李廣利擊匈奴不利 則陵家死不以其罪 可知也 然則其書誅 何 陵前降虜 綱目書戰敗降 紀實也 或者亮其不得已 則奔軍降將 無所示懲矣 故因其族之而書誅 所以示降虜之罰 爲世戒也〕" 《書法》

"李陵의 집안은 죄가 없이 멸족을 당하였는데, 오히려 '誅'라고 쓴 것은 어째서인가? 이릉은 오랑캐에게 항복한 죄가 있고 또 오랑캐에게 등용되었으니, 그 집안을 주벌함은 바로 이릉을 주벌한 것이니, 그 뜻이 엄하다.〔陵家以無罪見族 猶書曰誅 何哉 蓋陵有降虜之罪 又用事於虜 誅其家 所以誅陵也 其旨嚴矣哉〕" 《發明》

63) (所)〔重〕: 저본에는 '所'로 되어 있으나, 문맥을 살펴 '重'으로 바로잡았다.

單于가 손님으로 예우하여 이서가 항상 이릉의 윗자리에 앉아 있었다.
李緖, 本塞外都尉, 居奚侯城, 匈奴攻之, 緖降而單于客遇, 緖常坐陵上.

② 右校는 오랑캐의 別種인데, 李陵을 王으로 세워서 그 종족을 주관하게 한 것이다.
右校, 胡之別種也. 立爲王而主其人.

【綱】 여름 4월에 아들 劉髆(유박)을 세워 昌邑王으로 삼았다.

夏四月에 **立子髆**하여 **爲昌邑王**①하다

① 髆은 음이 博이다. 昌邑國은 兗州에 속하니, 바로 山陽郡 지역이다.
髆, 音博. 昌邑國, 屬兗州, 卽山陽郡地.

【綱】 죽을죄를 지은 자들로 하여금 돈을 바치고 속죄하게 하였다.

◑ **令死罪入贖**64)하다

【目】 50만 錢을 바치면 死刑을 한 등급 감하였다.

錢五十萬이면 減死一等하다

乙酉年(B.C. 96)

【綱】 漢나라 世宗 孝武皇帝 太始 원년이다.

太始元年①이라

① 천하 죄인들의 죄를 깨끗이 씻어주어 백성들과 함께 다시 새 출발을 하게 했으므로 太始를 元年 앞에 놓은 것이다.
言盪滌天下, 與民更始, 故以冠元.

---

64) 令死罪入贖 : "앞에서 '詔令을 내려 백성들에게 속죄할 수 있도록 하였다.'고 쓴 것은 비판이었고, 여기에 '죽을죄를 지은 자로 하여금 재물을 바쳐 속죄하게 하였다.'고 쓴 것은 더욱 심하게 비판한 것이다. 속죄가 죽을죄에까지 이른다면 부자들이 사람을 죽였을 경우에는 모두 죽지 않을 것이다. 그러므로 ≪資治通鑑≫에서는 쓰지 않았는데, ≪資治通鑑綱目≫에서는 특별히 쓴 것이다. 〔前書詔民得贖罪 譏矣 於是而書死罪入贖 甚譏之也 贖至死罪 則富者殺人 皆不死矣 故通鑑不書 綱目特書之〕" ≪書法≫

【綱】 봄 정월에 호걸들을 茂陵으로 옮겼다.

春正月에 徙豪傑于茂陵하다

【綱】 여름에 赦免하였다.

◑ 夏에 赦하다

【綱】 匈奴의 且鞮侯單于(저제후선우)가 죽으니, 아들 狐鹿姑單于(흉노의 제10대 선우)가 즉위하였다.

◑ 匈奴且鞮侯單于死하니 子狐鹿姑單于立하다

【目】 且鞮侯單于는 두 아들을 두었는데, 장자는 左賢王이 되었고 차자는 左大將이 되었다. 선우가 죽을 적에 左賢王이 아직 도착하지 못하였는데, 貴人이 좌대장을 세우니, 좌현왕이 감히 王位에 오르지 못하였다.

좌대장이 사람을 시켜 좌현왕을 불러다가 왕위를 사양하자, 좌현왕이 병이 있다고 사양하니, 좌대장이 말하기를 "만일 불행하여 죽거든 나에게 傳位하라." 하였다. 그리하여 좌현왕이 마침내 즉위해서 狐鹿姑單于가 되고, 좌대장을 좌현왕으로 삼았다.

且鞮單于有二子하니 長爲左賢王이요 次爲左大將①이라 單于死에 左賢王이 未至어늘 貴人이 立左大將하니 左賢王이 不敢進이라 左大將이 使人召而讓位焉한대 左賢王이 辭以病이어늘 左大將曰 卽不幸死어든 傳之於我하라하니 左賢王이 遂立하여 爲狐鹿姑單于하고 以左大將으로 爲左賢王하다

① 匈奴의 24명 우두머리 중에 左賢王의 지위가 첫 번째이고, 左大將의 지위가 다섯 번째이다. 匈奴二十四長, 左賢王, 位第一, 左大將, 位第五.

丙戌年(B.C. 95)

【綱】 漢나라 世宗 孝武皇帝 太始 2년이다. 가을에 가물었다.

二年이라 秋旱하다

【綱】 白渠(運河)를 팠다.

◑ 穿白渠하다

【目】 趙나라의 中大夫 白公이 上奏하여 溝渠를 파서 涇水를 끌어다가 위로는 谷口에서 시작하고 아래로는 櫟陽(역양)으로 들어가 渭水 가운데로 주입시키니, 길이가 200리이고, 관개하는 농지가 4,500여 頃이었다. 인하여 白渠라 이름하니, 백성들이 그 풍요로움을 얻었다.

趙中大夫白公이 奏穿渠引涇水하여 首起谷口하고 尾入櫟陽하여 注渭中①하니 袤(무)二百里요 溉田이 四千五百餘頃이라 因名曰白渠라하니 民得其饒하니라

① 白公은 史書에 그 이름이 전하지 않는다. ≪漢書≫ 〈地理志〉에 "谷口와 櫟陽 두 縣은 左馮翊에 속하였다." 하였다.
白公, 史失其名. 班志"谷口·櫟陽二縣, 屬左馮翊."

丁亥年(B.C. 94)

【綱】 漢나라 世宗 孝武皇帝 太始 3년이다. 봄 정월에 황제가 동쪽으로 琅邪(낭야)를 순행하여 바다에 배를 띄웠다가 돌아왔다.

三年이라 春正月에 帝東巡琅邪하여 浮海而還하다

【綱】 皇子 劉弗陵이 탄생하였다.

◑ 皇子弗陵이 生65)하다

【目】 劉弗陵의 어머니는 河間의 趙倢伃(조첩여)이니, 鉤弋宮(구익궁)에 거주하여 임신한 지 14개월 만에 아들을 낳았다. 上은 말하기를 "내 들으니, 옛날 堯임금이 14개월 만에 탄생하였다." 하고는, 그 문을 '堯母門'이라 命名하였다.

65) 皇子弗陵生 : "皇子가 태어난 것을 쓰지 않았는데 여기에서 쓴 것은 어째서인가? 태자를 위태롭게 했기 때문이다. ≪資治通鑑綱目≫이 끝날 때까지 황자가 태어난 것을 쓴 것이 다섯 번이니, 모두 변고가 있는 자들이다.〔子生不書 此何以書 危太子也 終綱目 書子生五 皆有故者矣〕" ≪書法≫

弗陵母는 **曰河間趙倢伃**니 **居鉤弋宮**하여 **任身十四月而生**①한대 **上曰 聞昔**에 **堯十四月而生**이라하고 **乃命門曰 堯母門**이라하다

① 황제가 倢伃를 두니, 지위가 上卿에 견주고 작위가 列侯에 비견하였다. 倢은 음이 接이니 上의 총애를 받음을 말하고, 伃는 음이 予이니 아름다운 모양인데, 두 글자는 혹 모두 女변을 따르기도 한다.[66] 황제가 巡狩하여 河間 지방을 지나가는데, 望氣하는 자가 말하기를 "여기에 참으로 기이한 여자가 있습니다." 하므로, 급히 사자를 시켜 불렀다. 여인은 두 손이 모두 굽어 펴지 못하고 있었는데, 上이 직접 펴주자 손이 즉시 펴졌다. 이 때문에 황제의 총애를 얻어 호를 拳夫人이라 하였다. 鉤弋宮은 倢伃의 손이 갈고리처럼 굽어 있었으므로 이로써 궁 이름을 지은 것이다. 일설에 "손을 들어 한 가락지를 얻었으므로 호를 鉤弋이라 했다." 하였다. ≪三輔黃圖≫[67]에 "鉤弋宮은 도성 밖에 있다." 하였고, ≪漢武故事≫[68]에는 "直門 남쪽에 있다." 하였다. 任은 妊으로 읽으니, 아기를 잉태함이요, 身은 娠과 통한다.

帝置倢伃, 位視上卿, 爵比列侯. 倢, 音接, 言接幸於上也. 伃, 音予, 美貌, 字或竝從女. 帝巡狩, 過河間, 望氣者言"此有奇女." 亟使使召之, 女兩手皆拳, 上自披之, 手卽時伸. 由是得幸, 號拳夫人. 鉤弋宮, 倢伃手可反屈如鉤, 故以名宮. 一說"發手得一玉鉤, 故號焉." 三輔黃圖"鉤弋宮, 在城外." 漢武故事"在直門南." 任, 讀曰妊, 孕也. (娠)〔身〕, 通作(身)〔娠〕[69].

【目】 司馬溫公(司馬光)이 다음과 같이 평하였다.

"人君이 된 자는 一動一靜과 모든 조처를 삼가지 않을 수 없으니, 마음에서 나오면 반드시 외면에 나타나서 천하에 알지 못하는 이가 없게 된다. 이때를 당하여 皇后와 太子가 모두 아무 탈이 없었는데, 鉤弋宮의 문을 堯母門이라 이름하였으니, 올바른 명칭이 아니다. 이 때문에 姦臣(江充)이 上의 뜻을 역탐해서 특별히 작은아들(劉弗陵)을 사랑하여 후사로 삼고자 한다는 것을 알고는, 마침내 황후와 태자를 위태롭게 할 마음을 품어 끝내 巫蠱(무고)의 禍를 이루었으니, 슬프다."

司馬公曰 爲人君者는 **動靜擧措**를 **不可不愼**이니 **發於中**이면 **必形於外**하여 **天下無不知之**라 **當**

---

66) 두 글자는……한다 : '倢伃' 두 글자 모두 '婕妤'로 씀을 말한 것이다.

67) 三輔黃圖 : 저자 미상으로 모두 6권인데, 漢나라 때 長安의 고적을 위주로 기록하였으며, 간혹 周나라 靈臺와 靈囿의 여러 가지 일에 대해 언급하였는데, 특히 宮殿과 苑囿의 일을 자세히 기록하였다.

68) 漢武故事 : 後漢의 班固가 지었다 하는바, 1권으로 되어 있다. 일설에는 齊나라 王儉이 지었다 하는바, 내용이 ≪史記≫·≪漢書≫와 서로 출입이 있다.

69) (娠)〔身〕通作(身)〔娠〕 : 저본에는 '娠通作身'으로 되어 있으나, 원문에 의거하여 '身通作娠'으로 바로잡았다.

是時也하여 皇后, 太子皆無恙이어늘 而命鉤弋之門曰堯母라하니 非名也라 是以로 姦臣이 逆探上意하여 知其奇愛少子하여 欲以爲嗣①하고 遂有危皇后太子之心하여 卒成巫蠱之禍하니 悲夫②라

① 姦臣은 江充을 이른다.
姦臣, 謂江充.

② 巫는 저주이고, 蠱는 누름이고 미혹함이니, 무당으로 하여금 제사하여 저주하고 厭魅[70]해서 사람을 蠱惑하게 하는 것이다.
巫, 祝(주)也. 蠱, 厭也, 惑也. 謂使巫祠祭祝詛厭魅(암매)以蠱惑人也.

【綱】 江充을 水衡都尉로 삼았다.

以江充爲水衡都尉①[71]하다

① 옛날 山林의 관원을 衡(저울대)이라 하였으니, 여러 못과 동산을 관장하였으므로 水衡이라 칭한 것이다. 衡은 〈저울대처럼〉 공평함이니, 山林과 川澤에 대한 賦稅의 수입을 공평하게 거둠을 주관하였다.
古山林之官曰衡. 掌諸池苑, 故稱水衡. 衡, 平也, 主平其稅入.

【目】 처음에 江充이 趙王의 문객이 되었었는데, 죄를 얻고 漢나라로 도망 와서 대궐에 나아가 趙나라 太子의 은밀한 일을 고발하자, 태자가 이로 인해 폐위되었다.

강충은 용모가 크고 비범하였으며 입는 옷이 가볍고 화려하니, 上이 불러 함께 말하고는 크게 기뻐하여 直指繡衣使者를 삼아 그로 하여금 貴戚과 近臣 중에 법도를 넘고 사치한 자를 감독하고 사찰하게 하였다. 강충은 죄인을 들어 탄핵함에 기피하는 바가

---

70) 厭魅 : 또한 厭媚로도 쓰니, 迷信의 방법을 사용하여 귀신에게 기도해서 미혹하여 사람들을 해침을 이른다. 厭勝, 壓勝이라고도 하니, 본서 64쪽 訓義 ①에 보인다.

71) 以江充爲水衡都尉 : "황자 劉弗陵이 태어나고 江充이 〈궁궐 안으로〉 들어왔으니, 太子의 화가 이때에 시작되었으므로 삼가 기록한 것이다.〔弗陵生 江充入 太子禍始此矣 故謹志之〕" 《書法》
"江充이 〈趙나라 太子의〉 은밀한 일을 고발하여 등용되었으니, 어찌 군자로서 남의 은밀한 일을 고발하는 자가 있겠는가. 그가 소인임이 틀림없다. 그런데 武帝가 그를 총애하고 등용해서 그로 하여금 신분이 귀하고 황제와 가까운 신하들을 督察하게 하였으니, 그가 권세를 쥐고 망령되이 행동함은 본래 의심할 여지가 없는 것이다. 太子는 나라의 儲貳로 社稷과 宗廟가 달려 있는 바이니, 신분이 귀하고 황제와 가까운 신하에 견줄 바가 아니다. 더구나 태자의 家臣이 잘못을 저지르자, 강충은 마침내 그를 잡아 황제에게 아뢰어 나라의 근본인 태자를 동요시키고자 하였으니, 어찌 옳겠는가. 강충을 등용함을 특별히 써서 화의 뿌리가 시작된 바를 드러내었으니, 후일 巫蠱의 변을 오히려 누구를 허물하겠는가.〔江充以告陰事見用 烏有君子而告人陰事者哉 其爲小人必矣 武帝寵而用之 使督察貴近 則其乘勢妄作 自無可疑者 太子國之儲貳 社稷宗祧所繫 非貴近比 況其家臣有過 乃執而奏之 欲以搖動國本 可乎 特書用充 以著禍根之所自始 他日巫蠱之變 尙誰咎哉〕" 《發明》

없어서, 貴戚들로 하여금 몸소 北軍에 가서 대기하면서 匈奴를 공격하게 하였다. 그리하여 귀척의 자제들이 머리를 조아리며 上에게 애처롭게 하소연하여 돈을 바치고 속죄받기 원하는 자가 대략 수천에서 만 명이 되었다. 이에 上은 강충을 충직하다고 생각하였다.

初에 充이 爲趙王客이러니 得罪亡하여 詣闕告趙太子陰事한대 太子坐廢[①]하다 充이 容貌魁岸(괴안)하고 被服輕靡[②]하니 上이 召與語하고 大悅之하여 拜爲直指繡衣使者하여 使督察貴戚近臣踰侈者하다 充이 擧劾無所避하여 令身待北軍擊匈奴[③]하니 貴戚子弟 叩頭求哀於上하여 願入錢贖罪 凡數千萬이라 上以充爲忠直이라하다

① "陰事"는 음모의 일을 이른다.
陰事, 謂陰謀之事.

② 魁는 苦回의 切이니, 큼이다. 岸은 모가 있는 것이 江岸의 형상과 같은 것이다. 被는 皮義의 切이니 "被服"은 입은 옷이다. 輕은 옷감이 가볍고 섬세한 것이고, 靡는 화려함이다.
魁, 苦回切, 大也. 岸者, 有廉稜, 如崖岸之形. 被, 皮義切. 被服, 衣服也. 輕, 輕細也. 靡, 靡麗也.

③ 〈"令身待北軍"은〉 貴戚들로 하여금 몸소 北軍에 가서 대기하게 함을 이른다.
謂令貴戚身待於北軍也.

【目】江充은, 일찍이 上을 따라 甘泉宮에 올라갈 적에 太子家의 사자가 수레와 말을 타고 馳道 가운데를 가는 것을 보고는 그를 獄吏에게 넘겼다. 太子가 사람을 시켜 강충에게 사례하기를 "내가 수레와 말을 아껴서가 아니요, 진실로 上으로 하여금 이 말을 들으시고서 내가 '평소 부하들을 가르치고 신칙함이 없다.'고 책망하시는 말씀을 듣고 싶지 않아서이니, 부디 江君은 너그러이 용서하라." 하였다.

강충이 듣지 않고 마침내 상주하자, 上은 말하기를 "人臣은 마땅히 이와 같아야 한다." 하고, 크게 신임하여 등용하니, 위엄이 京師를 진동하였다.

嘗從上甘泉할새 逢太子家使 乘車馬行馳道中하여 充以屬吏[①]한대 太子使人謝充曰 非愛車馬요 誠不欲令上聞之하여 以教敕亡(무)素者하노니 唯江君은 寬之[②]하라 充이 不聽하고 遂白奏한대 上曰 人臣은 當如是矣라하고 大見信用하니 威震京師러라

① 從(따르다)은 才用의 切이고, 上(올라가다)은 時掌의 切이다. 甘泉宮이 北山에 있으므로 올라간다고 말한 것이다. 家使는 太子가 사람을 보내어 감천궁에 가서 問候를 청하게 한 자이다.

從, 才用切. 上, 時掌切. 甘泉宮, 在北山, 故言上也. 家使, 太子遣人之甘泉請問者也.

② 漢나라 법령에 제후는 황제의 制命이 있어야 馳道 가운데를 다닐 수 있었다. 〈일반인은〉 옆길을 가고, 세 길쯤 되는 중앙의 길을 가지 못하게 하였으며, 법령대로 하지 않으면 수레와 말을 籍沒(몰수)하였다. 亡는 無와 통하니, 〈"教敕亡素"는〉 평소에 좌우에 있는 자들을 가르치고 신칙하지 않았음을 말한 것이다.
漢令, 諸侯有制, 得行馳道中者. 行旁道, 無得行中央三丈也, 不如令, 沒入其車馬. 亡, 與無通, 言素不敎敕左右.

戊子年(B.C. 93)

【綱】 漢나라 世宗 孝武皇帝 太始 4년이다. 봄 3월에 황제가 동쪽으로 순행하여 明堂에 제사하고 封을 보수하고 禪을 거행하고는 여름 5월에 환궁하여 赦免하였다.

四年이라 **春三月**에 **帝東巡**하여 **祀明堂**하고 **修封禪**하고 **夏五月**에 **還宮**하여 **赦**하다

【綱】 겨울 10월 그믐에 일식이 있었다.

◑ **冬十月晦**에 **日食**하다

己丑年(B.C. 92)

【綱】 漢나라 世宗 孝武皇帝 征和 원년이다.

征和元年[①]이라

① 〈"征和"는〉 四夷를 정벌하여 천하가 화평해짐을 말한 것이다.
言征伐四夷而天下和平.

【綱】 봄 3월에 趙王 劉彭祖가 卒하였다.

春三月에 **趙王彭祖卒**하다

【目】 劉彭祖의 총애하는 淖姬(요희)가 아들을 낳으니, 號를 淖子라 하였다. 이때 淖姬의 오라비가 漢나라의 宦官이 되었는데, 上이 그를 불러 "요자가 어떠한가?" 하고 물으니, 대답하기를 "인품이 욕심이 많습니다." 하였다. 上이 말하기를 "욕심이 많으면 나라의 군주가 되어 백성을 사랑하지 못한다." 하였고, 武始侯 劉昌에 대해서 묻자, 대답하기를 "허물할 것도 없고 칭찬할 것도 없습니다." 하니, 上이 말하기를 "이와 같으면 괜찮다." 하고, 사자를 보내 劉昌을 세워 趙王으로 삼았다.

彭祖所幸淖姬生男하니 號淖子①라 時에 淖姬兄이 爲漢宦者러니 上이 召問淖子何如오 對曰 爲人이 多欲하니이다 上曰 多欲이면 不宜君國子民②이니라 問武始侯昌③한대 曰 無咎無譽하니이다 上曰 如是可矣라하고 遣使者하여 立昌爲趙王하다

① 淖姬는 作故한 江都의 易王 劉非가 총애하던 계집이다. 易王의 아들 劉建이 몰래 간통한 자인데, 劉彭祖가 취하여 자기의 계집으로 삼은 것이다.
淖姬, 故江都易王非寵姬, 其子建所盜與姦者, 彭祖取爲姬.
② "子民"은 백성을 자식처럼 사랑하는 것이다.
子民, 以民爲子也.
③ 《漢書》 〈地理志〉에 "武始縣은 魏郡에 속하였다." 하였다. 劉昌 또한 劉彭祖의 아들이다.
班志 "武始縣, 屬魏郡." 昌亦彭祖之子.

【綱】 여름에 크게 가물었다.

夏에 大旱하다

【綱】 겨울 11월에 長安을 10일 동안 크게 수색하였다.

◑冬十一月에 大搜長安十日[72)]하다

【目】 上이 建章宮에 거처하였는데, 한 남자가 劍을 차고 가운데 龍華門으로 들어오는 것이 보였으므로 명하여 수색하게 하였으나 잡지 못하였다. 上은 노하여 門候를 참수하고 三輔의 기병을 징발하여 上林苑을 수색하고 長安 가운데를 수색하다가 11일 만에야 푸

72) 大搜長安十日 : "始皇의 篇에서 '열흘 동안 크게 수색했다.〔大索十日〕'라고 썼었는데, 여기에 다시 보인다. 《資治通鑑綱目》이 끝날 때까지 '열흘 동안 크게 수색했다.'라고 쓴 것이 두 번뿐이니, 秦나라 始皇帝와 漢나라 武帝가 행한 행동이 똑같다.〔始皇之篇 書大索十日矣 於是復見 終綱目 書大索十日 二而已 秦皇漢武一轍也〕" 《書法》

니, 巫蠱(무고)가 처음 일어났다.

上이 居建章宮이러니 見一男子帶劍入中龍華門이어늘 命收之러니 弗獲하다 上이 怒하여 斬門候①하고 發三輔騎士하여 搜上林하고 索長安中이라가 十一日乃解하니 巫蠱[73]始起②하다

① 門候는 궁문의 출입에 대한 금령을 맡은 자이다. 궁문마다 候가 한 사람씩 있었는데, 城門校尉에 속하였다.
門候, 掌宮門出入之禁. 每門, 候一人, 屬城門校尉.

② 京兆尹과 左馮翊과 右扶風이 함께 長安의 도성 안을 다스리니, 이것을 三輔라 하였는바, ≪春秋左氏傳≫에 "輔車가 서로 의지한다."[74] 한 뜻을 취한 것이다. 搜는 찾음이다. 上林苑 둘레가 수백 리이니, 간사한 사람이 이 가운데에 숨었을까 염려하였으므로 크게 수색한 것이다.
京兆尹・左馮翊・右扶風, 共治長安城中, 是爲三輔, 取左傳輔車相依之義. 搜, 求也. 上林苑, 周回數百里, 恐姦人藏匿其中, 故大搜索.

庚寅年(B.C. 91)

【綱】 漢나라 世宗 孝武皇帝 征和 2년이다. 봄 정월에 丞相 公孫賀가 죄가 있어 하옥되어 죽으니, 그 집안을 멸족하였다.

二年이라 春正月에 丞相賀有罪下獄死하니 夷其族[75]하다

【目】 公孫賀의 아들 公孫敬聲이 太僕이 되어서 교만하고 사치하여 법을 받들어 행하지 않고, 제멋대로 北軍의 돈을 사용하다가 발각되어 下獄되었다.

이때 칙명을 내려 陽陵의 大俠인 朱安世를 매우 급하게 체포하게 하였는데, 공손하가

73) 巫蠱 : 무당이 태자와 궁중의 여인들을 사주하여 황제와 총애받는 여인들을 해치기 위해 나무로 만든 인형(木人)을 땅속에 묻어놓고 귀신에 제사하여 저주한 일을 가리키는바 아래에 자세히 보인다.

74) 春秋左氏傳에……의지한다 : 輔는 턱뼈이고 車(차)는 잇몸 또는 치아로, 원문의 '輔車相依'는 턱뼈와 잇몸이 서로 의지함을 이른다.

75) 丞相賀……夷其族 : "죄가 있는 자는 〈아들〉 公孫敬聲이었는데, '公孫賀가 죄가 있다.'고 쓴 것은 어째서인가? 아들이 사치하고 음탕함에 이름은 아비가 자식을 제대로 가르치지 못한 것이니, 이것이 죄가 아닐 수 있겠는가. ≪資治通鑑綱目≫에서 공손경성을 쓰지 않고 공손하를 썼으니, 아비된 자를 경계함이 깊은 것이다.〔有罪者敬聲也 書賀有罪 何 子至奢淫 父失敎也 獨非罪歟 綱目不書敬聲而書賀 其爲人父之戒深矣〕" ≪書法≫

아들 공손경성의 죄를 속죄해줄 요량으로 주안세를 체포할 것을 자청하였는데 과연 주안세를 붙잡았다.

주안세가 웃으며 공손하에게 말하기를 "丞相은 禍가 종족에 미칠 것이다." 하고는, 마침내 옥중에서 글을 올려 공손경성이 陽石公主와 은밀히 간통하고 上을 저주하여 나쁜 말을 했다고 고발하였다. 이에 공손하를 하옥시키니, 父子가 옥중에서 죽고 집안이 멸족하였다.

賀의 **子敬聲**이 **爲太僕**하여 **驕奢不奉法**하고 **擅用北軍錢**이라가 **發覺下獄**하다 **時**에 **詔捕陽陵大俠朱安世甚急**이러니 **賀自請逐捕安世**하여 **以贖敬聲罪**하여 **果得安世**라 **安世笑曰 丞相**이 **禍及宗矣**라하고 **遂從獄中上書**하여 **告敬聲與陽石公主私通**하고 **祝詛**(주저)**上**하여 **有惡言**[①]이라한대 **遂下賀獄**하니 **父子死獄中**하고 **家族**하다

① 陽石公主는 황제의 딸이다. ≪漢書≫ 〈地理志〉에 "陽石縣은 北海郡에 속하였다." 하였다. 祝(저주하다)는 職救의 切이고 詛(저주하다)는 莊助의 切이니, 말로 神에게 고하는 것을 祝라 하고 神에게 殃禍를 가할 것을 청함을 詛라 한다. 上은 至尊을 이른다.
陽石公主, 帝女也. 班志"陽石縣, 屬北海郡." 祝, 職救切. 詛, 莊助切. 以言告神, 謂之祝. 請神加殃, 謂之詛. 上, 謂至尊.

【綱】 劉屈氂(유굴리)를 左丞相으로 삼았다.

以劉屈氂爲左丞相[①]하다

① 劉屈氂는 中山靖王 劉勝의 아들이다.
屈氂, 中山靖王勝子也.

【綱】 여름 4월에 큰 바람이 불어 지붕이 날아가고 나무가 부러졌다.

◑ **夏四月**에 **大風**하여 **發屋折木**[76)]하다

【綱】 諸邑의 公主와 陽石公主와 長平侯 衛伉(위항)이 모두 巫蠱(무고)의 옥사에

76) 大風發屋折木: "元光 5년(B.C. 130)에 '큰 바람이 불어 나무가 뽑혔다.'고 썼었는데, 이달에 陳皇后가 폐위되었다. 여기에 다시 '큰 바람이 불어 지붕이 날아가고 나무가 부러졌다.'고 썼는데, 3개월 뒤에 太子 劉據가 모반하였고 皇后와 함께 모두 자살하였으니, '災變은 헛되이 생기지 않는다.'는 말이 믿을 만하다.〔元光五年 書大風拔木矣 是月陳皇后廢 於是再書大風發屋折木 閱三月而太子據反 及皇后皆自殺 變不虛生 信哉〕" ≪書法≫

걸려 죽었다.

◑ **諸邑陽石公主及長平侯衛伉**이 **皆坐巫蠱死**①하다

① 諸는 琅邪의 縣이니, 이곳을 公主에게 봉했으므로 邑이라 한 것이다. 公主는 陽石公主와 함께 모두 衛皇后의 딸이다. 衛伉은 衛靑의 아들이다. 伉은 抗과 剛(강) 두 가지 음이 있다. 諸, 琅邪縣, 以封公主, 故謂之邑. 與陽石公主, 皆衛皇后之女. 伉, 靑子也. 伉, 抗·剛二音.

【綱】 황제가 甘泉에 갔다. 가을 7월에 皇太子 劉據가 使者 江充을 죽이고는 皇后에게 아뢰고 군대를 출동시켜 반란을 일으키자, 丞相 劉屈氂에게 명하여 토벌하게 하였다. 유거가 패하여 湖縣으로 달아났었는데, 황후 衛氏와 유거가 모두 자살하였다.

◑ **帝如甘泉**하다 **秋七月**에 **皇太子據 殺使者江充**하고 **白皇后**하고 **發兵反**이어늘 **詔丞相屈氂**하여 **討之**한대 **據敗走湖**러니 **皇后衛氏及據 皆自殺**[77]하다

【目】 처음 上이 나이 29세가 되어서야 戾太子(劉據)를 낳아서 매우 사랑하였다. 태자는 장성하면서 성품이 인자하고 너그러우며 온화하고 신중하였는데, 上은 그의 재능이 적

---

77) 皇太子據……皆自殺 : "'太子가 使者를 죽이고 皇后에게 아뢰어 군대를 일으켜 반란했다.'고 썼으니, ≪資治通鑑綱目≫에서 이 옥사를 결단함이 있는 것이다. 그러므로 아래에 '토벌'이라고 썼으니, ≪자치통감강목≫이 끝날 때까지 태자에게 '반란했다.'고 쓴 것이 두 번(이해와 唐 太宗 貞觀 17년(643)의 李承乾)이다.〔書殺使者 白皇后發兵反 綱目有以斷斯獄矣 故下書討 終綱目 太子書反二〕" ≪書法≫
"江充은 간사하고 속임수가 많은 소인으로 왕실과 국가를 교란하였고 또 巫蠱로 太子를 誣陷하였으니, 한 번 죽임으로는 그의 죄를 다 용서받을 수 없다. 그러나 또 '殺'이라 쓰고 '使者'라 칭한 것은 어째서인가? 江充이 황명을 받고 옥사를 다스렸으면 황제의 지시가 있는 것이니, 이것은 바로 武帝가 江充을 시킨 잘못이다. 태자가 어떻게 황명을 받은 江充을 죽일 수 있단 말인가. 이미 江充을 죽였는데, 上에게 가서 스스로 죄를 밝히지 못하고 마침내 태후에게 아뢰어 군대를 일으켰으니, 이것을 반란이라고 말하지 않을 수 없다. 이때를 당하여 만일 武帝가 과연 일찍 사실을 깨닫고서 태자의 죄를 사면하여 주벌하지 않았더라도 태자의 입장에서 또한 무슨 얼굴로 세상에 스스로 설 수 있겠는가. 더구나 또 母后가 자기 때문에 죽었으니, 진실로 구차히 죽음을 면하여 비겁하게 살 이치가 없는 것이다. ≪자치통감강목≫에 '군대를 동원하여 모반했다.〔發兵反〕'고 썼고, '丞相에게 명하여 토벌하게 했다.〔討之〕'라고 쓴 것은 명분을 바로잡고 죄를 정하여, 萬世의 臣子가 되어 마땅히 命과 義를 알아야 할 자들의 경계로 삼은 것이니, 또한 부득이함이 있어서이다. 한탄스러움을 어찌 다 말하겠는가.〔江充姦詐小人 交亂家國 又以巫蠱誣陷太子 一死不足以盡其罪 然且書殺而稱使者 何耶 充銜命治獄 則有指矣 乃武帝使之之過爾 太子烏得而殺之 旣已殺充 不能詣上自明 遂白后稱兵 則不謂之反 不可得也 當是之時 使帝果能早悟 赦而弗誅 爲太子者 亦何顔自立於世 況又母后由己而死 固無苟免偸生之理 綱目書發兵反 書詔丞相討之 所以正名定罪 爲萬世臣子 當知命義者之戒 蓋亦有不得已者耳 可勝歎哉〕" ≪發明≫

어서 자신을 닮지 않은 것을 혐의하였다. 이에 황후와 태자가 항상 스스로 불안해하였는데, 上은 이것을 깨닫고 大將軍 衛青에게 다음과 같이 말하였다.

"漢나라는 모든 일이 草創期이고, 게다가 사방 오랑캐들이 중국을 침략하고 능멸하니, 朕이 제도를 변경하지 않으면 후세에 본받을 법이 없을 것이요, 군대를 출동하여 오랑캐들을 정벌하지 않으면 천하가 편안하지 못할 것이니, 이렇게 하려면 백성을 수고롭게 하지 않을 수가 없지만, 만약 후세에 朕이 한 것과 똑같이 한다면 이는 망한 秦나라의 발자취를 그대로 따르는 것이다. 태자는 敦厚하고 신중하며 고요함을 좋아하니, 반드시 천하를 편안히 하여 朕으로 하여금 근심하지 않게 할 것이니, 법을 잘 지키는 군주를 구하고자 한다면 어찌 태자보다 나은 자가 있겠는가. 내 들으니 '황후와 태자가 불안해하는 뜻이 있다.' 하니, 어찌 이런 일이 있을 수 있겠는가. 이러한 뜻으로 황후와 태자를 깨우쳐주라."

태자가 매번 사방 오랑캐를 정벌하는 것을 간하면 그때마다, 上은 웃으면서 말하기를 "내가 그 수고로움을 담당하고 편안함을 너에게 물려주는 것이 옳지 않겠는가." 하였다.

初에 上年二十九에 乃生戾太子하여 甚愛之①러니 及長에 仁恕溫謹이라 上이 嫌其材能少하여 不類己하니 皇后, 太子常不自安이라 上이 覺之하고 謂大將軍青曰 漢家庶事草創하고 加四夷侵陵中國②하니 朕이 不變更制度면 後世無法이요 不出師征伐이면 天下不安이리니 爲此者는 不得不勞民③이어니와 若後世에 又如朕所爲면 是는 襲亡秦之跡也라 太子敦重好靜하니 必能安天下하여 不使朕憂하리니 欲求守文之主인댄 安有賢於太子者乎④리오 聞皇后與太子有不安之意라하니 豈有之邪아 可以意曉之하라하다 太子每諫征伐四夷에 上이 笑曰 吾當其勞하고 以逸遺汝 不亦可乎아하니라

① 太子를 宣帝 때에 追諡하여 戾太子라 하였다.
宣帝時, 追諡曰戾.

② 草는 대략이고, 創은 처음 만듦이다.
草, 略也. 創, 造也.

③ 爲(위하다)는 去聲이다.
爲, 去聲.

④ 文은 法과 같으니, "守文"은 이루어 놓은 法을 따르고 武功(武力)을 사용하지 않음을 말한 것이다.
文, 猶法也. 守文, 言遵成法, 不用武功也.

【目】上이 매번 행차할 적에 항상 뒷일을 太子에게 맡기고 궁내의 일은 황후에게 맡겨서

공평하게 처결하게 하고는, 돌아오면 이 가운데에 가장 큰일을 아뢰게 하였는데, 上 또한 특별히 따질 일이 없으므로 때로는 살펴보지 않았다.

上은 법을 적용함이 엄격하고 태자는 寬厚하여 平反(병번)하는 경우가 많으니, 태자가 비록 백성들의 인심을 얻었으나 法을 사용하는 大臣들은 모두 태자를 좋아하지 않았다.

황후는 오랜 뒤에 죄를 얻을까 염려해서 매번 태자를 경계하기를 "마땅히 사건을 남겨두었다가 上의 뜻을 취할 것이요, 번번이 죄인을 석방하여 풀어주어서는 안 된다."고 말하였는데, 上은 이 말을 듣고는 태자를 옳게 여기고 황후를 그르게 여겼다.

여러 신하 중에 寬厚한 長者들은 모두 태자를 따르고, 심각하고 혹독하게 법을 적용하는 자들은 모두 태자를 훼방하니, 간사한 신하들의 黨與가 많았기 때문에 태자에 대한 칭찬이 적고 훼방이 많았다.

衛青이 죽은 뒤로는 신하들이 太子가 다시 의지할 외가가 없다고 여겨 다투어 태자를 모함하고자 하였다.

上이 每行幸에 常以後事付太子하고 宮內付皇后하여 有所平決하고 還에 白其最하니 上亦無異하여 有時不省也①러라 上은 用法嚴하고 太子는 寬厚하여 多所平反하니 雖得百姓心이나 而用法大臣은 皆不悅②이러라 皇后恐久獲罪하여 每戒太子호되 宜留取上意요 不應輒有所縱捨③라하니 上이 聞之하고 是太子而非皇后하니라 群臣에 寬厚長者는 皆附太子하고 而深酷用法者는 皆毁之하니 邪臣多黨與故로 太子譽少而毁多라 衛青薨(훙)後에 臣下無復外家爲據하여 競欲構太子④하니라

① 平(공평하다)은 음이 病이니, "平決"은 공평하지 못한 것을 공평하게 결단함을 이른다. 最는 그 가운데 더욱 큰일이다. "無異"는 어기고 달리하는 바가 없는 것이다. 省은 살펴봄이다.
平, 音病. 平決, 謂平其不平而斷決也. 最, 尤也. 無異, 無所違異也. 省, 視也.

② 反(뒤집다)은 음이 翻이니, 죄수들의 기록을 살펴보아 〈억울한 자가 있으면〉 번복하여 아뢰어서 죄가 가벼운 쪽을 따르게 함을 이른다.
反, 音翻. 謂錄囚覆奏, 使從輕也.

③ "留取上意"는 그 일을 〈처리하지 말고〉 남겨두어서 上의 뜻을 취하여 결재함을 말한다.
留取上意, 言留其事, 取上意裁決也.

④ 爲(하다)는 본음대로 읽는다. 據는 의지하는 뜻이니, 衛青이 죽은 뒤로 간신들이 태자가 다시 의지할 외가가 없다고 생각하여 다투어 태자의 죄를 얽어 만들고자 한 것이다.
爲, 如字. 據者, 倚仗之義, 言自衛青旣薨之後, 姦臣以太子無復外家以爲憑依, 競欲構成其罪.

【目】上은 여러 아들들과 소원하고 황후는 황제를 뵙는 일이 드물었는데, 太子가 일찍이

황후를 뵙고서 한동안 있다가 비로소 나오니, 黃門인 蘇文이 上에게 아뢰기를 "태자가 궁녀들과 희롱했습니다." 하였다. 上이 태자의 宮人들을 더 보태어 감시하게 하니, 태자는 이것을 알고 소문에 대해 원한을 품고 있었다.

소문은 小黃門 常融 등과 항상 태자의 잘못을 은밀히 사찰하여 번번이 부풀려서 황제에게 아뢰니, 황후가 이를 갈면서 태자로 하여금 황제에게 아뢰어 소문 등을 죽이게 하였다. 이에 태자는 아뢰기를 "다만 제가 잘못을 하지 않으면 되니, 어찌 소문 등을 두려워할 것이 있겠습니까. 上께서 총명하시어 간사하고 아첨하는 자들을 믿지 않으시니, 굳이 걱정할 것이 없습니다." 하였다.

上이 與諸子疏하고 皇后希得見이러니 太子嘗謁皇后하고 移日乃出하니 黃門蘇文이 告上曰 太子與宮人戲①라한대 上이 益太子宮人하니 太子知之하고 銜文②하다 文이 與小黃門常融等으로 常微伺太子過하여 輒增加白之③하니 皇后切齒하여 使太子白誅文等한대 太子曰 第勿爲過니이다 何畏文等이리오 上이 聰明하사 不信邪佞하시니 不足憂也니이다

① 黃門은 少府에 속하였으니, 환관으로 黃門을 시켰다.
黃門, 屬少府, 以宦者爲之.

② "銜文"은 蘇文에게 원한을 품은 것이다.
銜文, 銜恨蘇文也.

③ 漢나라는 小黃門 10명을 두었는데, 환관으로 시켜서 두 宮(황후궁, 태자궁)의 명령을 통하게 하였다.
漢置小黃門十人, 以閹人爲之, 通命兩宮.

【目】 上이 일찍이 몸이 다소 평안하지 못하므로 常融을 시켜 太子를 불렀는데, 상융이 말하기를 "태자가 〈'上이 평안하지 못하다.'는 말을 듣고는〉 기뻐하는 기색이 있었습니다." 하니, 上은 묵묵히 있었다. 태자가 들어오자, 上이 그의 얼굴을 살펴보니, 태자는 눈물을 흘린 자국이 있는데도 짐짓 웃고 또 말하였다. 上은 그의 情狀을 알고 마침내 상융을 죽였다.

황후 또한 스스로 잘 방비하여 혐의를 피하니, 비록 오랫동안 총애가 없었으나 여전히 예우를 받았다.

上이 嘗小不平하여 使融召太子①한대 融이 言太子有喜色이라하니 上이 默然이러니 及太子至에 上察其貌하니 有涕泣處而佯語笑어늘 上이 知其情하고 乃誅融하다 皇后亦善自防閑하여 避嫌疑하니 雖久無寵이나 尙被禮遇하니라

① "小不平"은 신체가 약간 평안하지 못한 것이다.
小不平者, 身體稍不平和也.

【目】 이때에 方士와 여러 神을 섬기는 무당들이 京師에 많이 모여서 사람들을 미혹하게 하려고 變幻하여 못하는 짓이 없었고, 여자 무당이 궁중을 왕래하면서 美人(妃嬪)들로 하여금 度厄(액막이)하게 하여, 木人(나무로 만든 인형)을 땅속에 묻어 제사하게 하고 번갈아 서로 고자질하여 '황제를 저주했다.'고 하니, 上은 마음속에 이미 의심하고 있었다.

황제가 일찍이 낮잠을 자는데, 꿈에 木偶人(나무로 만든 사람) 수천 명이 몽둥이를 갖고 上을 치고자 하였다. 上은 이 때문에 놀라서 잠을 깨었는데, 이로 인하여 몸(체후)이 편치 못하였다.

是時에 方士及諸神巫 多聚京師하여 惑衆變幻을 無所不爲하고 女巫往來宮中하여 敎美人度厄하여 埋木人祭祀之하고 更相告訐하여 以爲祝詛(주저)하다 上心旣疑러니 嘗晝寢에 夢木人數千이 持杖欲擊上이어늘 上이 爲驚寤하여 因是體不平이러라

【目】 江充은 上이 年老한 것을 보고는 황제가 승하한 뒤에 太子에게 죽임을 당할까 염려하였다. 그리하여 아뢰기를 "上의 병은 빌미가 巫蠱에 있다." 하니, 이에 上은 강충을 사자로 삼아서 무고의 옥사를 다스리게 하였다.

강충은 오랑캐 무당을 데려다가 땅을 파 묻어놓은 木人을 찾아내고 귀신을 보았다고 말하게 하였으며, 술을 땅에 뿌려 오염시켜 제사 지낸 흔적이 있는 것처럼 조작하고는, 번번이 사람들을 잡아 치죄할 적에 쇠를 달궈 살을 당기고 지져서 강제로 자백을 받으니, 백성들이 돌려가며 서로 誣告해서 巫蠱의 죄로 걸려 죽은 자가 전후에 걸쳐 수만 명이었다.

江充이 見上年老하고 恐晏駕後에 爲太子所誅하여 因言上疾祟(수)在巫蠱라한대 於是에 上以充爲使者하여 治巫蠱獄하다 充이 將胡巫하여 掘地視鬼하고 染汙令有處에 輒收捕驗治할새 燒鐵鉗灼(감작)하여 强服之①하니 民이 轉相誣하여 以巫蠱坐而死者 前後數萬人이러라

① 오랑캐의 말은 中華와 같지 않으므로 江充이 〈옥사를 조작하기 위하여〉 그를 임용한 것이다. "掘地(땅을 팜)"는 木偶人을 찾아내려고 한 것이다. 汙는 烏故의 切이니, 汚染시키는 것이다. 鉗은 족집게이고, 灼은 지짐이다. 강충이 오랑캐 무당으로 하여금 귀신을 보게 하고 술을 땅에 뿌려서〔醊〕 제사한 곳인 양 조작하여 사람들을 무함하고, 또 불에 달군 쇠를 가

지고서 혹은 당기고 혹은 지져서 강제로 자복하게 한 것이다. 醊은 株劣의 切이니, 술을 땅에 붓는 것이다.

胡者言, 不與華同, 故充任使之. 掘地, 求偶人也. 汙, 烏故切, 染也. 鉗, 鑷也. 灼, 炙也. 充令胡巫視鬼, 詐以酒醊地, 爲祠祭之處, 以誣其人, 又以燒鐵, 或鉗之, 或灼之, 强使之服. 醊, 株劣切, 酹也.

【目】江充은 인하여 아뢰기를 "궁중에 巫蠱의 기운이 있다." 하니, 上은 마침내 강충으로 하여금 궁궐에 들어가 省中에 이르러서 御座를 무너뜨리고 땅을 파서 巫蠱(木人)를 찾게 하고, 또 蘇文 등으로 하여금 강충을 돕게 하였다.

강충은 먼저 후궁 중에 황제의 행차를 바라는 夫人을 치죄하고, 다음으로 황후와 태자궁에 이르러 땅을 종횡으로 파서 다시는 침상을 놓을 곳이 없게 하였다.

그리고 말하기를 "태자궁에서 木人을 얻은 것이 특히 많고, 또 비단에 쓴 글이 있어서 말한 내용이 無道하니, 마땅히 奏聞해야 한다." 하였다.

充이 因言宮中에 有蠱氣라한대 上이 乃使充入宮하여 至省中하여 壞御座하고 掘地求蠱①하고 又使蘇文等으로 助充하니 充이 先治後宮希幸夫人하고 以次로 及皇后, 太子宮하여 掘地縱橫하여 無復施床處러라 云 於太子宮에 得木人尤多②하고 又有帛書하여 所言不道하니 當奏聞이라하다

① 漢나라 궁중은 본래 禁中이라 하였으니, 문지기가 통행을 금함이 있어서 侍衛하여 通籍(宮內의 출입을 허락함)한 신하가 아니면 함부로 들어갈 수 없음을 말한 것이다. 뒤에 孝元皇后의 아버지 이름(王禁)인 禁을 피하여 '省中'이라고 고쳤으니, 이 안에 들어온 자는 모두 마땅히 자세하게 살펴야 하고, 경거망동해서는 안 됨을 말한 것이다.

漢宮中, 本曰禁中, 謂門閤有禁, 非侍衛通籍之臣, 不得妄入. 後避元后父名禁, 改省中, 言入此中者, 皆當省察, 不可妄也.

② ≪三輔舊事≫에 "江充이 오랑캐 무당으로 하여금 오동나무로 木人을 만들어 묻게 하였다." 하였다.

三輔舊事云 "充使胡巫, 作桐木人而薶之."

【目】太子가 두려워하여 少傅인 石德에게 대책을 물으니, 석덕은 함께 죽임을 당할 것을 두려워하고 인하여 다음과 같이 아뢰었다.

"예전에 丞相의 父子(公孫賀와 公孫敬聲)와 두 공주(諸邑公主와 陽石公主)와 衛氏(衛伉)가 모두 이 일(무고와 저주)에 걸려 죽었으니, 지금 스스로 밝힐 길이 없습니다. 태자께서는 황제의 명을 사칭하여 符節을 가지고 江充 등을 체포해서 감옥에 넣고 그의 간사

한 죄를 끝까지 다스려야 합니다. 또 上이 병환으로 甘泉宮에 계신데, 황후의 관리와 태자의 관리들이 안부를 청하였으나 모두 답하지 않으니, 황제의 存亡을 알 수 없습니다. 그런데 간신이 이와 같이 행동하니, 태자는 秦나라 扶蘇의 일을 생각하지 않습니까."

태자는 말하기를 "나는 자식이니, 어찌 멋대로 使者를 죽일 수 있겠는가. 돌아가 황제에게 사죄하여 다행히 무죄함을 얻는 것만 못하다." 하고, 감천궁에 가려고 했었는데 강충이 급하게 압박하니, 태자는 어찌할 바를 알지 못하여 마침내 석덕의 계책을 따르기로 하였다.

太子懼하여 問少傅石德[①]하니 德이 懼幷誅하고 因曰 前에 丞相父子, 兩公主及衛氏 皆坐此하니 今無以自明이라 可矯以節하여 收捕充等繫獄하여 窮治其姦詐이니다 且上이 疾하여 在甘泉이어시늘 皇后及家吏請問호되 皆不報하니 存亡을 未可知요 而姦臣如此하니 太子는 不念秦扶蘇事邪[②]잇가 太子曰 吾는 人子니 安得擅誅리오 不如歸謝하여 幸得無罪라하고 將往甘泉이러니 而充이 持之急하니 太子不知所出하여 遂從德計하다

① 石德은 石慶의 아들이다.
德, 慶之子也.

② 태자를 家라고 칭하였으니, "皇后及家吏"는 황후의 관리와 태자의 관리를 이른다.
太子稱家. 皇后及家吏, 謂皇后吏及太子吏也.

【目】 그리하여 7월에 門客으로 하여금 거짓으로 황제의 使者를 칭하게 하여 江充 등을 체포하고는, 태자가 직접 자리에 임하여 참형을 시행할 적에 꾸짖기를 "趙나라의 종놈이 예전에 네 나라 왕의 부자를 어지럽힌 것으로 부족했느냐. 마침내 다시 우리 부자간을 어지럽히는구나." 하였다. 그리고는 舍人으로 하여금 符節을 가지고 밤중에 궁중에 들어가서 황후에게 아뢰게 하고, 中廐에서 수레를 내어 활쏘는 무사들을 태우고 武器庫의 병기를 꺼내고 長樂宮의 호위병을 발동하였다.

七月에 使客詐爲使者하여 收捕充等하여 自臨斬之할새 罵曰 趙虜前亂乃國王父子 不足邪아 乃復亂吾父子也[①]온여하고 使舍人持節夜入宮하여 白皇后[②]하고 發中廐車하여 載射士하고 出武庫兵하고 發長樂宮衛卒[③]하다

① 江充이 趙나라 사람이므로 趙나라의 종놈이라고 꾸짖은 것이다. 乃는 너이다. 강충이 예전에 趙나라 태자의 은밀한 일을 고발하여 태자로 하여금 폐위당하게 한 일을 말한 것이다.
江充, 趙人, 故罵爲趙虜. 乃, 汝也. 謂充前告趙太子陰事, 使太子見廢也.

② 태자의 舍人이 번갈아 숙직하기를 三署의 郎中과 같이 하였다.
太子舍人, 更直宿衛, 如三署郎中.
③ 中廐는 天子의 內廐(御廐)이다.
中廐, 天子之內廐也.

【目】 蘇文이 도망하여 甘泉宮에 돌아가서 이러한 상황을 말하자, 上은 말하기를 "태자가 반드시 두려워해서일 것이요, 또 江充 등의 행위를 분하게 여겼기 때문에 이러한 변란이 있게 된 것이다." 하고는 마침내 사자를 시켜 태자를 부르게 하였다.

그러나 사자는 감히 나아가지 못하고 돌아와서 보고하기를 "태자의 반란이 이미 이루어져서 臣을 참수하고자 하므로 臣이 도망하여 돌아왔습니다." 하였다.

上은 크게 노하여 丞相(劉屈氂)에게 玉璽를 찍은 親書를 하사하기를 "반란한 자를 체포해서 목을 베어 오면 자연 이에 따른 賞罰이 있을 것이니, 굳게 城門을 닫아서 반란한 자로 하여금 나가지 못하게 하라." 하였다.

蘇文이 亡歸甘泉言狀한대 上曰 太子必懼요 又忿充等故로 有此變이라하고 乃使使召太子러니 使者不敢進하고 歸報云 太子反已成하여 欲斬臣이어늘 臣逃歸로이다 上이 大怒하여 賜丞相璽書曰 捕斬反者면 自有賞罰이니 堅閉城門하여 毋令反者得出하라

【目】 太子는 선언하기를 "황제가 병환으로 곤궁하여 변란이 있을까 의심된다." 하였는데, 上이 이때에 甘泉에서 돌아와 도성의 서쪽 建章宮에 행차해서 三輔 지방에서 가까운 고을의 군대를 징발하여 丞相이 통솔할 것을 명하였다.

태자 또한 황제의 명을 사칭하여 長安 中都官의 죄수들을 사면하고는 石德과 賓客 張光 등에게 명하여 병사들을 나누어 거느리게 하고, 護北軍使者인 任安을 불러 符節을 주어 군대를 징발하게 하였는데, 임안은 절하고 符節을 받고는 들어가서 문을 닫고 나오지 않았다.

태자가 군대를 이끌고 네 시장의 사람 수만 명을 몰아 長樂宮 서쪽 대궐 아래에 이르러 丞相이 이끄는 군대와 만나 5일 동안 會戰하였는데, 죽은 자가 수만 명이었다.

민간에서는 모두 '태자가 반란했다.'고 말하였다. 이 때문에 사람들이 태자를 따르지 않으니, 태자의 군대가 패해서 남쪽의 覆盎城門(복앙성문)으로 도망하였다.

太子宣言帝病困하여 疑有變이라하더니 上이 於是에 從甘泉來하여 幸城西建章宮하여 詔發三輔近縣兵하여 丞相將之하다 太子亦矯制(敉)〔赦〕[78] 長安中都官囚徒하고 命石德及賓客張光等하여 分

將하고 召護北軍使者任安하여 與節하여 令發兵하니 安이 拜受節하고 入하여 閉門不出하다 太子引兵하고 敺四市人數萬하여 至長樂西闕下하여 逢丞相軍하여 合戰五日에 死者數萬人①이라 民間에 皆云太子反이라하니 以故로 衆不附하니 太子兵敗하여 南犇覆盎城門②하다

① 敺는 驅와 같다. 長安에 시장이 아홉 개가 있었는데, 각각 사방이 265步이다. 여섯 개의 시장은 길 서쪽에 있고, 세 개의 시장은 길 동쪽에 있었다. 모두 4里가 한 시장이 되니, 여기에서 말한 '네 개의 시장〔四市〕'은 아마도 동, 서, 남, 북으로 시장을 나눈 듯하다. 일설에 "四市는 東市와 西市, 直市와 柳市이다." 하였다.
敺, 與驅同. 長安市有九, 各方二百六十五步. 六市在道西, 三市在道東, 凡四里爲一市. 此言四市, 蓋以東西南北分爲市也. 一說 "四市者, 東市・西市・直市・柳市."
② 長安城 남쪽에서 동쪽으로 나가는 첫 번째 문을 覆盎城門이라 하니, 일명은 杜門이다.
長安城南出東頭第一門曰覆盎城門, 一號杜門.

【目】 司直 田仁이 성문을 여닫는 것을 맡고 있었는데, "太子는 부자간인 친족이다."라고 생각하여, 태자를 급히 몰고자 하지 않으니, 태자가 성문을 나가 도망할 수 있었다.

丞相이 전인을 참형에 처하려 하자, 御史大夫 暴勝之가 말하기를 "司直은 二千石의 높은 관리이니, 마땅히 먼저 황제에게 청해야 할 것입니다. 어찌하여 멋대로 그를 목 벤단 말입니까." 하니, 승상이 전인을 석방하였다.

上은 이 말을 듣고 크게 노해서 포승지를 獄吏에게 회부하여 문책하자, 포승지는 황공하여 자살하였고, 명하여 황후의 玉璽와 印綬를 거두자 황후도 자살하였다.

上은 "任安이 늙은 관리로서 앉아서 성패를 관망하고자 하여 두 마음을 품었다."고 생각하여 전인과 함께 모두 腰斬刑을 행하고, 태자의 여러 빈객으로서 일찍이 궁문을 출입한 자들을 모두 연좌하여 죽였으며, 태자를 따라 군대를 일으킨 자들은 반역죄에 따라 三族을 멸하였다.

司直田仁이 部閉城門①이러니 以爲太子는 父子之親이라하여 不欲急之하니 太子得出亡하다 丞相이 欲斬仁이어늘 御史大夫暴勝之曰 司直은 吏二千石이라 當先請이니 柰何擅斬之리오하니 丞相이 釋仁하다 上聞하고 大怒하여 下吏責問한대 勝之皇恐自殺하고 詔收皇后璽綬한대 后自殺하다 上以爲任安老吏로 欲坐觀成敗하여 有兩心이라하여 與田仁皆要斬하고 諸太子賓客嘗出入宮門을 皆坐誅하고 其隨太子發兵은 以反法族하다

① 元狩 5년(B.C. 118)에 처음 司直을 설치하였으니, 사직은 丞相을 보좌하여 불법을 들추어

78) (敉)〔赦〕: 저본에는 '敉'로 되어 있으나, ≪資治通鑑≫에 의거하여 '赦'로 바로잡았다.

서 조사하는 일을 관장하였다.
元狩五年, 初置司直, 司直掌佐丞相, 擧不法.

【目】上이 매우 노여워하니, 여러 신하들은 근심하고 두려워하여 어찌할 바를 몰랐는데, 壺關의 三老인 令狐茂가 글을 올려 다음과 같이 아뢰었다.

"臣이 들으니 '아버지는 하늘과 같고 어머니는 땅과 같고 자식은 만물과 같다. 그러므로 하늘이 화평하고 땅이 편안하여야 물건이 마침내 무성하고, 아버지와 어머니가 慈愛로와야 자식이 비로소 효도하고 순종한다.' 하였습니다. 지금 황태자가 漢나라의 適嗣가 되어서 萬世의 基業을 계승하고 祖宗의 중함을 체행하고 있으니, 친함으로 말하면 皇帝의 宗子입니다. 江充은 布衣의 사람이요 여염의 낮은 신하일 뿐인데, 폐하께서 그를 현달하게 등용하시니, 至尊의 命을 받들고 황태자를 압박하여 허위 사실을 날조하고 여러 간사한 행위로 어지럽게 얽어놓았습니다.

태자가 나아가서는 聖上을 뵐 수 없고 물러나서는 亂臣에게 곤욕을 당하여 홀로 원한이 맺혀 하소연할 데가 없었습니다. 이에 분하고 분한 마음을 이기지 못하여 군대를 일으켜 강충을 죽이고는 두려워하여 도망하였으니, 이는 자식이 아버지의 병기를 도둑질하여 난리〔難〕를 구원해서 스스로 죽음을 면하려고 했을 뿐입니다. 臣은 삼가 생각건대 간사한 마음이 없다고 여깁니다.

上이 怒甚하니 群下憂懼하여 不知所出이러니 壺關三老茂 上書曰[①] 臣聞 父者는 猶天이요 母者는 猶地요 子는 猶萬物也라 故로 天平地安이라야 物乃茂成하고 父慈母愛라야 子乃孝順이라하니이다 今皇太子爲漢適嗣하여 承萬世之業하고 體祖宗之重하니 親則皇帝之宗子也라 江充은 布衣之人이요 閭閻之隷臣耳[②]어늘 陛下顯而用之하시니 銜至尊之命하여 以迫蹴皇太子하여 造飾姦詐하고 群邪錯繆하니 太子進則不得見(현)上하고 退則困於亂臣하여 獨冤結而無告라 不忍忿忿之心하여 起而殺充하고 恐懼逋逃(포도)하니 子盜父兵하여 以救難自免耳[③]니 臣은 竊以爲無邪心이라하노이다

① ≪漢書≫ 〈地理志〉에 "壺關縣은 上黨郡에 속하였다." 하였다. 茂는 姓이 令狐이다.
班志 "壺關縣, 屬上黨郡." 茂, 姓令狐.

② 隷는 賤함이다.
隷, 賤也.

③ 難(난리)은 乃旦의 切이다.
難, 乃旦切.

【目】 지난번 江充이 趙나라의 太子를 모함하여 죽이니, 천하 사람들이 이 사실을 들어 알지 못하는 이가 없었습니다. 그런데 폐하께서는 이것을 살피지 못하시고, 지나치게 태자를 허물하시어 심하게 노여움을 내시고, 큰 병력을 동원하여 죄인을 찾되, 三公이 직접 군대를 거느리게 하였습니다. 그리하여 지혜로운 자가 감히 말하지 못하고 辯士가 감히 설득하지 못하였으니, 臣은 매우 애통히 여깁니다.

바라건대 폐하께서는 마음을 너그럽게 하고 노여워하시는 생각을 위안하시어 빨리 甲兵을 해산하여 태자로 하여금 오래 도망하지 말게 하소서. 臣은 간곡한 마음을 이기지 못하여 하루아침의 목숨을 내놓고 建章宮 아래에서 죄가 내리기를 기다립니다."

이 글을 아뢰자, 天子는 감동하고 깨달았으나 여전히 드러내놓고 태자를 용서한다고 말하지는 못하였다.

往者에 江充이 讒殺趙太子하니 天下莫不聞이어늘 陛下不察하시고 深過太子[①]하사 發盛怒하여 擧大兵而求之호되 三公이 自將[②]하여 智者不敢言하고 辯士不敢說(세)[③]하니 臣竊痛之하노이다 唯陛下는 寬心慰意하여 亟(극)罷甲兵하여 毋令太子久亡하소서 臣은 不勝惓惓하여 出一旦之命하고 待罪建章宮下하노이다 書奏에 天子感悟라 然이나 尙未顯言赦之也러라

① 〈"深過太子"는〉 태자에게 죄와 과실이 있다 하여 깊이 책망함을 이른다.
謂以太子爲罪過而深責之.
② 漢나라의 丞相은 지위가 三公이었다.
漢丞相, 位三公.
③ 說(유세하다)는 式芮의 切이다.
說, 式芮切.

【目】 태자가 도망하여 동쪽으로 湖縣에 이르러서 泉鳩里에 숨어 있었는데, 태자가 숨어있던 주인의 집이 가난하여 항상 신(미투리)을 팔아서 태자에게 공급하다가 발각되었다.

8월에 관리들이 태자를 포위하고 체포하려 하자, 태자는 방으로 들어가서 문을 닫고 스스로 목매어 죽었으며, 皇孫 두 사람은 모두 함께 살해당하였다.

처음에 上은 태자를 위해 博望苑을 세워서 태자로 하여금 賓客들과 통하게 하고 태자가 좋아하는 바를 마음대로 따르게 하였다. 그러므로 빈객들 중에 異端을 가지고 오리는 자가 많았다.

太子亡하여 東至湖하여 匿泉鳩里[①]러니 主人家貧하여 常賣屨(구)以給太子라가 發覺하다 八月에

吏圍捕太子한대 太子入室하여 距戶自經하고 皇孫二人이 皆幷遇害하다 初에 上이 爲太子하여 立博望苑하여 使通賓客하고 從其所好라 故로 賓客이 多以異端進[②]이러라

① 湖는 縣의 이름이니, 京兆에 속하였다. 顔師古가 말하기를 "泉鳩水는 지금 閿鄕縣(문향현) 동남쪽 15리 지점에 있다. 현재 戾太子의 무덤이 있으니, 무덤은 시내 동쪽에 있다." 하였다.

湖, 縣名, 屬京兆. 師古曰 "泉鳩水, 今在閿鄕縣東南十五里. 見(현)有戾太子冢, 冢在澗東."

② 爲(위하다)는 去聲이다. 博望苑은 杜門 밖 5리 지점에 있으니, 넓게 관망한다는 뜻을 취한 것이다.

爲, 去聲. 博望苑, 在長安杜門外五里, 取其廣博觀望之義.

【目】 司馬溫公(司馬光)이 다음과 같이 평하였다.

"옛날 현명한 제왕은 太子를 교양할 적에 태자를 위하여 方正하고 敦厚하고 선량한 선비를 가려서 保傅와 師友를 삼아 태자가 아침저녁으로 이들과 더불어 놀고 거처하게 하였다. 그리하여 태자의 좌우와 전후에 바른 사람이 아닌 자가 없었고, 출입하고 기거함에 正道가 아닌 것이 없었다. 그런데도 오히려 음탕하고 방탕하고 간사하여 禍敗에 빠진 자가 있었는데, 지금 마침내 태자로 하여금 스스로 賓客을 통하게 하여 자기가 좋아하는 바를 마음대로 따르게 하였다. 정직한 사람은 가까이하기가 어렵고 참소하는 자들은 영합하기가 쉬우니, 이는 진실로 보통 사람들의 일반적인 심정이다. 태자가 잘 끝마치지 못함이 마땅한 것이다."

司馬公曰 古之明王이 敎養太子할새 爲之擇方正敦良之士하여 以爲保傅師友하여 朝夕與之游處하여 左右前後에 無非正人이요 出入起居에 無非正道라 然이나 猶有淫放邪僻而陷於禍敗者焉이어늘 今乃使太子로 自通賓客하여 從其所好라 夫正直은 難親이요 諂諛는 易合이니 此固中人之常情이니 宜太子之不終也로다

【目】 胡氏(胡寅)이 다음과 같이 평하였다.

"武帝가 남의 君父가 되어서 太子가 반란하도록 만든 데에는 열 가지 잘못이 있다. 여러 아들과 소원하고 황후가 황제를 뵌 것이 드물었던 것이 첫 번째요, 寵姬(鉤弋夫人)가 자식을 낳자 황후와 태자에 대한 사랑이 해이해진 것이 두 번째요, 태자의 寬厚함을 미워하고 간사한 신하들이 태자를 훼방하는데도 살피지 못한 것이 세 번째요, 江充의 재능을 좋아하여 그가 趙나라를 망친 일을 잊은 것이 네 번째요, 태자를 위해 어진 師傅

를 배치하지 않고 태자로 하여금 스스로 빈객들을 통하게 한 것이 다섯 번째요, 蘇文의 참소하는 말을 듣고도 사실을 조사하지 않은 것이 여섯 번째요, 方士와 여자 무당들을 풀어놓아 자유롭게 궁중에 출입하게 한 것이 일곱 번째요, 또 江充으로 하여금 巫蠱의 獄事를 다스리게 한 것이 여덟 번째요, 좌우의 측근들이 모두 무고를 했다고 의심한 것이 아홉 번째요, 使者의 妄言을 믿고서 갑자기 군대를 내어 태자를 체포하여 목 베게 한 것이 열 번째이다.

태자의 죄로 말하면, 다만 빨리 上에게 나아가 죄를 자수하지 않고 石德의 계책을 따름에 있을 뿐이다.

그러나 태자가 강충을 목 벤 뒤에 빨리 甘泉宮으로 달려갔다면 그래도 황제가 살펴주기를 바랄 수 있었는데, 마침내 황후에게 아뢰고 군대를 징발해서 丞相과 싸웠으니, 이는 참으로 반란을 일으킨 것이다. 오히려 무슨 말을 하겠는가.

무제는 의욕이 크고 많아서 병력을 남용하여 함부로 전쟁을 일으켰으며, 토목공사를 크게 일으키고 순행하여 놀기를 그치지 않아서 백성들의 힘이 이미 고갈되고 도적 떼가 함께 일어난 뒤에 큰 화가 그 자손에게 미쳤으니, 이 또한 당연하다.

지난번에 武帝가 만일 文帝와 景帝의 공손하고 검소한 법도를 따르고, ≪春秋≫에 '악한 짓을 앞장서서 하지 않는 義理'[79]를 밝혀서 집안으로부터 나라의 모범이 되어 세상을 안녕하게 만들었더라면 어찌 이런 일이 있을 수 있었겠는가."

胡氏曰 武帝爲人君父하여 而致太子反이 有十失焉이라 與諸子疏而后希得見이 一也요 寵姬生子而后及太子愛弛 二也요 嫌太子寬厚하고 邪臣毁之而不能察이 三也요 悅江充之材而忘其敗趙之事 四也요 不爲置賢師傅하고 而令太子自通賓客이 五也요 受蘇文之譖而不爲核實이 六也요 縱方士女巫하여 出入宮掖이 七也①요 又使江充治巫蠱獄이 八也요 疑左右盡爲蠱 九也요 信使者妄言하여 而遽發兵捕斬太子 十也니 若太子之罪는 特在於不亟(극)詣上自歸而從石德之計耳②라 然이나 旣斬充而亟走甘泉이면 猶可幸於見察이어늘 乃白后發兵하여 與丞相戰하니 是眞反矣라 尙何言哉아 武帝意廣欲多하고 窮兵黷武하며 大興土木하고 巡遊不休하여 民力旣殫하고 盜賊蠭起而後에 大禍及其子孫하니 其亦宜矣라 向使遵文景恭儉之規하고 明春秋首惡之義하여 自家刑國하여 措世安寧이면 則豈有是哉③리오

① 掖은 궁중의 작은 문이다.

79) 春秋에……義理 : 원문에 '首惡'은 악한 짓을 앞장서서 하는 것으로 군자가 자기의 長子와 同母弟를 죽임을 이른다. 그러나 여기서 '首惡'은 ≪春秋穀梁傳≫의 '不首惡'의 의미로, '不'자를 생략한 것으로 보아, '악한 짓을 앞장서서 하지 않는 것'으로 번역하였다.

掖, 宮中小門也.

② "自歸"는 스스로 황제에게 와서 죄를 자수함을 이른다.

自歸, 謂自來首罪也.

③ ≪春秋≫ 襄公 30년에 "天王이 그 아우 佞夫를 죽였다." 하였는데, ≪春秋穀梁傳≫에 이르기를 "제후도 惡을 앞장서서 하지 않는데, 하물며 天子이겠는가. 인군은 친족을 차마 살해하는 의리가 없다. 天子와 제후가 친애하는 자는 오직 長子와 同母弟일 뿐이니, '天王이 그 아우를 죽였다.'는 것은 심하게 여긴 것이다." 하였으니, 지금 황제가 태자를 죽인 것이 바로 이것이다.

春秋襄三十年 "天王殺其弟佞夫." 穀梁傳曰 "諸侯且不首惡, 況天子乎. 君無忍親之義. 天子諸侯所親者, 唯長子母弟耳. 天王殺其弟, 甚之也." 今帝之殺太子卽此.

【綱】 地震이 있었다.

◑ 地震하다

思政殿訓義 資治通鑑綱目 제5권 중

漢 武帝 征和 3년~漢 昭帝 元平 원년

辛卯年(B.C. 90)

【綱】漢나라 世宗 孝武皇帝 征和 3년이다. 봄 정월에 匈奴가 五原과 酒泉으로 침입하자, 2월에 李廣利 등을 보내어 군대를 거느리고 가서 공격하게 하였다.

三年이라 春正月에 匈奴寇五原, 酒泉이어늘 二月에 遣李廣利等하여 將兵擊之하다

【綱】여름에 赦免하였다.

○ 夏에 赦하다

【綱】西域의 군대를 징발하여 車師國을 공격하게 해서 그 王과 백성의 무리를 모두 사로잡아 돌아왔다.

○ 發西域兵하여 擊車師하여 盡得其王民衆而還①하다

① 이때 馬通이 李廣利 등과 함께 군대를 거느리고 가서 匈奴를 공격하였는데 길이 車師國의 북쪽을 지나게 되니, 漢나라에서는 거사국에서 마통의 군대를 가로막을까 염려하여 장수를 보내어 공격한 것이다.
時, 馬通與李廣利等, 將兵擊匈奴, 道過車師北, 漢恐遮馬通兵, 遣將擊之.

【綱】6월에 丞相 劉屈氂(유굴리)가 棄市刑을 당하고 李廣利의 妻子가 獄吏에 회부되었는데, 이광리가 匈奴에 항복하자 詔令을 내려 그의 宗族을 멸하였다.

◑ 六月에 丞相屈氂棄市[1)]하고 李廣利妻子下吏러니 廣利降匈奴어늘 詔族其家하다

---

1) 丞相屈氂棄市 : "劉屈氂는 腰斬刑을 당하였는데, '棄市'라고 쓴 것은 어째서인가? 유굴리를 죄주는 말이다. 李陵이 항복했을 적에 뒤에 '이릉의 가족을 주살하였다.〔族誅〕'라고 썼었는데, 이광리 역시 항복하여 그 집안을 멸족했는데도, 어찌하여 '誅'라고 쓰지 않았는가? 이때에 이광리와 유굴

【目】 처음에 貳師將軍(李廣利)이 출전할 적에 丞相 劉屈氂가 祖道(路祭)를 지내주고 전송하러 渭橋에까지 이르렀는데, 이광리가 당부하기를 "원컨대 君侯께서는 속히 昌邑王(劉賀)을 太子로 삼도록 청하십시오. 만일 창읍왕이 황제가 된다면 君侯는 영원히 무슨 걱정할 것이 있겠습니까." 하니, 유굴리가 허락하였다.

창읍왕은 이사장군의 여동생인 李夫人의 아들이었는데, 이사장군의 딸이 유굴리의 며느리가 되었으므로 함께 창읍왕을 세우고자 한 것이었다.

이사장군이 변방으로 출동하여 匈奴의 군대를 夫羊의 句山에서 격파하고, 승세를 타고 패주하는 적을 추격하여 范夫人城에 이르렀다. 이때 마침 丞相의 夫人이 上을 저주하고 또 이사장군과 함께 기도하고 제사해서 창읍왕을 황제가 되게 하려고 했다고 고발한 자가 있었는데, 조사하여 죄가 大逆無道함에 이르렀다. 그리하여 6월에 유굴리는 동쪽 시장에서 腰斬刑을 당하고, 이사장군의 처자 또한 구속되었다.

이사장군은 이 말을 듣고 근심하고 두려워해서 마침내 깊이 적지에 쳐들어가 功을 세워 속죄하려고 하였다. 이에 북쪽으로 郅居水(질거수) 물가에 이르러 흉노의 左賢王과 左大將을 만나 하루 동안 會戰한 결과 흉노의 좌대장을 죽였고 오랑캐의 사상자가 매우 많이 발생하였다.

이사장군이 회군하여 燕然山에 이르렀는데, 單于가 직접 5만 명의 기병을 거느리고 이사장군을 가로막고 공격할 적에 밤중에 漢나라 군대의 앞뒤로 몇 자〔尺〕의 참호를 파놓고 뒤에서 맹렬히 공격하니, 漢나라 군대가 크게 혼란에 빠져 패해서 이사장군이 마침내 항복하였다. 선우가 이사장군에게 딸을 시집보내니, 이사장군의 집안이 마침내 멸족을 당하였다.

初에 貳師之出也에 丞相劉屈氂 爲祖道하여 送至渭橋①한대 廣利曰 願君侯는 早請昌邑王爲太子하라 如立爲帝면 君侯長何憂乎리오 屈氂許諾하니 昌邑王者는 貳師女弟李夫人子也라 貳師女爲屈氂子妻라 故로 共欲立焉하니라 貳師出塞하여 破匈奴兵於夫羊句山하고 乘勝追北하여 至

리는 昌邑王을 太子로 세우려 하다가 일이 발각되어 유굴리는 棄市刑을 당하고 이광리의 처자식은 獄吏에게 회부되었는데, 이광리가 오랑캐 땅에 깊이 쳐들어가서 스스로 속죄하고자 하다가 대패하여 마침내 항복하였다. ≪資治通鑑綱目≫에서 '깊이 쳐들어가 크게 패했다.'라고 쓰지 않고, 곧바로 '흉노에게 항복했다.'고 써서 이광리의 죄를 드러내었으니, '誅'를 쓰지 않아도 괜찮은 것이다.〔屈氂 腰斬也 其書棄市 何 罪辭也 李陵之降也 後書族誅李陵家 廣利亦降矣 族其家 則何以不書誅 於是廣利屈氂欲立昌邑爲太子 事覺 屈氂棄市 廣利妻子下吏 廣利因欲深入自贖 大敗遂降 綱目不書深入大敗 直書降匈奴 廣利之罪著矣 不書誅 可也〕" ≪書法≫

"相臣을 棄市하여 개돼지보다도 못하게 대우하였으니, 국가의 체통에 어떠한가? 李廣利의 三族을 誅殺함은 굳이 말할 것이 못 되는데, 이를 써서 처음에 사람을 가볍게 등용한 잘못을 나타낸 것이다.〔相臣棄市 待之不啻犬彘矣 其於國體何如哉 廣利族誅 無足道者 書之 以見始焉輕用之失〕" ≪發明≫

范夫人城[②]이러니 會에 有告丞相夫人祝詛(주저)上하고 及與貳師共禱祠하여 欲令昌邑王爲帝라한대 按驗하여 罪至大逆不道라 六月에 屈氂要斬東市하고 貳師妻子亦收하다 貳師聞之하고 憂懼하여 遂深入要功하여 北至郅(질)居水上하여 逢左賢王, 左大將하여 合戰一日에 殺左大將하고 虜死傷甚衆이러니 還至燕然山[③]에 單于自將五萬騎하여 遮擊貳師할새 夜塹漢軍前後數尺하여 從後急擊之하니 軍이 大亂敗하여 貳師遂降이라 單于以女妻之하니 宗族이 遂滅하다

① 爲(위하다)는 去聲이다. 祖는 길을 떠나는 사람을 전송하는 제사이다. 黃帝의 아들 纍祖(누조)가 멀리 유람하기를 좋아하다가 도로에서 죽었으므로 後人들이 그의 영혼을 行神(路神)으로 삼아 길을 떠나는 자가 제사하였는데, 흙으로 한 堡壘를 만들어 그 위에 소와 양을 올려놓고 제사 지낸 다음, '수레로 그 위를 짓밟고 지나가면 먼 길을 감에 험난함이 없어진다.' 하였다. 인하여 제사한 고기를 먹고 이것을 餞이라 하였다.
爲, 去聲. 祖者, 送行之祭. 黃帝子纍祖, 好遠遊而死於道, 故後人以爲行神, 出行者祭之, 作一土壘, 置牛羊其上, 祭畢, 以車碾從上過, 則無難險. 因以胙肉食之, 謂之餞.

② 夫羊은 地名이다. 句는 음이 鉤이니, 句山은 西山이다. 范夫人城은 본래 漢나라 장수가 이 城을 쌓았는데, 장수가 도망하자 그 아내가 남은 병력을 거느리고 이 성을 완전히 지켰으므로 인하여 范夫人을 성의 이름으로 삼은 것이다.
夫羊, 地名. 句, 音鉤. 句山, 西山也. 范夫人城, 本漢將築此城, 將亡, 其妻率餘衆完保之, 因以爲名.

③ 燕은 음이 煙이다. 燕然山은 匈奴의 速邪烏 지역 가운데 있으니, 稽落山의 북쪽이다.
燕, 音煙. 燕然山, 在匈奴速邪烏地中, 稽落山之北.

【綱】 가을에 蝗蟲의 재해가 있었다.

○ 秋에 蝗하다

【綱】 田千秋를 大鴻臚(대홍려)로 삼고 江充의 집안을 멸족하였다.

○ 以田千秋爲大鴻臚하고 族滅江充家[2)]하다

---

2) 族滅江充家 : "江充은 太子를 誣陷하였으니 죄인이다. 태자에게 있어서는 '殺'이라 쓰는 것이 마땅하다. 武帝가 이미 자신의 잘못을 뉘우치고 깨달아 江充의 집안을 멸족하였는데, 어찌하여 '族誅'라고 쓰지 않았는가? 武帝를 나쁘게 여긴 것이다. 나쁘게 여긴 것은 무엇인가? 강충은 은밀한 일을 고자질함으로써 무제에게 인정을 받았으니, 단정한 선비가 아니다. 그런데도 무제가 그를 총애하고 믿어서 巫蠱의 獄事를 다스리게 하였으니, 무제 또한 허물이 없을 수가 없다. 그러므로 다만 '族滅'이라고 쓴 것이다. ≪資治通鑑綱目≫을 만든 이래로 '族'이라고 쓴 것이 11번인데, 무제가 그중에 여섯 번을 차지하니, 그렇다면 무제의 형벌이 너무 각박한 것이다. 이후로 漢나라의 여러 신하 중에, 謀反한 경우가 아니면 집안을 멸족한〔夷族〕 자가 없고, 唐나라에 이르러서는 모

【目】관리와 백성들 중에 巫蠱를 서로 고발한 자들을 조사하여 징험해보니, 사실이 아닌 것이 많았다. 上은 太子가 황공해서 그런 것이고 딴마음이 없었음을 자못 알고 있었는데, 마침 高寢郎(高祖의 陵寢의 郎官)인 田千秋가 急變을 올려 태자의 억울함을 다음과 같이 하소연하였다.

"자식이 아버지의 병기를 가지고 희롱하면 죄가 笞刑에 해당하니, 天子의 아들이 과오로 사람을 죽이면 무슨 죄에 해당하겠습니까. 臣이 일찍이 꿈속에서 한 백발노인을 만나보았는데, 신으로 하여금 이것을 황제께 말씀드리게 하였습니다."

上은 마침내 크게 감동하고 깨달아 전천추를 불러 이르기를 "부자간의 일은 남들이 말하기 어려운 것인데, 公이 홀로 그렇지 않음을 밝혔으니, 이는 高廟의 신령이 公으로 하여금 나를 가르쳐주게 한 것이다. 公은 마땅히 마침내 나의 보좌가 되어야 한다." 하고, 즉석에서 전천추를 大鴻臚로 제수하고 江充의 집안을 멸족하였으며, 蘇文을 橫橋(광교) 위에서 불태워 죽였다.

上은 太子가 죄 없이 죽은 것을 가엾게 여겨 마침내 思子宮을 짓고 歸來望思臺를 湖縣에 지으니, 天下 사람들이 듣고 슬퍼하였다.

吏民以巫蠱相告言者를 案驗하니 多不實이라 上이 頗知太子皇恐無他意①러니 會에 高寢郎田千秋 上急變하여 訟太子寃曰② 子弄父兵이면 罪當笞니 天子之子 過誤殺人이면 當何罪哉잇고 臣嘗夢見一白頭翁이 敎臣言하더이다 上이 乃大感寤하여 召田千秋하여 謂曰 父子之間은 人所難言也어늘 公이 獨明其不然하니 此는 高廟神靈이 使公敎我니 公이 當遂爲吾輔佐라하고 立拜千秋爲大鴻臚③하고 而族滅江充家하고 焚蘇文於橫橋上④하다 上이 憐太子無辜하여 乃作思子宮하고 爲歸來望思之臺於湖하니 天下聞而悲之⑤하니라

① 〈"頗知太子皇恐無他意"는〉 太子가 江充에게 압박을 당해서 놀라고 두려워 스스로 밝힐 길이 없으므로 군대를 일으켜 강충을 죽인 것이지, 딴마음이 없었음을 말한 것이다.
言爲江充所迫, 皇恐無以自明, 而起兵殺江充, 非有他意也.

② 高寢郎은 高廟의 陵寢을 보호하는 郎官이다. 上(올리다)은 時掌의 切이다. 告하는 내용이 예사로운 일이 아니므로 '急變'이라 한 것이다.
高寢郎, 高廟衛寢之郎. 上, 時掌切. 所告非常, 故云急變.

③ "立拜"는 서서 뵐 때에 즉시 제수한 것이니, 시간을 경과하지 않음을 말한 것이다.

반하지 않았는데 집안을 멸족한 자를 세 번 썼을 뿐이었다.〔江充誣陷太子 罪人也 在太子則書殺宜矣 帝旣悔悟族之 則曷爲不書族誅 病帝也 其病之 何 充以告陰事見知 非端士矣 而寵信之 使治巫蠱 帝亦不能無過也 故止書族滅 入綱目以來 書族十一 而武帝居其六 然則帝之刑 亦太刻哉 自是以後 漢諸臣非謀反 無夷族者 以至于唐 非謀反而夷族者 三書而已〕"《書法》

立拜, 當其立見而卽拜之, 言不移時也.

④ 橫은 음이 光이다. 長安城 북면 서쪽 머리의 첫 번째 문을 橫門이라 하고, 門 밖에 다리가 있는데 이름을 橫橋라 하니, 바로 渭水의 다리이다.
橫, 音光, 長安城北面西頭第一門曰橫門, 門外有橋, 名橫橋, 卽渭橋也.

⑤ "歸來望思"는 자기가 바라보고 생각하여 행여 太子의 靈魂이 돌아오기를 바람을 말한 것이다.
歸來望思, 言己望而思之, 庶幾太子之魂歸來也.

壬辰年(B.C. 89)

【綱】 漢나라 世宗 孝武皇帝 征和 4년이다. 봄 정월에 황제가 東萊에 갔다.

四年이라 **春正月**에 **帝如東萊**하다

【目】 上이 배를 타고 海島에 들어가 神仙을 구하고자 하므로, 여러 신하들이 간하였으나 듣지 않았다. 마침 큰 바람이 불고 날이 어두워지면서 바닷물이 끓어오르니, 10여 일을 머물러 있다가 마침내 돌아왔다.

上이 欲浮海求神僊이어늘 群臣이 諫不聽이러니 會에 大風晦冥하여 海水沸涌(비용)하니 留十餘日이라가 乃還하다

【綱】 雍縣에 구름이 없이 우레가 친 것이 세 번이었고, 隕石(운석) 두 개가 떨어졌는데 옻칠을 한 것처럼 검었다.

雍縣에 **無雲如雷者三**이요 **隕石二**하니 **黑如黳**(예)[①]러라

① 經典에 如와 而는 통용된다. "無雲如雷(구름이 없이 우레가 쳤다.)"는 〈하늘에 구름이 끼지 않았는데〉 공연히 우렛소리가 있음을 말한 것이다. 二는 운석의 숫자이다. 黳는 於兮의 切이니, 조금 검은 것이다. 江南 사람들은 기름을 가지고 옻을 달여서 찌꺼기를 사용하여 물건을 꾸미는 것을 黳라 한다.
經典, 如・而字通. 無雲如雷, 言空有雷聲也. 二者, 石之數. 黳, 於兮切, 小黑也. 江南人以油煎漆, 滓以飾物曰黳.

【綱】 3월에 황제가 鉅定에서 親耕을 하고 돌아오다가 泰山에 이르러 神人을 기다리는 方士들을 파하였다.

◑ 三月에 帝耕于鉅定하고 還至泰山하여 罷方士候神人者[3)]하다

【目】 上이 鉅定에서 親耕을 하고 돌아오다가 泰山에 행차하여 封을 보수하고 明堂에서 제사하였는데, 여러 신하들을 만나보고 마침내 말하기를 "朕이 즉위한 이래로 미친 짓을 하고 道理에 어긋난 행동을 하여 천하 사람들로 하여금 근심하고 괴롭게 하였으니, 후회막급이다. 지금으로부터 백성들에게 상해(폐해)를 끼치고 천하에 재물을 낭비하는 일을 모두 파하라." 하였다.

田千秋가 아뢰기를 "方士로서 神仙術을 말하는 자들이 매우 많으나 드러난 효험이 없으니, 모두 파하여 쫓아보낼 것을 청합니다." 하였다. 上은 말하기를 "大鴻臚의 말이 옳다." 하고, 이에 神人을 기다리는 여러 방사들을 모두 파하였다.

이 뒤에 上은 매번 신하들을 대할 적에 스스로 탄식하기를 "지난번에 내가 어리석고 미혹되어서 방사들에게 속임을 당하였으니, 천하에 어찌 神仙이 있겠는가. 모두 요망한 말일 뿐이다. 먹는 것을 절제하고 약을 먹으면 다소 병을 덜 수 있을 것이다." 하였다.

上이 耕于鉅定①하고 還幸泰山하여 修封禪하고 祀明堂이러니 見群臣하고 乃言曰 朕이 卽位以來로 所爲狂悖하여 使天下愁苦하니 不可追悔라 自今으로 事有傷害百姓하고 糜費天下者를 悉罷之하라 田千秋曰 方士言神僊者甚衆이나 而無顯功하니 請皆罷斥遣之②하노이다 上曰 大鴻臚言이 是也라하고 於是에 悉罷諸方士候神人者하다 是後에 上이 每對群臣에 自歎曏時愚惑하여 爲方士所欺하니 天下에 豈有僊人이리오 盡妖妄耳라 節食服藥이면 差可少病而已라하니라

① 《漢書》 〈地理志〉에 "鉅定縣은 齊國에 속하였다." 하였다.
地理志 "鉅定縣, 屬齊國."

② 斥은 축출하다는 뜻이다.
斥, 逐也.

【目】 胡氏(胡寅)가 다음과 같이 평하였다.

"사람은 자신의 허물을 아는 것보다 어려움이 없고, 허물을 뉘우치는 것보다 어려움

---

3) 罷方士候神人者 : "元光 2년(B.C. 133)에 '方士를 보내어 신선을 구했다.'고 쓴 뒤로부터 이때까지 45년이 되었는데 그런 뒤에야 '方士를 파했다.'고 썼으니, 武帝의 늦게 깨달음이 심하다. 2년 뒤에 마침내 武帝가 세상을 떠났으니, 이것을 쓴 것은 다행으로 여긴 것이다. 그렇지 않다면 종신토록 깨닫지 못했을 것이니, 秦나라 始皇帝와 무엇이 다르겠는가.〔自元光二年 書遣方士求神仙 於是四十五年矣 而後始書罷方士 甚矣 帝之晩悟也 後二年而帝遂違世矣 書此 幸之也 否則終身弗悟 與秦皇何異焉〕" 《書法》

이 없고, 허물을 고치는 것보다 더 어려움이 없으니, 미혹되어 알지 못하는 자들이 모두 그러하다. 漢나라 武帝와 같은 사람은 나이 68세가 된 뒤에 지난날의 잘못을 알고 모두 고쳤으니, 비록 明敏하지 못하다고 하나, 허물을 알지 못하여 잘못을 끝까지 이루는 자와는 거리가 멀다. 아! 이는 참으로 帝王이 仁에 처하고 義로 옮겨가는 법이 될 만하다."

胡氏曰 人莫難於知過요 莫難於悔過요 莫甚難於改過니 迷而不知者 皆是也라 若漢武帝는 行年六十有八然後에 知往日之非而悉改之하니 雖云不敏이나 然其去不知過而遂非者 遠矣라 嗚呼라 此眞可爲帝王處仁遷義之法也哉인저

【綱】 여름 6월에 황제가 還宮하였다.

◑夏六月에 還宮하다

【綱】 田千秋를 丞相으로 삼아 富民侯를 封하고 趙過를 搜粟都尉로 삼았다.

◑以田千秋爲丞相하여 封富民侯하고 以趙過爲搜粟都尉[4]하다

---

4) 以田千秋爲丞相 : "'公孫弘을 丞相으로 삼고 平津侯에 봉했다.'고 쓴 뒤로부터, 승상이 侯가 되지 않은 자가 없었는데, 쓰지 않은 것은 늘상 있는 일이기 때문이다. 그런데 여기에서 田千秋를 侯로 삼은 것을 쓴 것은 어째서인가? 백성을 부유하게 함을 소중하게 여긴 것이다. 武帝는 창과 방패, 토목공사로 海內의 재정을 고갈시켰는데, 말년에 이르러서 本心이 안정되고 天理가 돌아와서 비로소 지난날의 후회를 말하여 멋대로 세금을 징수하는 것을 그치게 하고 本業인 농사를 힘쓰게 하여, 富民侯를 봉하고 搜粟都尉를 설치해서 백성들을 휴식시키고 부유하게 기를 뜻을 밝혔으니, 비록 멀리 가지 않고 돌아온 것은 아니나 혼미하여 돌아오지 못한 군주와는 다르다. 그러므로 ≪資治通鑑綱目≫에 특별히 쓴 것이다.〔自公孫弘書爲丞相 封平津侯 是後丞相無不侯者 不書 常事也 此書侯千秋 何 重富民也 武帝干戈土木 海內虛耗 至其末年 本心定而天理還 始陳旣往之悔 止擅賦 力本農 封富民侯 置搜粟都尉 以明休息富養之意 雖非不遠之復 其與迷而不反者 異矣 故綱目特書之〕" ≪書法≫

"武帝는 大統을 이은 초기에는 생각이 매우 아름다웠는데, 채 한두 해가 못 되어 처음에 품었던 뜻을 갑자기 잃었다. 이에 사치한 욕심을 부리고 무력을 끝까지 동원하며 백성들에게 세금을 거두고 신선을 구한 일이 없는 것이 없어서 끝내 海內의 재정을 고갈시켜 도적이 봉기함에 이르렀다. 그러나 武帝는 아직도 스스로 반성하지 못했는데, 巫蠱의 難이 일어남에 미쳐 골육 간에 주살하고 京師에서 피를 뿌려 禍와 변고가 이미 지극하였다. 그런 뒤에야 비로소 크게 뉘우치고 깨달았으니, 마치 술에 취했다가 깬 것과 같고 꿈을 꾸다가 잠을 깬 것과 같았다. 마침내 方士들을 파하고 輪臺에 〈둔전하는 일을〉 포기하며 애통해하는 詔令을 내리고 기왕의 잘못을 말해서 백성들과 더불어 휴식하여 가혹하고 포악함을 금지하였다. 예전에 한 것을 돌아보면 거의 딴 사람과 같았으니, 이는 어째서인가? 武帝는 천품이 평소 높았으므로 허물을 고침에 용감해서 딴 일에 이끌려 제재받고 나약하게 하는 잘못이 없었다. 이 때문에 한 번 마음을 바꾸는 사이에 일이 이미 크게 달라졌으니, 만일 이와 같은 자품으로 훌륭한 정치에 용감하였더라면 또한 어찌 불가함이 있었겠는가. ≪자치통감강목≫에서 富民侯와 搜粟都尉를 책에 크게 썼으니, 비록 다행

【目】 田千秋는 다른 재능과 학술이 없고 또 閥閱(門閥)과 공로가 없었는데, 다만 한마디 말로 임금의 뜻을 깨우쳐서 수개월 만에 宰相의 지위를 취하고 侯에 봉해지니, 세상에 일찍이 있지 않은 일이었다. 그러나 사람됨이 敦厚하고 지혜가 있어서 지위에 있으면서 스스로 직책에 걸맞음이 전후의 여러 公보다 더하였다.

千秋無他材能術學이요 **又無閥閱功勞**호되 **特以一言寤意**하여 **數月**에 **取宰相封侯**하니 **世未嘗有也**①러라 **然**이나 **爲人**이 **敦厚有智**하여 **居位自稱**이 **踰於前後數公**②이러라

① 옛날에 신하의 功에 대한 등급이 다섯 가지가 있었으니, 德으로써 宗廟를 세우고 社稷을 안정시킨 것을 勳이라 하고, 말로써 한 것을 勞라 하고, 힘으로 다툰 것을 功이라 하고, 등급을 밝히는 것을 閥이라 하고, 공을 쌓음을 閱이라 하였다. 혹은 家世의 門戶를 閥閱이라 하니, 이는 잘못이다.
古者, 人臣功有五品, 以德立宗廟·定社稷曰勳, 以言曰勞, 角力曰功, 明其等曰閥, 積其功曰閱. 或以家世門戶爲閥閱, 誤矣.

② 稱은 尺證의 切이니 그 직책에 걸맞음을 말한다.
稱, 尺證切, 言稱其職也.

【目】 이보다 앞서 桑弘羊이 아뢰기를 "輪臺의 동쪽에 물을 댈 수 있는 토지 5,000頃 이상이 있으니, 屯田하는 병졸을 보내어 校尉를 두고 백성 중에 신체가 건장하며 용감히 이주할 수 있는 자를 모집하여 밭이 있는 곳으로 가서 밭을 개간하고 亭候를 쌓아 西域의 나라들에게 위엄을 보여야 합니다." 하였다.

先是에 **桑弘羊**이 **言**호되 **輪臺東**에 **有漑田五千頃以上**하니 **可遣屯田卒**하여 **置校尉**하고 **募民壯健敢徙者**하여 **詣田所**하여 **墾田築亭**하여 **以威西國**①이니이다

① 墾은 경작함이다. 亭은 候望(偵察)하는 자가 거주하는 곳이다.
墾, 耕也. 亭, 候望者所居.

【目】 上은 마침내 詔令을 내려 지난날의 잘못을 깊이 뉘우치며 다음과 같이 말하였다.
"지난번에 有司가 아뢰어 백성들의 세금을 30錢을 더하여 변경의 비용을 돕고자 하

이라고 여긴 것이나 또한 깊이 애석하게 여긴 것이다.〔武帝繼統之初 意嚮甚美 未一二載 遽失初意 於是奢慾窮黷 聚斂神仙之事 無所不有 卒至海內虛耗 盜賊蜂起 帝猶未能自反 逮至巫蠱難作 骨肉誅夷 喋血京師 禍變已極 然後始大悔悟 如醉而醒 夢而覺 遂乃罷方士 棄輪臺 下哀痛之詔 陳旣往之失 與民休息 禁止苛暴 回視前日所爲 殆若二人 何哉 蓋帝天資素高 故勇於改過 無牽制委靡之失 是以一轉移之頃 而事已大異 使其以如是之資 而勇於願治 亦何不可之有 綱目於富民之侯搜粟都尉 大書於冊 雖曰幸之 蓋亦深惜之也〕" ≪發明≫

였으니, 이는 노약자와 고아와 독신자들을 더욱 곤궁하게 하는 것이다.

그리고 지금 또다시 군대를 보내어 輪臺에 屯田할 것을 청하니, 윤대는 서쪽으로 車師國과 천여 리 떨어져 있다. 지난번 車師를 공격하여 비록 그 王의 항복을 받았으나 거리가 멀고 식량이 부족해서 길에서 죽은 자가 수천 명이었는데, 더구나 더 서쪽에 있는 윤대이겠는가.

匈奴는 항상 말하기를 '漢나라가 지극히 크나 중국 사람들은 굶주림과 목마름을 견디지 못하니, 〈이러한 때에〉 이리 한 마리를 풀어 놓으면 양 천 마리를 몰아낼 수 있다.[5)]' 하였다. 지금 貳師將軍의 군대가 패함에 병사들이 죽거나 사로잡혀 이산되었으니, 비통한 마음이 항상 내 가슴속에 있노라. 그런데 지금 또다시 멀리 윤대에 둔전할 것을 청하여 亭隧를 일으키고자 하니, 이는 더욱 天下를 소란하고 수고롭게 하는 것이요 백성을 우대하는 것이 아니다. 朕은 차마 들어줄 수가 없노라. 그런데 大鴻臚 등이 또다시 의논하여 죄수들을 모집해서 匈奴의 使者를 호송하여 돌려보낼 적에 侯에 봉해지는 賞을 밝혀 〈사자를 호송하는 죄수들에게 單于를 찔러 죽이게 하여〉 분노를 갚고자 하니, 이것은 五霸도 하지 않은 짓이다.

지금에 힘써야 할 것은 까다로움과 포악함을 금하고 멋대로 세금을 징수하는 것을 중지하며, 본업인 농사에 힘쓰고 馬復令을 닦아서 결손된 것을 보충하여 武備를 궁핍하지 않게 함에 달려 있을 뿐이니, 郡國의 二千石이 각각 말〔馬〕을 기르는 方略과 변방을 보충하는 내용의 글(狀)을 올리거든 上計하는 관리와 함께 와서 〈나를〉 대면하게 하라."

上이 乃下詔하여 深陳旣往之悔曰 前에 有司奏欲益民賦三十하여 助邊用하니 是는 重困老弱孤獨也①요 今又請遣卒田輪臺하니 輪臺는 西拒車師千餘里라 前擊車師하여 雖降其王이나 以遼遠乏食으로 道死者 尙數千人이어든 況益西乎아 匈奴常言漢極大나 然不耐饑渴하니 失一狼하면 走千羊②이라하고 乃者에 貳師敗에 軍士死略離散하니 悲痛이 常在朕心③이라 今又請遠田輪臺하여 欲起亭隧④하니 是는 擾勞天下요 非所以優民也니 朕不忍聞하노라 大鴻臚等이 又議欲募囚徒送匈奴使者하여 明封侯之賞以報忿하니 此는 五伯(패)所弗爲也⑤라 當今에 務在禁苛暴하고 止擅賦하며 力本農하고 脩馬復令⑥하여 以補缺하여 毋乏武備而已⑦니 郡國二千石이 各上進畜馬方略補邊狀이어든 與計對⑧하라

① "三十"은 매 인구마다 30錢씩을 더 올리는 것이다. 重(거듭)은 直用의 切이다.

---

5) 이리……있다 : 이리는 匈奴의 군사를, 양은 漢나라의 군대를 비유한다. 遠征으로 굶주림과 목마름에 지친 漢나라의 군대는 힘없는 양과 같아서 흉노의 군사 한 명이 漢나라의 군사 천 명을 상대할 수 있음을 말한 것이다.

三十者, 每口轉增三十餞也. 重, 直用切.

② 〈"失一狼 走千羊"은〉 匈奴가 이리〔狼〕로써 자신을 비유하고 羊으로써 漢나라를 비유한 것이다.

匈奴以狼自喩, 以羊喩漢.

③ "死略離散"은 죽거나 또는 사로잡혀서 모두 스스로 이산됨을 말한 것이다.

死略離散, 言死及被虜略, 併自離散也.

④ 隧는 음이 遂이니, 隧는 깊고 험한 곳을 따라 도로를 개통해서 적의 노략질과 침략을 피하는 것이다.

隧, 音遂, 隧者, 依深險之處, 開通行道, 避敵抄寇也.

⑤ "報忿"은 이들로 하여금 單于를 찔러 죽이게 해서 분노를 갚고자 한 것이다. 伯(으뜸)는 霸로 읽는다. 〈"五伯所弗爲也"는〉 五伯(오패)도 오히려 부끄럽게 여겨 하지 않았는데, 하물며 지금 大漢이 하겠는가라고 말한 것이다.

報忿, 蓋欲使刺單于以報忿也. 伯, 讀曰霸. 言五伯尙恥不爲, 況今大漢也.

⑥ 여기서 句를 뗀다.

句.

⑦ "擅賦"는 정상적인 부세가 아니고 멋대로 명목을 붙인 세금이다. 復은 면제함이니, "馬復"은 말을 기름으로 인하여 요역과 부세를 면제해주는 것이다. "補缺"은 다만 없어진 것을 보충하는 것이다.

擅賦, 非常賦也. 復, 除也, 馬復者, 因養馬以免繇賦也. 補缺, 但以補漏缺處.

⑧ 方은 術策이고, 略은 計謀이다. 狀은 사정을 기술한 글이다. "與計對"는 上計하는 관리와 함께 와서 대면하는 것이다.

方, 策術也. 略, 計謀也. 狀, 以述事情也. 與計對, 與上計之吏, 偕來赴對也.

【目】이 뒤로 다시는 出兵하지 않고 田千秋를 富民侯로 봉해서 백성들을 쉬게 하고 부유하게 기를 것을 생각함을 밝혔다.

또 趙過를 搜粟都尉로 삼자, 조과가 백성들에게 代田을 하도록 가르치고 한 두둑에 세 고랑을 내었는데, 해마다 경작하는 곳을 바꾸었으므로 이름을 代田이라 하였다. 매번 김맬 적에 번번이 고랑의 흙으로 뿌리를 북돋아 덮어주니, 곡식의 뿌리가 깊이 뻗어 바람과 가뭄을 견디었으며, 밭을 갈고 김을 매는 농기구가 모두 간편하고 솜씨 있게 만들어서 힘을 적게 들이고도 곡식을 많이 얻으니, 백성들이 모두 편리하게 여겼다.

自是로 不復出軍하고 而封田千秋爲富民侯하여 以明休息, 思富養民也①하니라 又以趙過爲搜粟都尉한대 過敎民爲代田하고 一畮(묘)三甽(견)하니 歲代處라 故曰代田②이라하다 每耨(누)에 輒附根하니 根深能(내)風旱③하고 其耕耘田器 皆有便巧하여 用力少而得穀多하니 民皆便之하니라

① ≪恩澤侯表≫에 "富民侯는 沛郡의 蘄縣을 食邑으로 하였다." 하였다.
恩澤侯表 "富民侯, 食邑於沛郡蘄縣."

② 甽은 옛 畎字이니, 밭 가운데 도랑의 너비가 한 자이고 깊이가 한 자인 것을 甽이라 한다. 代는 바꿈이니, 해마다 그 농사짓는 곳을 바꿈을 이른다.
甽, 古畎字, 田中溝廣尺深尺曰甽. 代, 易也, 謂歲易其處.

③ 耨는 풀을 제거하는 것이다. 〈"每耨 輒附根"은〉 매번 풀을 김맬 적에 번번이 고랑의 흙으로 싹의 뿌리를 북돋아 덮어주는 것이다. 能(견디다)는 耐로 읽으니, 〈"根深能風旱"은〉 그 뿌리가 깊기 때문에 바람과 가뭄을 견디는 것이다.
耨, 鉏草也. 每凡鉏草, 輒以土附其苗根. 能, 讀曰耐. 以其根深, 故耐風與旱.

【目】 司馬溫公(司馬光)이 다음과 같이 평하였다.

"天下에는 진실로 훌륭한 선비가 없지 않다. 武帝가 四夷를 정벌하는 功을 좋아하자 용감하고 날쌔면서 목숨을 가볍게 여기는 武士들이 조정에 가득해서, 땅을 개척하고 영토를 넓히는 일이 뜻대로 되지 않은 것이 없었는데, 뒤에 백성들을 휴식시키고 농업을 소중히 여기자, 趙過의 무리가 백성들에게 밭을 갈고 김을 매는 방법을 가르쳐서 백성들 또한 그 이로움을 받았다. 이는 君主 한 사람의 취향과 좋아함이 크게 달라짐에 선비들이 그때마다 응한 것이니, 만일 무제가 三王의 도량을 겸하여 商나라와 周나라의 훌륭한 정치를 일으키려 했다면, 어찌 三代 시대의 훌륭한 신하가 없었겠는가."

司馬公曰 天下에 信未嘗無士也라 武帝好四夷之功에 而勇銳輕死之士 充滿朝廷하여 斥土廣地를 無不如意러니 及後息民重農에 而趙過之儔(주) 敎民耕耘하여 民亦被其利[①]라 此는 一君之身이 趣好殊別에 而士輒應之니 誠使武帝兼三王之量하여 以興商周之治런들 其無三代之臣乎아

① 儔는 음이 籌이니, 무리이다.
儔, 音籌, 輩也.

【綱】 가을 8월 그믐에 일식이 있었다.

秋八月晦에 日食하다

癸巳年(B.C. 88)

【綱】 漢나라 世宗 孝武皇帝 後元 원년이다. 봄에 泰畤에 제사하였다.

後元元年이라 **春**에 **祀泰畤**하다

【綱】 赦免하였다.

◑ **赦**하다

【綱】 여름 6월에 侍中僕射 馬何羅가 반역을 도모하다가 伏誅 당하였다.

夏六月에 **侍中僕射馬何羅 反**이라가 **伏誅**하다

【目】 처음에 馬何羅가 江充과 서로 친하였는데, 衛太子가 군대를 일으키자 마하라의 아우 馬通이 太子의 군대와 강력히 싸웠기 때문에 〈마하라가〉 侯에 封해졌다. 뒤에 上이 강충의 종족과 무리들을 멸족시키니, 마하라의 형제는 화가 미칠 것을 두려워하여 마침내 반역을 도모하였다.

侍中 金日磾(김일제)는 마하라의 뜻이 수상한 것을 보고는 마음에 의심해서 은밀히 홀로 그의 동정을 살펴 그와 함께 대궐을 오르내리니, 마하라는 이 때문에 오랫동안 발동하지 못하였다.

上이 林光宮에 행차하여 아침에 아직 일어나지 않았을 적에, 마하라가 흰 칼날을 소매에 넣고 동쪽 행랑을 따라 올라가던 중 김일제를 보고는, 놀라 얼굴빛이 변하여 臥內(침실 안)를 향해 달아나다가 寶瑟에 걸려 넘어졌다. 김일제가 이에 마하라를 안고 궁전 아래로 투신하여 사로잡아 포박하고는 끝까지 治罪하니, 모두 죄를 자복하였다.

初에 **馬何羅與江充相善**이러니 **及衛太子起兵**에 **何羅弟通**이 **以力戰封侯**①하다 **後**에 **上**이 **夷滅充宗族黨與**하니 **何羅兄弟懼及**하여 **遂謀爲逆**②하니라 **侍中金日磾**(제) **視其志意有非常**하고 **心疑之**하여 **陰獨察其動靜**하여 **與俱上下**하니 **以故**로 **久不得發**③하니라 **上**이 **幸林光宮**하여 **旦未起**④에 **何羅袖白刃**하고 **從東廂上**⑤할새 **見日磾**하고 **色變**하여 **走趨臥內**라가 **觸寶瑟**하여 **僵**(강)⑥이어늘 **日磾得抱何羅**하여 **投殿下**하여 **禽縛之**하고 **窮治**하니 **皆伏辜**하다

① 衛太子(劉據)는 바로 戾太子이니, 어머니의 성씨가 衛氏이므로 인하여 衛太子라 이름하였다.
衛太子, 卽戾太子也, 以其母姓衛, 因號衛太子.

② 及은 禍에 미침을 이른다.
及, 謂及於禍也.

③ "上下"는 궁전에 오르내림을 이른다. 上(오르다)은 時掌의 切이니, 아래 "廂上"의 上도 같다.

上下, 謂上下於殿也. 上, 時掌切, 下廂上同.

④ 甘泉宮은 일명 林光宮이라고 한다.
甘泉, 一名林光.

⑤ "袖白刃"은 흰 칼을 옷소매 속에 넣어둔 것이다.
袖白刃, 置刃於衣袖中也.

⑥ 趨는 趣로 읽으니, 향함이다. "臥內"는 天子가 잠을 자는 곳이다. 瑟은 악기이니, 보석과 옥으로 꾸민 것을 寶瑟이라 한다. 僵은 음이 姜이니, 넘어짐이다. 달아나기를 급히 했기 때문에 瑟(비파)에 걸려 넘어진 것이다.
趨, 讀曰趣, 嚮也. 臥內, 天子臥處也. 瑟, 樂器, 飾以寶玉者曰寶瑟. 僵, 音姜, 仆也. 以走趨急遽, 故觸瑟而僵仆.

【綱】 가을 7월에 地震이 있었다.

秋七月에 **地震**하다

【綱】 鉤弋夫人 趙氏를 죽였다.

◑ **殺鉤弋夫人趙氏**[6]하다

【目】 燕王 劉旦은 스스로 생각하기를 '형제의 차례에 의하면 내가 마땅히 太子가 되어야 한다.' 하여, 글을 올려서 들어와 宿衛할 것을 청하였다. 上은 노하여 말하기를 "자식을 낳아서는 마땅히 齊나라와 魯나라 같은 禮義의 지방에 두어야 하는데, 그를 燕王으로 세워 燕나라에 두었더니, 과연 다투는 마음이 있구나." 하고는, 그의 使者를 목 베고 또 연왕이 망명한 자들을 숨겨준 죄를 문책하여 세 縣을 삭탈하였다.

燕王 劉旦은 말을 잘하고 지혜로우며 博學하였고 그의 아우 廣陵王 劉胥는 勇力이 있

6) 殺鉤弋夫人趙氏 : "무릇 '殺'이라고 쓴 것은 無罪한 자를 죽였다는 것이다. 武帝가 후환을 생각하고 미리 방비하였는데, 어찌하여 무죄한 자를 죽였다고 썼는가? 무제의 결단을 좋게 인정하지 않은 것이다. 옛사람은 환란을 방비함에 본래 方道가 있었다. 무제가 이 일을 행한 뒤로부터 拓跋氏인 北魏에서는 이것을 들어 家法으로 삼기까지 하였으니, 사람(後宮)이 또한 어찌 훌륭한 자식을 두어 황제가 되는 것을 좋아하겠는가?〔凡書殺 殺無罪也 武帝思患預防 曷爲以殺無罪書之 不與帝之斷也 古人之防患 蓋自有道矣 自帝有是擧 拓跋氏至以爲家法 人亦何樂於有子哉〕" ≪書法≫
"아, 슬프다. 천하에 어찌 어머니 없는 나라가 있겠는가. 그 아들을 세우고자 하여 먼저 그 어미를 죽였으니, 聖人이 후환을 방비하는 방도는 아마도 이와 같지 않을 것이다. 후일 拓跋氏가 이 방법을 그대로 사용하였다. 그러나 저 拓跋氏는 오랑캐이다. 중국으로서 어찌 오랑캐 행동을 한단 말인가. '殺'이라고 쓴 것은 이것을 비판한 것이다.〔嗚呼 天下豈有無母之國哉 欲立其子 先殺其母 聖人防患之道 殆不若此 異時拓跋氏率用此法 然彼夷狄爾 中國而夷狄乎哉 書殺 譏之也〕" ≪發明≫

었으나, 모두 동작함에 법도가 없어서 과실이 많았다.

燕王旦이 自以次第當爲太子라하여 上書求入宿衛어늘 上이 怒曰 生子에 當置齊魯禮義之鄕이어늘 乃置之燕하니 果有爭心이라하고 乃斬其使하고 又坐匿亡命하여 削三縣[①]하다 旦은 辯慧博學하고 其弟廣陵王胥는 有勇力이나 而皆動作無法度하여 多過失이러라

① 세 縣은 良鄕縣, 安次縣, 文安縣이다.
三縣, 良鄕·安次·文安.

【目】 이해에 鉤弋夫人의 아들 劉弗陵이 나이 일곱 살에 몸이 장대하고 지혜가 많았다. 上은 기특히 여기고 사랑하여 마음에 그를 太子로 세우고자 하였으나, 그의 나이가 어리고 어미가 젊다 하여 오랫동안 유예하였다.

上은 大臣으로써 그를 보필하게 하고자 하여 여러 신하들을 살펴보니, 오직 奉車都尉光祿大夫인 霍光이 충성스럽고 敦厚하여 큰일을 맡길 만하였다. 上은 마침내 黃門(宦官)으로 하여금 周公이 成王을 업고 제후에게 조회하는 그림을 그리게 해서 곽광에게 下賜하였으니, 곽광은 霍去病의 아우이다.

며칠 뒤에 황제가 구익부인을 견책하자, 夫人은 花簪(화잠)과 귀걸이를 벗고 머리를 조아려 사죄하였다. 황제는 "빨리 데리고 가서 掖庭獄으로 送致하라." 하였다. 부인이 뒤를 돌아보자, 황제는 "빨리 가라. 너는 살 수가 없다." 하고는 끝내 사약을 내렸다.

是歲에 鉤弋夫人之子弗陵이 年七歲에 形體壯大하고 多知[①]라 上이 奇愛之하여 心欲立焉호되 以其年穉母少라하여 猶與(예)久之[②]하다 欲以大臣輔之하여 察群臣하니 唯奉車都尉光祿大夫霍光이 忠厚하여 可任大事[③]라 上이 乃使黃門으로 畫(화)周公負成王朝諸侯하여 以賜光[④]하니 光은 去病之弟也[⑤]라 後數日에 帝譴責鉤弋夫人한대 夫人이 脫簪珥(잠이)叩頭[⑥]어늘 帝曰 引持去하여 送掖庭獄[⑦]하라 夫人還顧어늘 帝曰 趣(촉)行하라 汝不得活이니라하고 卒賜死하다

① 知(지혜)는 智로 읽는다.
知, 讀曰智.

② 穉(어리다)는 稚로도 쓴다. 與(머뭇거리다)는 豫로 읽는다.
穉, 亦作稚. 與, 讀曰豫.

③ 황제가 奉車都尉를 설치하여 황제의 타는 말과 수레를 관장하게 하였으니, 품계가 比二千石이었다. 任은 음이 壬이니, 감당함이다.
帝置奉車都尉, 掌御乘輿車, 秩比二千石. 任, 音壬, 堪也.

④ 黃門의 官署는 직책이 군주의 측근에서 天子에게 물건을 공급하는 것이어서 온갖 물건이

다 있었다. 그러므로 畫工도 있었던 것이다. 畫(그리다)는 畵로 읽는다.

黃門之署, 職任親近, 以供天子, 百物在焉. 故亦有畫工. 畫, 讀曰畵.

⑤ 처음에 霍仲孺가 平陽侯의 집에서 執事 노릇을 할 적에 衛小兒와 은밀히 간통하여 霍去病을 낳았는데, 霍仲孺가 官吏 생활을 마치고 집으로 돌아와 다시 婦人을 얻어 霍光을 낳았다.

初, 霍仲孺給事平陽侯家, 與衛小兒私通, 生去病, 吏畢歸家, 娶婦生光.

⑥ 簪은 淄岑의 切이니 머리의 비녀이고, 珥는 음이 貳로 귀의 꾸미개이니, "脫簪珥(花簪과 귀걸이를 벗다.)"는 꾸미개를 제거한 것이다.

簪, 淄岑切, 首笄, 珥, 音貳, 耳飾. 脫簪珥, 去飾也.

⑦ "掖庭"은 少府의 소속으로 궁중의 감옥이 있었는데, 모든 죄가 있는 宮人을 여기에 가두었다.

掖庭, 屬少府, 有秘獄. 凡宮人有罪者, 下之.

【目】 얼마 후에 황제가 한가로이 거처할 적에 좌우의 신하들에게 "외부 사람들이 무어라고 말하는가?" 하고 물으니, 좌우의 신하들이 대답하기를 "사람들이 말하기를 '장차 그 아들을 세우려 한다면 어찌 그 어미를 제거하셨겠는가.'라고 합니다." 하였다.

황제가 말하기를 "그러하다. 이는 어린아이들과 어리석은 사람이 알 바가 아니다. 예로부터 국가가 혼란한 이유는 군주가 어리고 어미가 젊기 때문이니, 女主가 교만하게 홀로 살면서 음란하고 자기 멋대로 행동하면 금할 수가 없다. 너희들은 呂后의 일을 듣지 못했는가. 이런 이유 때문에 먼저 그녀를 제거하지 않을 수 없었다." 하였다.

頃之에 **帝閑居**할새 **問左右曰 外人言云何**오 **左右對曰 人言且立其子**인댄 **何去其母乎**리오하나이다 **帝曰 然**하다 **是非兒曹愚人之所知也**니라 **往古國家所以亂**이 **由主少母壯也**니 **女主獨居驕蹇**하여 **淫亂自恣**하면 **莫能禁也**니 **汝不聞呂后邪**아 **故**로 **不得不先去之也**로라

【目】 胡氏(胡寅)가 다음과 같이 평하였다.

"漢 武帝의 이 조처는 결단은 잘한 점이 있으나, 극진히 善하지는 못하다. 만일 ≪春秋≫의 大義에 의거해서 '妾인 어머니는 后라고 칭할 수 없고, 母后는 정사에 관여할 수 없다.'는 것을 여러 사람들에게 알려주어서 漢나라의 법을 만들어 宗廟에 보관하고 大臣에게 맡겨주었다면, 鉤弋夫人이 비록 지위를 도적질하고 교만하고 방자하게 행동하고자 하더라도 어찌 감히 할 수 있겠는가. 呂后의 일로 말하면 또한 高帝가 啓導함이 있었던 것이다."

胡氏曰 漢武此擧는 斷則有矣로되 未盡善也라 誠能據春秋大義하여 妾母不得稱后하고 母后不得與政하여 播告之修하여 著爲漢法하여 藏之宗廟하고 責在大臣하면 鉤弋이 雖欲竊位驕恣인들 烏乎敢이리오 若夫呂后之事는 則亦高帝有以啓之耳니라

甲午年(B.C. 87)

【綱】 漢나라 世宗 孝武皇帝 後元 2년이다. 봄 2월에 황제가 五柞宮에 가서 劉弗陵을 세워 皇太子로 삼고, 霍光을 大司馬 大將軍으로, 金日磾를 車騎將軍으로, 上官桀을 左將軍으로 삼아 遺詔를 받아 어린 군주를 보필하게 하였다. 황제가 崩하였다.

二年이라 **春二月**에 **帝如五柞宮**하여 **立弗陵爲皇太子**하고 **以霍光爲大司馬大將軍**하고 **金日磾爲車騎將軍**하고 **上官桀爲左將軍**하여 **受遺詔輔少主**하다 **帝崩**①[7]하다

① 향년이 71세였다.
壽, 七十一.

【目】 2월에 上이 五柞宮에 행차하여 병이 위독하자, 霍光이 눈물을 흘리며 묻기를 "만일 諱하지 못할 일이 있으면 누가 마땅히 뒤를 이어야 합니까?" 하니, 上이 말하기를 "그대는 지난번에 그림을 그려준 뜻을 깨닫지 못했는가. 어린 아들을 세우고 그대가 周公의 일을 행하라." 하였다.

곽광이 머리를 조아리며 사양하기를 "臣은 金日磾만 못합니다." 하니, 김일제 또한 아뢰기를 "신은 外國 사람이라서 곽광만 못하고, 또 匈奴로 하여금 漢나라를 깔보게 할 것

---

7) 受遺詔輔少主 : "武帝가 加官을 더 설치한 뒤로부터 丞相은 자리만 갖춘 것이 되었다. 그러므로 遺詔를 받을 적에 승상에게 미치지 않은 것이다. 그러나 훌륭한 사람(霍光)을 얻어 부탁하였으니, 武帝의 총명함은 높일 만한 것이 있다. 그러므로 이것을 써서 찬미한 것이다. '遺詔를 받았다.〔受遺詔〕'고 쓴 것이 이때 시작되었다.〔自武帝增重加官 而丞相爲具位 故受遺之詔 不及丞相焉 然其付託得人 則帝之明 有可尙者矣 故書美之 書受遺詔始此〕" ≪書法≫
"武帝가 평생 잘못한 것이 매우 많았는데, 오직 말년에 어린 아들을 부탁한 한 가지 일은 매우 현명하였으니, ≪資治通鑑綱目≫에서 쓴 것을 보면 알 수 있다. 그러나 霍光과 金日磾, 上官桀 세 사람은 모두 장군으로서 遺詔를 받고 相臣은 여기에 참여하지 못했으니, 또 세상의 변함을 볼 수 있다.〔武帝平生繆戾甚多 獨晩年託孤一節 甚明 觀之綱目所書 則可見矣 然光日磾桀三人 皆以將軍受遺詔 而相臣無預 又可以觀世變也〕" ≪發明≫

입니다." 하였다.

이에 劉弗陵을 세워 皇太子로 삼고 다음날에 霍光과 金日磾와 上官桀에게 명하여 遺詔를 받아 어린 군주를 보필하게 해서, 御史大夫 桑弘羊과 함께 모두 臥內의 침상 아래에서 관직을 제수하였다.

二月에 上幸五柞宮하여 病篤①이어늘 霍光이 涕泣問曰 如有不諱[8]면 誰當嗣者잇가 上曰 君未諭前畫(화)意邪아 立少子하고 君行周公之事하라 光이 頓首讓曰 臣不如金日磾하니이다 日磾亦曰 臣은 外國人이라 不如光이요 且使匈奴輕漢하리이다 乃立弗陵爲皇太子하고 明日에 命光, 日磾及上官桀하여 受遺詔輔少主하여 與御史大夫桑弘羊으로 皆拜臥內牀下②하다

① 五柞宮은 扶風 盩厔縣(여지현)에 있으니, 宮中에 다섯 그루의 갈참나무가 있으므로 인하여 五柞宮이라 이름하였다.
五柞宮, 在扶風盩厔縣, 宮中有五柞樹, 因名焉.

② 〈"拜臥內牀下"는〉 天子가 누워 있는 침상 앞에서 관직을 제수한 것이다.
於天子所臥牀前, 拜職.

【目】霍光은 禁門을 출입한 지 20여 년에 나가면 황제의 수레를 받들고 들어오면 좌우에서 모시어, 조심하고 삼가서 한 번도 허물이 있지 않았다. 사람됨이 침착하고 고요하고 자세히 살펴서 매번 출입하며 궁문에서 수레를 내릴 적에 멈추고 나아감에 일정한 곳이 있었다. 郎官과 僕射가 몰래 표시해놓고서 살펴보니, 한 자와 한 치도 틀리지 않았다.

光이 出入禁闥二十餘年에 出則奉車하고 入侍左右하여 小心謹愼하여 未嘗有過라 爲人이 沈靜詳審하여 每出入下殿門에 止進有常處라 郎, 僕射竊識(지)視之하니 不失尺寸①이러라

① 識는 式志의 切이니, 표시함이다. 〈"郎 僕射竊識視之"는〉 郎官과 僕射가 모두 남몰래 표시하여 霍光의 멈추고 나아가는 곳을 살펴봄을 이른다.
識, 式志切, 記也. 謂郎與僕射, 皆私竊識, 視光之止進處.

【目】金日磾는 上의 좌우에 있으면서 눈으로 거슬러 보지 않은 것이 수십 년이었고, 내려준 宮女를 감히 가까이하지 않았으며, 上이 그의 딸을 後宮으로 들이고자 하였으나

---

8) 如有不諱 : 不諱는 忌諱하여 직접 말할 수 없는 것으로 죽음을 이르는바, 如有不諱는 "만일 죽음이 있게 되면"의 뜻이다. 일설에는 황제의 죽음을 미리 말할 수 없으나 황제가 죽은 뒤에는 끝내 忌諱할 수 없으므로 不諱라 칭한다고 한다.

좋아하지 않았다. 그 돈독하고 삼감이 이와 같으니, 上은 더욱 그를 기이하게 여겼다.

김일제의 큰아들이 황제의 弄兒(희롱하는 아이)였는데, 뒤에 장성하여 궁전 아래에서 宮女들과 희롱하자, 김일제가 때마침 이것을 보고는 그를 죽였다. 上이 노하자 김일제가 그를 죽인 이유를 자세히 말하니, 上은 그를 위하여 눈물을 흘리고 마음속으로 김일제를 존경하였다.

日磾在上左右하여 目不忤視者 數十年①이요 賜出宮女를 不敢近하고 上이 欲納其女後宮호되 不肯하여 其篤愼如此하니 上이 尤奇異之하니라 日磾長子 爲帝弄兒②러니 其後에 壯大하여 自殿下로 與宮人戲어늘 日磾適見하고 遂殺之하다 上이 怒한대 日磾具言所以하니 上이 爲之泣하고 而心敬日磾하니라

① 忤는 음이 悞이니, 거슬림이다.
忤, 音悞, 逆也.
② 弄은 희롱함이니, 군주와 親狎하여 大體(義理)에 관계가 없음을 말한 것이다.
弄, 戲也, 言其狎褻, 無關大體.

【目】上官桀은 처음에 재주와 힘으로 총애를 얻어 未央廐令이 되었다. 上이 일찍이 병을 앓아 몸이 편치 않다가 낫자, 상관걸이 말을 보여드렸는데, 말들이 대부분 수척하였다. 上이 크게 노하여 말하기를 "令은 내가 〈죽어〉 다시는 말을 보지 못할 것이라고 여겼는가." 하고는 獄吏에게 회부하여 치죄하고자 하였는데, 상관걸이 머리를 조아리며 아뢰기를 "臣은 聖上의 體候가 편안하지 못하시다는 말을 듣고는, 밤낮으로 근심하고 두려워해서 마음이 실로 말에 있지 않았습니다." 하고는 말을 끝마치기 전에 눈물을 줄줄 흘렸다. 上은 그가 자신을 사랑한다고 생각하여 이 때문에 그를 가깝게 대하였다.

桀이 始以材力得幸①하여 爲未央廐令이러니 上이 嘗體不安이라가 及愈에 見(현)馬하니 馬多瘦②라 上이 大怒曰 令以我不復見馬邪아하고 欲下吏한대 桀이 頓首曰 臣聞聖體不安하고 日夜憂懼하여 意誠不在馬하니이다하고 言未卒에 泣數行下이라 上이 以爲愛己라하여 由是親近하니라

① 上官桀은 젊었을 적에 羽林期門郎이 되어서 황제를 따라 甘泉宮에 올라갔었는데, 큰 바람이 불어 수레가 앞으로 갈 수 없었다. 수레의 日傘을 풀어 상관걸에게 주자, 상관걸은 일산을 받들고서 아무리 바람이 불어도 항상 수레를 뒤따랐고 비가 오면 번번이 일산으로 모시니, 上은 그의 재주와 힘을 기특하게 여겼다.
桀, 少時, 爲羽林期門郎, 從帝上甘泉, 天大風, 車不得行. 解蓋授桀, 桀奉蓋, 雖風, 常屬車, 雨下, 蓋輒御, 上奇其材力.

② 未央廐令은 太僕에 속하였다. 見(뵙다)은 胡電의 切이니, 말을 바쳐 보여드림을 이른다.
未央廐令, 屬太僕. 見, 胡電切, 謂呈見之.

【目】 또 다음날 황제가 崩하자, 〈梓宮을〉 未央宮 앞 전각으로 들여 殯所를 마련하였다.

황제는 총명하여 결단을 잘하였고 사람을 잘 등용하였으며, 법을 시행함에 용서하는 바가 없었다. 隆慮公主의 아들 昭平君이 황제의 딸인 夷安公主에게 장가들었는데, 융려공주가 병이 위독해지자, 黃金 천 斤과 돈 천만 錢으로 소평군을 위하여 미리 죽을죄를 속죄할 것을 청하니, 上이 이를 허락하였다.

공주가 죽자, 소평군이 날로 교만하여 술에 취해 공주의 스승을 죽이고서 獄에 갇히니, 廷尉는 공주의 아들이라 하여 〈특별히 처형할 것을〉 주청하였다.

上은 그를 위해 눈물을 떨구며 탄식하고는 오래 있다가 말하기를 "法令은 先帝가 만드신 것이다. 내가 여동생 때문에 선제의 法을 함부로 버린다면 내 무슨 면목으로 高皇帝의 사당에 들어가겠는가. 또 아래로는 萬民을 저버리게 된다." 하고는 마침내 그 아룀을 허락하고는 슬픔을 스스로 가누지 못하니, 좌우의 신하들이 모두 슬퍼하였다.

이에 待詔 東方朔이 앞으로 나아가서 축수하며 아뢰기를 "臣이 들으니, '聖王은 정사를 할 적에, 賞은 원수를 피하지 않고 誅罰은 骨肉을 가리지 않는다.' 하였으니, 이는 五帝가 소중히 여긴 것이요, 三王이 신중히 한 것입니다. 陛下께서 이것을 행하시니, 天下에 매우 다행입니다. 臣 동방삭은 술잔을 받들어 올려 죽을죄를 무릅쓰고 再拜하며 萬歲의 축수를 올립니다." 하였다. 上은 처음에는 그의 말을 노여워하였으나, 이윽고 좋게 여겼다.

又明日에 帝崩이어늘 入殯未央前殿하다 帝聰明能斷하고 善用人하며 行法에 無所假貸라 隆慮公主子昭平君이 尙帝女夷安公主[①]러니 隆慮主病困하여 以金千斤, 錢千萬으로 爲昭平君하여 豫贖死罪어늘 上이 許之하다 主卒에 昭平君이 日驕하여 醉殺主傅하여 繫獄[②]하니 廷尉以公主子라하여 上請[③]한대 上이 爲之垂涕歎息하고 久之에 曰 法令者는 先帝所造也라 用弟故而誣先帝之法[④]이면 吾何面目으로 入高廟乎아 又下負萬民이라하고 乃可其奏하고 哀不能自止하니 左右盡悲하니라 待詔東方朔이 前上壽[⑤]曰 臣聞聖王爲政에 賞不避仇讎하고 誅不擇骨肉이라하니 此는 五帝所重이요 三王所難也어늘 陛下行之하시니 天下幸甚이라 臣朔은 奉觴하여 昧死再拜하여 上萬歲壽하노이다 上初怒朔이러니 旣而요 善之하니라

① 隆慮公主는 景帝의 딸이다. 《漢書》 〈地理志〉에 "夷安縣은 膠西國에 속하였다." 하였다.
隆慮公主, 景帝女. 班志"夷安縣, 屬膠西國."

② 傅는 傅姆(여자 스승)이다.
傅, 傅姆也.
③ 上(올리다)은 時掌의 切이다.
上, 時掌切.
④ 弟는 누이동생을 이른다.
弟, 謂女弟.
⑤ 이때 公車에서 待詔하는 자가 있었고 金馬門에서 待詔하는 자가 있었는데, 東方朔이 일찍이 醉하여 대궐 앞에서 작은 실수를 저질렀다가 면직되고 庶人이 되어서 宦者署에서 待詔하였다.
時, 有待詔公車者, 有待詔金馬門者. 朔嘗醉, 小遺殿上, 免爲庶人, 待詔宦者署.

【目】班固가 다음과 같이 평하였다.

"漢나라는 여러 왕의 폐해를 이어받아서, 高祖가 혼란함을 다스려 바름으로 돌아오게 하였고 文帝와 景帝가 백성을 기르는 데 힘썼으나, 옛날 禮와 文學의 일을 상고함에 있어서는 여전히 부족한 점이 많았다.

孝武帝가 처음 즉위하자 우뚝하게 百家를 내치고 六經을 表章하여, 마침내 海內에 널리 물어 준걸스럽고 뛰어난 재주가 있는 자들을 등용해서 그들과 함께 功을 세웠으며, 太學을 일으키고 郊祀를 닦으며, 正朔을 바꾸고 歷數(책력)를 정하며, 音律을 맞추고 周나라 후손의 대를 이어주어서 號令과 文章이 찬란하여 기술할 만하였다.

만일 武帝와 같은 웅장한 재주와 큰 지략으로 文帝와 景帝의 공손하고 검소함을 바꾸지 아니하여 이 백성들을 구제했더라면, 비록 ≪詩經≫과 ≪書經≫에서 칭찬한 聖君이라도 어찌 이보다 더할 수 있겠는가."

班固曰 漢承百王之弊하여 高祖撥亂反正하고 文景務在養民호되 至于稽古禮文之事하여는 猶多闕焉이러니 孝武初立에 卓然罷黜百家하고 表章六經[①]하여 遂疇咨(주자)海內하여 擧其俊茂하여 與之立功[②]하며 興太學, 修郊祀하고 改正朔, 定歷數하고 協音律, 紹周後하여 號令文章이 煥焉可述하니 如武帝之雄材大略으로 不改文景之恭儉하여 以濟斯民이런들 雖詩書所稱이나 何有加焉이리오

① "百家"는 諸子의 雜說로서, 六經의 뜻에 어긋나는 것을 이른다. "表章"은 겉으로 내보이고 드러내어 밝히는 것이다. 六經은 ≪易經≫, ≪詩經≫, ≪書經≫, ≪春秋經≫, ≪禮經≫, ≪樂經≫을 이른다.
百家, 謂諸子雜說, 違背六經者. 表章(省)〔者〕[9], 表而出之, 章而明之. 六經, 謂易·詩·書

9) (省)〔者〕: 저본에는 '省'으로 되어 있으나, 문맥을 살펴 '者'로 바로잡았다.

·春秋·禮·樂也.

② 疇는 누구이고 咨는 상의하는 것이니, 〈"疇咨海內"는〉 衆人에게 상의하여 그 누가 이 일을 할 만한가를 묻는 것이다.
疇, 誰也. 咨, 謀也, 言謀於衆人, 誰可爲事者也.

【目】 司馬溫公(司馬光)이 다음과 같이 평하였다.

"孝武帝가 사치를 끝까지 하고 욕망을 지극히 하였으며, 형벌을 가혹하게 하고 세금을 무겁게 거두었으며, 안으로 宮室을 사치스럽게 만들고 밖으로 四夷를 정벌하였으며, 신선과 괴이한 말을 믿고 미혹하여 순행하고 유람하기를 절도가 없이 해서 백성들로 하여금 피폐하여 도적이 되게 하였으니, 秦나라 始皇과 다른 것이 별로 없었다.

그러나 秦나라는 이 때문에 망하였고 漢나라는 이 때문에 흥하였으니, 이는 孝武帝가 능히 先王의 道를 준수하여 전통을 지킬 줄을 알았고 충직한 사람의 말을 받아들여 사람들이 속이고 엄폐하는 것을 미워하였으며, 현자를 좋아하기를 게을리하지 않았고 상벌이 엄하고 분명하였으며, 말년에 허물을 고치고 顧命하여 부탁한 자가 올바른 사람을 얻었기 때문이다. 그러므로 망한 秦나라의 잘못이 있으면서도 망한 秦나라의 禍를 면한 것일 것이다.

司馬公曰 孝武窮奢極欲하고 繁刑重斂하며 內侈宮室하고 外事四夷하며 信惑神怪하여 巡遊無度하여 使百姓疲敝하여 起爲盜賊하니 其所以異於秦始皇者 無幾矣[①]라 然이나 秦以之亡하고 漢以之興者는 孝武能遵先王之道하여 知所統守하고 受忠直之言하여 惡(오)人欺蔽하며 好賢不倦하고 誅賞嚴明하며 晚而改過하고 顧托得人하니 此其所以有亡秦之失而免亡秦之禍乎인저

① "無幾"는 많지 않음을 말한다.
無幾, 言不多也.

【綱】 太子 劉弗陵이 즉위하니, 큰누이인 鄂邑(악읍)의 長公主가 함께 궁중에서 공양을 받고 霍光과 金日磾와 上官桀이 함께 尙書의 일을 겸하였다.

太子弗陵이 卽位하니 姊鄂邑長公主 共養省中하고 光, 日磾, 桀이 共領尙書事[①]하다

① 鄂은 五各의 切이다. ≪漢書≫ 〈地理志〉에 "鄂縣은 江夏郡에 속하였다." 하였으니, 公主의 食邑이다. 共(바치다)은 供으로 읽으니 居用의 切이고, 養(봉양하다)은 弋亮의 切이다. 아랫사람이 윗사람에게 바치는 것을 共養이라 한다.
鄂, 五各切. 班志 "鄂縣, 屬江夏郡." 公主所食之邑. (其)〔共〕[10], 讀曰供, 居用切. 養, 弋亮

切, 下奉上曰共養.

【目】霍光이 어린 군주를 보필하여 정사가 자신에게서 나오니, 天下 사람들이 그의 풍채(문채)를 우러러 사모하였다.

궁중에 일찍이 괴이한 일이 있어서 한밤중에 여러 신하들이 놀라자, 곽광은 尙符璽郎을 불러 玉璽(옥새)를 거두어 취하고자 하였는데, 郎官이 주려고 하지 않았다. 곽광이 빼앗으려 하자, 낭관은 劍을 어루만지며 말하기를 "臣의 머리는 얻을 수 있지만 옥새는 얻을 수 없습니다." 하였다.

이에 곽광이 매우 의롭게 여기고는 다음 날 명하여 낭관에게 두 등급의 秩祿을 더하게 하니, 사람들이 곽광을 훌륭하게 여기지 않는 이가 없었다.

光이 輔幼主하여 政自己出하니 天下想聞其風采①러라 殿中에 嘗有怪하여 一夜에 群臣相驚이어늘 光이 召尙符璽郎하여 欲收取璽②러니 郎이 不肯授어늘 光이 欲奪之한대 郎이 按劍曰 臣頭는 可得이어니와 璽는 不可得也니이다 光이 甚誼之하여 明日에 詔增此郎秩二等하니 衆庶莫不多光③하니라

① 采는 문채이다.
采, 文采也.

② 尙은 주관함이다. 郎은 관직의 이름이니, 〈尙符璽郎은〉 符璽의 일을 주관하였다. 변란이 있을까 두려웠으므로 玉璽를 거두어 취하고자 한 것이다.
尙, 主也. 郎, 官名. 主掌符璽事, 恐有變難, 故欲收取璽.

③ 多(훌륭하다)는 重과 같으니, 이 일을 훌륭하게 여겨 존중할 만하다고 생각한 것이다.
多, 猶重也, 以此事, 爲多足重也.

【綱】3월에 武帝를 茂陵에 장례하였다.

三月에 葬茂陵하다

【綱】여름에 赦免하였다.

◑夏에 赦하다

【綱】가을 7월에 孛星이 동쪽에 나타났다.

---

10) (其)〔共〕: 저본에는 '其'로 되어 있으나, 문맥을 살펴 '共'으로 바로잡았다.

◑ **秋七月**에 **有星孛于東方**하다

【綱】 鉤弋夫人을 추존하여 皇太后라 하고 雲陵을 만들기 시작하였다.

◑ **追尊鉤弋夫人**하여 **爲皇太后**하고 **起雲陵**①[11]하다

① 趙倢伃(鉤弋夫人)를 먼저 雲陽에 장례하였다. 이 때문에 운양에다가 雲陵을 만들기 시작한 것이다.
倢伃, 先葬於雲陽. 是以就雲陽, 爲起雲陵.

【綱】 겨울에 匈奴가 朔方에 침입하자, 左將軍 上官桀을 보내 북쪽 변방을 순행하게 하였다.

◑ **冬**에 **匈奴入朔方**이어늘 **遣左將軍桀**하여 **行北邊**하다

乙未年(B.C. 86)

【綱】 漢나라 孝昭皇帝 始元 원년이다. 여름에 益州의 오랑캐가 배반하자, 관리와 백성들을 모집하여 명령에 달려가 싸울 수 있는 자들을 징발해서 격파하였다.

孝昭皇帝始元元年이라 **夏**에 **益州夷反**이어늘 **募吏民**하여 **發犇**(분)**命**하여 **擊破之**①하다

① 예전에 郡國에 모두 材官과 騎士가 있어서 국가의 急難(危急)에 달려가게 하였는데, 지금 오랑캐가 배반함에 常備軍으로는 토벌하기 부족하여, 임시로 정예롭고 용감한 자들을 선발해서 명령을 듣고 달려가게 했으므로 "犇命"이라 한 것이다.
舊時, 郡國皆有材官騎士, 以赴急難, 今夷反, 常兵不足以討之, 故權取精勇, 聞命犇赴, 故謂之犇命.

---

11) 追尊鉤弋夫人……起雲陵 : "禮를 어김을 비판한 것이니, 처음으로 嫡妻와 妾을 혼란시켰다. 그러므로 ≪資治通鑑≫에는 쓰지 않았는데, ≪資治通鑑綱目≫에서는 백성을 雲陵에 이주시킨 것과 아울러 모두 특별히 쓴 것이다. 昭帝가 자기 生母를 추존함으로부터 '뒤에 추존했다.〔追尊〕'고 쓴 군주가 12명이고, 哀帝가 자기 祖母와 生母를 높인 뒤로부터 '높여 제수했다.〔尊拜〕'고 쓴 군주가 13명이고, 이에 또 멀리 높인 경우가 있었다. 妾인 어미를 높인 것은 잘못이요, 〈魏主 拓跋燾와 魏主 拓跋濬이〉 保母를 높인 것은 더 큰 잘못이다.〔譏違禮也 始亂嫡妾矣 故通鑑不書 綱目幷徙民雲陵皆特書之 自昭帝追尊其所生 而後書追尊者十二君 自哀帝尊其祖母及其所生 而後書尊拜者十三 於是又有遙尊者矣 尊妾母非也 尊保母甚哉〕" ≪書法≫

【綱】 가을 7월에 赦免하였다.

◑ **秋七月**에 **赦**하다

【綱】 큰 비가 10월까지 내렸다.

◑ **大雨至于十月**하다

【綱】 燕王 劉旦이 모반하였는데 사면하여 治罪하지 않고, 함께 참여한 徒黨들은 모두 伏誅하였다.

◑ **燕王旦**이 **謀反**이어늘 **赦弗治**하고 **黨與**는 **皆伏誅**[12]하다

【目】 처음에 武帝가 崩하자, 諸侯에게 璽書(玉璽를 찍은 황제의 친서)를 하사하였다. 燕王 劉旦은 새서를 받고 哭하려 하지 않으면서 말하기를 "새서의 봉함이 너무 작으니, 京師에 變亂이 있는가 의심된다." 하고는, 총애하는 신하를 보내 長安에 가서 〈國喪의〉 禮儀를 묻는다며 은밀히 조정의 일을 살펴 탐문하게 하였다.

그러다가 황제가 詔令을 내려서 제후왕들에게 돈을 하사하고 封地를 더해주자, 燕王 劉旦은 노하여 말하기를 "내가 마땅히 황제가 되어야 하는데, 어찌 〈어린 황제(昭帝)가〉 돈을 하사한단 말인가." 하였다.

그러고는 마침내 齊孝王의 손자인 劉澤 등과 함께 계략을 꾸며, "武帝 때에 내가 詔令을 받아 관리의 일을 주관해서 武備를 닦아 비상사태에 대비하도록 하였다."라고 거짓말을 하였다. 또 간사한 글을 만들어 말하기를 "어린 황제는 武帝의 아들이 아니다. 천하가 마땅히 함께 토벌해야 한다." 하고는, 사람을 보내 파발마로 郡國을 다니면서 백성들을 동요하게 하였다.

유택은 臨菑로 돌아가 군대를 일으킬 것을 도모하고, 유단은 郡國의 간사한 사람들을

12) 燕王旦……赦弗治 : "'사면하고 治罪하지 않았다.〔赦弗治〕'고 쓴 것은 어째서인가? 형벌을 제대로 시행하지 못함을 비판한 것이다. 죄를 다스리지 않은 것에 대한 글이 두 가지이니, 燕王 劉旦이 모반하였는데 '용서하고 치죄하지 않았다.'는 것은 죄가 있는 사람을 잃었다는 말이니 비판한 것이요, 有司가 梁王 劉立의 죄를 아뢰었으나 '중지하고 치죄하지 않았다.'고 한 것은 후덕함을 보존한 말이니, 찬미한 것이다. 찬미함과 나쁘게 여김에 그 표현이 똑같음을 혐의하지 않는다.〔書赦弗治 何 譏失刑也 弗治之辭二 燕王旦謀反 赦弗治 失有罪之辭也 譏也 有司奏梁王立罪 寢不治 存厚之辭也 美也 美惡不嫌同辭〕" ≪書法≫

불러와 銅과 鐵에 대한 세금을 거두어 갑옷과 병기를 만들고 車騎와 材官의 병사들을 자주 사열하였으며, 백성들을 징발해서 크게 사냥하여 병사와 말을 훈련시키면서 출동 기일을 기다렸다. 그리고 韓義 등 諫하는 자 15명을 모두 죽였다.

初에 武帝崩이어늘 賜諸侯王璽書한대 燕王旦이 得書하고 不肯哭曰 璽書封小하니 京師에 疑有變①이라하고 遣幸臣하여 之長安하여 問禮儀하고 陰刺(척)候朝廷事②하다 及詔賜錢益封하여는 旦이 怒曰 我當爲帝하니 何賜也오하고 遂與齊孝王孫澤等으로 結謀하여 詐言호되 以武帝時受詔하여 得職吏事하여 修武備하여 備非常③이라하고 爲姦書하여 言少帝非武帝子라 天下宜共伐之라하여 使人傳行郡國하여 以搖動百姓하다 澤은 謀歸發兵臨菑④하고 旦은 招來郡國姦人하여 賦斂銅鐵하여 作甲兵하고 數(삭)閱其車騎, 材官卒⑤하고 發民大獵하여 以講士馬하여 須期日⑥하며 殺諫者韓義等凡十五人하다

① 글이 적으면 봉함이 작은 것이다.
文小則封小.
② 陰은 暗地(은밀히)라는 말과 같다. 刺은 七亦의 切이니 살핌이요, 候는 탐문함이다.
陰, 猶言暗地也. 刺, 七亦切, 察也. 候, 問也.
③ 諸侯는 백성과 관직의 일을 다스릴 수 없다. 이 때문에 "詔令을 받아서 관리의 일을 주관하고 군대를 일으켜 대비한다."라고 거짓말을 한 것이다.
諸侯不得治民與職事, 是以爲詐言 "受詔, 得知職事, 發兵爲備也."
④ 臨菑는 齊郡太守와 青州刺史의 治所가 있는 곳이다.
臨菑, 齊郡太守・青州刺史治所.
⑤ 數(자주)은 음이 朔이다.
數, 音朔.
⑥ 講은 익힘이고, 須는 기다림이다. 劉澤이 臨菑로 돌아가 擧兵을 도모하였으므로, 劉旦이 군대를 사열하면서 기일을 기다린 것이다.
講, 習也. 須, 待也. 澤歸臨菑, 謀擧兵, 故旦閱兵以待期.

【目】8월에 青州刺史 雋不疑(준불의)가 劉澤 등을 체포하여 아뢰자, 大鴻臚丞을 보내 治罪하게 하였는데, 燕王이 연루되었다. 이에 '연왕은 至親이니 治罪하지 말고 유택 등은 모두 伏誅하라.'고 詔令을 내렸다.

八月에 青州刺史雋不疑 收捕澤等以聞한대 遣大鴻臚丞治하여 連引燕王이어늘 詔以燕王至親勿治하고 而澤等은 皆伏誅하다

【綱】 雋不疑를 京兆尹으로 삼았다.

以雋不疑爲京兆尹[13)]하다

【目】 雋不疑가 京兆尹이 되니, 관리와 백성들이 그의 위엄과 신의를 공경하였다. 준불의가 매번 縣을 순행하여 죄수들을 기록하고 돌아오면, 그 어머니가 번번이 준불의에게 "平反(잘못된 옥사를 바로잡음)한 바가 있어서 몇 명을 살려주었는가?"라고 물어서, 평번한 것이 많으면 어머니가 기뻐하여 웃기를 다른 때와 달리 하였고, 혹 평번하여 죄수를 내보낸 것이 없으면 어머니가 노하여 음식을 먹지 않았다. 이 때문에 준불의는 관리가 되었을 적에 엄하면서도 잔혹하지 않았다.

不疑爲京兆尹하니 吏民이 敬其威信이러라 每行縣하여 錄囚徒하고 還①에 其母輒問不疑호되 有所平反(번)하여 活幾何人고하여 即多所平反(번)이면 母喜笑異他時하고 或無所出이면 母怒하여 爲不食②이라 故로 不疑爲吏에 嚴而不殘하니라

① "行縣"은 조사하려고 여러 縣을 순행함을 이른다. "錄囚徒"는 죄수들을 살펴 기록해서, 그 정상에 억울한지 또 오랫동안 獄事가 체류되었는지의 여부를 아는 것을 이른다.
行縣, 謂案行諸縣也. 錄囚徒, 謂省錄之, 知其情狀有寃滯與否也.

② 爲(위하다)는 去聲이다.
爲, 去聲.

【綱】 9월에 車騎將軍 秺侯(여후) 金日磾가 卒하였다.

九月에 車騎將軍 秺侯金日磾卒하다

【目】 처음에 武帝는 金日磾가 반역을 도모한 馬何羅를 체포한 功이 있다 하여 遺詔를 내려 秺侯로 봉하게 하였는데, 김일제는 황제(昭帝)의 나이가 어리다 하여 봉함을 받지 않았다. 그러다가 병이 위독하게 되자, 霍光이 황제에게 아뢰어 侯를 봉하였는데, 병석에 누워 印綬를 받고는 다음날에 卒하니, 시호를 敬이라 하였다.

김일제의 두 아들인 金賞과 金建이 모두 侍中으로 궁중에서 황제를 모셔 上과 함께

---

13) 以雋不疑爲京兆尹 : "京兆尹으로 삼음을 쓴 것이 이때 시작되었다. 西漢의 세대가 끝날 때까지 京兆尹으로 삼음을 쓴 것이 여덟 번인데, 모두 엄하고 유능한 관리였다. 오직 黃霸만이 관직에 걸맞지 못하므로 '파면되어 옛 관직으로 돌아갔다.'고 썼다.〔書京兆尹始此 終西漢之世 書京兆尹八 皆嚴能吏也 惟黃霸以不稱職 書罷歸故官〕" ≪書法≫

기거하였다. 김상은 수레를 받들고 김건은 駙馬都尉가 되었는데, 김상이 侯를 계승하여 두 印綬를 차게 되자, 上은 곽광에게 이르기를 "金氏 형제 두 사람을 모두 侯의 두 印綬를 차게 할 수는 없는가?" 하니, 곽광이 대답하기를 "김상은 본래 아버지를 뒤이어 侯가 된 것입니다." 하였다. 上이 웃으며 말하기를 "侯를 시키는 것은 나와 장군에게 달려 있지 않은가?" 하였으나, 곽광은 대답하기를 "先帝의 약속에 功이 있어야 비로소 侯에 봉할 수 있다고 하였습니다." 하니, 마침내 중지하였다.

初에 武帝以日磾捕反者馬何羅功으로 遺詔封爲秺侯[①]한대 日磾以帝少로 不受封이러니 及病困에 光이 白封之하니 臥受印綬하고 一日에 薨커늘 謚曰 敬이라하다 日磾兩子賞, 建이 俱侍中하여 與上臥起라 賞은 奉車하고 建은 駙馬都尉러니 及賞嗣侯하여 佩兩綬에 上이 謂光曰 金氏兄弟兩人을 不可使俱兩綬耶아 對曰 賞은 自嗣父爲侯耳이다 上이 笑曰 侯不在我與將軍乎아 對曰 先帝之約에 有功이라야 乃得封侯하니이다하니 遂止하다

① 秺는 음이 如이다. ≪漢書≫ 〈地理志〉에 "秺侯의 나라는 濟陰郡에 속하였다." 하였다.
秺, 音如. 班志"秺侯國, 屬濟陰郡."

【綱】 윤달에 사자를 보내 郡國을 순행하여 賢良을 천거하고 백성들의 疾苦(고통)를 묻게 하였다.

閏月에 遣使行郡國하여 擧賢良하고 問民疾苦하다

【綱】 겨울에 얼음이 얼지 않았다.

◑冬에 無氷하다

丙申年(B.C. 85)

【綱】 漢나라 孝昭皇帝 始元 2년이다. 봄 정월에 大將軍 霍光을 封하여 博陸侯로 삼았다.

二年이라 春正月에 封大將軍光하여 爲博陸侯[①]하다

① 博은 크다는 뜻이요 陸은 평평하다는 뜻이니, 아름다운 이름을 취했을 뿐 실제로 이 縣은 없었다. 博陸侯를 처음 봉할 적에 北海의 河間을 食邑으로 하였는데, 뒤에 봉지를 더하여

東郡을 식읍으로 하였다.

博, 大. 陸, 平也. 取其嘉名耳, 無此縣也. 博陸初封, 食北海河間, 後益封, 食東郡.

【綱】 劉辟彊과 劉長樂을 光祿大夫로 삼았다.

◑ 以劉辟彊, 劉長樂으로 **爲光祿大夫**하다

【目】 혹자가 霍光을 다음과 같이 설득하였다.

"장군은 여러 呂氏의 일을 보지 못하셨습니까? 呂氏는 섭정하여 권력을 독점하고 宗室들과 등져서 관직을 함께 소유하지 않았습니다. 이 때문에 천하 사람들이 믿지 아니하여 끝내 멸망에 이르렀습니다. 지금 장군이 높은 지위를 맡고 황제의 春秋가 젊으시니, 마땅히 종실을 받아들이고 또 많이 大臣들과 함께 일을 의논하시면 화를 면할 수 있습니다."

곽광은 이 말을 옳게 여기고 마침내 종실 중에 등용할 만한 자를 가려서, 두 사람을 光祿大夫로 제수하고 劉辟彊은 守長樂衛尉로 삼았다.

或이 說(세)霍光曰 將軍이 不見諸呂之事乎아 攝政擅權하고 而背宗室하여 不與共職이라 是以로 天下不信하여 卒至於滅亡하니이다 今將軍當盛位하고 帝春秋富하시니 宜納宗室하고 又多與大臣共事하면 則可以免患①이리이다 光이 然之하여 乃擇宗室可用者하여 拜二人光祿大夫하고 辟彊은 守長樂衛尉②하다

① "共事"는 함께 일을 의논하는 것이다.
共事, 共議事也.

② 劉辟彊은 楚元王 劉交의 손자이다. 漢나라 제도에, 관리를 처음 제수할 적에는 모두 試補로 守를 삼았다가 1년 동안 직책을 잘 수행하여야 비로소 眞을 삼았다. 長樂衛尉는 長樂宮의 衛尉이다.
辟彊, 楚元王交之孫. 漢制, 官吏初除, 皆試守, 滿歲稱職, 乃爲眞. 長樂衛尉, 長樂宮之衛尉也.

【綱】 3월에 사자를 보내 가난한 백성들에게 곡식의 종자와 양식을 賑貸(나누어 주고 대여함)하였다.

三月에 **遣使**하여 **振貸貧民種食**①하다

① 種은 之勇의 切이니, 五穀의 종자이다. 食은 양식으로 삼는 것이다.
種, 之勇切, 五穀之種也. 食者, 所以爲糧食也.

【綱】가을에 詔令을 내려, 賑貸한 것을 거두도록 재촉하지 말고 금년의 田租를 면제하게 하였다.

◑ **秋**에 **詔所貸勿收責**하고 **除今年田租**[14)]하다

【綱】匈奴의 狐鹿姑單于가 죽자, 아들인 壺衍鞮單于(호연제선우, 흉노의 제11대 선우)가 즉위하였다.

◑ **匈奴狐鹿姑單于死**어늘 **子壺衍鞮單于立**하다

【目】처음에 武帝가 匈奴를 정벌한 후로, 깊이 쳐들어가서 끝까지 추격한 것이 20여 년이었다. 흉노의 새끼 밴 말과 가축들이 많이 낙태하니, 흉노는 피로하고 곤궁한 나머지 괴로워하여 항상 漢나라와 화친하고자 하는 뜻이 있었으나, 뜻을 이룰 수 없었다.

이해에 單于가 병들어 죽게 되자, 여러 貴人들에게 이르기를 "내 아들이 어려서 나라를 다스리지 못하니, 아우인 右谷蠡王(우녹려왕)을 세워라." 하였다. 선우가 죽자, 衛律 등은 顓渠閼氏(전거연지)와 상의하고 선우의 명령을 사칭하여 그의 아들로 바꿔 세워 壺衍鞮單于로 삼았다. 左賢王과 右谷蠡王이 이것을 원망하여 다시는 龍城에 모이려 하지 않으니, 흉노가 비로소 쇠약해졌다.

初에 **武帝征伐匈奴**하여 **深入窮追 二十餘年**이라 **匈奴馬畜孕**(잉)**重**이 **墮殰**(타독)하니 **罷**(피)**極苦**

---

14) 除今年田租 : "'除'는 무엇인가? 완전히 면제한 것이다. 武帝가 온갖 방법을 동원하여 세금을 거두어도 경비가 부족하였는데, 昭帝는 즉위한 지가 겨우 1년이 되었을 뿐인데, 도리어 천하의 금년 한 해의 田租(租稅)를 완전히 면제하였으니, 〈국가의 재정이 풍족한가 풍족하지 않은가는〉 또한 재정을 관장하는 사람에게 달려 있을 뿐이다. '금년 한 해의 田租를 면제했다.'고 쓴 것이 이때 시작되었다.〔除者何 全免也 武帝征斂百端 經用不足 昭帝卽位一年耳 乃能全免天下今年田租 亦在乎人而已 書除今年田租始此〕" 《書法》
"武帝 때로부터 일이 너무 많아져서 백성들이 몹시 곤궁하였다. 霍光이 황제를 輔佐하여 昭帝 초년에 백성들의 고통을 묻고는 이해에 가난한 백성들을 구휼하여 양식을 꾸어주었고 이제 또다시 백성들의 田租를 면제하였으니, 이는 모두 당시의 훌륭한 정사로 백성들에게 도움이 되는 것이다. 《資治通鑑綱目》에 자세히 썼으니, 찬미함이 이 가운데에 들어 있는 것이다.〔自武帝多事已甚 民困極矣 霍光輔佐 孝昭初年 問民疾苦 是年振貸貧民 今又除民田租 凡此皆當時善政 有補於民者也 綱目詳而書之 美蓋在其中矣〕" 《發明》

之하여 常有欲和親意호되 未能得①이러니 是歲에 單于病且死에 謂諸貴人호되 我子少하여 不能治國하니 立弟右谷蠡(녹려)王②하라 及單于死에 衛律等이 與顓渠閼氏(전거연지)謀하고 矯單于令하여 (吏)〔更〕(경)[15] 立其子하여 爲壺衍鞮單于③하다 左賢王, 右谷蠡王이 怨望하여 不復肯會龍城하니 匈奴始衰④하니라

① "孕重"은 새끼를 밴 것이다. 墮는 떨어짐이요, 殰은 음이 瀆이니 胎가 망가지는 것이다. 罷는 피로함이고, 極은 곤궁함이다. "苦之"는 마음에 싫어하고 괴로워하는 것이다. 말과 가축 중에 새끼를 밴 것들이 이와 같았기 때문에 匈奴가 괴로워함을 말한 것이다.
孕重, 懷任者也. 墮, 落也. 殰, 音瀆, 胎敗也. 罷, 勞也. 極, 困也. 苦之, 心厭苦也. 言馬畜孕重者如是, 故匈奴苦之.

② "谷蠡"는 음이 鹿黎이니, 匈奴王의 칭호로 左賢王과 右賢王의 아래에 있었다.
谷蠡, 音鹿黎, 匈奴王號, 在左右賢王之下.

③ 顓渠閼氏는 單于의 正室夫人이니, 지위가 大閼氏의 위에 있었다.
顓渠閼氏, 單于之正室也, 位大閼氏上.

④ 匈奴의 여러 王은 어른과 어린이가 매년 정월에 單于의 王庭에 모이고 5월에 龍城에 크게 모여서 그들의 先祖와 天地의 鬼神에게 제사하였는데, 지금 두 王은 본래의 처소에 그대로 머물러 있으면서 다시는 龍城에 모여 제사하지 않은 것이다.
匈奴諸王長少, 歲正月會單于庭, 五月大會龍城, 祭其先天地鬼神, 今二王自居其本處, 不復會祭龍城也.

丁酉年(B.C. 84)

【綱】 漢나라 孝昭皇帝 始元 3년이다. 봄 2월에 孛星이 西北에 나타났다.

三年이라 春二月에 有星孛于西北하다

【綱】 가을에 백성을 모집하여 雲陵으로 이주시켰다.

◑秋에 募民徙雲陵하다

【綱】 겨울 10월에 使者를 보내 東海에서 鳳凰에게 제사하였다.

◑冬十月에 遣使하여 祠鳳凰于東海①[16]하다

15) (吏)〔更〕: 저본에는 '吏'로 되어 있으나, ≪資治通鑑≫ 註에 의거하여 '更'으로 바로잡았다.

① 수컷을 鳳이라 하고 암컷을 凰이라 하니, 신령스러운 새이다.
雄曰鳳, 雌曰凰, 靈鳥也.

【綱】 11월 초하루에 일식이 있었다.

◑ 十一月朔에 日食하다

戊戌年(B.C. 83)

【綱】 漢나라 孝昭皇帝 始元 4년이다. 봄 3월에 倢伃(첩여) 上官氏를 皇后로 세우고 赦免하였다.

四年이라 春三月에 立倢伃上官氏하여 爲皇后하고 赦[17)]하다

【目】 처음에 霍光이 上官桀과 서로 親善하여, 매번 休沐(휴가)을 나갈 때마다 상관걸이 곽광을 대신하여 들어와 일을 처리하였다. 곽광의 딸이 상관걸의 아들인 上官安의 아내가 되어서 딸을 낳았다. 딸의 나이 겨우 다섯 살에, 상관안은 곽광을 통하여 딸을 궁중으로 들여보내고자 하였으나, 곽광은 아직 어리다 하여 따르지 않았다.

蓋長公主는 아들의 빈객인 정외인과 은밀히 친하였는데, 상관안이 丁外人을 설득하기를 "나의 딸이 용모가 단정하니, 만일 기회를 보아 長公主를 통해 宮에 들어가 皇后가 되면, 臣은 父子가 조정에 있으면서 椒房의 존귀함이 있게 되는 것이다. 漢나라의 故事에 항상 列侯를 公主에게 장가들게 하였으니, 그대가 어찌 侯에 봉해지지 못함을 근심

16) 祠鳳凰于東海 : "'鳳皇(鳳凰)에게 제사하였다.〔祠鳳皇〕'고 쓴 것은 霍光을 나쁘게 여긴 것이니, 學術(學識)이 있는 자라면 이와 같이 심함에 이르지 않았을 것이다. 곽광이 한 번 그 단서를 열어놓은 뒤로부터 宣帝 때에 봉황을 쓴 것이 여섯 번이니, 모두 비판한 것이다. 그러므로 《資治通鑑》에서는 쓰지 않았는데 《資治通鑑綱目》에서는 특별히 쓴 것이다.〔書祠鳳皇 病霍光也 有學術者不至是甚矣 自霍光一開其端 而宣帝以鳳皇書者六 皆譏也 故通鑑不書 綱目特書之〕" 《書法》

17) 立倢伃……赦 : "이때에 황제의 나이가 12살이었고, 황후의 나이는 막 5살이었으니, 어린 황후를 세운 것이 이때보다 더 심한 적이 있지 않았다. 이는 上官桀이 사욕을 부린 것인데, 또한 너무 일찍 계책을 세운 것이다.〔於是帝年十二 而后方五歲 立后之幼 未有甚於此者 桀私也 亦大早計矣哉〕" 《書法》

"昭帝가 이때 春秋가 12세였고, 上官氏 또한 겨우 5세였는데, 갑자기 中宮殿에 正室로 자리하였으니, 이는 霍光이 배우지 못한 때문에 일어난 일이다. 《資治通鑑綱目》에서 이것을 쓸 적에 글에는 폄하한 말이 없으나 의리는 폄하한 뜻이 이 가운데 들어 있다.〔昭帝是年春秋十二 而上官氏亦始五歲 遽乃正位中宮 此則霍光不學之故爾 綱目書此 文無貶詞 而義則在其中矣〕" 《發明》

하겠는가." 하였다. 정외인이 장공주에게 말하자, 장공주는 그의 말을 옳게 여기고 상관안의 딸을 불러들여 倢伃로 삼았다가 마침내 皇后로 세웠다.

初에 霍光이 與上官桀로 相親善하여 每休沐出에 桀이 常代入決事[①]하니라 光女爲桀子安妻하여 生女라 年甫五歲에 安이 欲因光內(납)之宮中이어늘 光以爲尙幼라하여 不聽하다 蓋長公主 私近子客丁外人[②]이러니 安이 說外人曰 安子容貌端正하니 誠因長主하여 時得入爲后[③]하면 以臣父子在朝而有椒房之重[④]이라 漢家故事에 常以列侯尙主하니 足下何憂不封侯乎리오 外人이 言於長主한대 以爲然하여 召安女入爲倢伃라가 遂立爲后하니라

① "休沐"은 휴식하면서 몸을 씻고 머리를 감음을 말한다. 書記(옛 기록)에 歸休, 休息, 休澣이라고 칭한 것은 모두 휴가를 말한 것이다. 漢나라 제도에, 中朝의 관리는 5일에 한 번 자신의 마을 집으로 내려가서 休沐을 하니, 三署의 여러 郎官들도 또한 그러하였다.
休沐, 言休息以洗沐也. 書記所稱曰歸休・休息・休澣, 皆假也. 漢制, 中朝官五日一下里舍休沐, 三署諸郎亦然.

② 蓋는 본음대로 읽는데, 또 音을 閤으로도 읽는다. ≪地理志≫에 "蓋縣은 泰山郡에 속하였다." 하였다. 公主는 바로 鄂邑 長公主이니, 蓋侯인 王充에게 시집갔으므로 蓋長公主라 한 것이다. "私近"은 은밀히 친근함을 이른다. "子客"은 자식의 빈객이다. 丁은 姓이고, 外人은 이름이다.
蓋, 如字, 又音閤. 地理志 "蓋縣, 屬泰山郡." 公主, 卽鄂邑長公主也, 爲蓋侯王充所尙, 故曰蓋長公主. 私近, 謂私竊昵近之也. 子客者, 子之賓客也. 丁, 姓. 外人, 名也.

③ "時得入"은 때를 보아 들여보내는 것이다.
時得入, 以時得入.

④ "椒房"은 궁전의 이름으로 未央宮에 있었으니, 皇后가 거처하는 곳이다. 川椒를 진흙과 섞어 벽에 바르니, 이는 따뜻하고 향기로워서 나쁜 냄새를 제거하는 뜻을 취한 것이다. 일설에 "川椒는 번성하니, 자식을 많이 두라는 뜻을 취한 것이다." 하였다.
椒房, 殿名, 在未央宮, 皇后所居. 以椒和泥塗壁, 取其溫煖而芳, 辟除惡氛. 一說 "取繁衍多子之義."

【綱】가을에 백성들로 하여금 말을 供出하지 말게 하였다.

秋에 令民勿出馬하다

【目】詔令을 다음과 같이 내렸다.

"근래 해마다 곡식이 여물지 않아서 流離하는 자와 품팔이하는 자가 아직 돌아오지

못하였다. 지난번에 백성들로 하여금 말을 공출하게 하였는데, 이를 중지하여 공출하지 말게 하고 中都官에 공급하는 것을 줄이라."

詔曰 比歲不登하여 流庸未還[①]이라 往時에 令民出馬러니 其止勿出하고 諸給中都官者를 減之하라

① 庸(품팔이)은 傭과 같으니, "流庸"은 다른 곳에 流離하는 자와 남에게서 품팔이하는 자를 이른다.
庸, 與傭同. 流庸, 謂流移他處及傭作於人者.

【綱】 西南夷가 다시 배반하였으므로 군대를 파견하여 공격하게 하였다.

西南夷復反이어늘 遣兵擊之하다

【綱】 上官安을 車騎將軍으로 삼았다.

◑ 以上官安으로 爲車騎將軍하다

己亥年(B.C. 82)

【綱】 漢나라 孝昭皇帝 始元 5년이다. 봄 정월에 男子인 成方遂가 大闕에 나와 衛太子를 사칭하다가 伏誅되었다.

五年이라 春正月에 男子成方遂 詣闕하여 詐稱衛太子라가 伏誅하다

【目】 한 남자가 누런 송아지가 끄는 수레를 타고 북쪽 대궐에 와서 스스로 衛太子(戾太子 劉據)라 하므로 公車에서 보고하였다. 詔令을 내려 公卿과 將軍과 中二千石에게 여럿이 모여 위태자인지를 식별하게 하였는데, 여기에 이른 자들이 모두 감히 말을 하지 못하였고, 모여서 구경하는 관리와 백성이 수만 명이었다.

右將軍이 대궐 아래에 군대를 진열하여 비상사태에 대비하였는데, 京兆尹 雋不疑가 뒤늦게 와서 따라온 관리를 꾸짖으며 그 남자를 포박하게 하였다. 혹자가 만류하기를 "사실 여부를 알 수 없으니, 우선 천천히 하라." 하니, 준불의가 말하기를 "諸君들은 어찌 위태자를 염려한단 말인가. 옛날에 衛나라의 衛蒯聵(위괴외)가 父王의 명령을 어기고 다른 나라로 도망하자 아들 衛輒이 막고 받아들이지 않았는데, ≪春秋≫에 이것을

옳게 여겼다. 위태자가 先帝에게 죄를 얻고는 도망가서 즉시 죽지 않고 지금 스스로 대궐에 이르렀으니, 이는 죄인이다." 하고는 마침내 체포하여 詔獄으로 보냈다.

有男子乘黃犢(독)車하고 詣北闕하여 自謂衛太子어늘 公車以聞①한대 詔公, 卿, 將軍, 中二千石하여 雜識視하니 至者竝莫敢發言②하고 吏民聚觀者 數萬人이라 右將軍이 勒兵闕下하여 以備非常③이러니 京兆尹雋不疑後到하여 叱從吏收縛한대 或曰 是非를 未可知니 且安之④하라 不疑曰 諸君은 何患於衛太子리오 昔에 蒯聵(괴외)違命出犇이어늘 輒이 距而不納[18]한대 春秋是之⑤라 衛太子得罪先帝하여 亡不卽死하고 今來自詣하니 此罪人也라하고 遂送詔獄⑥하다

① 犢은 송아지이다.
犢, 牛子也.
② 中은 滿이다. 郡守는 二千石이고 正卿과 列卿은 모두 中二千石이다. 漢나라 제도에, 二千石은 1년에 녹봉 1,440石을 얻으니 실제로는 二千石에 차지 못하였고, 中二千石인 자는 1년에 2,160石을 얻으니 큰 數를 들어 말하였으므로 中二千石이라 한 것이다. 雜은 함께함이니, 〈"雜識視"는〉 평소 衛太子를 아는 자가 보고서 그가 衛太子인지 아닌지를 식별하게 함을 말한 것이다.
中, 滿也. 郡守二千石, 正卿及列卿, 皆中二千石. 漢制, 二千石, 一歲得一千四百四十石, 實不滿二千石, 其中二千石者, 一歲得二千一百六十石, 擧成數言之, 故云中二千石. 雜, 共也. 言有素識之者, 令視, 知其是非也.
③ 右將軍은 天水 사람인 王莽이다.
右將軍, 天水人王莽也.
④ 安(천천히)은 徐와 같다.
安, 猶(餘)〔徐〕[19]也.
⑤ ≪春秋公羊傳≫에 "衛輒은 義理上 즉위할 수 있는가? 可하다. 어째서인가? 아버지의 命 때문에 할아버지의 命을 사양할 수 없어서이다." 하였다.
公羊傳曰 "輒之義, 可以立乎. 曰可. 奈何. 不以父命辭王父命也."
⑥ 죄를 짓고서 나라를 떠나가는 것을 亡이라 한다. 卽은 즉시이다.
以罪去國曰亡. 卽, 就也.

【目】上은 대장군 霍光과 함께 이 말을 듣고 가상히 여겨 말하기를 "公卿의 大臣은 마땅

18) 蒯聵違命出犇……距而不納 : 蒯聵는 춘추시대 衛나라 靈公의 太子였는데, 靈公이 총애하던 南子가 음행을 저지르자 南子를 죽이려다가 발각되어 靈公의 노여움을 사고 晉나라로 망명하였다. 靈公이 죽고, 蒯聵의 아들 衛輒이 즉위하니, 괴외는 晉나라의 세력을 믿고 衛나라로 쳐들어와 부자간에 싸움이 벌어져 결국 위첩이 쫓겨났다.

19) (餘)〔徐〕 : 저본에는 '餘'로 되어 있으나, ≪資治通鑑≫ 註에 의거하여 '徐'로 바로잡았다.

히 經學이 있어 大誼에 밝은 자를 등용해야 한다." 하니, 이로 말미암아 雋不疑의 명성이 조정에 높아져서 지위에 있는 자들이 모두 자신이 그에게 미치지 못한다고 생각하였다.

廷尉가 〈衛太子를 사칭한〉 어떤 사람을 조사하여 다스려서 끝내 간사한 정황을 알아내니, 그는 본래 夏陽 사람으로 姓이 成이고 이름이 方遂였다. 湖縣에 살고 있었는데, 옛날 위태자의 舍人이 그에게 이르기를 "그대의 모습이 위태자와 매우 흡사하다." 하였다. 이에 成方遂는 그의 말을 이롭게 여겨 부귀를 얻기를 바라다가, 誣罔不道罪에 걸려 腰斬刑을 당하였다.

上이 與大將軍光으로 聞而嘉之하여 曰 公卿大臣을 當用有經術하여 明於大誼者라하니 繇(유)是로 不疑名重朝廷하여 在位者皆自以爲不及也러라 廷尉驗治何人①하여 竟得姦詐하니 本夏陽人이니 姓은 成이요 名은 方遂②라 居湖할새 有故太子舍人이 謂曰 子狀貌甚似衛太子라하니 方遂利其言하여 冀以得富貴라가 坐誣罔不道하여 腰斬하다

① 무릇 姓名과 어디로부터 왔는지를 모르는 사람을 모두 "何人"이라 한다.
凡不知姓名及所從來, 皆曰何人.
② 徐廣[20]이 말하기를 "夏陽은 梁山 龍門에 있다." 하였다.
徐廣曰 "夏陽, 在梁山龍門."

【目】 程子(程伊川)가 말씀하였다.

"雋不疑가 ≪春秋≫를 말한 것은 옳지 않다. 그러나 일을 처리함에 臨機應變한 것은 古人과 다르지 않다."

程子曰 雋不疑說春秋非是라 然이나 其處事應機는 則不異於古人矣로다

【目】 胡氏(胡寅)가 다음과 같이 평하였다.

"衛蒯聵는 衛나라 靈公의 世子이다. 〈국경을〉 나가 宋나라로 도망하였으니, 靈公이 일찍이 명을 내려 그를 폐하고 다른 아들을 다시 세우라고 한 적이 없었다. 영공이 죽자 위괴외의 아들 衛輒이 마침내 스스로 즉위하여 위괴외를 막았으니, 이 또한 영공의 명이 있은 적이 없었다. 위괴외가 아버지를 배반하고 어머니를 죽이려 하였으니, 마땅히 쫓겨나야 함을 어찌 의심할 것이 있겠는가. 그러나 위첩이 막은 것은 자식의 도리를 잃

20) 徐廣 : 晉나라 사람으로 字는 野民이며 徐邈의 아우이다. 집안이 대대로 학문을 좋아하였으며 徐廣은 특히 百家와 數術에 정통하여 ≪車服儀注≫와 ≪晉紀≫ 등을 撰하였다.

은 것이다. 그러므로 ≪春秋≫에 趙鞅이 위괴외를 衛나라에 들여보낼 적에 "世子이다." 라고 썼으니, 그 지위가 아직 끊기지 않았음을 밝힌 것이요, 石曼姑가 戚 땅을 포위했을 적에 "齊나라 國夏가 괴수가 되었다."라고 썼으니, 그가 衛輒의 黨與가 됨을 미워한 것이다. 그렇다면 '≪春秋≫에 衛輒을 옳게 여겼다.'고 말한 것은 經文의 뜻이 아니다.

저 劉據(衛太子)가 대궐 아래에서 군대를 일으켜 아버지의 군대와 싸웠으니, 참으로 죽지 않고 아버지가 용서했다 하더라도 太子의 지위를 소유할 수 없었을 것이다. 그런데 과연 스스로 와서 대궐에 이르렀다면, 의당 이것만 가지고 명령을 내려 관리를 책망해서 포박하게 하였더라도 충분히 옥사를 이루어 형벌을 의논할 수 있었을 것이니, 굳이 ≪春秋≫를 인용할 필요가 없다.

霍光은 배우지 못했기 때문에 이것을 分辨하지 못하였다. 그러나 '公卿은 마땅히 經學이 있어서 大誼에 밝은 자를 등용해야 한다.'고 말한 것은 참으로 格言이다."

胡氏曰 蒯聵는 衛靈公之世子也라 出犇於宋하니 靈公이 未嘗有命廢之而更(경)立他子也어늘 靈公卒에 蒯聵之子輒이 遂自立以拒蒯聵하니 亦未嘗有靈公之命也라 蒯聵叛父殺母하니 當黜何疑리오 然이나 輒拒之는 則失人子之道矣라 故로 春秋於趙鞅納蒯聵에 書曰世子라하니 明其位之未絶也요 於石曼姑圍戚에 書齊國夏爲首하니 惡(오)其黨輒也라 然則謂春秋是輒者는 非經旨矣라 彼據也 稱兵闕下하여 與父兵戰[①]하니 正使不死而父宥之라도 其位亦不得有矣니 果來自詣인댄 但當以此下令하여 叱吏收縛이라도 亦足以成獄而議刑矣니 不必引春秋也라 霍光이 不學故로 不能辨이라 然이나 其謂公卿當用有經術明大誼者는 則格言也니라

① 據는 衛太子의 이름이다.
據, 衛太子名.

【綱】 儋耳郡(담이군)과 眞番郡을 파하였다.

罷儋耳, 眞番郡하다

庚子年(B.C. 81)

【綱】 漢나라 孝昭皇帝 始元 6년이다. 봄에 詔令을 내려 賢良과 文學들에게 백성들이 疾苦(苦痛)하는 바를 묻게 하였다.

六年이라 春에 詔問賢良文學民所疾苦[21]하다

【目】 諫大夫 杜延年이 아뢰기를 "농사에 계속 곡식이 여물지 않아서 流離하는 백성들이 다 돌아오지 못하였으니, 마땅히 孝文皇帝 때의 정사를 닦아서 검약과 너그러움과 온화함을 보여주어 天心에 순응하고 民心을 기쁘게 하면, 年事(농사)가 마땅히 응할 것입니다." 하였다.

霍光은 그의 말을 받아들이고 有司에게 명하여 郡國에서 천거한 賢良과 文學들에게 백성들이 고통으로 여기는 것과 교화의 요점을 물었는데, 모두 대답하기를 "鹽, 鐵과 酒榷(주각, 술을 전매하는 관원)과 均輸官을 파하여 天下와 더불어 이익을 다투지 말아서 勤儉節約을 보여주어야 하니, 그런 뒤에야 교화를 일으킬 수 있습니다." 하였다.

桑弘羊은 논란하여 이르기를 "이는 국가의 큰 사업이라서 사방 오랑캐들을 제어하며 변경을 편안하게 하고 재정을 풍족하게 하는 근본이니, 폐지할 수 없다." 하였다. 이에 鹽·鐵을 폐지하자는 의논이 일어나게 되었다.

諫大夫杜延年이 言호되 年歲比不登하여 流民未盡還하니 宜修孝文時政하여 示以儉約寬和하여 順天心하고 說(열)民意하면 年歲宜應하리이다 光이 納其言하고 詔有司하여 問郡國所擧賢良, 文學民所疾苦와 教化之要한대 皆對호되 願罷鹽, 鐵, 酒榷, 均輸官하여 毋與天下爭利하여 示以儉節이니 然後에 教化를 可興이라하다 桑弘羊이 難하여 以爲此國家大業이라 所以制四夷, 安邊足用之本이니 不可廢也①라하니 於是에 鹽鐵之議 起焉②하니라

① 難(논란하다)은 乃旦의 切이다.
難, 乃旦切.

② 〈"鹽鐵之議 起焉"은〉 鹽·鐵의 관원을 罷하여 백성들이 모두 소금을 팔고 돈을 주조할 수 있게 할 것을 의논한 것이다.
議罷鹽鐵之官, 百姓皆得鬻(육)鹽鑄錢.

【綱】 蘇武가 匈奴에서 돌아오자, 그를 典屬國으로 삼았다.

蘇武還自匈奴[22]어늘 以爲典屬國하다

---

21) 詔問賢良文學民所疾苦 : "앞서 '使者를 보내어 郡國을 순행하게 해서 賢良을 천거하고 백성들에게 고통을 물었다.'고 썼었는데 이때 또다시 썼으니, 霍光은 백성들을 돌봄에 뜻을 두었다고 이를 만하다. 아래에 '술을 전매하는 관원〔榷酤官〕을 파했다.'고 썼으니, 이는 모두 찬미한 것이다.〔前書遣使行郡國 擧賢良 問民疾苦矣 於是再書 霍光可謂有志於民矣 下書罷榷酤官 皆美之也〕" 《書法》

【目】 처음에 蘇武가 北海 가로 옮겨갔을 적에 창고의 양식이 이르지 않으니, 들쥐가 물어다가 감춰놓은 풀 열매를 파서 먹었으며, 漢나라의 節(깃발)을 잡고 羊을 기를 적에 눕고 일어남에 항상 節을 잡으니, 節의 들소 꼬리가 모두 빠졌다.

初에 蘇武旣徙北海上에 廩食(늠사)不至①어늘 掘野鼠去草實而食之②하고 杖漢節牧羊할새 臥起操持하니 節旄盡落③이러라

① 食(밥)는 음이 嗣이니, 〈"廩食不至"는〉 양식을 공급하여 밥을 먹게 해주는 사람이 없음을 말한 것이다.
食, 音嗣. 言無人給(飮)〔飤〕[23]之.

② 去는 丘呂의 切이니, 감춰둔 것이다. 蘇林[24]은 "들쥐가 감추어둔 풀 열매를 취하여 먹었다."라 하였고, 貢父(공보)[25]는 "지금 北方에 쥐가 매우 많으니 모두 먹을 수 있다. 蘇武는 들쥐의 굴을 파서 들쥐를 잡으면 먹었는데, 그 풀 열매는 바로 쥐가 물어다가 감춰둔 것이다."라 하였다.
去, 丘呂切, 藏之也. 蘇林曰 "取野鼠所去草實而食之." 貢父曰 "今北方間, 鼠甚多, 皆可食也. 武掘野鼠, 得卽食之. 其草實, 乃頗去藏耳."

③ 節은 들소 꼬리로 만든다.
節, 以旄爲之.

【目】 이전에 蘇武는 李陵과 함께 侍中이 되었었는데, 이릉이 匈奴에 항복하자 單于가 그를 北海 가로 보내, 소무를 위하여 술자리를 베풀고 풍악을 진열하고서 다음과 같이 설득하게 하였다.

"선우는 나(이릉)와 子卿(蘇武)이 평소 친하다는 말을 듣고 나를 보내어 足下를 설득

---

22) 蘇武還自匈奴 : "이때에 匈奴가 蘇武와 馬宏 등을 보내어 함께 돌아왔는데, 마굉을 쓰지 않은 것은 소무의 절개를 가상히 여긴 것이다. 《資治通鑑綱目》이 끝날 때까지 사신으로 간 것에 대해 '돌아왔다.'고 쓴 것이 세 번인데, 오직 蘇武만 찬미하여 쓴 것이다.〔於是匈奴遣武及馬宏等歸 宏不書 嘉武節也 終綱目 使書還三 惟武以美書〕" 《書法》
"武帝가 天漢 元年(B.C. 100)에 '蘇武를 보내 匈奴에 사신으로 가게 하였다.'고 썼었는데, 이때에 이르러 모두 19년이 되었다. '흉노에서 돌아왔다.'고 썼으니, 그렇다면 그가 절개를 온전히 하였음을 알 수 있다. 그러나 칭찬하는 말이 없음은 어째서인가? 또한 臣子가 당연히 해야 할 일이기 때문이니, 이는 또 《자치통감강목》의 깊은 뜻이다.〔武帝天漢元年 書遣蘇武使匈奴 至是凡十九年矣 書還自匈奴 則其全節可知 然無褒美之詞 何哉 蓋亦臣子當爲之事故爾 此又綱目之深意也〕" 《發明》

23) (飮)〔飤〕 : 저본에는 '飮'로 되어 있으나, 문맥을 살펴 '飤'로 바로잡았다.

24) 蘇林 : 三國時代 魏나라 外黃 사람으로 字가 孝友인데, 박학하여 古今의 글자에 통달하였으며 벼슬이 散騎常侍에 이르렀다.

25) 貢父(공보) : 宋나라 劉攽의 字로 박학하고 史學에 조예가 깊어 司馬光과 함께 《資治通鑑》을 편수한 인물이다.

하게 하였으니, 마음을 비우고 서로 대하고자 한다. 그대가 끝내 漢나라에 돌아가지 못하고 부질없이 사람이 없는 땅에서 스스로 고생한다면, 신의를 어디에 나타내 보이겠는가. 족하의 형제들은 모두 일에 연루되어 자살하였고 太夫人(모친)은 이미 불행히 별세하였고 부인 또한 改嫁하였으며, 오직 여동생과 자녀가 있는데 생존 여부를 알 수 없다. 인생은 아침 이슬처럼 허무하니, 어찌 스스로 고생하기를 이와 같이 한단 말인가. 또 陛下의 春秋(연세)가 높으시어 法令에 일정함이 없어서 大臣들 중에 죄 없이 죽고 멸망한 자가 수십 가호이니, 편안하고 위태로움을 장담할 수 없는데, 子卿은 다시 누구를 위한단 말인가."

이에 소무는 다음과 같이 대답하였다.

"우리 父子는 功과 德이 없는데, 모두 陛下께서 성취해주시어 列侯의 지위에 오르고 通侯의 관작을 받았다. 나는 항상 자신의 肝과 腦를 땅에 발라(死力을 다해) 국가에 충성하기를 원하였으니, 지금 몸을 죽여 스스로 목숨을 바칠 수 있다면 진실로 기꺼이 즐겁게 여길 것이다. 신하가 군주를 섬김은 자식이 부모를 섬기는 것과 같으니, 자식이 부모를 위하여 죽는다면 한탄할 것이 없는 것이다. 다시 말하지 말라."

初에 武與李陵으로 俱爲侍中이러니 及陵降에 單于使至海上하여 爲武置酒設樂①하고 謂曰 單于聞陵與子卿素厚②하고 故使來說(세)足下하니 虛心欲相待라 終不得歸漢하고 空自苦亡(무)人之地면 信義安所見(현)乎③아 足下兄弟 皆坐事自殺하고 太夫人已不幸하고 婦亦更嫁矣④요 獨有女弟男女호되 存亡을 不可知⑤라 人生如朝露하니 何自苦如此⑥오 且陛下春秋高하사 法令無常하여 大臣이 無罪夷滅者 數十家니 安危를 不可知라 子卿은 尙復誰爲乎오 武曰 武父子無功德이어늘 皆爲陛下所成就하여 位列將하고 爵通侯하니 常願肝腦塗地⑦하노니 今得殺身自效하면 誠甘樂之라 臣事君은 猶子事父也니 子爲父死는 無所恨이니 願勿復言하라

① 爲(위하다)는 去聲이니, 아래 誰爲와 子爲도 같다.
爲, 去聲, 下誰爲・子爲同.

② 子卿은 蘇武의 字이다.
子卿, 蘇武字.

③ 亡(없다)는 無와 같이 읽는다. 見(나타내다)은 賢遍의 切이다.
亡, 讀與無同. 見, 賢遍切.

④ "不幸"은 죽음을 이른다. 更(다시)은 平聲이다.
不幸, 謂死也. 更, 平聲.

⑤ 〈"女弟男女"는〉 여동생 두 명과 두 딸과 한 아들이다.
女弟二人・兩女・一男.

⑥ 〈"人生如朝露"는〉 아침 이슬은 햇빛이 나타나면 마르니, 사람 목숨의 짧음이 또한 이와 같은 것이다.
朝露見日則晞乾, 人命短促, 亦如之.
⑦ 蘇武의 아버지 蘇建이 校尉로서 衛靑을 종군하여 匈奴를 공격하고 平陵侯에 봉해졌다.
武父建, 以校尉從衛靑, 擊匈奴, 封平陵侯.

【目】 李陵은 蘇武와 함께 며칠 동안 술을 마시고 다시 말하기를 "子卿은 나(이릉)의 말을 한결같이 따르라." 하였다. 소무가 말하기를 "내 스스로 이미 죽을 것을 분수로 여긴 지 오래되었다. 王(이릉)이 반드시 나를 항복시키려고 한다면, 오늘의 우호를 끝내고 내 그대 앞에서 죽음을 바치기를 원한다." 하였다. 이릉은 그의 지극한 충성심을 보고 크게 한숨을 쉬며 감탄하기를 "아! 義士이다. 나와 衛律의 죄는 위로 하늘에 통하였다." 하고는, 인하여 옷깃이 젖도록 눈물을 흘리고 소무와 작별하고 떠나갔다.

뒤에 이릉이 다시 北海 가에 와서 소무에게 武帝가 崩했다고 말해주자, 소무는 남쪽 하늘을 향하여 울부짖으며 哭하다가 피를 토하였고, 아침저녁으로 哭하기를 몇 달 동안이나 하였다.

陵與武飮數日에 復曰 子卿은 壹聽陵言하라 武曰 自分已死 久矣①로라 王이 必欲降武인댄 請畢今日之驩하고 效死於前②하노라 陵이 見其至誠하고 喟然歎曰 嗟乎라 義士로다 陵與衛律之罪는 上通於天이라하고 因泣下霑衿하고 與武決去③하다 後에 陵이 復至北海上하여 語武以武帝崩한대 武南鄕號哭歐血하고 旦夕臨을 數月④이러라

① 分(분수로 여기다)은 扶問의 切이니, 〈"自分已死 久矣"는〉 스스로 나의 分劑(分數)를 헤아려 보건대 이미 오래 전에 죽었어야 한다고 말한 것이다.
分, 扶問切. 自度我之分劑, 已是死久矣.
② 匈奴가 李陵을 봉하여 右校王으로 삼았으므로 王이라 칭한 것이다.
匈奴封李陵, 爲右校王, 故稱之.
③ 決은 작별이다.
決, 別也.
④ 號는 平聲이니, 크게 부르짖는 것이다. 臨은 力禁의 切이니, 哭하는 것이다.
號, 平聲, 大呼也. 臨, 力禁切, 哭也.

【目】 이때에 匈奴의 국내가 괴리되어 항상 漢나라 군대가 습격할 것을 두려워하였으므로, 이에 漢나라와 화친하고 마침내 蘇武와 馬宏 등을 귀환시켰다. 마굉은 예전에 西域

의 나라에 사신 갔다가 흉노에게 막혀 사로잡혀 있었는데, 그 또한 항복하려고 하지 않았다. 그러므로 흉노는 이 두 사람을 귀환시켜 좋은 뜻을 통하고자 하였다.

이에 李陵은 술자리를 베풀어 소무를 축하하며 다음과 같이 말하였다.

"足下는 흉노에 이름을 드날리고 漢나라에 功이 드러났으니, 비록 옛날 竹帛에 기재된 사람과 丹靑에 그려진 인물이라도 어찌 子卿보다 더할 수 있겠는가. 나는 비록 노둔하고 겁이 많으나, 漢나라가 나의 죄를 용서하고 老母를 온전히 하여 나로 하여금 큰 치욕을 씻으려는 깊은 뜻을 분발하게 하였다면, 曹劌(조귀)가 柯 땅에서 한 맹약을 거의 기대할 수 있었을 것이니, 이는 내가 평소에 잊지 않은 마음이었다. 그런데 漢나라에서는 나의 종족들을 멸하여 세상의 큰 殺戮이 되었으니, 내 다시 무엇을 돌아보겠는가. 이미 끝났다. 子卿으로 하여금 내 마음을 알게 할 뿐이다."

이릉은 눈물을 줄줄 흘리고서 소무와 작별하였다.

及是에 匈奴國內乖離(괴리)하여 常恐漢兵襲之러니 於是에 與漢和親하고 乃歸武及馬宏等하다 宏은 前使西國이라가 爲匈奴所遮(차)러니 亦不肯降①이라 故로 匈奴歸此二人하여 欲以通善意하니라 於是에 陵이 置酒賀武曰 足下揚名匈奴하고 功顯漢室하니 雖古竹帛所載와 丹靑所畫(화)나 何以過子卿②이리오 陵雖駑怯이나 令漢貰陵罪하고 全其老母③하여 使得奮大辱之積志하면 庶幾乎曹柯之盟이니 此陵宿昔之所不忘也④러니 收族陵家하여 爲世大戮하니 陵이 尙復何顧乎리오 已矣라 令子卿知吾心耳라하고 陵이 泣下數行하여 因與武決하다

① "西國"은 西域의 여러 나라를 이른다.
西國, 謂西域諸國.

② 옛날에는 종이가 없어서 글을 쓸 적에 竹簡을 사용하고 혹은 비단을 사용하였으므로 竹帛이라 하였으니, 죽백은 靑史라는 말과 같다.
古未有紙, 書用竹簡, 或用帛, 故云竹帛, 猶言靑史也.

③ 貰는 너그럽게 용서하는 것이다.
貰, 寬也.

④ 單于를 겁박하기를 曹劌(조귀)가 柯 땅의 맹약에서 齊나라 桓公을 위협할 때와 같이 하려 함을 말한 것이다.
言欲劫單于, 如曹劌劫齊桓公柯盟之時.

【目】官屬으로서 蘇武를 따라갔다가 돌아온 자가 아홉 사람이었다. 소무가 京師에 이르자, 詔令을 내려 소무에게 太牢(소·양·돼지)를 받들어 武帝의 園廟를 배알하게 하고 관직을 제수하여 典屬國을 삼으니 질록이 中二千石이요, 돈 3백만 錢과 公田 2頃과 집

한 돼기를 하사하였다.

소무가 匈奴에 머문 지 모두 19년이었다. 처음에는 강하고 건장한 몸으로 나갔었는데, 돌아올 적에는 수염과 머리털이 모두 하얗게 세었다.

官屬隨武還者 九人이라 旣至京師에 詔武奉一太牢하여 謁武帝園廟하고 拜爲典屬國하니 秩中二千石이요 賜錢三百萬과 公田二頃과 宅一區[①]하다 武留匈奴 凡十九歲라 始以强壯出이러니 及還에 鬚髮이 盡白이러라

① 典은 주관함이다. 典屬國은 본래 秦나라 벼슬로 漢나라가 그대로 인습하였는데, 大義에 따라 歸化하는 오랑캐들을 관장하였다. 蘇武가 오랫동안 외국에 있어서 변방의 일을 잘 알았기 때문에 그로 하여금 여러 屬國들을 맡아서 주관하게 한 것이다.
典, 主也. 典屬國, 本秦官, 漢因之, 掌歸義蠻夷. 以武久在外國, 知邊事, 故令典主諸屬國.

【綱】 여름에 가물었다.

夏旱하다

【綱】 가을 7월에 榷酤官(술을 전매하는 관원)을 罷하였다.

◑秋七月에 罷榷酤(각고)官하다

【目】 榷酤를 파함은 賢良과 文學들의 의논을 따른 것이다. 武帝 말엽에 海內에 재정이 고갈되고 戶口가 절반으로 줄었는데, 霍光이 時務의 요점을 알아 요역(부역)을 가볍게 하고 부세를 적게 하여 백성들과 함께 휴식하였다. 이때에 이르러 흉노가 화친하고 백성들의 재물과 곡식이 풍족해져서 文帝와 景帝의 基業을 차츰 회복하였다.

罷榷酤는 從賢良文學之議也라 武帝之末에 海內虛耗하고 戶口減半이러니 霍光이 知時務之要하여 輕徭(요)薄賦하여 與民休息이러니 至是에 匈奴和親하고 百姓充實하여 稍復文景之業焉이러라

辛丑年(B.C. 80)

【綱】 漢나라 孝昭皇帝 元鳳 원년이다.

元鳳元年[①]이라

① 3년 중에 鳳凰이 東海와 海西와 樂鄕에 차례로 내려앉으니, 이에 이것으로 원년을 삼은 것이다.
三年中, 鳳凰比下東海·海西·樂鄕, 於是以冠元.

【綱】 봄 3월에 훌륭한 행실이 있는 韓福 등을 불러 長安에 오게 하였는데, 비단을 하사하여 돌려보냈다.

春三月에 **徵有行義者韓福等**하여 **至長安**이러니 **賜帛遣歸**[26]하다

【目】 郡國에서 훌륭한 행실이 있는 자로 선발한 韓福 등 다섯 명에게 각각 명주비단 50필을 하사하여 돌려보내고, 詔令을 내리기를 "朕은 관직의 일로 수고롭게 하는 것을 민망히 여기니, 힘써 효도와 공경을 닦아서 鄕里를 가르치라." 하고, 郡縣에 명령해서 정월에 羊과 술을 하사하고 불행하게 사망한 자가 있으면 옷과 이불 한 벌을 하사하고 中牢로 제사하게 하였다.

賜郡國所選有行義者韓福等五人帛 人五十匹하여 **遣歸**하고 **詔曰 朕閔勞以官職之事**①하노니 **其務修孝弟**하여 **以教鄕里**하라 **令郡縣**하여 **以正月**로 **賜羊酒**하고 **有不幸者**어든 **賜衣被一襲**하고 **祠以中牢**②하다

① 〈나이 많은〉 韓福 등을 민망히 여기고 가엾게 여겨서 차마 관직의 일로 노역하게 하지 않음을 말한 것이다.
言閔哀韓福等, 不忍勞役以官職之事.
② 中牢는 바로 少牢이니, 양과 돼지를 이른다.
中牢, 卽少牢, 謂羊豕也.

【綱】 武都에 있는 氐族(저족) 사람들이 반란하였으므로 군대를 보내 공격하게 하였다.

武都氐人이 **反**이어늘 **遣兵擊之**하다

---

26) 徵有行義者韓福等……賜帛遣歸 : "'遣歸'라고 쓴 것은 어째서인가? 비판한 것이다. 멀지 않은 長安에서 불러왔고 도착하자〔至〕 비단을 하사하였을 뿐이다. 그러므로 ≪資治通鑑≫에서는 쓰지 않았는데 ≪資治通鑑綱目≫에서는 특별히 썼으니, '선비를 불렀다.〔徵士〕'고 쓴 것이 이때 처음 시작되었다.〔書遣歸 何 譏也 不遠徵之 至則賜帛而已矣 故通鑑不書 綱目特書之 書徵士始此〕" ≪書法≫

【綱】 여름에 赦免하였다.

◑ **夏**에 **赦**하다

【綱】 가을 7월 그믐에 개기일식이 있었다.

◑ **秋七月晦**에 **日食既**[27)]하다

【綱】 8월에 鄂邑 長公主와 燕王 劉旦과 上官桀과 上官安 등이 謀反하다가 모두 伏誅되었다.

◑ **八月**에 **鄂邑長公主**와 **燕王旦**과 **上官桀, 安等**이 **謀反**이라가 **皆伏誅**[28)]하다

【目】 上官桀 父子가 丁外人을 侯에 봉해줄 것을 요구하였으나 霍光이 허락하지 않았고, 또 곽광에게 자신들을 불러 황제를 뵙게 해달라고 하였으나 또 허락하지 않으니, 長公主는 이 때문에 곽광을 크게 원망하였고 上官桀과 上官安 또한 부끄러워하였다.

先帝(武帝) 때로부터 상관걸은 지위가 곽광의 위에 있었는데, 이때에 皇后는 상관안의 친딸이고 곽광은 그의 外祖였지만 도리어 조정의 일을 專制하였다. 이 때문에 상관걸이 곽광과 권력을 다투었다.

燕王 劉旦은 자신이 황제의 형인데 즉위하지 못했다 하여 항상 원망하는 마음을 품었

---

27) 日食既 : "'개기일식〔食既〕'은 큰 변고이다. 이때에 신하 중에 上을 해칠 것을 도모한 자가 있었으니, 하늘이 사람에게 분명하게 보여준 것이다. 그러므로 아래에 鄂邑 公主 등이 모반하였다가 죽임을 당한 것을 쓴 것이다.〔食既 大變也 於是臣下有謀上者 天之示人昭昭矣 故下書鄂邑公主等反誅〕" ≪書法≫

28) 鄂邑長公主……皆伏誅 : "이때에 公主와 燕王 劉旦이 자살하였는데, 모두 '伏誅되었다.'고 쓴 것은 어째서인가? 上을 해칠 것을 도모해서이니, 이들을 주벌하지 않으면 亂臣賊子가 천하에 발자취를 이을 것이다. ≪資治通鑑綱目≫이 끝날 때까지 '공주가 반역하다가 주살되었다.'고 쓴 것이 네 번인데, 오직 唐나라의 安樂公主는 韋后의 黨이라 하여 그 黨을 썼다.〔於是主及旦自殺耳 書皆伏誅 何謀上也 不誅則亂臣賊子接迹於天下矣 終綱目 書公主反逆誅死四 惟安樂以韋后黨 書其黨〕" ≪書法≫

"始元 元年(B.C. 86)에 '燕王 劉旦이 모반하였는데, 용서하고 治罪하지 않았다.'고 썼으니, 그렇다면 昭帝는 형제〔天倫〕간의 은혜에 이미 지나치게 후하였다. 이때에 이르러 燕王이 거듭하여 나쁜 짓을 하였으니, 다시 무슨 말을 하겠는가. 그러나 燕王 劉旦이 衛太子가 패망한 뒤에 글을 올려 황궁에 들어와 宿衛할 것을 청하여 이미 태자의 자리를 넘보려는 마음이 있었는데, 武帝가 노하여 그의 邑을 삭탈하였으니, 이제 보면 천품이 반란을 좋아하는 사람은 멸망에 이르지 않으면 그치지 않는바, 무제가 아들을 알아본 총명함을 또한 미칠 수 없는 것이다.〔元年書燕王旦謀反 赦弗治 則昭帝於天倫之恩 已過厚矣 至是覆出爲惡 夫復何辭 然旦於衛太子敗亡之後 上書求入宿衛 已有覬覦之心 武帝怒而削其邑 由今觀之 天資好亂之人 不至於覆亡 不止 而武帝知子之明 亦爲不可及矣〕" ≪發明≫

고, 桑弘羊은 子弟를 위해 관직을 얻고자 하다가 또한 곽광에게 원한을 품었다.

이때에 蓋長公主와 上官桀과 上官安, 桑弘羊이 모두 燕王 劉旦과 모의를 통하고는, 거짓으로 사람을 시켜 燕王이 上書한 것처럼 만들어서 '곽광이 외출해서 郎官과 羽林을 크게 사열하고 〈무예를 훈련할 적에〉 길 위에서 駐蹕(주필)을 僭稱하였고, 제멋대로 大將軍 幕府의 校尉를 선발하여 권력을 독점하고 방자한 짓을 하니, 비상한 일이 있을까 의심스럽습니다.'라고 고발하되, 곽광이 휴가를 받아 목욕하러 나가는 날을 기다려 아뢰기로 하였고, 상관걸이 궁중에서 이 일을 獄吏에게 회부하면 상홍양이 여러 大臣들과 함께 곽광을 붙잡아 물리치는 일을 담당하기로 하였다.

上官桀父子 爲丁外人하여 求封侯어늘 霍光이 不許하고 又欲令得召見이어늘 又不許①한대 長主大以是怨光하고 而桀, 安亦慙하니라 自先帝時로 桀位在光右②러니 及是에 皇后는 親安女요 光은 乃其外祖로되 而顧專制朝事라하여 由是로 與光爭權하니라 燕王旦은 自以帝兄不得立이라하여 常懷怨望하고 桑弘羊은 欲爲子弟得官이라가 亦怨恨光이라 於是에 蓋主, 桀, 安, 弘羊이 皆與旦通謀하여 詐令人爲燕王上書하여 言호되 光出하여 都肄(이)郎羽林할새 道上에 稱蹕③하고 擅調益莫(幕)府校尉하여 專權自恣하니 疑有非常④이라하여 候伺光出沐日奏之하고 桀이 欲從中下其事⑤어든 弘羊이 當與諸大臣共執退光⑥이러라

① 見(뵙다)은 胡甸의 切이다.
見, 胡甸切.

② 右는 위이다. 武帝 때에 上官桀은 太僕이 되어서 지위가 九卿에 오르니 질록이 中二千石이었고, 霍光은 奉車都尉 光祿大夫가 되어서 질록이 比二千石이니, 이는 上官桀의 지위가 霍光의 위에 있는 것이다.
右, 上也. 武帝時, 桀爲太僕, 位九鄕, 秩中二千石. 光爲奉車都尉・光祿大夫, 秩比二千石. 是桀之位在光之右也.

③ 都는 큼이고 肄는 익힘이니, 〈"都肄郎羽林"은〉 郎官과 羽林을 크게 사열하고 무예를 시험하여 훈련함을 이른다. "羽林"은 宿衛하는 병사이니, 깃털처럼 빠르고 숲처럼 많음을 말한 것이다. 일설에 "羽는 王者의 羽翼이 된다." 하였다.
都, 大也. 肄, 習也. 謂大閱試習郎及羽林也. 羽林者, 宿衛之士, 言如羽之疾, 如林之多也. 一說 "羽, 所以爲王者羽翼."

④ 調는 徒吊의 切이니, 선발함이다. "莫府"는 大將軍의 幕府이다.
調, 徒吊切, 選也. 莫府, 大將軍府也.

⑤ 霍光이 휴가를 나가 禁中에 있지 않을 때를 기다려서 上官桀이 직접 禁中에서 이 일을 회부하고자 한 것이다.
伺光出沐, 不在禁中, 桀欲自從禁中下其事也.

⑥ 當은 이 일을 직접 책임지는 것이다.
當者, 以之自任也.

【目】 이 글을 아뢰자, 황제는 이것을 禁中에 회부하려 하지 않았는데, 다음 날 아침에 霍光이 이 말을 듣고 畫室 가운데에 머물러 있고 들어가지 못하였다. 上이 "大將軍이 어디에 있는가?" 하고 물으니, 上官桀이 대답하기를 "燕王이 그의 죄를 고발하였으므로 감히 들어오지 못합니다." 하였다. 황제가 詔令을 내려 大將軍을 부르자, 곽광이 들어와 관을 벗고 머리를 조아리며 사죄하니, 上은 말하기를 "將軍은 관을 써라. 朕은 이 글이 거짓임을 아니, 장군은 죄가 없다." 하였다.

곽광이 아뢰기를 "폐하께서 어떻게 아십니까?" 하니, 上이 말하기를 "장군이 廣明亭으로 가서 郎官을 사열한 것은 근래의 일이고 校尉를 선발한 지는 채 열흘이 못 되었으니, 燕王이 어떻게 이것을 알겠는가. 또 장군이 나쁜 짓을 하려 했다면 굳이 校尉를 더 선발할 필요가 없었을 것이다." 하였다.

書奏에 帝不肯下하니 明旦에 光이 聞之하고 止畫室中不入[①]한대 上이 問大將軍安在오 桀對曰 以燕王告其罪故로 不敢入이니이다 有詔召大將軍한대 光이 入하여 免冠頓首謝하니 上曰 將軍은 冠[②]하라 朕知是書詐也로니 將軍은 無罪하니라 光曰 陛下何以知之닛고 上曰 將軍之廣明都郎이 屬(촉)耳[③]요 調校尉以來 未能十日이니 燕王이 何以得知之리오 且將軍爲非인대 不須校尉[④]니라

① 止는 머물러 있는 것이다. "畫室"은 채색으로 그린 방을 이른다. 혹자는 말하기를 "방 안에 武帝가 하사한 周公이 成王을 업고 諸侯를 조회한 그림이 있었다."라고 하였다.
止, 居也. 畫室, 謂彩畫之室. 或云 "室中有武帝所賜周公負成王朝諸侯之圖畫."

② 〈"將軍冠"은〉 霍光으로 하여금 다시 관을 쓰게 한 것이다.
令復著冠也.

③ 之는 감이다. 廣明은 정자 이름이니, 長安城 동쪽 東都門 밖에 있었다. 屬은 之欲의 切이니, 가까움이다. 〈"將軍之廣明都郎 屬耳"는〉 霍光이 廣明亭에 가서 郎官을 크게 사열하고 훈련한 때가 바로 근일의 일임을 말한 것이다.
之, 往也. 廣明, 亭名, 在長安城東東都門外. 屬, 之欲切, 近也. 言霍光往廣明都肄郎時, 是近日事.

④ 將軍이 배반하고자 했다면 일개 校尉를 말미암지 않았을 것임을 말한 것이다.
言將軍欲反, 不由一校尉.

【目】 이때 황제의 나이가 겨우 14세였다. 尙書와 左右의 曹에 있는 관리들이 모두 놀랐

고, 上書한 자가 과연 도망하였으므로 〈誣告한 자를〉 체포하기를 매우 급하게 하였다. 上官桀 등은 두려워하여 上에게 아뢰기를 "사소한 일을 굳이 끝까지 추궁할 것이 없습니다." 하였으나, 上은 듣지 않았다.

뒤에 상관걸의 도당 중에 霍光을 참소하는 자가 있으면, 上은 번번이 노하여 말하기를 "大將軍은 충신이다. 先帝께서 부탁하여 朕을 보필하게 하였으니, 감히 그를 훼방하는 자가 있으면 죄를 묻겠다." 하였다. 이 때문에 상관걸 등은 감히 다시 말하지 못하였다.

是時에 **帝年十四**라 **尙書左右皆驚**①하고 **而上書者果亡**이어늘 **捕之甚急**한대 **桀等**이 **懼**하여 **白上**호되 **小事**를 **不足遂**니이다하니 **上**이 **不聽**②하다 **後**에 **桀黨與有譖光者**하면 **上**이 **輒怒曰 大將軍**은 **忠臣**이라 **先帝所屬**(촉)**以輔朕身**이니 **敢有毁者**면 **坐之**하리라하니 **自是**로 **桀等**이 **不敢復言**하니라

① 秦나라 때에 尙書에 令이 있고 僕射가 있고 丞이 있었는데, 漢나라 때에 이르러 모두 少府에 소속하였고, 武帝가 左曹와 右曹의 여러 관리들로 하여금 尙書의 일을 나누어 다스리게 하였다.
秦時, 尙書有令, 有僕射, 有丞. 至漢, 竝隷少府, 武帝使左右曹諸吏, 分平尙書事.
② 遂(끝마치다)는 竟과 같으니, 끝까지 추궁할 필요가 없음을 말한 것이다.
遂, 猶竟也, 言不須窮竟也.

【目】 李德裕[29]가 다음과 같이 평하였다.

"군주의 德은 지극히 밝음보다 더 큰 것이 없으니, 밝음으로써 간사함을 비추면 온갖 간사함이 엄폐되지 못하는바, 漢나라 昭帝가 바로 그러하였다. 만일 伊尹과 呂尙의 보좌를 얻었더라면, 成王과 康王은 족히 비견할 것이 못 되었을 것이다."

李德裕曰 人君之德이 **莫大於至明**하니 **明以照姦**이면 **則百邪不能蔽矣**니 **漢昭帝是也**라 **使得伊呂之佐**면 **則成康不足侔矣**리라

【目】 上官桀 등이 長公主로 하여금 술자리를 베풀고 霍光을 초청하고서 군대를 매복하였다가 쳐 죽이고, 인하여 황제를 폐위하고 燕王을 세울 것을 도모하였다. 그리하여 파발마의 편지가 왕래하고 밖으로 郡國의 호걸들과 연결한 것이 천 명으로 헤아려졌다.

燕王 劉旦이 이것을 燕나라의 재상인 平에게 말하자, 平이 말하기를 "左將軍(上官桀)

29) 李德裕 : 唐나라 贊皇 사람으로 字는 文饒이며 명재상 李吉甫의 아들이다. 학문에 힘쓰고 드높은 절개가 있어 명망이 높았으며, 武宗 때 정승이 되었다. 저서로 ≪次柳氏舊聞≫ 등이 있다.

은 본래 사람이 경솔하고 車騎將軍(上官安)은 나이가 젊고 교만하니, 臣은 성공하지 못할까 두렵습니다. 또 성공한 뒤에 大王을 배반할까 두렵습니다." 하였으나 유단은 듣지 않았다. 상관안은 과연 연왕을 유인하여 오게 해서 죽이고 인하여 황제를 폐위하고 상관걸을 세울 것을 도모하였다.

마침 蓋長公主의 舍人의 아버지인 燕倉이 이 계책을 알고 大司農 楊敞(양창)에게 고발하였다. 양창은 평소 삼가고 일을 두려워하였는데, 마침내 신병이 있다는 글을 올리고 병석에 눕고는 杜延年에게 말하니, 두연년이 이 사실을 보고하였다.

9월에 詔令을 내려 上官桀과 上官安, 桑弘羊과 丁外人 등을 체포하여 종족과 함께 모두 誅殺하니, 蓋長公主와 燕王은 모두 자살하였다.

◑ 桀等이 **謀令長公主**로 **置酒請光**하여 **伏兵格殺之**하고 **因廢帝而立燕王**하여 **驛書往來**하고 **外連郡國豪傑**이 **以千數**라 **旦以語相平**①한대 **平曰 左將軍**은 **素輕易**하고 **車騎**는 **少而驕**②하니 **臣**은 **恐其不能成**이요 **又恐旣成**에 **反大王也**하노이다 **旦**이 **不聽**이러니 **安**이 **果謀誘燕王至而誅之**하고 **因廢帝而立桀**이러라 **會**에 **蓋主舍人父燕倉**이 **知其謀**③하고 **以告大司農楊敞**하니 **敞**이 **素謹畏事**라 **乃移病臥**④하고 **以告杜延年**한대 **延年**이 **以聞**하다 **九月**에 **詔捕桀, 安, 弘羊, 外人等**하여 **幷宗族悉誅之**하니 **蓋主, 燕王**이 **皆自殺**하다

① 平은 燕나라의 재상이었는데, 史書에 그 姓이 전하지 않는다.
平, 爲燕相, 史失其姓.

② 左將軍은 上官桀이다. 易(가볍다)는 去聲이다. 車騎將軍은 上官安이다.
左將軍, 上官桀. 易, 去聲. 車騎將軍, 上官安.

③ 燕은 음이 煙이니, 燕倉은 사람의 姓名이다.
燕, 音煙. 燕倉, 姓名.

④ "移病"은 글을 올려 신병이 있다고 말함을 이른다.
移病, 謂移書言病也.

【綱】 겨울에 韓延壽를 諫大夫로 삼았다.

冬에 **以韓延壽爲諫大夫**하다

【目】 文學인 魏相이 對策하여 다음과 같이 아뢰었다.

"지난날에 燕王이 무도한 짓을 하려 하였으므로 韓義가 몸을 바쳐 굳이 諫하다가 燕

王에게 살해되었습니다. 한의는 比干의 친함이 없는데도 비간의 절개를 따랐으니,[30] 마땅히 그 아들에게 후한 賞을 주어서 天下에 보여 남의 신하가 된 자의 義理를 밝혀야 합니다."

이에 한의의 아들 韓延壽를 발탁하여 諫大夫로 삼았다.

文學魏相이 **對策**①하여 **以爲 日者**에 **燕王爲無道**어늘 **韓義出身强諫**이라가 **爲王所殺**②하니이다 **義**는 **無比干之親而蹈比干之節**하니 **宜顯賞其子**하여 **以示天下**하여 **明爲人臣之義**니이다 **乃擢義子延壽**하여 **爲諫大夫**하다

① 相(재상)은 去聲이다.
相, 去聲.
② "日者"는 往日(지난날)이란 말과 같다.
日者, 猶言往日也.

【綱】 張安世를 右將軍으로 삼고, 杜延年을 太僕으로 삼았다.

以張安世爲右將軍하고 **杜延年爲太僕**[31]하다

【目】 大將軍 霍光은 조정에 老臣이 없고, 張安世는 先帝 때부터 尙書令이 되어서 마음과 행실이 순수하고 돈후하다 하여, 마침내 天子에게 아뢰어 장안세를 右將軍 兼光祿勳으로 등용하여 자신의 副가 되게 하고, 또 杜延年은 忠節이 있다 하여 太僕, 右曹給事中으로 발탁하였다.

곽광은 형벌을 엄하게 적용하였는데, 두연년은 항상 너그러움으로 보좌하였다. 관리와 백성들이 글을 올려 형벌의 便宜로움을 말하면, 곽광은 번번이 두연년에게 회부하여 공평하게 처리하고 다시 上奏하게 하였다. 또 〈관리와 백성 중에〉 벼슬시켜 試補할 만한 자를 縣令으로 삼거나 혹은 丞相府와 御史府에서 등용하여 1년이 차면 글을 올려 아뢰게 하였으며, 奸詐하고 허망한 자는 간혹 처벌이 이르기도 하였다. 장안세는 張湯의

30) 한의는……따랐으니 : 比干은 殷나라 紂王의 叔父였는데, 주왕이 포악한 짓을 자행하자, 비간이 강력히 諫하였다. 이에 주왕은 크게 노하여 말하기를 "내 듣건대 聖人의 心腸에는 일곱 개의 구멍이 있다고 하니, 진실로 있는가 보겠다." 하고는 비간을 죽여 배를 갈라 심장을 보았다. ≪史記 殷本紀≫ 韓義는 燕王 劉旦과 아무런 친족 관계가 없으면서 충절을 다하여 간하다가 죽었음을 말한 것이다.

31) 以張安世……爲太僕 : "〈張安世와 杜延年은〉 張湯과 杜周의 아들이니, 이 두 사람은 훌륭한 행적이 있어 자신의 아버지〔前人〕의 허물을 잘 덮었다고 이를 만하다. ≪資治通鑑綱目≫에서 이것을 쓴 것은 권면함을 보인 것이다.〔湯周子也 二子可謂能蓋前人之愆矣 綱目書之 所以示勸也〕" ≪書法≫

아들이고 두연년은 杜周의 아들이다.

大將軍光이 以朝無舊臣이요 安世自先帝時로 爲尙書令하여 志行純篤이라하여 乃白用安世爲右將軍兼光祿勳하여 以自副焉[①]하고 又以延年有忠節이라하여 擢爲太僕, 右曹給事中[②]하다 光이 持刑罰嚴하니 延年이 常輔之以寬하니라 吏民이 上書言便宜어든 輒下延年하여 平處하고 復奏言[③]하며 可官試者를 至爲縣令하고 或丞相, 御史除用하여 滿歲에 以狀聞하고 或抵其罪法[④]하니라 安世는 湯之子요 延年은 周之子也라

① "白用"은 天子에게 아뢰어 任用함을 이른다.
白用, 謂告白於天子而任用之.

② 忠節이 있다는 것은 燕王과 蓋長公主와 上官氏의 계책을 고발함을 이른다. 太僕은 正卿이고 右曹給事中은 겸직이다. ≪漢儀注≫[32]에 "諸吏의 給事中이 매일 올라가 朝謁하여 尙書에서 아뢴 일을 다스렸는데, 나뉘어 左曹와 右曹가 되었다." 하였다.
有忠節, 謂發燕・蓋・上官之謀也. 太僕, 正卿. 右曹給事中, 加官也. 漢儀注 "諸吏給事中, 日上朝謁, 平尙書奏事, 分爲左右曹."

③ 處(처리하다)는 昌呂의 切이니, 〈"平處 復奏言"은〉 먼저 그 가부를 공평히 처리한 뒤에 上奏함을 말한다.
處, 昌呂切, 謂先平處其可否, 然後奏言.

④ 丞相과 御史는 丞相府와 御史府이다. 抵는 이름이니, 〈"或抵其罪法"은〉 일을 말한 사람 중에 간사하고 허망한 자가 있으면 특별히 懲罰을 받게 한 것이다.
丞相・御史, 丞相府・御史府也. 抵, 至也. 言事之人, 有姦妄者, 則特致之於罪法.

【綱】匈奴가 침입하여 노략질하므로 변방의 군대가 추격하여 甌脫王(우탈왕)을 사로잡았다.

匈奴入寇어늘 邊兵追擊之하여 獲甌脫王하다

【目】이로부터 匈奴는 漢나라가 甌脫王을 嚮導로 삼아 공격할 것을 두려워하여, 즉시 서북쪽으로 멀리 떠나가 감히 남쪽으로 水草를 따라오지 못하고, 기병을 보내어 受降城에 주둔시켜 漢나라를 대비하였으며, 북쪽으로 余吾水에 다리를 놓아 유사시에 건너갈 수 있게 해서 도망함에 대비하였다.

흉노는 漢나라와 화친을 구하고자 하였으나 漢나라가 들어주지 않을까 두려워하였다. 그러므로 먼저 말하려 하지 않고 항상 左右로 하여금 漢나라의 使者에게 넌지시 말

32) 漢儀注 : ≪漢儀≫의 原注를 가리키는 것으로 보인다.

하게 하였다. 그러나 침략과 도둑질이 더욱 드물어지고 漢나라 사신을 더욱 후하게 대우해서 점점 화친을 이루고자 하니, 漢나라 또한 흉노를 羈縻(소속키켜 견제함)하였다.

自是로 匈奴恐漢以甌脫王爲道擊之①하여 卽西北遠去하여 不敢南逐水草하고 遣騎屯受降城하여 以備漢하며 北橋余吾水하여 令可度以備奔走②하다 欲求和親이나 而恐漢不聽이라 故로 不肯先言하고 常使左右로 風漢使者③라 然이나 其侵盜益希하고 遇漢使愈厚하여 欲以漸致和親하니 漢亦羈縻(기미)之하니라

① 甌는 一侯의 切이고 脫은 土活의 切이니, 甌脫은 흙집이다. 오랑캐가 국경에 흙집을 만들어서 漢人을 斥候하는 곳으로 삼았는데, 왕을 세워서 흙집을 주관하게 하였으므로, 그가 거처하는 곳을 가지고 王을 호칭하였다. 道(인도하다)는 導로 읽는다.
甌, 一侯切, 脫, 土活切, 甌脫, 土室也. 胡兒作於境上, 以伺望漢人者, 立王以主之, 以其所居呼之. 道, 讀曰導.
② 〈"北橋余吾水 令可度以備奔走"는〉 受降城의 북쪽 余吾水의 물가에 다리를 만들어서 급박한 일이 있으면 달아나 漢나라의 군대를 피할 때, 이 다리를 따라 건너려고 한 것이다.
於受降城北余吾水上, 作橋, 擬有迫急, 奔走避漢, 從此橋度也.
③ 風(넌지시 타이르다)은 諷으로 읽는다.
風, 讀曰諷.

壬寅年(B.C. 79)

【綱】 漢나라 孝昭皇帝 元鳳 2년이다. 여름에 赦免하였다.

二年이라 夏에 赦하다

癸卯年(B.C. 78)

【綱】 漢나라 孝昭皇帝 元鳳 3년이다. 봄 정월에 泰山의 돌이 서고 上林苑에 쓰러져 있던 버드나무가 다시 일어나 살아났다.

三年이라 春正月에 泰山石이 立[33]하고 上林僵柳가 復起生하다

---

33) 泰山石立 : "이는 宣帝가 나올 상서였으니, ≪資治通鑑綱目≫에서 '돌이 섰다.〔石立〕'고 쓴 것이 두 번이다.〔宣帝之祥也 綱目書石立二〕" ≪書法≫

【目】 泰山의 큰 돌이 스스로 일어나 서고, 上林苑에 쓰러져 있던 버드나무가 스스로 일어나 살아났으며, 벌레가 버들잎을 갉아먹었는데 그 모양이 "公孫病已立(公孫인 病已가 즉위한다.)"이었다.

符節令 眭弘(수홍)이 上書하여 아뢰기를 "큰 돌이 스스로 서고 쓰러졌던 버드나무가 다시 일어섰으니, 匹夫의 庶民이 天子가 될 징조입니다. 마땅히 어진 사람을 구하여 황제의 자리를 禪讓해서 天命에 순응해야 합니다." 하였다. 그는 끝내 '요망한 말을 하여 사람들을 미혹시킨 죄'에 걸려 伏誅 당하였다.

泰山에 有大石이 自起立하고 上林에 有僵柳自起生하며 有蟲食柳葉하여 曰公孫病已立①이라하니 符節令(睦)〔眭〕34)弘이 上書言②호되 大石自立하고 僵柳復起하니 當有匹庶爲天子라 當求賢人禪帝位하여 以順天命이니이다 坐說妖言惑衆하여 伏誅하다

① 泰山 萊蕪山 남쪽에 匈匈하게 수천 명이 떠드는 소리가 있는 듯하여 백성들이 보니, 큰 돌이 스스로 섰는데, 높이가 한 길 5척이고 크기가 48아름이었으며 세 돌이 발이 되었다. 僵은 紀良의 切이니, 쓰러짐이다. 말라죽어 쓰러져 땅에 누워 있던 버드나무가 또한 스스로 서서 살아났음을 말한 것이니, 이는 宣帝가 민간에서 흥왕할 조짐인 것이다. 病已는 宣帝의 이름이다.

泰山萊(燕)〔蕪〕35)山南, 有匈匈似數千人聲, 民視之, 大石自立, 高丈五尺, 大四十八圍, 三石爲足. 僵, 紀良切, 偃也. 謂樹枯死, 偃臥在地者 亦自立生也, 此爲宣帝興於民間之符. 病已, 宣帝名.

② 符節令은 少府에 속하였다. 眭는 息隨의 切이니, 眭弘(수홍)은 사람의 姓名이다.

符節令, 屬少府. (睦)〔眭〕, 息隨切. (睦)〔眭〕弘, 姓名.

【綱】 少府 徐仁은 자살하고, 廷尉 王平은 腰斬하였다.

少府徐仁은 自殺하고 腰斬廷尉王平36)하다

---

34) (睦)〔眭〕: 저본에는 '睦'으로 되어 있으나, ≪資治通鑑≫에 의거하여 訓義와 함께 '眭'로 바로잡았다.

35) (燕)〔蕪〕: 저본에는 '燕'으로 되어 있으나, ≪漢書≫ 및 ≪御批資治通鑑≫에 의거하여 '蕪'로 바로잡았다.

36) 少府徐仁……腰斬廷尉王平 : "자살에는 이유를 쓰지 않은 적이 없으니, 이유를 쓰지 않은 것은 이유가 없기 때문이다. 이유가 없는 것은 반드시 그 이유가 있으니, 이때 그 잘못을 책임질 자(황제)가 있는 것이다. 그러므로 두 사람의 관직을 쓴 것이다. 무릇 '腰斬'이라고 쓴 것은 昭帝의 행위를 너무 심하게 여긴 것이다.〔自殺未有不書故者 不書故 無故也 無故者必有其故 於是有任其咎者矣 故二子書官 凡書腰斬 甚之也〕" ≪書法≫

"分注에 기재된 것을 살펴보면 徐仁과 王平이 옥사를 의논한 일이 매우 분명하여 법률을 까다

【目】燕王과 蓋長公主의 난리에 桑弘羊의 아들 桑遷이 도망하면서 아버지의 옛 부하 관리인 侯史吳를 방문하였는데, 뒤에 상천을 체포하여 법에 따라 伏誅하였다.

마침 사면령이 내리자, 후사오가 스스로 나와 옥에 갇히니, 廷尉 王平은 少府 徐仁과 함께 죄를 다스리면서 모두 말하기를 "후사오는 반란을 일으킨 자를 숨겨준 것이 아니요, 바로 따라 연좌된 자를 숨겨준 것이다." 하고, 즉시 사면령에 따라 후사오의 죄를 면제하였다.

뒤에 侍御史가 이 일을 다시 다스릴 적에 "상천은 經學에 통달하였지만 아버지가 모반하는 것을 알았는데도 諫諍하지 않았으니, 반역을 한 자와 신분이 다름이 없다. 그리고 후사오는 옛 三百石의 관리로 앞장서서 계책을 세워 상천을 숨겨주었으니, 庶人이 연좌된 자를 숨겨준 것과 똑같지 않다. 후사오를 사면할 수 없다." 하고, 번복하여 다스릴 것을 아뢰고, 廷尉(王平)와 少府(徐仁)가 모반한 자를 석방한 죄를 탄핵하였다.

徐仁은 丞相 田千秋의 사위였다. 전천추가 中二千石과 博士들을 불러 公車門에 모여 의논해서 후사오의 法 적용을 자문하였다. 霍光은 이에 전천추가 제멋대로 中二千石 이하를 부르고 外朝와 內朝의 말이 다르다 하여, 마침내 왕평과 서인을 하옥시키니, 조정에서는 모두 승상(전천추)이 죄에 연루될까 염려하였다.

燕, 蓋之亂에 桑弘羊子遷이 亡하여 過父故吏侯史吳①러니 後에 遷捕得하여 伏法하다 會赦에 吳自出繫獄한대 廷尉王平이 與少府徐仁으로 雜治할새 皆以爲吳非匿反者요 乃匿爲隨者라하고 卽以赦令除吳罪②하다 後에 侍御史治實③할새 以桑遷通經術이로되 知父謀反而不諫爭하니 與反者身無異어늘 吳故三百石吏로 首匿遷하니 不與庶人匿隨從者等이라 吳不得赦라하고 奏請覆治④하고 劾廷尉, 少府縱反者⑤하다 仁은 丞相千秋의 女壻也라 千秋召中二千石, 博士하여 會公車門하여 議問吳法⑥이러니 光이 於是에 以千秋擅召中二千石以下하고 外內異言이라하여 遂下平, 仁獄⑦하니 朝廷이 皆恐丞相坐之러라

① 亡은 도망함이고, 過는 지나다가 방문하는 것이다. 侯史는 複姓이고 吳는 이름이다.
亡, 逃. 過, 經也. 侯史, 複姓. 吳, 名也.

② "雜治"는 서로 함께 죄를 다스림을 이른다. "爲隨"는 桑遷이 다만 연좌되었을 뿐이요, 직접 모반한 것이 아님을 말한 것이다.
雜治, 謂交雜同共治之也. 爲隨, 言遷但隨坐耳, 非自反也.

롭게 적용하는 자들도 너무 심하다고 비방하였다. 그런데도 서인과 왕평이 極刑을 면치 못했으니, 이는 漢나라 법의 혹독함을 알 수 있는 것이다. 이 때문에 ≪資治通鑑綱目≫에서 두 사람의 죽음에 대하여 그 관직을 쓰고 그 죄를 쓰지 않은 것이다.〔案分注所載 仁平議獄之事甚明 而深文者詆之甚曲 然且不免極刑 此漢法之酷可知 綱目所以於二人之死 書其官而不書其罪也〕" ≪發明≫

③ "治實"은 거듭 그 일을 조사하는 것이다.
治實, 重覈其事也.
④ "首匿"이란 자신이 도모하는 괴수가 되어서 사람을 감춰주고 숨겨줌을 이른다. 覆은 번복함(뒤집다)이다.
首匿者, 言身爲謀首而藏匿人也. 覆, 反覆也.
⑤ 縱은 풀어줌이다.
縱, 放也.
⑥ 〈"議問吳法"은〉 법률 가운데에 侯史吳가 어느 죄에 해당하는가를 자문한 것이다.
於法律之中, 吳當得何罪.
⑦ 外內는 外朝와 內朝를 이른다.
外內, 謂外朝及內朝也.

【目】 杜延年이 자신의 의견을 다음과 같이 서면으로 진술하여 霍光에게 올렸다.

"獄吏가 죄인을 풀어주는 데에는 떳떳한 법이 있으니, 지금 다시 侯史吳를 무함하여 不道라고 질책하는 것은 법에 너무 가혹할 듯합니다. 丞相(田千秋)은 오랫동안 높은 지위에 있었고 先帝 때에 用事하였으니, 큰 연고가 있지 않으면 버려서는 안 됩니다. 근래에 백성들은 '獄事가 까다로워 獄吏들이 너무 준엄하다.'고 자못 비난하는데, 지금 승상을 의논하는 것이 또 옥사입니다. 이와 같이 하여 형벌이 승상에게 미친다면, 사람들의 마음에 부합하지 못해서 아랫사람들이 시끄럽게 떠들고 庶人들이 은밀히 비난하여 유언비어가 사방으로 퍼질까 두렵습니다. 저는 장군이 천하에서 이 명성을 잃는 것을 삼가 重大하게(어렵게) 여깁니다."

곽광은 王平과 徐仁이 법을 농간했다 하여 끝내 하옥시키니, 서인은 자살하고 왕평은 腰斬을 당하였으나 형벌이 丞相에게는 미치지 아니하여 종신토록 서로 잘 지냈다. 杜延年은 의논이 공평함을 유지하여 조정을 화합시킨 것이 대체로 이와 같았다.

杜延年이 奏記光曰① 吏縱罪人이 有常法하니 今更詆吳爲不道는 恐於法深②이니이다 丞相은 久故요 及先帝用事③하니 非有大故면 不可棄也니이다 間者에 民頗言獄深하여 吏爲峻詆러니 今丞相所議 又獄事也라 如是以及丞相이면 恐不合衆心하여 群下讙譁(훤화)하며 庶人私議하여 流言四布일까하노니 延年은 竊重將軍失此名於天下也④하노이다 光以平, 仁弄法이라하여 卒下之獄한대 仁은 自殺하고 平은 腰斬이로되 而不以及丞相하여 終與相竟⑤하니라 延年이 論議持平하여 合和朝廷이 皆此類也⑥러라

① 奏는 올림이고, 記는 글로 쓰는 것이다.

奏, 進也. 記, 書也.

② 詆는 무함하는 것이다.

詆, 誣也.

③ 〈"丞相 久故 及先帝用事"는〉 지위에 있은 지 이미 오래이니 이는 故舊(친구)이고, 또 일찍이 先帝의 정승이 되어서 일을 맡았음을 말한 것이다.

言在位已久, 是爲故舊, 又嘗及相先帝而任事也.

④ 重은 難과 같으니, 이 일을 重한 일로 여기는 것이다.

重, 猶難也, 以此爲重事也.

⑤ 〈"終與相竟"는〉 田千秋와 함께 일하여 그 몸을 마침을 말한 것이다.

言與千秋共事, 終其身.

⑥ 合(합하다)과 和(화하다)는 모두 본음대로 읽는다.

合・和, 竝如字.

【綱】 겨울에 遼東의 烏桓이 배반하였으므로 將軍 范明友를 보내 군대를 거느리고 가서 공격하게 하였다.

冬에 **遼東烏桓**이 **反**이어늘 **遣將軍范明友**하여 **將兵擊之**하다

【目】 이전에 冒頓(묵특)이 東胡를 격파하니, 동호의 남은 무리가 흩어져 烏桓山과 鮮卑山을 확보하고 두 종족으로 나뉘어져 대대로 匈奴에 예속되어 부역하였다.

武帝가 흉노의 左方의 지역을 격파하고 인하여 烏桓을 上谷과 漁陽, 右北平과 遼東의 변방 밖으로 이주시켜 흉노의 動靜을 정찰하게 하고, 護烏桓校尉를 설치하여 이들을 감독하고 거느려서 匈奴와 서로 통하지 못하게 하였는데, 이때에 부족의 무리가 점점 강성해져서 마침내 배반하였다.

漢나라에서는 항복한 흉노족을 사로잡았는데, 말하기를 "흉노가 2만 명의 騎兵을 동원하여 오환을 공격한다." 하였다. 霍光이 흉노를 요격하고자 하여 護軍都尉 趙充國에게 물으니, 조충국은 다음과 같이 말하였다.

"오환이 근래에 자주 변방을 침범하였으니, 지금 흉노가 이들을 공격하는 것은 漢나라에 편리합니다. 또 흉노가 중국을 침략하고 도둑질하는 일이 드물어서 북쪽 변경에 다행히 일이 없으니, 오랑캐들이 저희들끼리 서로 공격하는데 우리가 군대를 동원하여 흉노를 요격해서 적을 불러들여 일을 만드는 것은 좋은 계책이 아닙니다."

곽광이 다시 中郎將 范明友에게 물으니, 범명우는 공격할 만하다고 말하였다. 이에

범명우를 度遼將軍으로 제수하여 2만 명의 騎兵을 거느리고 遼東으로 출동하게 하니, 흉노가 군대를 이끌고 떠나갔다.

初에 冒頓이 破東胡하니 東胡餘衆이 散保烏桓及鮮卑山하고 爲二族하여 世役屬匈奴①하니라 武帝擊破匈奴左地하고 因徙烏桓於上谷, 漁陽, 右北平, 遼東塞外하여 偵察匈奴動靜②하며 置護烏桓校尉하여 監領之하여 使不得與匈奴交通이러니 至是에 部衆漸强하여 遂反하니라 漢得匈奴降者하니 言匈奴方發二萬騎하여 擊烏桓이라하여늘 霍光이 欲邀擊之하여 以問護軍都尉趙充國③한대 充國以爲 烏桓이 間數(삭)犯塞하니 今匈奴擊之는 於漢에 便④이니이다 又匈奴希寇盜하여 北邊幸無事하니 蠻夷自相攻擊이어늘 而發兵要之하여 招寇生事는 非計也니이다 光이 更問中郎將范明友한대 明友言可擊이어늘 於是에 拜明友爲度遼將軍하여 將二萬騎하여 出遼東하니 匈奴引去⑤하다

① 烏桓과 鮮卑는 두 山 이름이니, 이 山을 확보함으로 인하여 종족의 칭호로 삼았다.
烏桓・鮮卑, 二山名, 因保此山, 遂以爲號.

② 偵은 丑正의 切이니, 엿보는 것이다.
偵, 丑正切, 覘也.

③ "邀擊之"는 匈奴를 맞이하여 공격함을 이른다. 護軍都尉는 秦나라의 관직이다. 武帝가 이것을 大司馬에 소속시켰었는데, 이때 大將軍에 소속되었다.
邀擊之, 謂邀迎而擊之. 護軍都尉, 秦官. 武帝以屬大司馬, 此時, 蓋屬大將軍也.

④ 間은 바로 중간이니, 近日이라는 말과 같다. 數(자주)은 음이 朔이다.
間, 卽中間也, 猶言比日也. 數, 音朔.

⑤ 遼東은 幽州 지역에 있다. 度遼將軍은 그로 하여금 遼水를 건너가서 烏桓을 정벌하게 하려는 것이었는데, 後漢 때에 이르러 마침내 將軍의 칭호로 삼아서 匈奴를 監護하였다.
遼東, 在幽州之域. 度遼將軍, 蓋使之度遼水, 以伐烏桓, 至後漢, 遂以爲將軍之號, 以護匈奴也.

【目】 이전에 霍光은 范明友에게 경계하기를 "군대는 헛되이 출동해서는 안 되니, 만일 匈奴보다 뒤늦거든 烏桓을 공격하라." 하였다. 범명우는 오환이 피폐한 틈을 타서 공격하여 수급을 베고 노획한 것이 매우 많으니, 흉노가 이로 말미암아 漢나라를 두려워해서 감히 다시는 出兵하지 못하였다.

初에 光이 戒明友호되 兵不空出이니 卽後匈奴어든 遂擊烏桓①하라 明友乘烏桓敝하여 擊之하여 斬獲甚衆하니 匈奴由是恐하여 不敢復出兵하니라

① "後匈奴"는 군대가 뒤늦어서 匈奴를 요격함에 미치지 못함을 말한 것이다.
後匈奴者, 言兵遲後, 邀匈奴不(反)〔及〕[37]也.

甲辰年(B.C. 77)

【綱】漢나라 孝昭皇帝 元鳳 4년이다. 봄 정월에 황제가 冠禮를 하였다.

四年이라 春正月에 帝冠[38)]하다

【綱】丞相 田千秋가 卒하였다.

◑ 丞相千秋 卒하다

【目】이때 정사를 한결같이 大將軍 霍光이 결단하니, 田千秋는 승상의 지위에 있으면서 삼감과 후덕함으로 스스로 지킬 뿐이었다.

時에 政事를 一決大將軍光하니 千秋는 居丞相位하여 謹厚自守而已러라

【綱】2월에 王訢을 승상으로 삼았다.

二月에 以王訢(흔)爲丞相①하다

① 訢은 欣의 古字이다.
訢, 古欣字.

【綱】여름 5월에 孝文廟(文帝의 사당)의 正殿에 화재가 나니, 황제가 素服을 입고 使者를 보내 사당을 다시 짓게 하였다.

◑ 夏五月에 孝文廟正殿火하니 帝素服하고 遣使作治[39)]하다

37) (反)〔及〕: 저본에는 '反'으로 되어 있으나, 《資治通鑑》 註에 의거하여 '及'으로 바로잡았다.

38) 帝冠: "昭帝가 이때에 나이가 17세였다. 《資治通鑑綱目》이 끝날 때까지 황제가 冠禮한 것을 쓴 것이 13번인데, 소제보다 나이가 많은 경우가 없었고 宋主 劉昱보다 더 어린 경우가 없었다. 관례를 정월에 행함은 해의 첫 달에 한 것이니, 이보다 앞서 오직 漢나라 惠帝가 '3월에 관례했다.'고 썼고, 이 뒤로는 오직 宋主 劉昱이 '11월에 관례했다.'고 썼다.〔帝於是年十七矣 終綱目 書帝冠 十有三 莫長於昭帝 莫幼於宋主昱 冠用正月 歲首也 先是惟惠帝書三月 後此惟宋主昱書十一月〕" 《書法》

39) 孝文廟正殿火……遣使作治: "이보다 먼저 '高園의 便殿에 화재가 났다.'고 썼었고 이 뒤에 '太上皇의 太宗廟에 화재가 났다.'고 썼는데, 모두 '素服을 입었다.'고 썼으나 '作治(짓고 수리함)'라고 쓰지 않았다. 그런데 여기에서 '作治'라고 쓴 것은 어째서인가? 宗廟를 급하게 여김을 나타낸 것이다. 이에 使者를 보내어 作治하여 6일 만에 완성하였으니, '급하게 여겨야 할 바를 알았다.'고 이를 만하다. 그러므로 여기에 쓴 것이다. 이 때문에 昭帝처럼 宗廟를 급하게 여겼으면 '使者를 보내어

【目】 上과 여러 신하가 모두 素服을 입고 中二千石에게 將作大匠의 다섯 校令의 병사를 징발해서 사당을 다시 짓게 하여 6일 만에 완성하였다.

上及群臣이 皆素服하고 發中二千石하여 將五校作治하여 六日에 成①하다

① 將作大匠의 屬官에 左·右·前·後·中의 다섯 校令이 있었는데, 다섯 校令의 병사를 관장하였다.
將作大匠屬官, 有左·右·前·後·中五校令, 掌五校士.

【綱】 赦免하였다.

赦하다

【綱】 使臣을 보내 樓蘭王 安歸를 유인하여 죽였다.

◑ 遣使하여 誘樓蘭王安歸하여 殺之40)하다

【目】 이전에 樓蘭王이 죽자, 匈奴가 먼저 이 소식을 듣고 흉노에 인질로 있던 王의 아들 安歸를 돌려보내서 王이 되게 하였다. 漢나라가 詔令을 내려 누란왕(안귀)을 入朝하게 하였으나, 王이 사양하여 오지 않았고, 다시 흉노를 위해 反間이 되어 자주 漢나라의 사신을 가로막고 죽였다.

駿馬監 傅介子가 大宛國에 사신 갈 적에, 그에게 명해서 인하여 누란왕을 책망하게

作治했다.'고 쓰고, 晉나라 武帝처럼 宗廟를 태만히 여겼으면 '某年 某月'이라고 썼으니, ≪資治通鑑綱目≫에 잘한 것을 권면하고 잘못한 것을 경계한 것이 분명하다.〔先是書高園便殿火矣 後此書太上皇太宗廟火矣 皆書素服 不以作治書 此其書作治 何 急宗廟也 於是遣使作治 六日而成 可謂知所急矣 故書是故昭帝急於宗廟 則書遣使作治 晉武慢於宗廟 則書某年某月 綱目之勸戒明矣〕" ≪書法≫

40) 遣使……殺之 : "淮南王 黥布의 경우 '유인하여 주살하였다.〔誘誅〕'라고 쓴 것은 반란한 자이기 때문이지만, 樓蘭王이 漢나라의 使者를 죽였는데, '유인하여 죽였다.〔誘殺〕'라고 쓴 것은 어째서인가? 누란왕이 죄를 이미 사죄하여 자복하였는데, 中國으로서 도적의 계책을 오랑캐에게 행하였으니, 이것을 추악하다고 여긴 것이다. 그러므로 '誘殺'이라고 쓴 것이다. 傅介子를 쓰지 않은 것은 그를 使者로 보낸 것을 죄준 것이다. '誘殺'이라고 쓴 것이 이때 시작되었다.〔淮南王布 書誘誅之 反者也 樓蘭王殺漢使者 則其書誘殺 何 樓蘭之罪既謝服矣 以中國而行盜賊之計於蠻夷 以是爲可醜也 故書誘殺 介子不書 罪遣者也 書誘殺始此〕" ≪書法≫
"유인하여 죽인〔誘殺〕 일을 ≪春秋≫에서 매우 폄하하였으니, 어찌 堂堂한 大漢이 도리어 도적의 계책을 행하고서 萬國을 臣妾으로 삼을 수 있겠는가. '使者를 보내어 樓蘭王 安歸를 유인해서 죽였다.'고 썼으니, 그 미워함이 심하다.〔誘殺之事 春秋深貶 烏有堂堂大漢乃爲盜賊之謀而可臣妾萬國哉 書遣使誘樓蘭王安歸殺之 其惡甚矣〕" ≪書法≫

하니, 王은 사죄하여 죄를 自服하였다. 부개자가 돌아와서 大將軍 霍光에게 아뢰기를 "樓蘭國이 자주 번복하니, 주벌하지 않으면 징계되지 않을 것입니다. 원컨대 가서 그를 찔러 죽여 여러 나라에 위엄을 보였으면 합니다." 하였다.

初에 樓蘭王死어늘 匈奴先聞之하고 遣其質子安歸歸하여 得立爲王[①]이러니 漢이 詔令入朝한대 王이 辭不至하고 復爲匈奴反間하여 數(삭)遮殺漢使라 駿馬監傅介子 使大宛[②]할새 詔因令責樓蘭王하니 王이 謝服하니라 介子還하여 謂大將軍光曰 樓蘭이 數(삭)反覆하니 而不誅면 無所懲艾(징예)라 願往刺之하여 以威示諸國[③]하노이다

① 安歸는 인질로 있던 王子의 이름이다. 아래의 歸는 돌려보냄이다.
安歸, 質子之名也. 下歸, 還也.
② 太僕의 屬官 중에 駿馬監이 있었다.
太僕屬官, 有駿馬監.
③ 艾(다스리다)는 乂로 읽는다.
艾, 讀曰乂.

【目】大將軍(霍光)이 황제에게 아뢰고 傅介子를 보냈는데, 부개자가 황금과 폐백을 많이 가지고 가면서 소문을 퍼뜨리기를 '이번의 使行은 외국에 물건을 하사하기 위한 것이다.' 하였다. 樓蘭國에 이르자, 國王이 漢나라의 물건을 탐하여 만나러 왔다.

부개자는 그와 함께 앉아 취하도록 술을 마시고는, 國王에게 "天子께서 나를 시켜 王에게 은밀히 말씀을 전하게 했다." 하니, 王이 일어나 부개자를 따라 장막 안으로 들어왔다. 壯士 두 사람이 뒤에서 그를 찔러 마침내 그의 머리를 베고, 파발마를 달려 대궐에 와서 북쪽 대궐 아래에 그의 머리를 매달아놓았다.

그리고 漢나라에 와 있던 누란왕의 아우 尉屠耆(위제석)을 세워 王으로 삼고는, 나라 이름을 고쳐 鄯善이라 하고, 그를 위하여 國王의 印章을 전각하여 주었다. 또 宮女를 하사하여 夫人으로 삼고 車騎와 輜重을 구비해주었으며, 丞相이 백관을 거느리고 橫門(광문) 밖까지 전송하고는 祖道祭를 지내어 환송하였다.

王은 자청하기를 "나라 안에 伊循城이 있는데, 이 城은 토지가 비옥하고 좋습니다. 원컨대 漢나라에서 한 장수를 보내어 屯田을 하여 곡식을 저축하게 하고, 臣으로 하여금 漢나라의 重한 위엄에 의지하게 해주시기 바랍니다." 하였다. 이에 漢나라는 관리와 병사를 보내 이순성에 둔전을 하여 鎭撫하게 하고, 부개자를 봉하여 義陽侯로 삼았다.

大將軍이 白遣之한대 介子齎金幣하여 揚言以賜外國爲名하고 至樓蘭하니 王이 貪漢物來見이라

介子與坐飮醉에 謂曰 天子使我私報王①이라한대 王이 起隨介子하여 入帳中이어늘 壯士二人이 從後刺之하여 遂斬其首하고 馳傳詣闕하여 縣北闕下하다 立其弟在漢者尉屠耆爲王②하여 更名其國爲鄯善하고 爲刻印章③하며 賜以宮女爲夫人하고 備車騎輜重하며 丞相率百官하여 送至橫門外하여 祖而遣之④하다 王이 自請曰 國中에 有伊循城하니 其城肥美라 願漢遣一將하여 屯田積穀하고 令臣得依其威重하노이다 於是에 漢遣吏士하여 田伊循以鎭撫之하고 封介子爲義陽侯⑤하다

① 〈"私報王"은〉 은밀히 王에게 타이르는 바가 있음을 이른다.
謂密有所諭.
② 屠耆은 음이 除析이니, 尉屠耆(위제석)은 이름이다.
屠耆, 音除析. 尉屠耆, 名也.
③ 아래의 爲(위하다)는 去聲이다.
下爲, 去聲.
④ 祖는 길을 떠날 때 길의 路神에게 제사하는 것이다.
祖, 祖道也.
⑤ ≪漢書≫ 〈百官表〉에 "義陽侯는 南陽의 平氏를 食邑으로 하였다." 하였다.
班表 "義陽侯, 食邑於南陽之平氏."

【目】 司馬溫公(司馬光)이 다음과 같이 평하였다.

"王者는 戎狄에 대하여, 배반하면 토벌하고 복종하면 놓아주는 것이다. 지금 樓蘭王이 이미 죄를 自服하였는데 또 뒤따라 그를 죽였으니, 뒤에 배반하는 자가 있으면 회유하여 오게 할 수가 없는 것이다. 필시 그에게 죄가 있다고 여긴다면 마땅히 군대를 진열하고 장병들에게 고유해서 분명하게 그의 벌을 밝혀야 하는데, 도리어 大漢의 강함으로서 도적의 계책을 오랑캐에게 행하였으니, 수치스럽지 않은가. 의논하는 자들이 傅介子를 찬미하여 기이한 功을 세웠다 하니, 이는 잘못이다."

司馬公曰 王者之於戎狄에 叛則討之하고 服則舍之①라 今樓蘭王이 旣服其罪어늘 又從而誅之하니 後有叛者면 不可得而懷矣②라 必以爲有罪면 則宜陳師鞠旅하여 明致其罰③이어늘 今乃以大漢之彊으로 而爲盜賊之謀於蠻夷하니 不亦可羞哉아 論者或美介子以爲奇功하니 過矣로다

① 舍(놓아주다)는 捨로 읽는다.
舍, 讀曰捨.
② 懷는 오게 함이다.
懷, 來也.
③ 鞠은 告함이다.

鞫, 告也.

乙巳年(B.C. 76)

【綱】漢나라 孝昭皇帝 元鳳 5년이다. 여름에 크게 가물었다.

五年이라 夏에 大旱하다

【綱】나쁜 少年과 관리 중에 도망한 자를 징발하여 遼東에 주둔하게 하였다.

◑ 發惡少年吏亡者하여 屯遼東하다

【綱】겨울에 큰 우레가 있었다.

◑ 冬에 大雷하다

【綱】丞相 王訢(왕흔)이 卒하였다.

◑ 丞相訢이 卒하다

丙午年(B.C. 75)

【綱】漢나라 孝昭皇帝 元鳳 6년이다. 봄 정월에 遼東城과 玄菟城을 쌓았다.

六年이라 春正月에 築遼東玄菟城[41]하다

【綱】여름에 赦免하였다.

◑ 夏에 赦하다

---

41) 築遼東玄菟城 : "일반 城은 쓰지 않고, 반드시 중요한 관방〔關要〕인 뒤에야 썼다. 그러므로 內城이면 '京都'라고 쓰고 外城이면 '關塞'라고 쓴 것이다.〔城不書 必關要而後書 故內城書京都 外城書關塞〕" ≪書法≫

【綱】烏桓이 다시 변방을 침범하므로 范明友를 보내어 군대를 거느리고 가서 공격하게 하였다.

◑ **烏桓**이 **復犯塞**어늘 **遣范明友**하여 **將兵擊之**하다

【綱】겨울 11월에 楊敞(양창)을 丞相으로 삼았다.

◑ **冬十一月**에 **以楊敞爲丞相**42)하다

丁未年(B.C. 74)

【綱】漢나라 孝昭皇帝 元平 원년이다. 봄 2월에 口賦錢을 10분의 3으로 줄였다.

元平元年이라 **春二月**에 **減口賦錢什三**①하다

① ≪漢儀注≫에 "백성의 나이 7세로부터 14세에 이르기까지 사람마다 口賦錢 23錢을 내게 하였는데, 20전은 天子에게 바치고, 3전은 武帝가 구부전을 더 거두어 戰車와 騎兵과 말의 비용을 보조하게 하였다." 하였다.

漢儀注 "民年七歲至十四, 出口賦人二十三錢. 二十錢, 以食(사)天子. 其三錢者, 武帝加口賦, 以補車·騎·馬."

【綱】流星이 달처럼 큰 것이 있었는데, 여러 유성들이 모두 따라서 서쪽으로 갔다.

◑ **有流星**이 **大如月**하니 **衆星皆隨西行**43)하다

42) 以楊敞爲丞相 : "元鳳 5년(B.C. 76)에 '丞相 王訢이 卒하였다.'고 쓴 뒤로부터 이때에 丞相이 지위를 비운 지 1년이 지나서야 비로소 '楊敞을 丞相으로 삼은 것'을 썼으니, 이는 霍光이 전횡한 것이다.〔自五年書丞相訢卒 於是丞相虛位者一年 始書楊敞 光專也〕" ≪書法≫

"지난해 겨울에 '丞相 王訢이 卒하였다.'고 썼는데, 금년 겨울에 이르러 비로소 '楊敞을 승상으로 삼았다.'고 썼으니, 이는 1년이 넘도록 정승〔揆度〕의 지위를 비워둔 것이니, 국가의 체통도 따라서 알 수 있는 것이다. 武帝가 加官을 더 둔 뒤로부터 승상은 인원만 채운 자리가 되었다. 이 때문에 승상이 국가의 큰일에 모두 참여하여 듣지 못했으니, 국가의 큰일은 예컨대 顧命과 廢立과 같은 따위이다. ≪資治通鑑綱目≫에서 쓴 것을 살펴보면 이것을 상상해 알 수 있으니, 군자가 어찌 세 번 탄식하지 않을 수 있겠는가.〔去冬書丞相訢卒 至今冬 始書以楊敞爲丞相 則是曠年虛揆度之位 其於國體 從可知矣 爰自武帝增重加官 而丞相爲具員 是以國之大事 皆不與聞 如顧命廢立之類 觀之綱目所書 蓋可想見 君子安得不爲之三嘆也〕" ≪書法≫

43) 大如月……皆隨西行 : "建元 2년(B.C. 139)에 '별이 〈크기가〉 해와 같았다.'고 썼었는데, 이때 다

【綱】 여름 4월에 황제가 崩하였다. 大將軍 霍光이 皇后의 詔令을 받들어 昌邑王 劉賀를 맞이해서 長安에 왔다. 그리하여 6월에 들어와 즉위하고 皇后를 높여 皇太后라 하였다.

◑**夏四月**에 **帝崩**①하다 **大將軍光**이 **承皇后詔**하여 **迎昌邑王賀**하여 **詣長安**하다 **六月**에 **入卽位**하고 **尊皇后曰皇太后**44)라하다

① 향년이 21세였다.
壽二十一.

【目】 황제가 崩하니 後嗣가 없고, 이때 武帝의 아들 중에 오직 廣陵王 劉胥가 있었다. 여러 신하들이 그를 황제로 세우고자 하였는데, 劉胥는 본래 행실이 법도를 잃어 先帝가 등용하지 않은 자였다. 大將軍 霍光은 스스로 마음이 편안하지 못하였는데, 郞官이 글을 올려 다음과 같이 말하였다.

"周나라의 太王은 長子인 太伯을 폐하고 王季를 세웠으며, 文王은 장자인 伯邑考를 버리고 武王을 세웠으니, 오직 마땅한 바에 달려 있습니다. 장자를 폐하고 작은 아들을 세우더라도 괜찮으니, 광릉왕에게 宗廟를 받들게 해서는 안 됩니다."

곽광은 당일로 皇后의 詔令을 받들어 昌邑王 劉賀를 맞이해서 長安의 저택에 나오게 하니, 유하는 昌邑哀王 劉髆(유박)의 아들이다. 평소 방종하여 동작에 절도가 없어서 武帝의 喪中에도 놀러 다니고 사냥하기를 그치지 않았다.

시 '流星이 달처럼 큰 것이 있었다.'고 썼으니, 모두 큰 異變이다. 그러므로 ≪資治通鑑≫에는 쓰지 않은 것을 ≪자치통감강목≫에서 특별히 썼는데, 과연 한 달이 넘어 국가에 國喪이 있었다.〔建元二年 書有星如日矣 於是復書流星大如月 皆大異也 故通鑑不書 綱目特書之 果踰月而國有大喪矣〕" ≪書法≫

44) 大將軍光……皇太后 : "賀善贊이 말하였다. '昭帝가 즉위한 초년에 즉시 使者를 보내어 백성들의 고통을 물었고, 뒤이어 「백성들을 구휼하여 곡식의 종자와 양식을 꾸어주었다.」고 썼고, 또 「꾸어준 것을 거두지 말고 금년의 田租를 면제했다.」고 썼고, 또 「말〔馬〕을 공출하지 말라고 명했다.」고 썼고, 또 「백성의 고통을 물었다.」고 썼고, 또 「榷酤官을 파했다.」고 썼고, 또 「口賦錢을 줄여주었다.」고 썼으니, 그런 뒤에 양식이 모두 소모된 궁핍한 백성들이 비로소 살려는 의욕을 갖게 되었다. 이에 昭帝는 武帝의 뜻을 잘 이은 황제라고 이를 수 있고, 霍光 또한 어진 政丞이라고 이를 만하다.'
○ '皇后의 詔令을 받들었다.'고 쓴 것은 어째서인가? 전횡하여 군주를 세웠다는 명목으로 霍光에게 누를 끼치지 않으려고 한 것이다. 兩漢의 세대에 '迎'이라고 쓰고 '立'이라고 쓴 것이 열 번인데, '皇后의 詔令을 받았다.'고 쓴 것은 오직 곽광뿐이다.〔賀善贊曰 昭帝初元 卽遣使問民疾苦 繼書賑貸種食 又書所貸勿收 除今年租 又書令勿出馬 又書問民疾苦 又書罷榷酤官 又書減口賦錢 然後虛耗之民 始有生意 昭帝於是可謂善繼矣 光亦賢相矣哉 ○ 承皇后詔 何 不以專立君累光也 兩漢之世 書迎書立者十 書承皇后詔 惟光而已〕" ≪書法≫

帝崩하니 無嗣하고 時에 武帝子獨有廣陵王胥라 群臣이 欲立之러니 胥本以行失道하여 先帝所不用이라 大將軍光이 不自安①이러니 郎有上書言호되 周太王이 廢太伯, 立王季하시고 文王이 舍伯邑考, 立武王②하시니 唯在所宜라 雖廢長立少라도 可也니 廣陵王이 不可以承宗廟니이다 光이 卽日承皇后詔하여 迎昌邑王賀하여 詣長安邸③하니 賀는 昌邑哀王髆(박)之子라 素狂縱하여 動作無節하여 武帝之喪에 游獵不止하니라

① ≪漢書≫ 〈廣陵王傳〉에 "劉胥는 몸이 壯大하고 광대놀이와 편안히 노는 것을 좋아하였으며, 힘이 九鼎을 들 수 있고 맨손으로 곰과 돼지와 맹수를 잡았는데, 동작에 법도가 없었다." 하였다.
漢書廣陵王傳 "胥壯大, 好倡樂逸游, 力扛鼎, 空手搏熊彘(체)猛獸, 動作無法度."
② 伯邑考는 文王의 長子이다.
伯邑考, 文王長子.
③ "長安邸(長安의 저택)"는 長安에 있는 昌邑王의 저택이다.
長安邸, 長安之昌邑邸也.

【目】 中尉 王吉이 昌邑王에게 다음과 같이 諫하였다.

"大王은 서책과 학문을 좋아하지 않고 편안히 노시는 것을 좋아하여, 취약한 玉體를 가지고 자주 勤勞하는 번뇌와 憂愁를 범하시니, 수명의 높음을 온전히 하는 방법이 아니고 또 仁義의 높음에 나아가는 방도가 아닙니다. 큰 궁궐 아래와 고운 털방석 위에 현명한 스승이 앞에 있고 권하여 글을 읊는 자가 뒤에 있어서, 위로는 唐·虞의 시대를 논하고 아래로는 殷·周의 盛함을 말하여, 어질고 성스러운 遺風을 상고하고 나라를 다스리는 방도를 익혀서, 서로 즐겁게 분발하여 밥 먹는 것도 잊어서 날로 그 德을 새롭게 하며, 휴식할 때면 머리를 숙이고 고개를 들며 몸을 굽히고 펴서 신체를 이롭게 하고, 한마음으로 정성을 쌓아 정신을 화합하게 하여야 합니다.

大王께서 진실로 유념하여 이와 같이 하시면, 마음은 堯·舜의 생각을 간직하고 몸은 王喬와 赤松子의 수명을 간직해서 福祿이 이르러 社稷이 편안할 것입니다.

승하하신 황제(昭帝)께서는 어질고 성스러워서 지금까지 先皇帝(武帝)를 사모하고 태만하지 않으시어, 宮館과 동산과 연못과 사냥하는 즐거운 자리에 일찍이 행차하신 적이 없으셨으니, 大王께서는 마땅히 밤낮으로 이것을 생각해서 聖上의 뜻을 받드셔야 할 것입니다. 諸侯王의 骨肉 중에 大王보다 친한 분이 없으니, 친족으로는 자식이고 지위로는 신하입니다. 한 몸에 두 책임이 가해졌으니, 은혜와 사랑과 훌륭한 행실 중에 조금

이라도 갖추어지지 못한 것이 있어서 위로 황후께 알려지면, 나라를 누리는 복이 아닙니다."

王은 이에 명령을 내리기를 "中尉가 매우 충성스러워서 나의 잘못을 자주 보필한다." 하고는, 사람을 보내 소고기와 술과 脯(포)를 하사하였다. 그러나 방종함은 그대로였다.

中尉王吉이 諫曰 大王이 不好書術而樂逸游하여 數(삭)以耎脆(연췌)之玉體로 犯勤勞之煩毒①하시니 非所以全壽命之宗也요 又非所以進仁義之隆也②니이다 夫廣厦之下와 細旃(전)之上③에 明師居前하고 勸誦在後하여 上論唐虞之際하고 下及殷周之盛하여 考仁聖之風하고 習治國之道하여 訢(흔)訢焉發憤忘食하여 日新厥德하며 休則俛(부)仰屈伸以利形하고 專意積精以適神④이니이다 大王이 誠留意如此하시면 則心有堯舜之志하고 體有喬松之壽하여 福祿臻而社稷安矣⑤리이다 皇帝仁聖하사 至今思慕未怠⑥하여 於宮館, 囿池, 弋獵(익렵)之樂(락)에 未有所幸하시니 大王이 宜夙夜念此하여 以承聖意니이다 諸侯骨肉이 莫親大王하니 於屬則子요 於位則臣이라 一身而二任之責이 加焉하니 恩愛行義에 孅介(섬개)有不具者하여 於以上聞이면 非饗國之福也⑦니이다 王이 乃下令曰 中尉甚忠하여 數輔吾過라하고 使賜牛肉, 酒脯나 而放縱自若⑧하니라

① 耎은 而兗의 切이니 부드러움이고, 脆는 此芮의 切이니 자르기 쉬움이다.
耎, 而兗切, 柔也. 脆, 此芮切, 易斷也.

② 宗은 높임이고, 隆은 높음이다.
宗, 尊也. 隆, 高也.

③ 廣厦는 큰집(큰 궁궐)이다. 旃은 氈(모직물)이다.
廣厦는 大屋也. 旃, 氈也.

④ 形은 形體이고, 適은 화합함이다.
形, 形體也. 適, 和也.

⑤ 王喬와 赤松子는 모두 옛날 神仙이다.
王喬・赤松子, 皆古仙人也.

⑥ 皇帝는 昭帝를 이른다. 武帝가 昇遐한 지 오래지 않으므로 昭帝가 아직도 武帝를 사모함을 말한 것이다.
皇帝, 謂昭帝也. 言武帝晏駕未久, 故尚思慕.

⑦ 孅(가늘다)은 纖과 같고, 介(작다)는 芥와 통한다.
孅, 與(殲)〔纖〕45)同. 介, 通作芥.

⑧ 얇게 찢은 것을 脯라 하고, 방망이질하여 생강과 계피를 넣은 것을 腶脩(단수)라 한다.
薄析曰脯, (棰)〔捶〕46)而施薑桂曰 (服)〔腶〕47)脩.

---

45) (殲)〔纖〕: 저본에는 '殲'으로 되어 있으나, ≪資治通鑑≫ 註에 의거하여 '纖'으로 바로잡았다.
46) (棰)〔捶〕: 저본에는 '棰'로 되어 있으나, ≪資治通鑑≫ 註에 의거하여 '捶'로 바로잡았다.

【目】 郎中令 龔遂(공수)는 인품이 忠厚하고 강직하며 굳세고 큰 절개가 있어서, 안으로는 王에게 간쟁하고 밖으로는 王의 스승과 재상들을 책망했으며, 經典의 뜻을 인용하여 禍福을 말하되 눈물을 흘리기까지 하며 굽힘 없이 직언해 마지않았다.

王이 일찍이 騶奴(추종하는 하인) 및 宰人들과 함께 무절제하게 놀고 희롱하였는데, 공수가 들어가 王을 뵙고 눈물을 흘리며 무릎으로 기어가서 아뢰기를 "大王께서는 膠西王이 망한 이유를 아십니까?" 하니, 王은 "알지 못한다." 하였다. 공수는 다음과 같이 말하였다.

"臣이 듣건대 교서왕에게는 아첨하는 신하 侯得이란 자가 있어서 王의 하는 짓이 桀·紂와 비견되는데도 후득은 堯·舜이라고 치켜세웠는데, 王은 그의 아첨을 좋아해서 항상 함께 잠자고 거처하며 오직 후득이 말하는 것을 따라서 결국 망하게 되었습니다. 지금 大王께서 小人들을 매우 가까이하여 점점 사악함에 물드시니, 국가가 보존되고 멸망하는 기미를 삼가지 않으면 안 됩니다. 臣은 청컨대 郎官 중에 경전에 달통하고 훌륭한 행실이 있는 자를 선발해서 王과 함께 起居하게 하여, 앉아서는 ≪詩經≫과 ≪書經≫을 외우고 서서는 禮儀의 용모를 익히신다면, 마땅히 유익함이 있을 것입니다."

王이 이를 허락하자, 공수가 낭관 중에 열 사람을 뽑아 王을 모시게 하였는데, 王은 수일 만에 모두 쫓아보냈다.

郎中令龔(공)遂 忠厚剛毅하고 有大節①하여 內諫爭王하고 外責傅相하며 引經義하여 陳禍福호되 至於涕泣하여 蹇蹇亡(무)已②하니라 王이 嘗與騶(추)奴宰人으로 游戲無度③어늘 遂入見(현)王하고 涕泣厀(슬)行曰 大王이 知膠西王所以亡乎④잇가 王曰 不知也로라 曰 臣聞膠西王이 有諛臣侯得하여 王所爲儗於桀紂어늘 而得以爲堯舜⑤이라한대 王이 說(열)其諛하여 常與寢處하여 唯得所言하여 以至於是⑥하니이다 今大王이 親近群小하여 漸漬(점지)邪惡하시니 存亡之機를 不可不愼⑦이니이다 臣은 請選郎通經有行義者하여 與王起居하여 坐則誦詩書하고 立則習禮容이면 宜有益이리이다 王이 許之한대 遂乃選郎中十人하여 侍王이러니 數日에 皆逐去하다

① 龔은 음이 恭이니, 姓이다.
龔, 音恭, 姓也.
② "蹇蹇"은 아첨하고 순종하지 않는다는 뜻이다.
蹇蹇, 不阿順之意.
③ 騶는 수레를 인도하면서 辟除하는 자이고, 宰人은 반찬과 음식을 관장하는 자이다.
騶, 導車而撝訶者也. 宰人, 掌膳食者也.

---

47) (服)〔服〕: 저본에는 '服'으로 되어 있으나, ≪資治通鑑≫ 註에 의거하여 '服'으로 바로잡았다.

④ 𨚍(무릎)은 膝과 통한다. 膠西王은 易王 劉端을 이른다.
𨚍, 通作膝. 膠西王, 謂易王端也.
⑤ 儗는 擬와 같으니, 비견함이다.
儗, 與擬同, 比也.
⑥ 〈"唯得所言 以至於是"는〉 오직 侯得의 간사한 말을 따랐기 때문에 망하게 된 것이다.
唯用得之邪言, 故至亡.
⑦ 漸은 子廉의 切이니 흘러들어감이고, 漬는 前智의 切이니 젖어듦이다.
漸, 子廉切, 流入也. 漬, 前智切, 浸潤也.

【目】王이 일찍이 백색의 큰 개를 보았는데, 목 아래가 사람과 같고 方山冠을 쓰고 있었다. 이것을 龔遂에게 물으니, 공수가 말하기를 "이는 하늘의 경계이니, 임금의 곁에 있는 자가 모두 관을 쓴 개와 같음을 말한 것입니다. 이들을 제거하면 나라가 보존되고, 제거하지 않으면 나라가 망할 것입니다." 하였다.

또 큰 곰을 보았는데, 左右의 측근들은 보지 못하였다. 이것을 공수에게 물으니, 공수가 대답하기를 "산과 들에 있는 짐승이 궁궐로 들어왔으면 궁궐이 장차 비게 될 것이니, 위태로움과 망할 형상입니다." 하였다.

王이 하늘을 우러러 탄식하기를 "상서롭지 못함이 어찌 이리도 자주 온단 말인가?" 하니, 공수가 머리를 땅에 조아리며 다음과 같이 말하였다.

"臣이 감히 충성스러움을 숨기지 못해서 위태로움과 멸망의 경계를 자주 말씀드려 大王께서 기뻐하지 않으시니, 나라의 보존과 멸망이 어찌 신의 말에 달려 있겠습니까. 원컨대 王께서는 안으로 스스로 헤아리소서. 大王이 ≪詩經≫ 305편을 외시니, ≪시경≫에는 사람의 일이 두루 갖추어져 있고 王者의 道가 구비되어 있습니다. 王께서 행하시는 일이 ≪시경≫의 어느 한 편에 해당된다고 생각하십니까? 大王은 지위가 諸侯王이 되시어 행실이 庶人과 같이 혼탁하시니, 이대로 하여 보존되기는 어렵고 이대로 하여 망하기는 쉽습니다. 마땅히 깊이 살피소서."

그러나 王은 끝내 고치지 않았다.

王이 嘗見大白犬하니 頸以下似人하고 冠方山冠이어늘 以問遂①한대 遂曰 此天戒니 言在側者 盡冠狗也②라 去之則存하고 不去則亡矣리이다 又見大熊호되 左右莫見이어늘 以問遂한대 遂曰 山野之獸 來入宮室이면 宮室將空이니 危亡象也니이다 王이 仰天嘆曰 不祥이 何爲數(삭)來오 遂叩頭曰 臣不敢隱忠하여 數(삭)言危亡之戒하여 大王不說(열)하시니 夫國之存亡이 豈在臣言哉잇가 願王은 內自揆度(규탁)하소서 大王이 誦詩三百五篇하시니 人事浹하고 王道備③라 王之所行이 中詩一篇

何等也[④]잇고 大王이 位爲諸侯王하사 行汙(오)於庶人[⑤]하시니 以存은 難하고 以亡은 易하니 宜深察之라호되 王이 終不改하니라

① 위의 冠(관을 쓰다)은 去聲이니, 아래의 冠狗도 같다. 方山冠은 그 제도가 앞은 높이가 7촌이고 뒤는 높이가 3촌이고 갓끈의 길이가 8촌이며 오색의 비단으로 만드니, 樂工과 춤추는 사람들이 착용하였다.
上冠, 去聲, 下冠(考)〔狗〕[48]同. 方山冠, 其制前高七寸, 後高三寸, 〔纓〕[49]長八寸, 以五采縠爲之, 樂舞人所服.

② 〈"在側者 盡冠狗也"는〉 王의 左右에 있는 사람들이 모두 禮義를 알지 못하여 마치 개가 冠을 쓰고 있는 것과 같음을 말한 것이다.
言王左右之人, 皆不識禮義, 若狗而冠也.

③ 浹은 子牒의 切이니, 흡족함이고 통함이다.
浹, 子牒切, 洽也, 徹也.

④ 中은 去聲이니, 해당함이다. 王의 행하는 바가 모두 法度에 부합되지 않으니, 王이 스스로 생각하기에 ≪詩經≫의 어느 篇의 글에 해당하느냐고 말한 것이다.
中, 去聲, 當也. 言王所行, 皆不合法度, 王自謂當於何詩之文也.

⑤ 汙는 혼탁하고 더러움이다.
汙, 濁穢也.

【目】 京師에서 王을 부르는 편지가 昌邑에 이르렀을 적에, 밤중에 물시계가 아직 1刻이 남아 있었다. 王이 촛불을 밝혀 편지를 뜯어보고는 그날 중으로 출발하여 저물녘에 定陶에 이르니, 하루에 135리를 가서 수행하는 자들의 말이 죽어 서로 이어졌다. 王吉이 글을 올려 王에게 다음과 같이 경계하였다.

"臣이 들으니, '殷나라 高宗은 諒闇(양암)에서 3년 동안 말하지 않았다.'[50] 합니다. 지금 大王께서 國喪으로 인해 부름을 받고 가시니, 마땅히 밤낮으로 곡하고 눈물을 흘리며 슬퍼만 해야지, 절대로 일을 일으켜서는 안 됩니다. 大將軍(霍光)의 仁愛와 용맹과 지혜와 忠信의 德을 天下 사람들이 들어 모르는 이가 없으니, 원컨대 大王께서는 그를 섬기고 그를 공경해서 정사를 한결같이 그에게 맡기시고, 大王께서는 衣裳을 드리우고 팔짱을 끼고 가만히 앉아서 南面하시기를 바랍니다."

---

48) (考)〔狗〕: 저본에는 '考'로 되어 있으나, 문맥을 살펴 '狗'로 바로잡았다.

49) 〔纓〕: 저본에는 '纓'이 없으나, ≪後漢書≫ 〈輿服志〉에 의거하여 보충하였다.

50) 殷나라……않았다 : 諒闇은 天子가 居喪하는 곳의 명칭이라 하나 뜻은 자세하지 않다. 亮陰·亮闇으로도 표기한다. 王吉이 인용한 말은 ≪禮記≫ 〈喪服四制〉에 보이는데, 殷나라 高宗 武丁이 양암에 거처하며 先帝의 삼년상을 예법대로 마친 것을 말한 것이다.

及徵書至에 夜漏未盡一刻이어늘 以火發書①하고 日中發하여 晡(포)時에 至定陶②하니 行百三十五里하여 從者馬死相望이라 王吉이 奏書戒王曰 臣聞高宗이 諒闇三年不言이라하니이다 今大王以喪徵하시니 宜日夜哭泣悲哀而已요 愼無有所發③이니이다 大將軍의 仁愛勇智忠信之德을 天下莫不聞하니 願大王은 事之敬之하여 政事를 一聽之하시고 大王은 垂拱南面而已니이다

① 刻漏法은, 구리로 渴烏[51]를 만들었는데 모양이 갈고리처럼 굽었고, 물을 부어 刻漏의 화살촉을 띄운다. ≪漢書≫ 〈律曆志〉에 "晷儀를 세우고 漏刻을 내려서 28宿를 따른다." 하였다.
刻漏法, 以銅爲渴烏, 狀如鉤曲, 注水以浮刻漏之箭. 律曆志"立晷儀, 下漏刻, 以追二十八宿."
② 晡는 해가 申時에 이르는 것이다.
晡, 日加申.
③ 發은 여러 가지 일을 일으킴을 이른다.
發, 謂興發衆事.

【目】王이 霸上에 이르자, 大鴻臚(대홍려)가 교외에서 맞이하고 추종꾼이 乘輿車(제왕이 타는 수레)를 받들었다. 王이 龔遂로 하여금 함께 수레를 타게 하였는데, 廣明의 東都門에 이르러 공수가 "禮에 喪에 달려갈 적에는 國都를 바라보고 哭하니, 이곳은 長安의 동쪽 외곽문입니다." 하고 아뢰었다. 그러나 王은 "나는 목이 아파 곡하지 못한다." 하고 거절하였다. 城門에 이르러 공수가 다시 말하자, 王은 "城門은 외곽문과 같을 뿐이다." 하고 또다시 거절하였다.

장차 未央宮 동쪽 대궐에 이르게 되자, 공수가 아뢰기를 "昌邑王 邸宅의 장막이 이곳에 설치되어 있으니, 大王께서는 마땅히 수레에서 내려 대궐을 향해 서쪽을 바라보고 엎드려서 哭하여 슬픔을 극진히 하셔야 합니다." 하니, 王은 "알겠다." 하고는 이곳(장막)에 이르러 禮儀를 따라 곡을 하였다.

6월에 王은 황제의 玉璽와 인끈을 받고 尊號를 이어받았다.

王이 到霸上에 大鴻臚郊迎하고 騶奉乘輿車어늘 王이 使遂參乘이러니 至廣明東都門하여 遂曰 禮奔喪에 望見國都哭하니 此長安東郭門也①니이다 王曰 我嗌(애)痛하여 不能哭②이로라 至城門하여 遂復言한대 王曰 城門은 與郭門等耳라하다 且至未央宮東闕하여 遂曰 昌邑帳이 在是하니 大王은 宜下車하여 鄕闕西面伏하여 哭盡哀止③니이다 王曰 諾다하고 到하여 哭如儀하다 六月에 受璽(새)綬하고 襲尊號하다

① ≪三輔黃圖≫에 "宣平門은 長安城 동쪽으로 나가는 첫 번째 門이니, 그 外郭의 門을 東都門

51) 渴烏 : 물을 넣어두는 굽은 통이다.

이라 한다." 하였다.

三輔黃圖"宣平門, 長安城東出地頭第一門, 其外郭, 名東都門."

② 嗌는 음이 隘이니, 목구멍이다.

嗌, 音隘, 咽喉也.

③ 帳은 조문하고 곡하는 장막이다.

帳, 弔哭帳也.

【綱】 昭帝를 平陵에 장례하였다.

葬平陵①하다

① 平陵은 右扶風에 속하니, 長安의 서북쪽 70리 지점에 있다.

平陵, 屬右扶風, 在長安西北七十里.

○ 昌邑王이 죄가 있으므로, 大將軍 霍光이 여러 신하를 거느리고 太后에게 아뢰어 폐위하였다.

昌邑王이 **有罪**어늘 **大將軍光**이 **率群臣**하여 **奏太后廢之**[52)]하다

【目】 昌邑王은 음탕하여 멋대로 즐기는 것이 한도가 없고, 창읍의 관속들을 長安으로 모두 불러서 크게 높여 관직을 제수하였다. 龔遂가 간쟁하고 이들을 축출할 것을 청하였으나 듣지 않았다.

太僕丞 張敞 또한 글을 올려 아뢰기를 "天子께서 젊은 나이로 처음 즉위하시니, 천하 사람들이 눈을 씻고 귀를 기울여서 훌륭한 교화를 보고 들으려 하지 않는 이가 없습니

---

52) 昌邑王……奏太后廢之 : "昌邑王 劉賀가 이미 尊位에 올랐는데, 아직도 '昌邑王'이라고 쓴 것은 그가 황제가 된 것을 인정하지 않은 것이다. 황제를 폐하고 세움은 국가에 있어 부득이한 일이다. 霍光이 忠心이 있었기 때문에 武帝가 간절히 어린 아들을 부탁한 것이니, 곽광이 昭帝를 옹립하고 宣帝를 세운 것을 보면 곽광이 큰 절개가 있음을 알 수 있다. 그러나 애석한 것은 창읍왕의 인물됨을 미리 살피지 못하고 경솔히 세운 점이다. 더구나 그의 미친 짓과 방종함이 평소 드러나 있었는데, 漢나라 조정에서는 어찌 한 사람도 그의 소행을 아는 이가 없어서 宗廟를 받들 수 없는 지경에 이른 뒤에야 비로소 폐위한단 말인가. 이는 곽광이 배우지 못하여 學術이 없어서 사람을 제대로 알아보지 못한 잘못이다. ≪資治通鑑綱目≫에 만일 창읍왕에게 죄가 있음을 쓰지 않았다면 곽광의 부득이한 마음을 어찌 천하와 후세에 밝혀지게 할 수 있었겠는가?〔賀已正尊位 而猶書昌邑王者 不予其帝也 夫廢立非國家之得已 以光之忠赤 故武帝拳拳於託孤 觀其擁昭立宣 則光之大節可知 然惜其不先審昌邑之爲人 率然立之 況其狂縱素著 漢朝豈無一人知其所爲 必至於不可奉宗廟 乃始廢之哉 此則光不學無術 不能知人之過爾 綱目儻不書昌邑有罪 則光之心何以自白於天下後世乎〕" ≪發明≫

다. 나라를 보필하는 大臣(霍光)이 아직 포상을 받지 않았는데 창읍의 낮은 관속들이 먼저 승진하니, 이는 크게 잘못된 것입니다." 하였으나, 역시 듣지 않았다.

昌邑王이 淫戲無度하고 昌邑官屬을 皆徵至長安하여 超擢拜官한대 龔遂諫請逐之호되 不聽이라 太僕丞張敞이 亦上書曰 天子以盛年으로 初卽位하시니 天下莫不拭目傾耳하여 觀化聽風①이어늘 國輔大臣未褒에 而昌邑小輩先遷하니 此는 過之大者也니이다 又不聽하다

① 拭(씻다)은 음이 式이니, 〈"天下莫不拭目傾耳 觀化聽風"은〉 사람들의 보고 들음을 바꾸어서 훌륭한 정치의 교화를 급히 듣고 보고자 함을 말한 것이다.
拭, 音式. 言改易視聽, 欲急聞見善政化也.

【目】 大將軍 霍光이 이 때문에 근심하고 고민하여 옛날 부하로 있던 大司農 田延年에게 물으니, 전연년이 대답하기를 "將軍이 국가의 柱石이 되었으니, 이 사람(嗣王)이 불가함을 참으로 아신다면 어찌 의논을 정하고 太后에게 아뢰어 다시 어진 사람을 가려서 세우지 않을 수 있겠습니까?" 하였다. 곽광이 말하기를 "지금 이와 같이 하고자 하나, 옛날에 이미 이러한 일이 있었는가?" 하고 물으니, 전연년이 대답하기를 "伊尹이 殷나라의 정승이 되어 보필할 적에 太甲을 폐위하여 宗廟를 편안히 하자, 후세에 그의 충성을 칭송하고 있으니, 장군이 만약 이것을 행하신다면 또한 漢나라의 이윤입니다." 하였다.

곽광은 마침내 전연년을 데려다가 給事中을 시키고 은밀히 張安世와 계책을 도모하였다.

大將軍光이 憂懣하여 以問故吏大司農田延年①한대 延年曰 將軍이 爲國柱石②하니 審此人不可인댄 何不建白太后하고 更選賢而立之③잇고 光曰 今欲如是로되 於古에 嘗有此不(부)④아 延年曰 伊尹相殷에 廢太甲하여 以安宗廟한대 後世稱其忠하니 將軍이 若能行此면 亦漢之伊尹也니이다 光이 乃引延年給事中하고 陰與張安世圖計⑤하다

① 懣은 悶과 滿 두 가지 음이 있으니, 번민하는 것이다.
懣, 悶·滿二音, 煩懣也.
② 柱는 들보 아래의 기둥이고, 石은 기둥을 받드는 주춧돌이니, 〈"柱石"은〉 大臣이 국가의 중요한 임무를 지고 있는 것이 집의 기둥과 주춧돌과 같음을 말한 것이다.
柱者, 梁下之柱. 石, 承柱之礎也. 言大臣負國重任, 如屋之柱及其石也.
③ "建白"은 의논을 정하여 아뢰는 것이다.
建白, 立議而白之也.
④ 霍光이 학문을 하지 않았으므로 이런 질문이 있었던 것이다. 不는 否로 읽는다.

光不涉學, 故有此問也. 不, 讀曰否.

⑤ 給事中은 禁中에서 일하는 것이니, 西漢에서는 加官(겸직)으로 삼았다. 圖는 도모함이다.
給事中, 給事禁中也, 西漢以爲加官. 圖, 謀也.

【目】王이 놀러 나갈 적에 光祿大夫 夏侯勝이 乘輿의 앞을 가로막고 간쟁하기를 "하늘이 오랫동안 흐리고 비가 내리지 않으니, 신하 중에 上을 도모하는 자가 있을 것입니다. 陛下께서는 어디로 나가고자 하십니까?" 하니, 王이 노하여 하후승을 포박하여 獄吏에게 맡겼다.

霍光은 張安世에게 말을 누설했다고 꾸짖었으나, 장안세는 실로 말하지 않았다. 이에 하후승을 불러 물으니, 하후승이 대답하기를 "이러한 내용이 ≪洪範傳≫에 나와 있습니다." 하였다. 곽광과 장안세는 크게 놀라 이 때문에 經學하는 선비를 더욱 소중히 여겼다.

王이 出遊할새 光祿大夫夏侯勝이 當乘輿前하여 諫曰 天久陰而不雨하니 臣下有謀上者라 陛下出欲何之닛고 王이 怒하여 縛勝屬吏하다 光이 讓安世하여 以爲泄(설)語라하나 安世는 實不言①이라 乃召問勝하니 勝이 對言在鴻範傳②하니이다 光, 安世大驚하여 以此로 益重經術士하니라

① 泄은 先列의 切이니, 누설한다는 뜻이다.
泄, 先列切, 漏也.

② 鴻은 洪과 통하니, 무릇 책 중에 正經이 아닌 것을 傳이라 이른다. 漢나라 학자들이 ≪洪範傳≫을 지어서 다섯 가지 일을 五行에 대응시켰는데, 이 ≪홍범전≫에 이르기를 "황제가 極을 세우지 않으면 그 벌로 항상 날이 흐리니, 이때에는 아랫사람 중에 上을 해치려는 자가 있다." 하였다.
鴻, 與洪通. 凡書非正經者, 謂之傳. 漢儒作洪範傳, 以五事應五行. 其傳曰 "皇之不極, 厥罰常陰, 時則下人有伐上者."

【目】이미 의논을 결정한 다음, 丞相과 御史, 將軍과 列侯, 中二千石과 大夫, 博士들을 불러 未央宮에서 회의하였는데, 霍光이 말하기를 "昌邑王이 혼란한 짓을 자행하여 社稷을 위태롭게 할까 두려우니, 어찌해야 하겠는가?" 하니, 여러 신하들이 모두 경악하여 얼굴이 흙빛이 되어서 감히 말하지 못하였다.

田延年이 자리에서 일어나 劍을 어루만지며 다음과 같이 말하였다.

"先帝께서 장군에게 어린 군주를 부탁하시고 장군에게 천하를 맡기셨으니, 이는 장군이 충성스럽고 어질어서 능히 劉氏를 편안히 할 수 있으리라 여기셨기 때문입니다. 지

금 아랫사람들이 솥에 물이 끓는 듯 비난하고 社稷이 장차 기울게 되었으며, 또 漢나라의 전해오는 시호에 항상 孝라 칭한 것은 천하를 영구히 소유하여 宗廟로 하여금 血食(제사를 받다)하게 하려 한 것입니다. 그런데 만일 漢나라의 제사가 끊긴다면 장군이 비록 죽으나 무슨 면목으로 지하에서 先帝를 뵙겠습니까. 오늘의 의논은 발길을 되돌릴 수 없을 만큼 사안이 급박하니, 여러 신하 중에 뒤늦게 호응하는 자가 있으면 臣이 劍으로 목을 베겠습니다."

곽광이 사례하며 말하기를 "九卿(田延年)이 나를 책망하신 말씀이 옳다." 하니, 이에 의논하는 자들이 모두 머리를 땅에 조아리며 "오직 대장군의 명령을 따르겠습니다." 하였다.

旣定議에 召丞相, 御史, 將軍, 列侯, 中二千石, 大夫, 博士하여 會議未央宮할새 光曰 昌邑王이 行昏亂하여 恐危社稷하니 如何오 群臣이 皆驚鄂(경악)失色하여 莫敢發言①이러니 延年이 離席按劍曰② 先帝屬將軍以幼孤하시고 寄將軍以天下는 以將軍忠賢하여 能安劉氏也라 今群下鼎沸(정비)하고 社稷將傾③하며 且漢之傳謚常爲孝者는 以長有天下하여 令宗廟血食也④라 如漢家絶祀면 將軍雖死나 何面目見先帝於地下乎아 今日之議는 不得旋踵⑤이니 群臣後應者를 臣請劍斬之호리이다 光이 謝曰 九卿責光이 是也⑥라하니 於是에 議者皆叩頭曰 唯大將軍令⑦호리이다

① 鄂(놀라다)은 逆各의 切이니, 무릇 鄂이라고 말한 것은 모두 막혀서 따르고 순종하지 않음을 이른다. 뒤에는 愕자로 썼으니, 그 뜻이 또한 같다.
鄂, 逆各切, 凡言鄂者, 皆謂阻礙不依順也. 後, 字作愕, 其意亦同.

② 離(떠나다)는 力智의 切이다.
離, 力智切.

③ 沸는 方未의 切이니, 물이 솟아 나오는 모양이다. "鼎沸"는 솥에 불을 때어 물이 끓는 것과 같은 것이다.
沸, 方未切, 涌出貌. 鼎沸, 如爨(찬)鼎沸也.

④ 漢나라는 전해오는 시호에 모두 孝 한 자를 가하였다.
漢家相傳謚號, 皆加一(等)〔孝〕[53]字.

⑤ 〈"不得旋踵"은〉 마땅히 속히 결단해야 함을 말한 것이다.
言宜速決.

⑥ 이때 田延年이 大司農이었으므로 九卿이라 칭한 것이다.
時, 延年爲大司農, 故曰九卿.

⑦ 〈"唯大將軍令"은 대장군의 명령을〉 한결같이 따름을 말한 것이다.
言一聽之也.

---

53) (等)〔孝〕: 저본에는 '等'으로 되어 있으나, 문맥을 살펴 '孝'로 바로잡았다.

【目】 霍光이 즉시 여러 신하들과 함께 太后를 뵙고 아뢰니, 태후는 마침내 未央宮의 承明殿으로 행차하여, 여러 禁門에 詔令을 내려 昌邑王의 여러 신하들을 들이지 못하게 하였으며, 張安世는 羽林의 騎兵을 거느리고 창읍왕의 관속 200여 명을 포박해서 모두 廷尉의 詔獄으로 송치하였다.

곽광은 좌우의 부하들에게 신칙하여 "宿衛를 철저하게 하라! 만일 王이 갑자기 죽거나 자살하는 일이 있으면, 내가 천하에 군주를 시해했다는 악명을 얻게 될 것이다." 하였다.

太后가 盛服을 입고 武帳 안에 앉아 있으니, 侍御하는 자 수백 명이 모두 병기를 잡고 있고, 期門의 武士가 섬돌 곁에서 창을 잡고 전각 아래에 진열하였으며, 여러 신하들이 차례로 승명전에 올라오니 昌邑王을 불러다가 앞에 엎드려 詔令을 받게 하였다.

光이 卽與群臣으로 俱見(현)白太后①한대 太后乃幸未央承明殿하여 詔諸禁門하여 毋內(납)昌邑群臣②하고 安世將羽林騎하여 收縛二百餘人하여 皆送廷尉詔獄하다 光이 敕左右하여 謹宿衛하라 卒有物故自裁면 令我負天下有殺主名③이라하다 太后盛服坐武帳中하니 侍御數百人이 皆持兵하고 期門武士 陛戟陳列殿下④하고 群臣이 以次上殿하여 召昌邑王하여 伏前聽詔하다

① 見(뵙다)은 形甸의 切이다.
見, 形甸切.
② 未央宮에 承明殿이 있었다. 毋는 금지하는 말이다. 內(들이다)은 納으로 읽으니, 아래 內所・引內・召內[54]도 같다.
未央宮, 有承明殿. 毋, 禁止之辭. 內, 讀曰納, 下內所・引內・召內同.[55]
③ 卒(갑자기)은 猝로 읽는다. 裁는 引決이라는 말과 같으니, 자살함을 이른다.
卒, 讀曰猝. 裁, 猶引決, 謂自殺也.
④ "期門"은 光祿勳에 속하였으니, 병기를 잡고 호송할 때 수행하는 일을 관장하였다. 武帝가 미행할 적에 용맹스럽고 힘이 있는 장사들과 대궐 문에서 만나기로 기약하였으므로 期門이라 하였다. "武士"는 力士이다. "陛戟"은 세 갈래 창〔戟〕을 잡고 섬돌 곁에 나열함을 이른다.
期門, 屬光祿勳, 掌執兵送從. 武帝爲微行, 與勇力之士, 期諸殿門, 故曰期門. 武士, 力士也. 陛戟, 謂持戟列陛側.

【目】 尙書令이 奏文(아뢰는 글)을 다음과 같이 읽었다.

---

54) 內所引內召內 : 본서 354쪽 "內所居傳舍", "引內昌邑騶宰官奴", "召內泰壹宗廟樂人"을 가리킨다.

55) 內……下內所引內召內同 : 다음 節의 "內所居傳舍"와 "引內昌邑騶宰"와 "召內泰壹"은 모두 納으로 읽어야 함을 말한 것이다.

"丞相 臣 楊敞 등은 죽을죄를 무릅쓰고 아룁니다. 孝昭皇帝께서 일찍 천하를 버리셨으므로, 사자를 보내 昌邑王을 불러와서 喪主가 되어 斬衰服을 입게 하였습니다. 그런데 창읍왕은 슬퍼하는 마음이 없어서 禮誼를 폐하였고, 오는 도중에 素食을 하지 않고 따르는 관원으로 하여금 여자를 데려오게 하여 의복을 싣는 수레에 태워 거처하는 傳舍(여관)로 들였으며, 大行의 앞에서 옥새를 받고는 자신이 머무는 喪次로 가지고 가서 옥새를 열어놓고 封緘하지 않았습니다. 수행하는 관원들은 또 符節을 갖고 가서 昌邑의 騶從과 宰人과 官奴들을 데려와서 그들과 함께 禁中 안에 거처하면서 놀고 희롱하였으며, 樂府의 樂器를 꺼내다가 북을 치고 악기를 불고 노래하면서 온갖 유희와 광대놀이를 하였고, 泰壹(太一)과 宗廟의 악공들을 불러들여 여러 음악을 모두 연주하였으며, 孝昭皇帝의 궁녀인 蒙 등과 음란한 짓을 하였습니다."

太后가 말하기를 "그만하시오. 사람의 臣子가 되어서 어찌 도리에 어긋나고 혼란한 짓을 이와 같이 할 수 있단 말이오." 하였다.

尙書令이 讀奏曰 丞相臣敞等은 昧死言하노이다 孝昭皇帝 早棄天下어시늘 遣使徵昌邑王하여 典喪服斬衰(최)[①]러니 無悲哀之心하여 廢禮誼하고 居道上에 不素食하며 使從官으로 略女子, 載衣車하여 內(납)所居傳舍[②]하며 受璽大行前하고 就次하여 發璽不封[③]하며 從官이 更持節하여 引內(납)昌邑騶宰, 官奴하여 與居禁闥內敖戲[④]하고 發樂府樂器하여 擊鼓, 歌吹하여 作俳倡[⑤]하며 召內(납)泰壹, 宗廟樂人하여 悉奏衆樂[⑥]하고 與孝昭皇帝宮人蒙等으로 淫亂[⑦]하니이다 太后曰 止[⑧]하라 爲人臣子하여 當悖亂如是邪아

① "典喪"은 喪主가 됨을 말한다. 衰는 縗와 같으니, 상복의 아래 단을 꿰매지 않은 것을 斬衰라 한다.
典喪, 言爲喪主也. 衰, 與縗同, 不緝曰斬衰.

② "居道上(도로 위에 居한다.)"은 처음 부름을 받고 路上에 있을 때를 말한다. "素食"은 채소를 먹고 고기를 먹지 않는 것이다.
居道上, 謂初被徵在路上時也. 素食, 菜食無肉也.

③ 漢나라 초기에 세 玉璽가 있었으니, 天子之璽는 황제 자신이 차고 天子信璽와 天子行璽는 符節臺에 보관해두었다. 군주의 喪을 大行이라 하는데, 돌아오지 않는다는 뜻이다. "大行前(大行의 앞)"은 昭帝의 靈柩 앞을 이른다. 次는 喪次를 이르고, 發은 封緘을 여는 것이다. 옥새는 國家의 器物이니 항상 봉함해야 하는데, 王은 大行 앞에서 옥새를 받고는 물러가 喪次로 돌아가서 마침내 그대로 열어두어 다시 봉함하지 않아서 사람들로 하여금 옥새를 모두 보게 하였으니, 신중하지 않음을 말한 것이다.
漢初, 有三璽. 天子之璽, 自佩. 信璽・行璽, 在符節臺. 人主之喪曰大行, 不反之辭也. 大行

前, 謂昭帝柩前也. 次, 謂喪次. 發, 開封也. 璽旣國器, 常當緘封, 而(主)〔王〕[56]於大行前受之, 退還所次, 遂爾發漏, 更不封之, 令凡人皆見, 言不重愼也.

④ "騶宰"는 바로 騶奴(추종하는 하인)와 宰人이다. 敖는 놀이이다. 戲(희롱하다)는 음이 禧이다.
騶宰, 卽騶奴·宰人. 敖, 敖遊也. 戲, 音禧.

⑤ 俳는 온갖 유희이고, 倡은 樂工이다.
俳, 諧戲也. 倡, 樂人也.

⑥ 武帝가 泰壹을 제사할 적에 樂舞를 사용하면서 노래하는 아이를 불러 25줄의 현악기와 空侯瑟을 만들었고, 또 詩를 채집하여 밤에 노래 부르게 하니, 趙·代·秦·楚의 노래가 있었다. 宗廟樂은 文德, 昭德, 文始, 五行之舞, 嘉至, 求至, 登歌, 休成之樂, 房中祠樂, 安世樂, 昭容樂, 禮容樂이 있었으니, 그 인원이 829명이다.
武帝祠泰壹, 用樂舞, 召歌兒, 作二十五弦及空侯瑟, 又采詩夜誦, 有趙·代·秦·楚之謳. 宗廟樂, 有文德·昭德·文始·五行之舞·嘉至·求至·登歌·休成之樂·房中祠樂·安世樂·昭容樂·禮容樂, 其員, 八百二十九人.

⑦ 蒙은 궁녀의 이름이다.
蒙, 宮人名.

⑧ 〈止는〉 우선 奏文을 읽지 말라고 命한 것이다.
令且止讀奏.

【目】 昌邑王이 자리를 떠나 엎드려 있자, 尙書令이 다시 奏文을 다음과 같이 읽었다.

"祖宗의 宗廟 제사를 아직 거행하지 못하고 있는데, 창읍왕은 옥새를 찍은 敎書를 만들어서 使者를 시켜 節을 가지고 昌邑에 가서 세 太牢를 가지고 昌邑哀王의 園廟에 제사하되 祝文에 자신을 '嗣子皇帝'라 칭하였으며, 황제의 옥새를 받은 이래로 27일 동안에 사자가 종횡으로 節을 가지고 가서 여러 官署들에 명하여 징발한 것이 모두 1,127가지 일이었습니다. 주색에 빠지고 미혹되어 제왕의 예의를 잃었고 漢나라의 제도를 혼란시켰습니다. 그러므로 臣 楊敞 등은 자주 간언을 올렸으나 고치지 않고 날로 더욱 심해지니, 社稷을 위태롭게 하여 천하가 불안할까 두려웠습니다. 그리하여 臣 양창 등은 삼가 博士들과 의논하였는데, 모두들 말하기를 '五辟(五刑)의 등속 중에 죄가 불효보다 큰 것이 없고 종묘가 군왕보다 더 소중하니, 창읍왕은 하늘의 순서를 이어서 조종의 종묘를 받들고 만백성을 사랑할 수가 없어 마땅히 폐위해야 한다.' 하였습니다. 臣은 有司가 한 太牢로 사유를 갖추어 高廟에 고하여 제사할 것을 청합니다."

황태후가 詔令을 내려 "그렇게 하라." 하였다.

---

56) (主)〔王〕: 저본에는 '主'로 되어 있으나, ≪資治通鑑≫ 註에 의거하여 '王'으로 바로잡았다.

王이 離席伏이어늘 尙書令이 復讀曰 祖宗廟祠를 未擧어늘 爲璽書하여 使使者持節하여 以三太牢로 祠昌邑哀王園廟호되 稱嗣子皇帝①하며 受璽以來二十七日에 使者旁午持節하여 詔諸官署徵發이 凡一千一百二十七事②라 荒淫迷惑하여 失帝王禮誼하고 亂漢制度어늘 臣敞等이 數(삭)進諫이나 不變更하고 日以益甚하니 恐危社稷하여 天下不安이라 臣敞等이 謹與博士議하니 皆曰 五辟之屬이 莫大不孝③요 宗廟重於君王하니 不可以承天序하여 奉祖宗廟하고 子萬姓이니 當廢라하니이다 臣請有司以一太牢로 具告祠高廟하노이다 皇太后詔曰 可라하다

① 이때 喪服 중에 있었으므로 아직 宗廟에 제사하지 못하였는데, 昌邑王이 사사로이 昌邑哀王을 제사한 것이다. 劉賀가 들어와 大統을 이었으니, 昌邑哀王에게 嗣子라고 칭해서는 안 된다. 황제(昌邑王)는 禮에 3년 동안 제사하지 않는 의리를 어겼고, 또 남의 養子가 된 자는 그의 아들이 되는 의리를 위반한 것이다.
時在喪服, 故未祠宗廟, 而私祭昌邑哀王也. 賀入繼大宗, 不當於昌邑哀王稱嗣子. 皇帝旣於禮, 悖三年不祭之義, 又悖爲人後者爲之子之義.

② 旁(두루)은 본음대로 읽는다. 한 번 세로로 하고 한 번 가로로 함을 "旁午"라 하니, 交橫(서로 縱橫하다)이라는 말과 같다.
旁, 如字. 一縱一橫, 爲旁午, 猶言交橫也.

③ 五辟은 바로 五刑[57]이다.
五辟, 卽五刑也.

【目】 霍光이 王으로 하여금 일어나 절하고서 詔令을 받게 하고, 옥새와 옥새의 끈을 벗겨 太后에게 받들어 올리고, 王을 부축하여 承明殿을 내려가서 金馬門을 나가 乘輿의 副車로 나아가게 하였다.

곽광은 王을 전송하여 昌邑王의 저택에 이르러 사죄하기를 "王의 행실이 스스로 하늘을 끊으시니, 臣은 차라리 王을 저버릴지언정 감히 社稷을 저버릴 수가 없었습니다. 원컨대 王은 스스로 몸을 아끼소서." 하고는 눈물을 흘리고 떠났다.

여러 신하들이 창읍왕 劉賀를 房陵으로 옮길 것을 주청하자, 詔令을 내려 유하를 창읍으로 돌려보내고 湯沐邑 2천 호를 하사하였으며, 나라를 없애어 山陽郡으로 삼았다.

光이 令王起拜受詔하고 脫其璽組하여 奉上太后하고 扶王下殿하여 出金馬門하여 就乘輿副車하다 光이 送至邸하여 謝曰 王行이 自絶於天①하니 臣寧負王이언정 不敢負社稷이라 願王은 自愛하라하고

57) 五刑 : 다섯 종류의 형벌이다. 시대별로 다소 차이가 있는데, 漢나라 때에는 刺字함〔黥〕, 코를 벰〔劓〕, 왼발과 오른발을 벰〔斬左右趾〕, 목을 베어 높은 곳에 매닮〔梟首〕, 죄인의 뼈와 살을 젓 담금〔菹其骨肉〕을 지칭하였다.

涕泣而去하다 群臣이 奏請徙王賀房陵②하니 詔歸賀昌邑하고 賜湯沐邑二千戶하고 國除하여 爲山陽郡하다

① 行(행실)은 去聲이다.
行, 去聲.
② 房陵縣은 唐나라에서는 房州라 하였다.
房陵縣, 唐爲房州.

【目】昌邑王의 여러 신하들은, 봉국에 있을 적에 王의 죄와 허물을 들어 아뢰지 아니하여 漢나라 조정으로 하여금 들어서 알지 못하게 하였고, 또 王을 제대로 輔導하지 못하여 王을 큰 죄악에 빠뜨렸다 하여, 모두 옥리에게 회부하여 200여 명을 誅殺하였다. 오직 中尉 王吉과 郎中令 龔遂는 사형을 감면하여 머리를 깎고 城旦[58]을 하게 하였다.

師傅 王式은 감옥에 갇혀 사형의 죄에 해당하였는데, 使者가 왕식을 꾸짖기를 "王의 사부는 어찌하여 王에게 간한 글이 없었는가?" 하니, 왕식이 대답하기를 "臣이 ≪詩經≫ 305편을 가지고 아침저녁으로 王을 가르칠 적에, 충신과 효자를 읊은 詩篇에 이르러서는 일찍이 왕을 위해 반복하여 읊지 않은 적이 없었고, 나라를 위태롭게 하고 망하게 하는 道를 잃은 군주의 시편에 이르러서는 일찍이 눈물을 흘리며 王을 위해 깊이 말씀드리지 않은 적이 없었으니, 臣은 ≪詩經≫ 305편을 가지고 간하였다. 이 때문에 간하는 글이 없는 것이다." 하였으므로, 또한 사형을 감면하는 것으로 論罪하였다.

霍光은, 太后가 정사를 보살펴야 하니 마땅히 經學을 알아야 한다고 생각하여, 태후에게 아뢰어 夏侯勝으로 하여금 ≪尙書≫를 태후에게 가르치게 하고, 하후승을 長信少府로 승진시켰다.

昌邑群臣이 坐在國時에 不擧奏王罪過하여 令漢朝不聞知하고 又不能輔道하여 陷王大惡①이라하여 皆下獄하여 誅殺二百餘人하고 唯中尉吉과 郎中令遂 得減死하여 髡爲城旦하다 師王式은 繫獄當死러니 使者責曰 師何以無諫書오 式이 對曰 臣以詩三百五篇으로 朝夕授王할새 至於忠臣孝子之篇하여는 未嘗不爲王反復誦之也하고 至於危亡失道之君하여는 未嘗不流涕爲王深陳之也호니 臣以三百五篇諫이라 是以無諫書라하여늘 亦得減死論하다 光이 以太后省政하니 宜知經術②이라하여 白令夏侯勝으로 用尙書授太后하고 遷勝長信少府③하다

① 道(인도하다)는 導로 읽는다.
道, 讀曰導.

58) 城旦 : 죄인에게 새벽에 일어나서 축성하는 부역을 시키는 것으로 4년 동안 하였다.

② 省은 살펴봄이다.
省, 視也.

③ 長信은 皇太后의 宮 이름이니, 少府가 이 궁중의 일을 관장하였다. 본래 이름은 長信詹事였는데, 景帝가 長信少府로 이름을 바꾸었다.
長信, 皇太后宮名, 少府職掌其宮事. 本名長信詹事, 景帝更名長信少府.

【綱】 가을 7월에 武帝의 曾孫인 劉病已(병이)를 맞이하여, 유병이가 들어와 즉위하고, 皇太后를 높여 太皇太后라 하였다.

秋七月에 **迎武帝曾孫病已**하여 **入卽位**하고 **尊皇太后曰太皇太后**[59)]라하다

【目】 처음에 衛太子가 史良娣를 들여서 아들 劉進을 낳으니 號를 史皇孫이라 하였고, 史皇孫이 王夫人을 들여서 아들 劉病已를 낳으니 號를 皇曾孫이라 하였는데, 태어난 지 수개월 만에 巫蠱의 옥사를 만났다. 太子의 아들딸과 妻妾이 모두 살해되었으나 유독

---

59) 迎武帝……太皇太后 : "劉賀가 이미 '즉위했다.'고 쓰고서 '昌邑王'이라고 쓴 것은 어째서인가? 군주 노릇을 못했기 때문이다. 太后의 令으로 군주를 폐한 경우가 많으나 쓰지 않았는데, 오직 霍光만이 '太后에게 아뢰었다.'고 썼으니, 이는 어째서인가? 전횡하여 군주를 폐했다는 명목으로 곽광에게 누를 끼치지 않으려고 한 것이다. 이 때문에 전횡하여 군주를 폐했다는 명목으로 곽광에게 누를 끼치지 않으려고 하여 특별히 '太后에게 아뢰었다.'고 쓰고, 전횡하여 군주를 세웠다는 명목으로 곽광에게 누를 끼치지 않으려고 하여 특별히 '皇后의 詔令을 받들었다.'고 쓴 것이다. 그렇다면 武帝의 曾孫인 宣帝가 즉위할 때에 '太后의 詔令을 받들었다.'고 쓰지 않은 것은 곽광이 자기 마음대로 세움을 인정한 것인가? 위에서 '곽광이 여러 신하들을 거느리고 太后에게 아뢰었다.'고 썼으니, 곽광을 두 번 쓰지 않은 것은 윗글을 이어받아서일 뿐이다.〔賀旣書卽位矣 書昌邑王 何 不君也 故以太后令廢主者多矣 不書 惟霍光以奏太后書 其書之 何 不以專廢君累光也 是故不以專廢君累光 則特書奏太后 不以專立君累光 則特書承皇后詔 然則曾孫之立 不書承太后詔 其許光以專立歟 上書光率群臣奏太后矣 不再書光 則蒙上文而已〕" ≪書法≫

"昌邑王이 즉위할 적에 '霍光이 皇后의 詔令을 받들었다.'고 썼고, 폐위할 적에 '곽광이 여러 신하들을 거느리고 太后에게 아뢰었다.'고 썼었는데, 宣帝를 迎立함에 이르러는 곧바로 '맞이하여 〈病已가〉 들어와 즉위했다.'고 쓰고 '태후에게 아뢰었다.'고 쓰지 않은 것은 어째서인가? 창읍왕은 군주 노릇을 제대로 하지 못한 죄가 있어서 이미 세웠다가 다시 폐하였으니, 곽광이 혹시라도 위로 태후의 명령을 받들지 않았으면 이는 곽광의 전횡이 되니 곧 신하 노릇을 하지 않은 것이 된다. 그러나 선제에 이르러는 충분히 宗廟를 받들 수 있었으므로 곧바로 '迎立했다.'고 씀을 혐의하지 않은 것이다. 곽광은 배우지 않은 武人으로서 수립한 바가 이와 같았다. ≪資治通鑑綱目≫에서 이것을 쓴 것은 명분이 바르고 말이 순하기 때문이니, 단지 곽광이 武帝의 어린 아들을 부탁받은 충절이 있음을 나타냈을 뿐만이 아니요, 무제가 사람을 알아본 현명함을 또한 딴 사람이 미칠 수 없는 것이다.〔昌邑之立 書光承皇后詔 其廢也 書光率群臣奏太后 至宣帝之立 則直書迎入卽位 而不書奏太后 何哉 蓋昌邑有不君之罪 旣立之而又廢之 儻不上承太后之命 則光爲專 輒不臣矣 至宣帝 則足以奉承宗廟 故不嫌於直書迎立也 夫光以不學武人 而所立若此 綱目書之 名正言順 不特見光有托孤之節 而武帝知人之明 亦爲不可及矣〕" ≪發明≫

皇曾孫만이 살아 있었는데, 또한 체포되어 郡邸獄[60]에 갇혀 있었다.

옛날 廷尉監인 丙吉은 詔令을 받아 옥사를 다스릴 적에 太子가 반역한 사실이 없음을 마음속으로 알았고, 皇曾孫이 죄 없음을 더욱 가엾게 여겨서, 삼가고 후덕한 女徒(죄를 짓고 복역하는 여인)인 胡組와 郭徵卿을 선발하여 이들로 하여금 젖을 먹여 기르게 하고는, 매일 두 번씩 살펴보았다.

初에 衛太子納史良娣하여 生子進하니 號史皇孫①이요 皇孫이 納王夫人하여 生子病已하니 號皇曾孫②이라 生數月에 遭巫蠱事하여 太子男女妻妾이 皆遇害하고 獨皇曾孫在하나 亦坐收繫郡邸獄③이러니 故廷尉監丙吉이 受詔治獄④할새 心知太子無事實하고 重哀皇曾孫無辜⑤하여 擇謹厚女徒胡組, 郭徵卿하여 令乳養호되 日再省視⑥하다

① 史는 姓이다. 娣는 음이 弟이다. 漢나라 제도에 太子는 妃가 있고 良娣와 孺子가 있어서 모두 세 등급의 처첩이 있었다. 進은 이름이다. 外家의 姓으로 칭해졌기 때문에 史皇孫이라 한 것이다.
史, 姓也. 娣, 音弟. 漢制, 太子有妃・有良娣・有孺子, 凡三等. 進, 名也, 以外家姓稱之, 故曰史皇孫.

② 已는 그침이다. 일찍 患難을 만나고 질병이 많았기 때문에 이름을 病已라 하였으니, 病이 속히 낫기를 바란 것이다.
已, 止也. 蓋以夙遭屯難而多病苦, 故名病已, 欲其速差也.

③ 郡邸獄은 大鴻臚에 속하니, 天下와 郡國의 上計(會計)를 다스리는 곳이다. 이는 巫蠱의 옥사에 체포되어 구속된 자가 많았으므로 曾孫이 郡邸獄에 구류되어 있었던 것이다.
郡邸獄, 屬大鴻臚, 治天下郡國上計者. 此蓋巫蠱獄收繫者衆, 故曾孫寄在郡邸獄.

④ 監은 延尉의 관속이다. 丙은 姓이다.
監者, 廷尉之官屬. 丙, 姓也.

⑤ 重(거듭)은 直用의 切이니, '또'라는 뜻이다.
重, 直用切, 又也.

⑥ 가벼운 罪는 男子는 변경에서 1년 동안 수자리를 살고, 女子는 몸이 연약하여 변경을 지킬 수 없으므로 다시 관청에서 일하게 하였는데 또한 1년으로 하였다. 그러므로 ≪漢書≫ 〈宣帝紀〉에 "女徒復作"이라 하였으니, 復作이란 다시 관청에서 일하여 본래 죄의 月日(형기)을 채우는 것이다.
輕罪, 男子守邊一歲, 女子輭(연)弱, 不任守, 復(부)令作於官, 亦一歲, 故班史謂之"女徒復作." 復作者, 復爲官作, 滿其本罪月日.

60) 郡邸獄 : 漢나라 때 王侯와 郡守의 府邸에 설치한 감옥으로, 大鴻臚에 속하였다.

【目】 望氣[61]하는 자가 말하기를 "長安의 감옥 가운데 天子의 雲氣(구름)가 있다." 하니, 武帝는 使者를 보내 中都官의 詔獄에 갇혀 있는 자들을 나누어 조목조목 기록해서 죄의 경중을 따지지 말고 일체 모두 죽이게 하였다.

그리하여 使者가 밤중에 郡邸獄에 이르렀는데, 丙吉은 감옥 문을 닫고 들여보내지 않으며 말하기를 "타인을 죄 없이 죽이는 것도 불가한데, 하물며 황제의 親曾孫이란 말인가." 하니, 使者가 감옥에 들어가지 못하고 돌아가 보고하였다. 武帝 또한 깨닫고 말하기를 "하늘이 시킨 것이다." 하고는 인하여 천하에 죄인들을 赦免하였다.

望氣者 言長安獄中에 有天子氣①라한대 武帝遣使者하여 分條中都官詔獄繫者하여 無輕重히 一切皆殺之②하다 夜到郡邸獄이어늘 吉이 閉門不納曰 他人無辜死者도 猶不可어든 況親曾孫乎아하니 使者不得入하고 還以聞한대 武帝亦寤曰 天使之也라하고 因赦天下하다

① ≪晉書≫ 〈天文志〉에 "天子(帝王)의 雲氣는 안은 붉고 밖은 누르니, 사방의 나타나는 곳에는 마땅히 王者가 나오게 된다. 만약 天子가 유람하고자 하는 곳이 있으면 이 지역에도 또한 먼저 天子의 운기가 나타나는데, 혹은 城門이 은은하게 안개 속에 있는 듯하고, 혹은 운기가 손이 없는 푸른 옷을 입은 사람의 모습으로 해의 서쪽에 있고, 혹은 龍馬와 같고, 혹은 여러 색깔이 빽빽하게 모여 하늘을 향하니, 이는 모두 帝王의 雲氣이다." 하였다.
晉天文志 "天子氣內赤外黃, 四方所發之處, 當有王者. 若天子欲有遊往處, 其地亦先發此氣, 或如城門, 隱隱在氣霧中, 或氣象青衣人無手, 在日西, 或如龍馬, 或雜色鬱鬱衝天者, 皆帝王之氣."

② 條는 조목조목 기록함을 이른다. 長安 가운데 여러 관청의 감옥이 36개여서 한 사람이 다스릴 수 있는 것이 아니므로, 使者를 나누어 보내 조목조목 기록하게 한 것이다.
條, 謂疏錄之. 長安中諸官獄, 三十六所, 非一人所能治, 故分使疏錄之.

【目】 丙吉은 史良娣의 어머니 貞君과 오라비 史恭이 살아 있다는 말을 듣고는, 皇曾孫을 수레에 태우고 가서 이들에게 맡겼다. 뒤에 詔令을 내려 황증손을 掖庭에서 길러 보살피게 하고, 宗正에게 屬籍(宗室譜籍)에 올리게 하였다.

이때 掖庭令 張賀가, 일찍이 衛太子를 섬겼기 때문에 太子의 옛 은혜를 생각하고 그리워하여, 황증손을 가엾게 여겨서 매우 극진하게 봉양하고, 손녀딸을 그에게 시집보내고자 하였다. 장하의 아우 張安世가 右將軍이 되어 국정을 보필하고 있었는데, 노하여 말하기를 "曾孫은 바로 衛太子의 후손이니, 다시는 그에게 손녀딸을 주는 일을 말씀하지 말라." 하였다.

---

61) 望氣 : 고대 方士의 占候術로, 雲氣를 관찰하여 吉凶을 예측하였다.

이때 暴室의 嗇夫인 許廣漢에게 딸이 있었는데, 장하가 자기 집의 재물을 주어 그녀를 맞이해오게 하였다. 증손은 이로 인하여 허광한의 형제와 史氏 집안에 의지하여 살며 東海 澓中翁(복중옹)에게 ≪詩經≫을 배웠는데, 재주가 높고 학문을 좋아하였다. 그러나 또한 游俠을 좋아해서 鬪鷄를 하고 말을 달려 여러 陵에 오르내리고 三輔 지방을 두루 다녔으니, 이 때문에 마을의 간사한 자들과 관리들의 다스림의 잘잘못을 자세히 알게 되었다.

吉이 **聞史良娣有母貞君及兄恭**하고 **乃載皇曾孫付之**하다 **後**에 **有詔掖庭養視**하고 **上屬籍宗正**①하다 **時**에 **掖庭令張賀 嘗事衛太子**라 **思顧舊恩**하여 **哀曾孫**하여 **奉養甚謹**하고 **欲以女孫妻之**②하다 **賀弟安世爲右將軍**하여 **輔政**이러니 **怒曰 曾孫**은 **乃衛太子後也**니 **勿復言予女事**③하라하다 **時**에 **暴**(폭)**室嗇夫許廣漢**이 **有女**어늘 **賀以家財聘之**④하다 **曾孫**이 **因依倚廣漢兄弟及史氏**⑤하여 **受詩於東海澓中翁**⑥하니 **高材好學**이라 **然**이나 **亦喜游俠**하여 **鬪鷄走馬**하여 **上下諸陵**하고 **周徧三輔**하니 **以是**로 **具知閭里姦邪**와 **吏治得失**⑦하니라

① 上(올리다)은 上聲이다. 詔勅을 내려 掖庭에서 길러 보살피게 하고, 처음으로 宗正으로 하여금 그 屬籍에 기록하게 한 것이다.
上, 上聲. 詔勅掖庭養視之, 始令宗正著其屬籍.

② 掖庭令은 少府에 속하였으니, 後宮과 貴人과 여자를 뽑아 들이는 일을 관장하였다. 張賀가 衛太子에게 총애를 받았는데, 太子가 실패하자 賓客들이 모두 죽임을 당하였다. 張安世가 글을 올려 장하를 위해 죄를 감면해줄 것을 청하니, 〈上이 장하를〉 蠶室[62]에 내려 腐刑(宮刑)을 받게 했는데, 뒤에 掖庭令으로 삼았다.
掖庭令, 屬少府, 職掌後宮・貴人・采女事. 賀幸於衛太子, 太子敗, 賓客皆誅. 安世上書, 爲賀請, 得下蠶室, 後爲掖庭令.

③ 予(주다)는 與로 읽는다.
予, 讀曰與.

④ 暴室은 掖庭令에 속하니, 비단을 햇볕에 말리는 뜻을 취하여 이름하였는바, 비단을 짜서 물들이는 일을 주관하던 관서이다. 그 관속에 嗇夫 한 사람을 두었는데 宦官으로 임명하였다. 許廣漢이 법에 연좌되어서 腐刑을 받고 宦官이 되어 색부가 된 것이다.
暴室, 屬掖庭令, 取暴曬(폭쇄)爲名, 蓋主織作練染之署. 其屬官, 有嗇夫一人, 以閹宦爲之. 廣漢坐法, 腐爲宦者, 作嗇夫也.

⑤ 許廣漢에게 두 아우가 있었으니, 許舜과 許延壽이다.
廣漢有兩弟, 曰舜, 曰延壽.

⑥ 澓은 음이 伏이니, 姓이다. 中은 仲으로 읽으니, 中翁은 字이다. 혹자는 中翁이 이름이라고

62) 蠶室 : 古代에 宮刑을 집행하거나 궁형을 받은 자가 거처하던 獄室을 이른다.

하였다.
澓, 音伏, 姓也. 中, 讀曰仲. 中翁, 字也. 或云, 中翁名也.

⑦ 上(오르다)은 上聲이니, 아래의 奏上도 같다. 下(내려오다)는 去聲이다. 여러 陵은 모두 높고 밝은 곳에 의거하여 만들었는데, 縣은 바로 그 곁에 있었다. 宣帝가 매번 놀러 나갈 적에 여러 陵과 縣을 왕래하여 가면 올라가고 오면 내려왔으므로 "上下諸陵(여러 陵을 오르내렸다.)"고 말한 것이다.
上, 上聲, 下奏上同. 下, 去聲. 諸陵皆據高敞地爲之, 縣卽在其側. 帝每周游, 往來諸陵縣, 去則上, 來則下, 故言上下諸陵.

【目】 이때에 이르러 丙吉이 다음과 같은 글을 기록하여 霍光에게 올렸다.

"지금 社稷과 宗廟와 백성들의 목숨이 將軍의 한 조처에 달려 있습니다. 여러 사람들에게 들어보니, 그들의 말에 의하면 제후와 종실로서 지위에 있는 자 중에는 알려진 바가 없고, 武帝의 曾孫으로 이름이 病已인 자가 掖庭과 外家에 있는데 지금 나이가 18, 9세가 되었다 합니다. 그는 經學을 달통하고 아름다운 재질이 있으며 행실이 침착하고 절도가 온화하다고 하니, 원컨대 장군은 大義를 살펴보고 蓍草占(시초점)과 거북점으로 참작하여 먼저 들어와 皇太后를 모시게 해서 천하 사람들로 하여금 분명히 알게 해야 하니, 그런 뒤에 大策을 결정하시면 天下에 매우 다행일 것입니다."

及是에 吉이 奏記光曰 今社稷, 宗廟群生之命이 在將軍之一擧라 竊伏聽於衆庶호니 其所言諸侯宗室在列位者 未有所聞也요 而武帝曾孫名病已 在掖庭外家者 今十八九矣①라 通經術하고 有美材하며 行安而節和②라하니 願將軍은 詳大義하고 參以蓍龜(시귀)하여 先使入侍하여 令天下昭然知之니 然後에 決定大策하면 天下幸甚③이니이다

① 〈"在掖庭外家"는〉 郡邸獄에서 나와 外家인 史氏에게로 갔고 뒤에 掖庭에 들어간 것이다.
出郡邸獄, 歸在外家史氏, 後入掖庭耳.

② 行(행실)은 去聲이다.
行, 去聲.

③ 蓍는 시초로 점을 치는 것이고, 龜는 거북껍질로 점을 치는 것이다. 侍는 太后를 모심을 이른다.
蓍, 所以筮. 龜, 所以卜. 侍, 謂侍太后.

【目】 7월에 霍光은 丞相 이하를 모아 황제로 세울 인물을 의논하여 결정하게 하였는데, 마침내 上奏하기를 "孝武皇帝의 曾孫인 病已가 나이 18세에 스승에게 ≪詩經≫과 ≪論

語≫·≪孝經≫을 배우고, 몸소 근검절약을 행하며 인자하고 사람을 사랑하니, 孝昭皇帝의 뒤를 이어서 祖宗을 받들고 만백성을 사랑할 만합니다." 하니, 皇太后가 詔令을 내려 "그렇게 하라." 하였다.

霍光은 宗正인 劉德을 보내 曾孫을 맞이해서 宗正府에 나아가 재계하게 하였다. 다음날 未央宮에 들어와 太后를 뵙고는 陽武侯에 봉해졌는데, 여러 신하들이 황제의 玉璽와 印綬를 올려 황제의 지위에 오르고 高廟에 배알하였다.

七月에 光이 會丞相以下하여 議定所立할새 遂上奏曰 孝武皇帝曾孫病已 年十八에 師授詩·論語·孝經하고 躬行節儉하며 慈仁愛人하니 可以嗣孝昭皇帝後하여 承祖宗하고 子萬姓이니이다 皇太后詔曰可라하다 光이 遣宗正德하여 迎曾孫하여 就齋宗正府①하고 明日에 入未央宮하여 見(현)太后하여 封爲陽武侯②러니 群臣이 奏上璽綬하여 即皇帝位하고 謁高廟하다

① 劉德은 楚元王의 曾孫인 劉辟彊의 아들이다.
德, 楚元王曾孫劉辟彊子.
② 먼저 侯로 봉한 것은 庶人을 天子로 세우고자 하지 않았기 때문이다.
先封侯者, 不欲立庶人爲天子也.

【目】侍御史인 嚴延年이 霍光을 탄핵하여 아뢰기를 "大將軍 곽광이 제멋대로 군주를 폐하고 세웠으니, 신하의 禮가 없어 不道합니다." 하였다. 그의 아룀이 비록 시행되지는 못하였으나 조정이 肅然히 그를 공경하고 두려워하였다.

侍御史嚴延年이 劾奏호되 大將軍光이 擅廢立主하니 無人臣禮라 不道니이다 奏雖寢이나 然朝廷이 肅然敬憚之하니라

【綱】赦免하였다.

赦하다

【綱】丞相 楊敞이 卒하였으므로 蔡義를 丞相으로 삼았다.

◑ 丞相敞이 卒커늘 以蔡義爲丞相하다

【目】蔡義는 經學에 밝아서 大將軍 幕府의 給事가 되었는데, 昭帝가 불러보아 ≪詩經≫을 해설하게 하고 光祿大夫로 발탁하였다. 몇 년 뒤에 丞相이 되었는데, 나이가 80이

넘어 모습이 늙은 할미와 같았다.

의논하는 자가 霍光에게 이르기를 "宰相을 둘 적에는 專制할 수 있는 자를 등용해야 합니다." 하니, 곽광이 대답하기를 "군주의 스승이 마땅히 재상이 되어야 하니, 어찌 이리이리 말하는가." 하였다.

義以明經으로 給事大將軍莫府러니 昭帝召見說詩하고 擢光祿大夫하다 數歲에 爲丞相하니 年八十餘에 貌似老嫗라 議者謂光호되 置宰相에 用可專制者니이다 光曰 以爲人主師當爲宰相이니 何謂云云고하니라

【綱】 겨울 11월에 許氏를 皇后로 세웠다.

冬十一月에 立皇后許氏하다

【目】 公卿이 皇后를 세울 것을 의논할 적에 모두 마음속에 霍將軍(霍光)의 딸을 생각하고 있었으나 또한 말하지 못하였는데, 上이 마침내 詔令으로 미천했을 때에 차던 옛 劍을 찾아오게 하니, 大臣들은 上의 뜻을 알아차리고 아뢰어 許倢伃를 황후로 세웠다.

곽광이 許皇后의 아버지인 許廣漢은 형벌 받은 사람이니 나라의 군주가 될 수 없다고 하여, 1년이 넘어서야 비로소 昌成君으로 봉하였다.

公卿이 議立皇后할새 皆心擬霍將軍女호되 亦未有言이러니 上이 乃詔求微時故劍한대 大臣이 知指하고 白立許倢伃爲皇后하다 霍光以后父廣漢은 刑人이니 不宜君國이라하여 歲餘에 乃封爲昌成君하다

【目】 胡氏(胡寅)가 다음과 같이 평하였다.

"宣帝가 미천할 적에 이미 許氏에게 장가들었으니, 이미 大寶(寶位)에 올랐으면 그 부인은 바로 天下의 어머니(皇后)인 것이다. 그런데 〈公卿들이 皇后를 세울 것을 의논할 적에 모두〉 그녀를 버리고 霍光의 딸에게 마음을 두었으니, 이치를 거스른 것이 아니겠는가. 곽광도 비록 말하지는 않았으나 뜻에 그러하기를 바랐으니, 許廣漢을 즉시 봉하지 않은 일을 가지고, 그가 許皇后가 선 것을 서운해하였음을 알 수 있다. 곽광의 아내 霍顯의 간사한 꾀[63]가 아마도 여기에서 비롯되었을 것이니, 이것이 霍氏의 宗族이 顚

63) 곽광의……꾀 : 막내딸 霍成君을 황후로 만들 욕심으로 女醫를 시켜 許皇后를 독살하고, 곽성군을 황후에 오르게 한 것을 말한다. 霍顯은 霍光이 죽은 뒤, 허황후를 시해한 일이 탄로나자 宣帝

覆된 이유일 것이다."

胡氏曰 宣帝側微에 **已娶許氏**하니 **旣登大寶**면 **則天下母也**①어늘 **公卿**이 **乃舍之**하고 **而心屬光女**하니 **不逆理乎**아 **光雖未言**이나 **而意欲其然也**하니 **以其不封許廣漢**으로 **則知其慍許后之立矣**라 **妻顯邪謀 蓋肇於此**하니 **此霍氏之所以覆宗也歟**인저

① "側微"는 누추하고 미천할 때이다.
側微, 側陋微賤時.

【綱】 太皇太后가 長樂宮으로 돌아가고, 처음으로 屯衛를 설치하였다.

太皇太后歸長樂宮[64]하고 **初置屯衛**①하다

① 漢나라 太后는 항상 長樂宮에 거처하였는데, 太皇太后가 昌邑王이 폐위된 일로 未央宮에 거처하다가 이제 宣帝가 즉위하자 다시 長樂宮으로 돌아간 것이다.
漢太后常居于長樂宮, 太皇太后以其昌邑之廢, 居于未央宮, 今宣帝旣卽位, 復歸長樂宮.

를 폐위하려고 음모를 꾸몄지만 실패하고 棄市되었다.

64) 太皇太后歸長樂宮 : "'歸'라고 쓴 것은 어째서인가? 〈도리에〉 순하다는 말이다. 太后의 거처를 옮겼다는 말에는 두 가지가 있으니, '태후가 거처를 옮겨 어느 宮으로 돌아갔다.〔太后遷歸某宮〕'고 한 것은 〈도리에〉 순하다는 말이고, '태후의 거처를 어느 宮으로 옮겼다.〔遷太后于某宮〕'는 것은 〈도리를〉 거스른다는 말이다. ≪資治通鑑綱目≫이 끝날 때까지 '태후가 어느 宮으로 이사했다.〔太后徙某宮〕'고 쓴 것이 두 번이고, '태후가 거처를 어느 宮으로 옮겼다.〔太后遷某宮〕'고 쓴 것이 한 번이고, '태후가 어느 宮으로 돌아갔다.〔太后歸某宮〕'고 쓴 것이 한 번이고, '태후가 어느 宮에 거처했다.〔太后居某宮〕'고 쓴 것이 한 번인데, 모두 〈도리에〉 순하다는 말이다.〔歸者 何 順辭也 太后遷辭二 太后遷歸某宮者 順辭也 遷太后于某宮者 逆辭也 終綱目 書太后徙某宮二 書太后遷某宮一 書太后歸某宮一 書太后居某宮一 皆順辭也〕" ≪書法≫

思政殿訓義 資治通鑑綱目 4 年表

年度	在位年	역문쪽수	주요 사건
B.C. 139 壬寅年	漢 武帝 建元 2	13 16	• 趙綰과 王臧이 獄吏에게 회부되자 자살하고, 丞相 竇嬰과 太尉 田蚡과 申公이 면직됨. 石建을 郎中令으로 삼고 石慶을 內史로 삼음. • 許昌을 승상으로 삼음. • 武帝가 衛子夫를 총애하여 그녀의 동생인 衛青을 太中大夫로 삼음.
B.C. 138 癸卯年	漢 武帝 建元 3	19 21	• 閩越이 東甌를 공격하자, 군대를 징발하여 구원하고, 마침내 長江과 淮水 사이에 東甌의 사람들을 이주시킴. • 武帝가 微行을 하자 東方朔과 司馬相如가 간쟁을 함. 무제가 上林苑을 만듦.
B.C. 137 甲辰年	漢 武帝 建元 4		
B.C. 136 乙巳年	漢 武帝 建元 5	28	• 三銖錢의 유통을 금지하고 半兩錢을 유통시킴. • 五經博士를 둠.
B.C. 135 丙午年	漢 武帝 建元 6	29 30 37	• 太皇太后 竇氏(文帝의 皇后) 사망. • 丞相 許昌이 면직되고 田蚡을 丞相으로 삼음. • 閩越이 南越을 공격하므로 大行令 王恢 등을 보내어 군대를 거느리고 민월을 공격하게 하니, 민월왕의 아우 騶餘善이 왕인 騶郢을 죽이고 항복하자 낙여선을 세워 東越王으로 삼음. 남월이 태자 趙嬰齊를 보내어 入朝하여 宿衛하게 함. • 汲黯을 主爵都尉로 삼음.
B.C. 134 丁未年	漢 武帝 元光 1	41	• 郡國으로 하여금 孝廉 각 1명을 천거하도록 함. • 李廣과 程不識에게 군대를 거느리고 북쪽 변방에 주둔하게 함.

年度	在位年	역문쪽수	주요 사건
B.C. 134 丁未年	漢 武帝 元光 1	43	• 詔令을 내려 賢良과 文學이 뛰어난 자를 천거하게 하여 황제가 친히 策問함.
B.C. 133 戊申年	漢 武帝 元光 2	44 46 47	• 황제가 雍 땅으로 행차하여 五畤에 제사 지냄. • 方士 李少君의 상언으로 황제가 친히 부뚜막神에게 제사하고 方士를 보내서 신선을 찾게 함. • 方士 謬忌의 상언으로 太一의 사당을 세움. • 雁門 馬邑의 豪族인 聶壹와 大行 王恢의 상언으로 間者를 파견하여 匈奴의 單于를 유인해서 변경에 침입하게 하고, 장군 王恢 등이 군대를 매복시켜 요격하려 하였는데, 사로잡지 못함. 왕회가 죄 때문에 獄吏에게 회부되자, 자살함.
B.C. 132 己酉年	漢 武帝 元光 3		
B.C. 131 庚戌年	漢 武帝 元光 4	54 56	• 魏其侯 竇嬰이 식객 灌夫의 죄로 인해 죽임을 당함. • 丞相 田蚡 사망. • 薛澤을 丞相으로 삼음.
B.C. 130 辛亥年	漢 武帝 元光 5	56 59 63 66 67	• 河間王 劉德(河間獻王)이 와서 조회하였는데, 雅樂을 올리고, 詔書로 물은 策問에 대답하고, 봉국으로 돌아가서 사망함. • 唐蒙의 건의로 南夷와 통하여 夜郎에 犍爲郡을 설치하고, 司馬相如의 건의로 西夷와 통하여 都尉 하나를 설치함. • 병사를 징발하여 雁門의 험한 곳의 길을 닦음. • 皇后 陳氏가 방술을 하다가 걸려 폐위됨. 竇太主(長公主 劉嫖)가 총애하는 董偃을 무제가 총애하자 中郎 東方朔이 간언함. • 太中大夫 張湯과 中大夫 趙禹에게 詔令을 내려서 律令을 정하게 하자, 관리가 어떤 사람이 법을 범한 것을 알고도 고의로 고하지 않을 경우 그 죄인의 죄로 벌을 주는 見知法 같은 법을 제정함. • 公孫弘이 對策으로 뽑혀 博士가 됨.
B.C. 129 壬子年	漢 武帝 元光 6	71	• 상인의 수레에 세금을 매김. • 大司農 鄭當時의 건으로 渭渠를 뚫었는데, 이때 완공됨.

年度	在位年	역문쪽수	주요 사건
B.C. 129 壬子年	漢 武帝 元光 6	72	• 匈奴가 上谷을 공격하자, 車騎將軍 衛青 등을 보내어 군대를 거느리고 공격하게 하여 물리침.
B.C. 128 癸丑年	漢 武帝 元朔 1	73 74 75 76	• 二千石이 효성스럽거나 청렴한 자를 천거하지 않으면 처벌하는 법을 제정함. • 皇子 劉據가 태어나자 夫人 衛氏를 세워 황후로 삼음. • 匈奴가 침입하자 李廣을 右北平太守으로 삼았는데, 흉노가 이광을 '漢나라의 飛將軍'이라 부르며 두려워함. • 東夷 薉貊의 군주가 항복하자, 이곳에 蒼海郡을 설치함. • 主父偃, 嚴安, 徐樂이 각기 上書하였는데, 이들을 郎中으로 삼음.
B.C. 127 甲寅年	漢 武帝 元朔 2	82 83 84 90 92	• 淮南王에게 几杖을 하사하고 조회하지 않게 함. • 제후왕에게 詔令을 내려 國邑을 나누어 자제들을 봉하여 列侯로 삼게 함.(推恩令) • 匈奴가 쳐들어오자, 衛青 등이 군대를 거느리고 흉노를 패주시키고, 마침내 河南의 땅을 점령하였고, 主父偃의 건의로 朔方郡을 세우고 백성을 모집하여 이주시킴. • 主父偃의 건의로 茂陵으로 郡國의 豪傑들을 이주시킴. 關東의 협객 郭解가 이를 거부하고 또 죄에 걸렸는데, 公孫弘의 논단으로 族滅됨. • 燕王 劉定國과 齊王 劉次昌이 모두 죄가 있어 자살하니, 나라가 없어졌고 이로 인해 齊나라 재상인 主父偃을 誅殺하고 그 族滅함. • 孔臧이 太常이 되어 종제인 侍中 孔安國과 古訓을 정리함.
B.C. 126 乙卯年	漢 武帝 元朔 3	92 94 96	• 匈奴의 軍臣單于가 죽자, 아우인 伊稚斜單于가 즉위함. • 公孫弘을 御史大夫로 삼았는데, 공손홍의 건의로 蒼海郡을 폐지함. • 서역에 파견되었다가 10년간 흉노에 억류되었다가 돌아온 張騫을 太中大夫로 임명함. • 匈奴가 代郡과 雁門을 침입하였다 • 황태후 王娡 사망. • 西南夷와 왕래를 끊음. • 張湯을 廷尉로 삼음.
B.C. 125 丙辰年	漢 武帝 元朔 4	98	• 匈奴가 代郡, 定襄, 上郡을 침입.

年度	在位年	역문쪽수	주요 사건
B.C. 126 丁巳年	漢 武帝 元朔 5	99 102 104 105	• 丞相 薛澤이 면직되니, 公孫弘을 丞相으로 삼아 平津侯에 봉함. • 匈奴가 朔方을 침략하자 衛青을 보내어 여섯 명의 將軍을 거느리고 가서 공격하게 함. 돌아온 후 衛青을 大將軍으로 삼음. • 博士官을 두어 弟子 50명을 둠. • 匈奴가 代 땅에 침입함. • 淮南王 劉安이 죄에 걸려 봉지의 두 현이 깎였고, 衡山王 劉賜가 유안과 함께 반란을 일으키고자 병을 핑계로 조회하지 않음.
B.C. 123 戊午年	漢 武帝 元朔 6	108 110	• 衛青을 보내어 여섯 명의 장군을 거느리고 가서 匈奴를 공격하게 함. • 衛青이 다시 여섯 명의 장군을 거느리고 가서 匈奴를 공격하였는데, 前將軍 趙信이 패하여 匈奴에게 항복함. 위청의 친족인 票姚校尉 霍去病이 이때 활약하여 冠軍侯에 봉해졌고, 校尉 張騫은 水草가 있는 곳을 알아 군대가 궁핍하지 않게 했다 하여 博望侯로 봉해짐. • 詔令을 내려 백성들이 관작을 사고 속죄할 수 있게 하고, 武功爵을 설치함.
B.C. 122 己未年	漢 武帝 元狩 1	112 113 115	• 五畤에 제사 지낼 적에 뿔이 하나인 짐승을 잡고서 紀元을 함. • 淮南王 劉安과 衡山王 劉賜가 반란을 모의하다가 발각되자 자살함. • 劉據를 皇太子로 세움. • 張騫으로 하여금 蜀 지방의 犍爲郡을 통하여 密使를 보내서 身毒國을 찾게 하였고, 氐와 筰, 嶲와 昆明이 막아서, 통할 수가 없었으나 이때 처음으로 滇國과 통하니, 이에 다시 西南夷를 경략하는 일에 종사함.
B.C. 121 庚申年	漢 武帝 元狩 2	119 121	• 丞相 公孫弘이 사망하자, 李蔡를 丞相으로 삼고 張湯을 御史大夫로 삼음. • 霍去病을 票騎將軍으로 삼아 匈奴 渾邪王과 休屠王의 영지를 공격하게 하였는데, 匈奴를 패퇴시키고 焉支를 지나 祁連山에 이름. • 匈奴 渾邪王이 休屠王을 죽이고 漢나라에 투항하자 五屬國(隴西郡, 北地郡, 上郡郡, 朔方郡, 雲中郡)을 설치하여

年度	在位年	역문쪽수	주요 사건
			그의 무리를 거주하게 함. 休屠王의 太子인 日磾가 籍沒되어 黃門에 말을 길렀는데, 무제가 그를 총애하여 벼슬을 올려주고 金氏를 하사함.
B.C. 120 辛酉年	漢 武帝 元狩 3	125 126	• 匈奴가 右北平과 定襄을 침입. • 渾邪王의 땅을 얻자 隴西와 北地, 上郡에 흉노의 침입이 더욱 적어짐. 이에 詔令을 내려 세 郡의 병력의 절반을 줄임. • 昆明池를 만듦.
B.C. 119 壬戌年	漢 武帝 元狩 4	129 133 135 142 144 147	• 재정이 부족하자, 皮幣와 白金을 만들고 三銖錢을 주조하게 하고 私錢을 주조하는 자를 처벌하게 하였으며, 鹽鐵官을 설치하여 東郭咸陽, 孔僅, 桑弘羊 등이 활동하였으며, 張湯의 주도로 緡錢과 선박, 수레에 세금을 거둠. • 국가에 재물을 바친 卜式을 中郎으로 삼고 左庶長의 官爵을 하사함. • 衛青과 霍去病을 보내어 匈奴를 공격하게 하였는데, 위청의 부하인 前將軍 李廣은 길을 잃어 자살하였고, 곽거병은 狼居胥山까지 진격하였다가 돌아옴. 이에 詔命을 내려 위청과 곽거병을 모두 大司馬로 삼음. • 匈奴가 和親을 청하므로 使臣을 보내어 답하게 하였는데, 匈奴가 억류하고 돌려보내지 않음. • 酷吏인 義縱을 右內史로 삼고 王溫舒를 中尉로 삼음. • 方士인 文成將軍 少翁이 伏誅함.
B.C. 118 癸亥年	漢 武帝 元狩 5	148 151	• 丞相 李蔡가 죄를 짓고 자살함. • 三銖錢을 없애고 五銖錢을 주조함. • 汲黯을 淮陽太守에 임명함. • 간사하고 교활한 관리와 백성을 변방으로 이주시킴. • 莊青翟을 丞相으로 삼음. • 황제가 甘泉宮으로 가서 神君에게 祭祀함.
B.C. 117 甲子年	漢 武帝 元狩 6	152 154	• 御史와 廷尉의 正, 監을 郡國에 보내어 緡錢을 제대로 납부하지 않은 자들을 다스리게 하였는데, 이를 반대한 右內史 義縱을 죽임. • 宗廟에서 策命하여 아들 劉閎을 齊王으로 세우고 劉旦을 燕王으로 삼고 劉胥를 廣陵王으로 삼았으며, 처음으로 誥策을 만들어 왕들을 誥命함.

年度	在位年	역문쪽수	주요 사건
B.C. 117 甲子年	漢 武帝 元狩 6	155	• 大司馬 票騎大將軍 冠軍侯 霍去病 사망. • 황제를 비판한 大農令 顔異를 張湯에게 회부하여 죽이니, 뱃속으로 비방하는 법률의 조례가 생김.
B.C. 116 乙丑年	漢 武帝 元鼎 1		
B.C. 115 丙寅年	漢 武帝 元鼎 2	157 160 161	• 御史中丞 李文의 죽음과 관련하여 張湯이 죄에 걸려 자살하였는데, 장탕을 모함한 죄로 丞相의 長史 朱買臣과 王朝, 邊通을 처벌하고, 승상 莊靑翟을 下獄시켰는데 자살함. • 柏梁臺를 건조하고 承露盤을 만듦. • 趙周를 丞相으로 삼음. • 孔僅이 大農令이 되고 桑弘羊이 大農中丞이 되자 均輸를 설치해서 화물을 유통하게 하고, 郡國에서 돈을 주조하는 것을 모두 금지하여, 오로지 上林苑의 세 관원으로 하여금 돈을 주조하게 함. • 張騫을 中郎將으로 삼아 烏孫으로 보내서 西域 諸國과 통교함. 漢나라는 渾邪王의 옛 땅에 酒泉郡을 설치하고 백성을 이주시키고, 또다시 나누어 武威郡을 설치해서 匈奴가 羌族과 통하는 길을 끊음.
B.C. 114 丁卯年	漢 武帝 元鼎 3	165 166	• 函谷關을 新安으로 옮김. • 株送徒로 하여금 재물을 바치고 郎官에 補任하게 함. • 匈奴의 伊穉斜單于가 죽고, 아들 烏維單于가 즉위함.
B.C. 113 戊辰年	漢 武帝 元鼎 4	166 167 168 169 170 172	• 后土祠를 汾陰의 언덕 위에 세우고서 황제가 친히 제사하고, 처음으로 郡國을 순행하여 滎陽에 이르렀다가 돌아옴. • 周나라 후손인 姬嘉를 周子南君으로 봉함. • 方士 欒大를 五利將軍으로 삼아서 衛長公主를에게 장가들게 함. • 汾陰에서 큰 솥을 얻음. • 지방 관리들이 혹독하게 다스렸는데, 兒寬은 너그럽게 다스려 고과가 높아 左內史가 됨. • 使者를 보내 南越에게 들어와 조회하게 함. • 方士인 公孫卿을 郎官으로 삼음.

年度	在位年	역문쪽수	주요 사건
B.C. 112 己巳年	漢 武帝 元鼎 5	173	• 황제가 五畤에 제사하고 마침내 新秦 가운데에서 사냥하여 변방의 군대를 다스림. • 泰一과 五帝를 제사하는 祠壇을 甘泉宮에 上이 친히 郊祭를 지냄.
		174	• 南越의 정승인 呂嘉가 漢나라의 사자와 南越王 趙興을 죽이고, 다시 趙建德을 세워 王으로 삼고 군대를 징발하여 반란을 일으킴.
		176	• 將軍 路博德 등에게 군대를 거느리고 南越을 공격하게 함.
		177	• 卜式에게 關內侯의 官爵을 하사함. • 列侯가 100명으로 헤아려졌는데, 종군하여 越나라를 공격하겠다고 자청하는 자가 아무도 없었고, 宗廟에 제사를 올리고 술을 맛볼 적에 列侯들에게 律令에 따라 金을 바쳐 제사를 돕게 했는데, 그 金이 나쁜 것이 많아 불경죄로 탄핵하게 하여 열후들의 관작을 빼앗으며, 丞相 趙周는 이런 정황을 알고도 탄핵하지 않은 죄에 걸려 하옥되자 자살함.
		178	• 石慶을 丞相으로 삼음. • 方士 欒大가 欺罔한 죄에 걸려 伏誅되었다.
		179	• 西羌이 배반함.
B.C. 111 庚午年	漢 武帝 元鼎 6	179	• 西羌을 토벌하여 평정함. • 路博德 등이 南越을 평정하여 趙建德과 呂嘉를 사로잡고 9개의 郡을 설치함.
		181	• 황제가 緱氏에 가서 大人의 발자국을 구경함.
		182	• 南夷를 평정하여 牂柯郡으로 삼고, 西夷를 평정하여 邛都를 越嶲郡, 筰都를 沈黎郡, 冉駹을 文山郡, 廣漢의 서쪽 白馬를 武都郡으로 삼음.
		183	• 東越王 騶餘善이 배반하므로 將軍 楊僕 등이 군대를 거느리고 가서 공격하게 함.
		185	• 武威와 酒泉의 땅을 나누어 張掖郡과 敦煌郡을 설치하고 백성을 이주시킴.
		186	• 卜式을 御史大夫로 삼음.
		187	• 황제가 스스로 封禪하는 의식을 만들고 儒學을 채택하여 문식함.
B.C. 110 辛未年	漢 武帝 元封 1	189	• 황제가 長城을 나가 單于臺에 올라가서 군대의 武裝을 점검하고 돌아옴.

年度	在位年	역문쪽수	주요 사건
B.C. 110 辛未年	漢 武帝 元封 1	191	• 卜式의 秩祿을 낮추어 太子太傅로 삼고, 兒寬을 御史大夫로 삼음. • 東越이 王 騶餘善을 죽이고 항복하자 이 지역 백성들을 江·淮 사이로 이주시킴.
B.C. 110 辛未年	漢 武帝 元封 1	192 194	• 황제가 緱氏에 가서 中嶽에 제사하고는, 동쪽으로 海上을 순행하면서 신선을 구함. 泰山을 封하고 肅然山에 禪하고 다시 동북쪽으로 碣石에 이르렀다가 돌아와 甘泉宮에 이름. • 재정을 풍족하게 한 공로로 桑弘羊에게 左庶長의 관작을 하사함.
B.C. 109 壬申年	漢 武帝 元封 2	197 198 199 200 203 204 205	• 황제가 五畤에 제사하고 돌아오면서 泰一에 제사하여 德星에 절함. • 황제가 東萊에 가서 신선을 찾음. • 황제가 돌아올 적에 직접 왕림하여 터져 있던 황하를 막고 宣防宮을 지음. • 황제가 長安에 이르러 越나라의 사당을 세움. • 蜚廉觀, 桂觀, 通天莖臺를 만듦. • 衛滿朝鮮이 습격하여 遼東都尉 涉何를 죽임. • 汶水 가에 明堂을 지음. • 楊僕과 荀彘에게 군대를 거느리고 가서 衛滿朝鮮을 정벌하게 함. • 장군 郭昌에게 군대를 징발해서 滇國을 공격하게 하자, 滇王이 항복하므로 益州郡을 설치함. • 酷吏 杜周를 廷尉로 삼음.
B.C. 108 癸酉年	漢 武帝 元封 3	206 207 208	• 將軍 趙破奴를 보내 樓蘭國을 공격해서 국왕인 姑師를 사로잡고, 車師를 공격하여 격파함. • 角抵의 놀이와 魚龍, 曼延 등을 만듦. • 荀彘가 楊僕을 사로잡고 그의 군대를 합병하니, 朝鮮 사람들이 왕 衛右渠를 죽이고 항복하자, 樂浪郡·臨屯郡·玄菟郡·眞番郡을 설치하였으며, 순체는 죄로 불러다가 죽임.
B.C. 107 甲戌年	漢 武帝 元封 4	211 212	• 황제가 五畤에 제사하고 마침내 蕭關을 나갔다가 돌아와 后土에 제사함. • 匈奴가 변경을 침략하므로 郭昌을 보내 군대를 거느리

年度	在位年	역문쪽수	주요 사건
			고 가서 朔方에 주둔하게 함.
B.C. 106 乙亥年	漢 武帝 元封 5	213 214 215	• 황제가 남쪽으로 江·漢 지방을 순행하여 九疑山에서 虞舜의 묘소를 멀리 바라보며 제사하고, 蛟龍을 쏘아 잡음. • 황제가 돌아올 적에 泰畤에 郊祭를 지냄. • 大司馬 大將軍 長平侯 衛青 사망. • 처음으로 刺史를 설치하였는데, 冀州, 幽州, 幷州, 兗州, 徐州, 青州, 楊州, 荊州, 豫州, 益州, 涼州 및 朔方과 交趾로 모두 13部임. • 詔令을 내려 재주와 덕행이 출중하여 將相으로 삼고 먼 나라에 사신 보낼 만한 자를 천거하게 함.
B.C. 105 丙子年	漢 武帝 元封 6	216 217 219	• 首山宮을 지음. • 郭昌을 보내서 昆明을 공격하게 함. • 江都王 劉建의 딸인 劉細君을 공주로 삼아 오손의 昆莫에게 시집보내 右夫人이 되게 함. • 匈奴의 烏維單于가 죽으니, 아들인 兒單于 烏師廬가 즉위함.
B.C. 104 丁丑年	漢 武帝 太初 1	220 221 222 224 225 227	• 황제가 泰山에 행차하였고, 明堂에 제사하고 方士를 더욱 많이 보내 海島로 들여보냄. • 황제가 高里에서 禪하고 蓬萊山을 바라보며 제사함. • 建章宮을 지음. • 太初歷을 만들어 정월을 歲首로 삼음. • 公孫敖를 보내 변방 밖에 受降城을 쌓게 함. • 將軍 李廣利를 보내 大宛을 정벌하게 함. • 혹리 中尉 王溫舒가 죄를 지어 자살하자, 三族을 멸함.
B.C. 103 戊寅年	漢 武帝 太初 2	228 229	• 丞相 石慶이 사망하니, 公孫賀를 丞相으로 삼음. • 관리와 백성들의 말을 장부에 적어서 군대의 수레와 기騎馬를 보조하게 함. • 李廣利가 郁成을 공격하였으나 이기지 못하고 돌아와 燉煌에 주둔함. • 趙破奴를 보내 匈奴를 공격하게 하였는데, 패하여 모두 항복함.
B.C. 102 己卯年	漢 武帝 太初 3	230	• 황제가 동쪽으로 海上을 순행함. • 匈奴의 兒單于가 죽으니, 季父인 呴犁湖單于가 즉위함.

年度	在位年	역문쪽수	주요 사건
B.C. 102 己卯年	漢 武帝 太初 3	230 231 232	• 光祿勳 徐自爲를 보내 五原의 塞를 나가 성벽과 여러 亭障을 쌓게 하여, 서북쪽으로 廬朐山에까지 이르렀는데, 匈奴가 定襄과 雲中으로 대거 침입하여 모두 파괴함. • 睢陽侯 張昌이 죄를 지어 나라가 없어짐. • 군대를 크게 동원하여 李廣利를 따라 大宛을 포위하자, 大宛에서 그 王인 毋寡를 죽이고 항복하니, 좋은 말 수십 匹을 얻음. 또한 搜粟都尉 上官桀로 하여금 郁成을 공격하여 그 왕을 죽임.
B.C. 101 庚辰年	漢 武帝 太初 4	235 237 238	• 李廣利를 봉하여 海西侯로 삼음. • 明光宮을 건설함. • 匈奴의 呴犂湖單于가 죽으니, 아우인 且鞮侯單于가 즉위하여 사신을 보내와 공물을 침.
B.C. 100 辛巳年	漢 武帝 天漢 1	239 244	• 中郎將 蘇武를 보내 匈奴에 사신으로 보냈으나 억류당함. • 謫戍(수자리 사는 죄인)를 징발하여 五原에 주둔시킴.
B.C. 99 壬午年	漢 武帝 天漢 2	244 250	• 李廣利를 보내 군대를 거느리고 가서 匈奴를 공격하게 하였는데, 別將 李陵이 싸우다가 패하여 오랑캐에게 항복함. 이를 太史令 司馬遷이 변호하다가 宮刑을 당함. • 동쪽에서 民亂이 일어나자 繡衣直指使者를 보내 공격하였으나 완전히 진압하지는 못함.
B.C. 98 癸未年	漢 武帝 天漢 3	253	• 처음으로 술파는 것을 금하고 專賣함. • 황제가 동쪽으로 순행하고 돌아오면서 常山에 제사함.
B.C. 97 甲申年	漢 武帝 天漢 4	254 256	• 李廣利 등을 보내어 匈奴를 공격하게 하였으나 이기지 못하였고, 李陵이 배반했다는 소식을 듣고 그의 가족을 誅殺함. • 아들 劉髆을 昌邑王으로 삼음. • 죽을죄를 지은 자들로 하여금 돈을 바치고 속죄하게 함.
B.C. 96 乙酉年	漢 武帝 太始 1	257	• 호걸들을 茂陵으로 이주함. • 匈奴의 且鞮侯單于가 죽으니, 아들 狐鹿姑單于가 즉위함.
B.C. 95 丙戌年	漢 武帝 太始 2	258	• 白渠(運河)를 건설함.

年度	在位年	역문쪽수	주요 사건
B.C. 94 丁亥年	漢 武帝 太始 3	258 260	• 황제가 동쪽으로 琅邪를 순행하여 바다에 배를 띄웠다가 돌아옴. • 皇子 劉弗陵이 탄생함. • 江充을 水衡都尉로 삼음.
B.C. 93 戊子年	漢 武帝 太始 4	262	• 황제가 동쪽으로 순행하여 明堂에 제사하고 封을 보수하고 禪을 거행함.
B.C. 92 己丑年	漢 武帝 征和 1	262	• 趙王 劉彭祖가 사망.
B.C. 91 庚寅年	漢 武帝 征和 2	264 265 266	• 丞相 公孫賀가 죄가 있어 하옥되어 죽으니, 그 집안을 멸족함. • 劉屈氂를 左丞相으로 삼음. • 諸邑의 公主와 陽石公主와 長平侯 衛伉이 모두 巫蠱의 옥사에 걸려 죽음. • 황제가 甘泉에 갔는데 江充이 巫蠱로 皇后와 皇太子 劉據를 모함하자, 유거가 使者로 온 강충을 죽이고는 반란을 일으킴. 이에 丞相 劉屈氂에게 명하여 토벌하게 해 유거가 패하고 湖縣으로 달아났는데, 황후 衛氏와 유거가 모두 자살함.(巫蠱의 난)
B.C. 90 辛卯年	漢 武帝 征和 3	280 282	• 匈奴가 五原과 酒泉으로 침입하자, 李廣利 등을 보내어 공격하게 함. • 西域의 군대를 징발하여 車師國을 공격하게 해서 그 王과 백성의 무리를 모두 사로잡아 돌아옴. • 丞相 劉屈氂가 昌邑王을 태자로 삼으려 하다가 棄市刑을 당하자 이에 李廣利의 妻子가 獄吏에 회부되었는데, 이광리가 匈奴에 항복하자 詔令을 내려 그의 宗族을 멸함. • 田千秋를 大鴻臚로 삼고 巫蠱의 난을 조사하게 하고 江充의 집안을 멸족시킴.
B.C. 89 壬辰年	漢 武帝 征和 4	284 286	• 황제가 東萊에 가서 神仙을 구함. • 황제가 鉅定에서 親耕을 하고 돌아오다가 泰山에 이르러 神人을 기다리는 方士들을 파함. • 田千秋를 丞相으로 삼아 富民侯를 封하고, 桑弘羊이 輪臺 동쪽의 땅에 둔전을 요청하였으나 거부하고 백성들을 휴식시키게 함. 趙過를 搜粟都尉로 삼자 농민들에게

年度	在位年	역문쪽수	주요 사건
			代田法을 가르침.
B.C. 88 癸巳年	漢 武帝 後苑 1	290 291 292	• 泰畤에 제사함. • 侍中僕射 馬何羅가 반역을 도모하였는데 侍中 金日磾가 이를 막음. • 鉤弋夫人 趙氏의 아들 劉弗陵를 태자로 삼고자 鉤弋夫人을 죽임.
B.C. 87 甲午年	漢 武帝 後苑 2	295 300 301 302	• 황제가 五柞宮에 가서 劉弗陵을 세워 皇太子로 삼고, 霍光을 大司馬 大將軍으로, 金日磾를 車騎將軍으로, 上官桀을 左將軍으로 삼아 遺詔를 받아 어린 군주를 보필하게 함. 武帝가 사망함. • 太子 劉弗陵이 즉위하니, 큰누이인 鄂邑의 長公主가 함께 궁중에서 공양을 받고 霍光과 金日磾와 上官桀이 함께 尙書의 일을 겸함. • 武帝를 茂陵에 장례함. • 鉤弋夫人을 추존하여 皇太后라 하고 雲陵을 조성함. • 匈奴가 朔方에 침입하자, 左將軍 上官桀을 보내 북쪽 변방을 순행하게 함.
B.C. 86 乙未年	漢 昭帝 始元 1	302 303 305 306	• 益州의 오랑캐가 배반하자, 관리와 백성들을 모집하여 명령에 달려가 싸울 수 있는 자들을 징발해서 격파함. • 燕王 劉旦이 모반하였는데 사면하여 治罪하지 않고, 함께 참여한 徒黨들은 모두 伏誅함. • 雋不疑를 京兆尹으로 삼음. • 車騎將軍 秺侯 金日磾 사망. • 사자를 보내 郡國을 순행하여 賢良을 천거하고 백성들의 고통을 묻게 함.
B.C. 85 丙申年	漢 昭帝 始元 2	306 307 308	• 大將軍 霍光을 封하여 博陸侯로 삼음. • 종실인 劉辟彊과 劉長樂을 光祿大夫로 삼음. • 사자를 보내 가난한 백성들에게 곡식의 종자와 양식을 賑貸함. • 詔令을 내려, 賑貸한 것을 거두도록 재촉하지 말고 금년의 田租를 면제하게 함. • 匈奴의 狐鹿姑單于가 죽자, 아들인 壺衍鞮單于가 즉위함.

年度	在位年	역문쪽수	주요 사건
B.C. 84 丁酉年	漢 昭帝 始元 3	309	• 백성을 모집하여 雲陵으로 이주시킴. • 使者를 보내 東海에서 鳳凰에게 제사함.
B.C. 83 戊戌年	漢 昭帝 始元 4	310 311 312	• 倢伃 上官氏를 皇后로 세움. • 백성들로 하여금 말을 供出하지 말게 함. • 西南夷가 다시 배반하였으므로 군대를 파견하여 공격하게 함. • 上官安을 車騎將軍으로 삼음.
B.C. 82 己亥年	漢 昭帝 始元 5	312 315	• 成方遂가 大闕에 나와 衛太子를 사칭하다가 伏誅됨. • 儋耳郡과 眞番郡을 파함.
B.C. 81 庚子年	漢 昭帝 始元 6	315 316 321	• 霍光은 郡國에서 천거한 賢良과 文學들에게 백성들이 고통으로 여기는 것과 교화의 요점을 묻고 鹽鐵과 술의 전매를 파하고자 하였는데, 桑弘羊이 반대하면서 鹽鐵을 폐지하자는 의논이 일어나게 됨.(鹽鐵 논쟁) • 匈奴에 억류되었던 蘇武가 돌아갈 때 李陵이 전별하고 漢나라는 그를 典屬國으로 삼음. • 榷酤官(술을 전매하는 관원)을 파함.
B.C. 80 辛丑年	漢 昭帝 原鳳 1	322 323 327 328 329	• 훌륭한 행실이 있는 韓福 등을 불러 長安에 오게 하였는데, 비단을 하사하여 돌려보냄. • 武都에 있는 氐族 사람들이 반란하였으므로 군대를 보내 공격하게 함. • 鄂邑 長公主와 燕王 劉旦과 上官桀과 上官安 등이 謀反하다가 모두 伏誅됨. • 韓延壽를 諫大夫로 삼음. • 張安世를 右將軍으로 삼고, 杜延年을 太僕으로 삼음. • 匈奴가 침입하여 노략질하므로 변방의 군대가 추격하여 甌脫王을 사로잡았는데, 한나라가 우탈왕을 향도로 삼고 쳐들어올까 두려워 서북쪽으로 이동함.
B.C. 79 壬寅年	漢 昭帝 原鳳 2		
B.C. 78 癸卯年	漢 昭帝 原鳳 3	331 334	• 桑弘羊의 아들 桑遷이 도망할 때 숨겨준 자를 少府 徐仁과 廷尉 王平이 풀어주었는데, 이것이 밝혀져서 서인은 자살하고, 왕평은 죽임을 당함. • 遼東의 烏桓이 배반하였으므로 將軍 范明友를 보내 군대를 거느리고 가서 공격하게 함.

年度	在位年	역문쪽수	주요 사건
B.C. 77 甲辰年	漢 昭帝 原鳳 4	336 336 337	• 황제가 冠禮를 함. • 丞相 田千秋 사망. • 王訢을 승상으로 삼음. • 使臣 傅介子를 보내어 樓蘭王 安歸를 유인하여 죽임.
B.C. 76 乙巳年	漢 昭帝 原鳳 5	340	• 나쁜 少年과 관리 중에 도망한 자를 징발하여 遼東에 주둔하게 함. • 丞相 王訢 사망.
B.C. 75 丙午年	漢 昭帝 原鳳 6	340 341	• 遼東城과 玄菟城을 쌓음. • 烏桓이 다시 변방을 침범하므로 范明友를 보내어 군대를 거느리고 가서 공격하게 함. • 楊敞을 丞相으로 삼음.
B.C. 74 丁未年	漢 昭帝 元平 1	341 342 344 358 363 364 365	• 口賦錢을 10분의 3으로 줄임. • 昭帝 사망. 大將軍 霍光이 皇后의 詔令을 받들어 昌邑王 劉賀를 맞이해서 長安에 옴. 6월에 들어와 즉위하고 皇后를 높여 皇太后라 함. • 昭帝를 平陵에 장례함. • 昌邑王이 죄가 있으므로, 大將軍 霍光이 여러 신하를 거느리고 太后에게 아뢰어 폐위함. • 武帝의 曾孫인 劉病已를 맞이하여, 유병이가 들어와 즉위하고, 皇太后를 높여 太皇太后라 함. • 丞相 楊敞이 卒하였으므로 蔡義를 丞相으로 삼음. • 許氏를 皇后로 세움. • 太皇太后가 長樂宮으로 돌아가고, 처음으로 屯衛를 설치함.

思政殿訓義 資治通鑑綱目 4 地圖

1. B.C. 138년 漢 武帝의 微行 시기 長安 근교(21쪽 참조)

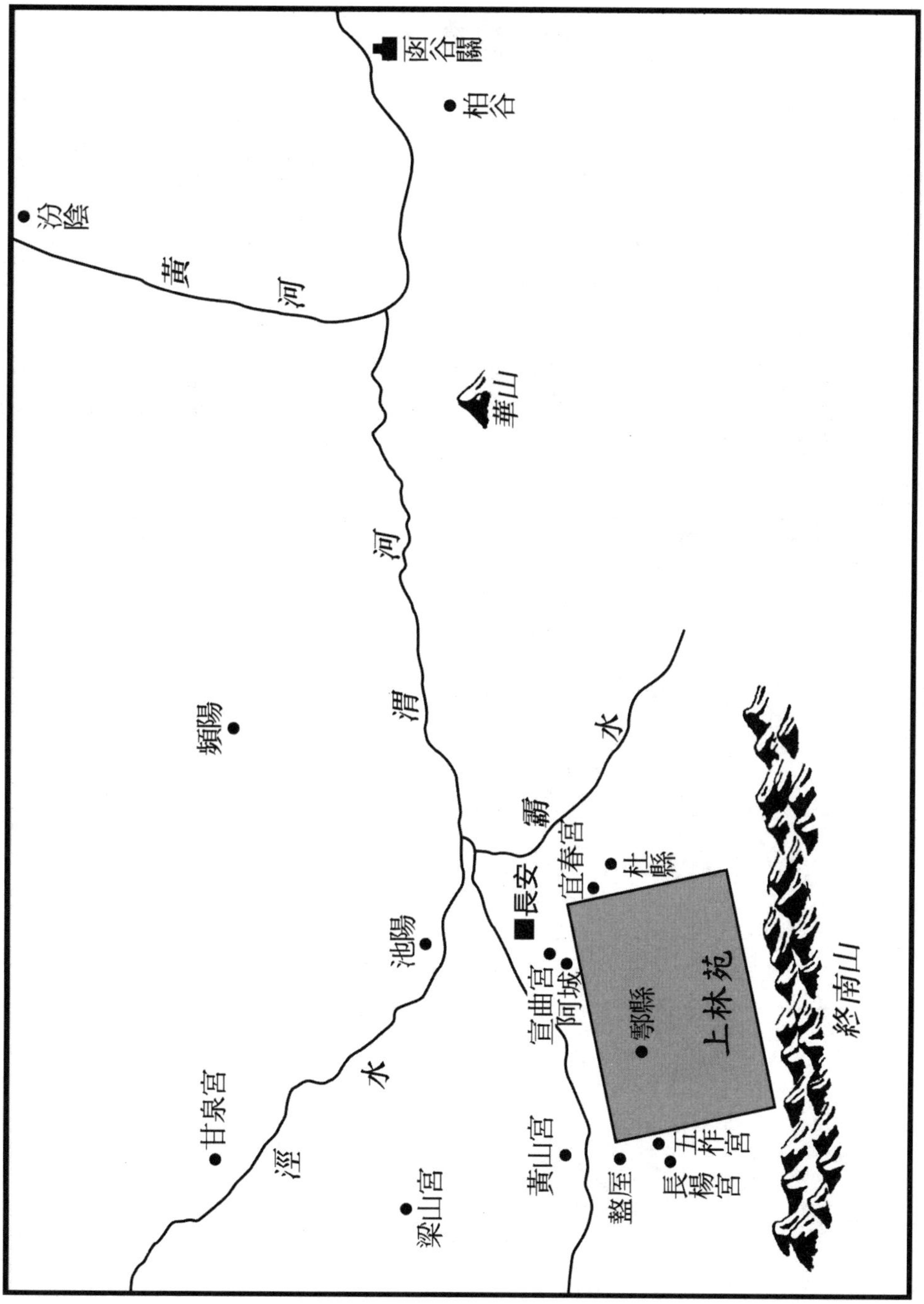

2. B.C. 135년 漢나라의 閩越 정벌(30쪽 참조)

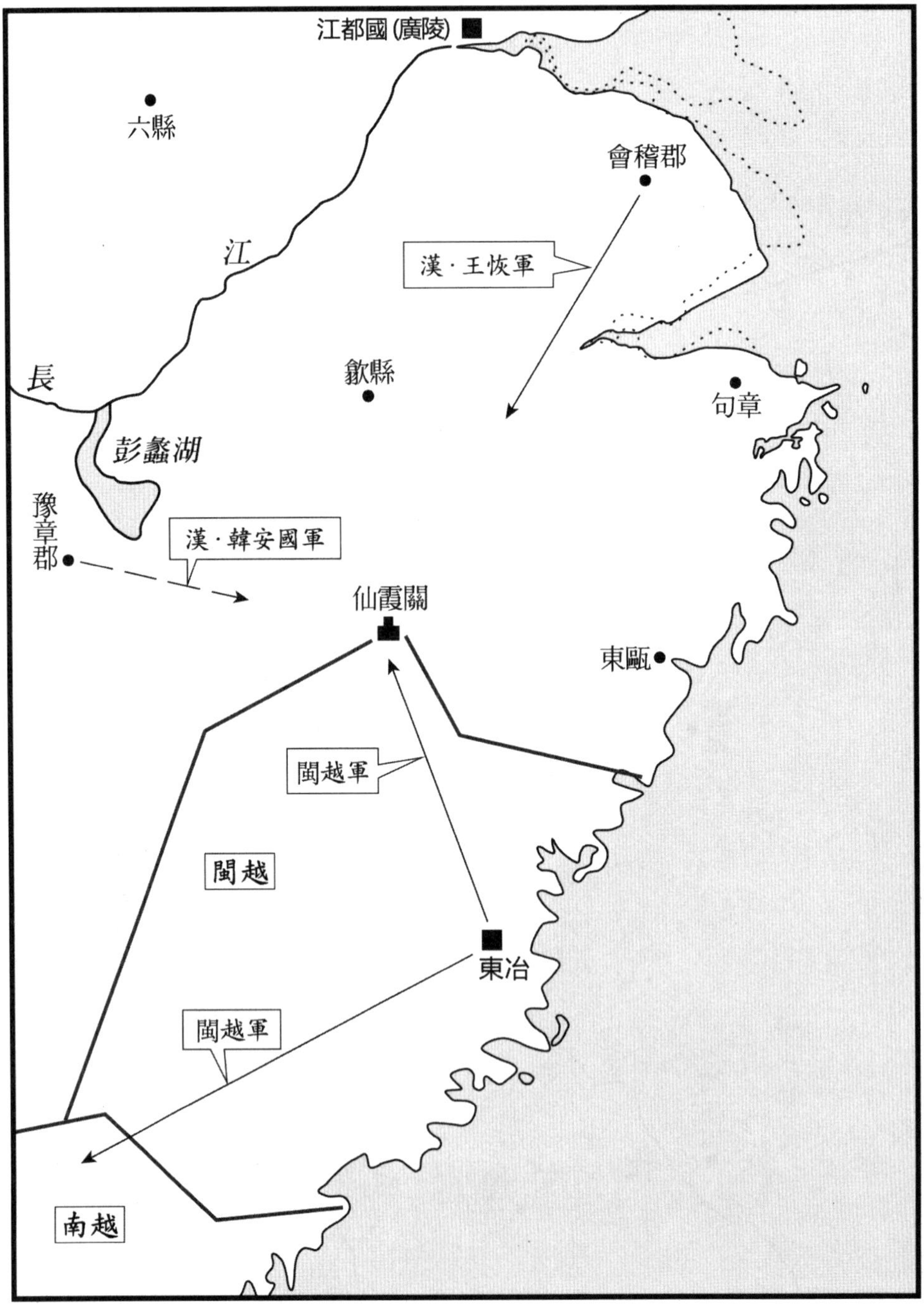

3. B.C. 130년 漢나라의 西南夷 개척(59쪽 참조)

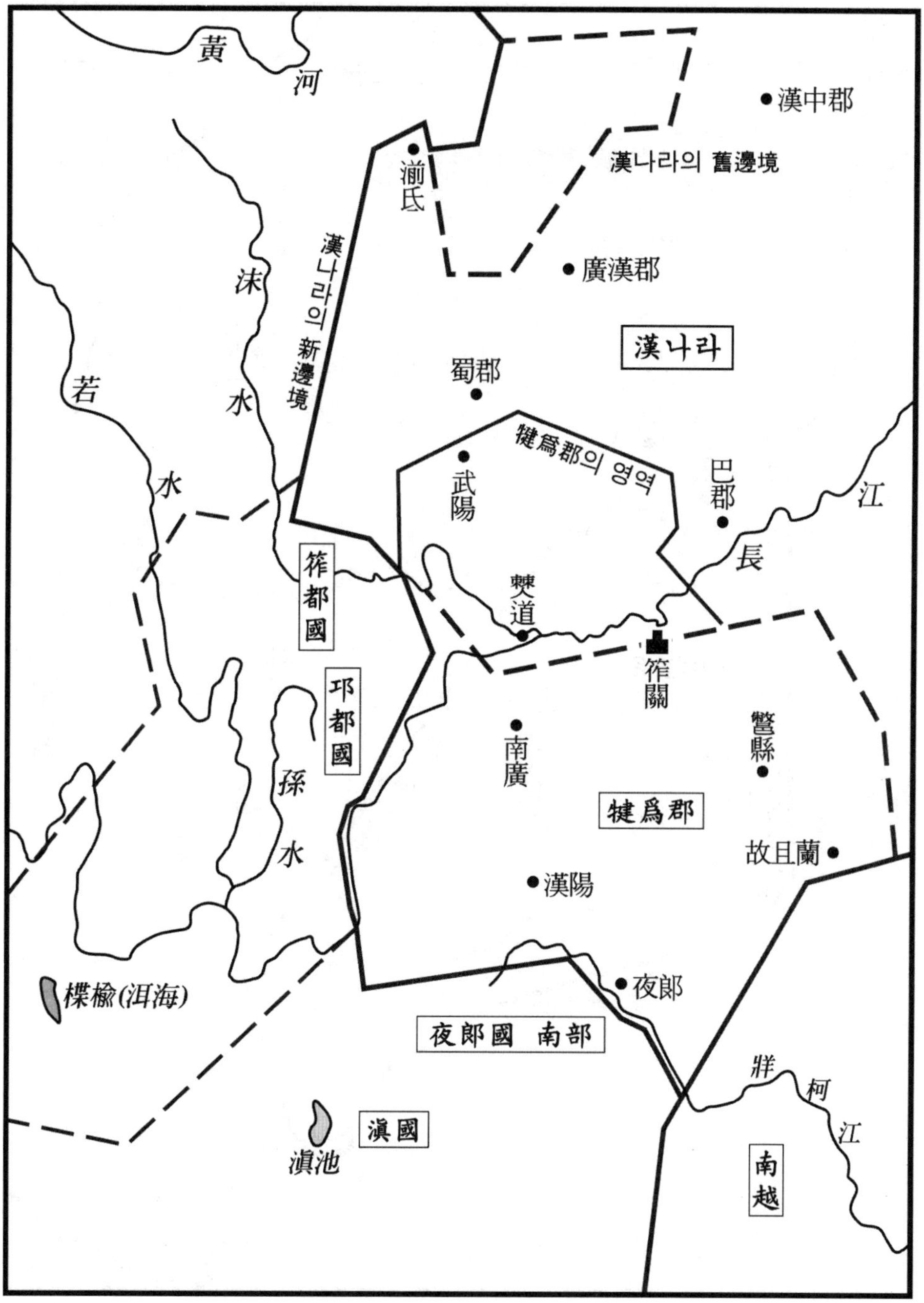

4. B.C. 127년 河南의 匈奴 정벌과 朔方郡 설치(83쪽 참조)

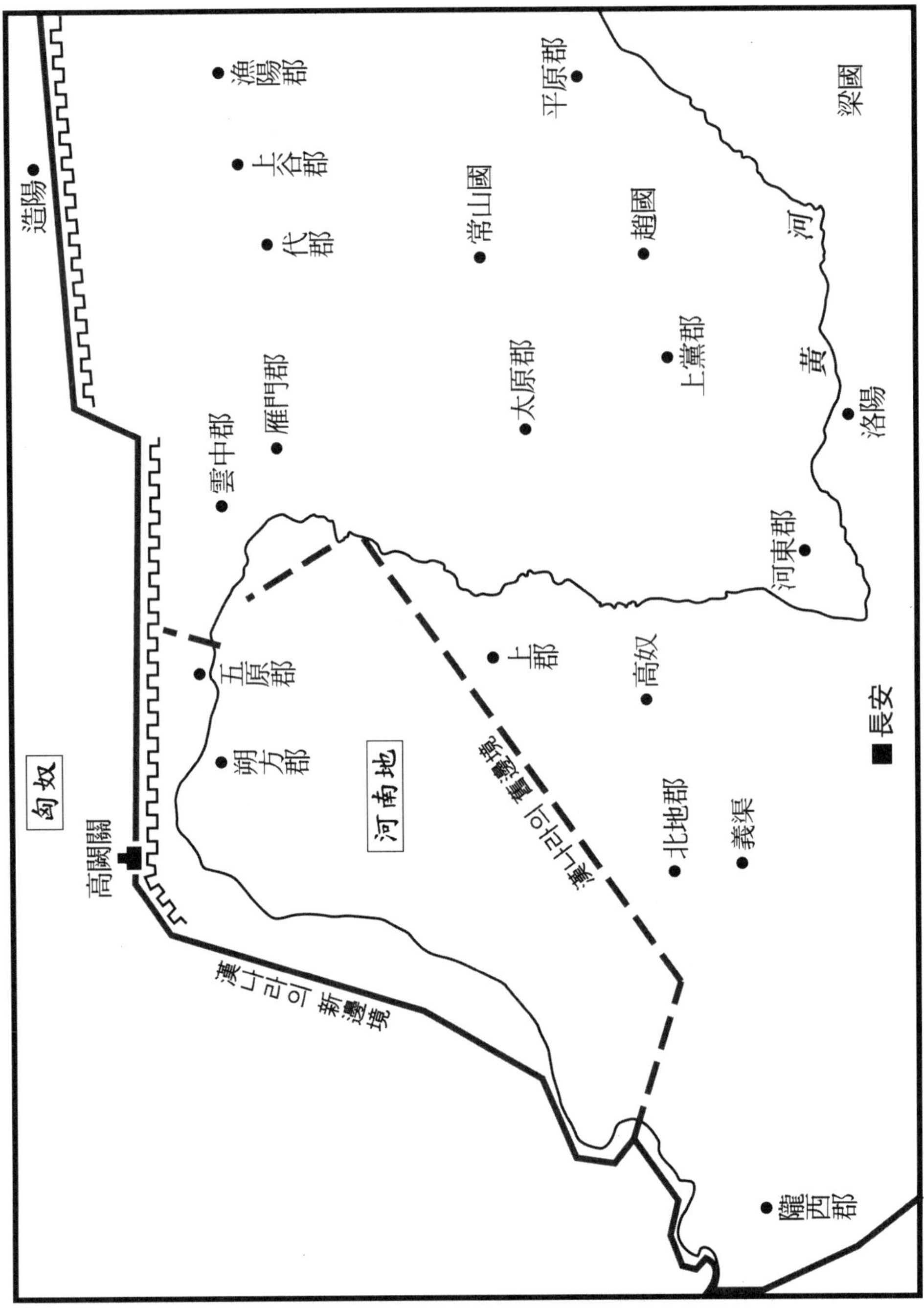

5. B.C. 126년 張騫의 비단길 개척 시기의 西域(94쪽 참조)

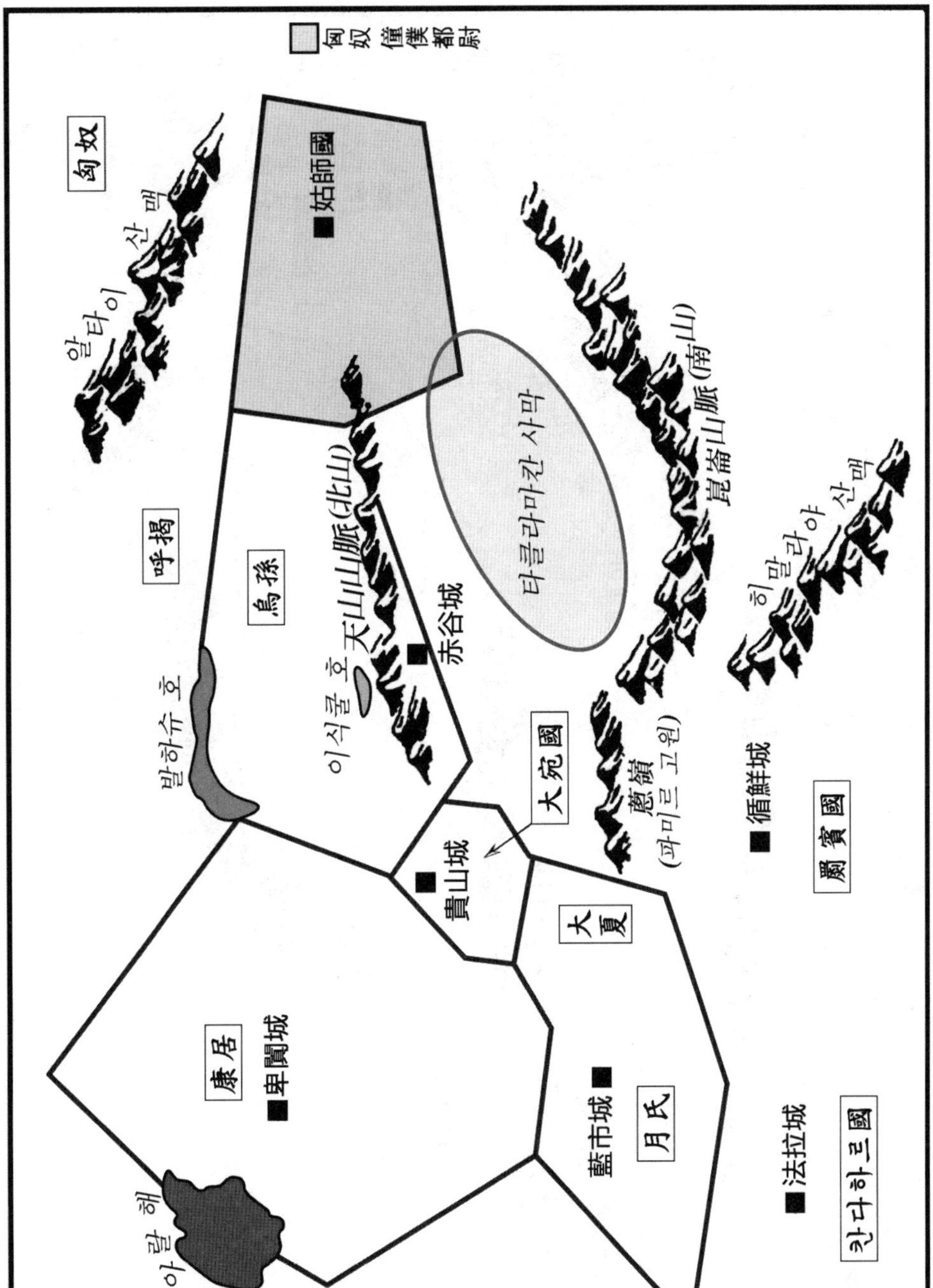

6. B.C. 122년 西域과 西南夷의 상황(116쪽 참조)

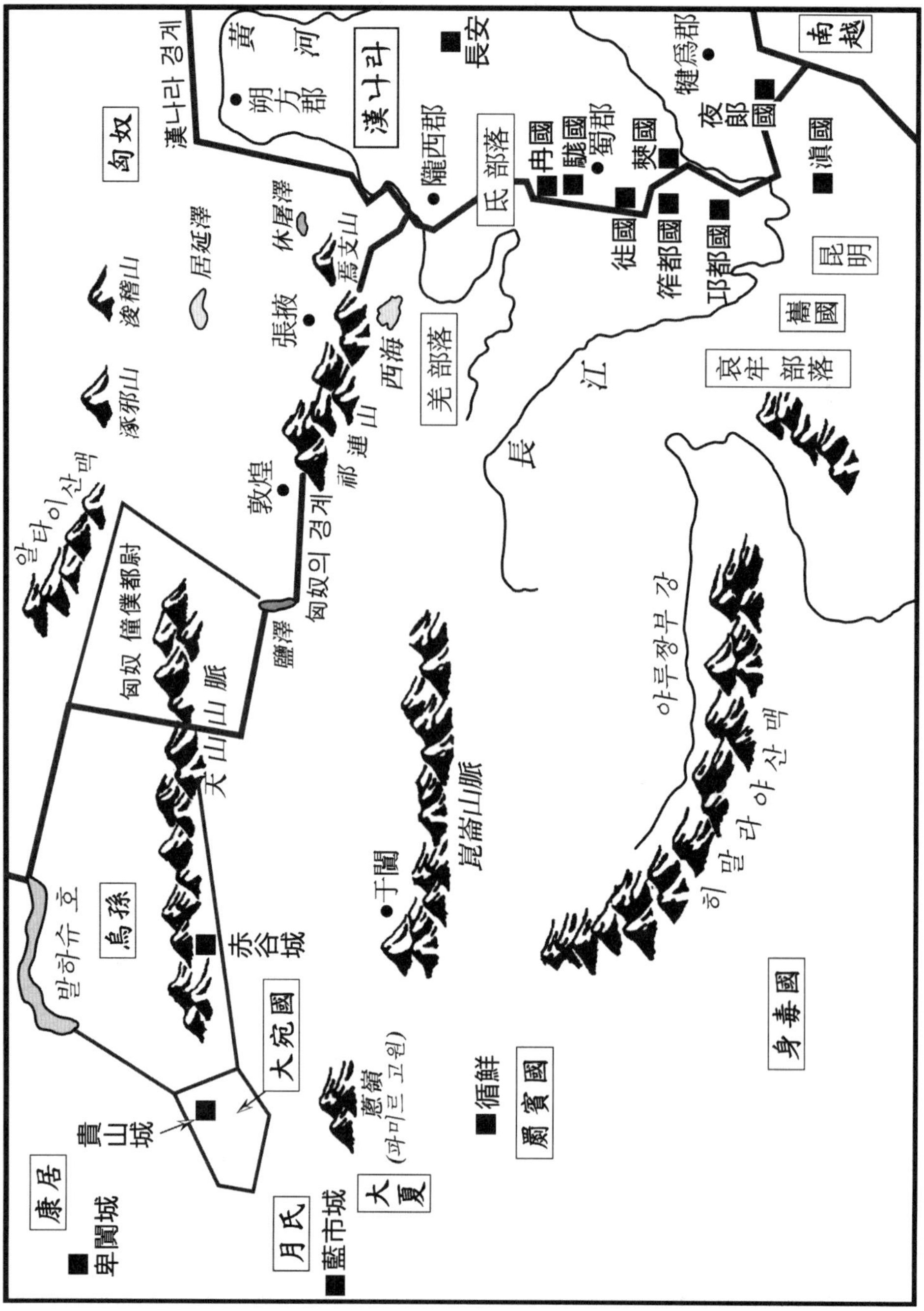

7. B.C. 121년 匈奴 渾邪王의 항복과 五屬國 설치(121쪽 참조)

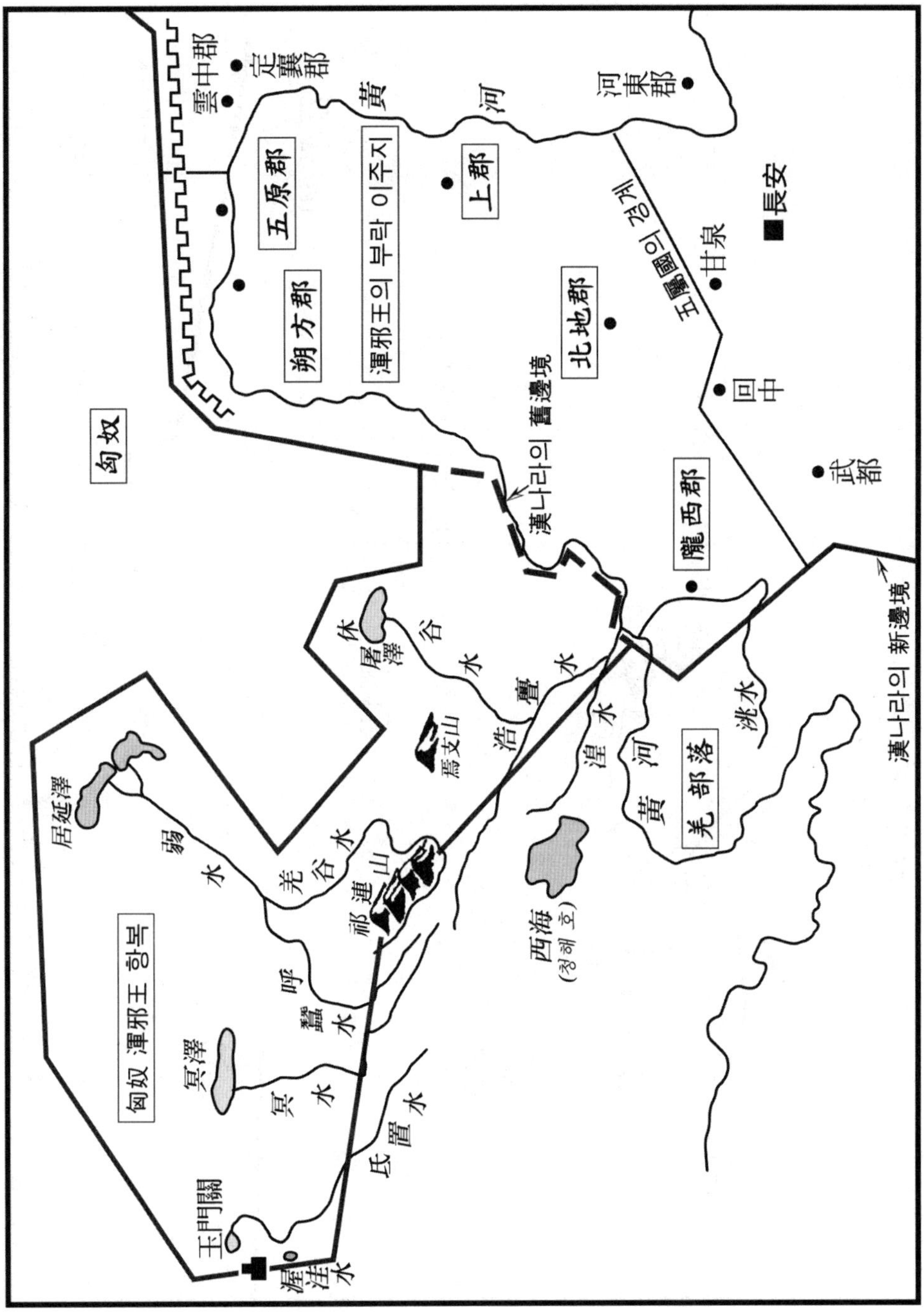

8. B.C. 119년 衛靑과 霍去病의 匈奴 원정(135쪽 참조)

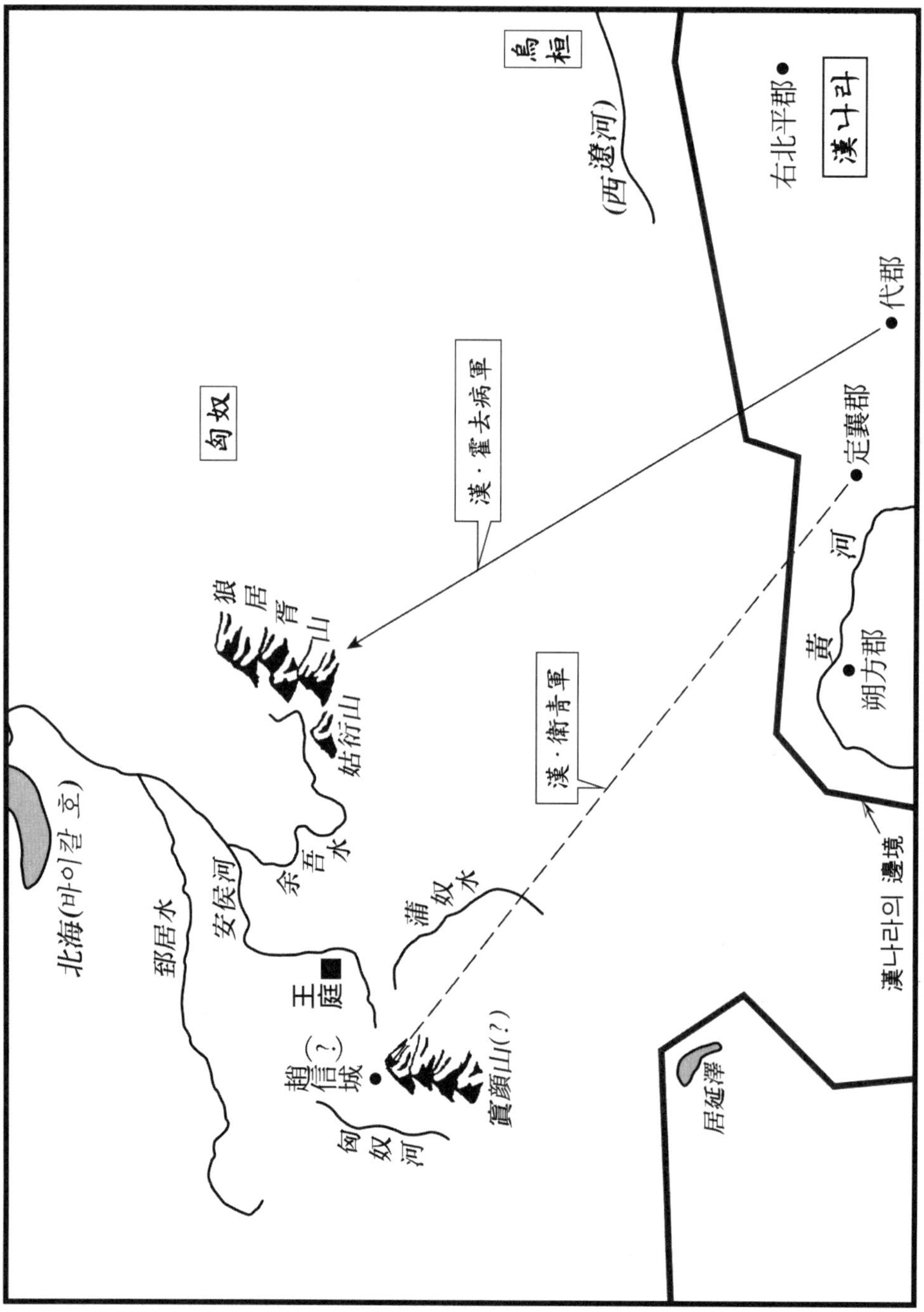

9. B.C. 115년 西域諸國(163쪽 참조)

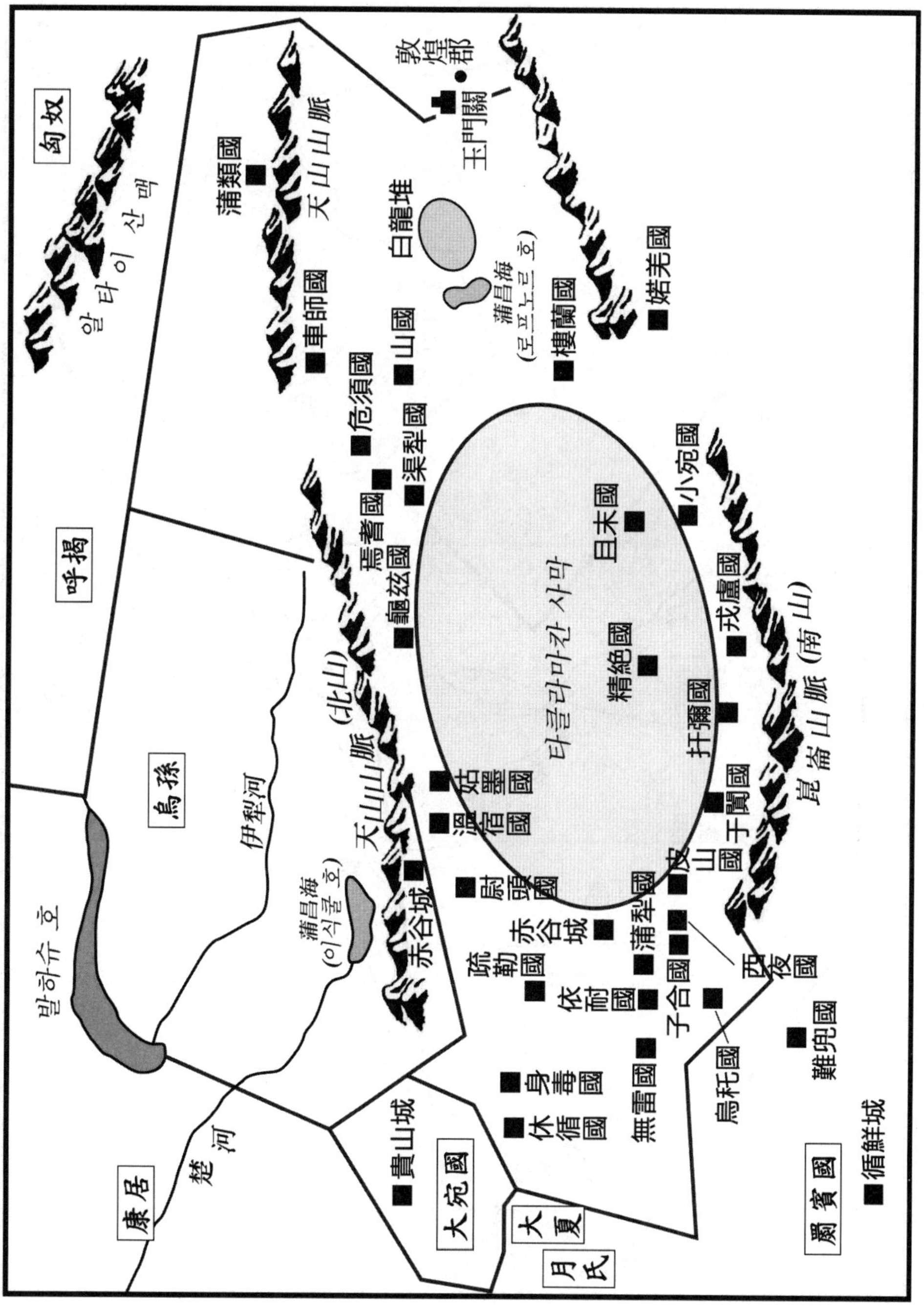

10. B.C. 115년, B.C.111년 河西 4郡의 설치(161쪽, 185쪽 참조)

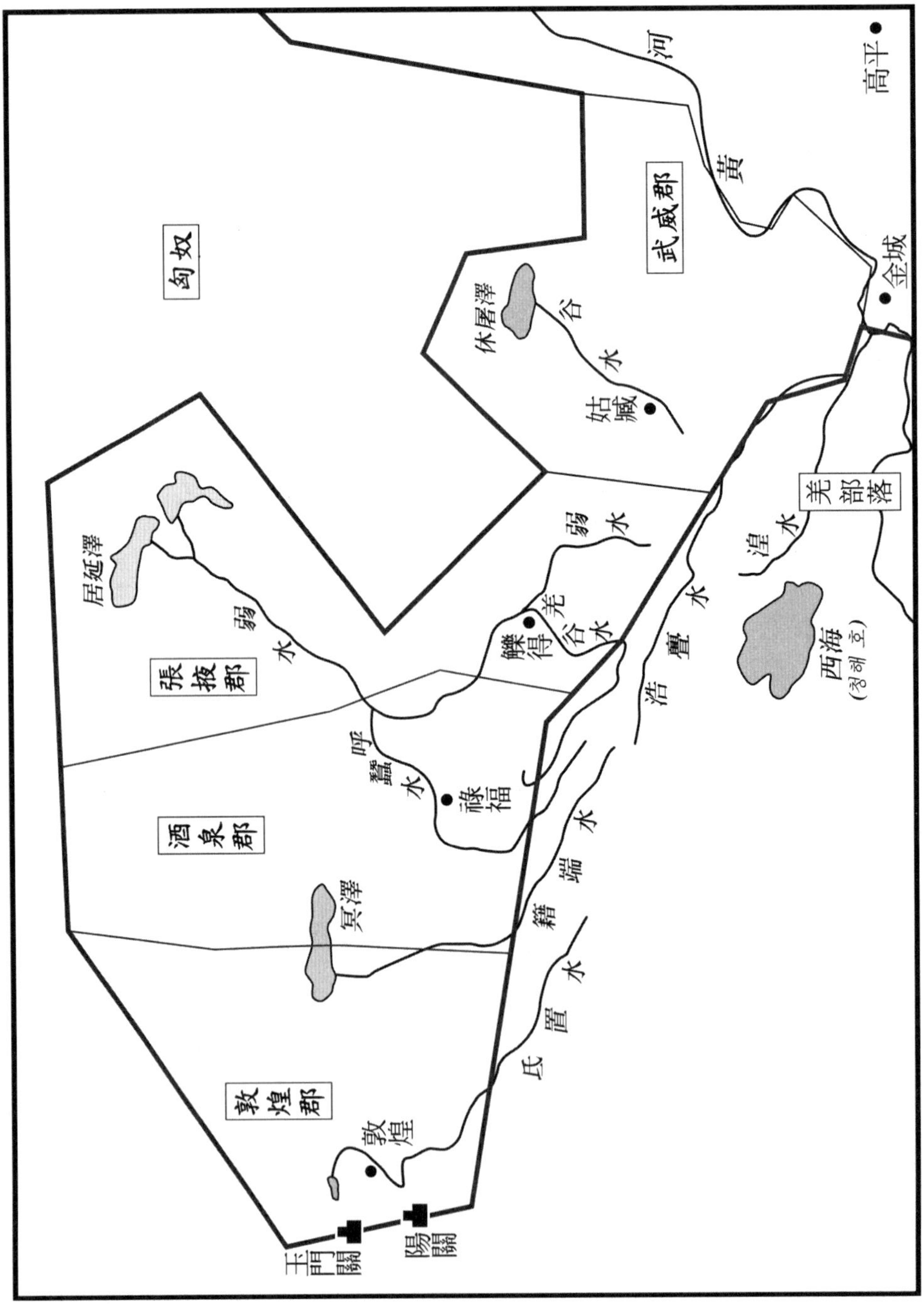

11. B.C. 112년~B.C. 111년 漢나라의 南越 정벌(176쪽 참조)

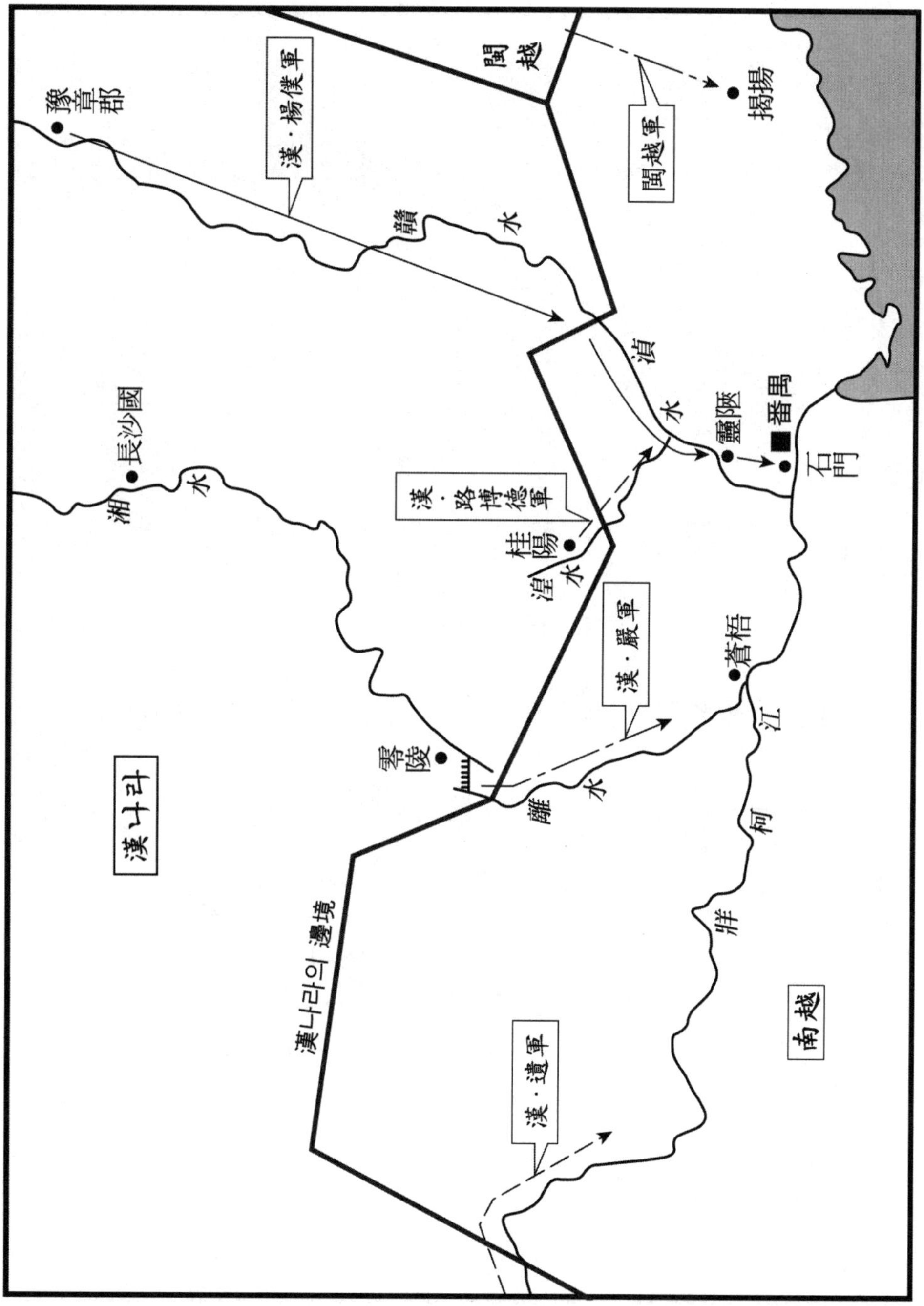

12. B.C. 106년 漢나라 13州의 설치(214쪽 참조)

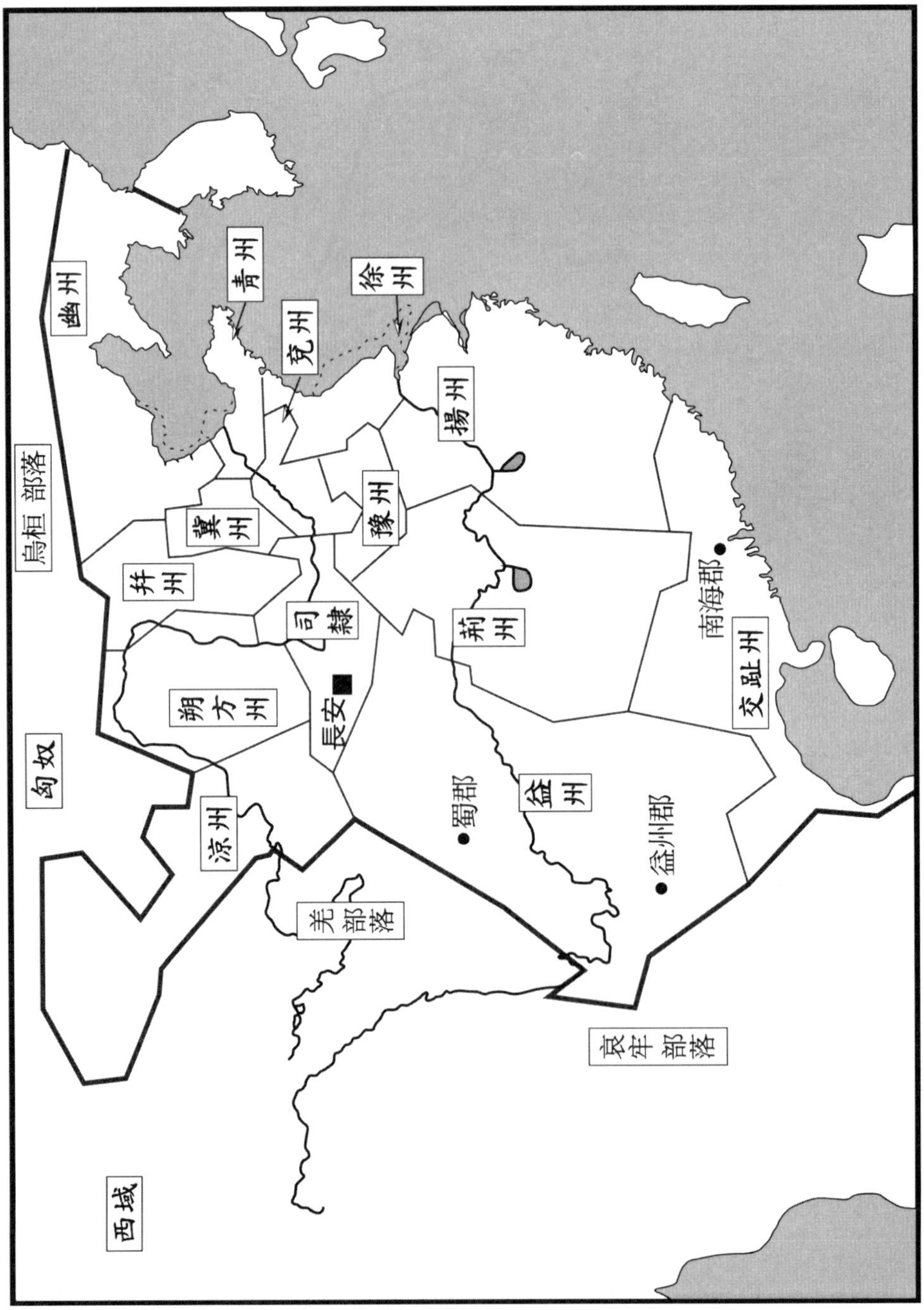

13. B.C. 102년 李廣利의 大宛 원정(232쪽 참조)

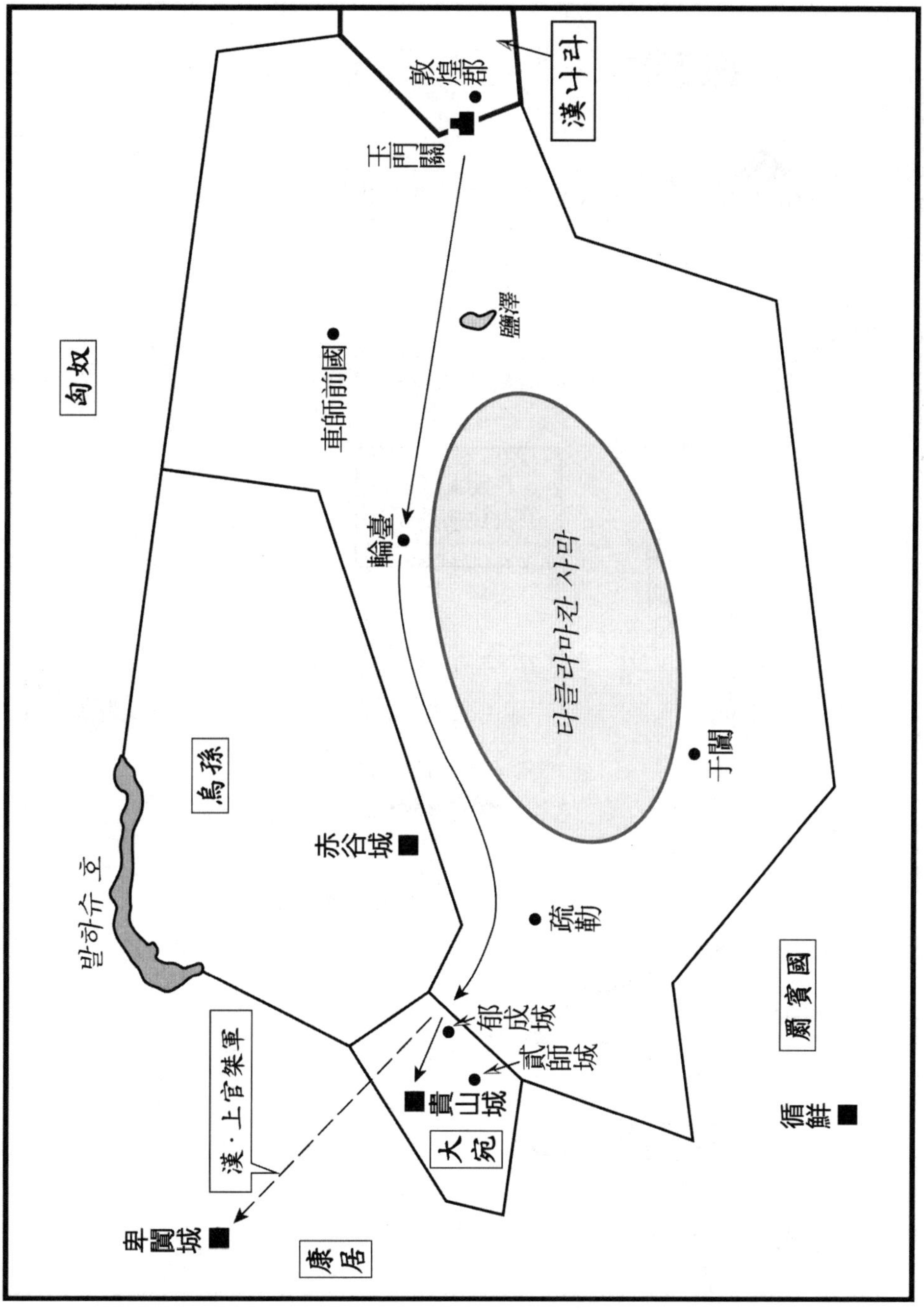

14. B.C. 99년 李陵의 進軍路(246쪽 참조)

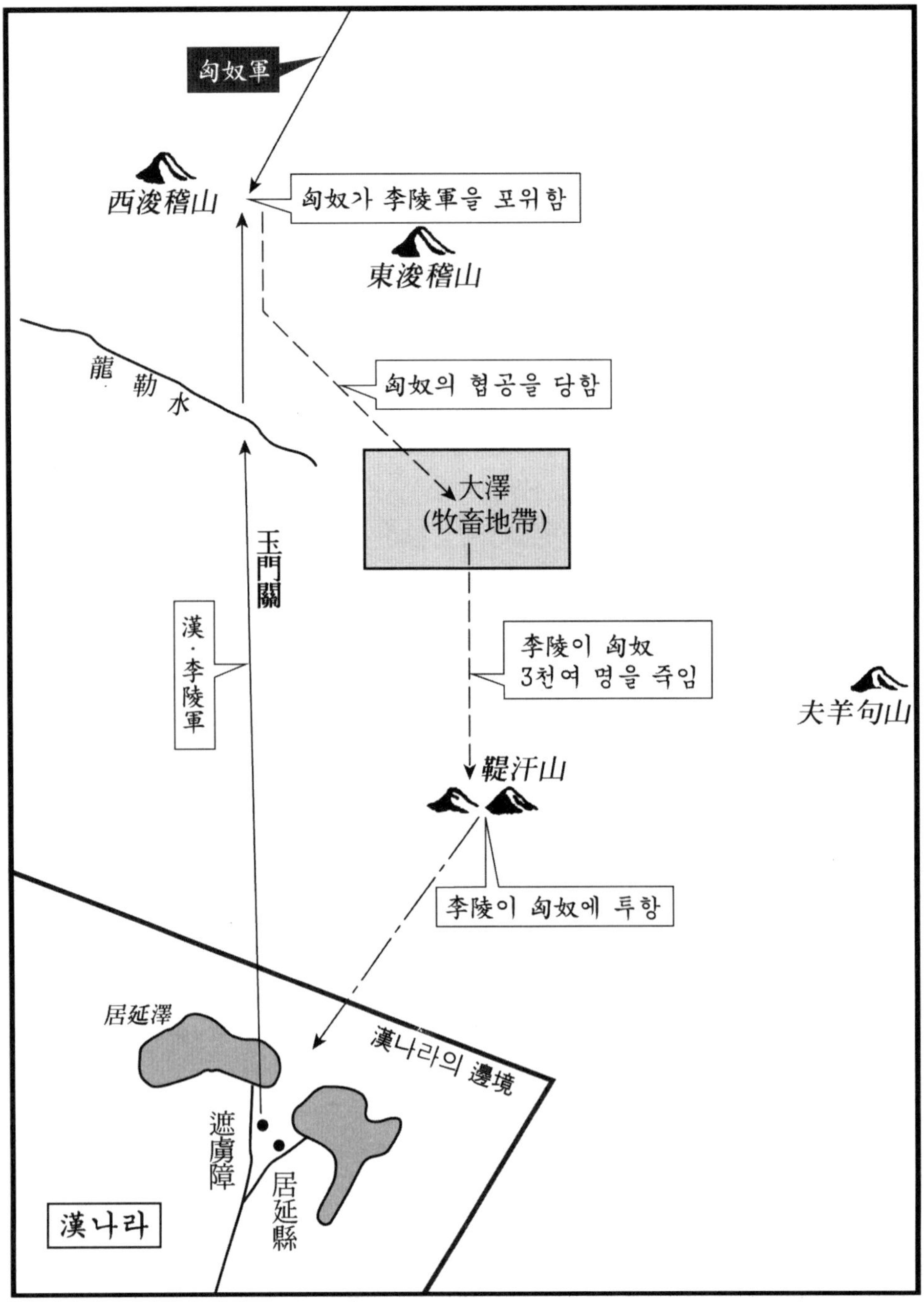

15. B.C. 91년 巫蠱의 禍(266쪽 참조)

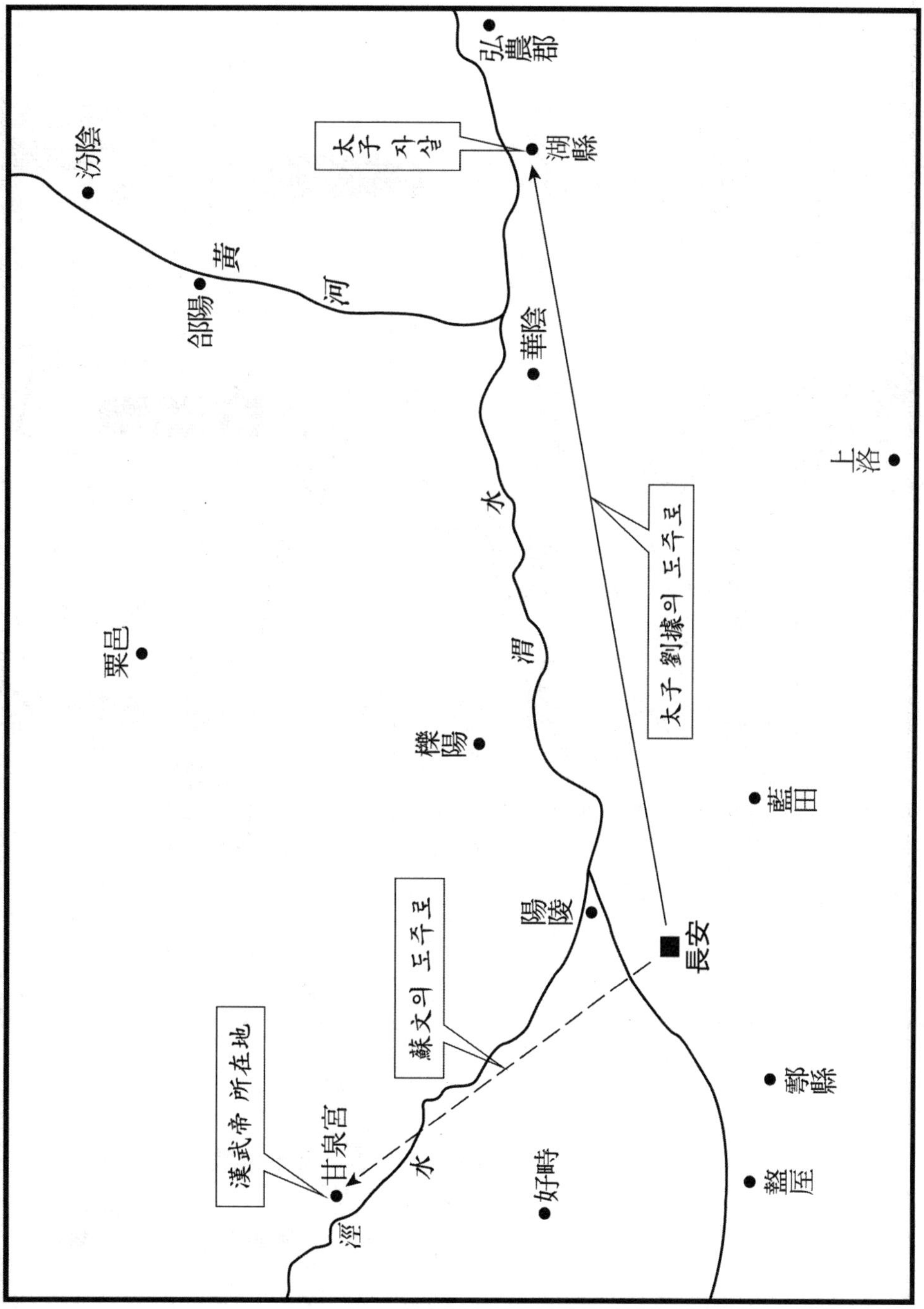

16. B.C. 90년 匈奴에 항복하는 李廣利(281쪽 참조)

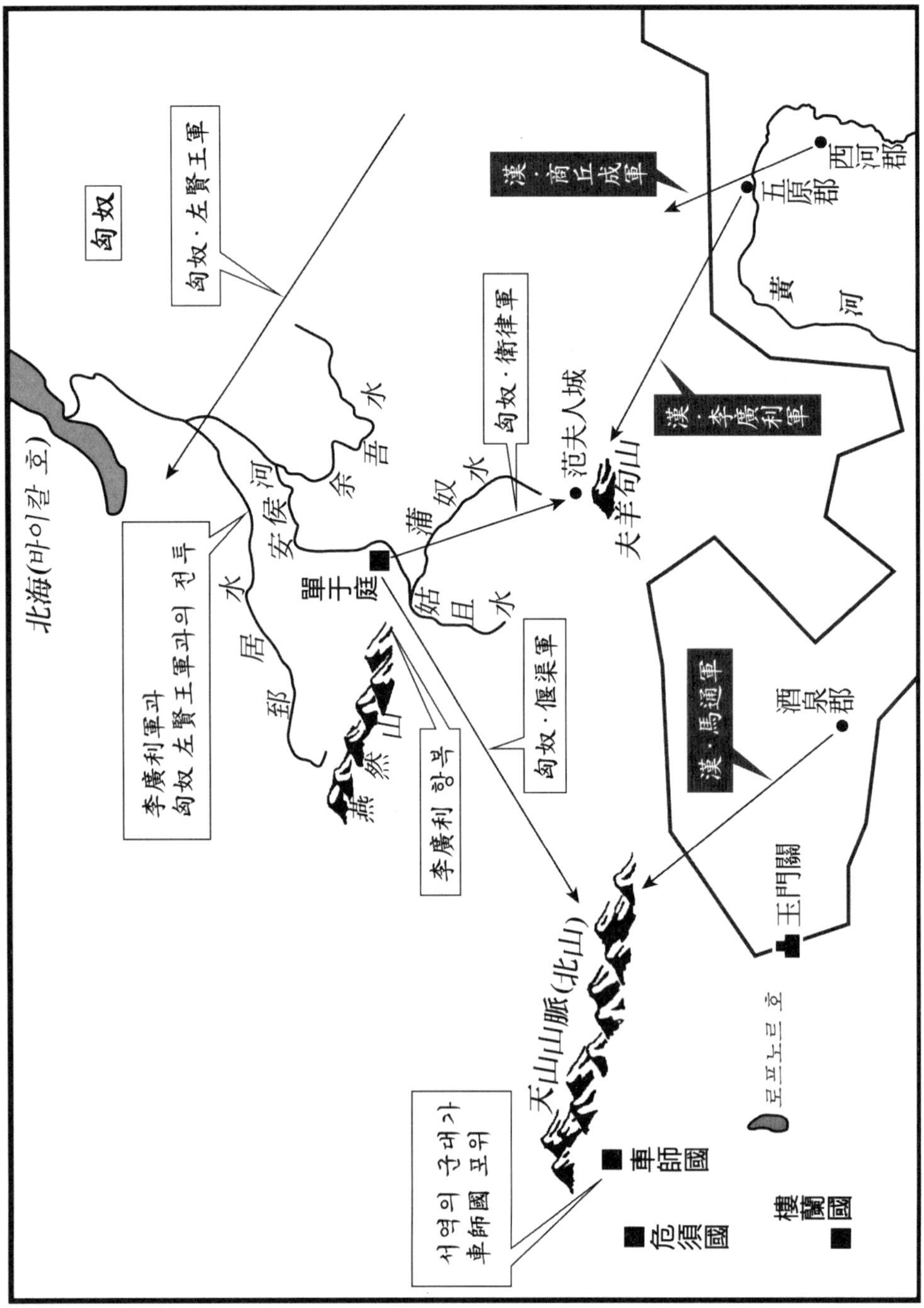

漢 武帝의 家系圖

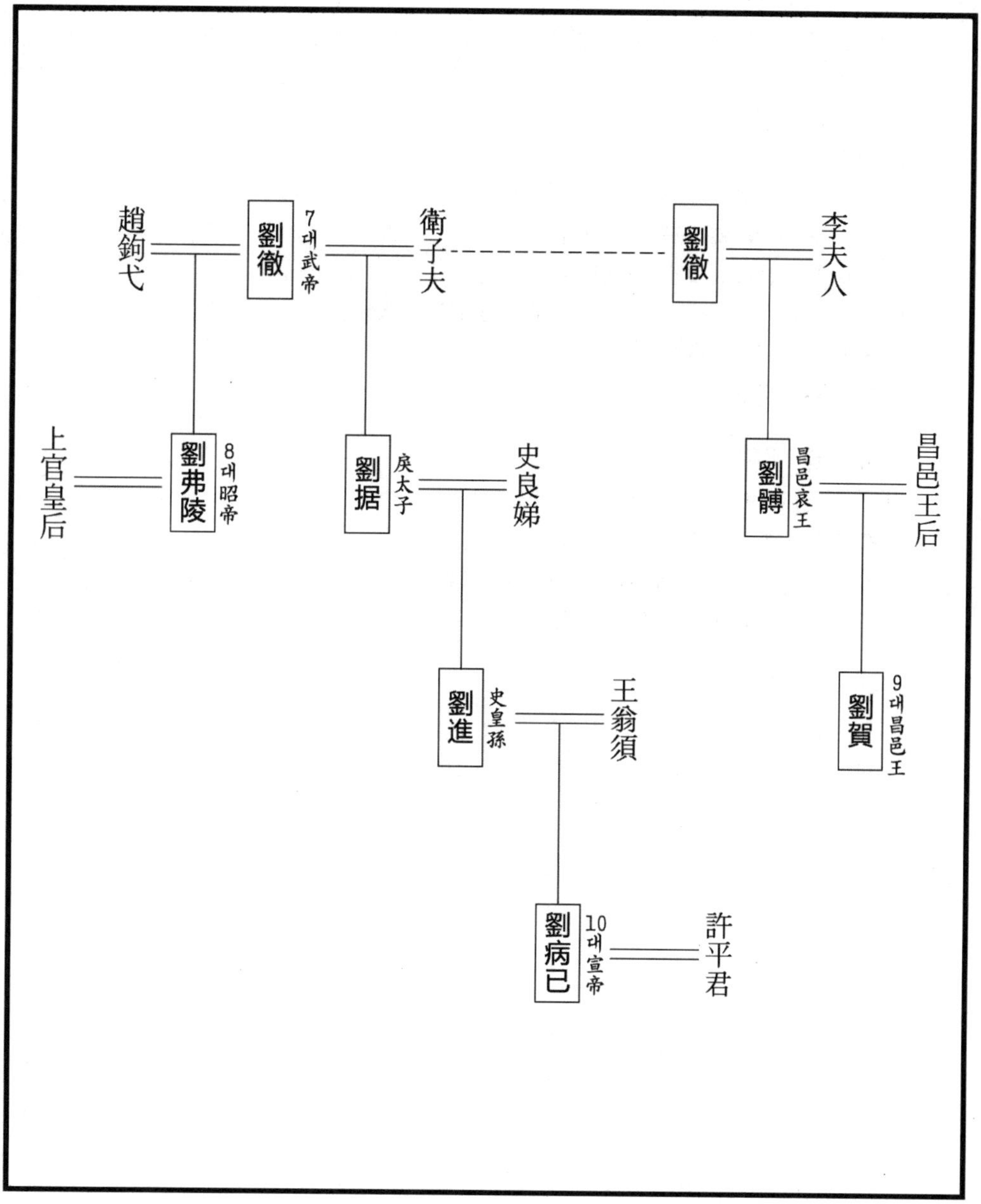
趙鉤弋
劉徹
7대武帝
衛子夫
劉徹
李夫人
上官皇后
劉弗陵
8대昭帝
劉据
戾太子
史良娣
劉髆
昌邑哀王
昌邑王后
劉進
史皇孫
王翁須
劉賀
9대昌邑王
劉病已
10대宣帝
許平君

譯註者 略歷

成百曉

忠南 禮山 出生
家庭에서 父親 月山公으로부터 漢文 修學
月谷 黃璟淵, 瑞巖 金熙鎭 先生 師事
民族文化推進會 國譯硏修院 修了
高麗大學校 教育大學院 漢文教育科 修了
한국고전번역원 부설 고전번역교육원 名譽漢學教授(現)
傳統文化硏究會 副會長(現) 해동경사연구소 소장(現)
古典國譯賞 受賞

論文 및 譯書

〈艮齋의 性理說小考〉〈燕岩의 學問思想硏究〉
四書集註 《詩經集傳》 《書經集傳》 《周易傳義》
《古文眞寶》 《牛溪集》 등 數十種 國譯
《宣祖實錄》 《宋子大全》 《茶山集》 《退溪集》 등 共譯

李鍾德

忠南 牙山 出生
兢庵 金淵雷 先生 師事
民族文化推進會 國譯研修院 수료
高麗大學校 教育大學院 漢文教育科 수료
高麗大學校 中央圖書館 漢籍室
國史編纂委員會 古典研究委員
成均館 翰林院 교수
傳統文化研究會, 成均館大學校 社會教育院, 韓國古典飜譯院 國譯研修院 강사
延世大學校 國學研究院 강사 및 諮問委員

譯書
≪荷齋日記≫ ≪愚山經義問答≫ ≪備邊司謄錄≫ 등 共譯

尹銀淑

德成女子大學校 經營學科 졸업
放送通信大學校 中文學科 졸업
仁川永化女子高等學校 教師
民族文化推進會(現 古典飜譯院) 研修部 및 一般研究部 卒業
海東經史研究所 研究委員(現)

潤文
≪孫武子·吳子直解≫ ≪六韜·三略直解≫ ≪李衛公問對·尉繚子直解≫
≪司馬法直解≫ ≪陶谷集≫ 등

譯註 思政殿訓義 資治通鑑綱目 4　　정가 30,000원

2015년 12월 30일 초판 발행
2016년　2월 29일 초판　2쇄

責任飜譯　成百曉
共同飜譯　李鍾德 尹銀淑
編　輯　古典國譯編輯委員會
發行人　李啓晃
發行處　社團法人 傳統文化研究會
서울시 종로구 삼일대로 428 낙원빌딩 411호
전화 : (02)762-8401　전송 : (02)747-0083
전자우편 : juntong@juntong.or.kr
홈페이지 : juntong.or.kr
사이버書堂 : cyberseodang.or.kr
온라인서점 : book.cyberseodang.or.kr
등록 : 1989. 7. 3. 제1-936호

인쇄처 : 한국법령정보주식회사(02-462-3860)
총　판 : 한국출판협동조합(070-7119-1750)

ISBN 979-11-5794-094-3 94910
979-11-5794-061-5(세트)

※ 이 책은 2015년도 교육부 고전문헌 국역지원사업으로 초판(비매품) 간행.